신학적 미학

: 상상력, 아름다움, 예술 속의 하나님

Theological Aesthetics: God in Imagination, Beauty, and Art

© 1999 by Richard Viladesau, Printed with permission of Oxford University Press, as Rights owner and Administator the Works of Richard Viladesau.
All rights reserved.
Korean Translation by Sohn Ho-Hyun

신학적 미학
: 상상력, 아름다움, 예술 속의 하나님

2001년 4월 15일 초판 1쇄 발행
2022년 3월 30일 개정판 1쇄 발행

지은이 | 리차드 빌라데서
옮긴이 | 손호현
펴낸이 | 김영호
펴낸곳 | 도서출판 동연
등 록 | 제1-1383호(1992년 6월 12일)
주 소 | 서울시 마포구 월드컵로 163-3
전 화 | (02) 335-2630
팩 스 | (02) 335-2640
이메일 | yh4321@gmail.com
블로그 | https://blog.naver.com/dong-yeon-press

Copyright © 동연, 2022

ISBN 978-89-6447-677-2 93230

신학적 미학

상상력, 아름다움, 예술 속의 하나님

리차드 빌라데서 지음 손호현 옮김

동연

한국 독자에게

우리는 여러 방식으로 위기의 시대를 살고 있다. 지구적 전염병, 국제사회의 긴장 고조, 전쟁의 위협과 실제적 전쟁, 정치적 억압, 경제적 불평등, 비인간화의 통제, 도덕의 파탄, 권위주의 정권, 정보의 불신, 인종 학살, 경기 침체, 군비 경쟁, 환경 파괴…. 위기의 목록은 거의 끝이 없다. 분명 우리 시대는 종교와 도덕에 대한 도전을 가져다준다. 이런 상황에서 미학(美學)은 신학에서 주변적 관심으로 보일 수도 있을 것이다. 필요 없는 사치품 혹은 더 심하게는 마음을 흐트러지게 만드는 방해물일까?

하지만 우리가 영적인 차원에 존재하고자 노력할 때, 그리고 거기서 여러 도전에 맞서고자 할 때, 인생이 가지는 미학적 차원은 중심적이다. 폭넓은 의미에서 미학은 단지 감각, 감정적 반응, 상상력뿐만 아니라 나아가 상징들, 다른 비언어적이고 비개념적인 앎의 형태로서의 느낌의 영역을 포함한다. 엄밀한 의미에서 미학은 아름다움과 예술적 창조성에 대한 우리의 경험을 성찰하는 것이다.

이런 두 의미에서 세계를 미학적으로 본다는 것은 우리에게 말을 건네오며 어떤 의미 혹은 완성을 계시하는 세계의 가능성 안에서 세계를 본다는 뜻이다. 나아가 어쩌면 어떤 궁극성의 계시 안에서 세계를 보는 것이다. 미학적 관점은 우리로 하여금 사물을 전체의 빛 안에서 바라보게 한다. 따라서 미학적 태도는 단지 수동적 향유만이 아니라 역동적 참여이기도 한 것이다. 아름다움과 예술은 윤리적 메시지를 전달할 수 있을 뿐만 아니라, 자신만의 어떤 도덕적 명령을 내리기도 한다. 라이너 마리아 릴케의 시 「고대의 아폴로 토르소」(Archaïscher Torso Apollos)는 이렇게 끝맺는다: "너는 너의 삶을 바꾸어야만 한다." 오래된 고대 예술작품이 지닌 아름다움과 만난 시인 릴케는 회심의 필요성을 인식하게 된 것이다.

일상적인 삶 안에서 더 높은 신비의 의미를 미학적 관점은 본다. 그것은 익숙한 것에서 시작해서 알려지지 않은 것, 무한한 것으로 시선을 돌린다. 이런 이유에서 미학적 시선은 계시의 신학(theology of revelation)의 기초이다. 아름다움의 경험은 스스로가 목적이 되는 선하심을 우리에게 알려준다. 아름다움의 대상 안에서, 자신을 잊는 황홀경 안에서, 우리는 자신을 잃게 되는 것이다. 따라서 아름다움은 하나님과 이웃을 향한 자기 상실의 사랑을 가리키는 표식이자 출발점이다. 미학이 최후의 선하심과 아름다움에 대한 예견인 것이다. 그렇기에 그것은 희망의 신학(theology of hope)의 일부분이다. 그리스도인에게 미학은 하나님의 나라를 우리 가운데에 실현하고자 하는 혁명적 욕망을 신뢰하는 것이다. 생태, 정의, 해방, 평화라고 하는 우리 시대의 도덕적 문제는 오직 그리스도교의 메시지를 통해서만 설득력 있게 다루어질 수 있다. 그것이 사람들의 마음과 가슴을 설득하는 미학적 형태를 가질 때에 그러하다.

그리스도교는 십자가의 종교이다. 하지만 십자가는 단지 고통의 표식만은 아니다. 또한 그것은 분명한 패배를 극복하는 하나님 승리의 표식이며, 악(惡)의 추함을 극복하는 아름다움의 표식이기도 하다. 신학이라는 구체적 맥락 안에서 미학은 최후의 의미와 기쁨에 대한 예견 곧 우리의 희망의 근거를 드러낸다.

다시 한번 본인은 이 저작을 번역하고 한국 독자들에게 소개해
준 손호현 교수의 헌신에 감사를 드리고 싶다.

2022년 2월 25일

리차드 빌라데서

한 국 어 판 인 사 말

　본인의 저작『신학적 미학』이 손호현에 의해 이렇게 한국어로 번역된 사실에 대해 본인은 더없이 기쁘고 영광으로 생각한다. 점차 서양 기독교 신학에서 중요시되고 있는 이 책의 주제를 소개함으로써 그리고 여러분의 나라와 세계 신학과의 대화에 주요하고 독특한 공헌을 한 '민중신학'과 '문화신학'을 만들어내고 발전시킨 한국 신학자들의 공동체에 새로운 사유의 측면을 제안함으로써, 이 책이 조그마한 공헌이라도 할 수 있기를 본인은 바란다.

　이 책은 노벨문학상 수상자 솔제니친이 도스토옙스키의 말을 인용한 것으로 끝내고 있다: "아름다움이 세계를 구원할 것이다." 이 말이 특히 힘없고 억압당하는 자들의 관점에서 신학을 공부하는 자들에게는 로맨틱하고 비현실적인 감정을 드러내는 것으로 들릴 수도 있을 것이다. 하지만 본인은 이 책에서 이러한 대범한 진술을 할 수 있게 만드는 신학적 관점들을 살펴봄으로써, 이것이 드러내는 희망의 기초를 탐구하고자 시도하는 것이다.

　영국의 작가 맬컴 머거리지Malcolm Muggeridge는 캘커타의 테레사 수녀에 대한 자신의 자서전을『하나님을 위한 아름다운 어떤 것』(Something Beautiful for God)이라고 이름하였다. 이 책 제목은 많은 이가 테레사 수녀 또한 그녀와 같은 사람들의 예를 통해 경험하게 되는 것을 보여주고 있다: 타인들에게 자신을 내어주는 봉사의 삶은 힘과 시詩를 가진다는 것 그리고 사랑 특히 가장 곤궁한 자들에 대한 사랑은 깊숙이 아름답다는 것. 이러한 측면에서 아름다움에 대해 이야기한다는 것은 분명 근원적 차원에서 아름다움을 보는 것이다: 아름다움은 하나님의 이름 중 하나이며, 하나님의 자기 계시의 필연적 속성이다. 이러한 종류의 아름다움에 의해 붙들리는 것은 은총의 개방성을 전제한다.

이런 측면에서 우리는 '신학적 미학'과 '해방신학' 사이에는 어떤 내적인 관련이 있다고 말할 수 있을 것이다. 해방하기 위해서는 진리가 마음을 붙들 수 있어야 하고, 선은 가슴을 기쁨에 벅차게 할 수 있어야 한다. 선함과 진리는 '우리를 위해서' 선함과 진리로 나타나야만 하는 것이다. 곧 진리는 자신의 설득력 있음을 보여야만 하고, 선은 자신의 매혹적임을 드러내어야만 한다. 참됨과 선함은 인간으로서 우리가 지니는 가장 깊숙한 목표와 욕망에 상응하는 것으로 드러나야만 한다. 요컨대 참과 선은 아름다운 것으로 감지될 수 있어야 한다. 따라서 아름다움이 회심의 도구가 될 수 있는 것이다.

종교적 상징들은 이러한 종류의 '해방적 아름다움'을 보여준다. 예를 들어 출애굽의 이야기, 하나님의 미래가 이 땅 위에 실현되기 위해서 지금도 우리의 영들을 정의, 평화, 사랑의 왕국으로 소환하는 기독교의 비전 혹은 계급과 나이와 성별의 차이를 초월하여 하나님의 영 안에서 사귐을 드러내는 성만찬의 교제 등을 들 수 있다. 다른 문화와 상황에 처한 사람들에게 기쁜 소식으로서 복음서와 성서를 선포하는 것 속에는 이미 어떤 미학적 신학, 곧 사상들의 예술적이고 상상·표상적인 표현이 행해지는 것이다. 하지만 이러한 중요한 예들에도 불구하고, 성서와 전통의 종교적인 이미지들이 현대 세계에 있어서 무비판으로 정당성을 지니는 것으로 단지 전제되어

서는 안 될 것이다. 현대의 과학, 기술, 철학 그리고 특히 다른 종교
나 세계관과 만남에 있어서 이러한 이미지들이 하나님의 계시로서
가지는 신빙성과 한계에 대한 토의를 해야 하며, 나아가서 이것들
이 개념적이고 기술적인 사유 양식과 가지는 관계에 대한 논의도
필요할 것이다. 바로 이러한 이유에서 개별적 기독교인들과 사회
일반에 대한 실천적 해방신학의 보충물로서, 학문적 세계를 지향하
는 신학적 미학 혹은 계시의 신학이 요구되는 것이다.

유엔은 2001년을 '문명들 간의 대화의 해'로 선언하였고, 교황
요한 바오로 2세는 '세계평화의 날'(2001. 1. 1.)을 위한 메시지에서
다른 문화들과 전통들 사이의 대화의 긴급한 필요성을 강조하였다.
한국의 신학이 분명 이러한 과제를 수행하기에 특히 적합하다고 본
인은 생각한다. 또한 여기에 신학적 미학이 공헌할 수 있을 것이다.
아름다움과 예술은 우리가 가장 쉽게 그리고 설득력 있게 타자들의
세계관과 가치를 공유할 수 있도록 초청하고, 그 속에서 자신의 그
것들도 내어놓을 수 있게 하는 수단이다.

또한 요한 바오로 2세는 서양의 모델들을 맹목적으로 추종하는
노예적 문화 순응에 대한 위험성도 경고한다. 그에 따르면, "서양의
문화적 모델들은 그 괄목할 만한 과학적이고 기술적인 성공 때문에
매혹적일 수 있지만, 유감스럽게도 그것들이 인간의 영적이고 도덕
적인 빈곤화를 심화시키고 있다는 증거들도 점증적으로 발견된다"
(그의 2001년 신년사 메시지인 "사랑과 평화의 문명을 위한 문화들 간의 대화"
중에서). 우리는 이른바 개발된 선진국들을 특징짓는 환경의 황폐화,
예술의 빈곤, 성적 타락, 자연으로부터의 인간의 소외 등을 예로
들 수 있을 것이다. 아름다움이 해방의 목표 중 하나라는 생각은

물질적인 측면만 배타적으로 진보와 발전이라고 사유하는 입장과 나아가 인류의 영적이고 미학적인 차원에 대한 무관심을 향한 일종의 비판적 반대로써 기능할 것이다. 그리고 우리가 타 종교와 문화 전통들의 공헌으로서 아름다움에 대한 여러 사상에 열린 마음으로 접근하는 것은 덕의 설득력 있는 이미지들을 창조하는 데 보다 깊은 자원들을 제공할 수도 있을 것이다(예를 든다면『도덕경^{道德經}』에 나오는 세 가지 보물인 겸손, 절제, 깊은 사랑은 동양의 미학에 근원적인 영향력을 끼쳤다.[1] 그러한 것들이 동양의 문화에 충실하면서도 그 문화를 가로질러, 환경적으로 의식화된 삶의 방식과 즐거움을 기독교에 제공할 수도 있지 않을까?).

본인은 이 저서를 한국의 신학 공동체에 부끄러운 마음으로 내놓는다. 이 책의 목적은 매우 제한적이다. 본인은 여기서 미학의 입장에서 계시의 이론을 제공하고자 시도한다. 해방과 문화 간의 대화에 봉사하는 상상력, 아름다움, 예술의 실천적 신학을 창조하여야 하는 보다 어려운 과제는 여러분의 민족과 문화 속에서 구체적으로 씨름하는 한국 신학자들의 열정과 사유에 의해 이루어지리라 본인은 믿어 의심치 않는다.

본인이 이 한국어판 머리말을 쓰고 있는 지금 기독교계는 그리스도의 탄생, 곧 그의 온 세계를 향한 공현과 계시를 기뻐하고 있다. 특히 이것은 그의 별을 보고 찾아온 이방인 동방박사들에 의해 상징적으로 축하받고 있다. 수 세기에 걸쳐 기독교의 미학적 상상력은 마태복음의 이야기를 확장하여, 동방박사들을 왕으로 묘사하며 그들이 각기 다른 민족과 나이를 대변하도록 보편성의 메시지를 강

---

1 빌라데서는 이른바 '노자삼보老子三寶'로 불리는 '자애로움'(慈), '검약'(儉), "천하를 위해 감히 나서지 않음"(不敢爲天下先)을 가리키는 것이다(『도덕경』 67장).

조하여 왔다. 또한 베들레헴에서 아기 예수에 경의를 표하는 세 왕에 대한 여러 그림에서 우리는 인류에 다다르는 하나님의 은혜의 빛이 가져오는 효과에 대한 이미지를 보게 된다. 힘센 자가 힘없는 자 앞에 무릎 꿇게 되고, 부요한 자가 가난한 자에게 절하며, 현명하고 성숙한 노인이 작은 아이로 성육화한 하나님을 경배한다. 이러한 메시아적 꿈이 가난한 자와 다른 종교적 전통들 속에서도 발견되는 하나님의 사랑의 자기-계시적 아름다움을 고찰하고자 시도하는 한국의 신학자들에 의해 보다 발전되기를 본인은 기도한다.

마지막으로 본인의 저서를 번역한 손호현과 이것을 출판한 한국 신학연구소에 깊은 감사를 드리고 싶다.

2001년 주님 공현 대축일에
리차드 빌라데서

머리말

　신학자 메리 게르하르트^{Mary Gerhart}는 다음과 같이 말한 적이 있다:
"종교학 연구에 있어 엄청난 변화가 요구된다. 곧 종교학은 신학,
예술, 문학과 종교, 과학과 종교 등의 문제를 재고하여 연구되어야
한다."[1] 최근 들어 그녀가 말한 간학문적 연구가 시작되고 있다. 종
교학 연구는 점차 이데올로기와 영성으로서 종교,[2] 그리고 종교적
실천과 사유가 가지는 미학적이고 의사소통적인 측면 등에 대한 학
문적 고찰을 발전시키고 있다. 또한 신학의 몇몇 분야들은 '미학적'
이라고 불리는 주제나 방법론을 다루어왔다. 예를 들어 성서학이나
신학적 해석학 일반에 있어서 문학 이론의 채용 혹은 성례전 신학
에 있어서 상징에 대한 연구 등을 들 수 있을 것이다. 마지막으로
최근의 몇몇 연구는 보다 직접 미학에 대한 신학적이고 종교학적인
접근을 시도하고 있다.[3]

---

1 Mary Gerhart, "Dialogical Fields in Religious Studies", *Journal of the American Academy of Religion*, vol. LXII, no. 4 (Winter, 1994), 999.

2 Bruce B. Lawrence, "Toward a history of global religion(s) in the twentieth century, parachristian sightings from an interdisciplinary Asianist." Sixteenth Annual University Lecture in Religion, Arizona State University, March 23, 1995. 로렌스 또한 최근 증가하는 종교학 연구에 대한 관심이 신학 연구에 대한 관심의 쇠퇴를 수반한다고 제시한다.

3 이미 고전적 위치를 지니는 Hans Urs von Balthasar, *The Glory of the Lord: A Theological Aesthetics*, vol. 1, trans. by E. Leiva-Merikakis, edited by Joseph Fessio and John Riches(San Francisco: Ignatius Press, 1982) 그리고 Gerardus van der Leeuw, *Sacred and Profane Beauty: The Holy in Art*, trans. by David E. Green (New York: Holt, Rinehard and Winston, 1963)을 들 수 있다. 신학과 미학의 통합을 직접 시도한 보다 최근의 연구들로는 다음과 같은 저서들이 있다: Frank Burch Brown, *Religious Aesthetics: A Theological Study of*

본 저서는 미학을 '기초'(fundamental) 신학적 관점에서 접근하고
자 한다. 본인은 분명히 신학적 관심에서 이 작업을 시작하고 있는
것이다. 즉 고백적이고 영성적인 입장에서 이 책을 쓴다. 동시에
본인의 시도는 이러한 신앙의 전제들, 관점 그리고 내용에 대해 자
기-의식적인 방법론으로써 "대답을 제공하려" 시도하는 한 특정한
기독교 신학을 발전시키고 있다. 따라서 방법론의 측면에 있어 본
저서는 '초월적'(transcendental) 신학 특히 버나드 로너간[Bernard Lonergan]
과 카를 라너[Karl Rahner]에 의해 제시된 신학에 많은 빚을 지고 있다.
어떤 의미에서는 이 책의 내용이 미학적 영역의 여러 측면(감정과
상상력, 아름다움, 예술)과 관련해서 고찰된 '계시의 초월적 신학'이라
고 묘사될 수도 있을 것이다.

신학에서 이러한 미학적 접근은 한스 우르스 폰 발타자[Hans Urs von
Balthasar]의 『신학적 미학』(Theological Aesthetics)을 언급하지 않을 수 없
을 것이다. 사실 발타자의 신학이 여기서 자주, 특히 신학적 미학의
과제를 정의 내리는 데 있어서 다루어질 것이다. 그럼에도 불구하
고 발타자가 이 연구의 초점이 되지는 않을 것이다. 1장에서 설명될

Making and Meaning (Princeton, N.J.: Princeton University Press, 1989); Aiden Nichols,
The Art of God Incarnate (New York: Paulist Press, 1980); Jeremy S. Begbie, Voicing
Creation's Praise: Towards a Theology of the Arts (Edinburgh: T&T Clark, 1991); Günter
Pöltner and Helmuth Vetter, eds., Theologie und Ästhetik (Wien, Freiburg, Basel: Herder,
1985); Patrick Sherry, Spirit and Beauty: An Introduction to Theological Aesthetics
(Oxford: Clarendon Press, 1992); J. Daniel Brown, Masks of Mystery: Explorations in
Christian Faith and the Arts (Lanham, New York, London: University Press of America,
1997); Nicholas Wolterstor, Art in Action: Toward a Christian Aesthetic (Grand Rapids,
MI: William B. Eerdmans, 1980); Garrett Green, Imaging God: Theology and the Religious
Imagination (San Francisco: Harper & Row, 1989); Richard Harries, Art and the Beauty
of God (London: Mobray, 1993); John Navone, Toward a Theology of Beauty (Collegeville:
Liturgical Press, 1996).

것처럼 본인의 관심은 발타자와 그의 추종자들이 이룬 업적을 반복하거나 재요약하려는 것이 아니라, 이와는 다른 '기초신학'적인 접근을 발전시키는 데 있다. 이러한 관심이 발타자의 연구에 보완적인 역할을 할 수 있기를 희망한다. 본인의 견해로는 신학의 미학적 접근은 라너와 같은 보다 '초월적超越的' 유형의 신학과 발타자와 같은 보다 '해석학적解釋學的' 유형의 신학 사이를 중재하려 노력해야 한다.

본인은 신학적 관점에서뿐만 아니라 미학적 관점으로도 이 저서의 불완전성을 잘 느끼고 있다. 이미 앞에서 언급했듯이 이러한 주제에 대한 본인의 초월적 방법론과는 전혀 다른 발타자의 연구와 같은 신학적 방법론들을 상세하게 다루지는 않고 있기 때문이다. 프랭크 버치 브라운Frank Burch Brown이 지적하듯 "마치 모든 신학이 하나의 똑같은 방법으로 미학을 다루고 연구해야 한다고 주장하는 것은 터무니없는 말인 것처럼, 미학과 신학 사이에는 하나의 유일한 관계가 있다고 주장하는 것도 말이 안 된다. 그러한 단순한 접근법은 신학 자체가 여러 형태를 가진다는 근본적 사실을 간과하는 것이다."[4] 본인은 의식적으로 '기초신학적基礎神學的' 접근법을 채용하기 때문에, 기독교 신학에서 보다 '조직신학적組織神學的' 혹은 '실천신학적實踐神學的' 접근법을 깊이 있게 다루고 있지는 않다. 이러한 다른 접근법들에 대해서는 앞의 주 3번에서 언급된 저작을 참고하기 바란다. 다른 한편으로 본인은 최근의 다양한 미학 이론과 포스트모던적 '반反미학 이론' 등을 요약하려 시도하지 않았을 뿐 아니라, 미학과 신학 사이의 분리에 대한 역사적 이유의 고찰도 다루지 않았다.

---

4 Frank Burch Brown, *Religious Aesthetics: A Theological Study of Meaning and Making* (Princeton, N.J.: Princeton University Press, 1989), 37.

브라운의 『종교적 미학 이론』(*Religious Aesthetics*)이 그 문제를 훌륭하게 다루고 있을 뿐 아니라, 거기에 대한 여러 최근의 연구들이 이 책을 보충할 수 있을 것이다.

비록 본인의 연구범위를 좁게 한정하였음에도 불구하고, 여기에서 더 자세하게 다룰 수 있는 여러 주제가 있다. 본인은 포괄적인 '신학적 미학 이론'을 본 저작에서 제시하려 시도하기보다는, '미학'이라는 용어가 가리키는 세 영역과 관련하여 신학적 질문들을 제한적으로 고찰하였다. 이러한 세 영역과 신학과 가지는 관계로도 그러한 관계의 '기초들'을 자세히 다루기에는 이 저작이 너무 짧은 감이 없지 않다. 예를 들어 본인은 신학과 비언어적 예술 사이의 상호 관계를 아주 제한적으로 다루었으며, 엄청나게 광범위한 문학 이론의 영역은 전혀 다루지 않았다. 다행스럽게도 이러한 주제들에 대한 보다 자세하고 세부적인 연구들이 다른 신학자들에 의해 점차로 소개되고 있으며, 그러한 노력이 본인의 이 짧고 개론적인 저작을 보충하고 그 잘못을 고쳐줄 것을 믿어 의심치 않는다.

마지막으로 본인은 신학 이외에는 신학적 미학 이론과 관련된 여러 분야에 대해 그리 많이 알지는 못한다는 것을 언급하고 싶다. 그러한 분야의 전문가들에게는 본인의 저작이 다소 단순하고 초보적으로 보일 것이다. 발타자가 자신의 작품에 대해서도 언급하듯이 신학자가 미학 이론에 대해 말한다는 것은 "마치 바쁜 전문가들 한가운데서 자신을 한가한 아마추어로 만드는 것만 같다."[5] 이러한

---

5 Hans Urs von Balthasar, *The Glory of the Lord: A Theological Aesthetics. Volume 1: Seeing the Form*. Translated by Erasmo Leiva-Merikakis. Edited by Joseph Fessio, S.J. and John Riches (San Francisco: Ignatius Press, 1982), 17.

종류의 위험은 모든 간학문적 연구에 있어 본질인 위험인 것 같다. 본인의 이러한 예비적 연구가 오직 시사점들을 제공함으로써 앞으로 대화를 조금이나마 돕기를 희망할 뿐이다.

독자들은 이 책의 각 장이 거기서 다루는 주제에 대한 '미학적' 형식의 프롤로그 혹은 예술, 음악, 문학 작품 등으로 시작하는 것을 발견할 것이다. 여기서 인용된 여러 예술 작품에 대한 이러한 소개는 단지 '설명'으로 의도된 것이 아니라, 오히려 '미학적 신학'의 구체적 예들로서 제시되는 것이다. 곧 그것들은 추상적이고 개념적인 사고로 환원될 수 없는 신학적 통찰을 성찰하고 전달하고자 한 것이다. 사실 이 책의 나머지 부분들은 그러한 예술 작품과 프롤로그를 설명하고자 한 것으로 이해될 수도 있을 것이다. 예술과 아름다움에 관한 신학적 담론은 예술이나 아름다움 자체가 신학적으로 스스로 말하는 것을 허용하는 것과는 물론 다르다. 본인은 이 책이 독자로 하여금 '미학'뿐만 아니라 경험 자체에 대한 지적인 성찰로 나아가게끔 도울 수 있기를 희망한다. 불행하게도 본인은 본문과 관련된 음악을 함께 여기서 제공할 수는 없기에 적절할 때마다 관련된 악보나 녹음을 주에 제시하였다.

또 다른 종류의 문제가 영어가 아닌 다른 언어들로 기록된 문학 작품에서 나타난다. 한스-게오르그 가다머^{Hans-Georg Gadamer}가 말하듯 "모든 번역은 동시에 해석이다. … 번역될 때마다, 원래의 작품이 지니는 정신과 그것들의 재생산 사이에는 간격이 있다는 점이 인정되어야 한다. 이 간격은 결코 완전히 좁혀질 수 있는 종류의 것은 아니다."6 이러한 간격은 무엇보다도 시^詩에서 중요하게 드러난다. 영어권의 독자들은 만약 여기서 인용된 시작품의 원문을 그대로 본다면 그 의미를 완전히 파악하기는 힘들 것이다. 본인은 이 문제를 해결하기 위해 최대한 원문을 문자 그대로 번역하였고, 책의 뒷부분에 중요한 원문들은 따로 실었다. 또한 본문에 영어 이외의 자료들이 인용될 때마다 주에 그 번역을 제공하였다(별도의 언급이 없는 한 모든 번역은 본인의 것이다). 주로 학자들에게만 흥미를 줄 것 같은 인용문은 원문 그대로 남겨두었다. 그리고 중요한 전문적인 용어들은 이미 번역된 표현을 최대한 바꾸지 않고 사용하도록 노력하였다.

이 책을 마칠 수 있도록 연구비를 허락한 포덤[Fordham]대학교와 신학과의 동료들에게 본인은 감사하고 싶다. 또한 출판을 준비하고 마칠 수 있도록 도와준 여러 사람에게 사의를 표하고 싶다. 리아나 매키넌[Liana MacKinnon]과 로니 롬스[Ronnie Rombs]는 관련된 자료들을 찾는데 중요한 도움을 주었다. 브라운[Frank Burch Brown]은 이 책의 원고를 읽고 여러 충고를 제공하였다. 그리고 옥스퍼드 출판부의 신시아 리드[Cynthia Read]는 실제로 이 책이 출판될 수 있도록 도와주었다. 마지막으로 특히 아름다움에 대한 사랑과 하나님과 아름다움의 관계에 대해 많은 방식으로 나를 가르쳐준 부모님과 본인의 가족에게 특별히 감사하고 싶다.

---

6 Hans-Georg Gadamer, *Truth and Method* (New York: Crossroad, 1982), 346.

옮긴이의 글

『신학적 미학』은 2001년 한국신학연구소에서 나왔으나 절판되었는데, 20년이 지나 도서출판 동연에서 다시 출판된 것을 깊이 감사합니다. 이 책은 '존재의 고향'이 아름다움(美) 자체이신 하나님이라고 생각하는 모든 순례자를 위한 삶의 성찰입니다.

초판 번역의 전체를 다시 검토하며 다수의 사항을 개정판에서 수정하였습니다. 또한 초판의 미주를 개정판에서는 각주의 형식으로 바꾸었습니다. 엄밀한 독서와 연구를 위해 각주가 도움이 된다고 생각했기 때문입니다.

역자주를 본문 혹은 각주에 적극적으로 사용하였습니다. 예를 들어 십자가의 아름다움에 대한 빌라데서의 사유의 발전, 존 타베너의 「추수감사절을 위한 아카티스트 찬미가」에 대한 작곡자 자신의 설명 등이 역자주로 추가되었습니다. 특히 이 곡의 작곡이 스탈린 치하 시베리아 수용소에서 죽음 직전에 쓴 한 러시아 사제(그레고리 페트로프)의 글 곧 "말로 그린 아이콘"이 준 영감에 기초한다는 타베너의 설명은 음악과 신학을 함께 전공하는 박우미 연구자의 조력이 없었다면 발견할 수 없었을 것입니다. 5장 "예술과 성스러움"의 교정을 도와준 박우미에게 감사합니다. 또한 개정판 원고를 꼼꼼하게 편집해준 도서출판 동연 김율 대리와 개정판을 내도록 독려해주신 김영호 대표님께 우정과 연대의 감사를 드립니다.

"아름다움은 만물을 자신에게로 소환^{召喚}(Kaleō)하며, 그렇기에 아름다움(美, *kallos*)이라고 불린다"고 위–디오니시오스(pseudo-Dionysius)는 말했습니다. 아름다움의 소환을 듣는 당신에게 이 번역서가 삶의 여정에서 길벗이 되기를 희망합니다.

2021년 겨울
손호현

차 례

약어표

CSM *Encyclopedia of Theology: The Concise Sacramentum Mundi*, ed. Karl Rahner (New York: Seabury Press, 1975).

DS *Enchiridion Symbolorum, Definitionum et Declara- tionum de Rebus Fidei et Morum*, ed. Henricus Denzinger and Adolfus Schönmetzer, S.J., XXXIII ed. (Freiburg in Bres.: Herder, 1965).

EP *Enchiridion Patristicum: Loci SS. Patrum, Doctorum Scriptorum Ecclesiasticorum*, ed. M. J. Rouët de Journel, S.J., 23 ed. (Freiburg in Brisg.: Herder, 1965).

JBC *The Jerome Biblical Commentary*, ed. Raymond E. Brown, S.S., Joseph A. Fitzmyer, S.J., Roland E. Murphy, O. Carm. (London: Geoffrey Chapman, 1968).

LThK *Lexikon für Theologie und Kirche*

Mansi *Sacrorum conciliorum nova et amplissima collectio*, 31 vols, ed. J. D. Mansi (1757~1798).

PG *Patrologiae Cursus Completus, Series Graeca, ed. Jacques*-P. Migne (Paris: 1857ss.).

PL *Patrologiae Cursus Completus, Series Latina*, ed. Jacques-P. Migne (Paris: 1844ss.).

ST Thomas Aquinas, *Summa Theologiae*, Leonine text, ed. Petrus Caramello (Torino: Marietti, 1952).

TDNT G. Kittel, ed., *Theological Dictionary of the New Testament* (Grand Rapids, 1964).

TI Karl Rahner, *Theological Investigations*, 23 vols. (New York: Crossroad, 1982-1992).

WM Hans-Georg Gadamer, *Wahrheit und Methode* (Tübingen: J. C. B. Mohr, 1975).

1장

신학과 미학

I. 프롤로그
: 모차르트가 카를 바르트의 신학에서 가지는 위치

여기서[1] 나는 볼프강 아마데우스 모차르트에 대해 언급해야만 할 것 같다. 우리는 어떻게 그리고 무슨 의미에서 이 사람을 "비교할 수 없는" 음악가라고 하는가?[2] 왜 그는 단지 '아름답다'고 말하는 것으로는 도무지 부족한 음악을 그의 머릿속에서 악보로 가져올 수 있었을까? 모차르트의 음악은 구원받은 자들에게는 단지 오락이나 즐거움 혹은 감정의 고양을 넘어선 영혼의 떡이고 포도주이다. 그의 음악은 우리가 필요로 하는 위안과 훈계로 가득하고, 결코 기교에 의해 지배되거나 감상적이 되는 것이 아니라 항상 자유롭게, 자유로 '움직인다' 왜냐하면 그것은 지혜, 힘, 주권의 음악이기 때문이다. 교회의 신학자도 아니고 특별히 독실한 기독교인도 아닌(더군다나 가톨릭 신자인!) 모차르트, 작곡하지 않을 때의 그의 삶이 우리가 보기에는 다소 의문스러운 모차르트가 어떻게 신학에서 (특히 창조론과 종말론에서) 자리를 가진다고 주장할 수 있을까? 모차르트가 정확하게 바로 이 문제에서, 즉 '창조^{創造} 그 전체의 선함'에 있어서 교회의 교부나 종교개혁자, 정통주의자나 자유주의자, 자연신학 옹호자나 하나님 말씀의 신학을 강력하게 지향하는 자, 실존주의자가

---

1 "하나님과 무(nothingness)"에 대한 바르트의 성찰이 이 부분의 배경을 이루고 있다.

2 바르트는 18세기에 대해 다음과 같이 말한 바 있다: "바로 이 세기가 현재를 포함한 모든 시간에 있어서 최고의 음악을 가져왔다는 것은 단지 우연이 아니다: 바흐(J. S. Bach)와 헨델(G. F. Handel), 글루크(Gluck)와 하이든(Haydn) 그리고 비교할 수 없는 음악가인 모차르트(W. A. Mozart)." *Kirchliche Dogmatik III, I* (Zurich: Zollikon, 1932), 465.

몰랐던 어떤 것을 알고 있었기 때문이라고 우리는 말할 수 있다. 또는 최소한 그들은 모차르트처럼 그 선함을 표현하고 그것의 가치를 보여주지는 못했다. 게다가 그의 이전과 이후의 위대한 음악가들은 모차르트가 어떻게 이것을 표현했는지 알지 못했다. 여기에 있어서 모차르트(1756~1791)는 낙관론자들과 비관론자들 너머의 마음, 머리, 어깨의 순수를 가졌다. 리스본의 대지진으로 신학자들과 다른 정직한 기독교인들이 좋으신 주님을 방어하느라 힘겨워하던 바로 이 기간 동안, 모차르트는 신정론神正論(Theodicy)의 문제를 직면하여 하나님을 원망하거나 찬양하는 혹은 사변적이거나 비판적인 모든 이유를 초월하여 하나님의 평화를 가졌었다. 이 문제가 그를 괴롭히기보다는 단지 그의 뒤쪽으로 물러갔다. 왜 이것으로 걱정하는가? 그는 우리가 오직 시간의 끝에 가서야 볼 수 있는 것을 보았고, 지금도 들일 귀 있는 자들에게는 이것을 듣도록 도왔다: "하나님 섭리의 총체적 일관성" 마치 이 끝에 서 있는 것처럼 그는 여기서 창조의 조화를 들었다. 이 조화에는 어두운 그늘이 있지만, 그것이 곧 암흑은 아니다. 이 조화에도 부족하지만, 그것이 곧 결핍은 아니다. 슬프지만 절망은 아니다. 우울하지만 비극으로 떨어지지는 않는다. 여기에도 무한한 슬픔이 있지만, 그 슬픔이 자신을 절대적으로 만들도록 강요하지 않는다. 바로 이 때문에 이 조화는 발랄함을 가진다. 물론 그 한계가 망각되지는 않는다. 하지만 그 빛이 너무도 밝게 비추어서 그늘조차 다가선다. 이것은 날카로움과 달콤함을 동시에 가져오기 때문에 포식으로 변하지 않게 된다. 이것은 죽음을 너무도 잘 알고 있지만 그걸 두려워하지 않는 생명을 가져온다. *Et lux perpetua lucet (sic!) eis*(그들 위에 영원의 빛이 비춥니다).3 리스본의 죽은 자들 위에도 이 영원의 빛이 비춘다. 그는 우리와 달리 이 빛을 보았고, 이 빛으로 감싸진 창조의 전체 세계를 '들었다'. 무엇보다도 그는 어떤 중립적이고 중간적인 음조를 들은 것이 아니라, 부정보다 '더 강한 긍정'의 음조를 들은 것이다. 그는 오직 전자 속에서, 그것과 함께 후자를 들을 수 있었다. 이러한 불균형에도 불구하고 모차르트는 이 둘을 함께 들은 것이다(예를 들어, 1788년의 〈교향곡 40번〉[Symphony in G Minor]). 그는 결코 추상적으로 어느 한쪽만을 들은 것이 아니다. 그는 '구체적'으로 들었고, 그래서 그의 작품들이 '총체적' 음악인 것이다. 또한 모차르트가 어떤 원한이나 선입견 없이 창조의 세계 전체를 들은 한에 있어서, 그의 음악은 그의 것이 아니라 세계 자신의 음악이다. 그것은 이 창조물로서 세계가 하나님에게 드리는 이중적인, 그럼에도 불구하고 조화로운 찬양이다. 모차르트는 정말이지 자신의 작품들 속에서 어떻게 자신을 표현해야 할지 염려하지도, 자신을 표현하고자 원하지도 않았다. 그의 생동력도, 그의 슬픔도, 그의 경건함도, 그의 어떠한 계획도 문제의 핵심이 아니었다. 놀라울 정도로 그는 자신의 음악 속에서 자신에 관한 어떤 것을 표현해야 한다는 필요나 강박관념으로부터 자유로웠다. 오히려 모차르트는 나무, 금속 혹은 바이올린이 그들 자신을 표현하고 창조의 목소리를 연주할 수 있도록, 그러한 기회로서 자신을 제공하였다. '악기들'의 소리(피아노와 바이올린에서부터, 호른과

---

3 바르트의 텍스트는 레퀴엠 미사의 입당송에서 그 둘째 줄의 가정법적인 *luceat* 대신에 직설법적인 *lucet*를 사용하고 있다. 원래의 본문은 다음과 같다: *Requiem aeternam dona eis Domine, et lux perpetua luceat eis*("오 주님, 그들에게 영원한 안식을 허락하시고 그들 위에 영원의 빛을 비추어 주옵소서"). 따라서 바르트에 있어서 마지막 구절은 더 이상 기도가 아니라, 사실의 진술이다: "그들 위에 영원의 빛이 비추입니다."

I. 프롤로그 | 29

클라리넷, 그 밑의 존경받아 마땅한 바순)와 그 사이 어딘가에서 특별한 위치를 차지한다고 자처하지 않아서 오히려 다른 것들과 구분되는 '인간'의 소리가 (어떨 때는 주도적으로, 어떨 때는 같이 나아가며, 어떨 때는 조화를 이루며) 각각 고유한 공헌을 한다. 그는 이들로부터 음악을 만들었는데, 이 음악을 위해 인간의 감정을 사용하였지 그 반대가 아니었다! 모차르트 자신은 이 음악을 위한 귀였을 뿐이고 다른 이들의 귀를 위한 중재자였다. 그리고 모차르트는 소위 영리한 사람에 따르면 그의 작품들이 절정으로 성숙하려는 무렵 죽었다. 하지만 「마술피리」(The Magic Flute) 이후에, 1791년 10월의 「클라리넷 협주곡」(Clarinet Concerto) 이후에, 「레퀴엠」(Requiem) 이후에 그의 음악이 절정에 '아직 도달하지 않았다'고 누가 주장할 수 있단 말인가? 그 절정은 모차르트의 젊은 시절에부터 이미 거기에 있지 않았던가? 칼뱅이나 성서의 모세처럼, 모차르트 또한 '이름 없는 병사'로 비참하게 죽어갔으며 아무도 그가 어디에 묻혔는지 알지는 못한다. 하지만 그것이 무슨 중요한 것인가? 그 꾸밈없는 단순함 속에서, 즉 그 평온함과 신뢰 속에서 하나님의 선하신 창조를 언어 속으로 가져오고 표현하도록 허락된 모차르트의 삶에 과연 무덤이 필요한 것인가? 또한 이런 사명에 인류 전체의 목적이 있는 것이다.

이와 같은 설명이 우리가 혼돈混沌에 대해 말하기 전에 여기에 삽입되어야 했다. 왜냐하면 우리는 모차르트의 음악에서 선하신 창조에 대해 다른 이들에서는 찾아보기 힘든 어떤 강력하고 설득력 있는 증언을 들을 수 있기 때문이다. 곧 창조가 그 속에 'Yes'뿐만 아니라 'No'를 포함하기 때문에 혹은 그 한쪽이 하나님을 향하고 있는 반면 다른 한쪽은 무無를 향하고 있기에, 이런 이유에서 창조

속에는 혼돈이 자리한다고 주장하는 것은 창조에 대한 '중상모략'이다. 모차르트는 이러한 두 번째 측면에서조차도 그리고 그 전체성에 있어서, 창조물이 그 창조자를 찬양하고 있고 따라서 그것이 완벽하다는 것을 들을 수 있게끔 한다. 모차르트를 통한 우리의 문제에 대한 접근에 있어서 오직 들을 수 있는 귀를 지닌 자만이 질서^{秩序}를 들을 수 있다(이러한 접근은 결코 적은 수확이 아니다). 그리고 이런 귀를 지니는 것이 어떠한 과학적 연역법을 가지는 것보다 더 나을 것이다.[4]

---

4 Karl Barth, *Kirchliche Dogmatik III*, 3, 337-340.

II. 신학과 미학의 문제

바르트의 질문을 반복함으로 시작하도록 하자. 우리는 어떻게 그리고 무슨 의미에서 모차르트가 '신학'에서 위치가 있다고 말할 수 있는가? 물론 보다 광범위한 의미에서 기독교가 속해 있는 서양 문화사에서 모차르트가 중요한 위치를 가진다는 것은 의심의 여지가 없다. 또한 모차르트의 음악이 가지는 숭엄함을 통해 평화와 기쁨 혹은 마음의 고양을 경험한 "들을 귀를 지닌" 모든 이도 그의 음악이 종교적 경험에 비유될 수 있는 '영적인' 기능을 한다는 것을 부인하지 않을 것이다. 그런 의미에서 다른 위대한 예술 작품들과 함께 그의 음악은 서양의 '영성'의 역사에서 중요한 자리를 가진다. 하지만 만일 우리가 바르트의 주장을 단지 수사법적 미화나 이해할 만한 과장으로 이해하지 않는다면, 이런 것들이 모차르트가 신학에서 위치를 가지는 이유로 충분한가? 우리는 정말 모차르트를 "이해를 추구하는 신앙"(fides quaerens intellectum)의 과정에, 곧 정확하게 말해서 신앙의 '이해'를 향한 추구 속에 둘 수 있는가?

게라르두스 반 델 레우Gerardus van der Leeuw는 바흐에 관해 놀랄 만큼 유사한 말을 하였다. 바흐에 있어서 "예술가는 곧 사제이며 신학자이다"[1] 하지만 여기서 반 델 레우는 구체적으로 바흐의 종교 음악, 다시 말해 "그의 예술에 대한 봉사와 교회 청중을 위한 봉사, 그의 작품이 지니는 성례전적 구조와 그것의 미학적 구조"를 결합시키는

---

1 Gerardus van der Leeuw, *Sacred and Profane Beauty: The Holy in Art*, trans. by David E. Green (New York: Holt, Rinehart and Winston, 1963), 242.

능력을 가리키고 있다.2 이런 의미에 있어서 "예술이 그 진리에 있어 신성한 행동이 된다"고 하는 것은 이해할 만하다.3 교회 음악가는 사제이며, 신성한 음악의 작곡가는 말씀을 전하는 목회적 기능을 수행한다. 그뿐 아니라 만약 그러한 사명을 진지하게 받아들인다면, 음악가는 그 시대의 청중을 위해 종교 음악을 이해시키고 설명하는 암시적인 신학의 기능을 또한 수행한다. 반 델 레우가 바흐의 업적을 '기적'으로 여기는 것은 교회 음악가에 있어 한편으로 신학적 기능과 다른 한편으로 예술적 기능을 성공적으로 통합하는 것이 얼마나 어려운가를 분명하게 보여주고 있다.

하지만 바르트는 여기서 더 나아가는 것 같다. 그는 성례전적 음악가로서 모차르트의 성공이라는 문제 이상을 제기한다. 사실, 모차르트의 종교적 작품들이 지니는 영적인 성격은 그것들이 사용되도록 의도된 교회의 배경과는 별로 관련이 없으며, 이와는 완전히 분리될 수 있다고 주장할 수도 있다. 오히려 바르트에 따르면, '신학적'으로 여겨질 수 있는 통찰을 우리에게 전하고 있는 것은 모차르트의 음악 자체이다.

어떻게 이것이 가능한가? 어떤 의미에서 *logos*로고스를 표현하고자 의도하지도 혹은 *theos*테오스와 직접 관련되지도 않는 모차르트의 통찰이 그럼에도 '신학'(theology)에 속할 수 있는가? 우리는 이미 여기서 신학적 미학 이론의 가능성이라고 하는 핵심 문제를 직면하게 되는 것이다. 모차르트나 바흐의 경우가 예외적인 것인가 아니면 모든 예술이 바로 예술로서 신학의 대상과 본질인 관계를 지니는

---

2 *Ibid.*

3 *Ibid.*

가? 만약 그러하다면, 그러한 관계는 어떤 것인가?

　이와 같이 예술과 신학이 신학 자체 속에서 통합될 수 있는 가능성에 대해 여기 1장에서 다룰 것이다. 하지만 이러한 통합이 어떤 것을 가져올지 논의하기 이전에, 우리는 우선 '미학'과 '신학'이라는 용어가 무엇을 의미하는지 그리고 둘의 경계와 상호작용의 측면은 무엇인지 밝히는 것이 필요하다.

III. 신학적 미학 이론의 개념

한스-게오르그 가다머^{Hans-Georg Gadamer}는 어떤 개념을 이해하는데 있어서, 그 개념의 역사를 고찰하는 것이 매우 중요함을 지적한다.[1] 왜냐하면 우리가 당연시 받아들이는 예술, 역사, 아름다움 혹은 과학 등과 같은 여러 개념이 사실 각각의 역사를 가지며, 그 시대의 관심과 선입견에 의해 조건 지어지기 때문이다. 신학과 미학에 관련된 모든 용어를 철저히 역사적으로 연구한다는 것은 본 저작의 범위를 벗어나는 것이다. 하지만 최소한 간략하게라도 여기서 사용되어지는 용어들의 여러 의미에 대해서 그리고 "신학적 미학 이론"이라는 개념이 가지는 애매성에 대해 설명하는 것이 필수적인 것 같다.

1. 미학의 개념

'미학^{美學}'(aesthetics)이라는 용어는 "감각을 통한 인식"을 의미하는 그리스어 αἴσθησις^{아이스테시스}에서 유래한 것으로, 알렉산데르 바움가르텐^{Alexander Baumgarten}에 의해 처음으로 사용되었다. 그의 1750년 작품 『미학』(*Aesthetica*)은 지식의 초^超감각적인 양태와는 구분되는 감각적 양태에 대한 연구이다.[2] 이미 바움가르텐의 미학에 대한 정

---

1 Hans-Georg Gadamer, *Truth and Method* (New York: Crossroad, 1982), 11. 이 책의 인용은 주로 영어번역에 의존할 것이다. 이하에서 보다 분명히 의미를 밝히는 것이 필요하다고 여겨지는 부분은 괄호 속에 원문의 인용을 포함할 것이다: *Wahrheit und Methode: Grundzüge einer philosophischen Hermeneutik 4 Auflage* (Tübingen: J. C. B. Mohr, 1975) (이후로는 *WM*).

의에는 몇 가지 다른 요소들이 함께 공존한다. 첫째로 그는 미학을 "감각을 통한 인식의 학문"(scientia cognitionis sensitivae)이라고 말한다. 이러한 의미에서 미학은 인식론의 예비적인 부분 혹은 '열등한' 부분이다: "열등한 인식론"(gnoseologia inferior). 하지만 바움가르텐은 또한 미학을 "아름답게 사유하는 기술"(ars pulchre cogitandi) 혹은 "심미감(taste)을 형성시키는 기술"(ars formandi gustum)이라고 부르며,[3] 그 목적을 '아름다움'의 성취라고 본다: "미학의 목적은 감각적 인식 그 자체의 완성에 있다. 하지만 이러한 완성은 다름 아닌 아름다움이다."[4] 따라서 바움가르텐의 사용법에 따르면 미학은 마음의 '열등한' 능력인 상상력과 직관력을 연구하는 학문인 동시에, 그것들의 생산물인 예술 작품과 시작품을 연구하는 학문이기도 하다.[5] 결과적으로 합리주의 철학자들이 분명한 관념들의 영역에 비해 '불투명하고' 열등한 것으로서 무시했던 인식의 차원을 바움가르텐은 '학문'으로 고양시킨 것이다.[6]

한 독특한 '학문'으로서 미학이라는 바움가르텐의 정의는 계몽

---

2 James Alfred Martin, *Beauty and Holiness: The Dialogue between Aesthetics and Religion* (Princeton: Princeton University Press, 1990), 36-37.

3 *Aesthetica*, no. 1, 14; *Metaphysica*, 607, 662. Iesu Iturrioz, S.J., "Metaphysica generalis", in Professores Societatis Iesu Facultatum Philosophicarum in Hispania, *Philosophiae Scholasticae Summa*, vol. 1 (Madrid: Biblioteca de Autores Cristianos, 1957), 614.

4 *"Aesthetices finis est perfectio cognitionis sensitivae, qua talis. Haec autem est pulchritudo."* *Aesthetica*, no. 14, quoted loc. cit.

5 Friedrich Schiller, *On the Aesthetic Education of Man in a Series of Letters* (*Über die Ästhetische Erziehung des Menschen*), German and English texts, edited and trans. with an Introduction and Commentary and Glossary of Terms by Elizabeth M. Wilkinson and L. A. Willoughby (Oxford: Clarendon Press, 1967), s.v. *'ästhetisch'*, 304.

6 *Ibid.*; cf. Iturrioz, *Metaphysica*, 615.

주의에 의해 받아들여졌고, 이러한 수용은 중요한 결과를 가져왔다. 폰 발타자가 지적하듯, 미학의 독립적인 지위의 획득은 동시에 미학을 논리학이나 윤리학으로부터 분리시키는 부정적인 결과도 가져오게 되었다. 이러한 분리가 나중에 키에르케고르와 그의 추종자들이 미학을 신학으로부터 배제시키는 배경이 되었다.7 비엔나대학교의 철학자 아우구스티누스 부헤러-훌덴펠트Augustinus Wucherer-Huldenfeld는 이와 관련된 비판을 제공한다. 계몽주의적 정의에 기초하여 발달된 미학은 정신(영혼)과 육체라고 하는 데카르트 철학의 이원론을 전제로 한다. 이것은 "아름다움에 대한 저속한 오해"를 '학문적(wissenschaftlich)'으로 정경화시키게 되었고, 아름다움이 가지는 존재론적 의미를 상실시키고 결국은 그것을 '소비될' 상품으로 전락시켰다.8 우리가 차츰 살펴보게 될 것처럼 현대의 미학 이론은 이러한 결과들에 대해 비판적인 입장을 취하며, 미학을 종교적이고 신학적인 측면을 포함한 보다 넓은 삶의 배경 속에서 다시 회복시키려고 시도한다.

자신의 『순수이성비판』(1781)에서 칸트는 미학이라는 용어의 '오용'에 항의하며 그 원래의 어원적 의미에 한정시킨다: 감각적 인식(sense perception)과 그 조건들에 대한 학문9(하지만 그는 나중에『판단력비판』(1790)에서 미학보다 광범위한 의미를 허용한다). 반면 헤겔은

---

7 Hans Urs Von Balthasar, *The Glory of the Lord: A Theological Aesthetics, Volume 1: Seeing the Form*. Translated by Erasmo Leiva-Merikakis. Edited by Joseph Fessio, S.J. and John Riches (San Francisco: Ignatius Press, 1982), 50.

8 Augustinus Karl Wucherer-Huldenfeld, "Sein und Wesen des Schöffnen", in Günter Pöltner and Helmuth Vetter (eds.), *Theologie und Ästhetik* (Wien, Freiburg, Basel: Herder, 1985), 20-34, 특히 23, 24-26.

9 Iturrioz, *Metaphysica*, 615.

그의 『미학강의』에서 미학이라는 용어를 아름다움에 대한 연구, 보다 구체적으로는 "순수 예술(fine arts)의 철학"에 한정한다(따라서 그는 자연[nature]의 아름다움에 대한 고려를 열등한 것으로 제외시킨다). 하지만 헤겔은 이러한 정의가 미학이라는 용어의 어원론에서 볼 때 부적절한 것임을 인정한다.

'미학'이라는 이름은 그 일반적인 의미에 있어서 여기서 다루려는 주제에 아주 적절한 것은 아니다. 'Aesthetics'는 보다 정확하게는 감각 혹은 감정에 관한 학문이다. 이러한 미학의 이해는 독일에서 볼프(Wolff) 학파에 의해 예술 작품이 일으키는 감정에 대해 연구하는 새로운 학문으로서 혹은 철학의 한 분야로 처음으로 발달되었다. … 이러한 이름은 부적절하거나 보다 엄밀한 의미에서는 너무 피상적인 것이었기 때문에, '칼로스학'(Kallistic)과 같은 다른 대안적 이름들이 제안되었다.[10] 하지만 이러한 명칭 또한 만족스럽지 못한데, 왜냐하면 우리가 다루고자 하는 것은 단지 일반적인 아름다움이 아니라 보다 한정적인 '예술적' 아름다움이기 때문이다. 따라서 우리는 '미학'이라는 용어를 그대로 사용하고자 한다. 왜냐하면 단지 그 이름 자체가 중요한 것은 아니며 또한 이 용어가 우리의 일상적 언어에서 언제부턴가 사용되어 왔기 때문이다.[11]

---

10 (역자주) 헤겔이 언급한 '칼로스학'이란 그리스어 '칼로스'($\kappa\alpha\lambda\acute{o}\varsigma$)에서 유래한 것으로, 아름다움(美) 곧 beauty의 연구라는 의미를 지닌다. 동양권 언어에서 '미학'(美學)이라고 번역된 것의 가장 합당한 지칭 대상이 서양의 칼로스학일 것이다. 그러나 현재 우리의 용례에 따르면, 미학은 칼로스학(kallistic)뿐 아니라 감각의 인식론(epistemology of perception)과 예술론(theory of art) 등을 포괄적으로 의미한다.

11 Georg Wilhelm Friedrich Hegel, *On Art* (translation of *Vorlesungen über die Ästhetik*) in Hegel, *On Art, Religion, Philosophy: Introductory Lectures to the Realm of Absolute Spirit*, edited by J. Glenn Gray (New York: Harper & Row, 1970), 22.

이러한 식의 빈번한 용어의 오용은 무엇보다도 프리드리히 실러 Friedrich Schiller의 유명한 『미학 편지』에서 분명히 나타난다.[12] 비록 그는 미학의 대상을 "아름다움과 예술"로 규정하지만,[13] 또한 그러한 용어들을 아주 넓고 포괄적인 의미로 이해한다. '미학'은 그에게 있어 인간의 능력들이 통합되는 영역이다. 그것은 감각과 이성이 동시적으로 함께 활동하는 감정 혹은 정조(게뮤트, *das Gemüt*)의 조건을 가리킨다.

우리에게 보이는 모든 사물은 네 가지 다른 측면에서 생각될 수 있다. 그것은 우리의 감각(感覺)적 조건(곧 우리의 현 존재와 우리의 행복)에 직접 관계될 수 있다. 이것이 그 '물리적'(physical) 특성이다. 또는 그것은 우리의 지성(知性)에 관련되어, 우리 속에서 지식을 창조할 수 있다. 이것이 그 '논리적'(logical) 특성이다. 또는 그것은 우리의 의지(意志)에 관련되어, 이성적 존재로서 우리가 가지는 선택의 대상으로 다루어질 수도 있다. 이것이 그 '도덕적'(moral) 특성이다. 마지막으로 그것은 이러한 특성들 중에 어떤 한 차원의 구체적 대상이 되지 않고 오히려 우리의 서로 다른 능력들의 총체성(總體性)과 관련될 수 있다. 이것이 그 '미학적'(aesthetic) 특성이다.[14]

---

12 Schiller, *Über die Ästhetische Erziehung des Menschen*, XX. 4, n., 140.

13 "*Sie wollen mir also vergönnen, Ihnen die Resultate meiner Untersuchungen über das Schöne und die Kunst in einer Reihe von Briefen vorzulegen*"(당신은 저로 하여금 아름다움과 예술에 관한 저의 생각의 결과를 일련의 편지들로 나타낼 수 있는 기회를 허락하였습니다). *Ibid.*, I. 1, 2.

14 *Ibid.*, XX. 4, n., 140-143(지은이 빌라데서가 영어 번역문의 번역을 약간 수정).

따라서 "심미감과 아름다움"을 지향하는 '미학적' 교육이라는 실러의 생각은 사실 "우리의 감각적이고 영적인 모든 능력을 극대로 조화롭게 발전시키는 것"을 목적으로 한다.[15]

우리는 위의 간략한 요약적 고찰을 통해 '미학'이라는 말이 대변하는 몇몇 서로 관련되지만 동시에 구분되는 관심들을 살펴볼 수 있다:

1. 비개념적이거나 비담론적인 (하지만 그럼에도 '지적인') 지식의 보다 광범위한 의미에 있어서 감각(sensation)과 상상력(imagination) 혹은 '감정'(feeling)에 대한 일반적 연구.

2. 아름다움(beauty) 혹은 '심미감'(taste)의 연구.

3. 예술(art) 일반 혹은 구체적으로 순수 예술의 연구.

(본인은 여기서 '이론'[theory]이라는 말보다는 '연구'[study]라는 말을 사용하고자 한다. 왜냐하면 철학적이거나 조직적인 접근뿐 아니라 경험적, 현상학적, 역사적 그리고 다른 여러 측면의 접근을 포함하고자 의도하기 때문이다).

이 각각의 관심들에 있어서 수용적인 측면이나 창조적인 측면이 각각 강조될 수 있을 것이다: 실재(reality)를 수용적으로 이해하는 양식으로서 미학 혹은 실재적인 것을 창조적으로 표현하거나 구성하는 양식으로서 미학.[16] 나아가 이러한 세 가지 관심들은 그것들이 어떻게 정의되는지에 따라, 그것들에 주어지는 무게에 따라 그리고

---

15 *Ibid.*

16 James Alfred Martin, *Beauty and Holiness: The Dialogue between Aesthetics and Religion* (Princeton: Princeton University Press, 1990), 29.

그것들 사이의 관계에 대해 어떤 입장을 가지는지에 따라 다양한 차원에서 서로 만나거나 구분될 것이다. 또한 그러한 관심들은 우리의 접근이 주관 중심적인지 객관 중심적인지에 따라서 다양하게 관련될 수 있을 것이다. 객관적인 접근에 있어서는 다양한 사물들이 아름다움이나 예술에서 어떻게 분류될 수 있는지 미학적 분류(class)가 강조될 것이다. 이와는 반대로 주관적인 접근에 있어서는 사물들이나 그것들의 특성들이 어떻게 분류될 수 있는지에 미학적 연구가 관심하기보다는, 경험하는 인간 주체의 "마음의 미학적 틀"(aesthetic frame of mind) 혹은 로너간의 표현을 빌리면 "경험의 미학적 패턴"(aesthetic pattern of experience)을 강조하게 될 것이다. 이런 후자의 입장에 따르면, 적절한 주관적 조건들이 제공된다면 거의 모든 것이 미학적 대상이 된다(하지만 이러한 '주관적' 접근이 동시에 '아름다움'을 존재의 한 초월적 특성으로 이해하고 나아가 적합한 분석의 대상으로 여기는 미학 이론과도 양립될 수 있음을 지적하고 싶다. 자세한 내용은 4장 참고).

감각과 상상력에 관한 연구가 '미학'에 관한 모든 이론적 고찰에 있어서(비록 항상 표면적으로 드러나지 않을 수는 있지만) 언제나 전제된다고 우리는 동의할 수 있을 것이다. 하지만 미학에 대한 다른 두 이해는 논란의 가능성이 있다.

예를 들어 세 번째 구분인 '예술의 연구로서 미학'은 단지 두 번째인 '아름다움의 연구로서 미학'에 종속된 한 하부 분야로 혹은 그 반대로 주장될 수도 있을 것이다. 하지만 우리는 '아름다움'이나 '예술'이 무엇을 의미하는지 혹은 이 둘은 어떤 관계가 있는지 분명히 알고 있지는 못하다.[17] '아름다움'이란 모든 예술이 거기를 향해 나아가고자 분투하는 어떤 객관적이고 보편적인 특성인가? 아니면 그것은 단지 주관적이거나 문화적인 인식에 따라 변하는 순전히 상대적인 어떤 것인가? '존재론적 아름다움'이 예술의 목표를 결정하는가, 아니면 예술가들이 우리가 아름답다고 보는 것을 결정하는가?

우리의 경험에 비추어 볼 때 후자의 주장이 보다 설득력이 있는 것처럼 보일 수도 있다. 가다머가 말하듯, "어떤 풍경이 아름다운지 그렇지 않은지 판단하는 것은 의심할 여지 없이 그 시대의 예술적 심미감에 의존한다. 우리는 18세기까지도 발견되는 알프스산 풍경의 추함에 대한 기술을 예로 들 수 있을 것이다. 우리가 알듯이 이것은 그 세기를 지배했던 인위적 균형(artificial symmetry)이라는 절대주의 정신의 산물이다."[18] 자신의 작품 속에서 오스카 와일드^{Oscar Wilde}는 오히려 '자연이 예술을 모방한다'는 입장을 옹호하게 함으로써 이를 보다 대담하게 주장한다:

> 자연(nature)은 무엇인가? 그것은 더 이상 우리를 낳은 위대한 어머니가 아니다. 자연은 오히려 우리의 창조물이다. 자연은 우리의 뇌 속에서만 생명을 가질 뿐이다. 사물들은 우리가 그것들을 보기 때문에 존재하는 것이다. 그리고 우리가 무엇을 보는지, 어떻게 보는지는 예술(art)에 달려 있다. … 예를 들어, 문화가 뭔지 아는 사람이라면 더 이상 해지는 것을 아름답다고 말하지는 않는다. 그건 아주 구식이다. 터너(Turner)가 그

---

17 이 주제에 대해서는 Brown, *Religious Aesthetics*, 21. 현대 미학 이론에 있어서 '아름다움' 대신에 '미학적 상황'(ästhetische Zustand)이라는 표현의 사용에 대해서는 Helmuth Vetter, "Ästhetik und Schönheit", in Günter Pöltner and Helmuth Vetter (eds.), *Theologie und Ästhetik* (Wien, Freiburg, Basel: Herder, 1985), 35-47, 특히 43.

18 Gadamer, *Truth and Method*, 54. 이러한 통찰의 타당성이 '아름다움'이나 '예술적 심미감'에 대한 궁극적 척도가 존재하는지의 문제를 해결하는 것은 물론 아니다.

림에서 이를 표현했던 시대에나 적합한 것이다. 어제 아룬델 부인이 나더러 창가로 가서 이른바 그녀가 말하는 하늘의 영광을 보라고 했다. … 도대체 그게 무엇인가? 자연의 일몰은 단지 터너의 이류작일 뿐이다. 더군다나 그의 나쁜 약점들이 고스란히 드러나는 최악의 시기의 터너일 뿐이다. …

만약 인상주의 화가들이 아니었다면, 거리를 스며들며 가스등을 흐릿하게 만들고 집들을 괴상한 그림자로 바꿔버리는 그런 거무스름한 신비로운 안개를 우리는 어디서 가질 수 있을까? 강을 품고 돌며 다리와 거룻배들을 사그라드는 은총처럼 희미하게 만드는 사랑스러운 은빛 안개를 인상주의 화가들과 그들의 스승들에게 빚지지 않았다면 대체 누구에게 빚진 것인가? 지난 십 년간 런던의 이상기후는 전적으로 이 독특한 예술가들 때문이다. … 어떤 것을 그저 본다는 것은 그것을 살펴본다는 것과는 다르다. 그것의 아름다움을 살펴보기 전까지는, 우리는 아무것도 보지 않은 것이다. 이때에만 그리고 오직 이때에만, 그것이 존재하기 시작한다. 요즘 사람들이 안개를 보게 된 것은 단지 거기에 안개가 있었기 때문이 아니다. 시인들과 화가들이 그 신비로움을 우리에게 가르쳐 주었기 때문이다. 수백 년 동안 안개는 런던에 있었을 것이다. 분명 그렇다. 하지만 어느 누구도 그것을 살피지 않았고, 우리는 그것에 대해 아무것도 몰랐다. 예술이 그것을 창조하기 전까지, 안개는 존재하지 않았다. 물론 오늘날은 그 안개가 극단에 다다랐다는 건 인정한다. 그건 이제 단순한 무리의 매너리즘으로 변했고, 그들이 사용하는 과장된 리얼리즘은 어리숙한 사람에게 기관지염을 선사하곤 한다.[19]

---

19 Oscar Wilde, "The Decay of Lying", in *Intentions and the Soul of Man* (1891). Melvin Rader, ed., *A Modern Book of Esthetics: An Anthology* (New York: Holt, Rinehart and

우리는 '아름다움'과 그것의 존재론적 위상에 대해 나중에 다시 논의하게 될 것이다. 지금은 단지 아름다움을 "이해관계를 떠난" (disinterested) 즐거움의 대상으로 여기는 사람들도 있다는 것을 지적하는 것으로 충분한 것 같다. 가다머가 분명하게 보여주듯, (두 번째 의미에 있어서) 서양 미학 이론 대부분은 '아름다운 것'(τò καλòν, the beautiful)이란 그 가치가 자명한 사물들이라고 보는 그리스인들의 견해를 따른다. 아름다운 사물들이 무엇에 필요한지 묻지는 않는다.[20] 이와 유사하게 칸트에 있어서 미학적 즐거움의 대상은 어떤 유용한 것으로 사용될 수도 혹은 도덕적 선을 위해 요구될 수도 없다. 더군다나 전적으로 자기-표상(self-presentation: *Sichdar-stellen*)으로 구성되어지는 미학적 내용에 있어서 '실재적 존재'(real existence: *Dasein*)는 어떠한 것도 추가하지는 않는다.[21]

하지만 '예술'이 이와 같은 이해관계를 떠난 아름다움이라는 목적을 항상 추구하는지는 분명하지 않다. 우선 회화, 조각, 연극, 무용, 건축, 음악, 시, 이야기, 문학, 사진, 영화 등과 같은 여러 다른 활동들이 '예술'이라고 하는 단일한 범주 속에 실제로 들어갈 수 있는지 우리는 질문할 수 있을 것이다.[22] 비록 우리가 이러한 다양한 예술 형식들 사이에는 어떤 공통의 '본질'(essence)은 아니라고 하더라도 일종의

---

20 Gadamer, *Truth and Method*, 434. Maritain, "beauty, which is of no use", in Jacques Maritain, *Creative Intuition in Art and Poetry* (New York: Meridian Books, 1955), 41.

21 *Ibid.*, 444 [*WM* 463].

22 Karl Rahner, "Art against the Horizon of Theology and Piety", in *Theological Investigations XXIII*, trans. by Joseph Donceel, S.J. and Hugh M. Riley (New York: Crossroad, 1992), 162.

'가족 유사성'(family resemblance)이 있다고 전제하더라도, 우리는 이러한 양식과 목적의 다양성 또한 인정하여야만 한다. 미켈 뒤프렌[Mikel Dufrenne]이 미학에 관한 자신의 유네스코 연구 서론에서 지적하듯,

> 예술은 언제나 그리고 모든 장소에서 동일한 지위, 내용 혹은 기능을 가지지는 않는다. 오늘날 '예술'이라는 말은 매우 의심되고 있으며, 그러한 개념이 가리키는 폭은 너무도 애매하다. … 단지 예술의 본질을 정의하는데 예술 '이론들'이 주저하고 있을 뿐 아니라, 예술가들은 예술에 대한 어떠한 정의도 계속 거짓말로 만든다.[23]

자크 마리탱[Jacques Maritain]은 τεχνή[테크네]가 예술뿐만 아니라, ποίησις[포이에시스]를 가리킴을 상기시킨다.[24] 아리스토텔레스는 예술을 구체적인 수단을 통해 구체적인 목적에 도달하는 행동들의 합리적 배열이라고 정의하는데,[25] 이러한 정신을 따라 마리탱은 실용(useful) 예술 혹은 실용적인 공예(crafts)가 모든 예술의 기원이 될 뿐만 아니라 "실천적 지성의 덕"으로서 예술의 가장 고유한 성격을 대변한다고 주장한다.[26]

우리가 실용예술과 '순수'(fine) 예술을 구분한다고 해도, 순수 예

---

23 Mikel Dufrenne, ed., *Main Trends in Aesthetics and the Sciences of Art*, in *Main Trends of Research in the Social and Human Sciences*, Part 2, Vol. 1 (The Hague: Mouton Publishers · UNESCO, 1978), 491. 이것이 다시 Martin, *Beauty and Holiness*, 164에서 인용되고 있다.

24 Maritain, *Creative Intuition*, 31-32; cf. Martin, *Beauty and Holiness*, 12.

25 *Posterior Analytics*, bk. 1, lect. 1, no. 1. [(역자주) 아리스토텔레스에 따르면 "모든 가르침과 지적인 학습은 이미 그 전에 존재하는 지식에서 유래한다. … 이런 방식으로 수학의 분야들이 이루어졌고, 다른 예술(arts)도 모두 그러하다."]

26 Maritain, *Creative Intuition*, 31-51.

술이란 '아름다움'의 성취를 그 목표로 가진다고 반드시 정의할 수 있는 것은 아니다.[27] 순수 예술에 관한 몇몇 이론은 아름다움의 추구를 그 내재적 본질로 보고 있는 반면, 다른 이론은 유희, 표상, 의사소통, 감정의 표현 등과 같은 다른 목적을 설득력 있게 제시한다(물론 이러한 목적이 반드시 서로 배타적인 것은 아니며, 몇몇은 예술의 목적이 '아름다움'이라는 입장과도 조화될 수 있을 것이다. 이것은 특히 예술을 재현 혹은 표상이라고 보는 이론의 경우 잘 드러난다. 예를 들어 칸트는 예술을 "사물의 아름다운 표상"으로 정의한다. 이러한 이해에 따르면, 비록 추한 사물조차도 예술의 표상을 통해 아름답게 될 수 있다).[28] 그리스인들은 미메시스[mimesis]가 예술의 유일한 의도라고 생각했다.[29] 또 다른 예로 몇몇 예술 양식은 감정들의 생산 그 자체를 (비록 그것이 부정적인 감정이라 하더라도) 목표로 하는 것 같다.[30] 부정적인 감정조차도 '즐거움'을 가져다줄 수 있는데, 왜냐하면 '미학적 거리'(aesthetic distance)가 우리로 하여금 그것들을 경험하게 하는 동시에, 그 원인이 '실재'하지 않다

---

27 이러한 맥락에 있어 멜빈 밀러 레이더(Melvin Miller Rader)의 *A Modern Book of Esthetics*는 서로 다른 이론들에 관한 글들을 잘 모아두고 있다.

28 *Kritik der Urteilskraft*, 1799, no. 45; 이것이 다시 Gadamer, *Truth and Method*, 48에 인용되고 있다.

29 Martin, *Beauty and Holiness*, 12.

30 그래서 폴 틸리히(Paul Tillich)는 미학적 즐거움이 "비록 표현된 주제가 추하거나 공포스러운 것일 때조차도 미학적 창조의 표현력에 기초하고 있다"고 한다. *Systematic Theology*, vol. III (Chicago: University of Chicago Press, 1951), 257. 사람의 경험방식을 전환시키기 위해 '아름다움'을 폴 발레리(Paul Valéry)가 말하는 '충격의 가치들'(*valeurs de choc*)—특히 새로움(*la nouveauté*), 강렬함(*l'intensité*), 이상함(*l'étrangeté*)—로 대체시키는 현대의 미학 이론에 대해서는, Helmuth Vetter, "Ästhetik und Schönheit", in Günter Pöltner and Helmuth Vetter (eds.), *Theologie und Ästhetik* (Wien, Freiburg, Basel: Herder, 1985), 35-47. 특히 페테르는 이러한 미학적 접근에 있어서 아르튀르 랭보(Arthur Rimbaud)의 영향을 연구한다.

는 것을 인식시켜주기 때문이다(예를 들어 일본의 부토^{Butoh} 춤은 관객들에게 의도적으로 무시무시함과 혐오감을 불러일으키고자 한다). 혹은 예술은 스스로 정의할 수도 있다. 곧 예술이 (그것이 '아름다움'이든 다른 것들이든) 어떤 목적에 관계되기보다는, "예술 작품을 예술 작품으로 만드는 것은 형태와 양식의 표현에 있어서 뛰어난 솜씨"일 수도 있다.[31]

예술은 또한 듀이^{Dewey}의 견해처럼 의사소통의 한 양식으로 받아들여질 수도 있다.[32] 최소한 몇몇 순수 예술은 교훈적(didactic)이다. 특히 종교적 영역에서 이는 분명히 드러난다. 여기서 (성례, 상징, 춤, 이미지, 제스처와 같은 양식으로서) 예술은 메시지를 전달하기 위해 사용된다(비록 그것이 항상 언어적인 메시지는 아니라 하더라도). 종교예술이 종종 아름다움의 숭고한 지경에 도달한다 하더라도(시스티나 성당의 프레스코벽화나 샤르트르대성당의 스테인드글라스를 들 수 있을 것이다), 이것이 종교예술의 원래 목적에 본질인지 혹은 그것이 가지는 종교적 기능을 오히려 방해하는 것은 아닌지 질문할 수 있을 것이다(이 주제는 본 저작에서 계속 다루어질 것이고, 특히 마지막 장에서 주제로서 연구될 것이다).[33]

서양 전통 밖을 살펴보게 되면, 우리가 종종 전제하는 예술과 아름다움 사이의 관계는 더욱 문제시된다. 마리탱은 다음과 같이 쓰고 있다. "인도 예술의 역동성은 아름다움이 아니라 프락시스, 실

---

31 Gadamer, *Truth and Method*, 64.

32 Martin, *Beauty and Holiness*, 114.

33 반대로 여러 대중적 (그리고 가끔은 '고전적') 종교예술이 단지 조잡한 키치(kitsch)로 보이는 경우도 있다. 하지만 이런 성격이 어느 정도까지 의사소통적 예술로서 종교예술이라는 기능을 방해하는 것일까? 종교예술에 있어서 키치의 문제에 관해서는 이후의 5장을 참고하라.

용적 사용, 특히 영적인 경험이라는 지고의 목적을 지향한다고 말하고 싶다."34 제임스 마틴James Martin은 이러한 마리탱의 견해에 동의하는 몇몇 인도 미학자들의 견해를 간략하게 요약하고 있다. 예를 들어 아난다 쿠마라스와미Ananda K. Coomaraswamy는 "모든 예술은 그 본질에 있어 아이콘적(iconographic)이고, 예술의 본질인 형식과 내용은 '영적인' 의미들을 구체화하고 전달한다"고 말한다.35 진정한 예술은 관념화적(ideational)이다. 현대 (서구) 미학 이론의 실수는 예술의 목적을 감정에 위치시킨 데 있다. 감정 그 자체를 위한 '미학적' 만족이라는 것은 우상 숭배 혹은 비인간화의 한 형태일 뿐이다.36

위에서 살펴보았듯이, 우리는 '아름다운 것'과 예술의 관계에 대해서 어떤 아프리오리적 정의를 내리는 것을 피해야 한다. 대신 우리는 가다머처럼 무엇이 '예술'을 구성하는지 여러 다른 척도들이 존재할 수 있다는 것을 인정해야만 할 것이다.37 또한 트레이시가 말한 것처럼, 우리는 예술 경험을 "이해하고 설명하는 여러 방법의 비판적 다원주의"를 필요로 한다.38 따라서 '미학'이 신학과 가지는

---

34 Maritain, *Creative Intuition*, 15.

35 Martin, *Beauty and Holiness*, 114.

36 *Ibid.*, 141.

37 Gadamer, *Truth and Method*, 64.

38 David Tracy, *The Analogical Imagination: Christian Theology and the Culture of Pluralism* (New York: Crossroad, 1981), 112. 여기서 트레이시는 다양한 예술이론들을 그것들이 강조하는 경험의 요소들에 따라 분류한다. '표현 이론들'(expressive theories)은 창조적 예술가를 강조한다. '객관적, 종종 형식주의 이론들'(objective, frequently formalist theories)은 예술 작품 자체를 강조한다. '미메시스 이론들'(mimetic theories)은 작품이 창조하거나 드러내는 세계를 강조한다. 그리고 마지막으로 '실용적 이론들'(pragmatic theories)은 그러한 세계가 영향을 주는 수용자 혹은 감상자를 강조한다.

관계에 대한 우리의 고찰에서 '예술'과 '아름다움'은 서로 관련된, 하지만 독특한 관심들을 지닌 것으로 이해될 것이다.

2. 신학의 대상들과 미학의 대상들

'미학'이 서로 다른 관심들이나 대상들을 가진다는 사실을 우리가 살펴본 것처럼, '신학' 또한 그러하다. 한스 큉Hans Küng과 몇몇 신학자는 신학에 있어서 패러다임의 전환을 구조적으로 연구하였다.[39] 그들에 따르면 이러한 전환은 점진적 내향성(progressive interiority)의 '관점'을 향한 변화로 이해될 수 있다. 이런 신학적 관점 혹은 방법의 변화들은 자연스럽게 신학의 대상에 대한 이해에도 변화를 가져왔다. 매우 개괄적이고 도식적인 방식으로 우리는 이 과정에서 발생한 상호 관련된 세 가지 신학적 대상을 들 수 있을 것이다:

하나님, 신앙(혹은 종교적 경험), (신앙의 확장으로서) 신학 자체.

고전적 혹은 '객관적' 패러다임에서 신학은 하나님에 관한 지식의 체계로 이해되었다: "*Deus est subiectum huius scientiae*"(신학의 주제는 하나님이다).[40] (물론 신학은 다른 것들도 ―사실, 궁극적으로는 존재하는 모든 것을― 다룬다. 하지만 그러한 것들은 하나님과의 관계 속에서만 신학의 적합한 대상이 된다.)[41] 하지만 신학이 점차 인간 주체로 관심을 옮김에 따

---

39 Hans Küng and David Tracy, eds., *Paradigm Change in Theology*, trans. by Margaret Köhl (New York: Crossroad, 1989).

40 Thomas Aquinas, *Summa Theologica*, I, q. 1, a. 7, c.

라서 인간의 신앙 혹은 종교적 경험 혹은 단순히 '종교'에 대한 사유가 신학의 대상이 되었다.[42] 신학은 "신앙에 대한 이해"(*Glaubensverständnis*)가 되었다.[43] 마지막으로 신학은 그 자신의 방법론, 해석학적 원칙들 그리고 가능성의 조건들에 대한 성찰일 수도 있다. 여기서 그것은 '신학의 신학'(the theology of theology)이 된다.[44]

---

41 *Omnia autem pertractantur in sacra doctrina sub ratione Dei vel quia sunt ipse Deus; vel quia habent ordinem ad Deum, ut ad principium et finem.* (성스러운 교리에서는 모든 것이 하나님과의 관계 아래서 다루어진다; 왜냐하면 그것들이 하나님 자신이거나 하나님을 자신들의 원리 혹은 목적으로 지향하기 때문이다.)

토마스 아퀴나스에 있어서 그리스도 사건을 포함한 '구원사'도 이런 의미에서 신학의 대상에 포함된다: *Quidam vero, attendentes ad ea quae in ista scientia tractantur, et non ad rationem secundum quam considerantur, assignaverunt aliter subiectum huius scientiae: vel res et signa, vel opus reparationis, vel totum Christum, idest caput et membra. De omnibus enim istis tractatur in ista scientia, sed secundum ordinem ad Deum*(하지만 어떤 이들은 이 학문에서 다루어지는 것들만을 보고 그것들이 어떤 측면에서 다루어지는가를 보지 못함으로써, 이 학문의 주제가 하나님이 아닌 다른 어떤 것들-곧 사물들이나 기호들 혹은 구원의 사역들 혹은 교회의 머리와 성도를 함께 가리키는 그리스도 전체라고 주장하기도 한다. 이러한 모든 것이 이 학문에서 다루어지는 것은 사실이지만, 그것들은 하나님을 향해 질서 지어진 한에서 다루어진다). *Ibid.* 로마가톨릭 신학에서는 신스콜라주의의 영향으로 이러한 이해가 현대까지 지속되었다. 따라서 '초기의' 로너간은 토미즘적 입장에서 '신앙의 이해'(*Glaubensverständnis*) 혹은 '신앙의 학문'(*Glaubenswissenschaft*)으로서 신학이라는 견해를 반대한다. Lonergan, "Theology and Understanding", in *Collection: Papers by Bernard Lonergan, S.J.*, edited by F. E. Crowe, S.J. (New York: Herder and Herder, 1967), 125, n. 7.

42 예를 들어 로너간(Lonergan)의 다음과 같은 글을 참고하라: "Theology in its New Context", in *A Second Collection: Papers by Bernard J. F. Lonergan, S.J.*, edited by William F. J. Ryan, S.J. and Bernard J. Tyrrell, S.J. (London: Darton, Longman & Todd, 1974), 67; "Revolution in Catholic Theology", in *ibid.*, 237; *Method in Theology* (New York: Herder and Herder, 1972), 125-145, 267, 331 and *passim.*

43 이것은 *Method in Theology*의 350에 나오는 '후기' 로너간 입장이다.

44 Karl Rahner, "The Future of Theology" in *Theological Investigations*, vol. XI, trans. by David Bourke (New York: Seabury, 1974), 144. "Reflections on Methodology in Theology" in *ibid.*, 76.

IV. 신학적 미학 이론의 차원들

위의 논의들에 기초하여 우리는 '신학적 미학 이론'을 이러한 세 가지 대상과 관련됐거나, 앞에서 언급된 '미학'의 세 가지 의미들과 관련된 신학의 실천으로 광범위하게 이해할 수 있을 것이다. 신학적 미학 이론은 '하나님', '종교', '신학'이라는 대상을 '감각적 지식'(감각, 상상력, 감정), '아름다움', '예술'과 관련하여 성찰한다. 이러한 관계들은 물론 다양할 것이다. 이 책에서 본인은 간략하게 상호연관적인 주제들을 개관할 것이다. 본인의 의도는 이러한 주제들을 포괄적으로 결론 내리려 하는 것이 아니라, 앞으로 발전을 위해 몇몇 예비적인 제안하려는 것이다. 예를 들어 본인은 최근의 성서학, 해석학적 신학, 교리학, 신학적 방법론에 점층적인 영향을 끼치고 있는 문학 이론과 그 방법론의 문제를 다루지 않을 것이다. 대신 본인은 신학과의 관계에 있어서 아름다움, 감정, 예술의 문제를 문학 이론 이외의 구체적 예들에 집중하여 다루고자 한다.

1. 실천으로서 신학적 미학: 신학적 담론의 미학적 차원

카를 바르트는 신학에 대해 다음과 같이 쓰고 있다:

만약 우리가 그 과제를 제대로 보고 이해한다면, 신학은 그 부분들과 전체에 있어서 무엇보다도 독특하게 아름다운 학문이다. 사실, 신학이 모든 학문 중 가장 아름다운 학문이라고 우리는 자신 있게 말할 수 있을 것이다. 학문을 싫어하는 것은 교양 없음의 표시이다. 그리고 신학을 싫어하는 것은 그 교양 없음의 극치이다. 자신의 신학적 작업에서 즐거움을 느끼지 못하는 신학자는 신학자가 전혀 아니다. 이 학문에서는 찡그린 얼굴, 침울한 사고, 지루한 말투는 참을 수 없는 것들이다. 영적인 진리들과 관련해 (신학도 여기에 포함된다) 가톨릭교회가 말한 일곱 가지 죄 중의 하나인 '지루함'(taedium)으로부터 하나님이 우리를 구원하시길![1]

바르트에 있어서 신학이 정확하게 '학문'으로서 아름답다는 사실은 주목할 만하다. 많은 이가 신학의 '학문적' 추구가 부정적인 결과들을 가져온다고 생각하는 것 같다. 예를 들어 폰 발타자는 신학이 정확성을 추구하는 다른 학문의 방법론을 도용함으로써 그 아름다움을 잃고 있다고 주장한다.[2] 그에 따르면 현대신학은 사유의 대상으로서 아름다움을 무시할 뿐 아니라 또한 살아 있는 종교 혹은 영성과의 관계 곧 "위대한 영적인 진리들"을 추구하고 전달하는 사명을 대부분 잃어버렸다. 이미 19세기가 시작할 무렵, 초기의 가톨릭 낭만주의의 한 대표자인 알로이시우스 귀글러[Alois Gügler]는 신학의 영혼이 부재한 것에 대해 이렇게 쓰고 있다. "우리는 종교에 대한 어떠한 이해도 부재하는 단지 교리적이고 도덕주의적 신학 교과서들을 얼마나 더 읽어야만 하는가?"[3] 발타자에 따르면, 현대의 기술 세계는 경이로움과 사유의 수용성으로서 지식이라는 측면을 잃

---

1 Karl Barth, *Church Dogmatics*, edited by G. W. Bromiley and T. F. Torrence (Edinburgh: T&T Clark, 1970), vol. II, part 1, 656.

2 Hans Urs von Balthasar, *The Glory of the Lord*, vol. 1, 18.

3 Alois Gügler, *Die heilige Kunst* (Landshut, 1814). *ibid.*, 102.

어버렸다. 대신에 '제압'(Bewältigung: 통제, 지배, 착취)이 지식의 이상이 되었다.4 학문 세계는 이러한 추상적이고 객체화시키는 합리주의를 대부분 반영하고 있다. 그리고 학문적 신학은 이런 합리주의에 의해 종종 유혹받는다.5 이렇게 신학은 자신의 고유한 영성, 이와 함께 그 본질인 아름다움과 시詩를 잃을 위기에 처하였다. 발타자는 다음과 같이 우리에게 경고한다. 아름다움 없는 세계에서는 혹은 최소한 "그것을 더 이상 발견하거나 사유할 수 없는 세계"에서는, "도덕적 선善도 또한 왜 그러해야 하는지의 자명성과 매력을 잃게 될 것이다."6 이와 유사하게 신학이 또한 영적인 아름다움과의 관계를 상실하게 된다면, 그런 신학은 더 이상 설득하지 않을 것이다.

발타자의 이러한 염려가 다른 많은 신학자에게도 반향하고 있다. 브루스 로렌스Bruce Lawrence는 다음과 같이 말한다. "신학은 이제 감정이 아니라 이성에 특권을 부여한다. 학문적 신학과 구체적으로 관련이 없는 여러 종교적 교육 기관도 이런 강조점을 반영하고 있다. 많은 신학자가 영성의 경험이 있음에도 불구하고, 동료들의 암묵적 압력으로 인해 자신의 신학적 작업을 인도하는 '내적인 동기를 버리려고 하거나 감춘다."7 현대의 우리가 '무릎의 신학'(kniende Theologie: 예배 속에서 '무릎 꿇는' 신학)을 결여하고 있다고 발타자는 진

---

4 Rowan Williams, "Balthasar and Rahner", in John Riches, ed., *The Analogy of Beauty: The Theology of Hans Urs von Balthasar* (Edinburgh: T&T Clark, 1986), 24.

5 발타자가 대학에서 한 번도 고정적 지위를 가지지 않았다는 사실이 이런 문맥에서 이해될 수 있을 것이다.

6 Balthasar, *The Glory of the Lord*, vol. 1, 19.

7 Bruce B. Lawrence, "Toward a history of global religion(s) in the twentieth century, parachristian sightings from an interdisciplinary Asianist." Sixteenth Annual University Lecture in Religion, Arizona State University, March 23, 1995, 5.

술하고, 그것을 카를 라너는 '신비에 관한'(mystagogical), '시詩적인' 신학의 부재로 달리 표현한다. 따라서 라너는 신학의 이러한 결핍을 미학적 차원을 회복시킬 필요성과 연결시킨다.8 이것은 신학이 종교와 종교적 언어가 가지는 감정, 아름다움 그리고 예술의 측면을 수용하여야 한다는 것을 주장하는 것뿐만 아니라,9 신학 자체도 또한 '감정을 가지고', 이미지 속에서, 그 담론의 종교적이고 시적인 요소들을 통합하며 이야기할 수 있어야 한다는 것을 의미한다. 신학은 단지 '추상적인' 학문이 될 수 없다. 왜냐하면 그 목표가 모든 개념 너머의 하나님 신비의 체험으로 우리를 인도하는 것이기 때문이다.

라너의 저작은 신학의 방법론적 핵심이 '신비의 회복'(reductio in mysterium)이라는 사상을 학문적 신학에 강력하게 다시 소개하였다.10 이와 같은 방법론적 원칙은 신학의 관심이 다름 아닌 하나님이며, 하나님의 실재는 단지 어떤 한 개념으로 남게 될 때 완전히 놓쳐진다는 통찰에 기초하고 있다. 신학은 하나님과의 실존적 만남을 지향한다. 하지만

하나님 혹은 이 말이 의미하는 것을 우리는 단지 개념적으로 이해하거나

---

8 로마가톨릭 신학에서 상상력·표상력의 차원을 회복시키고자 한 선구적인 노력으로는 Gerald J. Bednar, *Faith as Imagination: The Contribution of William F. Lynch, S.J.* (Kansas City: Sheed & Ward, 1996).

9 "종교의 중요한 언어가 특히 시적, 신비적 혹은 미학적이라는 사실은 신학이 이러한 언어에서 시작해서 이러한 언어로 계속 되돌아가야만 한다는 것을 의미한다." Frank Burch Brown, *Religious Aesthetics: A Theological Study of Making and Meaning* (Princeton, N.J.: Princeton University Press, 1989), 193.

10 Rahner, "Reflections on Methodology in Theology", in *TI*, vol. XI, trans. by David Bourke (New York: Seabury Press, 1974), 105-110.

설명할 수 없다. 우리가 신성한 신비에 항복할 때, 그것이 만나질 수 있을 뿐이다. 우리의 가까이에서 사랑으로 우리를 껴안는 신비로써, 하나님이 우리를 압도하는 것이다.

신학자는 단지 지적인 이론가는 아니다. 그는 세계의 실재들에 관한 모든 피상적인 설명들을 하나님의 이해 불가능한 신비로 되돌려 놓는 사람이다. 신학자들은 어떠한 인간적 공리(公理)도… 하나님의 복된 이해 불가능성(incomprehensibility) 속으로 자유롭게 해방되지 않으면, 이해가 불가능하다는 것을 보여주는 사람들이다.[11]

신학이 본질로 신비롭고 초합리적인 역동성을 가진다는 생각은 신학이 또한 '시적인' 요소를 가져야만 한다는 것을 함의한다:

신학에서 시(詩)적인 감촉이 부족한 것은 단지 합리적이고 '학문적인' 신학이 가져온 결과인 동시에 결함이라는 것을 우리는 솔직히 인정해야 한다. 오늘날 우리는 지난 수십 년에 걸쳐 신학에서 잊혀온 어떤 것이 다시 요구되는 것을 본다. 신학은 어떤 의미에서는 '신비적'이어야 한다. 곧 신학은 단지 사물들에 대해 추상적인 개념으로 이야기하는 것으로 충분한 것이 아니라, 이러한 개념 속에 표현된 경험으로 사람들이 나아갈 수 있도록 격려해야 하는 것이다. 그러한 의미에서 우리는 '신비적 신학'(mystagogical theology)의 한 방법론이 '시적인 신학'(poetic theology)이라고 이해할 수 있을 것이다.[12]

---

11 Rahner, "A Theology That We Can Live With", in *TI*, vol. XXI, trans. by Hugh M. Riley (New York: Crossroad, 1988), 111-112.

12 Rahner, "Art against the Horizon of Theology and Piety", 164.

이러한 시적 요소를 통합하기 위해서는 신학은 (비록 종종 합당한 이유에서지만) 미학주의에 대한 공포를 극복하는 용기를 가져야만 한다. 신학은 "종교예술을 공부하는 학생들에게 있어 유일하게 합법적인 관심은 구체적 예술 작품들이 지닌 이른바 종교적 혹은 신학적 중요성을 설명하는 것이고, 그러한 설명이 유일한 관심이 되어야 한다는 편견을 버려야 한다."[13] 또한 신학은 자신의 작업 속에는 미학적 요소가 포함되어짐을 인정해야 한다. '신성한 시작'詩作(theopoiesis)과 '신성한 시학'詩學(theopoetics)을 포함하는 '미학적 신학'의 필요성은 특히 성서학 연구뿐 아니라 조직신학과 목회신학 혹은 영성신학을 통합하는 데 있어 무엇보다도 분명하게 드러난다.[14] 하지만 보다 추상적인 신학의 영역들에도 또한 시적인 것들을 위한 자리가 있을 것이다. 아모스 와일더Amos Wilder가 지적하듯, 과거의 위대하고 가장 '지적인' 신학자들의 작품들은 상상력이라는 화살을 통해 쏘아진 것들이다.[15] 현대의 신학자들도 이들의 예를 따르려 해야 한다.

동시에 신학이 '미학적' 차원에서 그리고 그것에 대해서 말해야 한다는 것이 단순히 개념적 사유와 감정 사이의 구분을 상실하는 것 혹은 전자를 포기하고 단지 '시적인' 혹은 '수사학적인' 기획으로 신학을 선택해야 한다는 것을 의미해서는 안 된다. 브라운Frank Burch

---

13 Martin, *Beauty and Holiness*, 191.

14 본인은 '미학적 신학'(aesthetic theology)이라는 용어를 발타자가 자신의 작품들에서 채용하는 비하(卑下)적인 의미 없이 사용한다. '신학적 미학'(theological aesthetics)과 대조적으로 발타자는 '미학적 신학'이란 '세상적' 혹은 '제한적' 신학으로 본다. 이런 의미에서 (키에르케고르의 경우처럼) 발타자도 '단지' 미학적인 것들은 진정한 기독교적 가치들과 대조된다고 본다. *The Glory of the Lord*, vol. 1, 38, 79.

15 Amos Niven Wilder, *Theopoetic: Theology and the Religious Imagination* (Philadelphia: Fortress Press, 1976), 3.

Brown은 신학에서 미학적 감수성이 필요하다는 것을 주장하면서도, "신학 자체가 미학적으로 되거나 그 자신의 이성적 능력을 사용하는 것을 포기함으로써 미학적 진리를 만족스럽게 수용하게 되는 것은 아니다"고 경고한다.16 신학의 체계적인 언어가 보통의 종교경험에 대한 언어와 다르다는 것은 그것이 후자에 대해 특별한 기능을 하기 때문이다. 신학의 언어는 종교적 경험을 사유하기 위해서 그 경험으로부터 비판적 거리를 두는 이차적(second-order) 언어이다.17 라너가 쓰고 있듯,

> 기나긴 개념적 탐구를 위해서 올바른 의미에서 인내하며 자신의 숨을 멈추고 있는 그런 신학이 또한 있어야 한다. 거기서 우리는 즉각적인 종교적 혹은 신비적 경험을 기대할 수는 없을 것이다. 이러한 신학을 위해서 어느 정도까지 종교적 경험에 의지할지 그렇지 않을지는 신학자들 개인에게 맡겨두어야 한다.18

또한 우리는 하나님에 대한 추상적이고 개념적인 사유가 독특한 방식으로 아름다울 수도 있다는 것을 부정해서는 안 된다. 이러한 사유가 개인적 통찰들을 진정으로 중재할 때는, 그것이 매력적이고 고양적이며 인격적이고 영성을 지닐 수도 있는 것이다. 우리는 '추

---

16 Frank Burch Brown, *Religious Aesthetics: A Theological Study of Making and Meaning* (Princeton, N.J.: Princeton University Press, 1989), 42. 브라운의 저서는 현대의 미학 이론과 '반(反)미학 이론' 그리고 종교적 대상들을 포함시키는 '신(新)미학 이론' 등에 대한 아주 뛰어난 요약을 제공하고 있다.

17 Tracy, *The Analogical Imagination*, 408.

18 Rahner, "Art against the Horizon of Theology and Piety", 165.

상적' 신학이 지니는 경이로움과 기도 속으로 종종 끌려 들어가곤 한다. 자신의 『동일성과 차이성』에서 하나님의 형이상학적 개념에 대한 하이데거의 진술은 유명하다. "자기 원인(causa sui)으로서 최초의 원인(first cause): 이것이 바로 철학에서 하나님의 이름이다" 하이데거에 있어서 이렇게 사유된 하나님은 실제 종교와 아무 관련이 없다. "이런 하나님 앞에서 우리는 두려움에 무릎을 꿇을 수도, 음악을 연주할 수도, 춤을 출 수도 없다"[19] 그럼에도 불구하고, 이슬람 수피^{Sufi} 전통의 카우왈리^{qawwali} 음악가들은 알-카윰$^{Al-Qayyum}$('the Self-Subsisting', '자기-지속자')이라는 제목 아래 무아경의 노래로서 하나님을 찬양한다. 인도 북부의 매우 감동적인 종교 음악 바잔^{bhajan}은 크리슈나^{Krishna}에 대한 사랑의 경험 속에서 하나님을 비이원론적인 베단타^{Vedanta} 철학의 절대자로 본다. 메시앙$^{Olivier\ Messiaen}$은 신적인 자족성이라고 하는 토마스 아퀴나스의 존재론에 바탕하여 마음을 흔드는 음악을 작곡하였다.[20] 아퀴나스와 산카라^{Sankara}는 둘 다 형이상학자인 동시

---

19 Martin Heidegger, *Identität und Dierenz* (Pfullingen, 1957), 70. 이것이 다시 Johannes-Baptist Lotz, S.J., *Die Identität von Geist und Sein: Eine Historische-Systematische Untersuchung* (Roma: Università Gregoriana Editrice, 1972), 199에 인용되고 있다.
　로츠는 하이데거의 진술이 그가 합리주의 철학(스피노자) 전통 속에서 사유하고 있음을 보여준다고 주장한다. 왜냐하면 causa sui는 아리스토텔레스-아퀴나스 전통에 있어서 하나님에 대한 적합한 이름은 아니기 때문이다: "*Statt 'causa sui' müßte man, streng genommen, 'ratio sui' sagen: denn Gott verursacht nicht sich selbst, was eine contradictio in adiecto wäre, wohl aber ist er der Grund seiner selbst*" (엄밀하게 말해서 우리는 '자기 원인'(causa sui)이 아니라 '자기 이유'(ratio sui)라고 해야 한다: 왜냐하면 하나님은 자기 자신을 인과론적으로 만드는 것이 아니라—그것은 모순을 초래한다— 하나님은 자기 자신의 근거이기 때문이다.) *Ibid.*, 207.
20 예를 들어 『거룩한 삼위일체의 신비에 대한 명상』(*Méditations sur le mystère de la sainte Trinité*)에서 메시앙(Messiaen)의 노트들을 참고하라.

에 신비가며 시인이었다. 하이데거의 진술을 실증적으로 반박하며, 형이상학적 사유를 살아 있는 종교와 중재시키는 많은 예를 우리는 찾을 수 있지 않는가? 동시에 "철학자의 하나님"과 "아브라함과 이삭과 야곱의 하나님"을 구분한 파스칼의 경고처럼,21 우리는 하이데거의 '존재신학'(ontotheology)에 대한 비판이 가지는 중요한 진리도 진정한 형이상학이나 신학과는 아무 관련이 없는 일종의 객관화시키고 개념화시키는 잘못된 사유에 대한 경고라고 받아들여야만 하지 않을까?22

---

21 Blaise Pascal, *Pensées* (Paris: Éditions Garnier Frères, 1964), 4.

22 (역자주) 스피노자는 자신의『윤리학』을 자기 원인(*causa sui*)에 대한 다음과 같은 정의로 시작한다: "본인에게 있어 '자기 원인'은 그 본질(essence)이 존재(existence)와 관련되고, 그 본질이 존재하지 않는 것으로 인식될 수는 없는 것을 가리킨다." 하지만 이러한 하나님에 대한 '개념'(概念)과 그것이 지시하는 대상의 '존재'(存在) 사이의 본질 연관 관계는 칸트의 비판철학 특히 그의 '존재신학'(Ontotheologie)에 대한 비판에 의해 심각하게 도전된다. Immanuel Kant, *Critique of Pure Reason*, trans. by Werner S. Pluhar (Indianapolis · Cambridge: Hackett Publishing Company, Inc., 1996), B 660 (610); 또한 Kant, "Lectures on the philosophical doctrine of religion", *Religion and Rational Theology* (Cambridge · New York: Cambridge University Press)에 나오는 'Ontotheology' , 358-386. 하지만 헤겔은 이러한 '존재'와 '개념' 사이의 분리가 '하나님의 개념'에도 직접 적용될 수는 없다고 주장하며, 일종의 변증법적 존재신학을 재구성한다. 헤겔에 따르면, "우리가 '하나님'에 대해 말할 때에는 우리가 (칸트의) 100달러나 어떤 구체적인 개념 혹은 우리가 어떻게 이름하든 이런 종류의 것들과는 완전히 다른 종류의 대상에 대해 지시한다는 것을 기억해야 한다." G. W. F. Hegel, *The Encyclopaedia Logic*, trans. by T. F. Geraets etc. (Indianapolis/Cambridge: Hackett, 1991), §51, 99. 하이데거의 존재신학에 대한 비판은 이러한 헤겔의 제안을 배경으로 하고 있다. 빌라데서가 이 장의 주69에서 가리키듯 하이데거의『동일성과 차이성』에 실린 에세이 "The Onto-Theo-Logical Nature of Metaphysics"(1957)로 인해 하이데거의 존재신학에 대한 비판이 널리 알려지게 되었지만, 이미 1930~1931년에 이루어진 헤겔 세미나에서 헤겔과 관련하여 'ontotheology'와 'onto-theo-ego-logical' 등의 용어가 하이데거에 의해서 사용된다. Martin Heidegger, *Essays in Metaphysics: Identity and Difference* (New York: Philosophical Library Inc., 1960); *Hegel's Phenomenology of Spirit* (Bloomington & Indianapolis: Indiana University Press, 1994), 특히 98-99, 126. 미학과 관련해서 데리다는 헤겔과 하이데거 둘 다의 미학 이론이 일종의 '존재신학'으로 이해될 수 있다고 제안

로너간의 지적처럼 인류의 역사에 있어서 의식의 일차적인 구분은 '이론'과 초월성 사이의 구분이 아니라, (신화적, 상징적, 예술적 영역들을 포함한) '상식'과 초월성 사이의 구분이다. 이것은 대부분의 종교적 경험이 개념적 중재보다는 상징적 중재를 통한다는 것을 의미한다. 그럼에도 전자가 제외되지는 않는다.[23] 추상적인 사유가 영적인 경험을 중재할 수 있는 범위는 대체로 관련된 개인에 달려 있다. 여기서는 단지 '지적인 회심'의 존재나 부재뿐만이 아니라 개념적 언어와의 친숙성, 그 사람의 기질, 그의 배경 등이 중요한 요소들로 작용할 것이다. 하지만 이것은 예술의 경우에도 마찬가지 아닐까? 바르트가 말하듯 "들을 귀를 지닌 자들에게는" 모차르트의 음악이 숭엄하게 영적이다. 하지만 모두가 '들을 귀'를 지닌 것은 아니다. 그리고 어떤 음악은 (예를 들어, 12음정의 작품 혹은 메시앙의 음악적 '문법'은) 그러한 미학적 언어들과 친숙하지 않은 청중들에게는 '어렵거나' 혹은 이해 불가능할 것이다.

나아가 우리는 '미학적' 신학의 필요를 주장함에 있어, 신앙에 대한 깊숙한 감정을 가지고 아카데믹한 신학자들보다도 여기에 대해서 더 잘 이야기할 수 사람들이 존재하며 그들 모두가 반드시 시인이거나 예술가는 아니라는 점도 인정해야만 할 것이다. 비록 신학이 미학의 영역과 보다 근본적인 관계를 가질 필요가 있지만, 각

한다. Jacques Derrida, *The Truth in Painting* (Chicago: University of Chicago Press, 1987), 28. 과정철학적 관점에서 보다 역동적인 자기 원인(*causa sui*)에 대한 이해로는 Alfred North Whitehead, *Process and Reality*, ed. by David Griin and Donald Sherburne (New York: Free Press, 1978), 86, 88.

23 "An Interview with Fr. Bernard Lonergan, S.J." in *A Second Collection*, 227; cf. *Method in Theology*, 266.

각은 자신의 독립적인 타당성을 지니고 있다. 따라서 이들 사이의 어떤 근본적인 관계적 차별화가 가능할 뿐 아니라 생산적일 수 있다. 신학이란 자기충족적일 수는 없는 것이다. 로너간의 말처럼 신학은 "인간 실재의 오직 일부분만을 조명하며", 따라서 신학은 "모든 관련되는 인문학 분야들과의 관계 속에 자신을 두어야만 한다."[24] 특히 신학 안에서는 로너간이 '의사소통'의 '기능적 특수성'이라고 부른 작용들이 이러한 접촉점을 제공한다. 그는 여기서 "인식적, 구성적, 효과적 의미"를 타자와 공유하게 되는 과정에 대해 다루고 있다.[25]

우리는 앞에서 '미학적 신학'의 타당성과 필요성에 대해 말한 것들을 철회함이 없이, 동시에 신학이 주로 경험의 '미학적' 패턴보다는 경험의 '지적인' 패턴으로 남을 것이라는 점도 또한 인정해야만 한다. 따라서 신학이 다른 연구 분야들과 가지는 관계는 협력의 그것이어야지, 인간의 모든 측면을 신학 아래 복종시키려는 비생산적 시도가 되어서는 안 된다. 브라운은 개념적 신학과 예술 사이의 정상적인 관계를 보충과 대화의 그것이라고 특징 짓는다. 신학 자체가 (브라운 자신의 정의에 비추어) '예술'일 수 있는가 자문하며, 그는 다음과 같이 대답한다:

> 일반적으로 신학의 수단과 목적이 지적이고 개념적인 한에 있어서(그리고 보통 그러하다), 신학의 구성적 혹은 상상적 작업은 기본적으로나 그 확장된 의미에서도 미학적인 것은 아니다. 신학에도 만듦(making)이 있

---

24 Lonergan, *Method in Theology*, 364.
25 *Ibid.*, 362.

지만, 이것이 미학적으로 구체화된 의미를 지니는 것은 아니다. 바로 이것이 왜 신학이 "삶과 세계의 모든 것을 하나님과의 관계 속으로 가져오는" 자신의 목적을 신학 자신만의 지적인 형태 속에서는 완전히 성취하지 못하는지 설명해준다. 또한, 왜 신학이 프락시스뿐만이 아니라 또한 삶을 그 상상력으로 풍부하게 만드는 미학적 예술들과도 보충적이고 변증법적인 관계를 가져야만 하는지도 설명해준다.[26]

2. 신학의 자원으로서 미학

미학적 경험의 영역(혹은 경험의 미학적 차원)은 최소한 두 가지 방식으로 역사신학과 조직신학의 성찰에 자원으로 봉사할 수 있을 것이다. 첫째로 그것은 '직접적' 의미에서 종교적이고 신학적인 경험, 표현, 담론의 장소이다. 둘째로 그것은 (1) '간접적으로' 종교적이거나 (2) 성스러움과 관련지어질 수 있는 세속적 인간 경험의 장소이다. 곧 미학적 경험은 신학의 세 가지 대상(하나님, 종교, 신학 자체)에 대한 '데이터'를 제공할 뿐만 아니라, 이러한 대상들이 관련된 문화적 틀에 대한 지식도 신학적 성찰에 제공한다.

3. 종교적 경험의 직접적 장소로서 신학

상상력, 감정, 상징 그리고 예술의 영역은 신학이 성찰하고자 하는 기독교 신앙과 전통이 드러나는 장소(locus)이다. 서양예술사는

---

26 Brown, *Religious Aesthetics*, 87-88.

그 가장 분명한 예이다. 존 러스킨[John Ruskin]은 모든 문명은 자신의 역사를 세 가지 종류의 책에 기록한다고 말한 바 있다: 담론의 책, 행동의 책, 예술의 책. 이 셋 중에서도 마지막 책이 가장 참되다. 이와 유사한 진술이 종교에도 적용될 수 있을 것이다.[27] 종교와 예술은 그 기원에 있어서 하나였다.[28] 나중에 이 둘 사이의 의식적인 구분이 발생한 이후에조차도, 종교적 사유의 많은 부분이 비개념적인 상징적 형태 속에 구체화되어 남아 있다. 또한 예술도 여러 방식에 있어서 종교에 가장 가까운 '유비'(analogue)로서 남아 있다.[29] 결론적으로 예술사는 신앙적 차원을 드러내는, 하지만 너무도 자주 망각되는, '텍스트'[text]를 구성하고 있다. 신학이 단지 교리와 추상적 개념화에만 관심한다면, 이 텍스트는 계속해서 잊혀질 것이다.

문학을 제외한다면, '고'(high)교회 예술 유산들이 '미학적' 영역 속에서 기독교 전통의 자리를 아마 가장 분명하게 보여줄 것이다. 카타콤의 벽화, 바실리카의 모자이크, 그레고리안 성가, 고딕양식의 성당, 르네상스의 종교적 회화, 바로크의 오라토리오 등이 그것이다.[30] 하지만 신학은 대중문화라는 보다 광범위한 영역도 종교적 경험이 드러나는 장소로 주목하여야 한다. 라너가 말하듯, "학문적

---

27 트레이시는 휘겔(Friedrich von Hügel)이 말한 모든 위대한 종교가 가지는 세 가지 근본적 요소들을 인용한다: 제도, 지식 그리고 '신비'. 트레이시는 이 마지막 요소가 보다 적절하게는 '종교'로 불릴 수 있으며, 여기에는 '미학'도 포함된다고 본다. David Tracy, "The Uneasy Alliance Reconceived: Catholic Theological Method, Modernity and Postmodernity", in *Theological Studies*, vol. 50, no. 3 (September 1989), 548-570, 특히 548.

28 Van der Leeuw, *Sacred and Profane Beauty*, 11.

29 Tracy, "The Uneasy Alliance", 564.

30 브라운(Frank Burch Brown)이 지적하듯, 단지 개별적 작품들만이 아니라 예술의 다양한 '양식들'(style) 또한 기독교 고전 예술의 구체적인 예로 여겨질 수 있다. 그의 *Religious Aesthetics*, 168.

신학이 만약 그 본질에 충실하려면, 대중들의 종교에 대해서 신학이 보통 지금 주목하는 것보다는 훨씬 더 주목해야 할 것이다."31 라너에 따르면 그러한 대중적 종교실천은 교회의 존재에 있어 한 구성 요소일 뿐 아니라32 또한 하나님의 원래적 계시와 성화聖化로의 초청에 가깝게 나아감에 있어서 개념적 신학보다 우월할 수도 있다. 왜냐하면 대중적 종교실천은 체계적 사고라고 하는 축소의 과정을 통과하지 않았기 때문이다.33 이러한 자원에 대해 신학이 성찰한다는 것은 단지 성서가 가지는 대중적 혹은 '신화적' 차원뿐만 아니라, 교회의 "모든 상징적 종교 생활"에 대해 주목하는 것을 의미한다.34 여기에는 "경건, 신화, 예전, 성례, 종교적 단체들과 운동들, 대중문화와 고급문화의 상징들"이 포함될 수 있을 것이다.35 이러한 과제는 트레이시가 말하듯 거의 시작도 되지 않고 있다.36

---

31 Karl Rahner, "The relation between theology and popular religion", in *TI*, vol. XXII, trans. by Joseph Donceel, S. J. (New York: Crossroad, 1991), 140.

32 *Ibid.*, 142.

33 *Ibid.*, 145.

34 Tracy, "The Uneasy Alliance", 548. 라너도 유사한 주장을 하며 다음과 같은 인상적인 질문을 던진다. "(교회의) 어떤 신앙을 신학은 자신의 자기 이해에서 신학의 대상으로 전제해야 하는가? 오직 정경화된 성서로서 고착된 것만? … 그렇다면 신학은 대중 종교를 단지 성서의 판단(거부나 용서) 아래 놓여 있는 인간적인(종교적이고 사회학적인) 객체화로밖에 이해할 수 없지 않는가? 하지만 우리가 만약 이러한 견해를 받아들이고, 나중에 이러한 규범적 성서 자체('오직 성경으로만')가 보다 대중적인 종교적 생각들로 가득하다는 것을 발견하게 되면, 이러한 성서적 규범들 속에서 다시 규범을 찾으려 해야 할 것이고, 그런 다음에는 또 무엇을 해야 하는가?" Rahner, "The relation between theology and popular religion", 141.

35 Tracy, "The Uneasy Alliance", 548.

36 *Ibid.*, 549. 트레이시는 이런 교회의 '종교적' 요소에 대한 연구의 많은 부분이 사회과학자들, 인류학자들 그리고 역사가들의 과제로 보고 있다. 하지만 이러한 연구들이 "성찰의 집으로 돌아오게 하는 것"은 신학과 철학의 과제라고 생각한다. *Ibid.*, 549.

마가렛 마일즈[Margaret Miles]는 '신학적 미학'의 차원이 종교에 대한 지나치게 개념적인 설명에 대한 교정책으로 봉사해야 한다고 본다. 기독교 역사에 대한 대부분의 설명은 주로 언어적 텍스트들에 기초하고 있다. 이러한 자료들은 대체로 그 사회의 상류계급을 위해서, 그들에 대해서, 그들에 의해서 기록되었다. "현대 이전의 기독교 문학 작품들 대부분은 거의 독점적으로 문화적인 특권층이고, 고등교육을 받은, 남성의, 특히 수도사들의 산물이다."[37] 그러한 언어적 역사는 그러한 언어 사용자들을 선호하게 만든다. 따라서 구어와 문어가 주도적인 표현 양식이 된다. 하지만 이러한 현상은 "세계를 이해하고 세계와 관계하는 방식이 주로 언어적이지는 않은 사람들을 보이지 않게 만들고, 들리지 않게 만든다."[38] 하지만 이런 사람들이 모든 시대를 통틀어 인류의 대다수를 구성하고 있다(언어적 기술을 강조하는 교육과 문화로부터의 이러한 소외는 특히 보다 가난한 계급의 사람들과 모든 계급의 여성들에게 적용될 수 있을 것이다). 결과적으로 '언어적' 역사에서 대다수 사람은 고려의 대상에서 제외되었다. 신학의 관점에서 볼 때 그러한 역사는 중요한 결함을 가진다. "어떤 한 공동체의 역사(특히 종교 공동체와 신앙 공동체의 역사)를 전적으로 그 공동체 안에서 가장 특징적이지 않은 몇몇 사람이 기록한 문서 연구를 통해 이해하려는 시도는 가장 온건하게 말해도 부적절한 것이다."[39] 따라서 신학이 언어적인 측면보다는 훨씬 더 보편성을 지니

---

37 Margaret R. Miles, *Image as Insight: Visual Understanding in Western Christianity and Secular Culture* (Boston: Beacon Press, 1985), 9.

38 *Ibid.*, XI.

39 *Ibid.*, 9.

는 종교적 상징과 예술을 연구하는 것은 정당한 작업이다.

예술과 상징적 행동은 비록 비언어적(nonverbal)이지만 그렇다고 전前합리적(pre-rational)이거나 전영성적(pre-spiritual)이지는 않은 의식들을 객관화시키고 있다. 그것들은 단지 언어적이고 개념적인 사유를 번역하거나 설명하는 것이 아니라, 그 자체로 사유의 한 방식이다(혹은 그렇게 될 수 있다). 패트릭 오브라이언의 소설 『포스트 캡틴』(*Post Captain*)에서 스티븐 머투린 군의관은 한 연주회에서 자신이 사랑한 여인의 향수를 기억하게 된다. 오브라이언은 다음과 같은 성찰을 한다.

> 어떤 어리석은 독일인은 남자가 언어로 생각한다고 말했다. 그건 완전히 거짓이다. 유해한 생각이다. 사유에는 수백 가지 형태들이 수천 가지 연상들과 함께 존재 속으로 비추어 들어온다. 마음의 말은 그중에서 오직 하나만을 선택해서 도무지 부적절한 언어적 상징으로 만든 것이다. 그러한 부적절성은 표현 대부분에 공통적이고, 다른 상황들에서도 마찬가지다. 그래서 음악과 그림 같은 다른 언어들이 또한 존재하게 되는 것이다. 많은 아니 대부분의 생각은 말을 사용하지 않는다. 모차르트는 분명 음악으로 생각했다. 그리고 자신은 지금 향수로 생각한다.[40]

---

40 Patrick O'Brian, *Post Captain* (New York: W. W. Norton & Co., 1990), 470. 이 시리즈의 다른 책에서 오브라이언의 잭 오브리(Captain Aubrey)는 바흐의 한 바이올린 변주곡과 씨름하며 음악을 담론의 한 형식으로 '사유'한다. *The Ionian Mission* (New York: W. W. Norton & Co., 1994), 155. 이러한 가상 인물의 역사적 배경은 매우 적절한 것이다(나폴레옹 시대). 발타자가 그의 역사적 개관에서 보여주듯이, 계몽주의의 합리주의적 경향에 대항하여 감정과 상상력을 사유의 양식으로 '재활'시키는 것은 이미 계몽주의시대 자체 내에서 루소(Rousseau), 헤르더(Herder), 샤토브리앙(Chateaubriand) 등과 같은 인물들에 의해 시작되었다. Balthasar, *The Glory of the Lord*, vol. 1, 91.

현대 철학에 있어서는 누구보다도 가다머가 그러한 낭만주의적 통찰을 회복시키고자 노력한다. "예술은 지식의 한 형태이다. 예술 작품의 경험은 이러한 지식을 나누는 것이다"라고 그는 주장한다.[41] 카를 라너도 여기에 동의한다. 한 상징적 사유 양식에서 다른 사유 양식들로 '번역'이 시도될 수는 있지만, 비언어적 예술은 "말로는 적절하게 번역될 수 없는 인간의 자기표현이 지닌 일종의 자율적인 양식이다."[42] 종교는 특히 그러한 사유 양식에 연관이 있는데, 왜냐하면 종교는 하나님과의 관계 속에서 세계를 사유하는 방식일 뿐 아니라, 그 세계를 '보고', '느끼는' 방식이기 때문이다. 칼뱅은 성서가 그것을 통해 우리가 세계를 보는 일종의 렌즈에 비유한다. 본인은 이러한 종교적 '렌즈'가 또한 다른 비#언어적 차원들에 의해서도 구성된다고 제안하고 싶다. 물론 비언어적 렌즈가 지성적 혹은 성서적 렌즈와 관련되는 것은 당연하지만 말이다. 예를 들어 성례전의 동작들은 그것들에 대한 담론보다는 그것들의 행동적 수행에서 보다 온전하게 드러나는 것이다(물론 이것은 성례전의 수행에 대한 신학적 성찰을 배제하려는 것이 아니라, 이러한 성찰 자체가 수행되어지는 행동에 돌아감이 없이는 결코 완전할 수 없다는 것을 의미한다).[43]

나아가 여러 종교적 표현은 초월적 대상이라고 하는 특수성과

---

41 Gadamer, *Truth and Method*, 87.

42 Rahner, "Art against the Horizon of Theology and Piety", 162.

43 Karl Rahner, "The Theology of the Religious Meaning of Images", in *TI*, vol. XXIII, trans. by Joseph Donceel, S.J. and Hugh M. Riley (New York: Crossroad, 1992), 156. 비언어적 요소들이 가지는 본질인 이해 가능성이 성례전의 신학에서 종종 간과되어졌다고 라너는 지적한다. "성례전의 '동작들'(물로 씻김, 기름 부음, 손을 얹음)이 다른 것들에 의해 대체될 수 있는 다소 자의적으로 설정된 예식들이라는 인상을 우리는 가지는 것 같다."

관련되기 때문에 그것들은 보다 적절한 의미에서는 비언어적이라 할 수 있다. 따라서 언어적이고 비언어적인 이러한 종교적 표현들에 대해 일종의 '부정' 해석학(a 'negative' hermeneutic)이 적용되어야만 한다. 부정 해석학은 과학의 추상적 개념들보다는 실존적 인간 조건을 나타내는 시의 비유적 표현들에 더 밀접하게 관련되어 진다.[44]

실존적이고 종교적인 영역에서 '시詩의 우선성'이라는 생각은 다음과 같은 것을 의미한다. '학문적' 혹은 형이상학적인 신학의 개념들이 종교의 '미학적' 차원이라고 하는 보다 포괄적인 콘텍스트 속에 역사적인 관점에서 위치될 때 그것들은 보다 올바르게 이해될 수 있다.[45] 따라서 예술사에서 신학은 자신의 콘텍스트와 방법론에 대한 통찰을 획득할 수도 있을 것이다. 신학은 구체적 종교에 대한 지식의 한 출처로서 예술사를 사용할 수 있다. 거기서 (특히 성례전과 예술의 역사에서) 신학은 자신의 의미들에 대한 '그림'(illustration)을 발견하게 된다.

상징과 예술을 신학의 한 자원으로 사용하기 위해서는 복잡한 해석학적 작업이 요구된다. 예를 들어 역사신학자는 예술의 역사뿐 아니라 그 예술에 관한 해석의 역사(그것을 어떻게 보고, 어떻게 듣고, 거기에 어떻게 참여했는지)에 대해서도 연구해야만 할 것이다.[46] 우리

---

44 "물은 '인간'에 의해 보여지고, 시인에 의해 찬양되어지며, 기독교의 세례에 의해 사용된다. 이 물은 단지 화학자의 물을 시적으로 미화시킨 것이 아니다. 오히려 화학자의 '물'이 인류의 물을 축소시키고 기술적으로 이끌어 낸 이차적인 물이다." Karl Rahner, "Priest and Poet", in *TI*, vol. III, translated by Karl-H. and Boniface Kruger (New York: Seabury Press, 1974), 296.

45 Lonergan, *Method in Theology*, 73.

46 David Freedberg, *The Power of Images: Studies in the History and Theory of Response* (Chicago and London: Chicago University Press, 1989). 이미지에 대한 사람들의 반응을

가 물려받은 성례들과 예술 작품들 속에서 타인들이 우리와 같은 것을 본다고 전제해서는 안 된다. 곧 우리는 예술 작품의 문화적 콘텍스트에 주목하여 일종의 '시기時期적 관점'을 발달시켜야 한다.[47] 예술가나 그의 동시대인들이 의식적으로 인식하지는 못했던 작품의 전제들 혹은 작품의 종교적이고 문화적인 '언어'가 우리에게는 많은 것을 드러내기도 한다.

예술을 신학의 한 자원으로 사용하는 데에는 한계들도 또한 존재한다. 역사적으로 보면, 종교적 예술 특히 문학과 같이 이른바 고전이라 불리는 것들은 소수 교육받은 계급의 산물인 경우가 많다. 비록 예술이 종종 대중을 교육하고 교화시키는 수단으로 이용되었지만, 그것의 생산은 주로 교회의 후원자들에 의해 통제되었기 때문에 대부분 개념적 신학을 반영하고 있다. 이러한 측면이 그 당시 신학을 '설명'하는 데 유용할 수도 있지만, 동시에 종교경험에 대한 독립적인 '출처'로서 사용하는 데 한계가 있다. '공식적' 종교예술은 계급으로 통제되고, 보수적이고, 전통적인 경향을 가진다. 종교예술의 대다수는 단지 모방적이거나 상식적인 데에 그친다. 또한 예

연구한 이 책은 그러한 과제가 지니는 난점을 종교예술의 구체적 예를 통해 논의하고 설명한다.

47 특히 회화에 관해 마이클 박센데일(Michael Baxendale)은 감상자가 '시기적 눈'(period eye)을 발달시켜야 할 필요성에 대해 논의한다. 이러한 시기적 눈 없이는 그 당시 사람들이 그림 속에 가져오는 그 시대의 여러 '도구'(equipment)을 적절하게 이해할 수 없다. Baxendale, *Painting and Experience in Fifteenth-Century Italy* (London: Oxford University Press, 1972), 102. 텍스트의 '해석'이라는 과제는 지은이의 '상식'을 이해하는 것을 포함하여야 한다는 로너간의 진술과 비교해보라. 그의 *Method in Theology* (New York: Herder and Herder, 1972), 161. 다른 한편으로 데이빗 프리드버그(David Freedberg)는 "지나친 그리고 무사고적인 상황주의"의 위험에 대해 경고한다. 그의 *The Power of Images*, 439; 431.

술 기법과 예술가 자체의 한계라는 측면도 있다. "예술가는 한 구체적인 시대의, 한 구체적인 문화 속의, 한 구체적인 사람이다. 예술가는 유한한, 사회적인, 역사적인 개인으로서 전통의 영향사를 그 속에 담아 옮기는 언어를 사용해야만 한다."[48] 요컨대, "*l'artiste parle dans une matière don't il n'est pas complètement le maître, une langue don't il n'est pas l'inventeur que dans une faible mesure.*"[49] 그럼에도 불구하고 예술의 가능성이나 한계는 언어적 신학이나 종교의 그것들과는 다르기에 종교가 지닌 상징적이고 예술적인 차원은 전통에 대한 신학적 성찰에 있어서 중요한 보충적 자원을 제공한다.

4. 일반적 인간 경험의 장소로서 신학

미학의 영역은 두 번째 방식으로 신학적 자원이 될 수도 있다. 그것은 단지 직접적인 종교경험의 장소일 뿐 아니라, 초월성을 암시적으로 반영하고 있는 영적 존재로서 인간 일반의 표현의 장소이기도 하다. 이것은 '감정'과 상상력의 모든 영역, 아름다움의 추구 그리고 특히 예술가에게 적용될 수 있다. 라너는 다음과 같이 쓰고 있다. "예술 속에 표현되는 것은 인간의 초월성(transcendentality)이 만들어내는 산물이다. 그것을 통해 영적이고 자유로운 존재로서 인간은 '모든 실재의 총체성'을 향해 나아가는 것이다. … 인간은 초월

---

48 Tracy, *The Analogical Imagination*, 124.

49 "예술가는 자신이 주인처럼 완전히 통제할 수는 없는 재료를 가지고, 극히 제한적인 의미를 제외하고는 자신이 발명가처럼 만들어낼 수는 없는 언어 속에서 말한다." P.-M. Léonard, S.J., s.v. 'Art' in *Dictionnaire de Spiritualité*, edited by Marcel Viller, S.J. (Paris: Beauchesne, 1937), tome. 1, col. 907.

적인 존재이다. 오직 그렇기 때문에, 예술과 신학이 실제로 가능하다."[50] 하지만 여기에 모든 예술이 다 좋은 예술은 아니라는 진술도 추가되어야 할 것 같다. 비록 인간의 초월성이 예술 경험의 가능조건이지만, 개별적 예술 작품들은 하나님을 향한 초월성의 표현일 뿐 아니라 '보다 낮은' 혹은 그 꼭대기가 잘려 나간 원추형으로써 인간 주체성을 표현하고 있을 수도 있기 때문이다(초월성과 관련하여 이러한 예술의 양면성에 대해서는 6장에서 다룰 것이다).

라너에 따르면 어떤 경우든 예술은 신학적 의미에서 진실로 영감받은 것일 수도 있다. 성서에 구체화된 '특별'(special)계시와는 구분되며, 예술이 하나님의 계시의 담지자일 수도 있는 것이다.

> 렘브란트(Rembrandt)의 그림이나 브루크너(Bruckner)의 심포니에 담겨있는 인간의 자기표현은 너무도 강렬하게 하나님의 계시, 하나님의 은총, 하나님의 자기 소통에 의해 영감을 받고 있으며 또한 그것에 의해 불타고 있다. 그들의 예술 작품들은 언어적 신학으로는 도무지 적절하게 번역할 수 없는 방식으로 '하나님의 눈앞에서 인간은 진정 무엇인가'를 드러내고 있다.[51]

위의 주장은 '계시'가 그것을 수용하는 '신앙'으로부터 완전히 분리될 수는 없으며, 계시의 일차적 수용자는 다양한 문화적, 언어적, 개념적 틀 속에 존재하는 인류 전체라는 라너의 신학 사상을 전제하고 있다.[52] 그의 이러한 견해는 나중에 다시 고찰될 것이다. 하지

---

50 Rahner, "Art against the Horizon of Theology and Piety", 165.
51 Ibid., 163.

만 우리가 라너의 이런 사상을 긍정적으로 수용한다면, 비록 직접 '종교적인' 내용이 드러나지 않더라도 "예술 안에는 신학의 적합한 구성적 요소인 종교적 현상들이 존재한다"는 것이 분명해진다.[53] 이런 맥락에서 우리는 모차르트의 음악이 "신학에 속한다"는 바르트의 진술을 이해할 수 있을 것이다. 예술에서 우리는 단지 종교적 전통의 비언어적 표현들을 발견할 뿐 아니라, 나아가 인간의 의식과 자유에 의해 수용되고 있는 계시 곧 하나님 자신의 소통의 장소를 발견한다.

마지막으로 신학이 (최소한 그 기능 중 하나에 있어서) '상관적(correlational)'으로 이해되는 한에 있어서, 미학의 영역은 (그 모든 차원에 있어서) 신학에 관련된다. 폴 틸리히의 고전적 표현에 따르면, "신학은 자신의 근거인 영원한 진리와 그러한 진리가 수용되어지는 시대적 상황이라고 하는 양극 사이에서 앞뒤로 움직인다"[54] 틸리히에 있어서 신학이 주목하여야만 하는 '상황'이란 "한 시대에 있어서 인간의 창조적 자기 해석"의 '총체적 전부'를 가리킨다.[55] 이러한 상황은 인간 존재의 과학적, 경제적, 정치적, 윤리적 측면뿐 아니라 미학적 측면을 포함한다.[56]

---

52 Rahner, "Theology and popular religion", 143-144.

53 *Ibid.*

54 Paul Tillich, *Systematic Theology*, vol. 1 (Chicago: Chicago University Press, 1951), 3. 틸리히의 상관의 방법을 트레이시는 '기독교 텍스트'와 "인간의 공통된 경험과 언어" 사이의 혹은 '전통'과 '현대적 상황' 사이의 비판적 상관관계로 재구성한다. Tracy, *Blessed Rage for Order: The New Pluralism in Theology* (New York: Seabury Press, 1975), 53; "The Uneasy Alliance", 550. 특히 이 후자의 논문에서 트레이시는 '포스트모던적' 비판들에 대항하여 상관의 방법을 옹호하고 있다.

55 *Ibid.*, 4.

56 *Ibid.*, 3-4.

5. 메타포로서 신학과 형이상학으로서 신학

위에서 묘사된 '미학적 신학'은 그 언어, 내용, 방법 그리고 이론에 있어 다양한 정도로 미학의 영역에 의존하는 신학 형태를 가리킨다. 미학적 신학이란 "상상적인(표상적인) 혹은 아름다운 담론의 실천"과 "거기에 대한 이론들"을 신학에 접목시킨 것, 다시 말해 '신성한 시작詩作'(theopoiesis)과 '신성한 시학詩學'(theopoetics)의 신학적 결합이다. 여기서 후자의 시학은 문학 이론과 예술이론을 신학의 구체적 자원 특히 성서에 연결시키는 것을 가리키거나 그 본질에 있어 해석학적 작업으로서 신학 전체에 연결시키는 것을 가리킨다.[57] 이러한 시작과 시학 두 가지를 결합하는 미학적 신학은 종교적 경험의 미학적 구체화에 대해 관심을 가지고 이론적으로 연구할 뿐 아니라 이야기 혹은 메타포적 담론을 자신의 중요한 의사소통의 양식 혹은 자신의 기본적 구조로서 채용한다. 특히 여기서 우리는 이야기나 이미지가 지닌 '경험과 실천의 공동체'를 형성시키는 힘을 강조할 수 있을 것이다.[58]

이러한 '미학적'[59] 신학은 그리스도에 관한 이야기라고 하는 기

---

57 Garrett Green, *Imagining God: Theology and the Religious Imagination* (San Francisco: Harper & Row, 1989). 그린은 다음과 같이 말한다. "기독교 신학의 해석학적 기능이란 달리 말해 신학의 적합한 양식이 근본적이고 철학적인 의미에서 '체계적'일 수는 없다는 것을 의미한다. ··· 오히려 해석의 작업으로서 신학은 '자리적' 혹은 장소적이라는 것, 즉 구체적 자리들(loci)의 설명이라는 것을 의미한다. 신학이 이러한 자리들과 가지는 관계는 아프리오리(a priori)적이라기보다는 개별적(ad hoc)인 것이다. ··· 이러한 방식으로 신학을 하는 것은 철학적 체계를 구축하는 것이라기보다는 문학비평을 수행하는 것에 더 가깝다." *Ibid.*, 148.

58 두 가지 예를 연구한 Paul Lauritzen, "Is 'Narrative' Really a Panacea? The Use of 'Narrative' in the Work of Metz and Hauerwas", in *The Journal of Religion*, 67 (1987), 322-339.

독교의 중요한 종교적 형식과 가깝게 남아 있게 된다. 이야기가 일종의 예술이라는 생각은 과학과 철학이 신학으로부터 분리되던 계몽주의 때에 그리고 미학이 독립적인 분야로 형성될 때 함께 생겨났다. 이런 통찰은 낭만주의 시기의 해석학에 의해 더 발전되었다.60 셰번Scheeben은 "하나님의 지혜가 창작한 그림(a painting), 연극(a drama)"이 바로 성서라고 말한다.61 그것은 성서가 사실이 아니라

---

59 본인은 '신학적 미학'(theological aesthetics)을 포괄적 의미에서 (1) 미학의 신학적 사용 혹은 (2) 미학에 관한 신학적 설명으로 사용한다. 이에 비해, '미학적 신학'(aesthetic theology)은 신학에 대한 '미학적' 설명을 의미한다. 예를 들어 신학의 방법론을 이야기(narrative) 해석학 혹은 문학 해석학의 용어들로 설명하는 것을 들 수 있다.

[(역자주) 빌라데서는 자신의 저서 *Theology and the Arts: Encountering God through Music, Art and Rhetoric* (New York / Mahwah, N. J.: Paulist Press, 2000)을 신학에 대한 '미학적' 설명의 시도로 제공한다. 특히 여기서 빌라데서는 교회의 선포행위로서 "설교의 수사법적(rhetorical) 차원"을 미학적 관점에서 분석한 일종의 목회적 미학을 분석한다, 177. 요컨대 여기 번역된 빌라데서의 『신학적 미학』이 '신학적 미학'이라면, 그의 후속작 『신학과 예술』은 '미학적 신학'의 분석이다. 후속작에서 빌라데서는 미학적 신학을 보다 자세하게 다음과 같이 정의한다: "이 용어를 사용하여, 본인은 미학적 차원에서 신학의 실행(the operation of theology on the aesthetic level)을 지시하고자 한다. 곧 미학적 신학은 추상적 신학을 조금 완화시킨 형태 혹은 추상적 신학의 단순한 '번역'(translation)이 아니다. 그것은 담론의 주된 장소로서 인간의 '가슴'과 '느낌'에 바로 이야기를 건네는, 상징적이고 메타포적인 차원에서 비판적 이성의 수행이다. 미학적 신학은 예술로서 실행된 신학이고, 예술과 결합되어 실행된 신학(theology practiced as an art and in conjunction with the arts)이다", 169].

60 Balthasar, *The Glory of the Lord*, vol. 1, 79.

61 *Dogmatik I*, §17, n. 240. Balthasar, *The Glory of the Lord*, vol. 1, 107.

셰번은 동시대의 함부르크 신학자이며 목회자인 하르트무트 지리히(Hartmut Sierig)의 견해를 반향하고 있다. "*Als Buch der Bilder könnten wir die Bibel in ihrer Gesamtheit bezeichnen. Wer sie unbefangen ließt, wird zuerst - vor allen wissenschaftlichen, philosophischen und theologischen Fragen - von ihrer Ausdrucksmächtigkeit, ihrer malerischen Intellektualität ergriffen*"(우리는 성서를 그 총체성에 있어서 하나의 그림책이라고 볼 수 있을 것이다. 누구나 성서를 편견 없이 읽으면, 거기서 학문적, 철학적 혹은 신학적 질문들 이전에 성서의 문학적 표현력과 회화적인 지성에 사로잡히게 된다). Hartmut Sierig, *Über den garstigen Graben: Der dritte Standpunkt im Grundriß* (Hamburg: Agentur des Rauhen Hauses, 1967), 33.

는 의미에서 '허구'라는 말은 아니다. 오히려 그것은 성서의 진리는 이미지의 세계로 이해될 수도 있고 재구성될 수도 있다는 것을 의미한다.[62] 성서의 세계-그림들(world-pictures)을 다시 새롭게 제시하고, 나아가 하나님과 구원의 이야기와 메타포를 상세히 설명하는 것이 곧 신학이 신앙의 '이해'에 참여하는 방법 중 하나다.

그러한 방법론은 성서에 보다 가깝게 남을 수 있다는 장점을 가질 뿐 아니라 또한 직접적인 '영성적' 상관성도 지닌다. 브루스 로렌스는 이렇게 말한다. "영성은 논쟁을 피한다. 그것은 담론에 저항한다. 대신 영성은 독자나 청중과 관련이 있는 이야기에 의존하며, 모든 진리를 그 이야기로 쌓아올린다."[63] 그것은 진리의 '드라마적' 이해를 지향한다. 곧 "이론적 환원이나 조급하고 유순한 해결에 저항하며, 대화가 지니는 이야기적 상호작용의 구조 속에서 드러나는 진리"를 영성은 지향한다.[64]

트렌트 공의회(1545~1563) 이후의 로마가톨릭 신학은 대부분 철학적이고 개념적인 접근에 의해 지배되었다. 틸리히가 그러한 '철학적' 신학을 오직 이차적이고 부수적인 것으로 본 것은 적절하다. (종교와 마찬가지로) 신학의 일차적 언어는 상징적 혹은 (우리가 이제까지 언급한 의미에서) '미학적'이다.[65]

---

62 Balthasar, *The Glory of the Lord*, vol. 1, 84. 헤르더와 같은 몇몇 낭만주의 사상가들은 이미지와 감수성(*Empfindung*)의 차원이 오히려 소외로 '타락한' 추상적 사고의 차원보다 더 가치가 있는 것으로 여겼다는 점을 발타자는 지적한다. *Ibid.*, 86.

63 Lawrence, "Toward a history of global religion(s)", 6.

64 Williams, "Balthasar and Rahner", 27.

65 Martin, *Beauty and Holiness*, 95. 또한 Nicholas Lash, "Ideology, Metaphor and Analogy", in Stanley Hauerwas and L. Gregory Jones, eds., *Why Narrative? Readings in Narrative Theology* (Grand Rapids: William B. Eerdmans Publishing, 1989). 래시는

하지만 (신학적 미학을 포함해서) 신학이 비판적인 형이상학 혹은 존재론의 차원을 동시에 지녀야 하는지 몇몇 이유가 있다. 로너간은 어떻게 상징, 메타포, 이야기 차원에서 지적인 활동이 그 스스로는 대답할 수 없는 질문들을 가져오게 되고, 이를 위해 인식론과 형이상학을 필요로 하게 되는지 상세하게 논의하고 있다.66 니콜라스 래시^{Nicholas Lash}는 특히 신학의 이야기적 구조가 형이상학과 관련될 필요성에 대한 그의 논의에서 동일한 생각을 표현하고 있다. "이야기가 형이상학의 대안 혹은 메타포^{metaphor}가 아날로지^{analogy}의 대

'신학'의 보다 좁은 정의를 선호하는 것 같다. "나는 기독교 내의 '이야기적이고 메타포적인 담론'과 그런 메타포적인 담론이 성찰하는 '비(非)이야기적 담론의 양식' 사이의 구분이 바로 '종교적 실천'과 그러한 실천에 대한 '비판적 성찰' 사이의 그것이라고 제안하고 싶다. 곧, '종교'와 '신학'의 구분이 그것이다." *Ibid.*, 119; cf. 137.

본인은 이러한 래시의 '신학'이라는 용어 사용이 너무 규제적인 것 같다. 보다 넓은 의미에서 '신학'은 최소한 하나님에 대한 이야기적, 메타포적 그리고 전(前)비판적 이해 혹은 'logos'를 포함할 수 있다. 로너간은 의미의 '영역들'을 구조적으로 다음과 같이 나눈다. '상식'(실제 삶의 영역, 구체적이고 상대적이고 생각할 수 있는 것들, 여기서 언어는 설명적이라기보다는 묘사적이다), '이론', '내향성', '초월성', *Method in Theology*, 81. 교육과 설교로서 종교는 '상식'의 영역에 속한다(*ibid.*, 114). 또한 신학의 여러 부분도 여기에 속한다. 로너간에 따르면, "아우구스티누스는 상식의 세계 속에서 아름다운 수사학자였다; 뉴만 또한 그러하다"('Interview', 227; *Method in Theology*, 291: 여기서 그는 데카르트와 파스칼을 추가한다). '학문적' 신학은 추상적 이론의 영역과 내향성의 영역의 구분을 가져온 '조직적'이고 '비판적'인 발전이지만, 그것이 곧 신학의 경계를 결정하는 것은 아니다.

이와는 달리, 본인은 나중에 철학적, 보다 구체적으로는 형이상학적 사유도 신학에서 (비록 배타적이지는 않지만) 중요한 역할을 한다고 주장하고자 한다.

본인은 다시 한 번 이야기신학(narrative theology)과 같은 운동을 '미학적'으로 특징짓는 것이 그것을 비하시키려는 것이 아니라 그 방법론에 대한 진술임을 강조하고 싶다. 래시가 말하듯, "신학의 이야기적 구성은 과학적 이론보다는 '예술 작품'에 더 가깝다. 그리고 이것이 사실이라면, 신학은 이론적 담론보다는 이야기적 담론에서 더 자주 발견되는 메타포적인 차원과도 분명 밀접한 관계를 가진다."

66 로너간(Lonergan)의 *Insight* (New York: Philosophical Library, 1957) 전체가 이 문제와 관련된다. 특히 175-179, ch. VI-VII *passim*, 390-391, 417-421. *Method in Theology*, 81-84, 302-318. Cf. Lash, "Ideology, Metaphor and Analogy", 119.

안이라고 가정하는 것은 '메타포는… 오직 아날로지만이… 대답할 수 있는 질문을 제기하고, 반대로 아날로지는 오직 메타포적 형식에서 제기된 질문만 대답할 수 있다'는 사실을 간과하는 것이다."[67]

경험의 언어적 혹은 예술적 표현 양식이 지니는 인식론적 위치를 회복시키려는 가다머의 시도는 정당한 것이라고 래시는 동의한다. 하지만 그는 메타포적 언어 사용에는 자기만족과 비정직성의 위험이 끊임없이 도사리고 있다고 경고한다(우리는 이 중요한 문제를 6장에서 다룰 것이다).[68] 이야기의 화자는 청중이 경험을 "형성화시킬 수" 있도록 돕는다. "하지만 이러한 세계에 대해 쉽사리 '의미를 부여하려는' 시도는 그 세계를 우리의 상상의 세계, 우리가 단지 바라는 세계로 만드는 위험성을 가진다."[69] 하만[Hamann]의 이성에 대항하는 감정의 낭만적 미화를 비판하며, 발타자는 "우리가 이른바 '미학'이라고 부르는 것은 (계몽주의적) 이성만큼이나 원죄의 허영과 비실재성으로 물들어 있다"고 지적한다.[70]

나아가 래시는 유대교와 기독교의 종교적 담론이 단지 이야기적일 뿐 아니라 두 가지 의미에서 '자전적'(autobiographical)이라고 주장한다. 두 종교적 담론은 자기 관련적일 뿐 아니라, 화자를 구체적인 문화와 역사의 전통 속에 위치시킨다. 이것은 우리의 종교적 이야기가 항상 "우리가 아는 것보다는 더 깊이" 그것을 생산해 낸 주변 환경에 영향을 받는다는 것을 의미한다.[71] 그래서 이러한 종교적

---

67 Lash, "Ideology, Metaphor and Analogy", 136. 인용문 안의 인용문은 Brian Wicker, *The Story Shaped World* (London, 1975), 27.

68 Lash, "Ideology, Metaphor and Analogy", 118.

69 *Ibid.*, 117.

70 Balthasar, *The Glory of the Lord*, vol. 1, 81.

이야기는 "보통 '이론적'이거나 '학문적' 담론의 특징인 표현의 보편성 혹은 무시간성에 대한 열망"을 가지고 있지 않다.[72] 하지만 "기독교의 자전적 담론은 자신이 속한 환경에서 발견한 구체적인 형식의 담론을 보편화시키려는 경향"을 지니는 것도 사실이다.[73] 이와 같은 이유에서 이야기의 사용도 또한 이데올로기적 왜곡의 가능성을 항상 가지는 것이다.[74] 우리는 마르크스, 프로이트, 니체에게서

---

71 Lash, "Ideology, Metaphor and Analogy", 120.

72 *Ibid.*, 116. 래시가 여기서 보편성과 무시간성의 '열망'(aspiration)에 대해 이야기하고 있지, 이론적 혹은 '과학적' 언어의 실제 성취에 대해 이야기하고 있지는 않다는 것을 주목하라.

현대의 비판적 형이상학은 추상적이고 이론적인 것을 포함해서 모든 개념과 사유 양식이 "언어적으로 이루어지고" "역사적으로 위치지어진다"는 것을 인정한다(Tracy, "The Uneasy Alliance", 559). 트레이시가 지적하듯 비록 많은 고전적 혹은 현대적 신학들이 이러한 사실에 충분하게 주목하지는 않았지만, 로츠(Johannes Baptist Lotz)와 같은 초월적 철학자들에 의해 전제되어졌고(e.g., *Die Identität von Geist und Sein* [Roma: Università Gregoriana Editrice, 1972], 157에서 그는 간략하게 그가 '획득된' 선험적 지식이라 부르는 것에 대해 언급하고 있다), 호세 고메즈 카파리나(José Gómez Caffarena)와 같은 다른 이들에 의해 직접 다루어졌다(e.g., *Metafísica Fundamental* [Madrid: Ediciones de la Revista de Occidente, 1969]). 이러한 통찰은 스킬러벡스(Schillebeeckx)와 같은 다른 비형이상학적 신학자들에게 또한 존재한다(e.g., *Christ: The Experience of Jesus as Lord* [New York: Seabury Press, 1980], 31-61). 비록 카를 라너가 일반적으로 지식의 보다 '초월적인' 요소에 더 관심하고 있지만, 그는 지식의 언어적 그리고 역사적 상대성에 대해 잘 인식하고 있다(예를 들어 그의 1973년의 논문 "Faith between rationality and emotion", in *Theological Investigations*, vol. XVI, trans. by David Morland, O.S.B. [New York: Crossroad, 1983]을 참고하라. 여기서 그는 사회적 조건들, 역사적으로 조건 지어진 언어 그리고 의식적 혹은 무의식적 이해의 지평 등에 대해서 이성 혹은 합리성이 가지는 의존성을 논의하고 있다).

만약 이성이 로너간의 인식이론에서처럼 합리론적이 아니라 역사적으로 곧 자기수정적인 과정으로 이해된다면, 그러한 이성은 "부분적으로 역사를 초월하는 특성"(Tracy, *ibid.*, 567)과 상대적 보편성을 가질 수 있을 것이다. 그러나 본인이 이 책에서 논의하고자 의도하는 것처럼, 신학이 희망하는 상대적 적절성은 윤리, 과학, 역사, 타종교 그리고 예술과 같은 영·정신의 다른 구체화과 관계 속에서만 발생할 수 있는 것이다(Tracy, *The Analogical Imagination*, 422).

73 *Ibid.*, 120.

단지 개념적 사고뿐만이 아니라 "모든 의식의 표현이 단지 분명하게 드러나는 의미만을 지니는 것이 아니라 또한 잠재적인 의미 혹은 과잉 규정된 의미를 감추거나 왜곡시키기 때문에, 새로운 방식의 분석이 필요하다"는 것을 배웠다.[75] 결론적으로 래시는 기독교적 사랑이라는 역동성 자체가 책임적이 되기 위해서는 "끝없는 검증의 과정 그리고 환상을 상관적으로 정화시키는 과정에 종속되어야만 한다"고 주장한다.[76]

우리는 래시의 견해에 몇몇 추가적 진술을 덧붙일 수 있을 것이다. 비록 유일하게는 아니라 하더라도 특징적이게도, 언어의 메타포적 차원은 비트겐슈타인이 '말의 마법'(die Verhexung der Sprache)이라고 부른 것에 상처 입기 쉽다(『철학 탐구』, §109 - 역자주). 이것은 언어가 화자에게 거는 마법으로서 우리로 하여금 말을 존재의 실재 상태라고 오해하게 만든다. 따라서 순전히 이야기적 접근법만을 사용한다면, 대중적 종교의 차원에서 무의식적으로 특히 근본주의나 문자주의를 강화할 위험성을 지닌다. 이러한 일이 발생할 때, 종교와 세속의 경험(특히 자연과학 그리고 여기서 유래하는 삶의 경험) 사이에 충돌 혹은 분리가 일어나게 된다.[77] 종교는 현대 과학에 의해 드러

---

74 *Ibid.*, 120.

75 Tracy, *The Analogical Imagination*, 346.

76 *Ibid.*, 133.

77 비록 과학과 종교 사이 초기의 갈등이 대체로 '신학적' 차원에서는 해결된 반면, 많은 평신도와 과학자의 마음속에는 아직도 실제인 것으로 남아 있다는 사실을 주목하여야 한다. 호주의 애들레이드(Adelaide)대학의 자연철학 교수이며 종교발전에 대한 1995년 템플턴상 수상자인 폴 데이비스(Paul Davies)는 다음과 같이 말한다. "과학과 신학자들 사이에 틈이 있는 것은 아니다. 이 틈은 사실 아주 좁아지고 있다. 하지만 정작 커다란 틈은 신학자들과 보통의 신자들 사이에 놓여 있다"(Gustav Niebuhr, "Scientist Wins Religion Prize of $1 Million", in the *New York Times*, Thursday, March 9, 1995, A13).

난 우주론적 견해와 모순되는 설득력 없고 인간중심주의적인 세계관으로 전락할 위기에 놓여 있다. 볼페^Humbert Wolfe의 시 「베텔게우스^Betelgeuse」는 이러한 견해를 잘 드러낸다(그의 시는 이제 홀스트^Gustav Holst의 음악에 의해 잘 알려져 있다). 여기서 '하나님'은 거대한 붉은 별 베텔게우스의 숲들 속에 자리한 하나의 작은 나뭇잎으로 여겨지고 있다.

베텔게우스에는

황금 잎들이 걸린 금빛 숲들

1억 마일의 두 배에 늘어져

1억 년의 두 배에 늘어져

걸린 황금 잎, 아무것도 움직이지 않는

베텔게우스에는

공간은 불지 않는 바람

베텔게우스에는,

그리고 시간은─아, 시간은─ 작은 새

날개를 한 번도 파닥여보지 않은,

잎들의 황금빛 거리인

베텔게우스에는

베텔게우스에는

움직이지 않는 잎들을 흔들

의심할 여지 없이 다수의 신학 교수들도 학생들과의 관계에서 이 틈을 경험하고 있다.

기쁨이나 슬픔도 없는,

악함이나 선함의 유령도

괴롭히지 않는 금빛 숲의

베텔게우스에는

그리고 태어남이나 죽음도

사용되지 않은 베텔게우스에는,

우리를 작은 먼지로 만드는

하나님은 거기서

황금 잎들 중의 하나인

베텔게우스에는[78]

「베텔게우스」는 우주에 대한 과학적 지식이 '하나님'이라고 하
는 종교적 생각이 전제하고 있는 지구 중심적인 세계관을 더 이상
중요하지 않게 만들고 있다는 사실을 상징적으로 보여준다. '신화
적' 이야기의 언어를 자신의 독특한 담론양식으로 사용하는 종교는

---

78 한때는 사랑받던 볼페(Wolfe)의 시는 이제 홀스트(Holst)의 노래에서나 찾아볼 수 있
    을 뿐이다. 「베텔게우스」는 "The Dream City"에 나온다. 소프라노 파트리치아 퀄라
    (Patrizia Kwella), City of London Sinfonia , 리처드 히콕스(Richard Hickox)의 지휘로
    녹음된 뛰어난 CD가 있다. Hyperion CDA 66099(On Betelgeuse / the gold leaves hang
    in golden aisles / for twice a hundred million miles, / and twice a hundred million years
    / they golden hand and nothing stirs, / on Betelgeuse. // Space is a wind that does /
    not blow on Betelgeuse, / and time - oh time - is a bird, / whose wings have never stirred
    / the golden avenues / of leaves on Betelgeuse. // On Betelgeuse / there is nothing that
    joys or grieves / the unstirred multitude of leaves, / nor ghost of evil or good / haunts
    the gold multitude / on Betelgeuse. // And birth they do not use / nor death on
    Betelgeuse, / and the God, of whom we are / infinite dust, is there / a single leaf of those
    / gold leaves on Betelgeuse).

단지 신화론적이 되는—혹은 그렇게 인식이 될— 위험에 놓여 있다.

다른 한편으로 정반대의 위험도 있다. 종교적 이야기가 '신화론적'으로 인정되고, 결과적으로 그것을 평가 절하하거나 완전히 주관적인 것으로 여길 수도 있다. 이럴 경우 종교는 '단지' 시詩의 영역에 속한 것이나 개인적 '심미감'의 문제로 축소된다.

따라서 우리는 한편으로 이야기의 영역과 다른 한편으로 경험적 과학과 비판적 이성의 주장을 중재할 수 있는 신학적 담론 양식이 필요하다. 그러한 신학은 다양한 인간 담론과 의미를 논의하며, 각각의 진리 주장을 거기에 적합한 콘텍스트 속에서 평가하여야 할 것이다.

더군다나 이야기와 메타포는 비판적인 평가와 검증이 필요할 뿐만 아니라 또한 해석도 필요로 한다. 차별화되지 않은 의식의 영역에 속한 상징적 담론은 내적인 긴장 혹은 모순을 지닐 수도 있다.79 하지만 의식이 차별화될 때, 다음과 같은 질문이 제기될 수 있을 것이다. "우리의 이야기가 (다른 이야기들과 혹은 다른 전통들과 혹은 다른 비종교적 의식들과) 서로 모순될 때, 우리는 무엇을 해야 하는가?"80 혹은 동일한 이야기에 대한 서로 다른 해석을, 서로 다른 실천적 혹은 도덕적 명령을 우리는 어떻게 해야 하는가?81

---

79 Cf. Lonergan, *Method in Theology*, 66.

80 Lauritzen, "Is 'Narrative' Really a Panacea?", 339.

81 *Ibid.*, 339. 로리첸(Lauritzen)은 여기서 기독교적 이야기에 호소하면서도 동일한 이야기에서 서로 반대되는 실천적 결론을 이끌어 낸 메츠(Metz)와 하우어워스(Hau- er-was)의 신학에 질문하고 있는 것이다. 트레이시는 다음과 같이 진술한다. "조직신학에 있어 현재의 급진적 다원주의를 올바르게 이해할 수 있는 최초의 실마리는 기독교 전통 '내의' 다원주의를 성찰하는 것이다. 여기에 기초해서 타 종교들 '사이의' 다원주의와 현대 상황의 분석들 '사이의' 다원주의를 성찰할 수 있을 것이다." *The Analogical Imagination*, 447-448.

이러한 고려들은 종교적 이야기 혹은 메타포로부터 비판적 거리를 유지하는 신학적 성찰의 차원이 필요하다는 것을 보여준다. 경험적 과학은 "신인동형론(anthropomorphism)적 메타포에 최소한으로 '감염된', 형식적으로 순수한 과학적 담론의 탐색"을 통해서 "언어적 조작이 침투할 수 없는" 공식을 추구한다.[82] 종교의 메타포적인 담론은 '반대의 일치'(coincidentia oppositorum)나 긍정과 부정의 변증법에 호소함으로써, 하나님의 초월성을 보전하려 시도한다. 곧 문자적 의미가 부정됨으로써 메타포적 의미가 긍정된다.[83] 메타포적 신학은 래시가 "제한되지 않은 일반성의 유비적(analogical) 사용에 초점에 맞춘 철학적 논리의 분야"라고 부른 것을 종교적 담론에 적용함으로써, 신인동형론의 편견을 견제하는 일종의 종교적 의미론을 형성시키고자 노력한다.[84]

래시는 형이상학적 유비(analogy)를 닫힌 체계로 혹은 유비의 논리가 메타포metaphor의 그것에 동화되는 것으로 보는 몇몇 신학자들의 견해를 살펴본다. 그에 따르면,

만약 이러하다면 우리는 포이에르바하의 종교비판을 극복할 어떠한 방법도 없을 것이다. 왜냐하면 우리가 메타포로서 만든 하나님에 대한 '모델들'과 그러한 구성물들에 의해 의미되어지고 발견되어지는 신비 사이를 구분할 수 없게 되기 때문이다. 우리가 하나님에 대해 긍정적으로 말하는 모든 것이 우리의 인간경험을 신인동형론적으로 '투사'한 것으로

---

82 Lash, "Ideology, Metaphor and Analogy", 119.

83 Ibid., 123. Cf. Lonergan, Method in Theology, 66.

84 Ibid., 124.

여겨질 것이고, 그러한 언어가 지니는 의미가 '단지' 투사적인 것과는 다르다는 것을 보여줄 어떠한 방법도 없을 것이다.[85]

형이상학적 유비의 언어가 가지는 가능성을 칸트가 파괴하였다고 하는 반대 입장으로 래시는 칸트의 비판은 오직 부적절한 유비의 개념에만 적용될 수 있을 뿐이고 아퀴나스와 그의 동시대 추종자들이 가졌던 유비의 개념에는 적용될 수 없다고 대답한다.[86]

따라서 래시는 이론적이고 실천적인 다양한 차원들에서 이야기적 종교 담론은 자신의 '교정책'을 통합할 필요가 있다고 본다. 우선, 담론으로서 그것은 '문법적' 혹은 철학적 고려를 요구한다. 이야기로서 그것은 문학비평적인 분석을 요구한다. 자기 전기로서 그것은 역사적 성찰을 요구한다. 또한 그것은 실천적 차원에서도 신인동형론에 대한 종교적 교정책을 필요로 한다: 종교적 침묵, 단순성, 우상파괴의 역사 그리고 고난의 역사 등(하지만 이러한 것이 왜곡될 수도 있다).[87]

하나님에 대한 메타포적인 담론과 형이상학적 담론이 가지는 관계에 대해서는 다음의 장에서 다루게 될 것이다. 지금은 단지 신학이 '미학적'이고 형이상학적 구성 요소를 동시에 가진다는 것을 지적하는 것으로 충분한 것 같다. 물론 형이상학적 고려는 성찰의 이차적 차원에서 발생한다. 폴 로리첸[Paul Lauritzen]이 말하듯, 기독교는 본질에 있어 보다 '고차원적인' 합리성의 영역을 향해 비신화론화되고 극복되어야 하는 일종의 원시적 형이상학이 아니라, 생명을 주고 삶을

---

85 *Ibid.*, 125-126.

86 *Ibid.*

87 *Ibid.*, 121-123.

변화시키는 이야기이다.[88] 리쾨르의 표현에 따르면, "상징은 사유를 가져온다. 하지만 사유는 항상 상징에 되돌아가고 거기서 배운다."[89] 또한 오늘날 형이상학적 신학 혹은 존재론적 신학은 칸트의 비판뿐 아니라 하이데거와 그의 추종자들의 '존재신학'(ontotheology)에 대한 비판도 성찰하여야 할 것이다. 로리첸이 말하듯, 신학은 그 출발점을 '내향성'(interiority)에 두는 형이상학이어야 한다. 하지만 신앙이 경험한 삶에서 발생한 논리적 혹은 형이상학적 이해는 전자를 소외시켜서는 안 된다는 것도 강조하고 싶다. 그것은 마음을 포함한 인간 삶 전체에 현존하며 영향을 끼치고, 그것을 풍부하게 하기 때문이다.

6. 이론으로서 신학적 미학

"신학적 미학 이론"은 이야기적 · 메타포적(narrative · metaphorical) 접근법과 형이상학적(metaphysical) 접근법을 둘 다 포함한다. 따라서 그것은 신학의 대상인 하나님, 신앙, 신학 자체를 미학의 연구 방법론을 통해 해석하는 '미학적 신학'(aesthetic theology)과 미학의 대상인 감각적 인식, 아름다움, 예술을 종교적 혹은 신학적 방법론이라는 출발점에서 접근하는 보다 좁은 의미에서 '신학적 미학'(theological aesthetics)을 둘 다 포함한다. 그리고 두 번째보다 좁은 의미에서 신학적 미학은 다음의 의미들을 포함한다.

---

88 Lauritzen, "Is 'Narrative' Really a Panacea?", 339.

89 Paul Ricoeur, *The Symbolism of Evil* (Boston: Beacon Press, 1967), 347-357. 이것이 Tracy, *The Analogical Imagination*, 13에 재인용된다.

1) 감정(感情)과 상상력(想像力)의 인간 지식에 대한 신학적 설명(실러와 칸트의 의미에서 '미학')

여기서 하나님과 상상력이라는 주제는 위에서 간략하게 언급된 메타포와 유비에 대한 다음의 질문과 관련될 것이다. 초월적 하나님이 감각적 인식에 매여 있는 인간의 마음에 의해 사유될 수 있는가? 이와 관련된 신학의 분야는 계시론 곧 계시가 상징적 의식과 가지는 관계에 대한 성찰일 것이다. 그리고 신학적 방법론에 대한 고려도 관련될 것이다. 상상력과 예술을 종교경험과 성서에 관련시키는 분석 그리고 이러한 해석학적 과제가 조직신학적 사유와 가지는 관계를 성찰하는 신학적 해석 이론이 그것이다.[90] 신학적 미학의 '인식론적' 형태는 상징적 인식과 이론적 인식의 관계, 해석학과 형이상학의 관계, 종교적 경험과 세속적 합리성의 관계, 감정과 논리적 담론의 관계 그리고 아름다움과 진리의 관계를 탐구한다.

2) 아름다움(美)의 신학

그것은 아름다움이 하나님과 가지는 관계, 다른 '초월적 범주'(transcendental)와 가지는 관계, 아름다움이 계시의 속성이 되는 방식, 신학적 판단의 척도로서 기능하는 '아름다움'의 위상 등을 성찰한다.

---

90 David Tracy, *Blessed Rage for Order* (New York: Seabury Press, 1975), 78f.; *The Analogical Imagination*, 112.

3) 예술藝術과 개별적 예술 형식들에 대한 신학적 사유

그것은 개별 예술들의 형식 혹은 장르가 어떻게 하나님에 대한 의사소통일 수 있는지, 어떻게 계시 혹은 회심을 예술들이 중재할 수 있는지, 예술들과 신학의 실천들 사이에는 어떤 형식적 유사점이 존재하는지 등을 성찰한다(마지막은 위에서 언급된 '신성한 시작詩作'의 이론을 포함할 것이다).

마지막 방법론적 측면에서 고려는 '신학적 미학'이 신학 전체에서 그리고 보다 구체적인 신학 분야들 사이에서 가지는 위치에 대해 생각하는 것이다. 이 문제를 접근하기에 앞서 '신학적 미학'이 실제로 어떻게 행해질 수 있는지 구체적인 사례를 고찰하는 것이 유용할 것이다. 특히 반 델 레우와 폰 발타자가 자신의 신학을 '신학적 미학'으로 묘사한다.[91] 이 두 신학자는 '미학'의 독특한 측면을 강조하는 서로 다른 접근법을 모범적으로 보여준다. 지금부터 본인은 위에서 제시한 미학의 세 번째 의미에서 '신학적 미학'에 대해 쓴 반 델 레우를 우선 간략하게 요약할 것이다. 그런 다음 미학의 첫 번째와 두 번째 의미 대부분을 신학적 미학에 포함시키는 폰 발타자에 대해 보다 자세히 고찰할 것이다.

---

91 20세기의 위대한 신학자 중 신학에서 미학적 문제를 광범위하게 다룬(하지만 직접적, 조직적으로 '신학적 미학'을 형성하지는 않은) 신학자로는 폴 틸리히(Paul Tillich)를 들 수 있다. 나중의 장들에서 본인은 틸리히의 저작을 종종 인용할 것이다. 하지만 그의 예술에 대한 생각이 여러 논문에 흩어져 있고, 그것들은 또한 틸리히의 존재론과 신학 전체라는 콘텍스트 속에서만 적절하게 이해될 수 있기에, 본인은 틸리히를 자세하고 조직적인 방식으로 다루려 시도하지는 않았다. 틸리히의 '잠재적' 예술철학에 대한 체계적인 설명, 상황화 그리고 비판에 대해서는 Jeremy S. Begbie, *Voicing Creation's Praise: Towards a Theology of the Arts* (Edinburgh: T&T Clark, 1991).

V. 예술의 현상학, 계시와의 관계
  : 반 델 레우의 신학적 미학

　　네덜란드의 신학자, 철학자, 종교역사가, 음악가 그리고 정치가
인 게라르두스 반 델 레우Gerardus Van der Leeuw는 종교 현상학에 대한 저
작들로 가장 잘 알려져 있다.[1] 그는 이와 유사한 현상학적 방법을
예술에서 성스러움의 표상에 대한 자신의 연구에서도 채용하지만
여기에 기독교 신학의 관점을 추가한다.[2]

　　반 델 레우는 '미학'을 헤겔의 의미에서 예술 특히 순수 예술의
연구라고 이해한다. 그의 '신학적 미학' 혹은 '미학적 신학'은 "예술
로부터 신학으로의 길 혹은 신학으로부터 예술로의 길"을 추구한
다.[3] (그래서 그는 이 두 용어를 서로 바꿔 쓸 수 있는 것으로 사용한다.)[4] 그
는 우선 예술과 성스러움의 관계에 대해 역사적으로 고찰하고, 이
러한 정보에 바탕하여 신학적 종합을 시도한다. 무용, 연극, 언어,
그림, 건축, 음악이라는 개별적 예술 형식들에 따라서 그는 자신의
글을 나눈다. 예술에 대한 어떤 형이상학을 제공하지는 않지만,[5] 그
는 각 예술 형식에 대한 현상학적 기술을 시도하며,[6] 특히 개별 예

---

1 Gerardus Van der Leeuw, *Religion in Essence and Manifestation*, trans. by J. E. Turner
　　(New York: Harper & Row, 1963).

2 Van der Leeuw, *Sacred and Profane Beauty: The Holy in Art*, trans. by David E. Green
　　(New York: Holt, Rinehart and Winston, 1963).

3 *Ibid.*, 328.

4 *Ibid.*, 227.

5 *Ibid.*, 336.

6 *Ibid.*, 5.

술들이 성스러움과 가지는 "이해 가능한 관계들"에 집중한다.[7] 그는 각 장에서 이러한 관계에 대해 기술하고, 다양한 종교의 예술 작품들을 분석한다. 그는 이 책 대부분을 '미학적 신학'으로 구성하고 있다. 곧 그는 여기서 종교와의 관계를 강조하고, 그 관계를 설명하기 위해 예술과 시를 사용한다. 각 장은 특정한 예술 양식과 종교 사이의 역사적 갈등과 '적개심'을 다룬 부분도 포함하고 있다.

반 델 레우의 책 각각의 장은 거기서 "다루어지고 있는 예술의 본질 핵심"과 하나님의 그리스도 안에서 계시를 연결시키고자 시도하는 예비적인 '신학적 미학'으로 끝내고 있다.[8] 그는 각 예술 형식이 가지는 '신학적 중요성' 곧 어떻게 예술들이 종교적 (반드시 신학적이지는 않지만) 의미를 전하고 있으며, 성스러움으로 어떤 '접근점'을 제공하고 있는지 보여주려 시도한다.[9] 반 델 레우의 시도에 대한 아래의 간략한 요약은 그의 구체적인 연구들이 지니는 풍부함은 결여하고 있지만, 그의 사유가 어떤 방향으로 나아가고 있는지를 보여준다. "무용은 하나님의 움직임을 반영하고, 우리를 땅 위에서 움직이게 한다. 연극은 하나님과 인간 사이의 신성한 드라마를 전제한다. 언어적 예술은 영원과 그것의 사역에 대한 찬미이다. 건축은 하나님의 도시로서 피조 세계의 잘 지어진 선들을 우리에게 드러낸다. 음악은 영원한 영광의 메아리이다. 회화적 예술 속에서 우리는 이미지를 발견한다."[10]

---

7 *Ibid.*, 6.
8 *Ibid.*, 8.
9 *Ibid.*, 266.
10 *Ibid.*, 265.

오직 책의 끝부분에 가서야 반 델 레우는 포괄적인 '예술신학' 혹은 "일반적인 신학적 미학 이론"을 제시한다. 여기서 그는 예술들의 상호관계에 대한 이론으로 시작하고 있다. 예술들의 통일성, 구체적 차이성, 상호의존성, 신학적 관점에서 모든 예술이 지닌 공통점은 무엇인지, 어떻게 예술가의 '지성'(*intelletto*)이 하나님의 창조적 영과 관련되는지 그는 질문한다.[11] 예술의 신학적 이해는 구원론 특히 하나님의 형상으로서 그리스도에서 시작해야 한다고 그는 제안한다. "하나님의 형상에 관한 교리는 모든 신학적 미학 혹은 미학적 신학을 포함한다."[12] 하나님은 하나님 자신을 역사 속에 표상하였고, 이러한 하나님의 부름에 대한 응답으로서 예술과 종교에도 그 공통된 본질을 수여하였다. 예술과 종교는 둘 다 하나님의 자기계시에 의해 가능케 된 '표상'(representation)의 과제를 공유한다.

본인의 여기서 의도는 '신학적 미학'에 대한 이해 방식을 한 실례로 제공하는 것이기 때문에, 이러한 간략한 요약 이외에는 그의 신학적 내용에 대해 깊이 다루지는 않고자 한다. 본인은 나중에 그리스도 안에서 하나님의 이미지라는 생각과 반 델 레우의 개별적 예술 형식에 대한 신학적 의미의 분석을 다시 다룰 것이다.

---

11 *Ibid.*, 265.

12 *Ibid.*, 327; 8, 318, 328.

VI. 신학의 아름다움에서 아름다움의 신학으로
: 폰 발타자의 신학적 미학

'신학적 미학'이라는 개념이 오늘날 신학에서 사용되는 데에는 한스 우르스 폰 발타자[Hans Urs von Balthasar]의 공헌이 지대하다. 그의 대작 『주님의 영광』(*Herrlichkeit*, 영어 번역본은 *The Glory of the Lord*)은 20세기 가톨릭 신학에 새로운 접근법의 지평을 열었다.

발타자의 『주님의 영광』은 어떤 의미에서는 카를 바르트의 『교회 교의학』을 다시 쓴 것이라고 지적하는 사람도 있다.[1] 바르트의 사상이 발타자에게 영향을 주었으며, 그의 '대화의 파트너'였다는 것은 의심의 여지가 없을 것이다. 따라서 우리는 발타자의 신학적 미학이라는 개념을 바르트의 하나님, 아름다움 그리고 신학에 대한 진술들과 비교해 보면 더 분명하게 이해할 수 있을 것이다.

1. 바르트: 신학과 하나님의 아름다움에 대하여

바르트의 이 주제에 대한 진술은 그가 '주님의 영광'(*Herrlichkeit*)을 다룰 때 나온다.[2] 성서의 카보드[kabod]([כָּבוֹד])와 독사[doxa](δόξα)에 기초

---

[1] Noel O'Donaghue, "A Theology of Beauty", in Riches, ed., *The Analogy of Beauty*, 3.

[2] 아브라함 카이퍼(Abraham Kuyper)와 그의 추종자들이 어떤 의미에서는 주님의 영광 (*Herrlijkheid*)의 신학과 그것이 아름다움과 가지는 관계에 있어서 바르트를 앞서 예견했다고 할 수도 있을 것이다. 네덜란드의 신(新)칼뱅주의자들에 대해서는 Begbie, *Voicing Creation's Praise*, 82-146을 참고하라. 바르트는 그들의 작품들을 읽었으며, 그들의 '자연 신학'에 대해서는 비판적이었다. *Ibid.*, 146.

한 이 개념은 다양한 방식으로 자신의 성스러운 존재를 계시할 수 있는 하나님의 '존엄성과 권리'로서 정의되었다. 특히 하나님은 이러한 영광을 '수여하고' 거기에 대한 인식을 창조함으로써, 자신이 유일자로서 "다른 것들과 오해되거나 잊히지 않도록" 명확하게 한다.[3] 요컨대 "하나님의 영광은 진리와 능력과 행동 속에서 하나님 자신이며, 이를 통해 하나님은 자신을 하나님으로 알린다." 여기서 '영광'은 하나님의 사랑하는 자유를 가리킨다.[4] 그것은 "하나님의 자기 계시의 진리, 능력, 행동 곧 그의 사랑이며… 모든 신적인 완전성의 자기 계시의 총합이다. 그것은 하나님 신성의 충만함, 모든 하나님 실재의 발생함, 자기 표현함, 자기 계시함이다. 그것은 자신을 선포하는 존재인 한에 있어서, 하나님의 존재 자체다."[5]

그렇다면 하나님의 '영광'은 하나님 자신의 자족성 곧 "더 높은 권위(나 목표)에 의해 조건 지어지거나 조정되지 않는 유일자"로서 하나님의 본질 자유만을 가리키는 것은 아니다.[6] 나아가 그것은 다른 만물들을 위한 하나님의 자족성 곧 우리가 하나님과 동행하면 우리의 죄악됨 때문에 그럴 가치가 없음에도 불구하고 아무것도 '부족함이' 없는(시편 23) 충분한 자족성도 가리킨다.[7] 이런 의미에서 하나님의 영광은 성서의 사유를 따라서 하나님의 '빛'과 '광채'로 묘사될 수도 있을 것이다. 이러한 상징들은 온전하게 충만한 유일자로서 하나님의 자기 계시가 아무 효과도 없는 것이 아니라, 진리와 능력 속에

---

3 Barth, *Church Dogmatics*, vol. II, part 1, 641.

4 *Ibid.*, 641.

5 *Ibid.*, 643.

6 *Ibid.*, 644.

7 *Ibid.*, 645.

서 피조물에게 효과적으로 도달하고 피조물을 하나님에게로 향하도록 되돌린다는 것을 의미한다.[8] 그래서 하나님의 영광은 또한 피조물 속에 발생하게 되는 반응으로서 경배를 포함하는 것이다.

하나님의 전적인 자족성은 그 본질에 있어 하나님은 기뻐하시며, 하나님 안에서 피조물도 또한 자신들의 완성과 기쁨을 발견하게 된다는 것을 의미한다. 바르트의 신학은 여기서 "하나님의 영광을 위한" 창조라고 하는 교부들과 중세 신학자들의 사상을 반향하고 있는 것이다. 피조물의 존재는 본질로 '자기초월적'(ecstatic)이고, 자신의 밖에 중심을 둔다.

> 하나님은 피조물을 의도하시고 사랑하신다. 왜냐하면 피조물은 자신들의 존재를 스스로 가지거나 자신들의 의미를 자신들 속에 가지는 것이 아니라, 하나님의 자기 영광의 운동 속에서 그리고 하나님의 내적인 즐거움이 피조물에게 옮겨지는 과정을 통해서 자신들의 존재와 실존을 가지기 때문이다. 영원에서 영원까지 가득한 신성의 환희에 대해, 시간 속에서 비록 부적절하더라도 진정한 반응을 제공하는 것이 피조물의 운명이다.[9]

따라서 하나님의 영광은 "하나님에게서 환히 비추어 나오는, 풍부함으로 넘쳐 나오는, 자신의 풍성함 때문에 자신으로 만족하지 않고 자신을 의사소통하는, 하나님 존재의 내재하는 기쁨"이기도 하다.[10] 이와 같이 기쁨과의 본질인 관계 때문에 하나님의 영광은 단

---

8 *Ibid.*, 646.

9 *Ibid.*, 648.

10 *Ibid.*

지 '능력'(power)이라는 개념으로 묘사되기에는 부족하다. 그것은 하나님의 '아름다움'(beauty)이라는 개념으로 보충되어야 한다.

비록 '아름다움'이라는 개념이 성서에서 중요한 혹은 독립적인 역할을 하고 있지는 않지만, 아름다움은 하나님의 영광을 신학적으로 설명함에 있어서는 필수적이다. 왜냐하면 아름다움은 왜 하나님의 영광이 단순한 하나의 사실 혹은 오직 힘으로만 영향력을 행사할 수 있는 그런 종류의 사실은 아니라는 것을 우리에게 이해시켜 주기 때문이다.

"하나님의 영광은 아름답기에 효과적이다. … 이러한 특성 속에서 그리고 이러한 특성을 가지고 하나님의 영광은 말하고, 정복하고, 설득하고, 납득시킨다. 영광은 아름다움을 단지 가지는 것은 아니다. 그것은 올바른 의미에서 아름답다."[11] 하나님의 영광은 본질에 있어 하나님의 "넘쳐 나오는 자기 의사소통적인 기쁨"이기 때문에, 일종의 중립적인 것 혹은 "즐거움, 바람, 향유 그리고 아름다움 등의 생각을 배제시키는 어떤 것"으로 여겨질 수 없다.[12] 오히려 하나님의 영광은 "즐거움을 주고, 바람을 일으키며, 향유를 창조하는 독특한 힘과 성격 때문에" 사랑하고 '싶은' 것으로 인식될 수 있다.[13] 곧 바르트는 하나님의 영광의 '형태와 방식', "그의 계시에 있어 특히 설득하고 납득시키는 요소"로서 하나님의 아름다움을 말하는 것이다.[14]

---

11 *Ibid.*, 653.

12 *Ibid.*

13 *Ibid.*

14 *Ibid.*, 654.

만약 '하나님은 아름답다'고 우리가 말할 수 있고 말해야만 한다면, 그렇게 말하는 것은 곧 하나님이 어떻게 우리를 가르치고 설득하고 납득시키는가를 말하는 것이다. 그것은 하나님의 계시啓示라는 단순한 사실을 묘사할 뿐 아니라, 계시가 사실이고 능력이 된다는 계시의 형태나 모양을 묘사하는 것이기도 하다. 그것은 하나님이 자신을 계시하고 그것을 통해 승리하고 정복하는 이러한 놀라운 능력과 유인력을 지닌다는 것을 말하는 것이다. 하나님은 아름답고, 신성하게 아름답고, 자신의 방식으로 아름답고, 자신에게만 가능한 방식으로 아름답고, 도달할 수 없는 원초적 미로서 아름답고, 하지만 진정 아름답다. 따라서 하나님은 단지 사실이나 능력으로 아름다움을 가지는 것은 아니다. 혹은 어떤 의미에서는 하나님은 즐거움을 주고, 바람을 창조하고, 향유를 수여하는 유일한 분으로 활동하신다는 의미에서 아름다움이라는 사실이나 능력을 가진다. 하나님은 즐거워하고, 바라며, 향유할 수 있기 때문에, 하나님은 즐거워하고, 바라며, 향유할 수 있는 유일자이기 때문에 그리고 하나님만이 처음이자 마지막으로 즐거워하고, 바라며, 향유할 수 있기 때문에, 하나님은 이러한 일들을 하신다. 하나님은 사랑받을 만한 유일한 분으로서, 즉 하나님으로서, 우리를 사랑하신다. 이것이 우리가 '하나님은 아름답다'고 말할 때의 의미이다.[15]

… 오직 하나님 존재의 형상形象만이 신성한 아름다움을 가진다. … 그리고 하나님 존재의 형상이 인식되어지는 곳에서는, 이것이 또한 필연적으로 아름다움으로 느껴질 것이다. 하나님의 완벽한 존재가 자신을 계시할

---

15 *Ibid.*, 650-651.

때에는, 불가피하게 하나님의 신성이 가지는 존엄성과 능력의 기쁨을 또한 비추어 내고, 즐거움 혹은 우리가 말한 바람과 향유를 수여하며, 이러한 형상의 방식과 수단을 통해 설득하고 납득시킨다. 그리고 이러한 설득하고 납득시키는 형상은 필연적으로 하나님의 아름다움이라 불리어야만 한다.16

바르트에 의하면 하나님의 아름다움에 대한 우리의 지식은 독특하게 하나님의 계시에서 발생하며, 따라서 하나님의 영광 이미지로서 예수 그리스도에 초점이 맞추어진다. "만약 예수의 삶이 우리에게 주어지지 않았다면, 즉 하나님이 육신이 되었다는 하나님의 자기 표상의 기쁨이 없었다면… 우리를 끌어당기는 하나님 존재의 아름다움에 대해서 우리는 아무것도 알지 못했을 것이다." 피조물에게 기쁨을 주는 것은 하나님이 유일자면서 동시에 우리 중의 '하나'라는 성육신의 계시이다.17 계시에서 만나게 되는 하나님의 아름다움에 대해 바르트가 제공하는 다른 두 예(하나님 속성들의 통일성, 삼위일체)는 그에게 있어 본질적으로 성육신과 연결되어 있다. "하나님의 완전하신 형상, 형태 혹은 방식은 그 자체로서 완전하고 그 자체로서 완전한 형상이다." 이것은 하나님의 존재가 동일성과 비동일성, 단순성과 다원성의 통합이며 따라서 피조물을 포함한다는 것을 의미한다. 삼위일체의 교리는 이러한 생각을 확장시키고 있다. 하나님의 존재는 자기 폐쇄적 존재나 "순수한 신적 존재"가 아니라, 자기 공유적 존재로 펼쳐나간다.

---

16 *Ibid.*, 659.
17 *Ibid.*, 664.

엄밀한 의미에서 삼위일체의 하나님은 하나님 존재가 가지는 능력과 존엄성의 근거이다. … 하나님의 삼위일체적 존재와 삶은… 이러한 능력과 존엄성을 계몽적이고, 설득적이고, 납득적이게 만드는 근거이다. 왜냐하면 이것이 바로 이 형상의 독특한 기능이기 때문이다. 이것은 광채이고, 이것이 빛내고 있는 것은 바로 기쁨이다. 이것은 끌어당기고, 따라서 이것은 정복한다. 그래서 이것은 아름답다.[18]

신학의 대상과 방법이 가지는 아름다움 때문에 신학은 아름다운 학문인 것이다. 바르트는 신앙이 추구하는 이해(*ratio*)는 단지 유용성(*utilitas*)만이 아니라, '인간의 이해 너머의 아름다움'(*pulchritudo* that is *speciosa super intellectum hominum*)이라는 안셀름의 진술을 인용한다.[19] 그것은 즐거움을 수여(*delectabile quiddam*)할 뿐 아니라(*Monologion*, 6), 즐거움이 신학의 첫 번째 목적이다.[20]

바르트는 이런 아름다움을 주목하지 못하는 신학자는 "회개해야 할 충분한 이유가 있다"고 본다.[21] 그럼에도 바르트는 아름다움이 단지 논의되기보다는 먼저 느껴져야 한다고 주장한다. "우리가 아무리 이것을 상세하게 설명하려 시도하더라도, 이러한 통찰은 이론적 발전을 허락하는 감정의 존재 여부에 필연적으로 의존하고 있다. 그래서 신학적 미학에 대한 성찰이나 토의는 신학의 적합한 과제가 되기 힘들고, 신학의 필수적인 과제는 확실히 아니다."[22] 신학자들

---

18 *Ibid.*, 662, 657-661.

19 *Cur Deus Homo*, I. i.

20 Barth, *Church Dogmatics*, vol. II, part 1, 656.

21 *Ibid.*, 657.

22 *Ibid.*

은 하나님이 '또한' 아름답다는 사실을 간과해서는 안 된다.23 왜냐하면 성서의 진리 자체가 그런 인식을 요구하기 때문이다.24 하지만 아름다움을 하나님의 영광의 '본질'로 보는 것은 실수일 것이다.25 "하나님은 아름답다는 진술이 간과되어서는 안 될 것이다. 왜냐하면 그것은 적절한 자리에서 우리에게 많은 것을 가르쳐주기 때문이다. 하지만 그것이 어떤 독립적인 중요성을 주장할 수는 없다."26 아름다움은 하나님의 영광을 다루는 데 있어서 괄호 안의 '삽입어구'(parenthesis)27 곧 "종속적이고 보조적인 생각"일 뿐이다.28

우리는 하나님의 본질 자체, 그 신성의 완전성에 대한 교리적 개념들 속에 아름다움이라는 개념을 포함시킬 수는 없다. 하나님에 대한 성서의 증언에 비추어 볼 때, 우리가 중요한 다른 개념들을 고려했던 동일한 방식으로 아름다움이라는 측면에서 하나님에 관한 지식을 논의하는 것은 위험하다. 아름다움은 중요한 개념들 중의 하나는 아니다. 우리가 다른 개념들의 경우에 했던 것과 동일한 방식으로, 아름다움을 하나님의 통전적 존재를 이해하는 데 있어 주요 모티프로써 사용하는 것은 잠시나마 허락될 수도 없다.29

---

23 *Ibid.*, 655.

24 *Ibid.*, 652.

25 *Ibid.*, 655.

26 *Ibid.*, 666.

27 *Ibid.*

28 *Ibid.*, 653.

29 *Ibid.*, 652. 바르트가 여기서 말하는 '다른 개념들'이란 행동(act), 사랑(love) 그리고 자유(freedom)를 가리킨다. 사랑의 완전성들은 은혜와 성스러움, 자비와 의로움, 인내와 지혜로 개념화된다. 자유의 완전성들은 통일성과 편재성, 변함없음과 전능성, 영원성

아름다움에 대한 신학적 주목에 바르트가 주저하는 이유는 종교적 '미학주의'(aestheticism)에 대한 그의 걱정 때문이다. 신학은 신학 자신의 아름다움에 몰두해서는 안 된다. 이러한 태도는 신학의 실행을 결정해야만 하는 '교회적 태도'(Church attitude)와 반대되는 것이다.[30] 피조물은 하나님의 영광에 몰두해야지, 자기 자신이나 자신의 성취에 몰두해서는 안 된다.[31]

교회적 태도는… 미학적으로 사고하고 말하는 교리학의 가능성을 제외시킨다. 물론, 교리학은 그 대상(하나님의 말씀 - 역자주)이 지니는 독특한 아름다움을 간과하거나 즐거워하지 못한다면 용서받기 힘들 것이다. 왜냐하면 감사할 줄 모르기 때문이다. 하지만 교리학이 그 대상에 자신이 붙들리게 하는 대신에, 아름다움 자체에 대한 성찰에 자신을 잃어버리거나 항복한다면, 바로 그 순간 그러한 아름다움은 우상의 아름다움으로 변질된다. … 교리학은 일반적인 교화의 가르침에 (그것이 아무리 달콤하거나 쓰더라도) 자신의 주의를 돌리거나 자신을 내어주어서는 안 된다. 오직 이러한 방식으로 질서가 지어질 때, 교리학은 그 대상의 아름다움에 의해 끝없이 충격을 받을 것이고, 진정 감사하는 사유를 향해 자의적 혹은 타의적으로 움직일 것이다.[32]

하나님의 영광을 신학적으로 설명하는 데 있어 아름다움의 범주

과 영광이다. 257-678.

30 Barth, *Church Dogmatics*, vol. I, part 2, 840. 신학이 청종해야만 하는 '교회적 태도'의 핵심은 "그 기도의 소리를 그 모든 말함의 궁극적 의미로 듣는 것"이다.

31 Barth, *Church Dogmatics*, vol. II, part 1, 648.

32 Barth, *Church Dogmatics*, vol. I, part 2, 841-842.

가 필수적이라는 자신의 주장에도 불구하고, 바르트는 아름다움의 사용이 지닌 일종의 '위험성'도 인정한다.

아름다움은 (역사적으로 그리스적 사유와 가지는 연관성을 제외하더라도) 즐거움, 바람 그리고 향유의 생각과 가지는 연관성 때문에 신학적 언어로 사용되기에는 지나치게 세속적이고, 특히 위험한 것처럼 보인다. 만약 우리가 "하나님은 아름답다"는 진술을 "하나님은 영화로우시다"라는 진술의 궁극적 설명이라고 생각한다면, 우리는 하나님의 사랑이 가지는 장엄함, 성스러움 그리고 의로움을 위태롭게 만들고 나아가 부정하는 것이 아닐까? 우리가 음흉한 방식으로 하나님을 인간의 관리와 조정의 영역 속으로 끌어들이고, 모든 사람이 도달하려 발버둥 치는 인간적인 이상 근처로 가져오려는 것이 아닐까? 자신의 한계를 모른 채 '자기성찰'의 충동을 그 궁극적 동기로 하는 '세계에 대한 성찰' 근처로 우리가 '하나님에 대한 성찰'을 위험스럽게 가까이 가져오는 것이 아닐까? 확실히 우리는 여기서 조심해야 할 여러 이유가 있다.[33]

바르트는 신학이 하나님의 아름다움에 주목해야 할 필요성을 인정하면서도, 그는 아름다움의 범주로 하나님을 이해하려는 형이상학적 시도에 대해 비판적이다. "이러한 시도는 위僞-디오니시오스 Pseudo-Dionysius의 잘못에서처럼 철학적 오만의 행위"이고, 아우구스티누스의 『고백록』(Confessions, X, 27)에 나오는 하나님의 아름다움에 관한 유명한 구절 "뒤에 숨는다". 바르트에 따르면 "하나님이 아름

---

33 Barth, *Church Dogmatics*, vol. II, part 1, 651.

다우시기 때문에 그러한 하나님의 아름다움을 모든 피조물을 창조하고 움직이는 궁극적 원인으로 사유하도록 성서는 우리에게 요구하지도 혹은 허락하지도 않는다. 오직 우리는 그러한 방식의 사유를 하나님의 은혜, 성스러움, 영원성, 하나님의 전능한 지식과 의지에 대해서만 적용할 수 있다."[34] 그는 위-디오니시오스의 신학이 "제대로 감추어지지 않은 플라톤주의"이며, 그래서 교회는 올바른 이유에서 그것이 가리키는 방향으로 나아가지 않았다고 주장한다. 중세의 경건성에서 대중적으로 중요했던 그리스도의 아름다움이라는 생각조차도 "쉽게 받아들여질 수 없는 어떤 이질적 요소로서 항상 의심되었다. 그 당시 신학은 이러한 생각을 어떻게 해야 할지 잘 몰랐고, 그것과 아무런 관계를 가지려 하지 않았다."[35]

다른 한편으로 미학주의가 다른 모든 '-주의'(ism)보다 더 위험한 것으로 보아서는 안 된다고 바르트는 주장한다. "우리가 개신교의 역사에서 고찰할 수 있듯이, 미학적 측면이 주는 위험에 대해 특별하게 비관적인 태도를 취할 필요는 없을 것이다."[36] 아름다움을 신학에서 무시하는 것 또한 동등하게 위험하다. "이러한 요소가 인정되지 않을 때… 복음서의 복음의 내용은 어떻게 될 것인가?"[37] 복음의 아름다움을 주목하지 않는다면, '기쁜 소식'이 설득력과 기쁨, 좋음의 측면을 잃어버릴 위기에 빠진다.

---

34 *Ibid.*, 652.
35 *Ibid.*, 651.
36 *Ibid.*, 652.
37 *Ibid.*, 655.

2. 발타자의 하나님의 아름다움의 신학

신학에 있어서 아름다움에 관한 바르트의 견해와 의심은 발타자의 신학을 이해하는 데 있어 좋은 출발점을 제공한다. 첫째로 발타자가 '신학적 미학'이라고 부르는 것은 바르트의 정신에 매우 가깝다. 그것은 그리스도 안에서 계시된 하나님의 '영광'(발타자의 책 제목인『주님의 영광』[Herrlichkeit])을 주목하는 계시의 신학이다. 둘째로 발타자의 저작은 하지만 바르트의 '수정'으로 의도되었다. 발타자는 개신교 신학에 있어서 미학의 거부는 존재의 유비(analogia entis)에 대한 거부의 결과라고 본다. 이러한 거부는 은총과 자연 사이의 관계에 있어서 유비적(analogical) 사유보다는 변증법적(dialectical) 사유에 보다 더 가깝다.[38] 존재의 유비에 대한 거부 그리고 선물로서 은총에 대한 강조는 개신교로 하여금 아름다움을 오직 사건으로 이해하게 만들었고, 인간이 조작하거나 그 속에서 안주할 수 있는 아름다움의 내적 특질의 생각도 불신하게 만들었다.[39] 하지만 (바르트가 어떤 의미에서는 그러하듯) 미학의 완전한 부정은 꼭대기가 잘린 신앙을 만들어낸다. 그것은 신앙으로부터 '불완전한 봄'(incohatio visionis)을 제외시켜 버리고, 하나님의 계시 영광을 '보는 것'을 그 메시지를 '듣는 것'으로부터 분리시킨다. 결론적으로 그것은 현재의 시대에서 하나님의 영광을 제거시키는 것을 의미한다.[40]

바르트와 대조적으로, 발타자는 미학을 존재의 유비라고 하는

---

38 Balthasar, *The Glory of the Lord*, vol. 1, 45; cf. O'Donaghue, "A Theology of Beauty", 3.
39 Balthasar, *The Glory of the Lord*, vol. 1, 67.
40 *Ibid.*, 70.

플라톤-아리스토텔레스의 형이상학적 전통에 위치시킨다. 이것이 발타자의 기독교 신학으로 하여금 아름다움(the Beautiful)을 '존재'(Being)와 '선'(the Good)을 수반하는 "제3의 초월적 범주"로 볼 수 있게 만든다. 이처럼 "교리신학에서 아름다움과 계시의 만남"을 통해 미학은 한때는 버려졌던 신학의 중요한 동맥으로서 다시 복귀될 수 있을 것이다.[41]

발타자는 미학적 차원을 신학에서 회복시킬 수 있는 두 가지 방법이 있다고 본다. 바르트처럼 "신학과 계시 자체의 내적인 아름다움"에 머무는 방법 혹은 이것을 넘어서 "신학적 아름다움과 세계의 아름다움 사이의 진정한 관계성에 대해 고찰"하는 방법이 그것이다. 발타자는 두 번째 방법을 선택하지만, 동시에 바르트의 '위험들'에 대한 경고에도 공감한다.[42] "오직 '자신'을 감동시키는 것만을 아름답다고 부르는 사람들의 습관은 최소한 이 땅에서는 극복하기 힘든 것 같다." 따라서 "그러한 개념을 사용하는 신학은 조만간은 '신학적 미학' 곧 신학의 방법론적 차원에서 혹은 신학의 방법론을 가지고 미학을 하려는 시도이기를 그치고, 그저 신학의 본질을 당시 유행하는 세계 내적인 아름다움의 이론에 팔아넘기는 '미학적 신학'으로 전락할 위험을 가진다."[43]

발타자는 이러한 위험성에 대해 두 가지 치유책을 제안한다. 첫째는 미학적 범주들을 유비적이고 초월적인 방식으로 적용하는 것이다. 둘째는 신학적 미학을 일종의 독립적인 신학이 아니라 보다

---

41 *Ibid.*, 13.
42 *Ibid.*, 80.
43 *Ibid.*, 38.

포괄적인 신학적 기획의 한 부분으로 이해하는 것이다.

후자를 먼저 살펴보도록 하자. 발타자는 '신학적 미학美學'(theological aesthetics)을 이것과 함께 '신학적 연극학演劇學'(theodramatics)과 '신학적 논리학論理學'(theologic)이 구성하는 신학적 삼부작의 맨 처음으로 의도하였다. 발타자는 이미 처음부터 그의 책에서 미학의 신학적 회복은 "미학적 관점이 논리적 관점과 윤리적 관점을 제치고 신학을 주도해야 한다고 주장하는 것이 결코 아니다"고 밝힌다.[44] 오직 윤리학과 교리학의 보다 포괄적인 콘텍스트에서만 신학적 미학이 기독교 신학 체계 안에서 정당한 자리를 가질 수 있다.[45] 발타자는 자신의 신학적 미학을 그러한 전체 기획에서 분리시켜 오해하는 것에 대해 불만을 표시한다. "『신학적 미학』을 (오직 첫 권만을 읽고, 거기에 기초해서 나머지 여섯 권은 단지 추측하며) 내 일생의 대표작이라 부르고, 나를 '신학적 미학자'로 칭송하는 것은 나의 근본 의도를 오해하는 것이다."[46]

신학적 미학은 계시의 차원과 관계되지만, 이것을 직접 다루지는 않는다. "하나님의 드러남(manifestation) 혹은 신현(theophany)은 창조 세계와 역사 속에서 무한한 하나님의 자유와 유한한 인간의 자유가 만나는 중심적 사건의 서곡일 뿐이다. 이 중심적 사건은 『신학적 연극학』(Theodramatik)에서 다루어진다. … 하나님은 단지 우리에

---

44 *Ibid.*, 13.

45 Balthasar, "Another Ten Years", trans. by John Saward, in John Riches, ed., *The Analogy of Being: The Theology of Hans Urs von Balthasar* (Edinburgh: T&T Clark, 1986), 224.

46 *Ibid.* (역자주) 『신학적 미학』은 발타자의 『주님의 영광』(*Herrlichkeit: Eine theologische Ästhetik*)의 부제로서, 영어로 *The Glory of the Lord: Theological Aesthetics* 7권으로 번역되었다.

의해 '성찰'되거나 '인식'되기만을 원하시지는 않는다. … 아니, 처음
부터 하나님은 우리 모두 참여하고 공유해야 하는 연극을 제공하셨
다."[47] "미학은 빛, 이미지, 봄의 차원에 남는다. 이것은 오직 신학의
'하나의' 측면일 뿐이다. 다음의 차원은 행동, 사건, 드라마와 관련된
다. … 하나님은 인간을 위해 행동하신다. 인간은 결정과 행동으로
응답한다. 세계와 인간의 역사는 그 자체로 거대한 '세계무대'다."[48]
따라서 신학이 필요로 하는 윤리적 차원은 신학적 '연극' 속에 나타
나고, 여기서 연극의 무대는 삶 자체에 대한 비유로 사용된다.[49]

마지막으로 발타자의 신학적 삼부작은 신학 곧 『신학적 논리학』
(Theologik)에 의해 완성된다. 그것은 처음 두 부분에서 이루어진 것
들에 대한 방법론적이고 후험적인(a posteriori) 성찰이다. 신학적 논
리학은 "연극의 사건이 이해, 선포, 성찰을 위해 인간의 언어로 전
환될 수 있는 방식에 대한 고려"와 관련된다.[50] 발타자는 여기서
성서에 의해 제시되는 진리의 성격, 진리의 철학적 형식 그리고 어
떻게 그러한 철학적 형식이 그리스도의 진리의 성육화된 형식에 개
방적일 수 있는지의 문제를 다룬다.[51] 발타자의 삼중적 체계에서
이러한 나중의 두 부분은 그의 신학적 미학의 콘텍스트와 한계를
이해하는 데 결정적으로 중요하다. 하지만 이 책에서 본인은 단지
발타자의 신학적 미학의 내용과 방법에 대한 개관을 제공하고자 의

---

47 *Ibid.*, 224-225.

48 Balthasar, "In Retrospect" (adapted from Rechenschaft 1965 by Kenneth Batinovich, N.S.M.) in Riches, *The Analogy of Beauty*, 217.

49 Balthasar, "Another ten years", 225.

50 *Ibid.*, 226.

51 Balthasar, "In Retrospect", 218.

도하기 때문에, 그의 삼부작 중 주로 첫 부분에 관심하고자 한다. 본인이 앞에서 제시한 '신학적 미학'의 세 가지 의미들과 관련하여 발타자 자신의 신학적 미학 정의를 비교할 수 있을 것이다. 우선 발타자 저작의 전체적 구조를 살펴본 후에, 보다 구체적으로 신학적 미학에 대한 그의 정의를 살펴보고자 한다.

『주님의 영광』의 제1권은 '신학적 미학'에 대한 정의와 개론을 제공하고 있다. 여기에 대해서는 조금 후에 다시 다루게 될 것이다. 제2권과 제3권은 "신학적 스타일에 대한 연구"라는 부제를 가진다. 여기서 발타자는 "이레니우스Irenaeus에서 현대에 이르기까지 신학을 형성시키는 데 특징적인 역할을 한 신학자들의 연구, 특히 아름다움과 계시의 유형론을 제공하고 있다."[52] "진정 신기원적인(epochal) 신학"은 항상 하나님의 영광에 의해 조명된다는 것을 보여주기 위해, 발타자는 12명의 신학자를 선택하여 연구한다.[53] 제4권과 제5권은 "형이상학의 영역"을 다루고 있다. 여기서 그는 신화와 거기서 유래하는 철학의 영역에 드러나는 하나님의 세계 속 '광채'(splendor)를 고찰한다. 이러한 고찰을 통해 발타자는 인간의 자율성과 하나님의 계시라는 선택을 가져온다. 후자에 기초하여 발타자는 다음과 같이 질문한다. 고대의 칼론(καλόν, the beautiful)과 기독교는 어떤 관계가 있는가? 오늘날 하나님의 영광을 선포하기 위해서는 형이상학과 대결해야 할 필요가 있다고 그는 결론을 내린다.[54] 마지막으로 제6권과 제7권은 교리학에 관한 것이다. 우선 그것들은 요한과 바

---

52 Balthasar, *The Glory of the Lord*, vol. 1, 10.
53 Balthasar, "In Retrospect", 214.
54 *Ibid.*, 216.

울의 신학에서 절정에 도달하고 있는 구약과 신약 속의 '영광'의 성서적 개념에 대해 다룬다. 이어서 그러한 영광이 (1) 신현(하나님의 우리와 함께하심), (2) 칭의(하나님의 '만듦'[poiesis]), (3) 하나님의 은혜(charis)라고 하는 교리적 주제와의 관계를 다룬다.[55]

이러한 개론적 요약에 바탕하여 제1권에서 발타자가 어떻게 이러한 문제들을 '신학적 미학'의 내용으로 다루는지 고찰하도록 하자. 본인이 앞에서 나눈 '미학'의 세 가지 의미 구분에 비추어 볼 때, 발타자는 주로 그 첫 번째와 두 번째에 관심한다. 그는 신학적 미학이 크게 두 가지 단계를 가지는 것으로 본다. 첫째 단계는 '봄의 이론'(theory of vision) 곧 기초신학(fundamental theology)이다. "이것은 칸트적 의미에서 '미학'을 하나님의 자기 계시의 형상에 대한 인식론認識論으로 본다." 두 번째 단계는 '환희의 이론'(theory of rapture) 곧 교리신학(dogmatic theology)이다. 여기서는 "미학을 하나님의 영광의 성육화, 하나님의 영광에 인간이 고양되어 참여하는 것에 대한 이론"으로 본다.[56] 이 단계는 '미학'의 두 번째 의미 곧 미론美論에 속할 것이다. 그러나 여기서 '아름다움'이란 엄격하게 신학적인 의미가 있다. 신학적 미학은 "주로 세속적인 철학적 미학(특히 시詩)의 비신학적인 범주들을 가지고 작업하는 것이 아니라, 자신의 신학적 방법론을 가지고 계시의 데이터 자체로부터 아름다움의 이론을 발전시키는 신학이다."[57] 예술론藝術論이라고 하는 세 번째 의미에서 미학에 대해서는 발타자는 별로 다루지 않는다. "기독교 예술의 문제

---

55 *Ibid.*, 217.

56 Balthasar, *The Glory of the Lord*, vol. 1, 125.

57 *Ibid.*, 117.

는 오직 부수적인 방식으로 다루어질 것이다. 하나님의 '광채'가 세속적인 '아름다움'에 의해 표현되는 것은 정말 가능한가? 그리고 어떻게 가능한가?"[58]

만약 아름다움을 초월적 범주로 사유하고자 한다면 아름다움에 대한 정의는 반드시 하나님에게서 출발해야 한다.[59] 하지만 우리가 성육화한 성자를 통하지 않고는 하나님께 결코 도달할 수 없다는 바르트의 주장에 발타자는 동의한다. 따라서 우리는 하나님의 아름다움에 대해서 동시에 "하나님이 구원사 속에서 자신을 드러내는 형상과 방식"에 대한 언급 없이는 논의할 수 없다.[60] 더군다나 "우리가 하나님에 대해 가장 적절하다고 알고 있는 것, 곧 역사 내 하나님의 자기 계시와 성육신은 사람들이 그것을 보든 그렇지 않든 우리에게 있어서 세계 내 아름다움의 원형 혹은 극치가 되어야 한다."[61] 성육신의 패러독스는 "기독교 미학 이론의 수원지이고, 따라서 모든 미학 이론들의 수원지이기도 하다."[62] 이러한 이유로 신학(발타자는 철학도 여기 포함시킨다)은 "초월적 아름다움을 대상으로 가지는 유일한 학문이다."[63]

그렇다면 발타자가 '신학적 미학'이라고 의도하는 것은 본질로 기독론基督論 중심적인 계시의 신학이다. 이런 맥락에서 발타자가 신

---

58 Balthasar, "In Retrospect", 217.

59 Balthasar, *The Glory of the Lord*, vol. 1, 69.

60 *Ibid.*, 124, 125. 이것은 하나님의 아름다움이 단지 역사 속 하나님의 행동이라는 배경에서만 고찰될 수 있다는 것을 의미하지는 않는다. 하지만 후자는 하나님 자신의 속성들에 대한 고찰을 위한 출발점을 제공한다.

61 *Ibid.*, 69.

62 *Ibid.*, 29.

63 *Ibid.*, 70.

학적 미학의 취지에 대해 기술한 것은 바르트의 사상과 유사하다. "여기서 중요한 것은 현대적 혹은 철학적(초월적) 의미에서 '아름다움'이 아니다. 오히려 그것은 예수의 삶 – 죽음 – 부활 속에, 바울에 따르면 예수를 주님으로 받아들이는 기독교인들의 삶에 반영되고 있는, 하나님 자신의 신성이 가지는 광채라는 의미에서 '영광' 속 아름다움의 극복이다."[64]

왜 이러한 종합의 첫 부분이 『주님의 영광』(Herrlichkeit)으로 불리었는 가? 그것은 첫째로 하나님의 계시를 보는 법을 배우는 것과 관계되고, 둘째로 하나님은 오직 그의 주님됨(Herrheit)과 숭엄함(Hehr-heit)에서만 알려지기 때문이다. 모든 인간 본성과 십자가의 불가지성들(incognitos)에도 불구하고, 알려지는 이러한 것을 이스라엘은 카보드(Kabod)로 그리고 신약성서는 글로리아(gloria)라고 부른다. 하나님은 근원적 의미에서 우리를 위한 ('참된') 선생님이나 우리를 위한 유용하고 ('좋은') '구원자'로 오신 것이 아니라, 자신의 영원한 삼위일체적 사랑의 광채를 나타내고, 비추고자 곧 '자신을 위해서' 오신 것이다. 이처럼 진정한 사랑과 진정한 아름다움은 공통으로 광채의 "이해관계를 초월함"(dis-interestedness)을 가진다. 세계는 하나님의 영광을 위해서 창조되었다. 그것을 통해서 그리고 그것을 위해서, 세계는 또한 구속된다. 그리고 오직 이 영광의 빛에 의해 만져지고 이해관계를 초월한 사랑이 무엇인지 희미하게나마 아는 사람만이 예수 그리스도 안에 현존하는 신성한 생명을 보는 법을 배울 수 있다. 아이스테이시스[Aistheisis] 곧 '인식의 행위'와

---

64 Balthasar, "Another Ten Years", 224.

아이스테톤[Aistheton] 곧 '인식되는 구체적 대상'(광채를 비추는 사랑)이 함께 신학의 대상이 되는 것이다. 신학에서 '영광'은 철학에서 초월적 '아름다움'에 상응한다. 서양의 위대한 사상가들(호메로스와 플라톤에서 시작해서 아우구스티누스와 토마스 아퀴나스를 거쳐 괴테와 휠덜린, 셸링과 하이데거)은 아름다움이 모든 것을 포괄하는 존재 자체의 궁극적인 본성이라고 보았다. 곧 아름다움은 개별적 실존의 공포스러운 실재를 그 속에 감추고 있을지라도, 그 전체를 볼 때 사랑할 수 있는 존재의 최후의 신비한 광채라고 여겨졌다. 존재의 광채를 통해 또한 존재의 원초적 깊이로부터, 성서적 사건들의 이상한 표식들(이것들은 모든 인간적인 기대와 반대되는, 초세계적 기원을 드러낸다)은 하나님의 영광을 비추어 낸다. 이러한 영광에 대한 찬양과 인식이 성서, 교회의 성례 그리고 종교적 운동을 설립한 성자들의 글에 가득 차 있다.[65]

하나님의 '영광'이라는 발타자의 사상은 바르트의 그것을 분명 반향하고 있다. 하지만 바르트와 달리 발타자는 그것을 자신의 중요 개념으로 발전시킬 뿐만 아니라, 영광에 대한 인식(미학)을 자신의 신학 체계를 종합하는 출발점으로 삼는다. 그에게 있어 하나님의 '영광'은 "하나님의 가장 신성한 측면"이기 때문에 미학적 출발점은 신학에 있어서 "유일하게 올바른 입장"이다.

그러한 입장만이 (하나님의 완성을 필요로 하는 불완전한) 우주나 (우주보다 더 불완전하고 죄에 빠져서 구원자를 필요로 하는) 인간에 대한 신

---

65 Ibid., 213.

학적 성찰 때문에 방해받지 않고, 오직 하나님 자체에 대한 인식에 몰두할 수 있다. 객관적으로 봄(vision)의 첫 번째 전제조건은 하나님의 자기 계시를 "존재케 두는 것"(letting be)이다. 이러한 계시가 곧 "나를 위한 하나님의 영원한 사랑"일 때조차도 말이다. 곧 처음의 단계에서 필요한 것은 인식의 재료들을 우리 자신의 범주들을 가지고 정복하는 것이 아니라, 그 대상에 대한 봉사의 태도이다. 신학에서 이것은 하나님의 사랑이라는 말할 수 없는 신비가 인식 주체의 경외와 예배에 스스로 자신을 개방한다는 것을 의미한다(timor filialis, 자녀들의 경외함). 이것은 또한 ('철학적' 아름다움의 초월성을 초월하는) 하나님의 광채가 이기적이지 않은 사랑으로 사랑하는 그 자신의 표면적 반명제(지옥으로 내려가신 케노시스 kenosis 혹은 비움) 속에 자신을 드러내고 증명한다는 것을 의미한다. 따라서 『주님의 영광』은 신학의 올바른 중심점을 표현할 뿐 아니라, 개인들의 실존적 상황의 핵심을 드러낸다.[66]

바르트와 달리, 발타자는 하나님의 '영광'이라는 생각을 형이상학의 초월적 '아름다움'과 관련시킨다. 두 신학자 사이의 결정적인 논쟁점은 '아름다움'을 단지 물질과 형식 그리고 그것들의 외관에 대한 세계 내적인 관계에만 적용되는 것으로 여길 것인지, 아니면 존재의 한 초월적 특성으로 생각할 것인지의 문제이다. 초기의 교부들과 중세의 스콜라 신학자들은 후자의 입장을 견지한다. 창조와 구속에 기초하여 그들은 '아름다움'을 "모든 창조물의 가치들의 탁월한(eminent) 총합"으로서 하나님에게 돌린다.[67] 발타자는 이러한

---

66 Balthasar, "In Retrospect", 213-214.
67 The Glory of the Lord, vol. 1, 38.

견해를 따른다. 그러나 또한 그는 그리스도 속의 "계시의 초월적 아름다움"과 "세계 내적인 자연적 아름다움" 사이를 구분해야 한다는 바르트에 동의한다.[68] 바르트처럼 발타자에 있어서도 아름다움에 대한 기독교적 견해는

> (리얼리즘 미학을 포함해서) 세속적 미학이 도저히 견딜 수 없는 것으로 간주하는 십자가와 그 외의 모든 것을 포함한다. 이러한 포괄성은 예술의 표현적 요소로서 그늘과 모순을 포함할 줄 알았던 플라톤적 미학이 제안했던 그런 포괄성일 뿐 아니라,[69] 또한 죄와 지옥이라는 가장 깊은 심연의 추함조차도 하나님의 자기 낮춤의 사랑으로 껴안는 포괄성이다. 하나님의 사랑은 인간의 세계에서는 유사한 것을 찾아볼 수 없는 그런 사랑으로, 죄와 지옥까지도 신성한 예술 속으로 가져온다.[70]

이러한 성찰은 발타자의 신학이 어떤 의미에서 '미학적'인지 보다 정확하게 보여준다. 곧 그에게 있어서 "미학은 십자가와 지옥으로 내려감, 부활의 드라마가 어떻게 하나님 영광의 계시로 우리에게 '인식'될 수 있는지에 대한 성찰이다."[71] 더군다나 계시의 수용에 있어서 인식 '주체'(subject)가 가지는 조건들에 집중하는 기초신학과는 달리, 발타자의 신학적 미학은 무엇이 우리의 인식의 '대상'(object)을 계시로 이해할 수 있도록 만드는가의 문제와 주로 관련

---

68 *Ibid.*, 41 and *passim*.

69 바르트가 앞에서 모차르트에 대해 한 진술을 고려하라: "하지만 그 빛이 너무도 밝게 비추어서 그늘에게조차 다가간다."

70 Balthasar, *The Glory of the Lord*, vol. 1, 124.

71 John Riches, 'Afterword' in Riches, ed., *The Analogy of Beauty*, 181.

한다. "하나님의 영광을 '우리'로 하여금 보게 만드는 것이 무엇인가에 대한 어떠한 사유도 그러한 인식의 대상에 대한 질문과 밀접하게 관련된다. 이 인물(예수) 속에서 다른 어느 곳에서도 발견되지 않는 삼위일체의 장엄함, 성육하고 십자가에서 죽은 주님의 성스러운 게슈탈트^{Gestalt}(형상)를 우리에게 보여주는 것은 도대체 무엇인가?"[72] 그것은 바로 우리 안에서 '에로스'를 불러일으키는 계시의 '아름다움'이다.[73]

발타자는 아름다움에서 '형상'(form)과 '광채'(splendor)라는 두 요소를 구분하는 점에서 토마스 아퀴나스를 따른다.[74] '형상'(form, Gestalt) 그 자체가 또한 "존재의 광채 혹은 영광"으로 보여지고 드러난다.[75] 사물들의 형상은 그것들 속에 있는 존재의 '깊이들'의 현존이며, 그렇기에 사물들의 형상은 자신들 너머의 이러한 깊이들을 가리킨다.[76] 궁극적 실재의 선함이 유인력, 즐거움, 아름다움의 형상으로 드러나는 것이다.

우리에게 드러나는 형상이 아름다울 수 있는 것은 다름 아니라 그것이 우리에게 주는 기쁨이 오직 다음과 같은 사실에 기초하고 있기 때문이다. 곧 '실재 자체의 깊이들'(depths of reality itself)이 가지는 진리와 선함은

---

72 *Ibid.*

73 Balthasar, *The Glory of the Lord*, vol. 1, 121.

74 토마스 아퀴나스는 '*species*' 혹은 '*forma*'와 '*lumen*' 혹은 '*splendor*'를 구분한다. *Ibid.*, 118.

75 *Ibid.*, 119.

76 *Ibid.*, 118. 발타자에 따르면 고전적 예술이 이러한 깊이들을 담고 있는 '형상'(form)을 강조한 반면, 낭만적 예술은 이러한 형상 너머의 '형상 없음'(the boundless)을 강조한다.

이러한 형상 속에서 계시되고 수여되며, 이러한 계시와 수여는 그 자신들을 우리에게 무한하게 풍요한 변화와 매혹으로 드러내기 때문이다.[77]

따라서 발타자의 신학적 미학의 중심점은 그리스도와 성서 속에 드러나는 하나님의 계시의 '형상'을 성찰하고 포착하는 것이다. 이러한 기획의 정당성은 아름다움의 유비(the analogy of beauty), 나아가 신학과 미학의 유비에 놓여 있다. 그리스도의 형상에 대한 성찰은 "자연이나 예술이 우리에게 제공하는 형상들을 지속적이고 인내심 있게 사유하는 미학적 성찰에 정확하게 상응한다."[78]

바르트와 발타자 모두에 있어 계시의 아름다움이 곧 신앙의 확신과 응답을 가능케 하는 계시의 힘이다. 발타자가 세계 내 하나님의 아름다움의 '광채'라고 부르는 것은 토미즘[Thomism]에서 말하는 '신앙의 빛'에 상응한다.[79] 아름다움을 봄으로 변화된 사람들은 "기쁨에 빠지게 되고", 자신들을 거기에 대한 열정에 내어 준다.[80] 발타자의 신학에 있어 그리스도의 형상에 의한 영혼의 변화는 "단지 세상적 의미에서 어떤 아름다운 것에 대한 심리적 반응이 아니라… 그리스도를 통해 자신으로부터 하나님에게로 나아가는 인간 전존재의 움직임이라는 것"을 이해하는 것이 매우 중요하다.[81]

---

77 *Ibid.*

78 *Ibid.*, 32. 존 리치스(John Riches)가 지적하듯, 발타자에게 있어서 미학과 신학은 형식적 유사점만을 가지는 것이 아니라 우리가 예술, 문학 그리고 음악에서 존재의 진리에 대한 어떤 것을 인식하는 한에 있어서 내용적 유사점을 또한 가진다. Riches, 'Afterword', 182.

79 *The Glory of the Lord*, vol. 1, 120.

80 *Ibid.*, 33.

81 *Ibid.*, 121.

VII. 신학에 있어서 신학적 미학 이론의 위치

발타자의 신학적 종합은 신학적 미학이 신학 전체에서 가지는 자리에 대한 논의에 유용한 출발점을 제공한다. 위에서 살펴보았듯 발타자의 신학적 미학은 기초신학과 교리신학의 통합이다. 이것은 제1차 바티칸 공의회 이후의 단지 추상적이고 합리적인('변증론'이라는 이름의) 기초신학에 교정책을 제공한다. 모리스 블론델Maurice Blondel은 이미 자신의 인간학적 분석에 기초한 내재성의 방법론을 통해 새로운 방향을 지시하고 있었다. 1940년대와 1950년대에 리옹Lyon의 예수회 학파는 "변증론을 전적으로 포기하고 대신 가톨릭의 중심적 신비에 대한 성찰을 통해 신앙의 확실한 근거를 제공하려는 신新신학 (nouvelle théologie)을 시도하고 있었다."[1] 발타자는 이러한 두 신학에 영향을 받았으며, 자신의 신학적 미학이 이것들을 새로운 차원으로 끌어올리고자 하였다.

발타자에 따르면 기초신학과 교리신학은 궁극적으로 분리될 수 없다. 오직 은혜의 빛 아래서만 우리는 (신스콜라 신학이 계시의 내용과 신앙의 헌신을 분리시킴으로써 순수 이성에 의해 '증명'하고자 했던) 계시의 사실을 인식할 수 있기 때문이다.[2] 발타자는 계시를 인식하는 행위는 그 인식되는 대상과 분리될 수가 없다고 주장한다. 그러한 대상이란 바로 예수 그리스도 특히 십자가의 그리스도에서 드러나는 하나님의 아름다움이라는 기쁜 형상이다.[3] 따라서 기초신학까지 포함해서 신

---

1 John Riches, "Balthasar and the analysis of faith", in Riches, ed., *The Analogy of Beauty*, 36.
2 Balthasar, *The Glory of the Lord*, vol. 1, 126.

학은 시작부터 기독론 중심적이어야만 한다.

동일한 이유로 인식(beholding)에 관한 교리(기초신학)와 아름다운 형상이 지닌 환희(enrapturing)의 힘에 관한 교리(교리신학)는 마치 신앙과 은총처럼 서로가 보완적이고 분리될 수 없는 것이다. "왜냐하면 (이 형상에 의해) 즐거워하지 않는 어떤 이도 진정한 의미에서 (이것을) 인식할 수 없고, 인식하지 않는 어떤 이도 즐거워할 수 없기 때문이다."[4] 따라서 "진리에 대한 사유의 증거들이 필연적으로 일종의 제의祭儀에 가입하는 특성을 가지는 때가 있다."[5] 나아가 발타자는 표현의 매개물과 그것이 표현하는 내용 사이에 관계가 있다고 주장한다. '형상'은 그것을 통해 비추어 나오는 '광채'에 적합하게 들어맞는다.[6] 그래서 기독교의 변증은 구체적이고 반복될 수 없는 형상을 인식하고 거기에 붙들림으로써 우리가 탁월하고 독특한 미학적 판단을 하게 되는 그러한 방식에 관련될 수 있을 것이다.[7]

발타자의 방법론은 교리학과 밀접한 관계를 지니는 변증론을 발전시키고자 하는 시도로 이해될 수 있다. 그는 아래와 같은 자신의

---

3 발타자의 십자가에 대한 강조는 그의 미학적 신학을 이전의 '미학적' 변증론으로부터 구분시킨다. 예를 들어 19세기 초에 샤토브리앙(Francois de Chateaubriand)은 아름다움이 진리의 기준이라는 그의 전제에서 시작해서 예술과 철학 등에 대한 기독교의 영향과 또한 기독교적 신비가 가지는 매력(charme)에 기초한 변증론을 제안한다. 발타자는 여기에 대해 아름다움의 기준이 이-세계적(this-worldly)이고 문화적이기 때문에 그러한 변증론은 실패할 수밖에 없다고 말한다. 그것은 기독교가 긍정적인 영향력을 행사하였다는 것은 보여줄 순 있지만, 기독교 신앙의 본질을 이러한 방식으로 다룰 순 없다. 이와는 대조적으로 발타자는 계시가 아름다움에 대한 자기 자신의 기준을 함께 가져오고, 여기에 의해 문화적 아름다움이 평가되어야 한다고 주장한다. *The Glory of the Lord*, vol. 1, 92-94.

4 Balthasar, *The Glory of the Lord*, vol. 1, 14.

5 *Ibid.*, 34.

6 Riches, "Balthasar and the analysis of faith", 51, 54.

7 *Ibid.*, 46-47; cf. 'Afterword', 181.

'근본적 확신'을 분명하게 밝힌다.

> 만약 우리가 좋고 중심적인 신학을 하면, 우리는 좋은 변증론을 하는 것
> 이다. 만약 우리가 효과적으로 신학을 성찰하면, 우리는 가장 뛰어난 종
> 류의 변증론을 제공하는 것이다. 하나님의 말씀(그것은 또한 그리고 항
> 상 하나님의 행동이다)은 진리와 풍요함에 있어서 자기 인증적^{自己認證的}
> (self-authenticating)이다. 바로 이러한 방식에 의해 교회와 신앙인이 서
> 로에게 연결되는 것이다. 우리가 말하고자 하는 하나님의 말씀을 이러한
> 방식으로 듣고자 원하는 사람은… 그것에 대해 다른 사람들을 듣게 만들
> 고자 (기초신학이라고 불리는) 다른 학문을 필요로 하지는 않는다.[8]

존 리치스^{John Riches}가 지적하듯, 발타자에 있어 "하나님의 권위 혹
은 영광(doxa)은 자신 이외에 어떤 다른 정당성도 필요로 하지 않는
다. 마치 예술 작품에서처럼, 그것의 올바름은 이것을 보는 자에게
자신의 인증력을 행사한다"[9] 또는 발타자 자신이 그리스도의 아름
다운 형상을 '즐거워하는' 자들에 대해 언급하는 것처럼 "세상은 이
러한 즐거움의 상태를 심리학적이고 생리학적인 법칙들로 설명하
려 시도할 것이다(행 2:13). 하지만 '그들은' 자신들이 본 것이 무엇인
지를 알고 있으며, 세상 사람들이 말하는 것에 대해 동전 한 닢의
가치도 부여하지 않는다."[10]

하나님의 자기 계시와 신앙이 가지는 '자기 인증적' 특성에 대한

---

8 Balthasar, "Another Ten Years", 227.

9 Riches, "Balthasar and the analysis of faith", 47.

10 Balthasar, *The Glory of the Lord*, vol. 1, 33.

발타자의 진술은 제1차 바티칸 공의회의 가르침과[11] 또한 신앙의 행위에 대한 토미즘 전통의 분석에 일치한다. 그럼에도 불구하고 가톨릭 전통 전체로 볼 때는 단지 '신앙의 빛'에 대한 호소가 신앙의 동기에 대한 '신학적 설명'과 동일하다는 견해는 거부된다. 신앙은 지적인 '신뢰성의 근거들'을 합법적으로 탐구하는 '이성'과 조화되어야 한다.[12] 만약 신학이 교회 내적 관점에서 평가된다면, 발타자의 '교리로' 기초한 변증론은 합법적이고 유용할 것이다.[13] 하지만 그것이 기초신학의 유일한 '독점적인' 형식으로 받아들여진다면, 거기에는 니콜라스 래시가 비판한 '신앙주의'(fideism)의 위험이 있다. 여기서 신앙주의란 "적절한 신앙의 평가 기준은 어떤 특정한 경험의 패턴 혹은 삶의 방식 '속에만' 있다고 보고 역사가, 사회과학자 혹은 철학자와 같은 '외적인' 평가에 신앙의 주장들을 적용하기를 거부하는 입장"을 가리킨다.[14]

---

11 예를 들어 제1차 바티칸 공의회의 'Dei Filius', 3장의 'De fide'를 참고하라. 여기서 하나님 계시에 대한 신앙은 "propter auctoritatem ipsius Dei revelantis"(하나님의 계시 자체의 권위 때문)이라고 여겨진다(DS 3008).

12 Ibid., ch. 4, "De fide et ratione": "Neque solum fides et ratio inter se dissidere numquam possunt, sed opem quoque sibi mutuam fuerint, cum recta ratio fidei fundamenta demonstret..."(신앙과 이성은 서로에게서 분리가 될 수 없을 뿐 아니라, 둘은 또한 서로를 도울 수도 있다. 왜냐하면 올바른 이성은 신앙의 기초를 증명하기 때문이고…). DS 3019. 또한 신앙의 동기를 순전히 내적인 경험에 환원시키는 것을 비판한 Canon 3, chapter 3도 참고하라: "Si quis dixerit, revelationem divinam externis signis credibilem fieri non posse, ideoque sola interna cuiusque experientia aut inspiratione privata homines ad fidem moveri debere: anathema sit"(만약 어느 누구라도 '하나님의 계시는 외적인 표식들로 신빙성을 가질 수는 없기 때문에, 사람들은 단지 서로의 내적인 경험만으로 혹은 사적인 영감만으로 신앙에 나아가야 한다'고 주장한다면, 그가 저주받게 두라). DS 3033.

13 발타자는 자신의 저작들이 지닌 (교회) '내향적' 성격을 인정한다. 예를 들어 "Another Ten Years", 229.

어떤 이들은 계시의 증거로서 '아름다움'에 호소하는 데에는 독특한 위험성이 있다고 지적하였다. 오도나휴[O'Donaghue]에 따르면 "시인의 도약하는 상상력에서는 아름다움이 진리이고 진리가 아름다움일 수 있을지 모르겠지만, 보다 평범한 차원에서 우리는 진리와는 별로 관련이 없는 여러 아름다운 개념과 이데올로기가 있다는 것을 안다. 광채 나는 거짓말들(splendide mendax)이 가능할 뿐 아니라, 아름다운 외모에 의해 속을 수도 있다."[15] 따라서 바르트가 말한 계시의 '설득적인' 특성으로서 아름다움은 그 적용이 제한적일 수밖에 없다.[16] 한편으로 '정말' 신성하게 아름다운 것(기독교인에게 있어 이것은 십자가를 포함하여야만 한다)이 반드시 설득하는 것은 아니며, 다른 한편으로 거짓된 것이 또한 우리를 매혹시키거나 설득할 수도

---

14 Lash, "Ideology, Metaphor and Analogy", 134.
    래시는 발타자가 때로는 성서를 무비판적인 방식으로 사용한다고 본다. 확실히 발타자의 사용법은 성서가 주는 영감을 당연한 것으로 전제한다. 하지만 이것이 그에게 있어서 무엇을 의미하는지는 여러 가지를 고려해야만 할 것이다. 예를 들면 발타자는 그리스도의 증인들에 대해 다음과 같이 쓰고 있다. "성령이 그들의 눈 속에 있음으로 해서, 그리스도의 이미지가 보아지는 것이다. 또한 성령은 그들의 입과 펜 속에 있음으로 해서, '원형'(Ur-Bild: the original image)에 대해 그들이 기술한 '모형'(Nachbild: likeness)이 하나님의 성령 자신이 육체 속에서 가지는 하나님의 자기표상을 봄에 일치하는 것이다." The Glory of the Lord, vol. 1, 31. 성서에 대한 발타자의 견해를 간략하게 보기 위해서는 Medard Kehl, "Hans Urs von Balthasar: A Portrait", in Medard Kehl, S.J. and Werner Löser, S.J. (eds.), The Von Balthasar Reader(Edinburgh: T&T Clark, 1985), 36을 참고. 발타자는 오리게네스로부터 '성례전적 상징'(sacramental-symbol)으로서 성서라는 견해를 받아들인다. 성서는 성육신의 확장으로서 일종의 원초적인 성례이다. 발타자는 종종 성서에 대한 역사비평적 접근법의 부적절성에 대해 논의하며, 교리신학에 기초한 '영적인' 주석의 필요성을 주장한다. 그의 기본적인 주석의 원칙은 '형상'의 분해불가능성이다. 궁극적으로 볼 때 "하나님이 자신의 주석자"이다. 이와 같은 제목으로 발타자는 Communio(Winter, 1986)에 논문을 썼다. 곧 예수는 성부의 자기해석이고 성령으로 충만한 교회의 성서에 대한 독서를 통해 알려진다.

15 O'Donaghue, "A Theology of Beauty", 9.

16 Barth, Church Dogmatics, vol. 2, part I, 654.

있기 때문이다.

더군다나 미학적 판단들 속에는 일종의 주관성이 존재한다. "불교의 성인이 기독교의 성자보다 더 매혹적일 수 있고, 소크라테스의 죽음이 그리스도의 죽음과 부활을 합친 것보다 더 빛난다고 주장할 수도 있을 것이다."17 물론 기독교의 계시는 '세상적' 기준으로는 판단될 수 없는 아름다움에 대한 자신의 고유한 기준을 제공한다고 발타자는 주장한다. 하지만 이것은 단지 문제를 다른 차원으로 옮기는 것일 뿐이다. "만약 아름다움에 대한 나의 내적인 생각이나 감각이 아니라면, 그리스도의 형상이 지니는 아름다움을 나는 어떻게 판단할 수 있는가? 그리스도가 아름다움에 대한 나의 생각을 부수어 버리거나, 그가 그것을 완성시킬 수 있을 뿐이다."18 두 경우 모두에 있어 신학적-미학적 판단들의 기준, 그러한 기준의 근거, 그것들의 정당성, 그것들과는 차이 나는 주장들과의 관계 등의 문제가 제기된다. 이러한 주제들은 발타자의 개념과는 달리 이해된 기초신학 내에서 '신학적 미학'의 주제들이 될 수 있으며, 여기에 대해 발타자의 신학은 보충물과 (때로는) 교정책이 될 수 있다고 본인은 제안하고 싶다.

데이비드 트레이시의 세 종류의 '공중'(publics)에 따른 신학의 구분은 발타자의 신학적 미학을 보다 폭넓게 이해된 기초신학 속에 위치시키는 데 유용한 것 같다. 트레이시는 기독교 신학이 접근할 수 있는 세 가지 상호보완적인 관점들을 제시한다. '기초적'(foundational), '조직적'(systematic), '실천적'(practical) 신학이 그것이다.19

---

17 O'Donaghue, "A Theology of Beauty", 9.
18 *Ibid.*, 7.

기초신학은 학문공동체 아카데미를 지향하는 것이다. 이것은 종교적이든 그렇지 않든 합리적인 사람이면 누구나 인식할 수 있는 논의들을 제공한다. 이러한 신학 형식의 주요한 가치는 정직하고 비판적인 사유이다.[20] 여기서 강조되는 것은 종교와 성스러움에 관련된 초월적 '진리'이다. 기초신학은 형이상학적 사유를 통해서 작동하고, 그 담론의 주요 양식은 논의 혹은 변증이다.[21]

조직신학은 '내적으로' 교회 공동체를 지향한다. 그것은 전통에 "언제나 현존하는 계시적 혹은 변혁적 힘"을 재해석하고 재표상 (represent)한다. 조직신학의 중요한 관심은 전통에 대한 충실함 혹은 창조적이고 비판적인 충실함이다.[22] 이러한 종류의 신학은 성스러운 진리의 계시로서 초월적 '아름다움'을 강조한다. 조직신학은 종교적 고전들과의 대화에 있어서 시학, 수사학 그리고 담론에 대한 학문을 이용한다.[23]

마지막으로 실천신학은 사회 일반을 지향한다. 여기서는 프락시스[praxis](이론으로부터 배우고 동시에 그 이론을 가르치는 실천적 행동)가 규범으로서 역할을 한다. 이러한 규범에 대한 책임적인 헌신 또는 프락시스의 상황으로 참여가 중요한 가치를 지닌다.[24] 실천신학은 성스러움과 종교적 경험에 관련되어지는 (도덕적) '선'을 강조한다. 이

---

19 Tracy, "Theologies of Praxis", in Matthew Lamb (ed.), *Creativity and Method: Essays in Honor of Bernard Lonergan, S.J.* (Milwaukee: Marquette University Press, 1981), 51 (이 논문은 그의 *The Analogical Imagination*의 2장에 포함되어졌다).

20 Tracy, *The Analogical Imagination*, 57.

21 *Ibid.*, 97, n. 114; cf. "Theologies of Praxis", 51.

22 Tracy, *The Analogical Imagination*, 57.

23 *Ibid.*, 97, n. 114.

24 *Ibid.*, 57.

것은 변혁적인 '신앙-실천'의 차원에서 윤리학과 정치학에 관련된다. 실천신학의 담론은 이데올로기의 비판 그리고 (때때로) 미래적 이상의 제시에 관계한다.[25]

우리는 발타자의 신학적 미학이 트레이시가 '조직신학'으로 구분한 것과 유사하다는 것을 쉽게 발견할 수 있다. 본인은 또한 트레이시가 '기초신학'이라고 부른 것의 한 부분으로서 신학적 미학이 존재할 수 있다고 제안한다. 발타자와 반 델 레우의 신학적 미학들은 '위에서부터'(from above) 시작한다. 곧 그들은 하나님의 말씀으로 받아들여지는 기독교 계시의 내용이라는 관점에서 예술, 아름다움 그리고 인식의 문제를 고찰한다. 본인의 견해로는 신학적 미학의 '기초적' 차원은 '아래에서부터'(from below) 시작될 수도 있을 것이다. 이러한 접근은 하나님의 계시를 감각, 아름다움 그리고 예술의 형식을 통해 수용하고 해석할 수도 있다는 인류의 가능성의 조건들을 고찰한다. 이러한 아래로부터의 신학적 미학은 '아름다움'이라는 경험적 범주를 하나님의 초월적 아름다움 그리고 하나님의 진리와 선하심에 관련시키는 데 있어서, '아름다움'의 척도에 대해 사유한다. 이것은 또한 우리가 그리스도의 아름다움에 대해 이야기할 수

---

25 *Ibid.*, 97, n. 114. Cf. George Lindbeck, *The Nature of Doctrine* (Philadelphia: Westminster Press, 1984), 112. 린드벡에 따르면 조직신학 혹은 교리신학은 전통에 대한 충실성(faithfulness)과 관련되고, 실천신학은 그 적용 가능성(applicability), 기초신학은 그 이해 가능성(intelligibility)과 관련된다. (린드벡은 '진리'보다는 '이해 가능성'에 대해 이야기한다는 것을 주목하라.) 트레이시도 "합리적 이해 가능성"(reasonability)을 강조하지만, 여기서는 '진리'가 그것을 주도하는 가치이다. 두 신학자는 판넨베르크(Wolfhard Pannenberg)와 비교될 수 있다. 판넨베르크에게 있어 '이해 가능성'이라는 목표는 조직신학에 속하는데, 그의 조직신학에 대한 개념은 가톨릭 전통이 '기초신학'이라고 부른 많은 부분들을 포함한다. Pannenberg, *Systematic Theology*, vol. 1, trans. by Georey W. Bromiley (Grand Rapids: William B. Eerdmans Publishing Co., 1991), 1-26, 48-61.

있는지, 만약 그러하다면 어떤 의미에서 그렇게 할 수 있는지를 질문한다. 그리스도의 아름다움은 어떻게 우리가 보통 다르게 생각하는 아름다움과 관계될 수 있는가? 그것이 어떻게 그리고 어느 정도 초월적 아름다움을 구체화시키고 있는가? 그리고 그것이 성스러운 아름다움과 진리에 대한 다른 경험들과 어떻게 비교될 수 있는가?[26] 요컨대 아래로부터의 신학적 미학은 기독교 담론의 조직신학적(시적·수사학적)이고 실천신학적(윤리적·정치적)인 형식들 속에 있어서 오직 간접적으로 드러나는 진리에 관한 주장들을 직접 다루고 사유할 것이다.[27]

'초월적' 측면에서 사유된 기초신학이 반드시 합리주의적이거나[28] 혹은 '근본주의적'일 필요는 없다고 트레이시는 설득력 있게

---

26 위에서 잠깐 언급된 라너의 초월적 계시에 대한 사상은 발타자에서는 별로 발견되지 않는 다른 종교들 안에서 하나님의 아름다움과 진리의 현존에 대한 보다 긍정적인 평가를 보여준다. 그리스도의 독특성을 보전하려는 자신의 관심 때문에 발타자는 단지 세속적인 것을 평가 절하할 뿐 아니라, 성스러움과 다른 모든 종교적 만남을 또한 평가 절하한다. 예를 들어 그는 "비성서적 종교들의 종교적이고 미학적인 열광주의는 그 신현과 구체화에 대한 모든 텅 빈 체계들과 함께" 하나님이 그리스도 속에서 제공하는 "절대적으로 필수적이고 상상할 수 없는 완성에 대한 왜곡되고 무기력한 스케치이다"고 말한다. 그리스도 없이는 이러한 체계들은 "사람들이 하나님의 구속적 은혜를 제외시킨다면, 그들의 종교적 '에로스'가 기껏해야 도달하게 되는 효과 없는 수사법의 차원"에 머무를 뿐이다. *The Glory of the Lord*, vol. 1, 123.

27 Cf. Tracy, *The Analogical Imagination*, 86, n. 34: "구체적인 것들로부터의 필연적인 추상들로의 (기초신학 속에서 형이상학적이고 초월적인 용어들로 다루어지는) 변증법적 논의들은 진리의 차원에 남게 되고 따라서 조직신학의 보다 상징적인 표현들과 실천신학의 더 실천적인 실재들에 작용하는 주장들에 또한 관련성을 가진다."

28 니콜라스 래시(Nicholas Lash)는 '합리주의'를 "구체적인 종교적 관심으로부터 독립적인 검증의 단계를 통해 그 근거가 확립된 것을 제외하고는, 신앙의 실천이 좋게 말해서 무책임하고 나쁘게 말해서 미신이라고 보는 접근"이라고 정의한다. "Ideology, Metaphor and Analogy", 134. 근본주의적 신학도 철학적인 방법론과 범주를 받아들이지만, 초월적이고 종교적인 경험의 구체적 특성에 보다 주목한다.

논의한다.[29] 또한 그것이 발타자의 보다 교회 지향적인 신학적 미학의 라이벌이라고 인식될 필요도 없다. 오히려 기초신학적 미학은 발타자의 신학에 '교회 바깥의'(ad extra) 보다 광범위한 대화를 가능케 하는 초월적 인간학의 근거를 제공할 수도 있을 것이다.[30] 발타자 자신이 "인간학적 증명(anthropological verification)의 길"을 부정하지 않고, 이것을 자신의 접근법에 보충적이고 이차적인 것으로 본 것은 주목할 만하다.[31] 동시에 조직신학적 미학은 초월적 방법이 필연적으로 가질 수밖에 없는 다소 시행착오적이고 비구체적인 체계에 구체성을 제공할 수도 있을 것이다.

또한 신학적 미학은 '실천신학'의 차원에서 이해될 수도 있을 것이다. '프락시스'는 그 본질에 있어 '포이에시스^{poiesis}'(만듦)와 밀접하게 관련 있다. 실천신학적 미학은 세계 속의 기독교적 도덕성과 행동이라는 점과 관련하여 상상력, 아름다움 그리고 예술의 차원들을 탐구할 수 있을 것이다.

여기 제1장의 의도 혹은 목표는 "신학적 미학 이론"이라는 개념을 명확하게 하는 것이었다. 우리는 상세하게 이 용어가 다양한 신학적 관심과 기획을 포함할 수 있다는 것을 살펴보았다. 여기에 대한 본인의 견해는 다음과 같이 간략하게 요약될 수 있을 것이다. 포괄적인 의미에서 "신학적 미학 이론"은 한편으로는 '미학적 신학'

---

29 Tracy, "The Uneasy Alliance", 559.

30 트레이시는 다음과 같이 쓰고 있다. "특정한 전통이나 비전의 구체성을 통한 각각의 (신학적) 여행은 현재가 제안하고 미래가 요구하는 미래의 전지구적인 인류의 예견적 구체성을 위해 이루어야 한다." *The Analogical Imagination*, 449.

31 Balthasar, *Love Alone*, trans. and edited by Alexander Dru (New York: Herder and Herder, 1969), 8.

곧 미학의 영역에 속한 언어, 방법론 그리고 내용을 사용하는 신학을 포함한다. 신학적 담론을 효과적이고 아름답게 만드는 예술 곧 '신성한 시작詩作'(theopoiesis)은 신학의 모든 분야와 종류들에 적합한 것이다. 신학적 내용에 이러한 미학적 이론(예를 들어, 문학비평)을 적용시키는 것은 로너간이 '기능적 분과들'이라고 부른 연구, 해석, 역사 그리고 소통에 특히 적합하다.

다른 한편으로는 변증, 기초, 교리, 조직신학과 같은 다른 나머지 분과들은 보다 좁은 의미에서 '신학적 미학'에 속한다. 그것은 (1) (감각과 상상력을 포함한) 인식, (2) 아름다움, (3) 예술에 대한 설명을 위해 적합한 신학적 출발점, 범주 그리고 방법을 제공하는 신학이다. 이러한 인식, 아름다움, 예술에 대한 설명은 트레이시가 (발타자와 반 델 레우의 경우에서처럼) '조직신학'이라고 부른 관점에 의해 제공될 수 있을 뿐 아니라, 나아가 기초신학과 실천신학의 상호 보완적 관점들을 통해서도 고찰될 수 있을 것이다. 본인은 이후의 장들에서 라너와 로너간의 '초월적' 신학의 통찰을 수용하여서 성스러움이 인간의 상상력, 아름다움, 예술과 가지는 관계에 대해 질문하는 '기초신학적' 미학을 발전시키고자 한다.

2장

사유와 상상력 속의 하나님
:표상 불가능한 것의 표상

I. 프롤로그: 쇤베르크의「모세와 아론」

"유일하고, 영원하고, 편재하고, 보이지 않고, 표상 불가능한 하나님!" 아놀드 쇤베르크[Arnold Schoffenberg]의「모세와 아론」(Moses and Aron) 서곡에서 모세가 말한 이 말은 단지 그의 오페라 전체뿐 아니라 또한 그의 종교적 작품들 모두에 있어 주악상(主樂想)으로 반복된다.[1]

「모세와 아론」은 성숙한 쇤베르크가 끊임없이 되돌아가는 문제를 가장 분명하고 깊이 있게 표현하고 있다. 모든 사유와 상상력 너머의 초월적이고 독특한 하나님이라는 생각 그리고 종교의 이미지들에 대한 필요성 둘 사이의 갈등이 그것이다. 쇤베르크에 있어 전자는 유대교 신앙의 중심적 신념일 뿐 아니라 유대교의 인류에 대한 위대한 공헌이다.[2] 후자는 인간이 하나님에 응답하기 위해 필

---

1 Discography: Arnold Schoffenberg, Moses und Aron. Sir Georg Solti, conductor; Chicago Symphony Orchestra and Chorus; members of the Glen Ellyn Children's Chorus; Moses: Franz Maura; Aron: Philip Langridge. 1984년에 시카고 Orchestra Hall에서 공연되었다. Notes by Paul Griffiths. London CD #414 264-2. 그리고 보다 최근 다음의 사람들에 의해 다시 녹음되었다: Pierre Boulez, conductor; The Royal Concertgebouw Orchestra and Netherlands Opera Chorus; Moses: David Pittman-Jennings; Aron: Christ Merritt. Deutsche Grammophon CD 449 174-2. (이러한 두 해석의 비교에 대해서는 David Schi, "Exodus, 'Moses' and a Lot of Gaps", New York Times, "Recording View", 25 May 1997, sec. 2, 25, 29.) Das Chorwerk. Includes "Friede auf Erden", o13; "Kol Nidre", o39; "Drei Volkslieder", o49; "Zwei Kanons nach Goethe"; "Drei deutsche Volkslieder"; "Vier Stücke", o27; "Drei Satiren", o28; "Sechs Stücke", o35; "Dreimal tausend Jahre", o50A; "Psalm 130", o50B; "Moderner Psalm no. 1", o50C; "A Survivor from Warsaw", o46. Pierre Boulez, conductor; BBC Singers, BBC Chorus, BBC Symphony Orchestra; members of the London Sinfonietta. 이것은 독일어와 영어 원문 그리고 고트발트(Clytus Gottwald)의 에세이 "Zu Schönbergs Chormusik"(독일어로 쓰인 이 에세이는 영어로 오직 요약만 제공된다)을 포함하고 있다. Sony CD S 2K 44571.
2 쇤베르크는 1898년 24세의 나이에 루터교로 개종하였다. 그러나 1933년 그가 베를린으로

수불가결한 매개체이며, 동시에 예술가 사명의 원천이다.

쇤베르크는 이 오페라의 발상을 아론이 사막에서 이스라엘 백성을 위해 황금 송아지를 만든 사건에서 따온다(출 32:2-6). 성서 원문을 그대로 텍스트로 사용하기보다는, 그는 성서의 이야기를 자신의 주제를 설명하기 위한 느슨한 틀로써 사용하며 자기 자신의 대본을 썼다.[3] 이것은 주로 종교의 관념적 사유(Idea)를 상징적으로 대표하는 모세와 표상력·상상력(Imagination)을 상징적으로 대표하는 아론 사이의 대화와 갈등을 다룬다.

오페라는 '모세의 소명'(1막 1장)으로 시작된다. 모세는 여기서 불타는 덤불 속의 목소리를 통해 하나님과 만난다(출 3:1-4:17). 다섯 소절의 짧은 전주에 이어 모세의 첫 번째 연설이 서창(Sprechgesang)에서 선포되는데, 이것이 오페라 전체를 걸쳐 그의 역할을 나타내고 있다. 노래 대신 이러한 곡조 있는 모세의 연설은 몇 가지 이유를 가진다. 첫째로 그것은 모세의 말에 수사법적 힘을 부여한다. 쇤베르크는 이러한 목적을 위해 합창곡들에서 종종 곡조 있는 연설을 사용한다. 둘째로 그것은 모세가 말함에 있어 가지는 어려움을 상징한다(출 4:10, "주여 나는 본래 말에 능치 못한 자라… 나는 입이 뻣뻣하고

옮긴 후 유대교 신앙으로 공식적으로 다시 돌아갔다. 이러한 복귀의 직접적 원인은 히틀러에 의해 희생당한 사람들과의 연대를 위해서였지만, 이미 이전부터 복귀를 생각하고 있었다. 그의 편지들에 따르면 〈모세와 아론〉의 구상은 1923년까지 거슬러 올라갈 수 있다. 1928년에 그는 이 주제에 대한 오라토리오를 습작하였다. 오페라는 1930년 시작되어, 처음의 2막은 1932년 끝냈다. 미국에서 망명 생활 동안 1937년 제3막에 착수하나, 그가 죽은 1951년까지 완성시키지는 못하였다.

3 데이비드 시프(David Schiff)는 이 오페라를 미드라시(midrash) 해석의 한 예라고 본다. 어떤 의미에서는 이러한 비교가 도움을 주지만, 고대의 유대교 장르와 그의 작품 사이의 유사성을 너무 확대 해석해도 안 된다. 쇤베르크의 관점은 특히 현대적이며, 그의 텍스트 사용은 고대의 미드라시 장르보다는 현대의 극작품의 형식에 더 가깝다.

혀가 둔한 자니이라" 쇤베르크가 해석한 모세에 따르면 "내 혀는 길들여지지 않았나이다. 나는 생각할 수는 있으나 말하지는 못하나이다"). 마지막으로 아마 가장 중요하게, 그것은 쇤베르크의 두 등장인물이 대변하는 것들 사이의 갈등을 나타낸다. 사유와 말을 상징하는 모세는 말한다. 그의 담론은 강력하나 딱딱하다. 상상력의 유혹적 아름다움을 상징하는 아론은 우아하게 노래한다. 중요하게도, 하나님의 목소리를 나타내기 위해서 여섯 부분의 합창으로 구성된 서창을 쇤베르크는 같은 대사를 노래하는 여섯 가지 목소리를 가지고 조합시킨다. 이것들은 한때는 말해진 말과 동시적이다가(여기서는 일종의 음악적 '후광'을 형성한다), 다른 때는 그 말을 예견하거나 반복한다.

이미 제1장에서 쇤베르크는 오페라를 통합하는 세 가지 서로 관련된 주제들을 설정한다. 하나님의 표상 불가능성, 선민 이스라엘의 선택 그리고 백성의 지도자로서 예언자의 역할이 그것이다.[4] 오페라의 최초의 말은 하나님에 대한 쇤베르크 자신의 생각을 드러내고 있다: 유일하고, 영원하고, 편재하고, 보이지 않고, 표상 불가능한 분. 이러한 하나님에 대한 사유가 모세에 의해 독특한 하나님으로 새롭게 표현되는 것이다.

"내 아버지들의 하나님, 아브라함과 이삭과 야곱의 하나님,

---

4 1933년 아이들리츠(Eidlitz)에 보낸 편지에서 쇤베르크는 이러한 세 생각이 그의 주요 주제라고 명확하게 밝힌다: *Ich babe aus dem mächtigen Stoff vor allem diese Elemente in den Vordergrund gerückt: Der Geganke des unvorstellbaren Gottes, des auserwählten Volkes und des Volksführers"* (나는 이러한 모든 요소에서 다음과 같은 사유의 강력한 소재들을 전경에 가져올 수 있었다: 표상 불가능한 하나님, 선민, 민족의 지도자). 이것은 Clytus Gottwald, "Zu Schönbergs Chormusik" in Arnold Schoffenberg, *Chorus Music*, conducted by Pierre Boulez (Sony CD #S 2K 44571), 11.

당신은 그들의 생각을 내 속에 다시 일으키셨나이다…."

이스라엘을 하나님의 선택된 백성으로 만드는 것은 바로 이러한 유일하고 초월적인 하나님에 대한 지식과 경배 때문이다.

이 민족은 다른 모든 민족 가운데서
유일하신 하나님의 민족으로 선택되었다.
왜냐하면 이들이 그를 인정하고
자신들을 그에게만 헌신하기 때문이다.

이러한 생각에 충실하기 위해서 이스라엘은 고난받아야만 한다. 하지만 이스라엘은 영원하신 분과 함께 할 것이고, 따라서 모든 민족의 모범이다.

모세를 이스라엘의 지도자로 만드는 것은 바로 그의 계몽과 지혜이다. 그것은 바로 하나님 관념(God-idea) 혹은 하나님의 '이름'이 가지는 힘이며, 모세의 사명을 정당화시키는 유일한 증거가 될 것이다.

모세: 무엇이 백성들에게 나의 사명을 설득시킬 수 있겠습니까?
목소리: 독특하게 유일하신 분의 이름!
영원하신 분이 그들을 자유케 할 것이고, 그들은 더 이상 덧없는 것들에 봉사하지 않을 것이다.

하지만 모세가 그의 서투른 말에 대해 불평하자, 아론이 그의 대변인으로 주어진다.

내가 아론을 계몽시킬 것이니,

그가 너의 입이 되리라!

나의 목소리가 너를 통한 것처럼,

너의 목소리가 그를 통해 말해질 것이다.

그래서 지도자의 역할이 분할되게 되고, 이것이 곧 오페라의 주요한 갈등을 가져오게 된다.

1막의 제2장인 "광야에서 모세가 아론을 만나다"에서는 생각의 모세와 보다 구체적인 상상력에 기초한 종교 사이의 갈등이 드라마틱하게 표현되고 있다. 이러한 갈등 장면에 대한 성서적 기초는 매우 간략한 것이다.

여호와께서 아론에게 이르시되 광야에 가서 모세를 맞으라 하시매 그가 가서 하나님의 산에서 모세를 만나 그에게 입 맞추니 모세가 여호와께서 자기에게 부탁하여 보내신 말씀과 여호와께서 자기에게 명하신 모든 이적을 아론에게 고하니라(출 4:27-28).

쇤베르크는 이 둘 사이의 만남을 대화라기보다는 두 가지 병행적인 독백의 형식으로 표현하고 있다. 이것은 비대칭적인 듀엣으로서, 여기서 모세의 연설이 아론의 노래를 덮어버린다. 모세가 그것을 선포하도록 보내어진 생각들은 아론의 입을 통해 동시에 음악적이고 미학적인 형태를 부여받는다. 오페라 음악이 기초하고 있는 12음정을 인지할 수 있는 멜로디로 처음으로 만든 사람은 다름 아닌 아론이다.[5] 이처럼 아론은 모세의 사유를 "아름답게 만들고", 그것을 사람들에게 이해할 수 있고 마음이 끌리는 종교적 사상으로 변화시킨다.

아론은 자신을 하나님의 은혜가 거기서부터 백성에게 쏟아져 나오는 '그릇'에 비긴다. 반면 모세는 그러한 은혜가 지식(*Erkenntnis*, 인식)을 통해 주어진다고 경고한다. 아론은 하나님의 '독특성'이란 다른 신들이 대항할 수 없는 능력의 소유로 여긴다. 반면 모세는 다른 '신들'이란 인간의 상상(*Vorstellung*, 표상) 이외에는 존재하지 않는다고 말한다. 진정한 하나님은 비록 편재하시지만, 오직 상상 속에서만은 어떠한 '자리'도 가지지 않는다는 것이다. 아론은 하나님의 계시를 경배할 수 있는 신성의 이미지들을 생산해내는 인간 창조성(creativity)의 영감으로 본다.

> 오 가장 높은 상상의 창조물(Gebilde)이여! 얼마나 영감은
> 당신께 감사하는가, 당신을 형상화(bilden)시킬 수 있게
> 당신이 그것을 매혹시켰음에.

아론이 이렇게 노래하자, 모세는 자신의 핵심 메시지를 분명하게 밝힌다: 어떠한 이미지(*Bild*)도 상상할 수 없는(*unvorstellbare*. 표상 불가능한) 하나님에 대한 그림 혹은 형상을 제공할 수는 없다.

이러한 차이는 이스라엘이 선택되었다는 선민이 무엇을 의미하는지, 그들 자신의 지도자로서 역할이 무엇인지에 대한 다른 견해도 가져온다. 모세에게 있어, 이스라엘의 선민으로서 사명은 전적으로 초월적인 하나님이라는 사유에 충실하게 남는 것이다.

---

5 Griffiths, 13.

보이지 않는 분을 알고,

상상할 수 없는 분을 생각하기 위해 선택된 민족.

하지만 아론에게 있어서 이 민족은 하나님을 사랑하기 위해 선택되어졌다. 그리고 그러한 사랑은 구체적인 대상을 요구한다. "사랑은 이미지들을 창조하는데 결코 지치지 않는다." 악보에 "활기에 넘치게"(*Schwungvoll*)라고 표시된 한껏 감정이 고양된 부분에서 아론은 "다른 모든 민족이 그들의 신들을 사랑하는 것보다 천 배나 더" 유일신 하나님을 사랑하도록 부름 받은 이스라엘을 축복한다. 하지만 아론은 모세의 말에 수그러든다. 아론의 고양된 노래는 오직 부정적 관념으로만 알려지는 하나님을 사랑할 수 있는지를 의심함에 따라서, 느리고 부드러운 레치타티보^{recitative}로 변하게 된다. 악보에는 '느리게'(*langsam*)와 '아주 약하게'(*molto piano*)로 표시되어 있다.

보이지 않는 분! 상상할 수 없는 분!

유일한 분을 위해 선택된 백성들이여,

그대들은 상상할 엄두조차 못 내는 분을

사랑할 수 있는가?

하지만 모세에게 있어서 그것은 단지 금지의 문제도 혹은 하나님을 상상할 '엄두'를 내지 않음의 문제도 아니다.

엄두조차 못 내는?

왜냐하면 상상할 수 없기 때문이다.

보이지 않고,

측정할 수 없고,

한계가 없고,

영원하며,

편재하고,

전능하기 때문이다.

오직 그분만이 전능하다.

하나님은 그 본질상 사유(thought)와 그림적 상상력(picturing) 둘 다의 너머에 계시다. 이것이 바로 쇤베르크에 있어 "너를 위하여 새긴 우상을 만들지 말라"(출 20:4)는 성서의 금지명령이 지닌 근본적인 의미이다. 이미 1925년 자신의 유대교로의 점진적인 복귀 초기에, 쇤베르크는 이러한 생각을 그의 *Four Pieces for Mixed Choir*(op. 27)의 두 번째 "Thou shalt not; thou must" (*Du sollst nicht, du mußt*)에서 표현하고 있다.[6]

너는 너를 위해 어떠한 이미지도 만들지 말라!

이미지는 제한되지 않고 상상되지 않은 채로 남겨져야

하는 것을 축소하고, 제한하고, 움켜쥔다.

이미지는 이름을 원한다.

그러나 이름은 오직 작은 것에게 가져와질 수 있을 뿐이다.

너는 작은 것을 숭배하지 말라!

---

6 이러한 제목은 쇤베르크가 그 우아한 번역으로 인해 소중하게 여겼던 루터의 독일어 성서 번역본의 언어를 의도적으로 반항하고 있다.

너는 영을 믿어라!

중재되지 않고, 느끼지 않고,

자아가 없는.

선택된 네가 선택된 채로 남고자 한다면,

반드시 그래야만 한다!

영에 대한 믿음과 인식할 수 없는 하나님이라는 사유에 충실한 것이 곧 선민 이스라엘의 '선택됨'의 의미이다. 쇤베르크는 이러한 주제를 그의 *The Biblical Way* (*Der Biblische Weg*)의 마지막 연설에서 반복한다. "유대민족은 단 하나의 생각을 위해 산다. 그것은 유일하고, 불멸하고, 영원하고, 인식 불가능한 하나님이라는 생각이다."[7] 그의 *Kol Nidre*에서 쇤베르크는 유대교 신앙에 어긋나는 맹세나 약속을 무효화시키는 욤 키푸르[Yom Kippur](회개와 속죄를 위한 금식의 날 - 역자주) 공식에 있어 다음의 회개를 강조한다. "우리가 그것을 위해 선민이 된 우리의 성스러운 사명" 곧 "유일하고, 영원하고, 보이지 않고, 표상 불가능한" 분으로 계시된 하나님께 충실한 것으로부터 우리를 멀어지게 하는 어떤 맹세나 약속도 회개해야 한다.

하나님과 이스라엘의 선민으로서 사명에 대한 모세와 아론의 서로 다른 견해는 또한 하나님이 역사와 가지는 관계에 대한 그들의 대조적인 견해로 확장된다. 비록 하나님을 "상상할 수 없는" 분으로 특징짓는 모세의 견해를 받아들일 때조차도, 아론은 하나님을 신인동형론神人同形論(anthropomorphism)적으로 생각해야 한다고 본다. 아

---

7 이것은 Pamela C. White, *Schoffenberg and the God-idea: The Opera "Moses und Aron"* (Ann Arbor, Mich.: UMI Research Press, 1985), 85.

론은 구원사에 대한 성서적 관점을 하나님과 이스라엘 사이의 진정한 대화로 여긴다. 여기서 하나님은 인간의 행동에 응답하고, 선을 보상하고 악을 징벌한다.

> 상상할 수 없는 하나님,
> 당신은 아비의 죄를 자식에게 그리고
> 그 자식의 자식에게 심판하십니다!
> 의로우신 하나님,
> 당신의 계명에 순종하는 자를
> 당신은 보상하십니다!

하지만 모세에게 있어 하나님의 초월성은 인간의 행동들에 의해 결정될 수 없다. 하나님은 만물의 원인이 되는 것이시지, 어떤 의미에서도 우리에 의해 원인을 제공받지는 않는다. 아론의 위의 선언에 반대하여 모세는 다음과 같이 되묻는다.

> 당신은 심판하십니까?
> 우리가 당신의 행동을 강요할
> 어떤 것이라고 할 수 있습니까?
> 의로우신 하나님,
> 당신은 모든 일이 어떻게
> 일어나야 할지 섭리하십니다.
> 이와는 다르게 행동하려는 자에게
> 보상이 주어야만 합니까? 아니면

이와는 달리 행동할 수 없는 자에게?

아론에게 있어 하나님은 그 '선하심'으로 인해 인간의 필요와 덕행에 응답한다.

당신은 가난한 자의 기도를 들으시고,
당신은 선한 자의 예물을 받으십니다!

하지만 모세는 그러한 생각을 반대한다.

전능하신 하나님,
당신께서는 스스로 가난하게 만드신 자의
예물을 받으십니까?

진정한 하나님에 대한 지식과 덕행은 그 자체가 보상이고, 다른 어떤 추가적 보상도 없는 것이다. 오페라 전체에 있어 유일한 자신의 노래를 위해 일어서며, 모세는 아론과 청중을 다음과 같이 권고한다.

너의 생각을 순수하게 만들고,
가치 없는 것들로부터 생각을 자유케 하며,
오직 진리에만 생각을 맹세시키라!
너의 이러한 예물에 다른 보상은 없다.

듀엣은 하나님의 능력이 파라오의 억압으로부터 이스라엘을 '기적적'으로 해방하는 것을 아론이 봄으로써 끝나는 반면, 모세는 엄숙하게 다음과 같이 선포한다.

저항할 수 없는 사유의 법칙이
그 자신의 성취를 강요한다.

"모세와 아론이 하나님의 메시지를 백성에게 선포하다"라고 제목이 붙은 3장은 4장에까지 이어진다. 이것들은 출애굽기 4장 29-31절에 기초하고 있다.

모세와 아론이 가서 이스라엘 자손의 모든 장로를 모으고 아론이 여호와께서 모세에게 명하신 모든 말씀을 전하고 백성 앞에서 이적을 행하니 백성이 믿으며 여호와께서 이스라엘 자손을 돌아보시고 그 고난을 감찰하셨다 함을 듣고 머리 숙여 경배하였더라.

이스라엘 백성들은 모세와 아론을 기다리며, 그들은 이 둘이 가져올 새로운 신에 대해 생각하고 있었다. 아론은 백성들의 사고방식을 분명하게 이해하였다. 그들이 원하는 것은 자신들을 이집트의 억압에서 해방시킬 강력한 하나님, 아름다움 속에서 계시되는 사랑스러운 하나님, 자신들이 사랑하고 복종하고 경배하고 예물을 바칠 수 있는 그런 하나님이었다. 하지만 모세는 도착하여 하나님은 예물을 요구하지 않으신다고 선포한다. "하나님은 부분이 아니라 모든 전체를 원하신다." 반면 아론은 사람들에게 하나님의 전폭적인 호의가 그들에게 부어질 것이라고 말하며, 하나님을 무릎 꿇어 경배할 것을 명령했다. 아론은 모세의 볼 수 없는 하나님이라는 교리를 선포한다.

너의 눈을 감아라!

너의 귀를 멈춰라!

오직 그럼으로써 너는 하나님을 보고 들을 것이다!

어떤 살아 있는 자도 이와 다르게

하나님을 보거나 듣지는 못한다!

하지만 사제들과 백성들은 예물을 원치 않고 보상을 주지 않는, 볼 수 없게 편재하는 하나님이라는 생각을 거부한다.

우리는 하나님을 두려워하지도 사랑하지도 않겠다!

왜냐하면 그는 우리에게 보상을 주지도, 우리를 처벌하지도 않기 때문이다!

모세는 절망하게 된다. 그의 사유(Gedanke)는 아론의 말 속에서 무기력하다. 아론이 이런 기회를 포착한다. "내가 곧 말이고 행동이다!" 아론은 모세의 딱딱한 사유를 풍부한 이미지들로 구부림으로써 메시지를 보다 강력하고 이해할 수 있게 변형시킨다. 상징적으로 말해 아론은 모세의 지팡이를 취해 뱀으로 만든다.

모세의 손에서는 딱딱한 지팡이일 뿐인

율법이

내 손에서는 신중하고

유연한 뱀이 된다.

아론은 또한 모세의 손을 처음에는 문둥병에 걸리게 하고, 이것을 다시 건강하게 만드는 기적을 행한다. 그는 하나님께서 이와 유사한 기적을 통해서 이스라엘의 마음을 치유하고 강하게 만들어서 파라오를 정복하게 하실 것이라고 약속한다. 이러한 아론의 메시지를 백성들은 기꺼이 받아들인다.

> 우리가 이 하나님을 상상할 수 있게 되었고,
> 상징은 이제 이미지로 확장되었다.
> 용기에 가득 찬 마음은
> 보이는 기적들이 증거하는 하나님을 믿는다.
> 모세가 보았던 그 하나님을,
> 아론을 통해서 우리도 볼 수 있게 되었다.
> 보이는 기적들이 증거하는 이 하나님을
> 우리가 상상할 수 있게 되었다.

이집트에 반란을 일으키도록 선동된 이스라엘 백성은 사막을 향해 출발했다. 뒤에 조용히 잠잠하던 모세는 앞에 있는 아론과 합류해서 백성들을 영적인 목적을 향해 인도하고자 시도한다.

> 사막에서 사유의 순수성이 너를 먹일 것이고,
> 너를 보존할 것이고, 너를 발전시킬…

하지만 말이 끝나기도 전에 아론은 메시지를 가로채 그것을 보다 덜 엄격하고, 보다 더 물질적인 것으로 전환시킨다.

그리고 영원하신 유일신께서 그러한 영적인 이적들 속에서

너로 하여금 세상적인 행복의 이미지를

보게 허락할 것이다.

모든 것을 아시는 그분은

네가 아이들의 민족이라는 것도 아시며,

어른들에게조차 어려운 것을

아이들에게 기대하시지는 않는다.

아론은 백성들에게 하나님이 기적으로 지켜주실 것이라 확신시키고, 하나님이 다른 모든 민족 가운데서 선택하신 자들이라고 추켜세우며, 젖과 꿀로 가득한 땅을 약속한다. 이렇게 제1막은 이스라엘 민족이 아론의 메시지를 수용하는 것으로 끝맺는다. 그들은 하나님의 백성으로 선택되었고 약속된 자유와 번영이 하나님의 능력에 의해 이루어질 것이라는 행진곡을 노래한다.

쇤베르크는 출애굽과 시내산의 모세가 하나님을 만나는 이야기 전체를 생략한다. 짧은 간주곡에 이어서, 사람들이 모세와 그의 하나님이 지금 어디에 있는지 의아해하는 장면으로 제2막은 시작된다. "계시의 산 앞에서 아론과 장로들"이라는 제목의 처음 두 장은 다음의 성서 구절에 기초한 것이다.

백성이 모세가 산에서 내려옴이 더딤을 보고 모여 아론에게 이르러 가로되 일어나라 우리를 인도할 신을 우리를 위하여 만들라 이 모세 곧 우리를 애굽 땅에서 인도하여 낸 사람은 어찌 되었는지 알지 못함이라 (출 32:1).

쇤베르크는 이스라엘 백성이 서로 갈등하고, 기다림에 지쳐 초조해하고, 옛날 신들이 주었던 질서를 다시 원하는 것으로 묘사한다. 그들을 달래기 위해 아론은 백성들에게 이전의 신들을 돌려주기로 동의하고, 황금 이미지를 만들도록 약속한다. 백성들은 삶에 대한 자신들의 깊숙한 내적 감정을 표상하는 신들, 자신들이 상상할 수 있고 느낄 수 있는 신들, 역사 속에 개입하여 보상하고 처벌하며 도덕적 질서를 확고히 만드는 신들을 가지게 될 것에 대해 좋아한다.

> 오 신들, 우리 눈의 이미지들,
> 신들, 우리 감각의 주님들.
> 신들, 우리 감정에 가까이 있는,
> 우리가 전부 이해할 수 있는 신들.
> 은혜가 덕으로 보상하고,
> 의로움이 악행을 처벌하기를…

3장 "금송아지와 제단"(출 32:2-6)은 백성들의 욕망과 아론의 순응이 가지고 온 재난을 보여준다. 백성들을 예배로 부르며, 아론은 자신이 만든 금송아지 속에서 백성들이 실제로 경배하는 것이 무엇일지 안다.

> 이 이미지가 존재하는 모든 것
> 속에 신이 살아 있다는 것을 증거한다…
> 이 상징 속에서 네 자신들을 경배하라!

백성들은 인간 제물을 포함한 피의 희생물을 바친다. 만취와 광란의 춤이 이것을 뒤따른다. 쇤베르크는 초월적 관념을 포기함으로 따라오게 되는 타락을 표현하기 위해 음악적 원초주의를 사용한다. 백성들은 계속 인간의 희생, 방자한 파괴 그리고 음란한 행동에 빠지게 된다. 마침내 아주 짧은 4장에서 모세는 갑작스레 돌아오게 된다. 그의 말 앞에서 황금 송아지는 사라진다:

가버려라, 너 우상아.
무한한 분을 이미지 속에 담으려는
불가능성의 상징이여!

백성들은 떠나고, 모세는 홀로 아론과 남게 된다.

이 막의 4장과 마지막 5장은 출애굽기 32장 21-25절에 상응한다. 하나님의 초월성을 상상력과 아름다움으로 중재하려 했던, 무한성에 대한 생각을 이해할 수 있고 매력적인 형태로 번역하려 했던 아론의 시도는 우상 숭배와 비인간화로 끝나고 만다. 마치 모세의 반_反아이콘적(aniconic) 이상이 완벽하게 승리하는 것 같다. 하지만 쇤베르크는 문제를 한 차원 더 끌어올린다. 모세에게 자신의 행동을 설명하며, 아론은 백성들을 위해 이미지(*Bild*: 표상)를 제공해야만 했다고 항변한다. 모세는 이미지를 없애버리는 생각과 말의 우월성을 또다시 주장한다. 하지만 아론은 말의 능력은 단지 또 다른 형태의 이미지일 뿐이라고 설명한다.

모세: 너의 이미지가 내 말 앞에서 사라졌다!

아론: 그렇지 않았다면 너의 말이 가지는, 하지만 네가 경멸하는 이미 지의 놀라운 능력이 부정되었을 것이다. 그러나 나의 이미지를 파 괴한 너의 말이라는 기적은 단지 이미지 그 자체일 뿐이다.

쇤베르크에 있어 문제는 '대중적' 혹은 표상적 종교의 부적절성만이 아니다. 아론의 통찰은 역사 내 하나님의 활동 혹은 하나님과 인간 사이의 대화 등의 모든 생각이 가장 추상적인 차원을 포함해서 일종의 이미지-만들기(imagemaking)라는 것을 보여준다. 진짜 문제는 단순히 '개념적 사유' 대 '이미지적 사유'가 아니라, 성서적 계시의 '실증성實證性(positivity)이 그 자체로 신성한 것을 유한한 형태로 축소시킨다는 점이다. 이러한 의미에서 계시는 필연적으로 '표상'(*Vorstellung*, representation) 혹은 이미지의 차원에서 발생할 수밖에 없다.

아직 굳건하게 모세는 하나님에 의해 직접 말해졌고, 자체가 이미지나 기적은 아닌 율법에 호소한다. 그는 다음과 같이 묻는다.

이제야 너는 사유가 말 혹은 이미지에 대해
가지는 전능한 능력을 느낄 수 있는가?

아론은 그가 사랑하는 백성들이 반드시 살아남아야 한다는 것만 오직 이해할 수 있을 뿐이라고 대응한다. 하지만 백성들은 모세의 생각을 이해할 수 없다. 그들은 오직 느낄 수 있을 뿐이고, 그들은 느끼지 않는 어떤 것도 믿을 수 없다. 초월성이라는 생각을 위해 살아가는 민족은 진정 순교자들의 민족일 것이다. 쇤베르크에 있어 이것은 이스라엘의 운명에 대한 예언자적 이해이다. 다시 한번 아론은 하나님의 관념을 이미지의 종교로 중재할 필요성에 대해 간청한다.

> 아론: 백성들은 관념의 극히 일부분만을 포착할 수 있고 또 그 일부분을 표현하는 이미지의 극히 일부분만을 이해할 수 있을 뿐이다. 백성들의 능력에 적합한 방식으로 네 자신을 백성들에게 이해시켜라.
>
> 모세: 관념을 거짓되게 만들라는 것인가?
>
> 아론: 그걸 내가 설명하게 하라!…

모세는 아론의 제안을 거부하며, 돌판에 새겨진 율법에 다시 호소한다. 하지만 이것도 이미지, 즉 관념의 단지 한 부분일 뿐이라고 아론은 주장한다. 모세는 아론의 통찰 속에 담긴 진리를 서서히 인식하기 시작한다. 모세 자신의 개념들, 그의 하나님과의 대화, 그의 계시의 수용은 그 자체로 하나님을 제한하는 것이고, 표상될 수 없는 분의 '표상들'(images of the unimaginable)을 만드는 것이다. 절망하며 모세는 율법의 돌판을 깨뜨리고, 하나님에게 자신의 사명을 없애 달라고 간청한다.[8] 아론은 그것이 용기의 부족이라고 한다. 율법이 쓰인 돌판이 있거나 없거나 모세는 하나님의 말씀을 받았다. 그리고 아론은 자신이 말씀에 대해 이미지들을 통해서라도 말할 때, 그 말씀을 올바르게 보존한 것이라 생각한다. 왜냐하면 그런 이미지들은 관념의 이미지들이기 때문이다. 혹은 관념으로부터 발생하

---

8 쇤베르크는 성서의 이야기를 자신의 의도를 표현하기 위해 여기서 변용한다. 원래 출애굽기에서는 모세가 산에서 내려오다 백성들이 우상 숭배에 빠져 있음을 보고 율법의 돌판을 깨뜨린다.

는 모든 것이 그러하듯이, 그러한 이미지들이 '관념'인 것이다.

구름기둥과 불기둥이 등장한다. 쇤베르크의 설명에 따르면, 이 것들은 아론에 의해 만들어진 이적이다. 모세가 그것들을 우상 숭배적인 이미지로 거부하는 반면, 아론에게 그것들은 하나님이 보낸 표식이다.

표식 속에서 영원한 분은 자신이 아니라,
자신에게로 가는 길,
그리고 약속된 땅으로 가는 길을 드러낸다!

이 장은 모세의 절망으로 끝나고 있다.

상상할 수 없는 하나님!
표현할 수 없고, 다면적인 관념이여!
당신은 이런 해석을 허용하십니까?
내 입인 아론이 이런 이미지를 만들어야만 합니까?
나 또한 자신을 위해 거짓된 이미지를 만들었군요.
모든 이미지가 그러하듯이,
그래서 내가 상처받았군요!
그래서 내가 사유한 모든 것이 광기였군요.
말해질 수도 없고 말해져서도 안 되는 것이었군요!
오 말씀이여, 나에게는 없는 당신의 말씀이여!

이 오페라의 3막과 마지막 막을 위한 음악은 끝내 집필되지 않았다. 그가 사망하기 얼마 전에 쇤베르크는 이 부분이 연주에서 단지 말해져야 할 것을 제안한다. 성서에 기초하지 않은 이 부분의 텍스트에서 쇤베르크는 작품의 핵심 갈등에 대한 부분적 해결을 가져온다. 모세와 아론 사이의 마지막 만남이(아론은 이때 쇠사슬에 매여 있다) 한 장을 구성한다. 이 둘 사이의 대화는 관점의 갑작스런 전환을 드러내고 있다. 사유가 이미지 속에서 해석되어야 한다는 아론의 주장이 받아들여지는 듯하다. 아론이 모세에게 말하듯,

나는 이미지로 말한 반면,
너는 관념으로 말하였다.
나는 가슴을 향해 말하였고,
너는 마음을 향해 말하였다.

지금부터는 더 이상 이미지의 사용 자체가 아니라, 그것의 오용이 문제가 된다. 모세는 자신의 영적인 메시지를 아론이 물질적인 것으로 전락시켰다고 비난한다. 곧 아론이 영적인 자유의 상징을 문자적으로 해석하여, 그것들을 백성들과 아론 자신의 권력을 위한 일종의 정치적 해방의 프로그램으로 전환시켰다고 모세는 비판한다.

그 원천인 사유로부터 소외된 너를
말이나 이미지가 만족시킬 수 없을 것이다. …
오직 행동만이 너를 만족시킨다.
그래서 너는 막대기를 지도자로,
내 능력을 해방자로 만들었다. …

그래서 너는 현실적이고 육체적으로 욕망하며,

네 자신의 발로 젖과 꿀이 흐르는 상상의 땅을

걷고자 한다. …

너는 영원한 분을 위해서가 아니라,

네 자신을 위해서 백성들을 끌어들였다. …

여기서 이미지는 사유를 표현하는 대신,

사유를 통제한다.

모세에 따르면 아론은 하나님 관념을 자신의 이미지로 섬긴 것이 아니라 이용하였다. 하지만 이제 말이나 이미지 모두가 초월성의 근거에 계속 기초한다면, 이것들이 그러한 관념을 섬길 수 있고 표현할 수 있다고 전제되는 듯하다. 아론의 잘못은 그러한 초월적 근거를 잃어버린 데 있다. 인간의 욕망과 필요에 상응하는 신인동형론의 하나님을 선포함으로써, 아론은 하나님의 자유와 무한성을 제한할 뿐 아니라 이스라엘의 진정한 사명을 배신했다.

전능하신 분은 무엇을 하든

어떤 것을 하도록 강요될 수 없고,

어떤 것에 의해 구속될 수 없다.

그분은 사악한 자의 악행이나,

선한 자의 기도나,

회개하는 자의 희생 제물에 매일 수 없다. …

너는 하나님에게서 신들로 배신했고,

사유에서 이미지로,

이 선택된 백성에서 다른 백성들로,

비일상적인 것에서 일상적인 것으로 배신했다.

모세는 백성들을 향한 그의 마지막 연설에서 그들이 계명을 통해 하나님 관념을 위해 싸울 것을 격려한다. 하지만 이들이 이 계명을 자신들의 쾌락을 위해 오용한다면 그들은 다시 광야로 돌아갈 것이다. 모세에 의해 풀려난 아론은 일어서려다 죽음을 맞이한다.[9] 오페라는 모세의 확신에 찬 예언으로 종결된다.

하지만 광야에서 너는 무적일 것이고,

목적지에 도달하게 될 것이다.

그것은 하나님과의 합일이다.

이러한 오페라 3막의 간략한 종합 이외에도 작곡가로서 자신의 작품 활동을 통해서 쇤베르크는 궁극적으로 하나님에 대한 인간적 표상들 속에 드러나는 사유와 상상력 사이의 긍정적인 관계를 보여주고 있다. 어떤 의미에서는 쇤베르크 자신이 모세와 아론 둘 다의 역할을 수행한 것이다.[10] 쇤베르크는 자신의 '신학'을 표현하는 데

---

9 쇤베르크는 여기서도 성서의 텍스트를 자유롭게 변용한다. 신명기 9장 20절에서 모세는 "여호와께서 또 아론에게 진노하사 그를 멸하려 하셨으므로 내가 그때에도 아론을 위하여 기도하였고"라고 하고 있다.

10 런던 리코딩(London recording)에 보낸 그의 글에서 폴 그리피스(Paul Griffiths)는 〈모세와 아론〉의 두 인물이 가지는 '자전적' 요소에 대해 이렇게 성찰하고 있다. "자신의 사명에 대한 쇤베르크의 절대적인 확신을 고려할 때, 그의 모세는 일종의 자화상이라고 볼 수도 있을 것이다. … 하지만 그는 또한 아론이기도 하다(쇤베르크의 이름인 Arnold=Aron). … 모세라면 오페라를 결코 쓰지 않았을 것이다. 비록 완성되지 않았지

있어 단지 개념적 형식뿐 아니라 음악적이고 드라마적인 형식도 사용한다. 그는 마음에 도전하기 위해 감각에 몰두한 것이다. "이미지 없는 사유 혹은 오해를 불러일으키는 이미지"라고 하는 처음의 배타적 양자택일은 종합이 가능한 것으로 드러난다.[11] 하지만 쇤베르크는 이러한 종합이 동등한 요소들 사이의 종합은 아니라고 주장한다. 하나님에 대한 사유가 모든 그림, 이미지 그리고 표현을 지배하여야 한다.[12]

분명 쇤베르크의 하나님에 대한 '사유'(Gedanke)는 개념들이라는 수단을 통한 신성의 이성적인 포착은 아니다. 오히려 칸트와 쇼펜하우어의 철학에 기초한 그의 사유의 개념은 그 자체는 알려지지

만 지금 존재하는 이 작품은 모세에 최대한 충실하고자 노력한 아론-아놀드의 창작품이다. 하지만 그는 또한 모세의 약점과 부조리한 면들을 예언자적으로 지적한다. … 예언자로서 자신의 역할을 미화하기보다… 쇤베르크는 음악적 어려움(musical difficulty)이 그 자체로 끝이 되는지, 아니면 어려운 사상들을 표현하는데 필연적으로 수반되는 어떤 것인지의 문제를 직면하면서 〈모세와 아론〉을 집요한 자기 비판적인 작품으로 만들고 있다. 그는 이런 생각들을 표현함에 있어서, 아론인 동시에 모세이다. 하지만 그는 자신의 오페라에서 이것들을 최대한 이해될 수 있게 그리고 흥미롭게 만듦에 있어서, 모세인 동시에 아론이다." *Ibid.*, 13-14.

11 Eugen Biser, "Der unvorstellbare Gott: das Geheimnis ins Bild gebracht", in Kraus et al., *Moses und Aron: zur Oper Arnold Schönbergs* (Bensburg: Thomas- Morus-Akademie Bensburg, 1979), 41.

12 "*Statt prinzipieller Abwertung gewinnen die Bilder für Schönberg hingegen einen positiven und unerläßlichen Stellenwert, sobald vom Gottesgedanken ausgegangen wird und im steten Festhalten dieses Ursprungs die Bilder, Vorstellungen, Manifestationen Gottes zum zeitweilen und wechselnden Ausdruck des dominierenden Gottesgedankens werden, der sie immer übersteigt*"(비록 쇤베르크는 이미지들이 긍정적이고 필수불가결한 가치를 가진다고 원칙적으로 평가하지만, 하나님에 대한 이미지, 표상, 표현은 이중적으로 하나님에 대한 사유에 근거하고 있고 거기에 종속된다고 본다. 주도적인 하나님 사유에 대해 이것들은 변화하는 표현인 것이다. 그리고 사유는 항상 이것들을 넘어선다). Odil Hannes Steck, *Moses und Aron: die Oper Arnold Schönbergs und ihr biblischer Stoff* (München: Chr. Kaiser, 1981), 47.

않은 '물物 자체'(noumenon)에 대해 지향하는 '텅 빈' 사유를 가리킨다.[13] 따라서 하나님을 표현할 수 없는 말의 실패는 불가피하다(모세: "나에게는 없는 당신의 말씀이여!"). 표현 불가능성은 하나님 관념에 본질적이다.[14] 말은 그 우월성에도 불구하고, 궁극적으로 볼 때는 하나님을 표현함에 있어서 감각적 이미지들과 유사한 운명을 가진다.[15] 개념과 그림은 모두 표상 혹은 '상상력'(*Vorstellung*; imagination)의 영역에 속하는 것이다.

하나님의 인식 불가능성은 쇤베르크의 중심적인 종교적 관심과도 일치한다. 포이에르바하와 프로이트가 지적했듯이 인간의 특성 혹은 욕망을 투사함으로써 하나님에 관한 생각들이나 이미지들을 창조해내는 경향에 대항하여, 성서적 하나님의 신성을 긍정하는 것이 그것이다.[16] 마르틴 부버Martin Buber와 마찬가지로 쇤베르크에 있어서도 계시는 절대적으로 자유로운 주체로서 하나님을 만나는 것을 의미한다.[17] 하나님에 대한 우리의 관계가 하나님의 자유에 대해

---

13 White, 73.

14 쇤베르크에 있어 하나님을 표현할 수 없는 말의 무기력성은 사유를 표현하려는 언어의 부적절성의 극단적인 예이다. 그는 이것에 대해 그의 *Six Pieces for Male Chorus*, op. 35의 풍자적 노래 〈금지〉(Hemmung)에서 다음과 같이 표현한다.
말이 그것들에는 실패하는가?
혹은 그것들이 말을 느끼지 못하는가?
그것들은 말할 아무것도 없는가?
하지만 그것들은 사유에 의해 보다 덜 금지될 때,
보다 더 유창하게 말한다!
사유를 말한다는 것은 얼마나 힘든가!

15 오이겐 비제르(Eugen Biser)는 쇤베르크에 있어 말의 의미는 그것의 구체적 내용으로 한정된다고 지적한다, 39. 이것은 지향성(intentionality)으로서 의미라는 스콜라 신학의 이해와는 대조된다.

16 Steck, 63.

17 *Ibid.*, 46; Biser, 43.

어떠한 주장도 할 수 없을 뿐 아니라, 하나님을 우리 자신의 세상적 목적들을 위해 이용하고자 시도해서도 안 된다. 쇤베르크는 이것을 그의 「현대 시편, 1편」(Modern Psalm, no. 1)에서 분명히 밝히고 있다 (1950, 이것도 〈모세와 아론〉처럼 미완성이다):

오 나의 하나님, 모든 백성이
당신을 찬양하고 당신께 헌신을 맹세합니다.

하지만 내가 그렇게 하든 하지 않든,
당신께 무슨 의미가 있겠습니까?
내 기도가 필연성이라고 믿는 나란 도대체 누구입니까?
내가 '하나님'이라고 말할 때,
독특하고, 영원하고, 전능하고, 전지하고, 상상 불가능한
분에 대해 말한다는 것을 압니다.
내 자신을 위해 이미지를 만들 수도 없고,
만들지도 말아야 함을 압니다.
내가 어떠한 요구도 할 수 없고 하지 말아야 하는,
내 가장 간절한 기도를 들을 수도 무시할 수도 있는
유일하신 분.
그럼에도 다른 모든 살아 있는 것들처럼 나도 기도합니다.
그럼에도 나는 은혜와 기적을,
응답을 바랍니다.
그럼에도 당신과의 축복받은 일치, 일치의 감정을 위해
나는 기도합니다.

오 나의 하나님, 당신의 은총이 나의 기도를

당신에게 매는 아름다운 끈으로 만드옵소서.

응답 이상의 것을 우리에게 주는 지복이게 하소서.

'은혜'(*Gnaden*)와 '기적'(*Wunder*)이라는 말에 대한 쇤베르크의 풍자적 강조는 그러한 희망을 가지는 것이 하나님을 인간의 활동 영역인 세상 속에 위치시키는 잘못된 인식이라는 것을 드러낸다. 이것은 하나님을 거짓되게 '상상하는' 것이고, 그러한 한에 있어 하나님의 진정한 신성을 박탈하는 것이다.

릴케의 시 「묵상」(The Contemplative)에서처럼, 쇤베르크는 하나님과의 진정하고 아름다운 만남은 우리가 하나님을 이용하고자 하는 모든 시도를 포기하고, 우리를 하나님의 초월성에 복종시킬 때에만 일어난다고 본다.

… 우리가 씨름하는 것은 얼마나 작은 것들인가.

우리와 씨름하는 분은 얼마나 위대한가!

큰 폭풍 앞의 사물들처럼,

만약 우리가 자신을 구부러지게 둔다면,

우리는 얼마나 넓어지고 이름 너머로 가겠는가.

우리가 정복하는 것은 작은 것들일 뿐이고,

바로 이 성공이 우리를 작게 만든다.[18]

---

18 앞에서 인용된 쇤베르크의 "Thou shalt not; thou must"의 둘째 줄 이하와 비교하라("이미지는 제한되지 않고 상상되지 않은 채로 남겨져야 하는 것을 축소하고, 제한하고, 움켜쥔다").

영원하고 신비한 것은 우리에 의해

구부러지지 '않을' 것이다.

구약에 나오는 씨름하는 천사처럼…

상대방의 근육이 전쟁의 금속처럼

늘어질 때, 천사는 마치 깊은 멜로디의

합창처럼 그를 자신의 손가락 아래에서 느낀다.

이 천사에 의해 패배한 누구나

종종 전쟁을 포기한다.

'그만'이 천사의 강한 손에 이끌려

곧게 일어서고, 바르고 위대하게 될 것이다.

그 손이 마치 거품처럼 다가오는 것이다.

더 이상 작은 승리들이 그를 유혹치 않는다.

이것이 그의 성장이다:

보다 위대한 것에 의해 깊숙이 패배하는 것.[19]

하나님과의 진정 축복된 만남은 하나님이 개념과 상상력 너머에
계시다는 것을 이해할 때만 가능하다.

쉰베르크에 있어 말과 이미지는 살아 있는 하나님과 만남을 중
재할 때에만 그를 드러내는 것이다. 이러한 과정에 있어 백성들의
지도자는 중요한 역할을 한다.[20] 계몽된 .예언자(모세)는 말의 중재

---

19 Rainer Maria Rilke, "Der Schauende" in Rilke, *Gedichte: Eine Auswahl* (Stuttgart:
Reclam, 1968), 13-14.

20 White, 85.

물을 통해서 포착 불가능한 하나님을 의사소통한다. 하지만 예술도 이러한 역할을 공유할 수 있을 것이다. 왜냐하면 쇤베르크에 있어 예술도 또한 개념적으로 포착이 불가능한 것을 표현하려 지향하기 때문이다.[21] 쇤베르크는 이러한 자신의 미학 이론을 쇼펜하우어 Schopenhauer의 『의지와 표상으로서 세계』(*Die Welt als Wille und Vorstellung*)로부터 받아들인다. 쇼펜하우어에 따르면 "플라톤적 관념"이란 의지의 객체화다. 예술적 천재(아론)는 이러한 '관념들' 혹은 원형들을 인식으로 가져오기 위해 상상력 혹은 표상을 사용한다. 특히 음악은 다른 예술들 가운데서 독특한 위치다. 다른 예술들이 의지를 형태라는 매개물을 통해 간접적으로 객체화시키는 반면, 음악은 의지 (곧 실재) 자체의 직접적 표현이다.[22]

　　쇤베르크의 신학적 적용에 있어서 하나님은 인식 불가능하고 상상 불가능(*unvorstellbar*)하다. 하지만 언어적 차원(말, *Word*)과 감각적 차원(이미지, *Bild*) 모두에 있어 상상력·표상은 포착될 수 없는 영원성에 대해 '관념'을 일으킬 수 있고, 이러한 방식으로 하나님과의 일치를 중재할 수 있다. 하지만 「모세와 아론」은 무엇보다도 계시와 예술, 영감 받은 하나님 관념과 인간적 재현 혹은 '표상' 사이의 갈등을 드러내고 있다. 후자가 하나님에 관한 공평무사한 지식의 표현이라기보다는 자기중심적인 인간 욕망의 표현으로 쉽게 변할 수 있다는 것을 쇤베르크는 보여준다. 그러한 욕망은 아론의 이스라엘에 대한 사랑과 그것을 통일되고 자유로운 민족으로 건설하려는 그의 야심같이 합법적인 세상적 목표로 나타날 수도 있을 것

---

21 Cf. Hans-Joachim Kraus, "Moses und der unvorstellbare Gott", in Kraus et al., 5.
22 White, 67.

이다. 하지만 기적이나 신적인 개입에 호소하여 하나님을 그러한 목적에 이용하는 것은 진정한 종교를 우상 숭배나 마술로 변화시키는 것이며,[23] 하나님 관념의 상실뿐 아니라 세상 속에서 도덕적 가치의 진정한 원천이라고 하는 이스라엘 사명의 상실을 가져온다.

---

23 Cf. Biser, 41. 쇤베르크에 있어 "어떠한 마술의 전시도 하나님의 권위에 대한 잘못된 표상이다. 그것은 오직 지성의 자유로운 행위에 의해서만 인식될 수 있다"(Griffiths, 10). 쇤베르크는 세계 속의 하나님의 창조의 질서에서 진정한 '기적'을 발견한다. 그의 〈The Law〉(*Six Pieces for Male Chorus*, op. 35의 두 번째)에서 쇤베르크는 다음과 같이 쓰고 있다:
만약 사물들이 우리에게 익숙한 방식으로 드러난다면,
그건 괜찮다. 우리는 그것들을 이해할 수 있다.
하지만 그것들이 달리 드러난다면, 그건 기적(*Wunder*)이다.
하지만 생각해 보라.
사물들이 항상 같은 방식으로 드러난다는 것,
그것이 정말 우리가 이해할 수 없는
기적일 것이다.
우리가 주님에게 복종하듯이
사물들이 복종하는 법칙이 있다는 것,
주님이 우리를 명령하듯이
법칙이 사물들을 명령한다는 것.
이것이 바로 우리가 기적으로 인식하여야 하는 것이다!
이것을 부정하는 것이 평범함이나, 그건 예상되는 일이다.

II. 문제를 설정하며

쇤베르크의 「모세와 아론」은 신학적 성찰을 위한 여러 중요한 문제들을 제기한다.

첫째로 하나님과 표상에 대한 문제가 있을 수 있다. 하나님은 표상될 수 있는가? 하나님은 생각될 수 있는가? '관념', '말'과 '이미지'가 가지는 혹은 사유와 '감정'이 가지는 관계는 무엇인가?

둘째로 하나님에 대한 우리의 관계 곧 종교에 대한 문제가 있을 수 있다. 어떻게 하나님의 초월성이 이미지나 애정에 대한 인간의 필요와 화해될 수 있는가? 인간은 진정 초월적인 하나님을 사랑할 수 있는가? 어떻게 하나님의 자기 계시가 인간적 투사投射에 관련될 수 있는가? 어떻게 '우상 숭배'가 진정한 경배와 구분될 수 있는가? 어떻게 하나님의 주권적 자유가 인간의 필요와 욕망, 곧 인간의 희망과 기도에 관련될 수 있는가? 하나님은 진정 역사 속에서 '행동'하시는가? 하나님은 역사를 계획에 따라 주관하시는가? 하나님은 처벌하시고 보상하시는가? 어떻게 '관념'으로서 종교가 표상으로서 종교에 관계될 수 있는가?

셋째로 하나님에 대한 우리의 이런 종교적 관계에 있어서 예술과 아름다움이 가지는 위치에 대한 질문이 있을 수 있다. 하나님은 숭엄(sublime)할 뿐 아니라 아름다우신가(beautiful)? 하나님은 인간의 동경에 상응하는가? 하나님의 계시를 표상함에 있어서 이미지의 창조자인 예술가의 위치는 무엇인가?

처음의 두 종류의 질문은 칸트적 의미에서 신학적 '미학'의 영역

에 속한다: 하나님과 계시에 있어서 인식, 상상력, 감정에 관한 이론. 이것이 지금 2장의 주요 관심사가 될 것이다. 여기에는 두 가지 차원의 성찰이 필요하다. (1) 하나님의 초월성과 감각성 혹은 상상력의 관계 그리고 (2) 하나님의 초월성과 역사적 계시의 관계가 그것이다. 이 두 차원 모두에 있어서 우상 숭배와 투사라고 하는 종교적 문제가 제기된다.

세 번째 종류의 질문은 아름다움과 예술에 대한 이론이라고 하는 보다 좁은 의미에서 미학과 관련된다. 그것은 이후의 장들에서 다루어질 것이다. 마지막으로 6장에서 우리는 아름다움과 도덕적 선이 가지는 관계 그리고 종교와 예술이 가지는 갈등에 대해 다룰 것이다.

III. 하나님의 그림 불가능성(unpicturability)
: 아이콘 거부의 전통과 우상 숭배의 문제

하나님이 이 모든 말씀으로 일러 가라사대 나는 너를 애굽 땅, 종 되었던 집에서 인도하여 낸 너의 하나님 여호와로다. 너는 나 외에는 다른 신들을 네게 있게 말지니라. 너를 위하여 새긴 우상을 만들지 말고 또 위로 하늘에 있는 것이나 아래로 땅에 있는 것이나 땅 아래 물속에 있는 것의 아무 형상이든지 만들지 말며 그것들에게 절하지 말며 그것들을 섬기지 말라. 나 여호와 너의 하나님은 질투하는 하나님인즉 나를 미워하는 자의 죄를 갚되 아비로부터 아이들에게로 삼 사대까지 이르게 하거니와 나를 사랑하고 내 계명을 지키는 자에게는 천대까지 은혜를 베푸느니라 (출 20:1-6).

비잔틴 전통은 사순절 첫 번째 주일을 "성스러운 이미지들의 기념일"로 축하한다. 아이콘에 대한 이러한 존중은 비잔틴 교회의 건축과 영성에도 드러나는 독특한 특징이다. 이미지에 대한 헌신과 긍정은 신학으로 중요하게 여겨졌다. 사실 그러한 축제는 성상파괴주의(iconoclasm)에 의해 위협받은 "정통(곧, 바른 가르침)의 승리"로 여겨졌다.[1] 동방 정교회의 관점에 있어 "이러한 성상파괴주의적 이

---

1 이 축제는 843년 황후 Theodora의 영향 아래 이루어진 아이콘의 재옹호를 기념한다. Mahmoud Zibawi, *The Icon: Its Meaning and History* (Collegeville: Liturgical Press, 1993), 11 참고; 또한 Hans Belting, *Likeness and Presence: A History of the Image before the Era of Art*, trans. by Edmund Jephcott (Chicago and London: University of Chicago Press, 1994), 148.

단에 대한 승리는 초대교회의 기독론적 이단들에 대한 승리를 의미한다."[2] 이미지의 사용에 대한 옹호와 강조는 동방교회에 있어서 이미지의 신학적 중요성을 드러낼 뿐 아니라(후에 이 문제를 다시 다룰 것이다), 이런 주제가 한때 가졌던 논란의 신랄함을 또한 보여준다.

오늘날 '성상파괴논쟁'이라고 알려진 것은 어떤 의미에서는 기독교 일반이 지니는 문제의 한 구체적인 표현이다. 이런저런 '성상파괴주의'는 기독교 사상에서 일종의 반복적 경향이다. 폰 라트[Von Rad]에 따르면, 하나님의 형상적 묘사에 대한 금지는 그것이 대중 종교로서 가지는 어려움에도 불구하고 구약성서의 '내재적'이고 '근본적인' 특성이다.[3] 다른 신들의 이미지들이 피해져야 할 뿐 아니라 또한 이스라엘의 하나님은 물리적으로 "그려질 수 없는" 분이다.[4] 하지만 에든 니콜스[Aidan Nichols]는 고대 이스라엘 당시에 있어서 아이콘거부주의(aniconism)를 우리가 단순화시켜서는 안 된다고 경고한다. 니콜스의 데이터에 대한 신중한 선별적 연구는 지난 세기에 편만하였던 아이콘거부주의에 대한 경직된 해석들이 수정될 필요가 있음을 보여준다. 비록 제2계명이 이집트의 제의적 예술을 모방하는 것에 반대하는 모세의 가르침을 반영하고 있을 수도 있지만, 우리는 모세의 종교가 일종의 아이콘거부주의였다는 것을 확실하게 알 수는 없다. 우리가 형상금지에 대해 가지고 있는 가장 오래된 증거는 사사기에 나오는데, 이것은 이 입장이 반대하는 전[前] 군주주의 시대의 아이콘주의적 야훼사상이 존재하였음을 보여준다. 물론

---

2 *Ibid.*, 11.

3 Gerhard Von Rad, *Theology of the Old Testament*, vol. II, 381-383.

4 *Ibid.*

이스라엘의 공식적 성직자계급은 아이콘거부주의자들이었다. 하지만 우리는 초기 기독교 시대에 들어 유대교가 표상 예술을 사용한 증거들을 발견할 수 있다(아래에 언급된 예들 이외에, 니콜스는 Beth Alpha와 Ain-ed-Duk에 있는 모자이크로 장식된 회당들과 갈릴리 회당의 조각들을 든다). 이미지의 전적인 금지는 율법의 근본적 의도라기보다는 랍비들에 의해 율법 주변에 둘러진 '울타리'의 한 예이다.5 우리는 이러한 니콜스의 결론과 나아가 디아스포라 유대인들이 장식예술뿐 아니라 형상예술을 사용하였음을 알고 있음에도 불구하고(Dura Europus에 있는 회당과 로마의 유대인 카타콤베의 충격적인 예들) 하나님을 묘사한 그림적 표상만은 철저하게 피하여졌다는 것을 안다. 키텔Kittel이 지적하듯 기껏해야 이삭의 희생 장면이나 에스겔의 승천 장면 등에서 하나님의 손이 상징적으로 표상된 것이 있을 뿐이다.6

따라서 비록 아이콘거부주의에 대한 세부적인 정도나 폭에 대한 논란이 있을 수 있으나 하나님의 이미지에 대한 금지는 유대교 내에서 확고하게 설정된 것 같다. 더군다나 초대 교회에 있어서 하나님의 이미지에 대한 유대교적 금지령은 신성의 표상을 반대하는 비기독교적 철학에 의해서 더욱 강화되었다. 반 델 레우가 지적하듯 바울의 우상 숭배에 대한 저주(행 17:29)의 배경에는 단지 구약성서뿐만이 아니라 스토아철학(the Stoa)이 자리하고 있다.7 이미 헤라클

---

5 Aidan Nichols, O.P., *The Art of God Incarnate: Theology and Image in Christian Tradition* (New York: Paulist Press, 1980), 21-33, 35, 50.

6 *TDNT*, s.v. "εἰκών" (이와 유사한 사용이 초대 기독교 예술과 비잔틴 예술에서 발견된다. 예를 들어 Ravenna에 있는 Church of San Vitale의 아브라함의 희생 장면에 대한 모자이크를 보라.)

7 Van der Leeuw, *Sacred and Profane Beauty*, 182.

리투스^{Heraclitus}는 다음과 같이 불평하였다. 우둔한 자들은 "마치 건축
물과 이야기라도 하듯, 이러한 이미지들에게 기도한다. 하지만 그
들은 신들이나 영웅들의 진정한 본질에 대해 알지 못한다."[8] 기독교
시대에 와서도 '이교도적' 철학은 우상 숭배를 반대하고, 보여질 수
없고 인식될 수 없는 하나님을 주장하는 전통을 발전시켰다. 초기
의 기독교 변증론자들은 기독교인이 이러한 철학적 하나님을 경배
하는 것이지 신인동형론적인 대중 종교의 하나님을 경배하는 것이
아니라고 애써 주장했다.[9]

　　우리가 알고 있는 한에 있어 (카타콤베 벽화들과 가정교회의 장식물
들 같은) 기독교 예술은 신약시대 이후까지는 발달하지 않았다. 아마
2세기 중반, 확실히 3세기 초반부터는 이미지들이 지하 교회들과
세례 장소들의 벽에 그려지기 시작하였다.[10] 동시대 유대교 회당의

---

8 *Ibid.*, 177.

9 여기에 대한 초기 기독교의 입장들과 그것들의 철학적 배경, 특히 변증론자들의 입장에
　대한 상세한 연구로는, 폴 피니(Paul Corby Finney)의 *The Invisible God: The Earliest*
　Christians on Art (New York and Oxford: Oxford University Press, 1994)를 참고하라.
　피니에 따르면 변증론자들은 자신들 이전의 필로(Philo)와 마찬가지로 유대교의 아이콘
　거부주의적 타부와 그리스의 철학적 부정주의(apophaticism) 사이에 연속성이 있음을
　전제하지만, 후자가 자신들의 논리의 핵심을 이루고 전자는 단지 "일종의 이차적인 보충
　적 증거"로 기능한다고 보았다. xi. 서기 200년 이전에는 특별히 기독교적이라고 할 수
　있는 예술 형식들이 존재하지 않는다는 사실이 곧 모든 이미지에 대한 신학적 반대 때문이
　라고 해석될 수는 없는 것이다. 오히려 초기 기독교인들이 자신의 종교를 시각화시키고자
　노력한 증거들이 발견된다고 그는 설득력 있게 주장한다. 동시에 그는 여기서 본인이
　주장하려는 것을 강력하게 지지한다. 곧 시각화시키고자 노력하는 종교는 '볼 수 없는'
　초월적 하나님을 경배하는 것과 관련될 수 있다(291 and passim). 또한 David Freedberg,
　The Power of Images: Studies in the History and Theory of Response (Chicago and London:
　Chicago University Press, 1989), 62.

10 예를 들어 Dura Europus의 기독교 '교회'; 그러나 예배 장소에는 형상적 장식들이 없다
　는 사실이 아마 중요할 수도 있다. 피니(Finney)는 기독교 예술의 출현이 200년 이전으
　로 거슬러 올라갈 수는 없다고 주장한다. 하지만 그는 추가로 이러한 후기의 발전이

이미지들처럼, 이러한 이미지들은 상징적 혹은 이야기적이었다. 이 것들은 "하나님 행동의 표식들"(τεκμήρια θεού)을 나타낸다.[11] 하지만 하나님 자체에 대한 표상들은 없었다. 구약성서의 이야기들에 신약 성서의 이야기들이 이어졌다. 그리고 카타콤베 벽화의 마지막 시기 에 신인神人으로서 그리스도 곧 육체 속의 하나님의 이미지에 대한 표상들이 등장한다.

이미 여러 신학자가 초기의 기독교 아이콘 예술의 발전에 경고 와 반대를 하였다. 테르툴리아누스Tertullian, 키프리아누스Cyprian, 이레 네우스Irenaeus, 알렉산드리아의 클레멘스Clement of Alexandria, 유스티노Justin 순교자, 티치아노Tatian, 아테나고라스Athenagoras, 오리게네스Origen 등과 같은 여러 교부가 시각 미술의 위험에 대해 말하였다.[12] (하지만 그들 의 반대의 격렬함은 동시에 시각적 표상의 본능 혹은 유혹이 얼마나 강렬한가 를 드러낸다.)[13] 이러한 교부들의 반대에는 다양한 이유가 있었다. 미 신과 우상 숭배의 위험은 실제적이었다. 혼합주의의 위험 또한 그러 하였다. 이레니우스는 영지주의 이단이 예수의 이미지를 플라톤이 나 피타고라스와 같은 철학자들의 이미지 한가운데 세웠음을 보고 한다. 또한 로마 황제 세베루스 알렉산데르Severus Alexander(222~235 재위)

"정치적, 사회적 그리고 경제적 요인들의 의도되지 않은 결과"라고 주장한다. *The Invisible God*, 219.

11 *Ibid.*, 281.

12 다른 한편으로 현대의 몇몇 학자들은 초기 기독교의 예술에 대한 적대감을 19세기의 학자들이 너무 지나치게 과장하였고, 아이콘-거부주의적(aniconic) 성직자와 아이콘-선호적(iconophilic) 평신도라고 하는 잘못된 구분을 소개하게 되었다고 주장한다. Nichols, *The Art of God Incarnate*, 49-54; Finney, *The Invisible God*, 7-10, 290-291.

13 Cf. Freedberg, *The Power of Images*, 60. 그는 아이콘거부주의가 일종의 '신화'라고 보 며, '고차원적인' 사유와 이미지의 부재를 동일시하는 문화를 포함해서 모든 문화에 나 타나는 이미지의 존재에 대해 그 증거를 제시한다.

가 예수의 형상을 아브라함과 오르페우스 같은 그의 가정신家庭神들을 모신 신단에 같이 둔 것이 보고되었다. 동상들에 대한 반대는 특히 격렬했다. 왜냐하면 이것들은 단지 우상 숭배와 연관되었을 뿐 아니라, 육체와 인간성에 대한 그리스인들의 선호와도 관련되었기 때문이다. 비록 몇몇 카파도키아 교부들은 이미지들의 가치와 그것들의 교육적 유용성을 옹호하였으나[14] 다른 이들은 다소간의 아이콘 반대주의적 입장을 취하였다. 예를 들어 오리게네스는 그리스도에 대한 "정적이고 죽은" 예술적 이미지와 기독교인들 속에 살아 있는 그리스도의 이미지를 대조하였다.[15] 카이사레아의 에우세비우스는 그리스도의 신성의 표상 불가능성에 기초하여 그에 대한 어떠한 예술적 표현도 거부하였다: "만약 우리가 신성하고 지성적인 본질을 '형상'이라고 부를 수 있다 하더라도, 어떻게 우리가 그리스도의 경이롭고 이해 불가능한 형상의 이미지를 그릴 수 있단 말인가?"[16] 엘비라Elvira(혹은 Illiberis, 현재 스페인의 그라나다) 공의회에서는 306년 교회에서 이미지 사용에 대한 저주를 만장일치로 통과시켰다: "우리는 절하고 숭배해야 하는 것을 벽에 그리지는 않아야 하고, 교회에는 어떠한 그림들도 없어야 한다."[17]

이미지에 대한 반대는 8세기와 9세기 비잔틴 황제들과 주교들 대부분의 지지를 받은 성상파괴운동에 와서 절정에 이른다. 754년의 성상파괴주의자들의 공의회는 "무지한 예술가들이 경제적 이익

---

14 Nichols, *The Art of God Incarnate*, 54.

15 Zibawi, *The Icon*, 24.

16 *PG* C 757; Zibawi, *The Icon*, 24.

17 *"Picturas in ecclesia esse non debere, ne quod colitur et adorabitur in parietibus depingantur."* Mansi, II, col. 11.

이라는 불경한 욕망으로 인해 그려져서는 안 될 것을 그리고 마음
으로 믿어야 할 것에 모양을 부여한다"고 책망한다. 비록 성상에
대한 논쟁이 대체로 이전 세기들의 기독론 논쟁의 연속으로 이루어
졌지만, 문제들은 보다 복잡해졌고 정치적이고 사회적인 요소들도
포함되게 되었다.[18] 이 논쟁의 신학적 문제는 주로 볼 수 없는 신성
'자체'를 표상할 수 있는가보다는(이 문제는 일반적으로 불가능한 것으로
제외되었다), 하나님-인간으로서 그리스도의 표상 가능성에 초점이
모아졌다. 결과적으로 그리스도, 그의 어머니 마리아 그리고 사도
들과 성자들의 이미지에 존경 혹은 '숭배'가 주어질 수 있는가 문제
가 되었다.[19] 성상숭배자들은 이미지가 "그것이 나타내는 실재에
참여하며, 그러한 이미지 속에 거주하는 실재의 힘을 가져온다"는 플
라톤적 사상에 기초하였다.[20] 따라서 이미지의 숭배는 그것이 표현
하는 사람에게 경의를 표하는 합법적인 방법으로 받아들여졌다. 이
러한 실재의 참여적 현존이라는 사상 때문에 아이콘은 기적을 일으
킬 수도 있는 초자연적 '에너지'의 유사성육신적(quasi-incarnational)이

---

[18] 반 델 레우는 다음과 같이 이 논쟁을 표현하고 있다. "두 서로 다른 종교들이 싸우고
있다. 모하메드의 영향 아래 있던 황제들의 합리적이고 계몽되고 이신론적인 종교와
여성과 수도사들의 원시적이지만 강렬하게 기독교적인 종교가 그것이다." *Sacred
and Profane Beauty*, 185.
성상파괴논쟁에 대한 간략하지만 훌륭한 논의로는 Jaroslav Pelikan, *Jesus Through the
Centuries: His Place in the History of Culture* (New Haven: Yale University Press, 1985),
83-94를 참고하라. 또한 유용한 요약들로는 Nichols, *The Art of God Incarnate*, 76-88;
Belting, *Likeness and Presence*, 144-163; Freedberg, *The Power of Images*, 378-428.

[19] 니콜스(Nichols)는 4세기 무렵에 이미 십자가에 대한 '숭배'(*proskynesis*, προσκύνησι
ς)의 증거가 발견된다고 한다. 하지만 이미지들에 대한 이와 유사한 숭배는 이보다 1
세기 후에 문서들에서 나타난다. *The Art of God Incarnate*, 53.

[20] Karl Rahner, "The Theology of the Symbol", in *TI*, vol. 4, trans. by Kevin Smith
(Baltimore: Helicon Press, 1966), 243.

고 성령충만적인(pneumatophoric) 장소로 여겨졌다. 여기에 또한 아이콘(보다 정확하게는 그것의 원형)은 인간의 "손으로 만들어진 것이 아니라" 대신 초자연적으로 만들어졌다는, 발타자에 따르면 "별로 설득력이 없는" 주장이 추가되었다.[21]

　　제2차 니케아 공의회(787)는 원칙적으로 이미지들과 그것들의 숭배를 수용한다.[22] 하지만 서방교회 대부분은 별로 설득되지 않았다. 프랑크푸르트 공의회(794)는 754년의 성상파괴주의적 공의회와 성상숭배주의적 제2차 니케아 공의회 둘 다 거부한다.[23] 프랑스 카롤루스 왕조의 신학은 성상의 교육적 가치를 기꺼이 수용하였으나(교육적 목적을 위한 사용은 서방교회에서 이미 확고히 확립되었다), 이것을 일종의 신비적 의미에서 받아들이지는 않았다(이런 의미에서 트렌트 공의회는 제2차 니케아 공의회의 결정을 재주장하지만, 이미지가 어떤 내재적 힘이나 현존이 있다는 것은 부정한다).[24]

---

21 Balthasar, *The Glory of the Lord*, vol. 1, 40.

22 See *DS* 600.

23 제2차 니케아 공의회 합의문에 대한 부적절한 라틴어 번역문이 이러한 거부에 부분적으로 책임을 가지는 것 같다. See *DS* 600.
　　서방교회에서 성상파괴논쟁에 대한 상세한 개론으로는 특히 종교개혁 시기를 강조하고 있는 Helmut Feld, *Der Ikoknoclasmus des Westens: Studies in the History of Christian Thought*, edited by Heiko A. Oberman, vol. XLI (Leiden, New York, Kobenhavn, Köln: E. J. Brill, 1990).

24 "*Imagines... in templis praesertim habendas et retinendas, eisque debitum honorem et venerationem impertiendam, non quod credatur inesse aliqua in iis divinitas vel virtus*"(이미지들은… 교회 안에 두고 간직될 수 있으며, 그것들에게 적합한 존중과 숭배가 주어질 수 있다. 하지만 그런 행동은 어떤 신성함이나 덕이 이미지들 속에 들어 있다고 믿어지기 때문은 아니다). *DS* 1823.
　　니콜스(Aiden Nichols)는 교회에서 예술의 중요성을 강조하며, "한 공의회(제2차 니케아)에서 예술이 만질 수 없는 것을 우리의 만짐 속으로 가져오는 사실상(virtually) 성례전의 능력을 지닌다는 것이 인정되었다"고 한다(*The Art of God Incarnate*, 5). 본인은 개신교 종교개혁은 아이콘 전쟁의 새로운 발발을 가져왔다. 루터[Luther]가 성상에 대한 긍정적 태도를 취한 반면 카를슈타트[Karlstadt], 츠빙글리[Zwingli], 칼뱅[Calvin]은 이를 거부했다. 반 델 레우는 종교개혁의 성상 논쟁에 있어서 다양한 동기들을 이렇게 요약한다. "하나님은 너무 높으신 분이어서 표상될 수 없다고 보는 인문적 계몽주의, 구약의 금지령에 문자적으로 충실하고자 한 성서에 대한 충성심, 이미지나 성례에 의한 제한성을 참지 못하는 열광주의적 개인화, 교회 안의 부자들에 대한 가난한 자들의 항의, 이 모든 것이 함께 이미지들을 파괴하고 피하려고 하는 경향성을 결과적으로 가져왔다."[25] 이러한 것들에 미신의 위험과 말씀의 우월성에 대한 주장이 추가될 수 있을 것이다. 예를 들어 칼뱅은 다음과 같이 말한다. "사람들이 단지 우상을 숭배하거나, 그 속의 하나님을 숭배하거나 아무런 차이가 없다. 왜냐하면 하나님에 대한 가시적 형태가 만들어지면, 이미 그의 능력이 또한 그것에 제한되기 때문이다."[26] 더군다나 그는 성화들이 교육받지 못한 자들 곧 '빈자貧者들의 성서'라고 하는 이미 그레고리우스 1세(Gregory the Great)의 시대부터 제안된 고전적 주장에도 반대한다.[27] 칼뱅에 따르면 그러한 입장은 종교 내 계급적 구

니콜스의 입장에 원칙적으로 동의하나, 이러한 진술은 "사실상의 성례전"의 기능을 이미지가 가진다는 것에 대한 서방신학의 저항 또한 고려해야만 한다고 생각한다.

25 Van der Leeuw, *Sacred and Profane Beauty*, 185.

26 John Calvin, *Institutes of the Christian Religion*, trans. by Ford Lewis Battles, bk. I, ch. 11-12, n. 109, in John T. McNeill, ed., *The Library of Christian Classics* (Philadelphia: Westminster Press, 1960), vol. XXI.

27 그레고리우스 1세는 그림들을 통해 읽지 못하는 사람들이 '읽을' 수 있게 된다고 주장한다: "*Nam quod legentibus scriptura, hoc idiotis praestat pictura cernentibus, quia in ipsa ignorantes vident quod sequi debeant, in ipsa legunt qui litteras nesciunt*"(성서가 읽을 수 있는 자들에게 제공하는 것을 그림은 읽지 못하는 자들에게 제공한다.

조를 의미할 뿐 아니라, 그림이 이야기보다 더 쉽게 의사를 전달할 수 있다는 것을 전제하기 때문이다.[28]

하지만 쇤베르크의 「모세와 아론」이 보여주듯, 말씀의 의지가 문제를 해결하지는 않는다. 반 델 레우는 성상파괴주의에 대해 다음과 같이 쓰고 있다.

그것은 교육받지 못한 자들의 성서인 이미지를 파괴함으로써, 그들에게 성서 자체라는 또 다른 이미지를 더 강력하게 심어주고자 했다. 성스러움을 표현하기 위해 우리는 자신을 선과 색채로부터 자유롭게 하고, 말씀의 영성에 의지해야 한다. 하지만 이것이 이미지를 없애버린 것은 결코 아니다. 왜냐하면 어떤 종교도 전적으로 추상적인 개념으로만 이야기할 수는 없기 때문이다. 종교는 신화 곧 이미지의 언어를 말한다. 그리고 어떤 종교도 상징 없이 지속될 수는 없다. … 꾸미지 않은 벽이나 중앙에 놓인 설교단도 '상징'이기 때문이다.[29]

왜냐하면 그림들 속에서 그들은 자신들이 따라야 하는 것을 볼 수 있고, 그림들 속에서 문자를 읽지 못하는 자들도 읽을 수 있기 때문이다). Ep. *"Litterarum tuarum primordia"*, DS 477.

28 Green, *Imaging God*, 95. 하지만 그레고리우스 1세의 주장은 그림이 이야기보다 더 잘 의사소통을 한다는 것이 아니라, 성서의 이야기가 읽지 못하는 자들에게는 그림을 통해서 전해질 수 있다는 것이다. 물론 칼뱅의 시대에 와서 그런 상황은 활자의 발명과 교육의 보급으로 많이 변하게 되었다.

29 Van der Leeuw, *Sacred and Profane Beauty*, 186. 틸리히는 "눈의 예술들이 귀의 예술들보다 더 우상 숭배적인 악마화에 빠지기 쉬운 것은 사실이다"라고 한다. Paul Tillich, *Systematic Theology*, vol. III (Chicago: University of Chicago Press, 1963), 200. 하지만 브라운은 왜 그러한가, 곧 "왜 시각적 이미지가 언어적 우아함에 의해 만들어지는 정신적 이미지보다 잠재적으로 더 우상 숭배에 빠지기 쉬운가"라는 질문을 서방 신학은 별로 묻지 않았다고 지적한다. Frank Burch Brown, *Religious Aesthetics: A Theological Study of Making and Meaning* (Princeton, N.J.: Princeton University Press, 1989), 2.

개신교 성상파괴주의는 성서와 신학에 있어서 이미지로부터 말씀으로 도피하였다. 하지만 우리는 다음과 같은 질문을 제기할 수 있을 것이다. 성서의 말씀과 관련하여 어떻게 성서의 그림적 사유(picture thinking)와 그것이 표현하는 '신인동형론'(anthropomorphism)이 이교도의 신화로부터 구분될 수 있는가?30 파니카Raimon Pannikar는 이스라엘의 종교가 일종의 "아이콘 우상 숭배"(iconolatry)라고까지 부른다. 왜냐하면 이미지가 금지되었음에도 불구하고 성서는 하나님을 지속 인간적 특성들을 가진 것으로 묘사하기 때문이다.31 이러한 질문은 말씀(word) 자체로까지 확대될 수 있다. 가장 추상적인 '언어'(word)라고 하더라도 그것이 살아 있는 하나님의 본질을 포착할 수 있는가? 이미지로부터 아무리 멀리 떨어져 있더라도 하나님에 대한 사유가 우상 숭배의 위험을 완전히 피할 수 있는가?

---

30 Cf. Sierig, *Über den garstigen Graben*, 34-35.
31 Raimon Pannikar, *The Trinity and the Religious Experience of Man* (New York: Orbis Books, 1973), 13.

IV. 신비한 타자에서 존재의 신비로
: 하나님의 '그림 불가능성'(Unpicturability)에서
하나님의 '인식 불가능성'(Inconceivability)으로

발타자는 성상파괴주의가 단지 과거의 현상이 아니라 어떤 의미에서는 기독교의 영속적인 특성이라고 본다.[1] 그것은 특히 개혁의 시기에 종종 나타난다. 이미지에 대한 불신(혹은 거부)에는 크게 두 가지 이유가 있다. 한편으로 예술에 대한 '금욕주의적'(ascetical) 반대가 있을 것이다. 예술의 목표와 영성의 목표 사이의 갈등, 아름다움과 도덕적 선 사이의 갈등, 감각적 즐거움과 영적인 성장 사이의 갈등, 예술에 종종 관련되는 물질적 번영과 가난한 자들을 축복하는 복음 사이의 갈등이 그것이다(이러한 반대는 마지막 장에서 상세하게 다룰 것이다). 다른 한편으로 이미 위에서 언급된 우상 숭배, 거짓된 경배 그리고 미신의 위험 등을 강조하는 '인식론적'(epistemological) 반대가 있다. 이 반대는 하나님과 상상력, 그림 그리기의 관계라고 하는 또 다른 차원의 문제를 가져온다. 여기서는 하나님이 그림, 돌 혹은 진흙 등의 물질적 형태를 통해 상상될 수 있는가의 문제뿐 아니라, 하나님이 인간 지성이나 (추상적 개념들까지 포함된) '마음'의 정신적 이미지들을 통해 '하나님으로서' 올바르게 알려질 수 있는가의 문제가 제기된다.

---

1 '오늘날조차도' 곧 제2차 바티칸 공의회에 의해 제도화된 성례전의 갱신과 '현대화'(*aggiornamento*)의 시기에조차도 "성상파괴주의는 교회 건축과 교회 예술의 모든 영역에서 다시 느껴질 수 있다"고 발타자는 말한다. Balthasar, *The Glory of the Lord*, vol. 1, 41.

성서에 따르면 하나님은 알려질 수 있고 인격적 의미에서 '알려진다.' 우리는 하나님을 만날 수 있고, 들을 수 있고, 응답할 수 있고, 관계할 수 있고, 의지할 수 있다. 또한 하나님은 존재의 어떤 특성들 혹은 방식들을 가지는 것으로 계시된다. 여기서 언어적 이미지들에 대한 어떤 제약도 주어지지 않는다. 사실 구약성서는 하나님에 대한 신인동형론적 표현으로 가득하다. 하나님은 독특한 방식으로 인격적이고 자유롭다. 하나님은 변덕스러운 것이 아니라 신실하시다. 그럼에도 하나님은 하나님 자신 밖의 어떠한 것들에 의해서도 결정되지 않는다. 하나님은 신비한데, 왜냐하면 그는 '성스럽기' 때문이다. 하나님의 존재 방식(way of being)은 인간의 그것과는 '다르고'("내 생각은 너희 생각과 다르며 내 길[way]은 너희 길과 달라서"[사 55:8]), 우리의 통제 너머에 있다. 주권은 하나님에게 속한다. 그것이 바로 이미지 금지령에 대한 본질 의미이다: "금지의 이유는 이미지 자체가 가지는 물질적 혹은 유한한 '본질'(nature) 때문이 아니라, 인간이 그것으로 자신의 목적을 위해 하나님을 조종하려는 종교적 '기능'(function) 때문이다."[2] 야훼는 조종될 수 없는 분이다. 하나님은 우상으로 만들어질 수 없는데, 여기서 우상이란 숭배자들의 인간적 욕구의 충족을 의미한다.

형이상학적 사유는 하나님의 초월성에 대한 또 다른 차원의 통찰을 가져온다. 이미 소크라테스 이전의 그리스 철학은 유일자 혹은 하나님이 가지는 다른 모든 것과의 질적인 차이를 강조하였다. 이것에 기초해서 헤라클리투스[Heraclitus]와 크세노파네스[Xenophanes]는 시

---

2 Green, *Imaging God*, 91.

인 호메로스^{Homer}의 신인동형론을 비판한다.3 이러한 비판은 모든 존재자 너머 최초의 가장 지고한 실재는 인간의 '로고스'에 의해 표현될 수 없다는 플라톤의 주장에 이르러 절정에 이른다.4 성서의 신인동형론에도 불구하고 출애굽기의 이미지 금지령은 이미 야훼가 우주 속의 다른 것들과 '같지' 않다는 것을 함의하고 있다.5 하나님의 인격적 초월성과 그리스의 철학적 사유의 결합은 하나님 관념의 엄청난 확장을 가져왔다. 쇤베르크는 아론에 대한 모세의 날카로운 수정을 통해 이렇게 표현하고 있다. 하나님은 이미지로 만들어져서는 '안 될'(must not)뿐 아니라(곧 그러한 표상은 금지되었을 뿐 아니라), 하나님은 그 무한한 본성으로 인해 이미지로 만들어질 수가 '없다'(cannot).

하지만 그러한 통찰은 보다 근본적인 문제인 하나님의 인식 가능성 자체를 제기한다. 우선 하나님은 '영'(spirit)이시고, 따라서 본질로 볼 수가 없다. 하나님은 감각의 영역에서 발생하고 감각적 모양을 가지는 어떠한 것과도 다르다. 나아가 하나님의 절대적인 '타자성'(otherness)은 일종의 인식론적 원칙도 가져오게 된다. 초월적인 하나님은 물질성의 부정뿐 아니라, 우리가 유한성에 대해 알고 있는 모든 것을 부정함으로써만 알려질 수 있다. 그리고 역설적이게도 이것이 진정한 하나님에 대한 지식이다. 결론적으로 하나님은 단지 '그림 불가능'할 뿐 아니라, 엄격하게 말해 '인식 불가능'하다.

---

3 Eberhard Jüngel, *God as the Mystery of the World*, trans. by Darrell L. Guder (Grand Rapids: William B. Eerdmans, 1983), 232. 하나님의 표현 불가능성이라는 개념의 역사에 대한 융엘의 연구는 매우 뛰어나다.

4 *Ibid.*, 233.

5 John L. McKenzie, "Aspects of Old Testament Thought", in *JBC*, 739-740.

하나님은 이미지든, 언어든 혹은 개념이든 유한한 정신의 모든 포착의 시도 너머에 있다. 칸트는 하나님의 형상을 만들지 말라는 계명에 대해 다음과 같이 말한다. "유대교 율법에 있어 이보다 더 숭엄한 구절은 없을 것이다."6

성서의 창조자와 형이상학의 절대적이고 무한한 존재를 동일시하는 경향은 동방 교부들의 신학과 영성에 깊숙이 스며들어 있다. 이런 경향은 70인역에서 하나님을 '존재'(ὁ ὤν)로 번역한 점에서 이미 드러난다. 크리소스톰St. John Chrysostom의 기도서의 표현에 따르면, 우리는 하나님을 "표현할 수 없고, 인식할 수 없고, 볼 수 없고, 이해할 수 없다." 이러한 초월적 경외감과 숭상에 대한 통찰을 나치안츠의 그레고리우스Gregory of Nazianzus는 자신의 유명한 성가에서 다음과 같이 표현한다.

오 모든 것 너머의 당신이여!
어떻게 달리 당신을 선포할 수 있겠습니까?
어떤 언어도 당신을 표현할 수 없는데,
어떤 언어로 당신을 노래할 수 있습니까?
어떤 사유도 당신을 이해할 수 없는데,
어떤 사유로 당신을 성찰할 수 있습니까?
홀로 당신만이 말의 너머에 계십니다.
말하는 모든 것을 당신이 창조하셨기 때문입니다.
홀로 당신만이 사유의 너머에 계십니다.

---

6 *Critique of Judgment* II, 274.

사유하는 모든 것을 당신이 창조하셨기 때문입니다.

말하고 말하지 못하는 만물이 당신을 선포합니다.

사유하고 사유하지 못하는 만물이 당신께 영광을 돌립니다.

만물의 동일한 동경과 고뇌는 바로 당신이십니다.

만물이 당신께 기도합니다.

사유하는 모든 것이 당신에게 침묵의 성가를 올립니다.

당신 안에 만물이 머무릅니다.

당신을 향해 만물이 함께 서두릅니다.

바로 당신이 모든 존재들의 목표이십니다.

바로 당신이 유일자이시고, 모두이시고, 아무도 아니십니다.

당신은 한 분도 아니시고, 모두도 아니십니다.

어떻게 당신을 불러야 합니까?

모든 이름들의 당신을, 유일하게 제한되지 않는 당신을?

어떤 천상의 마음이 있어 구름 저편의 장막을 볼 수 있습니까?

자비를 베푸소서,

오 모든 것 너머의 당신이여!

어떻게 달리 당신을 선포할 수 있겠습니까?[7]

고전 신학에 있어 하나님의 '이해 불가능성'은 주요한 신학적 범주가 되었고, 교회의 공식적인 교리에 반영되었다. 이미 교황 레오 1세의 서신(*Tomus Leonis*, 449년)에서 하나님의 본질의 이해 불가능성이 전제되고 있으며, 이것이 계시적 성육신과 대조되고 있다. "그

---

7 Song 29, *PG*, XXXVII, 507.

자체로 보여질 수 없는 분이 우리에게 보여지게 되었다. 그 자체로 이해될 수 없는 분이 이해되기를 바라셨다"(DS 294).[8] 649년의 라테란Lateran 공의회에서 하나님의 이해 불가능성은 삼위일체의 속성에 속하는 것으로 이해되었다(DS 501). 675년의 톨레도Toledo 공의회에서는 성부를 본질상 "말로 표현할 수 없는(ineffabilis)" 분이라고 한다. 1215년의 제4차 라테란 공의회에서는 하나님의 본질 속성이라고 고백되어야 하는 것들에 이해 불가능성(incomprebensibilis)과 표현 불가능성(ineffabilis)을 넣는다. "우리는 유일하게 참되고, 영원하고, 측량할 수 없고, 변하지 않고, 이해 불가능하고, 전능하고, 표현 불가능한 하나님을 확고하게 믿으며 명백하게 고백한다"(DS 800).[9] "이해 불가능하고 표현 불가능한 지고의 실재가 있으며, 진정 그것이 성부와 성자와 성령이다"(DS 3001).[10]

이러한 (묘사적이라기보다는) 형이상학적인 범주의 사용은 중요하다. 하나님의 본성은 단지 '감추어진' 것이 아니다. 왜냐하면 '감추어진' 것은 원칙상 보여질 수도 있기 때문이다. 오히려 하나님은 본질로 우리의 이해 너머에 계시다. 아우구스티누스가 말했듯 "만약 네가 그것을 이해한다면, 그것은 하나님이 아니다."[11] 위-디오니시오스(Pseudo-Dionysius)의 매우 영향력 있던 저작들은 이것을 분명하게 한다. 하나님은 감각적 인식이나 정신에 의해서 포착될 수 없다.

---

8 "invisibilis in suis, visibilis est factus in nostris, incomprebensibilis voluit comprebendi."

9 "Firmiter credimus et simpliciter confitemur, quod unus solus est verus Deus, aeternus, immensus et incomutabilis, incomprebensibilis, imnipotens, et ineffabilis."

10 "una quaedam summa res est, incomprebensibilis quidem et ineffabilis, quae veraciter est Pater, et Filius, et Spiritus Sanctus."

11 "si enim comprebendis, non est deus."

하나님에 대한 가장 고차원적인 지식은 우리의 '알지 못함'(unknowing)에서 온다.12 라너에 따르면, 하나님의 이해 불가능성은 "하나님의 본질인 무한성에서부터 온다. 바로 이것이 유한하고 창조된 인간 지성으로 하여금 이러한 존재의 절대적 충만성(absolute fullness of being) 속에 담긴 지식과 진리의 가능성을 전부 포착하는 것은 불가능하게 만든다."13 그가 지적하듯 하나님의 이해 불가능성은 (유한한 존재의 경우처럼) 하나님에 대해 어떤 것들은 알려졌으나, 다른 어떤 것들은 알려지지 않았다는 것을 의미하지는 않는다. 오히려 그것은 하나님의 유일하고 나눠지지 않은 존재가 알려졌고 동시에 알려지지 않았다는 것을 뜻한다. 곧 하나님은 궁극적으로 알려질 수 없는 분으로 알려졌다.14 토마스 아퀴나스에 따르면 인간이 가질 수 있는 하나님에 대한 가장 높은 지식은 '하나님은 우리가 알 수 있는 것들 모두를 초월한다'는 것을 아는 것이다.15

　이러한 사상은 중요한 의미를 지니고 있다. 첫째로 라너가 강조

---

12 *The Divine Names*, ch. 7, no. 3; *The Mystical Theology*, ch. 5, in Pseudo-Dionysus, *The Complete Works*, trans. by Colm Luibheid (New York: Paulist Press, 1987), 108-109, 141.

13 Karl Rahner, "An Investigation of the incomprehensibility of God in St. Thomas Aquinas", in *TI*, vol. XVI, trans. by David Morland, O.S.B.(New York: Crossroad, 1983), 229(앞으로 주에서는 'Incomprehensibility'라고 줄여서 표현될 것이다).

14 *Ibid.*

15 "*Ex quo intellectus noster divinam substantiam non adaequat, hoc ipsum quod est Dei substantia remanet nostrum intellectum excedens et ita a nobis ignoratur et propter hoc illud est ultimum cognitionis humanae de Deo, quod sciat se Deum nescire, inquantum cognoscit illum quod Deus est omne ipsum quod de eo intelligimus excedere*"(이러한 이유로 우리의 지성은 하나님의 실체를 아는데 적합하지는 않다. 왜냐하면 하나님의 실체는 우리의 지성을 넘어서기 때문이다. 따라서 신성한 실체는 우리에 의해 알려지지 않는다. 이러한 이유로 하나님에 대한 인간의 궁극적인 지식은 우리가 하나님을 알 수 없다는 것을 아는 것이다. 이 속에서 하나님은 우리가 하나님에 대해 아는 모든 것을 초월한다는 것을 알게 된다). *De Potentia*, q. 7, a. 5.

하듯 그것은 인간의 지식의 본질에 대한 어떤 것을 말해준다. 하나님의 이해 불가능성은 하나님의 선하심, 자유, 정의 그리고 은혜 등과 같은 다른 속성 중 하나가 아니다. 오히려 그것은 하나님의 '속성들의 속성'(the attribute of attributes)이다. 모든 하나님의 '속성들'은 궁극적으로 볼 때 이해 불가능한 속성을 지닌다.[16] 달리 말해 하나님의 이해 불가능성에 대한 교리는 곧 인간의 유한성과 우리 지식의 한계성에 대한 교리이다.[17] 하지만 이러한 한계성이 단지 순전히 부정적 방식으로 보여서는 안 될 것이다. 오히려 반대로 우리가 궁극적 실재를 이해 불가능한 것으로 진정 '안다'는 바로 그 사실이, 지식의 본질은 대상들의 통제와 정복이 아니라 존재의 '신비'의 현존 속으로 참여하는 것이라는 것을 보여준다. "초월적 주체로서 인간은⋯ 자신을 통제적이고 절대적인 주체로 경험하는 것이 아니라, 자신의 존재가 신비에 의해 수여되는 존재라는 것을 경험한다. 바로 '이런 경험이' 어떤 개념을 형성함에 있어 인간이 개념을 넘어 이름이 없고 이해 불가능한 것을 향해 나아가는 존재로 자신을 이해하게 되는 이유이다."[18] 나아가 이러한 조건은 단지 일시적인 것이 아니다. 라너에 따르면 하나님에 대한 '축복받은 앎'의 궁극적 본질은 하나님의 신비에 직접 참여하는 것이다. 따라서 하나님의 이해 불가능성은 인간에 있어 한계가 아니라, 오히려 우리의 축복과 사랑의 실체이다.[19]

---

16 Karl Rahner, "The human question of meaning in face of the absolute mystery of God", in *TI*, vol. XVIII, trans. by Edward Quinn (New York: Crossroad, 1983), 94.

17 Rahner, 'Incomprehensibility', 252.

18 *Ibid.*, 236.

19 Karl Rahner, "The Concept of Mystery in Catholic Theology", in *TI*, vol. 4, trans. by Kevin

둘째로 존재론적으로 기초된 하나님의 이해 불가능성이라는 사상은 하나님의 주권적이고 인격적인 자유에 대한 성서의 증언을 강화시킨다. 하나님의 존재는 인간의 삶의 의미에 대한 '대답' 이상의 무엇이다. 이것은 하나님이 이기적인 인간의 욕망을 위해 사용될 수도 혹은 거기에 종속될 수도 없음을 의미한다. 하나님은 인간 실존에 대한 '대답'이시다. 하지만 이것을 알기 위해서 인간의 실존은 "자기 중심성에서 탈피하여"(ex-centric) 자신의 바깥에, 즉 하나님 안에 중심을 두어야 한다. 이에 대해 라너는 다음과 같이 쓰고 있다. "인간의 삶 전체라고 하는 질문에 대한 대답으로 하나님께 호소하는 것은 올바르고, 필수적인 것이다. 하지만 그것이 인간으로 하여금 자신을 버리고 하나님의 이해 불가능성의 은총적 현존 속으로 자신을 항복하게 만들지 않는다면, 그러한 삶의 의미로서 하나님 관념은 또 하나의 인간적 우상일 뿐이다."[20]

셋째로 '우상 숭배'의 본질은 하나님을 표상하는 매개물에 있는 것이 아니라, 그것이 사용되는 방식에 있다. 그러한 매개물이 살아 있는 초월적 실재와의 만남, '기억'의 수단으로 사용되는지 아니면 인간의 자기숭배적인 투사물投射物로 사용되는지가 우상 숭배의 여부를 결정한다(쇤베르크의 오페라에서 황금 송아지에 대한 아론의 말을 기억하라: "이런 상징 속에서 네 자신을 경배하라!"). 이미지의 비판자와 옹호자 모두가 이러한 사실을 간과하는 것 같다. 성상 파괴자들은 사유가 가지는 본질로 상징적인 성격을 무시하고, 언어적 근본주의에

Smith (Baltimore: Helicon Press, 1966), 41; cf. "The human question of meaning", 91f.; "An investigation of the incomprehensibility of God in St. Thomas Aquinas", 246.

20 Rahner, "The Human Question of Meaning", 104.

빠질 위험을 지닌다. 성상 옹호자들은 이미지에 대한 전적으로 합당한 이론적 정당성을 제공하려 하지만, 그것들의 실제 사용은 무시하는 위험에 빠질 수 있다. 폴 틸리히가 인식했듯 물리적 이미지, 언어적 이미지, 메타포, 개념 그리고 '하나님'이라는 개념 자체를 포함해서 하나님에 대한 모든 인간적 표상은 우상 숭배로 전락할 수 있다(물론 이런 주장이 모든 표상적 매개물이 '동등하게' 위험하거나, 동등하게 적합하다는 것은 아니다). 반 델 레우의 말처럼 이러한 이유로 가장 철저한 우상 숭배 비판은 이미지와 언어 모두 벗어나서 하나님과 신비적 직접성을 지향하는 것이다.

> 그것은 단지 구체적인 이미지들로부터 돌아설 뿐 아니라, 영혼을 채우고 있는 것들로부터도 돌아선다. 서방을 정복했던 모든 신비주의는 신플라톤주의로부터 이슬람의 수피주의, 중세 독일의 신비주의, 테레사 수녀(1515~1582) 그리고 18세기의 잔느 구욘^{Madame Guyon} 같은 정적주의자들(Quietists)에 이르기까지 이미지와 생각을 조직적으로 영혼으로부터 유배시켰다. 복음서의 사실들과 형식들조차도 단지 잠정적인 교육적 가치를 가지는 것으로 여겨졌다.[21]

---

21 Van der Leeuw, *Sacred and Profane Beauty*, 186.

V. 역사적 계시의 '실증성'(Positivity)과 신화론의 문제

하나님의 '이해 불가능성' 때문에 무한하고 비물질적인 하나님이 감각적 표상과 언어에 묶여 있는 유한한 인간 지성에 알려질 수 있는가의 문제를 신학적 미학은 설명해야 한다. 따라서 종교적 표상이나 상상력의 문제는 유비類比(analogy)에 대한 보다 포괄적인 인식론적 논의 안에 포함된다.

지식을 단지 경험과학의 대상들과 동일시하며, 형이상학 비판이 하나님에 대한 유비적 지식 자체를 의심하게 될 때 그리고 역사의식이 기독교 계시의 실증성을 의심하게 될 때, 유비의 문제는 새로운 국면을 맞게 된다. 한편으로 하나님은 이성에 의해 포착될 수 없을 뿐 아니라 알려질 수 없게 된다. 다른 한편으로 역사적 계시에 대한 주장은 증명할 수 없고 신화론적인 것으로 여겨진다. 따라서 합리적 이해(*Begriff*)라고 하는 '학문적' 의식과 '상상력'(*Vorstellung*)이나 '감정'의 차원으로 격하된 종교적 의식 사이에는 틈이 생기게 된다. 어떤 이들에게 있어서 이 틈은 곧 종교적 신앙이 비합리적일 뿐 아니라 공상적이라는 것을 의미한다. 반대로 다른 이들에게 있어서 이것은 신앙과 감정의 영역이 '합리성'이 지닌 한계에 대한 필수적인 대안으로 긍정되어야 한다는 것을 의미한다.

지리히(Hartmut Sierig)는 미켈란젤로의 시스티나 성당에 있는 성부 하나님이 아담을 창조하는 그림이 포이에르바하와 니체에서 절정에 이르게 되는 현대의 정신성을 이미 보여주고 있다고 주장한다. "이미 이때부터 사람들은 하나님을 인간적 관점에서 보기 시작한다. 여기서 하나님은 그리스도 안에서 우리를 구원하시는 '인간이 된 하나님'이 아니라, 오히려 인류의 이상적 모습으로서 하나님으로 이해된다."[1] 융엘은 현대의 하나님에 대한 인식론적 문제는 르네 데카르트Rene Descartes가 하나님 자체를 인간이 하나님에 대해 가지는 개념으로부터 분리시키는 데서 시작된다고 본다. 데카르트에게 있어 하나님 '자체'(in se)는 인간의 반대편에 서 있는 독립적인 존재인 반면, 하나님에 대한 인간의 정신적 개념(mental concept)은 (비록 그것이 하나님에게서 유래되더라도) 일종의 생각하는 주체가 가지는 기능이다.[2] 데카르트의 견해는 하나님에 대해 사유하는 인간의 능력을 신성한 '빛' 자체에 참여하는 것으로 이해한 교부들과 초기의 스콜라 신학자들에 대조를 이루고 있다. 이러한 참여적 지식에 대한 통찰이 상실된 것은 사실 데카르트 이전에 이미 중세 후기의 유명론唯名論(nominalism)에서 시작이 되었다.

합리적 계몽주의는 하나님의 존재 자체를 인간의 개념으로부터 분리시켰을 뿐 아니라 또한 합리성과 감각성의 분리를 강조하였다. 라이프니츠Gottfried Wilhelm Leibniz는 이성의 영원한 진리(Vernunft-Wahrheiten: '이성-

---

1 Sierig, Über den garstigen Graben, 20. 물론 미켈란젤로나 그의 동시대인들이 그것을 이러한 방식으로 보았다는 주장은 아니라고 지리히는 첨언한다. 오직 우리가 지금 되돌아 볼 때 르네상스의 인본주의(Renaissance humanism)가 '현대성'(modernity)의 시작이라는 것이다.

2 Jüngel, God as the Mystery of the World, 141. 데카르트는 하나님에 대한 '내재적'(innate) 관념을 우리가 가지는 것은 그것이 하나님에 의해 생산될 때 오직 설명될 수 있다고 본다. 이것이 그의 하나님의 존재에 대한 '존재론적' 증명이 된다(Méditations Métaphysiques, III and V). 융엘은 데카르트의 이러한 관념과 실재에 대한 관계는 외적 관계(하나님이 이 관념을 우리 속에 창조하셨다)일 뿐이지, 내적 관계(그것을 통해 하나님을 알게 되는 우리 마음의 빛이 하나님의 존재 속의 참여한다)는 아니라고 본다. 물론 그러한 창조가 참여로서 이해될 수도 있지만, 데카르트의 실체에 대한 객체화시키는 경향은 이러한 통찰을 받아들이지 않는다.

진리들')와 역사적 사실의 진리(Tatsachen-Wahrheiten: '사실-진리들')를 구분한다. 이와 같은 구분이 필연적이고 보편적인 이성의 진리와 우연적인 역사적 진리 사이에 놓은 '추한 도랑'(a nasty ditch)이라는 레싱 Gotthold Ephraim Lessing의 사상에 다시 나타난다고 발타자와 다른 이들은 본다.3 더군다나 레싱은 피오레의 요아킴Joachim de Fiore의 진보론적 체계를 받아들인다. 구약은 율법으로 상징되는 성부의 시대이고, 신약은 신앙을 강조하는 성자의 시대이며, 성령의 시대는 율법과 신앙 모두를 극복하는 이성의 시대를 나타낸다.4

칸트Immanuel Kant와 그의 추종자들에서 우리는 이런 생각이 계속 이어지는 것을 발견할 수 있다. 그들은 감정이나 상상력에 비해 '이성'을 보다 가치 있는 것으로 강조하고, 역사적 종교를 감정이나 상상력과 동일시한다. 하지만 여기에 결정적인 요소가 칸트에 의해 추가된다. 칸트는 "신앙의 자리를 마련하기 위해" 하나님에 관한 지식을 '사변적 이성'의 영역으로부터 제거시킨다.5 그에 따르면 사변적 이성의 합법적 사용은 (감각적) 경험의 한계를 넘어서는 안 된다.6 우리의 세계에 대한 경험이 어떻게 통일성을 가질 수 있는지 그 초월적 조건을 성찰하게 되면, 사변적 이성은 하나님 관념에 도달하게 된다.7 하지만 우리가 사변적 이성을 사용하여 세계 내적인 관계들을 유비의 방법을 통해 하나님과 세계 사이의 관계들에 적용

---

3 Balthasar, *The Glory of the Lord*, vol. 1, 75.

4 Sierig, *Über den garstigen Graben*, 16.

5 Immanuel Kant, *Critique of Pure Reason*, trans. by F. Max Müller (Garden City: Doubleday & Co., 1966), Preface to the Second Edition, XXXIX.

6 *Ibid.*, 456.

7 *Ibid.*, 453; cf. XXXVII.

시켜 거기에 대해 말할 수는 있지만, 그러한 하나님 존재가 실제로 있는지 없는지 혹은 그의 본질은 무엇인지 우리가 알 수는 없다.

> 순수한 사변적 이성이 하나님에 대해 우리에게 가르쳐주는 유일하게 명백하고 초월적인 개념은… 모든 경험적 실재의 필연적이고 고차원적인 통일성이 의지하고 있는 그리고 실재적 실체와의 유비類比(analogy)적인 설명 외에는 그것을 표현할 수 없는, 어떤 것에 대한 관념일 뿐이다. … 인간은 감각적 세계에만 오직 적합한 개념들을 가지고 지고의 존재를 표상한다. 하지만 이러한 초월적 가설假說을 오직 상대적으로만 이용하기 때문에… 우리는 단지 감각적 세계에만 적용되는 특질들을 가지고, 이러한 세계와는 구분되는 존재를 적절하게 표현할 수 있을 것이다. 왜냐하면 하나님의 존재 자체가 무엇인지 이러한 관념의 대상을 알아야만 한다고… 결코 나는 요구하지 않기 때문이다. 우리가 감각의 영역 너머로 모험할 때, 하나님에 대한 개념 그리고 존재의 실재, 실체, 인과성, 필연성에 대한 어떤 개념들도 의미를 잃게 되고, 단지 내용이 들어 있지 않은 공허한 개념들 혹은 이름들이 되어버린다. 존재 자체로는 전적으로 내게 알려지지 않은 존재가 우주와 가지는 가장 큰 가능성의 조직적 통합성을 나는 단지 생각할 수 있을 뿐이다.[8]

동시에 칸트는 하나님에 대한 합리적 개념(*Begriff*)이 종교적 계시의 그것을 포함한 모든 하나님에 대한 표상(*Vorstellung*)의 '시금석'이 되어야 한다고 주장한다.[9] 그렇지 않다면, 우리는 자신을 위해

---

8 *Ibid.*, 442, 444.

9 *"Denn auf welcherlei Art auch ein Wesen als* Gott *von einem anderen bekannt gemacht*

우상 숭배의 하나님을 창조하는 심각한 위험에 빠질 것이다.[10] 우상 숭배란 '감각적 표상력'(*das sinnliche Vorstellungsvermögen*)에게 합리적 관념과 동일한 혹은 그보다 우월한 가치를 부여할 때 종교에서 생긴다.[11] 헤겔의 경우처럼 종교와 이성의 관계에 대해 상세한 이론을 발전시키지는 않았지만, 칸트는 일반적인 종교가 상상력 혹은 표상력의 차원에서 생겨나며, 합리적인 도덕종교에 비해 부적절한 형식이라고 주장한다.[12] 피히테[Johann Gottlieb Fichte]는 하나님을 상상하고 표상할 수 있는 모든 가능성을 부정한다. 그것이 비록 개념적일 때조차도 부정한다. 그는 우상 숭배에 대한 성서적 금지령을 형이상학적 사유까지 확장시킨다.

---

und beschrieben worden, ja ihm ein solches auch (wenn das möglich ist) selbst erscheinen möchte, so muß er diese Vorstellung doch allerst mit seinem Ideal zusammen halten, un zu urteilen, ob er befugt sei, es für eine Gottheit zu halten und zu verehren. Aus bloßer Offenbarung, ohne jenem Begriff vorher in seiner Reinigkeit, als Probierstein, zun Grunde zu legen, kann es also keine Religion geben und alle Gottesverehrung würde **Idolatrie** *sein*"(왜냐하면 다른 사람들에 의해 어떤 방식으로 한 존재가 **하나님**으로 그에게 알려지고 묘사되더라도 혹은 그 존재가 그에게 직접 나타나더라도(만약 이것이 가능하다면), 그는 우선 이것을 하나님으로 여기고 경배하는 것이 적절한지 판단하기 위해 이러한 표상을 자신의 관념에 비교해 보아야 한다. **먼저** 그러한 순수한 개념을 시금석으로 두지 않고서, 단지 전적으로 계시를 통해서만 발생하는 어떤 종교도 존재하지 않는다. 이것 없이 하나님에 대한 모든 숭배는 **우상숭배**가 될 것이다)(원문의 강조 - 역자주). Kant, *Die Religion innerhalb der Grenzen der bloßen Vernunft*, ed. Rudolf Malter (Stuttgart: Philipp Reclam, 1974), 222.
판넨베르크(Wolfhart Pannenberg)는 종교적 주장들이 서로 모순을 일으킬 때, 형이상학적 하나님 관념이 '규범적' 기능을 한다고 보는 칸트의 주장을 따른다. 하지만 그는 "형이상학이 하나님의 존재에 대한 궁극적 판단을 제공할 수는 없다"는 칸트의 주장에도 동의한다. *Systematic Theology*, vol. 1, 176. 형이상학은 종교가 말하고 있는 것이 진정한 의미에서 '하나님'으로 불릴 수 있는지 판단할 수 있게 만든다. 그의 같은 책, 68, 95.

10 *Ibid.*

11 *Ibid.*, 224.

12 Green, *Imagining God*, 14-15.

하나님은 사유되지 않아야 한다. 왜냐하면 그것은 불가능하기 때문이다. … 사유 속에서 어떤 것이 이해된다면, 그것은 하나님이기를 멈춘다. 그리고 모든 이른바 하나님의 개념이라고 하는 것은 필연적으로 우상의 개념이다. '너는 자신을 위하여 하나님의 개념을 만들지 말라'는 것은 '너는 너를 위하여 새긴 우상을 만들지 말라'는 것을 의미한다. 이러한 지적인 금지령은 모세의 계명과 그 본질에서 같은 것이다: "너를 위하여 새긴 우상을 만들지 말라."[13]

헤겔[Georg Wilhelm Friedrich Hegel]은 칸트, 피히테 그리고 야코비의 사상을 '작은 계몽주의'라고 보며 그들의 잘못을 수정하려 하였다.[14] 헤겔에 따르면 칸트와 그의 추종자들은 합리주의에 대항하여 신앙을 옹호하고자 하였지만, 절대자를 오직 신앙만이 접근할 수 있는 '저 너머'에 둠으로써 옹호하였다. 그런 과정에서 그들은 신앙과 이성 사이에 보다 더 큰 틈을 가져오게 된 것이다.[15] 반대로 헤겔 자신은 "이성(Vernunft)과 신앙(Glauben), 철학과 실증적 종교라고 하는 오랜 구분"을[16] 새로운 종교철학 속에서 극복하고자 시도하였다.[17]

---

13 Johann Gottlieb Fichte, *Der Herausgeber des philosophischen Journals gerichtliche Verantwortungsschriften gene die Anklange des Atheismus*, in *Sämmtliche Werke*, ed. I. H. Fichte (Berlin, Veit & Co., 1845, 1971), V, 266-267. 이것이 Jüngel, *God as the Mystery of the World*, 127, 141에 재인용.

14 Georg Wilhelm Friedrich Hegel, *Glauben und Wissen, oder die Religionsphilosophie der Subjectivität, in der Vollständigkeit ihrer Formen als Kantische, Jacobische, und Fichtesche Philosophie*, in *Sämmtliche Werke*, 24 vols., ed. Hermann Glockner (Stuttgart-Bad Cannstatt: Friedrich Frommann Verlag, 1965), vol. 1, 286.

15 *Ibid.*, 282.

16 *Ibid.*, 279.

17 *Ibid.* Cf. Hegel, *Vorlesungen über die Philosophie der Religion*, in *Sämmtliche Werke*,

레싱과 마찬가지로 헤겔은 피오레의 요아킴의 삼중적 구조를 받아들여 의식의 변증법적 구조에 적용시킨다. 역사 전체는 절대정신의 자기로부터의 소외와 자기로의 귀환으로 이해된다. 이러한 과정에서 절대정신 혹은 하나님은 인간의 의식 속에 세 가지 방식으로 자신을 드러낸다. 예술, 종교, 철학이 그것이다.18 이 세 가지는 동일한 '내용'(content)을 지니지만, 서로 다른 형식(forms)으로 그것을 표현한다. 예술은 지고한 관념들을 감각적(sensuous) 형식에서 나타냄으로써 "이것들을 자연현상들, 감각들 그리고 감정에 보다 가깝게 가지고 온다."19 종교는 하나님의 자기 계시를 표상(Vorstellung)의 차원에서 나타낸다. 그리고 마지막으로 철학 속에서 정신·영은 가장 높은 차원에서 자신을 절대 개념(Begriff)으로 인식하게 된다.20

　　칸트의 "오성悟性의 형이상학"(Verstandesmetaphysik)에 기초한 합리주의적 이성신학(Vernunfttheologie)은 기독교의 주요 교리들을 포함해서 종교의 실증적 내용을 사실상 제거해버리는 합리주의적 주석(räsonnirende Exegese)을 수행하였다. 반대로 헤겔은 성서의 내용, 신조, 교회의 교리들을 긍정하며, 오직 하나의 정신, 영(Geist, Spirit)

---

vol. XVI. E.t. *Lectures on the Philosophy of Religion*, trans. by E. B. Speirs and J. Burdon Sanderson, ed. E. B. Speirs (New York: The Humanities Press, 1962). 이 고전적 번역본은 기술적 용어들을 번역함에 있어 일관성을 가지지 못한 한계를 지닌다. 최근의 비판적 번역본으로는 Hegel, *Lectures on the Philosophy of Religion. One Volume Edition, The Lectures of 1827*, trans. by R. F. Brown, P. C. Hodgson and J. M. Stewart, ed., by Peter C. Hodgson (Berkeley: University of California Press, 1988).

18 Hegel, *On Art* (*Vorlesungen über die Aesthetik*), trans. Bernard Bosanquet, in Hegel, *On Art, Religion, Philosophy*, ed. J. Glenn Gray (New York: Harper & Row, 1970), 29.

19 *Ibid.*, 29-30.

20 Hegel, *Vorlesungen über die Philosophie der Religion*, 37f.; cf. Hegel, *The Phenomenology of Mind*, trans. by J. B. Baillie (New York: Harper & Row, 1970), 29.

이 철학과 실증적 종교 속에서 스스로 계시하기 때문에 이 둘 사이에 대립이 있을 수 없다고 주장한다.[21] 이성의 차원에서 실현되어지는 절대정신은 종교사의 구체적인 실증적 내용을 자신의 한 단계로서 포함한다.[22]

하지만 하나님의 계시가 인간적 방식으로 수용되었기 때문에 정신·영의 마지막 단계에 이르러 그것은 해석되고 설명되어야 한다. 철학 속에서 실증적 종교의 내용은 순수사유의 진리들로서 변증법적으로 '지양'(*aufgehoben*: sublated)된다. 종교의 표상적 형식은 "취소되고 초월되면서" 그 종교적 진리가 새로운 차원에서 긍정된다.[23] 특히 종교철학이 이러한 철학과 종교 둘 사이의 통일에 관심한다.[24] 또는 다른 관점에서 종교가 감각을 통한 하나님 의식으로서 예술, 사고를 통한 하나님 의식으로서 철학 사이를 중재한다고 말할 수도 있을 것이다. 종교는 구체적이고, 표상적이고, 메타포적인 형식을 통해서 하나님 의식을 '그림처럼 보여준다'(illustrate).[25] 헤겔은 폰 바더^{Von Baader}에 보낸 편지에서 철학과 종교의 관계에 대한 자신의 견해를 이렇게 요약하고 있다.

내가 종교와 철학 사이의 차이점을 말할 때, 나는 이것들을 지식이나 인

---

21 Hegel, *Vorlesungen über die Philosophie der Religion*, 47.

22 *Ibid.*, 47, 58.

23 Hegel, *The Phenomenology of Mind*, 789.

24 Hegel, *Vorlesungen über die Philosophie der Religion*, 44.

25 Green, *Imagining God*, 17; Hegel, *Vorlesungen über die Philosophie der Religion*, 42; Hegel, *The Phenomenology of Mind*, 709-808(헤겔은 종교를 그림적 사유 [picture-thinking]라고 한다 - 역자주).

식의 '형식形式'(form)의 차이로 본다. 진리의 '내용內容'(content)은 이 둘 사이에 단지 공통적인 것이 아니라, 정확하게 동일한 것이다. 이 내용에 대해 (성)령이 증거하고 있는 것이다. 이성은 '즉자적'(in itself)으로 '자유롭다.' 반면 나는 종교의 형식을 '상상력'(imagination) 혹은 '표상'(representation)이라는 용어들로 표현하기를 선호하는데, 왜냐하면 종교적 인식이나 지식은 어떤 '외부적'이고 '주어진' 것과 관련되기 때문이다. 종교는 훈련된 사상가들을 위해서뿐만 아니라, 모든 사람을 위해서 봉사하며 봉사해야만 한다. 말하자면, 종교의 내용은 우리의 다른 습관적 지식들처럼 상세한 학문적 개념의 개입 없이 그림적 상상력 혹은 표상으로 사람들의 마음속으로 들어가게 되는 것이다. 바로 '이러한 측면'에서 내가 다음과 같이 말한 것이다: 그러한 내용에 있어 사유하는 이성은 즉자적이 아니라 표상적이다.[26]

헤겔의 사유가 충실한 기독교 신학인지, 합리주의의 절정인지 혹은 숨겨진 무신론인지 해석의 논란이 있을 수 있다(헤겔이 사망한 얼마 후부터 논란이 일어났으며, 여기에 대한 입장에 따라 슈트라우스는 헤겔의 추종자들을 각각 헤겔우파, 헤겔중도파, 헤겔좌파로 구분하였다).[27] 하지

---

26 이전에는 편집되지 않았던 이 편지가 그라슬(H. Grassl)에 의해 *Hegel Studien*, II 속에 출판되었다. 텍스트는 Cornelio Fabro, *God in Exile*, trans. and ed. by Arthur Gibson (New York: Newman Press, 1968), 621-622.

27 아주 최근까지 로마가톨릭 신학은 헤겔의 종교철학 속으로 '지양'(*Aufhebung*)을 이성의 절대적 자율성의 암시적 긍정, 초자연성의 부정 그리고 하나님의 초월성의 부정으로 보는 경향을 가졌다. 예를 들어 Edgar Hocedez, S.J., *Histoire de la Théologie au XIX Siècle*(Paris: Desclée de Brouwer, 1948), vol. II, 27을 참고하라. 파브로(Cornelio Fabro)는 현대의 무신론이 "원칙적으로 한 사상가, 곧 헤겔에게로 거슬러 올라간다"고 말한다 (*Introduzione all'Atheismo Moderno* [Roma: Editrice Studium, 1964], 534). 이와는 대조적으로 그레고와르(Franz Grégoire)는 헤겔의 체계에 대한 옹호적인 입장을 취하

만 합리적 개념(Begriff)과 상상력·표상(Vorstellung)의 관계로 철학과 종교를 구분한 헤겔이 이후의 실증적 종교에 대한 급진적인 비판의 배경이 되었다는 것은 의심의 여지가 없을 것이다.

　헤겔의 추종자 슈트라우스[David Friedrich Strauss]는 실증종교의 문제를 새로운 방식으로 제기하였다. 헤겔은 실증종교가 철학적 체계 내에서 '지양'된다고 가르친 반면, 슈트라우스는 종교에 있어 본질인 것은 철학적 개념들로 환원될 수 없는 바로 그 실증성 자체라고 주장한다. 더군다나 자신의 『비판적으로 고찰된 예수의 생애』(Leben Jesu Kritisch Bearbeitet)에서 복음서들이 역사적이라기보다는 초기 기독교 공동체의 신화적 창작물들이라고 주장하며, 슈트라우스는 그것들이 (거기서 유래하는 기독교도 포함해서) 개념의 차원과는 아무 관련이 없고 오히려 상상력의 차원과 연결된다고 주장한다. 따라서 헤겔의 '개념'과 '표상'이라는 구분은 슈트라우스에 와서 신화(myth)와 역사(history)의 구분으로 바뀐다.[28]

　포이에르바하[Ludwig Andreas von Feuerbach]는 슈트라우스의 입장을 지지하며 베를린에 일어난 젊은 헤겔 운동의 한 회원이었는데, 그는 슈트라우스보다 이러한 구분을 한 단계 더 급진화시킨다. 『기독교의 본질』(Das Wesen des Christentums, 1841)에서 포이에르바하는 헤겔의 '소외'(alienation)의 개념을 하나님에 대한 인간 속성들의 '투사投射 작용'(projection)에 적용시킴으로써 철학의 과제를 종교적 환상으로부

며 그의 철학이 합리주의라는 비난은 헤겔의 의도를 오해한 것이라고 주장한다(Études Hégéliennes: Les Points Capitaux du Système [Louvain: Publications Universitaires, 1964]). 그에 따르면 헤겔의 절대성의 철학은 '실존적으로' 계시를 추상적 사유의 영역까지 확장시킨 것, 곧 "이해를 찾는 신앙"으로 이해되어야 한다.

28 Green, *Imagining God*, 22.

터 의식을 해방시키는 것이라 주장한다. 따라서 그에게 있어 '개념'과 '표상'의 구분은 진리의 두 차원의 구분이 아니라, 순전한 상상과 참된 지식 사이의 구분 혹은 공상과 실재 사이의 구분이 되었다. 종교적 상상력은 이제 공상적인 것 혹은 거짓된 투사와 관련된다.29 따라서 포이에르바하는 (마르크스주의를 포함해서) 빅토리아풍의 엄격한 실증주의에 무대를 제공한다. 역사 종교는 신화와 관련이 되어졌고, 경험적 이성에 기초한 진보를 통해 극복되어야 하는 전前과학적인 정신성이라고 여겨졌다. 최소한 그의 사상의 몇몇 측면들은 현대의 서구세계를 특징짓는 과학적이고 기술적인 정신성의 배경으로 지속적 영향을 끼쳤다.

이러한 상황에서 볼 때, 비록 우리가 하나님의 관념을 유지하더라도 자의적이고 신화론적으로 보이는 종교의 실증적 측면들과 하나님의 초월성을 중재시키기는 극히 어려워 보인다. 라너는 이런 어려움을 다음과 같이 요약한다.

> 오늘날 우리가 살고 있는 세계는 하나님으로부터 어떤 의미에서는 밀폐된 닫힌 체계, 그 자신의 법칙들에 의해서 이해할 수 없는 방식으로 완전히 결정되어지는 엄청나게 다양하고 큰 우주인 것만 같다. 만약 하나님 자체가 실제로 비인격화되지 않았다고 한다면, 최소한 하나님의 세계 경영은 이 세계 속의 어떤 이의 행동이라는 유비로 설명되기에는 이전보다 훨씬 더 어려워졌다. 하나님은 더 초월적으로 이해되고, 하나님의 이름은 단지 모든 이해할 수 있고 정의할 수 있는 것들 너머에 놓인 이해 불가

---

29 *Ibid.*, 23.

능한 신비를 의미한다. … 하지만 만약 하나님이 그렇게 이름 없고 멀리 떨어져 계신 분이고, 세계와 그 속의 모든 세속적이고 지엽적이고 대체 가능한 것들은 단지 아주 멀리서 일하시는 하나님의 손과 존재의 반영들 이라고 한다면, 인간 존재의 의미에 대한 질문은 인간에게 아주 이상하 고 어떤 의미에서는 억압적인 문제를 가져온다. 인간은 더 이상 구체적 으로 제도화된 종교, 그것의 천^千 한^一 가지 진리들, 관습들, 계명들, 규칙 들을 하나님의 뜻에 대한 구체적 복종이나 자신의 구원을 위한 필수적 제도로 보기 힘들게 되었다. 이 모든 것이 너무도 구체적이고 신인동형 론적이어서 이러한 구체적 부분들이 인간의 구원을 위해 하나님이 자신 을 의사소통하는 방식들이라는 것을 우리는 인식하기 어렵게 되었다.[30]

가렛 그린^{Garrett Green}이 지적하듯 하나님에 대한 진술들은 사변적 지식을 주장할 수 없다는 칸트의 입장이 필연적으로 그것들에 대한 부정이 될 필요가 없듯이(예를 들어 칸트가 '실천적' 이성이라고 부른 다른 영역 속에서 그것들은 참될 수 있다),[31] 신화와 상상력의 차원로의 실증 종교의 격하도 반드시 그것의 부정이 될 필요는 없다. "자연과학적 패러다임에 의해 사실상 정의되어지는 시대에 있어 종교는 과학에 대한 위대한 대안, 사유와 행동의 '다른' 방식들의 가장 중요한 예로 이해될 수 있을 것이다."[32] 종교적 신화가 '진정한' 지식의 적으로 거부될 수도 있을 것이다. 하지만 그것은 단지 객관적-경험적 합리

---

30 Karl Rahner, "The Concept of Mystery in Catholic Theology", in *TI*, vol. 4, trans. by Kevin Smith (Baltimore: Helicon Press, 1966), 36.

31 Green, *Imagining God*, 12.

32 *Ibid.*, 10.

성이 세계의 기술적 지배를 가져오는 이때 거기에 대한 보충(나아가 교정책)으로서 진리의 인간적 차원과 시詩의 높이를 대변할 수도 있을 것이다.

오늘날 특히 하이데거Martin Heidegger에 돌려지는 이러한 사상은 이미 콜리지Coleridge와 독일 낭만주의자(German Romantics)에 반향하고 있다. 여기에 대한 설명과 옹호가 "신학적 미학 이론"이 가지는 과제의 한 부분을 구성할 것이다. 하지만 이러한 문제의 접근방식은 기초적-신학적 관점에서 볼 때 앞의 1장에서 이미 언급되어졌던 몇몇 위험성을 가지고 있다는 것도 지적되어야 할 것이다. 종교가 신화, 시 그리고 예술에 연관되어지는 것은 이것들이 진정한 앎의 방식들로 인식되어지는 한에 있어 긍정적이다. 하지만 인간 정신이 '존재론적' 진리에 도달할 수 있는지 그 가능성에 대한 철학적 성찰이 없는 상황에서, 종교적 담론에 대한 비경험적 특성의 인식은 우리가 보통 '지식'이라고 부르는 것과 종교 사이의 틈을 의식적으로 수용하는 것으로 나아갈 수도 있다.[33] 종교적 신화가 내적인 감정 너머의 실재에 대한 어떠한 주장도 암묵적으로 포기함으로써 경험적 과학과 역사의 비판으로부터 '구제'될 수 있는 가능성이 있을지도 모르겠다(어떠한 형태의 '자연신학'도 부재한 상황에서 여기에 대한 대안은 순전한 신앙주의일 것이다).

그렇다면 종교는 그 '초자연주의'를 포기하는 한에 있어서 삶에서 중요한 가치를 지닌 '미학적' 역할을 할 것이다. 듀이John Dewey와 산타야나George Santayana는 자신들의 종교철학에서 이러한 미학적 해석

---

33 Rahner, "Art against the Horizon of Theology and Piety", 165.

의 입장을 취한다. 듀이는 전통적 '초자연주의'가 초자연적 영역의 가치들이 실제로 존재한다는 것에 대한 지적인 동의를 강요함으로써 오히려 종교적 헌신을 무효화시켰다고 본다.[34] 산타야나도 이와 유사하게 종교적 생각들에 대한 충실함이 그것들의 실제 존재에 기초할 필요가 없으며 기초해서도 안 된다고 주장한다. "전통적 초자연주의"는 종교를 환상으로 만들어 버린다. 종교적 교리가 문자적으로 수용되는 것이 아니라 종교의 신화나 성례가 '시적詩的 우주'(poetic universe), 오직 시적 상상력에 의해 보아진 실재의 측면들을 담고 있는 공간 속에서 신앙하고 살아가는 방식으로 인식될 때에 종교는 "자신의 환상들을 포기하고, 기만하기를 멈춘다."[35]

이러할 경우 기독교는 미학적 휴머니즘(aesthetic humanism) 혹은 그런 과거의 시적-종교적 휴머니즘의 유물로 축소될 위험성을 지닌다.[36] 기독교의 아름다움은 그것의 교리가 가지는 아름다움을 포함해서 긍정될 수도 있을 것이다. 하지만 이러한 식의 아름다움은 실재에 대한 지적 이해로부터 분리된다. 하지만 발타자가 지적하듯 아름다움이 존재(Being)로부터 분리될 때 "우리는 또 다른 미학주의의 시대에 들어서게 되는 것이고 리얼리스트들이 이런 아름다움을 거부하는 것은 옳을 것이다."[37]

또 다른 걱정은 종교가 단지 거부되지 않는다고 하더라도 종교가 최소한 주변화周邊化되고 사유화私有化될 위험성도 존재한다는 것이

---

34 Martin, *Beauty and Holiness*, 114.

35 *Ibid.*, 108. Santayana, *Interpretations of Poetry and Religion* (New York: Charles Scribner's Sons, 1900), 290.

36 Balthasar, *The Glory of the Lord*, vol. 1, 91.

37 *Ibid.*, 22.

다. 예술처럼 종교도 단지 개인적인 취향 혹은 '심미감'(taste)의 문제가 될 수도 있다. 트레이시가 지적하듯 기술경제적(techno-economic) 영역이 사회 내에서 무엇이 가치가 있는지를 전적으로 결정하게 된다면 "기술의 모든 형태 속에서 기계적으로 통제된 결과물만이 오로지 공공의 영역에서 진리로 생각될 것이다. 나머지 모든 것은 단지 취향, 감정 혹은 '예술'로 여겨질 것이다."[38] 결론적으로 *de gustibus non est disputandum*('취향에 대해서는 아무도 논박할 수 없다')는 견해처럼, 종교적 상대주의가 따라올 것이다. 종교는 다원주의적 세계의 공공 영역에서 그 타당성을 상실할 것이고, 신학은 서로 다른 종교의 진리 주장을 변증을 통해 평가할 기준을 가질 수 없을 것이다.

---

38 Tracy, *The Analogical Imagination*, 109.

VI. 역사적 예수와 이미지의 그리스도

오늘날의 현대적 역사의식에서 종교적 상상력이 가지는 다른 차원의 문제도 제기된다. 성상 파괴 논쟁에서 그리스도를 표현하는 어려움은 주로 위체적 결합(hypostatic union)의 교리에 관련되었다. 곧, 이 논란의 밑에 놓여 있던 것은 신성한 존재를 이미지로 만드는 것의 적절성이었다. 그리스도의 인성 자체 혹은 마리아와 사도들, 구원사의 사건들을 그림으로 표현하는 것은 전혀 문제가 되지 않았다. 이와 같은 사건이나 인물에 대한 시각화는 서양의 종교예술에서 지속적으로 받아들여졌다. 이미 우리가 살펴보았듯이, 성화聖畵들은 글을 읽지 못하는 사람을 위한 '성서'로 이해되었다. 카를 라너는 기독교 메시지를 수용하는데 있어 들음(hearing)과 봄(seeing)이 가지는 상대적 가치에 대해 다음과 같이 쓰고 있다.

> 종교적 회화들이 감각에 의해 포착될 수 있는 구원사의 사건들을 표현하는데 있어서는 아무런 문제도 제기되지 않을 것이다. 그러한 회화들은 가시적인 역사 사건들의 경험을 제공한다. … 우리는 타인들을 단지 들음을 통해서가 아니라 봄을 통해서도 친밀하게 알게 된다. 초상화肖像畵가 자서전自敍傳에 의해 대체될 수는 없는 것이다. 구원사의 사건들에 있어서도 이와 마찬가지이다. 만약 우리가 실제로 거기에 없었다면 그것들은 보아져야 하고, 그림 속에서 보아져야 한다.[1]

---

1 Rahner, "The Theology of the Religious Meaning of Image", 157.

하지만 과거를 무비판으로 그림 그리는 것은 회화를 포함해 모든 상황과 모든 언어가 가지는 역사성과 상황성을 간과하는 것이다. 이미지는 역사적 상황의 표현으로서 '리얼'하고자 시도하든(예를 들어 예수의 삶에 대한 영화들) 또는 그 상황으로부터 분리되어서 보다 후기 상황의 인물들과 사건들을 표현하든(대부분의 서양의 종교예술) 또는 초超역사적인 종교적 의미를 표현하기 위해 관습적이고 유사類似 상징적인 내용을 표현하고자 하든(동로마의 아이콘 예술), 모든 이미지는 동시에 하나의 해석이라는 점을 기억해야 한다. 나아가 만약 그런 이미지가 진정 '초역사적'인 종교적 의미를 지니는 '역사적' 사건이나 인물에 관한 것이라고 한다면 거기에 대한 모든 해석은 다양한 질문을 우리에게 가져다줄 것이다. 이미지의 표현이 어느 정도까지 원래의 사건을 '표상'하고 있으며, 어느 정도까지 해석자의 세계가 소유한 내용이나 상황 등과 같은 다른 요소들을 무의식적으로 투사하고 있는가? 만약 그러한 표현이 전하고자 하는 중심적 의미가 역사적 사건에 대한 종래의 종교적 해석과 일치한다고 하더라도 표현의 구체성은 필연적으로 그 의미에 외부적인 요소들을 포함시키게 되고 그것들로 이야기를 '색칠'하게 되지 않을까? 이런 외부적인 요소들은 어떤 의미에서는 원래 표현하고자 의도한 역사의 중요성에 잘 조화되지 않는 다른 무의식적 차원의 의미들을 가져올 수도 있을 것이다. 예를 들어 대부분의 서양 종교화는 그리스도를 그 화가가 속한 당대 사회의 전형적인 인물로서 표현한다. 카타콤베의 벽화들에서 그리스도는 수염이 없는 채 로마식 의복을 입고 있는 반면에 고딕 회화에서는 금발이다. 그러한 이상화된 표현은 성육화의 사건을 각각의 문화文化에 '관계있는 것'으로 만든다. 하지만 그것이 감상자로 하여금 성육화의 사건이 '인류' 일반에 일어난 것이 아니라, 한 특정한 시기의 한 특정한 유대인 남자 속에서 일어났다는 것을 잊게 만들 수 있는가? 부활 이전의 그리스도를 종종 장엄하고 '군주' 같은 인물로 표현하는 것이 평등과 공동체의 가치보다는 가부장적이고 봉건적인 종교 태도를 무의식적으로 강화시키는 것이 아닐까? 이런 다양한 질문들이 성찰될 수 있을 것이다.

카를 바르트는 다른 측면의 문제를 지적한다. 바르트는 그리스도 사건의 절대적인 독특성에 기초해서 그리스도를 회화적으로 표현하려는 어떠한 시도도 반대한다. 그는 그러한 시도의 역사를 '유감스러운 이야기'라고 한다. 물론 이러한 역사가 많은 감상적인 키치들을 포함하고 있는 것은 사실이다. 하지만 또한 여기에는 카타콤베의 프레스코, 비잔틴의 아이콘, 조토^{Giotto di Bondone}, 미켈란젤로, 렘브란트, 엘 그레코^{El Greco} 등도 존재한다. 바르트는 이런 천재들의 작품도 자신의 반대에 명백하게 포함시킨다.

> 어떠한 인간의 예술도 고난받는 하나님과 승리하는 인간의 통일성을 표상하고자 시도해서는 안 된다. 곧 그리스도의 아름다움은 하나님의 아름다움이기 때문이다. 지금 우리가 모든 기독교 예술가들에게 긴급하게 요청할 것이 있다면, 그것은 그들이 아무리 좋은 의도와 솜씨 아니 천재성을 지니고 있더라도 이러한 신성하지 못한 시도를 하나님의 아름다움을 위해서 멈추어야 한다는 것이다. 유일하게 참된 그림인 그리스도라는 그림은 모방될 수 없고, 스스로의 아름다움을 위해 스스로를 표현하기 때문이다.[2]

발타자는 보다 온건하지만 유사한 평가를 그리스도에 대한 회화적 표상에 내린다. 아이콘 화가들의 동기에 대해 공감을 표시한 후 그는 다음과 같이 말한다.

성상파괴주의적인 황제 콘스탄티누스 5세의 주장은 우리에게 사유를 위한 음식을 제공하였다. 그에 따르면 단지 그리스도의 인성의 표현은 그의 신성이 표상불가능하기 때문에 피할 수 없는 것이겠지만, 그것은 일종의 기독론에 대한 공격이고 궁극적으로는 네스토리우스주의 (Nestorianism)에 빠지게 된다. 이러한 콘스탄티누스 5세의 입장은 세계 속에 드러난 하나님 자신의 이미지가 아무런 비판적 거리 없이 다른 이미지들로 확장되는 것에 대한 영원한 경고라는 측면에서 최소한 정당한 것이다. 다른 이미지들의 종교적 상관성 여부에 관계없이, 그러한 것들은 미학의 영역에 속하는 것이다.[3]

하지만 문제는 바르트나 발타자의 이러한 인용문이 보여주는 것보다 더 깊은 차원을 가진다. 만약 우리가 그리스도 사건의 역사성을 진정 심각하게 고려한다면, 여기서 근원적인 문제는 단지 회화적 예술이 지닌 한계가 아니라, 그리스도라는 인물의 진정 역사적 '이미지' 자체에 있다. 왜냐하면 하나님의 "유일하게 참된 그림 혹은 이미지"인 그리스도는 오직 성서라는 문학 작품과 해석을 통해서만 우리에게 계시되기 때문이다. 신약성서 자체가 이미 그리스도에 대한 서로 다른 '그림'을 제공하고 있다. 그리고 그리스도에 대한 매개

---

2 *Church Dogmatics*, vol. II, part 1, 666.

3 Balthasar, *The Glory of the Lord*, vol. 1, 41.

물로서 신약성서는 기독교 공동체가 어떤 상상적 · 표상적인 틀을 통해 '보고' 이해한 것들을 해석한 결과이다.

우리가 쇤베르크의 아론을 통해 살펴보았듯, 말씀과 이미지는 모든 차이에도 불구하고 하나님에 대해 가리킬 때 아주 유사한 상황에 놓이게 된다. 판넨베르크는 하나님의 '말씀'이라는 사상 자체도 신화적–마술적 기원을 가진다고 지적한다. 그에 따르면 이러한 성서적 개념은 어떤 의미에서는 그리스적 '로고스' 사상에 의해 대체되었고, 이것이 성육화를 설명하는 데 이용되었을 뿐 신화론의 문제를 해결한 것은 아니다. "하나님의 로고스의 성육화라는 기독교 사상은 비록 보다 세련된 차원으로 차별화되었다 하더라도(*auf einer Ebene höherer Differenzierung*), 여전히 근본 표상(*Grund-vorstellung*) 곧 일종의 이름으로 소환된 대상의 상징적 현현으로서 신화적 말씀(mythical word)이라고 묘사될 수 있을 것이다."4

따라서 라너가 신학의 핵심 문제는 역사적 계시 자체의 문제라고 말한 것은 의심의 여지 없이 옳은 통찰이다. "어떻게 구원사의 첫 번째 가시적 경험이 종교적 중요성을 가질 수 있었는가?"5 하지만 여기에 두 번째 문제가 바로 따라올 것이다. 어떻게 역사적 사건들(단지 '인류'나 '세계'에 일어난 것이 아니라 특정한 시간, 장소 그리고 문화 내에서 일어난 사건들)이 그 자체로 다음 세대에 전달될 수 있는가?

---

4 Wolfhard Pannenberg, *Anthropology in Theological Perspective*, trans. by Matthew J. O'Connell (Philadelphia: Westminster Press, 1985), 385-386. Cf. *Anthropologie in theologischer Perspektive* (Göttingen: Vandenhoeck & Ruprecht, 1983), 373, 374. '말씀'으로써 계시에 대한 신화론적 이해에 대해서는 Pannenberg, *Systematic Theology*, vol. 1, trans. by Georey W. Bromiley (Grand Rapids: William B. Eerdmans, 1991), ch. 4, # 4, es254.

5 Rahner, "The Theology of the Religious Meaning of Images", 157.

그것들이 원래 콘텍스트에서 전달되어야 한다는 것은 어느 정도의 중요성을 지니는가? 원래의 콘텍스트와 이후의 해석들 사이의 관계는 무엇인가? 요컨대, 상상력·표상의 신학적 미학 이론은 진정한 역사 계시의 전달이라는 문제를 또한 직면해야만 한다. 이것은 기독교 신학에서 역사적 예수(Jesus of history)와 신앙의 그리스도(Christ of faith)라는 문제로 중요하게 다루어졌다.

힌두교 전통에는 '크리슈나와 검투사들'의 이야기가 있다. 악한 왕 캄사Kamsa는 크리슈나Krishna(지고의 신 비슈누Vishnu의 화신)를 살해하기 위해 그를 검투장에 보낼 것을 명령한다. 처벌에 순응하여 검투장에 크리슈나가 들어서자 거기 있던 모든 이들이 각기 다른 인물을 보게 된다. 내려다보고 있던 하늘의 신들은 우주의 주님인 비슈누를 알아보고 그를 경배한다. 관람객들은 우아하고 유희적이고 사랑스러운 한 젊은이를 보게 된다. 그의 처형자들인 검투사들은 공포에 떤다. 왜냐하면 그들은 한 무적의 검투사를 보았기 때문이다. 그리고 캄사 왕은 자신에게 다가오는 마라Māra 곧 죽음의 신을 보게 된다.

어떤 의미에서는 이와 유사한 것이 아기 예수를 방문한 동방박사들에 관한 이야기들이다. 세 동방박사가 예수를 방문하였을 때 그들은 자신의 나이에 각각 일치하는 다른 인물을 보았다는 이야기를 마르코 폴로Marco Polo는 페르시아로부터 가지고 돌아왔다.6 다마스쿠스의 요한John Damascene은 『유년기의 아르메니아 복음』(Armenian Gospel of the Infancy)에서 같은 이야기를 조금 다르게 전하고 있다. 여기서 예수는 세 동방박사의 나이에 상응하게 보여진 것이 아니라, 그들이

---

6 *Il Milione*, ch. 31, 32.

가져온 세 가지 예물의 상징에 따라 보여진다. 예수는 한 아이로, 한 장성한 왕자로 그리고 죽었다가 부활한 자로 보여진 것이다.

이러한 이야기들이 만약 문자적으로 받아들여진다면, 그것들의 신학적-논리학(theologic)은 다소 가현설(docetism)의 경향을 가질 것이다. 힌두교에 있어서 이런 경향은 문제가 되지 않는다. 화신化身 (avatar)론에 대한 힌두교의 공통적인 신학적 이해는 사실 가현설에 기초한다. 엄격하게 말해 화신은 기독교적 의미에서 '성육화'는 아니다. 화신은 단지 신성한 존재의 잠시적인 나타남을 가리키고, '천상적' 물질로 만들어진 몸에 나타난다. 더군다나 베단타 전통을 따르는 많은 힌두 지성인은 그러한 신화들을 순전히 영적이고 상징적인 의미에서만 받아들인다. 역사성의 문제는 그들에게 중요하지 않다. 우리는 간디가 크리슈나와 그리스도를 이런 의미에서 받아들였다는 것을 상기할 수 있을 것이다.[7] 하지만 기독교는 고전적 형식에 있어서 예수의 인성에 대한 진정한 역사적 특성과 그것이 계시에 대해 가지는 결정적 중요성을 둘 다 주장한다. 스킬러벡스는 신약성서와 관련하여 그것을 다음과 같이 간략하게 표현하고 있다.

신약성서에 있어 하나님에 대한 종교적 경험은 예수 그리스도라고 하는 사람에 중심적으로 관련된다. 여기서 예수는 일종의 '존재의 신비주

---

7 "만약 예수라고 불리던 남자가 결코 존재하지 않았다고 해도 혹은 복음서의 이야기들이 작가의 상상력의 산물이라고 어떤 이가 나에게 증명한다 해도, 나는 그것을 별로 신경쓰지 않을 것이다. 왜냐하면 그때에도 산상수훈은 나에게 진리일 것이기 때문이다." "산상수훈을 삶으로 살아가는 자들에게는 예수의 출생, 죽음 그리고 계속적 임재가 역사적인 것은 아니다. 그것은 희생적 사랑을 좇는 개인이나 공동체적 자아의 도덕적 삶 속에서 영구적으로 반복되는 영원성의 사건들이다." M. M. Thomas, *The Acknowledged Christ of the Indian Renaissance* (London, SCM, 1969), 202, 207에 인용되고 있다.

의'(mysticism of being)에 대한 상징적 참고점(symbolic point of refer-
ence)인가? 아니면, 그는 기독교인이 하나님에 접근하는 구체적인 '역
사적' 사건(historical event)인가? 신약성서는 때때로 아주 고집스럽게
후자의 입장을 옹호한다. 하나님-신비주의(God-mysticism)의 경향을
가장 두드러지게 보여주는 요한의 신학조차도 "예수를 시인하지 아니
하는"(*lyein ton Iēsoun*, 요일 4:3) 시도, 곧 나사렛의 예수를 어떤 천상적
이고 영적인 그리스도 원칙으로 교체하려는 시도를 비판한다.[8]

만약 우리가 이런 신약성서의 관점을 심각하게 받아들인다면(이
런 입장이 필연적으로 그 관점을 결정적인 것으로 받아들인다는 것은 아닐 것
이다), 그것이 그리스도에 대한 기독교 이미지들의 역사에 있어 어
떤 의미가 있는지 우리 스스로 물어야 할 것이다. 예수의 참된 인성
은 그가 다른 물리적 모습으로 나타나지는 않았다는 것을 의미한다.
그는 우리처럼 한 구체적인 시간과 공간이라는 콘텍스트에 '상황
지어졌으며'(situated), 특정한 인간적 성격들을 가졌었다. 그의 삶의
사건들 또한 이와 마찬가지일 것이다. 하지만 기독교인들의 상상력
속에서 '역사적' 예수는 다양한 이미지를 가지게 되었다.[9] 예수는
신비주의자, 사회혁명가 혹은 기업경영인으로까지 보이기도 했
다.[10] 예를 하나만 든다면, 영화들에서 달리 표현된 예수의 모습들
을 생각해 보라: 제퍼렐리^Zeffirelli의 *Jesus of Nazareth*, 코펄라^Coppola

---

8 Edward Schillebeeckx, *Christ: The Experience of Jesus as Lord*, trans. by John Bowden
  (New York: Seabury Press, 1980), 465.

9 이것은 이미 신약성서 내에서도 드러난다. 요한복음의 예수에 대한 '그림'은 예를 들어
  마가복음의 그것과는 매우 다르다.

10 Robert Briner, *The Management Methods of Jesus* (Nashville: Thomas Nelson, 1996).

[그림 1] Michelangelo Buonarroti(1475~1564),
「브뤼헤의 성모 마리아」 중에서 어린 그리스도 상세
부분. Notre Dame, Brugs, Belgium

의 *The Last Temptation of Christ* 혹은 파졸리니^Pasolini 의 *The Gospel According to St. Matthew*.

물론 많은 이미지가 현대적 의미에서 '역사'를 표현하고 있는 것처럼 가장하지는 않는다. 그것들은 오히려 다소간 의식적으로 신학적 내용과 함께 종교적인 '생각'을 나타내고 있다. 예를 들어 어린 예수가 자신의 신성에 대해 평온하게 의식하는 듯 표현된 [그림 1] 미켈란젤로의 「브뤼헤의 성모 마리아」(*Bruges Madonna*)를 보라. 하지만 그런 이미지들은 비록 예수의 삶이 부활의 빛으로 영화롭게 된 지금조차도 실제로 역사 속에 살았던 예수에 관해 진정한 어떤 것을 우리에게 말해주고자 의도한다. 문제는 그것들에 대한 신학적 메시지를 비신학적인 요인들에 의해 최소한 부분적으로나마 결정되는 형식 속에서 표현해야 한다는 것이다. 그래서 이미지가 자신의 신학과 비신학적 전제들 사이에 가지는 관계의 정당성이 문제시되는 것이다.

여기서 두 가지 종류의 질문들이 제기될 수 있을 것이다. 첫째로 어떻게 이런 이미지들과 또한 그것이 구체화시키는 신학들이 역사적 예수에 관련되는가? 둘째로 어떻게 이런 이미지들이 그것들이 만들어지고 수용되어지며 항상 변화하는 사회적 콘텍스트에 관련되는가? 예를 들어 신약성서는 예수를 메시아로 전하고 있으며, 카타콤베의 화가들은 예수에게 황제의 자줏빛 의복으로 입혔고, 중세시대는 예수를 봉건주의적 영주로 만들었다. 어떻게 이런 이미지들이 예수의 삶과 그의 부활한 능력에 관계되는가? 어떻게 이런 이미지들에 분명하게 드러나는 신학적 의미들이 그것들에 분명하게 드러나지는 않는(비록 가끔 분명하게 드러나지만) 각 시대의 사회정치적 의미들과 관계되는가? 어떻게 '왕'으로서 예수에 대한 이미지들이 민주적이고 비가부장적인 현대 사회의 의식에 관계되는가?

이러한 문제들은 특히 그림의 영역에 있어 보다 분명하게 드러난다. 그것은 그림이 가지는 구체성 때문인데, 본인은 여기서 몇몇 예들을 사용할 것이다. 하지만 물리적 이미지는 모든 상상력의 영역에 똑같이 적용될 수 있는 것의 가장 분명한 예이다. 같은 종류의 해석학적 질문이 이야기와 상상력의 패러다임을 포함한 모든 표현에 적용되어야만 한다.

만약 우리가 진정 역사적 계시라는 사상을 수용한다면, 신학적 미학 이론은 단지 초월성을 표상할 수 있는가는 문제뿐만 아니라,

과거 역사의 표상 가능성과 더불어 그것을 다른 정신성을 위해 재再 표현하는 가능성의 문제도 포함하여야 한다. 우리는 이미지들의 비판적 해석학을 위한 신학적 기준을 검토하여야 한다. 또한 그것은 베드로전서 1장 8절에 나오는 그리스도에 대한 기독교인의 상상력·표상의 중요성에 대해 성찰해야 한다: "예수를 너희가 보지 못하였으나 사랑하는도다."

VII. 기초신학적 미학 이론(Fundamental Theological Aesthetics)의 과제

여기서 제기된 문제들에 대해 우리는 다양한 방식으로 반응할 수 있을 것이다. 어떤 이는 칸트적, 니체적, 하이데거적 혹은 '포스트모던적' 근거에서 전적으로 형이상학의 '해체'(deconstruction)라는 입장을 수용할 것이다. 만약 형이상학적으로 이해된 하나님이 문자로 생각이 불가능하다면, 융엘의 주장처럼 오직 유일한 대안은 전통적인 하나님 관념을 버리고 예수에서 시작하는 새로운 하나님 관념을 구성하여야만 할 것이다.[1] 어떻게 하나님에 대해 말할 수 있는가에 대한 논의는 단지 추상적 논의가 아니라, "하나님이 말하셨다고 주장되는 바로 그 구체적인 의사소통의 사건들(speech events)에 관련되어서 이루어야만 한다." 이런 융엘의 입장은 발타자의 '신학적 미학'에 가깝게 근접하는 것이지만, 발타자의 존재론적 관점은 생략한다고 하는 중요한 차이를 가질 것이다. 이런 존재론적 관점이 없이는, 말하는 것이 '하나님'인지 아닌지 결정할 수 있는 척도도 없다고 판넨베르크는 반대한다.

혹은 어떤 이는 새로운 형이상학을 구성하고자 시도하는 화이트헤드A. N. Whitehead의 기획을 수용할 수 있을 것이다. 화이트헤드의 형이상학은 "세계의 근거를 칸트처럼 인식론적이고 개념적인 경험보다는 미학적인 경험에서 발견한다."[2] 이런 과정 사상의 입장은 모든 신학

---

1 Jüngel, *God as the Mystery of the World*, 187-188.
2 Alfred North Whitehead, *Religion in the Making* (New York: Macmillan, 1927), 101.

을 '미학'으로 만들고, 하나님의 인식 불가능성의 문제를 제거시켜 버리는 위험성이 있다. 왜냐하면 하나님의 초월성은 여기서 절대적이지 않기 때문이다. 하지만 많은 신학자는 성서적 하나님의 이미지와 놀랄만한 양립 가능성을 보여주는, 유한한 혹은 양극적兩極的(bipolar) '과정'의 하나님이라는 관념이 중요한 신학적 가능성을 지닌다고 본다.

마지막으로 어떤 이는 신학적 지식에 있어 존재론적 접근의 타당성과 필연성에 동의할 수도 있을 것이다. 물론 여기서 존재론적 접근은 비판적 인식론, 언어분석 그리고 해체주의적 해석학의 통찰에 의해 수정되고 발전된 것이어야 할 것이다. 우리는 하나님의 신비에 참여하는 인간 정신의 피조되고 축복받은 능력에 기초해 하나님의 계시 가능성과 인식 가능성을 설명하는 초월적 인식론을 발전시키고자 시도할 수 있을 것이다. 이것이 바로 본인이 기초신학적 미학이라고 부른 시도의 처음 과제다: 계시에 대한 초월적 인식이론(a transcendental theory of the preception of revelation).

이러한 과제를 위해 다음의 문제들이 고려될 것이다. 만약 하나님의 신비가 어떤 방식으로 인간의 마음에 바로 이해 불가능한 신비로서 알려질 수 있다면, 이러한 지식 속에서 개념적 사유와 표상적·상상적 사유가 가지는 관계는 무엇인가? 어떻게 이 입장은 계시의 역사성을 설명할 것이며, 어떻게 그것을 다시 초월성에 관련시킬 것인가? 헤겔의 경우처럼 우리는 종교적 표상을 합리적 사고 속에서 비신화론화되어야 하는 열등한 단계로 보아야 하는가? 아니면 하이데거의 주장처럼 사유의 영역에 있어서 침묵은 '진정한' 하나님에 보다 가까우며, 하나님의 신비는 오직 상징과 신화 속에서만 드러나는 것일까? 혹은 이러한 둘 중 어느 하나를 제거하거나

'지양'함이 없이도, 이론적 합리성과 종교적 상징주의를 동시에 보존할 수 있는 방법은 없는 것인가?

하나님의 인식 불가능성이라고 하는 존재론적 기초 위에서, 우리는 그 본질에 있어 신비적(mystical)인 부정신학不定神學(apophatic theology)을 구성할 수 있다. 그러한 신학은 급격하게 성상파괴적인 동시에 또한 실증적이고 역사적인 계시(positive historical revelation)를 말씀을 통해 긍정할 수 있을 것이다. 이슬람의 신비주의들이 이러하다. 혹은 베단타 힌두교 전통처럼 어떠한 이미지나 개념도 표현할 수 없는 하나님을 유한한 정신 속에서 나타낼 수는 없기에 오히려 다양한 이미지들을 궁극적 완성을 향한 도상에서 잠정적인 도움 혹은 보다 고차원적인 사유를 할 수 없는 사람들을 위한 도움으로 허용하거나 요구할 수 있을 것이다.

위의 논의들에 기초하여 우리는 감각적 형식 속에서 계시의 인식론으로 이해된 '기초'(fundamental) 신학적 미학 이론이 가지는 서로 관련된 세 가지 과제를 제시할 수 있다. 기초신학적 미학 이론은 초월적 연역(transcendental deduction)을 통해 "인간학적 가능성의 조건들"(anthropological conditions of possibility)을 고찰하고자 한다:

첫째는 감각성感覺性(sensibility)에 본질적으로 매인 인간 정신을 통해서 하나님을 인식할 수 있는 가능성에 대한 고찰이다. 그것은 특히 칸트주의의 비판적 앎의 차원에서 과제이다. 곧 그것은 하나님의 초월성을 향한 인간 주체의 근본적인 개방성과 관련된다. 전통적 신학의 언어를 사용한다면, 이것은 하나님의 '형상'(image)으로서 인간에 대한 교리이다. 다음은 하나님으로부터의 역사적 계시歷史的啓示(historical revelation)를 인격적이고 상징적인 형식 속에서 수용할 수 있는(혹은 구체화시킬 수 있는) 가능성에 대한 고찰이다. 이것은 하나님의 '형상'이라는 개념을 사회적이고 주관적인 관계로 확장시키는 것과 관련된다. 여기서는 물질적이고 언어적인 상황에 놓인 인간 역사(human history)가 계시의 구체화로 이해될 수 있다.

마지막은 '말'(word) 혹은 언어^{言語}(language)를 하나님과 역사적 계시에 대한 지식을 구체화시키고, 형상화시키고, 해석하고, 의사소통하기 위해서 사용할 수 있는 가능성에 대한 고찰이다. 여기서 말이나 언어는 광범위한 의미에서 언어적 담론, 그림, 음악, 제스처, 상징, 이미지를 포함한다. 이것은 개념과 이미지 둘 다의 차원에 있어서 '유비적인'(analogous) 담론의 가능성에 관련된다. 개념, 상상적 패러다임 그리고 상징 등에 대한 유비적 사용은 (a) 하나님의 초월성, (b) 인간의 정신 자체, (c) 역사적 구체성과 보편적 관련성 속에 놓인 계시의 인간적 사건들을 표현할 수 있는 것이다.

이러한 세 가지 차원은 분명 서로에게서 분리된 것이 아니며 세계 속에서 역사로, 언어로, 상징으로 조건된 인간 존재가 '영적으로'(spiritually) 존재하는 같은 실재에 대한 다른 측면들이다.

이러한 기초적 인간학은 로너간이 '변증론'(dialectics)과 '기초신학'(foundations)이라고 부른 신학적 분과의 기능으로 봉사해야 할 것이다. 이러한 신학은 '회심^{回心}'(conversion)의 경험과 범주를 포함함으로써 우리로 하여금 계시를 인식하는 기준들(criteria)을 가질 수 있도록 할 것이다. 나아가 이러한 기준들은 진리와 아름다움의 다른 차원들의 의미를 분별할 수 있게 만들고, 종교적 관념들과 이미지들이 가지는 아름다움을 진리의 주장들에 연결시킬 수 있게 하며, 다른 종교의 패러다임과 각각 종교 공동체에 변증론적으로 비교할 기회를 제공할 것이다.

3장

하나님의 계시와
인간의 인식

I. 프롤로그: 하나님의 형상으로서 아담

프랑스 샤르트르 대성당 북문 아치에는 창세기의 하나님과 아담을 표현한 조각품이 있다(그림2 참고). 여기서 하나님은 자신의 가시적 표현인 그리스도의 형상으로 묘사되고 있고, 아담은 물리적으로 창조되기 전에 하나님의 마음속에 있는 것으로 표현되고 있다. 몇몇 성서적 사상들이 여기에 드러난다. 그리스도는 하나님의 완전한 형상이다. 하나님은 그리스도를 통해 그리고 그리스도를 위해 세계를 창조하셨다(골 1:15-19; 히 1:1-3; 요 1:3, 10). 아담은 하나님의 형상을 따라 창조되었다(창 1:26-27). 그리스도는 완전한 새로운 아담이다(고전 15:45-49). 이러한 사상들은 하나님의 '말씀' 혹은 지혜로서 그리스도가 모든 피조물의 '이상' 혹은 '원형'이며[1] 특히 인류의 모범이라는 플라톤의 『티마이오스』(*Timaeus*, 29-30)에서 유래한 교부들의 신학적 입장으로 요약될 수 있을 것이다. 후대의 신학과 예술에 결정적인 영향을 끼친 오리게네스[Origen]의 『요한복음 주석』(*Commentary on the Gospel of John*)은 이러한 '원형주의'原型主義(exemplarism)의 한 예를 보여주고 있다.

> … 자신의 원형(εἶδος, archetype)을 따라 한 사물이 그런 사물로 존재하게 하는 것을 '원칙'(principle) 혹은 '태초'(ἀρχή, beginning)라고 우리는 부른다. 모든 피조물 중에서 첫째(the first-born)가 바로 보이지 않는

---

1 플라톤의 '이데아'(idea)를 필로(Philo)는 '원형'(archetype)이라고 번역했다.

[그림 2] 하나님과 아담 조각품, Cathédrale Notre-Dame de Chartres, France

하나님의 이미지라고 한다면, 그 첫째의 원칙이 되는 분이 성부 하나님이다. 동일한 방식으로, 하나님의 이미지로서 그리스도는 모든 피조물의 원칙이다. 인류가 자신의 이미지(εἰκών, image)를 따라 존재하고, 다시 그 이미지는 성부를 따르는 것이다. 이처럼 성부가 그리스도의 모델이며, 그리스도가 인간의 모델 혹은 원칙이다. 왜냐하면 인간은 그리스도가 이미지인 유일자(the One)를 따라 바로 만들어진 것이 아니라, 유일자의 이미지(그리스도)를 따라 만들어졌기 때문이다. …

사물들의 본질에 따라서, 지식의 원칙이 그리스도라고 우리는 말해야만 한다. 왜냐하면 그리스도가 하나님의 지혜이며 능력이기 때문이다. 하지만 우리를 위해서 "말씀이 육신이 되어" 우리 가운데 거하셨다. 처음에 우리는 이러한 방식을 제외하고는 그를 받아들일 수 없기 때문이다. 아마 이런 이유로 그리스도는 단지 모든 피조물의 태초 혹은 시작일 뿐만이 아니라 또한 '아담'이다. 아담은 '인간'(ἄνθρωπος)을 뜻한다. 바울은 그리스도를 아담이라고 한다. "마지막 아담은 살려 주는 영이 되었나니"(고전 15:45). …

"태초에(ἀρχή) 말씀이 계시니라"(요 1:1)를 우리가 이러한 영적 의미에서 해석할 수 있는지 보자. 모든 것은 말씀에 포함된 요소인 계획 곧 지혜로 창조되었다.

이와 같은 방식으로 집이나 배가 건축자의 계획에 따라 지어지고 구성된다. 집이나 배가 건축자의 모델과 그의 마음속 계획들(λόγοι, 로고스들)을 그 원칙으로 가지는 것처럼, 모든 것이 피조물을 위한 하나님의 지혜 속에서 하나님의 미리 결정된 마음의 계획들(λόγοι)을 통해서 창조되었다고 나는 믿는다. 왜냐하면 "주께서 지혜로 저희를 다 지으셨기" 때문이다(시 104:24).

(만약 내가 이런 식으로 말할 수 있다면) 하나님께서 살아 있는 지혜를 만드신 후, 하나님은 그녀(여성형인 지혜 - 역자주)에게 그녀 안에 담겨 있는 형상들을 따라 형상, 모양 그리고 심지어 존재까지도 물질과 존재자들에게 수여하는 사명을 주셨다고 우리는 말할 수 있을 것이다.

… 우리는 그리스도가 올바르게 하나님의 지혜로 불리었고, 바로 이러한 이유에서 그렇게 불리었다는 사실에 대해 침묵해서는 안 된다. 왜냐하면 하나님의 지혜는 인간의 마음속에 있는 정신적 이미지들처럼, 단지 전 우주의 하나님인 성부 속에 정신적 이미지로만 존재하지는 않기 때문이

다. 만약 우리가 모든 종류의 생각들로 구성되어지고, 전 우주에 대한 이성적 계획들(λόγοι)을 자신 속에 담고 있으며, 비육체적이고 살아 있고 생기가 있는 실체에 대해 생각할 수 있다면, 그때 우리는 하나님의 지혜에 대해 알 수 있을 것이다. 하나님의 지혜는 모든 피조물 위에 있으며, 올바르게 다음과 같이 말해졌다: "여호와께서 그 조화造化의 시작 곧 태초에 일하시기 전에 나를 가지셨으며"(잠 8:22). 하나님이 이와 같은 방식으로 지혜를 가지셨기 때문에, 모든 피조물이 존재할 수 있었던 것이다. 왜냐하면 모든 피조물은 하나님의 지혜에 참여하며, 거기에 따라 만들어졌기 때문이다. 예언자 다윗에 따르면, 하나님은 만물을 지혜 속에서 만드셨다(시 104:24). 모든 피조물이 이 지혜에 참여함으로써 존재하는 것이다. 하지만 대다수 사람은 자신들이 거기에 따라 존재케 된 하나님의 지혜를 이해하지 못하고, 매우 소수만이 자신들과 관련된 문제에서뿐만 아니라 다른 일에서도 그 지혜를 이해한다. 왜냐하면 그리스도는 완전한 지혜이시기 때문이다.[2]

---

2 Origen, *Commentaire sur Saint Jean: Texte Grec*, edited by Cécile Blanc. *Sources Chrétiennes*, vol. 120 (Paris: Les Éditions du Cerf, 1966), no. 104, 105, 107, 108, 114-116, 180-182, 243-245.
이와 유사한 플라톤적 원형주의가 오리게네스의 다른 저작 *De Principiis*에서도 발견된다. 여기서 오리게네스는 그리스도가 지혜임을 밝힌 후, 어떻게 만물이 그리스도를 통해 창조되었는지에 대해 설명한다:
"우리는 지혜(Wisdom)가 이름을 부여할 수 있거나 사유할 수 있는 어떠한 시작도 없이 태어났음을 믿어야 할 것이다. 이러한 지혜의 영속적인(subsistent) 존재 안에서 미래의 피조물 전체가 가상적으로 현존하고 형성된 것이다. 중요한 존재자들이든 혹은 우연적이고 부수적인 실재들이든, 만물이 이런 하나님의 선(先)지식(divine foreknowledge)을 따라서 미리 형성되었고 배치되었다. 그녀 자신 속에서 이렇게 미리 형성되고 계획된 모든 피조물 때문에, 지혜는 솔로몬의 입을 통해 자신이 "하나님의 사역 방식들의 시작"(beginning of God's ways)으로 만들어졌다고 말한다. 왜냐하면 그녀는 자신 속에 모든 피조물의 시작 (beginnings), 이유(reasons) 그리고 모양(forms)을 담고 있기 때문이다(I, 2, 2).
… 성부와 항상 함께 있는 이러한 지혜 속에서 모든 피조물은 항상 윤곽지어지고 형성된

채 존재하였다. 따라서 지혜는 미래에 생길 모든 피조물의 선형(先形: prefiguration)을 담고 있지 않았던 때가 없었다.

… 만약 만물이 절대적으로 지혜 속에서 만들어졌다면, 지혜는 항상 영속적으로 존재하여 왔기 때문에 모든 피조물은 그것들이 실제로 창조되기 전에도 이미 지혜 속에서 선(先)형 상지어졌고, 선(先)모양을 가졌었다. … 이처럼 해 아래 존재하는 만물이 이미 수 세기 동안 존재하였으며(해 아래 새것은 없기 때문에), 의심의 여지 없이 모든 속(屬, genuses)과 종(種, species) 그리고 아마 모든 개별적 존재자까지도 항상 존재하였다(I, 4, 4-5)." Origen, *Traité des Principes*, tome I. Introduction, critical text of the version of Rufinus and trans. by Henri Crouzel and Manlio Simonetti. *Sources Chrétiennes*, vol. 252 (Paris: Les Éditions du Cerf, 1978), 112-114, 170-173.

기독교의 원형주의라는 맥락 속에서 플라톤의 '이데아'를 보다 조직적이고 비판적으로 성찰한 예로는 Augustine, *De Diversis Quaestionibus*, q. 46 ('*De ideis*'), PL 40:29-31. Cf. *De Civitate Dei*, I, 12 c. 26, PL 41:375; *Expos*. in *Ev*. Io. tract I, *PL* 35:1387; *De Genesi ad literam*, 60, 61, PL 34, 243-244.

II. 인식론의 일반적 문제들

이 부분의 목적은 앞의 2장에서 제기된 질문들에 대하여 표상력 혹은 상상력의 기초신학이 가지는 가장 기본적인 인식론적 전제들을 살펴보는 것이다. 본인은 여기서 하나님에 대한 지식의 가능성과 하나님의 계시 수용 등에 관한 인간학적 조건들을 살펴보기 위해서, 행동하는 주체의 초월적 이해라는 접근방식을 사용할 것이다. 이러한 '초월적'(transcendent) 지식의 조건들 가운데는 감각성(sensibility)과 표상력 · 상상력(imagination)의 사용이 포함된다는 것이 주장될 것이고, 우리의 초점이 여기에 맞추어질 것이다.[1]

이러한 분석에 앞서 몇몇 방법론적 성찰이 제공되어야 할 것 같다. 본인이 여기서 의도하는 것은 가렛 그린^{Garrett Green}이 "표상^{表象}의 자연신학"(a natural theology of the imagination)이라고 부르는 것을 구성하는 것이다. 그린이 지적하듯, 그러한 신학은 표상력 · 상상력이 앎의 과정에 있어 중요한 역할을 하며, 따라서 종교적 아프리오리

---

1 (역자주) 지은이는 'imagination'을 다의적 의미로, 특히 크게 세 가지 의미로 사용한다. 첫째로 그것은 표상 · 표상력 혹은 그림화하기(imagination)를 가리킨다. '표상'(表象)이란 '상'(image)으로 '표현한다'는 것이다. 헤겔의 그림적 사유(picture thinking)로서 종교 이해 그리고 독일어 단어 *Vorstellung*이 여기에 속할 것이다. 둘째로 그것은 우리가 흔히 쓰는 의미에서 '상상력'(想像力)을 가리킨다. 이것은 이미 주어진 것들을 넘어서서 재조합하고 다시 창조하는 것에 초점이 맞추어진다. 이 두 의미의 측면을 동시에 전달하기 위해 역자는 'imagination'을 문맥에 따라 '표상력 · 상상력'으로 병행적으로 번역하였다. 하지만 문맥의 간결성을 위해 '상상력' 혹은 '표상력' 혹은 '표상'으로 번역하기도 하였다. 마지막 셋째로 지은이는 보다 깊은 의미에서 imagination이 대상들에 대한 지식뿐 아니라 '의미'의 영역(철학, 종교, 예술, 음악, 시 등)을 중재하는 것, 곧 토미즘의 '감각적 통찰'(感覺的 洞察) 혹은 '판타스마'(*phantasma*)를 의미한다. 보다 자세한 설명은 이 장의 뒷부분 "개념과 이미지 속에서 사유"에서 지은이에 의해 직접 제공된다.

a priori의 한 부분을 구성한다는 것을 보여주고자 시도한다. 표상의 자연신학은 계시의 진리가 관련될 수 있는 인간학적 기초를 성찰하기 위해서 '호모 이마기난스*Homo imaginans*'(표상적 인간)의 구조를 분석한다. 여기서 표상력·상상력은 하나님의 암시적 계시와 초자연적 신앙의 전제로서 해석될 것이다.[2]

하지만 그린은 "기독교 계시의 '실증성'(positivity)과 그것의 어떤 구체적인 패러다임의 의존성은 '계시의 자연신학'(a natural theology of revelation)의 가능성을 배제시킨다"는 이유로 이러한 신학적 시도를 거부한다.[3] 본인은 그의 진술을 다음과 같이 약간 고쳐서 주장하고 싶다. 기독교의 '실증성'은 계시의 구체적이고 역사적인 내용을 어떤 인간 실존의 아프리오리적 구조들로부터 연역해 내는 것을 배제시킨다. 그럼에도 불구하고, 그러한 아프리오리적 구조들로부터 우리는 인간에 계시되는 것이 가져야만 하는 어떤 특징들(예를 들어 비록 역사의 구체적 내용은 아니라고 하더라도, 역사성 자체라는 특징)을 유도적으로 '예견豫見'(anticipate)할 수는 있을 것이다.

더군다나 기독교(혹은 모든 종교)의 실증성은 표상력·상상력의 구조 자체에 대한 고찰을 요구한다. 우리는 (그린처럼) 단지 종교에서 '패러다임적 표상력'(paradigmatic imagination)의 중심성을 인정할 뿐 아니라, 나아가 일종의 표상력의 인식이론을 발전시켜야만 한다. 바르트와 브루너 사이의 '계시의 접촉점接觸點(*Anknüpfungspunkt*)'에 대한 1934년의 논쟁은 인간의 표상력을 우리의 '패러다임적' 능력으로 봄으로써 해결될 수 있다고 그린은 주장한다.[4] 하지만 그는

---

2 Green, *Imagining God*, 42.

3 *Ibid.*, 84.

존재론 혹은 '기초주의'와의 어떠한 연관도 피하려고 한다. 그렇지만 본인은 그린의 패러다임적 '표상력'은 로너간이 '통찰력'(insight)이라고 부른 것을 이미지들을 통해서 중재한 것이라고 본다. 인간의 패러다임적 표상력에 대한 그린의 긍정에 반드시 추가되어야 한다고 본인이 생각하는 것은 바로 인식론적 · 존재론적 차원, 곧 왜 이러한 종류의 인식이 진정한 지식이고 어떻게 그것이 '존재'에 도달하는가에 대한 설명이다.

그린은 철학이 '기술적 문법'(descriptive grammar), 즉 다양한 인간 활동들의 논리를 탐구하는 분석적 도구, '문법적' 혼동으로부터 발생하는 개념적 난제들을 위한 치유책"이 될 수 있음을 인정한다.[5] 본인은 이런 과제가 그린이 표상의 '자연신학'이라고 부른 인식론의 기능이라고 본다. 하지만 철학적 신학은 단지 논리적이고 문법적인 문제들뿐만 아니라, 사고와 표상력 · 상상력 둘 다 사용하여 진리에 대한 판단을 내리는 그 기준들에 대한 문제들도 다루어야 한다고 본인은 첨언하고 싶다. 이것이 '자연신학'으로 불리든 그렇지 않든 (사실 이 용어 자체는 애매하고 쉽게 오해될 수 있다), 이러한 연구는 기독교 패러다임의 구체적 내용을 대상으로 할 때조차도 그것으로부터 논리적으로 독립되어 있다(그러나 이것이 그러한 연구의 업적이 '은혜'와 하나님의 자기 계시로부터 분리된다는 것을 의미하는 것은 아니다).

만약 우리가 신앙주의적인 '계시 실증주의'가 가져오는 지적 위험성들을 피하고자 한다면, 이러한 종류의 철학적 신학이 필요하다고 본인은 본다. '언어 행위言語行爲'(speech-act) 이론을 신학에 사용하

---

4 *Ibid.*, 40.

5 *Ibid.*, 39.

는 시도에 대한 판넨베르크의 비판은 바르트주의적인 신학 형식에도 동일하게 적용될 수 있을 것이다. 그러한 신학에서는 존재론적-인식론적 요인들이 제거되고 있다.

예를 들어, 복음서는 수행적 언어 행위(performative linguistic act)로 이해된다. 이러한 언어 행위는 본질상 그것이 말하는 것의 진리를 이러한 말들이 개방하는 영역 속에서만 설정한다. 이러한 접근법에 있어 선포된 명제들의 진리는 인간의 증명과 반증이라는 질문에 대답할 필요가 없는 것으로 전제된다. 비판적 성찰로부터 선포를 면역시키고자 하는 변증적 관심은 이해가 가는 것이나, 이러한 면역을 위해 치러진 대가는 너무 값비싼 것이다. 여기서 우리는 하나님의 언어 행위를 다루는 것처럼 가정하지만, 동시에 그것은 명백하게(*offenbar*) 인간의 선포라는 형식 속에서만(only) 우리에게 다가온다. 만약 후자의 인간적 선포도 언어 행위로 해석된다면, 그런 행동을 그것이 관련된 대상으로부터 구분할 어떠한 방법도 없게 된다. 그래서 어떤 행동이 어떤 대상에 의해 정당화되는 것으로 이해할 수 있는 어떤 방법도 또한 사라지게 된다. 결과적으로, 말들이 하나님의 언어 행위를 구체화시키고 있다는 주장은 인간의 언어적 활동이라는 측면에서 이루어지는 신인동형론적 투사작용(anthropomorphic projection) 속으로 붕괴된다.[6]

요약하면, 만약 종교적 표상력·상상력의 패러다임이 진리 주장에

---

6 Pannenberg, *Anthropology in Theological Perspective*, 387. 괄호 속에 추가된 표현들은 원문 *Anthropologie in theologischer Perspective* (Göttingen: Vandenhoeck & Ruprecht, 1983), 375-376을 반영한 것이다.

관련되고, 후자가 인간 일반의 합리적이고, 책임적이고, 비판적인 사유에 병행될 수 있다면(거기에 환원되어서는 안 되겠지만), 표상(imagination)의 '기초신학'(fundamental theology)은 필수불가결한 것 같다.

1. 감각적 상징을 통한 지성적 지식

카를 라너는 하나님에 관한 지식을 포함해서 인간의 앎에 있어서 감각의 중요성을 간결하게 잘 요약하고 있다. 기독교적 인간학에 있어서 사람은 "후험적(a posteriori), 역사적, 감각적 존재이다. 또한 이것은 하나님을 직면하는 그들의 존재라는 종교적 차원에도 적용된다." 이러한 주장은 영(spirit)과 물질(matter)의 밀접한 통일성으로서 인간이라는 라너의 신념에 기초하고 있다. 예를 들어 토마스 아퀴나스에게 있어 인간 존재는 영과 몸이 아니라, 영과 '원초적 물질'(prime matter)의 결합이었다는 사실을 라너는 지적한다. 여기서 원초적 물질은 구체적으로 존재하는 어떤 것이라기보다는 일종의 추상적인 원리이며, 몸은 영이 원초적 물질에 "내적 형태를 부여한"(in-forming) 구체적인 결과이다. 이런 의미에서 몸은 영의 가시성(visibility of the soul)이다. 따라서 "육체적 실재 속으로 빠져나가지 않고는, 인간은 자기 자신일 수 없다. 이 속으로 영이 펼쳐나가고, 이 속에서 영이 자신을 발견하고 형상화하고, 이 속에서 영이 자신 밖으로 나가는 것이다."[7]

따라서 라너에 따르면, "종교적 지식을 다른 종류의 지식으로부

---

7 Rahner, "The Body in the Order of Salvation", in *TI*, vol. XVII, trans. by Margaret Kohl (New York: Crossroad, 1981), 83-85.

터 분리시킴으로써 안전히 지키고자 하는 모든 시도에 대항하여, 기독교적 인간학은 전통적으로 감각적 지식(sense knowledge)과 영적 지식(spiritual knowledge)이 통일성을 형성한다고 주장하며, 영적 지식은 아무리 숭고한 것이라고 하더라도 모두 감각적 경험에서 시작되고 감각적 경험으로 채워진다고 주장하였다."8 아리스토텔레스의 경험주의에 기초한 토마스 아퀴나스의 인식론에 따르면, "가장 영적이고, 가장 '초월적'(transcendental)이고, 가장 숭엄한 개념조차도 오직 '감각적 이미지로의 전환轉換'(conversio ad phantasmata)에 의해서만 이 땅 지구 위의 인간들에게 도달할 수 있는 것이다. 곧 칸트의 용어를 사용해서 표현한다면, 감각적 통찰(sense intuition) 없는 어떠한 개념도 공허하며, 따라서 존재하지 않는다. 이러한 진술은 종교적 지식에도 적용된다."9 라너의 대작『세계 속의 영』(Spirit in the World)은 토마스 아퀴나스의『신학대전』(Summa Theologiae), I. q. 84, a. 7의 다음의 질문에 대한 설명이다: "인간의 지성은 자신이 가진 지성적 종種

---

8 Rahner, "The Theology of the Religious Meaning of Images", 149-150. 이러한 감각적 지식과 영적-지성적 지식의 통일성에 대한 주장은 전통적인 토미즘과 칸트 사이의 결정적인 차이점이다. 로너간에 따르면, 칸트의 비판은 실제로 '순수이성'에 대한 것이 아니라 스코터스 (Scotus)에 의해 이해된 인간의 마음에 대한 것이다: "스코터스에 따르면 이해는 일종의 형이상학적 기제인 개념화에 의해 선행된다. 이러한 형이상학적 기제를 칸트가 자신의 분석적 판단을 통해 비판한 것이다. 스코터스의 이런 불완전한 입장이 칸트로 하여금 그의 선험적 종합판단(synthetic a priori judgments)을 주장하게끔 만든 것이다. 반면, 아리스토텔레스와 토미즘의 입장은 순전히 담론적 지성에 대한 칸트의 가정이 단지 이론뿐만 아니라 사실의 차원에 있어서도 참되지 않음을 주장한다." 지성은 순수하게 담론적인 반면 모든 통찰은 감각적이라는 칸트의 전제에 반대하여, 토미즘적 지식의 현상학은 감각적 이미지들에서 발생하는 지적 통찰을 중요하게 여긴다. Lonergan, Verbum, Word and Idea in Aquinas, ed., David B. Burrell, C.S.C (Notre Dame: University of Notre Dame Press, 1967), 25, n. 122.

9 Rahner, loc. cit.

(intelligible species)만을 통해서 곧 자신의 감각적 이미지(*phantasmata, sensible images*)로의 전환 없이도, 어떠한 것이라도 알 수 있는가?" 여기에 대해 토마스 아퀴나스는 다음과 같은 결론을 내린다: "어떠한 감각적 이미지도 없는 비육체적 것은 우리가 거기에 대해 이미지를 가지고 있는 감각적인 것과 비교를 통해서 알려진다. … 위-디오니시오스가 말하듯, 우리는 탁월卓越(eminence)의 길과 부정不定(negation)의 길을 통해 원인(cause)으로 하나님을 알게 되는 것이다. 세상적 존재라는 지금 우리의 상태에 있어서는 다른 비육체적 실체들도 이처럼 육체적 사물들과의 관계를 통해 곧 부정(negation)의 길과 비교比較(comparison)의 길을 통해 우리에게 알려지는 것이다. 따라서 우리가 이러한 종류의 것들에 대해 어떤 것이라도 알고자 한다면, 우리는 육체적 이미지들에 의존해야 한다. 비록 이러한 비육체적인 실체들이 스스로는 어떠한 이미지도 가지고 있지 않다고 하더라고 말이다."10

지금 여기서 우리가 로너간의 『통찰』(*Insight*), 라너의 『세계 속의 영』 혹은 로츠Johannes-Baptist Lotz의 『영과 존재의 동일성』(*Die Identität von Geist und Sein*) 등의 인식론적 현상학에 나오는 초월적 토미즘의 인식이론에 대해 자세히 다룰 필요는 없을 것이다. 단지 어떻게 지식에 대한 리얼한 비판적 설명이 감각적 데이터에 대한 지적 통찰과 관련되는지, 표상력·상상력이 이러한 두 가지를 중재할 수 있는지 간략하게 설명하는 것으로 충분할 것이다.11

---

10 Rahner, *Spirit in the World*, trans. by William Dych, S.J. (Montreal: Palm Publishers, 1968), 2, 10.

11 Lonergan, *Insight*, 8-10, 34-35; *Verbum*, 28-31. '감각적 통찰'(phantasm)에 대한 토미즘

여기서 '표상력·상상력'(imagination)이라고 표현된 것은 '감각적 통찰'(*Phantasie*), 칸트철학의 생산적인 '상상력'(*Einbildungskraft*)에 상응한다. 첫째로 '표상력·상상력'은 여러 다른 감각들의 내용(시각적 이미지, 소리, 냄새, 동작의 감촉 등)이 시간적 차이를 두고 경험되었음에도, 마음속에 종합적으로 '다시 주어지는'(represented) 능력 곧 표상되는 능력을 가리킨다.[12] 하지만 둘째로 표상력·상상력의 영역은 단지 현재의 경험이나 과거의 감각에 대한 종합에만 제한되지는 않는다. 그것 또한 결코 경험되지 않은 새로운 결합을 생산하기도 한다.

로너간은 이해 혹은 '통찰'의 행위가 어떻게 감각적 데이터에 기초하여 표상적·상상적 구성으로부터 발생하는지 상세하게 설명하고 있다. 그것은 추상화의 과정에 관련되는데, 로너간은 이에 대해 아래와 같이 쓰고 있다.

모든 본질 단계에 있어서, 추상화^{抽象化}(abstraction)란 풍부하게 만드는 것을 의미한다. 첫 번째 단계는 감각의 내용(sensible presentations)에게 앞으로 추가될 어떤 이해 가능성(intelligibility)을 풍부하게 예견^{像見}(anticipation)하는 것이다. 곧 통찰로 알려질 어떤 것이 주어진 것이다. 두 번째 단계는 시행착오의 반복을 통한 자기 학습적인 구조(heuristic

---

적 이해에 대해서는 Lotz, *Metaphysica Operationis Humanae Methodo tran-scendentali explicata* (Rome: Gregorian University Press, 1972), 77, Rahner, *Spirit in the World*, 237.

12 스콜라적 인식론에 있어, 'phantasm' 혹은 이미지의 구성은 이미 "*sensus communis*"를 통한 다른 감각적 데이터들의 종합을 전제한다. 이 둘에 대한 구분에 대해서는 Lotz, *Metaphysica*, 75f.; *Die Identität von Geist und Sein*, 165.

structures)를 세워가면서, 통찰洞察(insight)을 획득하는 것이다. 여기서 통찰의 획득이란 주어진 데이터 안에서 의미 있는 것, 상관있는 것, 중요한 것, 본질인 것, 관념 혹은 형상 등 여러 이름으로 불리는 것을 포착하는 것이다. 세 번째 단계는 그런 통찰이 드러내는 이해 가능성을 성립成立(formation)하는 것이다.[13]

따라서 추상화는 감각적 데이터를 마음이 '조명'(illumination)하는 과정[14] 곧 마음 자신의 지성적인 혹은 '이해 가능한'(intelligible) 본질 속성과 세계世界 사이의 관계에 존재하는 일치성一致性(coherence)을 마음이 설명하는 것이다.[15] 로너간이 이해 가능성의 '성립'이라고 부른 마지막 단계는 통찰이 상징적인(symbolic) 혹은 광의에서 '언어적인'(linguistic) 화신化身(embodiment)이 되는 단계이다. 곧 이해 가능성의 성립이라는 마지막 단계를 통해서 알려지는 것(the known)은 그것을 아는 자(the knower)에게 현존現存(present)하게 된다.

현대의 언어적 의식에 따라서 몇몇 지적해야 할 것도 있다. 곧 보통의 경우 인식 혹은 이해를 가능케 하는 감각적 '이미지'를 구성하는 것 혹은 이해에 필수적인 상징적인 '성립' 등이 단지 인식 주체라는 개인의 마음에 순전히 의존하는 것은 아니다. 이 모든 것은 또한 인식 주체의 사회적인 그리고 언어적인 상황에 의해 제한된다.[16] 그래서 카파리나Gómez Caparena는 언어에 대한 성찰이 형이상학

---

13 Lonergan, *Insight*, 88-89.

14 Lotz, *Metaphysica Operationis Humanae*, 17-18.

15 Lonergan, *Insight*, 113., 399-400.

16 *Ibid.*, 554-555. 이미 아리스토텔레스는 감각적 데이터 가운데서 개별적인 사물을 인식하는 것은 추상화의 과정과 관련된다는 것을 지적한다. 일반적으로 성인(成人)에 있

으로 하여금 미학을 포함하게 만든 이유라고 주장한다.17 감각적 데이터를 지성과 중재시키는 '이미지'는 말, 언어적 구성 혹은 사회적으로 설정된 상징일 수도 있다. 이러한 것들은 보통 발명된 것이 아니라, 배워지고 습득된 것이다. 판넨베르크는 이에 대해 다음과 같이 설명한다.

> 이성이 추상화 과정을 통해서 혹은 유명론자들이 생각했던 것처럼 언어적 이름 붙이기를 통해서, 보편적인 것을 생산해내는 것은 아니다. 이성적 성찰은 이미 인식의 감각운동적(sensorimotor) 삶 그리고 언어(Sprache)와 표상력(Phantasie)의 삶을 둘 다 전제한다. 따라서 이성적 성찰은 항상 게슈탈트(Gestalt)와 장(field), 부분과 전체, 개별성과 보편성 사이의 긴장 속에서 활동한다. 물론 이 두 가지 측면이 오직 이성적(vernünftige) 성찰 속에서만 자신의 분명한 윤곽을 가지게 되는 것은 사실이다. … 카시러Ernst Cassirer가 올바르게 지적하듯, "개념(Begriff)의 원래적이고 결정적인 업적"은 이미 존재하는 표상들을 비교하고 분류하는 것이 아니라, 오히려 "인상(Eindrücke, impressions)을 표상(Vorstellungen, representations)으로 형성시키는 것"이다. 이러한 활동은 항상 언어에 의해 수행되어져 왔다. 언어는 표상을 말로 나타내고, 그것을 반복할 수 있게 만든다. 따라서 언어는 표상을 관념적 형태로 만듦으로써 이 둘 사이의 관계와 공통성에 대한 질문을 가능하게 한다.18

어, 인식의 행동 그 자체는 (비록 그것을 질문하고 재평가할 수 있더라도) 일종의 배워지고 습득된 의미의 한 기능이다. Gadamer, *Truth and Method*, 81-82.

17 José Gómez Caffarena, *Metafísica Fundamental* (Madrid: Ediciones de la Revista de Occidente, 1969), 268.

18 Pannenberg, *Anthropology*, 383; *Anthropologie*, 371. 로너간도 개념의 본질인 기능이

판넨베르크의 위와 같은 진술은 인상이 표상으로 형성되는 과정이 '일반적으로는' 우리의 언어에 의해 수행되어져 왔다는 측면에서 이해되어야 한다. 예를 들어 지금 막 언어를 습득하고 있는 어린아이의 경우는 이와 다를 것이다. 장 피아제$^{Jean Piaget}$에 대한 판넨베르크의 인용은 그가 이런 측면을 인식하고 있다는 것을 보여준다. 이미 언어를 습득한 성인의 경우조차도 새로운 경험에 대해 언어적으로 표현하지 못하는 경우도 있을 것이다. 예를 들어 창조적 예술가나 과학자를 생각해 볼 수 있다. 어떤 경우에는 언어가 나타내는 것 '이상'을 우리가 경험할 수도 있다. 우리는 어떤 것을 이름 없는 존재로서, 문제로서 혹은 신비의 감정으로 경험한다. 더군다나 비록 담론적이고 개념적인 사유에 있어서 통찰을 중재하는 이미지가 보통 언어이지만, 지성적 과정 전체에 있어서는 이러한 '언어'를 비언어적 상징까지 포함하는 보다 광의적인 의미로 이해할 필요가 있다.

개념의 형성과정에 있어 언어가 차지하는 역할에 대한 우리의 이해는 중요한 역할을 한다. 그것은 개념이 보편적 이성과 동일한 반면에 단지 표상의 차원에 머무는 종교적 '실증성'과는 대조된다고 보는 순진한 오해가 얼마나 단순한 발상인가를 이해하게 된다. 판넨베르크가 지적하듯, 현대의 언어철학은 플라톤의 『크라튈로스』(Cratylus, 483d-g)편 마지막 부분에 나오는 언어의 애매성으로부터 독립된 본질이라는 플라톤의 생각을 전복시키고 있다.[19] 한 문화의 언어는 그 문화의 세계관(Weltansicht)을 내포하고 있으며, 이러한

표상들을 비교하거나 형성시키는 것이 아니라 그 표상에 내재하는 이해 가능성을 통찰하는 것이라고 강조한다.

19 *Ibid.*, 340.

언어와 세계관이 사유와 존재의 지평을 개방하거나 제한한다는 것을 우리는 인정해야 한다.[20] 이에 대해 라너는 다음과 같이 말한다.

우리의 언어는 사유 이상의 것이다. 그것은 '성육화된(incarnate) 사유'이다. … 언어는 단지 소리를 통한 사유의 객체화가 아니다. 그것은 이러한 동물적 소리 없이도 변함없이 존재할 수도 있었을 사유의 단순한 외부화가 아니다. … 아니, 우리가 경험하고 생각하는 것이 '말의 몸'(word-body) 속에서 처음으로 존재하기 시작하게 되는 육체적 상황이 바로 언어이다. … 이러한 이유로 어떠한 언어도 다른 언어로 대체될 수는 없는 것이다. 다양한 사람이 함께 살아가고 서로에게서 태어날 수 있는 것처럼, 다른 언어를 말하는 사람들도 서로를 이해하고 그 언어를 번역할 수 있다. 하지만 이것이 언어를 단지 그 속에 하나의 동일한 사고가 거주하고 있는 건물 외관으로 만드는 것은 아니다. 십자가의 요한(John of the Cross)의 '밤'(*noche*)이 노발리스(Novalis) 혹은 니체의 '밤'(*Nacht*)과 동일한 것은 아니다. 고린도전서 13장의 '사랑'(*agape*)과 오늘날 유럽인들의 '사랑'(love)이 단지 '외관'에서만 차이가 나는 것은 아니다.[21]

언어는 어떤 의미에서는 인간적 의미의 세계를 실제로 중재하고 '구성한다'.[22] 하지만 이러한 통찰이 일종의 언어적 결정주의(linguistic determinism)나 언어적 상대주의(linguistic relativism)로 변질될 필요는

---

20 *Ibid.*

21 Rahner, "Priest and Poet", in *TI*, vol. III, 295.

22 인간의 '세계'를 중재하고 구성하는 '의미'에 대해서는 Lonergan, *Method in Theology*, 77-79를 참고하라.

없을 것이다. "이러한 입장들에 따르면, 서로 다른 언어들은 세계와 세계관에 대한 서로 다른 이미지들을 제공하기 때문에, 아무도 이러한 구체적인 이미지에서 벗어날 수 없으며 그런 구조의 감옥에 갇히게 된다."[23] 마음의 활동은 일종의 언어적 중재의 필요성으로부터 분리될 수는 없을 것이다. 하지만 그것은 인식 주체로서 개인이 물려받은 어떤 한 구체적 언어로부터는 분리가 가능할 것이다. 판넨베르크가 제안하듯,

> 우리는 개인들의 모국어(母國語)가 그 구조와 단어를 통해 언어공동체의 세계에 대한 경험을 구체화시키고, 독특한 표상 양식을 개인들에게 제공한다는 것을 인정한다. 하지만 그것이 개인들의 사유를 어떤 방향으로 필연적으로 몰고 간다고 생각할 필요는 없을 것이다. 문화 발전의 한 단계에 있어 이런 것들이 지대한 영향을 끼친 것은 사실이다. 하지만 언어적 구조와 단어가 이런 발전을 모두 설명하는 것은 아니다. 개인들은 언어의 의미를 변화시키기도 하고, 다른 말들과 연결시키기도 한다. 언어적 상대주의자들은 이러한 것들이 언어의 발전에서 가지는 역할을 너무 가볍게 평가한다.[24]

우리는 사유에 있어 언어적 중재의 필연성을 긍정하더라도, 동시에 보다 근본적인 의미에서 사유의 활동이 언어 '이전에'(prior) 일어

---

23 Gadamer, "To What extent does language perform thought?" Supplement II to the English edition of *Truth and Method*, 493. 가다머는 언어가 사유의 필수적 조건이고 모든 언어는 한 특정한 세계관을 내포한다고 주장한 훔볼트(Humbolt)에게서 현대의 언어적 상대주의의 기원을 발견한다.

24 Pannenberg, *Anthropology*, 343, 344.

난다고 볼 수도 있는 것이다.[25] 언어는 인간 정신의 '시원적' 발명품
이다. 따라서 언어가 인간의 정신 자체에 대해 우선성을 지니는 것이
아니라, 다른 모든 정신적 활동들에 대해 우선성을 지니는 것이다.[26]

판넨베르크는 모든 언어를 결정하는 지성의 보편적 구조가 존재
하며 인간은 언어 없이도 사유할 수 있다고 본 촘스키[Chomsky]의 견해
를 인용한다. 토마스 아퀴나스도 어떤 특정한 언어에도 속하지 않
는 '내향적 언어'에 대해 말한다(*ST*, I, q. 93, a. 7). 또한 판넨베르크는
언어의 생물학적 기초를 연구한 르네버그[Eric H. Lenneberg]의 결론을 인
용한다. "인식의 작용은 언어보다 더 기본적이고 우선적인 과정이
다. 언어의 인식에 대한 의존성은 그 반대의 의존성보다 비교할 수
없을 정도로 더 크다."[27] 나아가 판넨베르크는 아이의 언어 습득에
있어서 개체발생적 조건에 대한 피아제[Piaget]의 연구 그리고 언어가
존재하게 되는 계통 발생적 조건에 대한 로렌츠[Konrad Lorenz]의 연구를
후기 비트겐슈타인의 언어적 행동주의(linguistic behaviorism) 혹은
언어적 상대주의에 대한 반증으로 제시한다.[28]

가다머는 우리가 어떤 특정한 언어를 사용하는 경우에 우리가
조정할 수 없는 어떤 방향으로 사유가 나아가는 경향성을 지닌다는
점을 인정한다. 하지만 판넨베르크처럼 가다머도 "우리의 구체적인
인간적 가능성이 유일하게 언어 속에 존재하는 것은 아니다"라고
주장하며 또한 "하버마스가 피아제의 연구를 인용해 우리에게 상기

---

25 *Ibid.*, 339.
26 *Ibid.*, 343.
27 *Ibid.*, 345.
28 *Ibid.*, 346-361.

시켜주듯이 세계에 대한 전前언어적 경험이 있다"고 본다.

트레이시도 이런 견해에 동의한다. "전통은 우리가 사용하는 언어에 불가피하게 현존하게 되고" 그것이 우리와 우리의 이해에 끼치는 영향은 결코 완전히 포착되지는 못할 것이다. 하지만 우리의 언어적 혹은 문화적 조건은 "동시에 모든 전통이 다원적이고 양면적이라는 것(곧 풍부하게 하고, 해방시키고, 왜곡시키는 것)을 의미한다." 그래서 우리는 자신이 물려받은 언어 속에 존재하는 왜곡을 드러낼 수 있으며 또한 드러내어야만 하는 것이다.29

이성(reason)의 '언어적 가상성言語的 假想性'(linguistic virtuality)이 그러한 비판을 가능하게 한다. 언어에 의해 부과되는 상대성은 "다른 언어들을 배운 경험이 있는 사람이면 누구나 잘 알고 있는 것처럼, 마치 깨뜨릴 수 없는 사슬처럼 우리를 속박하고 있는 것은 아니다."30 신경학자 다마시오Antonio Damasio는 두뇌에 대한 현대적 연구가 다음과 같이 지식에 대해 결론 내리고 있음을 보고한다. "개인적인 표상의 형태 아래에서, 지식은 기억으로 존재한다." 그리고 언어적이고 비언어적인 형태 둘 다 있어서 "지식은 사실상 동시로… 의식에 알려질 수 있다."31 따라서 개인의 마음속에는 사유의 다양한 상징적 중재물이 공존한다. 이런 상징적 매개물들은 시행착오를 통해 자기 학습적인 것, 개념적인 것, 그림적인 것, 언어적인 것 혹은 느낌으로 성립된 것 등이다. 우리가 자신의 경험을 해석할 때, 이것 중

---

29 Tracy, *The Analogical Imagination*, 146, n. 80.

30 Gadamer, "To what extent...", 495-496.

31 Antonio Damasio, *Descartes' Error: Emotion, Reason and the Human Brain* (New York: Avon Books, 1994), 166. 다마시오는 '언어'를 언어적 형식들이라고 하는 좁은 의미에서 사용한다.

어느 하나가 결정적인 것이라고 절대화시키지 않아도 된다. 오히려 우리의 사유가 여러 중재물을 가지기에 우리는 우리의 다양한 상징적 '언어들'을 비교하고 이것들 사이의 일종의 변증법적 과정을 진행시킬 수 있는 것이다.

2. 총체적 지평의 선(先)이해

언어에 대해 지성이 '우선성'을 가지는 궁극적 이유는 인간 지식의 조건들이다. 그것들은 언어라는 습득된 아프리오리, 감각성(시공간성)이라는 내재적 아프리오리 그리고 판단의 행동에 상응하는 존재의 아프리오리를 포함하기 때문이다.

표상력·상상력의 활동에 대한 자신의 현상학적 기술에서, 판넨베르크는 어떻게 표상력·상상력의 영감들이 구체적이고 잠시적인 주목의 순간들에 발생하여 삶 전체의 기획과 관련되는지를 보여준다. 이러한 순간들은 삶 전체의 선先파악(*Vorgriff*, anticipation)을 표현하는 감정(*Gefühl*) 속에서 경험된다.[32] 어떤 구체적인 사물을 이해하는 것은 먼저 '이러한' 구체적 사물이 나타나는 장(field)에 대한 우리의 성찰 능력을 전제한다. 그러한 지평은 비록 주제적으로 고찰되지는 않는다고 해도 항상 현존하는 것이다. 따라서 "삶의 공생적 통일성 혹은 운동·객관적 공간·세계의 지평으로 보편성(the universal)은 항상 성찰에 주어지게 되는 것이다. 보편성은 표현되지 않고 주제화되지 않은 지평을 형성하는데, 그 속에서 인식과 표상력·상상력을 포

---

32 Pannenberg, *Anthropology*, 381, 382f; *Anthropologie*, 369, 370f.

함한 현상들이 등장하게 되는 것이다."33

판넨베르크는 이것이 라너의 "세계 속의 영"의 이론을 보다 현상
학적으로 기술한 것이라고 밝힌다.34 라너의 이론은 보다 지적인
문제에 초점을 맞추는 토미즘적 인식론이다. 토미즘의 언어에 따르
면, 앎의 과정에는 암시적이고 주제화되지 않은 '넘침'(excessus)이
존재한다. 마음이 이해와 판단을 통해 어떤 한 대상을 포착할 때,
바로 그 과정에서 마음은 동시에 그러한 자신의 포착을 초월하는
것이다. 마음은 대상이 포착된 것 이상의 어떤 것이라는 점과 자신
의 통찰은 지협적 특성을 가진다는 점을 동시에 암시적으로 인식한
다.35 이러한 '넘침'이란 마음이 한 감각적 대상을 '대상'으로서 알고
자신으로부터 차별화시키는 가능성의 아프리오리적 조건 곧 '존
재'(being) 자체의 선先파악을 가리킨다. 이러한 선파악이란 다름 아
닌 지식과 그 역동성의 총체적 지평이다.36 판넨베르크는 이것이
삶 전체의 기획에 관련된다고 보았다. 그리고 라너는 선파악의 '초
월적 연역'(transcendental deduction)이 칸트가 만든 감각으로부터의
지성의 분리 그리고 칸트의 진정한 존재론적 지식의 배제 둘 다 극
복한다고 본다. 칸트에 있어서 이해와 그 구조적 아프리오리가 가
지는 초월성은 "원칙적으로 상상력과 감각적 인식에 의해 제공된
기초 너머로 확장되지는 않는다." 인간의 정신·영의 형식적 대상은
'물질적 사물, 숫자로 셀 수 있는 사물'(ens materiale, ens principium

---

33 Ibid., 383(독일어판, 371).

34 Ibid., n. 183(독일어판 n. 181).

35 Rahner, "The human question of meaning", 96-97.

36 Rahner, "Thomas Aquinas on Truth", in TI, vol. XIII, trans. David Bourke (New York:
 Crossroad, 1983), 24; cf. Rahner, Hörer des Wortes (Munich: Kössel-Verlag, 1963), 76.

numeri)이라는 것이다. 반대로 토미즘 전통에 있어 "세계 내 사물들의 인식에 대한 판단과 아프리오리적 지식에 있어 조건이 되는 초월성은 반드시 이 세계를 넘어서는 초월성이어야만 한다. 이 세계에 속한 모든 종류의 지식에서 초월성은 초월성으로서 수용되는 것이다. 이러한 초월적 연역이 수용된다면, 형이상학의 가능성에 대한 칸트의 조건들을 충족시킬 것이다."[37]

인간 정신의 역동성이 가지는 총체적 지평과 목표(*Woraufhin*, goal)는 보통 우리에게 어떤 대상으로 주어지는 것이 아니다. 그것은 서로를 알고 서로를 사랑할 수 있는 가능성의 주제화되지 않은 채 알려진 조건으로서 우리에게 주어진다. "그것은 결코 직접 접근될 수도, 즉각적으로 경험될 수도 없다. 우리를 어떤 다른 것으로, 어떤 유한한 것으로, 곧 직접적 관심의 대상으로 전환시킴으로써 그것은 거기 현존하는 것이다."[38] 그것은 마음의 모든 내용을 초월하는 것이며 따라서 '신비'로서 '선파악'된다. "우리는 이해 불가능한 신비라는 근본적인 참고점을 지니기 때문에, '그런 이유로' 우리는 모든 지식의 개별적 대상들과 항목들로부터 비판적 거리를 가질 수 있는 것이다. 우리는 특정한 경험의 대상들을 구분할 수 있고 배열할 수 있다. 또한 우리는 각각의 개별적 지식이 지협적이나 이데올로기로 의심되거나 향상될 수 있다는 것도 안다."[39] 이와 유사하게 바로 이

---

37 Rahner, "Thomas Aquinas on Truth", 25. 인간의 지성에 있어 '적합한' 대상(감각적으로 알 수 있는 것)과 '형식적' 대상(존재) 사이의 구분에 대해서는 Lonergan, "Insight. Preface to a Discussion", in *Collection*, 152-168; "Christ as Subject: a Reply", in *ibid.*, 189; cf. Pierre Rousselot, S.J., *The Intellectualism of St. Thomas*, trans. by James E. O'Mahony (New York: Sheed and Ward, 1935), 71.

38 Rahner, "The concept of mystery", 52.

지평 때문에 우리의 표상력·상상력이 사회화되고 문화화된 전통의 상징적인 패턴들과 언어적 형식들에 의해 완전히 결정되지 않는 것이다. 우리는 새로운 질문, 새로운 이미지, 새로운 통찰과 판단 곧 새로운 자기 결정을 원칙적으로 자유롭게 할 수 있는 것이다.

요약하면 인간의 앎의 과정에서 초월적 방법을 적용시키는 것은 다음과 같은 결론을 가져온다. 한편으로 어떤 감각적 실재에 대한 지식은 존재의 비객체적인 선파악(nonobjective pre-apprehension of being)의 지평 안에서 발생한다. 다른 한편(존재론의 기초가 되는 영으로서 인간 자아에 대한 지식까지 포함해서)[40] '영적' 실재에 대한 어떠한 지식도 반드시 필수적으로 감각적 경험과 관련하여 생겨나는 상징(symbols)에 의해 중재되고, 표상력·상상력(imagination)에 의해 종합되는 것이다.

3. 개념과 이미지 속에서 사유

위의 논의에 기초해서 우리는 개념적 사고와 표상력·상상력 사이의 관계를 단지 합리주의적 혹은 실증주의적으로 설명하는 것은 거부해야 할 것이다. 우리가 살펴본 것처럼 헤겔의 합리주의는 표상(Vorstellung)의 영역을 비록 필요하지만 열등한 차원으로 보고 표상이 개념(Begriff)으로 지양되어짐으로 완전한 진리에 도달하게 된다고 본다. 실증주의는 여기서 더 나아간다. 실증주의는 타당한 '사유'의 범위를 중中우주의(mesocosmic) 경험적 대상들의 세계에 제

---

39 Rahner, "Faith between rationality and emotion", 68.
40 Rahner, Hörer des Wortes, 180, n. 3.

한시키고, 형이상학뿐 아니라 종교와 예술 같은 비경험적인 것들에 대한 담론을 단지 공상의 영역으로 격하시킨다.

비록 가렛 그린처럼 실증주의의 '종말'에 대해 이야기하는 것은 너무 낙관적인 견해일지 모르나[41] 분명 현대의 과학과 철학은 실증주의적 사고가 인식론적으로 볼 때 단순한 선입견이라는 것을 드러내고 있다. 지금의 현대 과학의 발전은 "근대 과학이 '실재'라고 부르던 중간-크기의 세계(the middle-sized world)"가 가지는 한계와 상대성을 우리로 하여금 인식하게 만든다. 예를 들어 이제 과학은 볼 수 없고 그림 그릴 수 없는 원자보다도 더 작은 알갱이들 같은 '실재들'이 있음을 인식한다. 따라서 우리의 '앎'은 실증주의자들이 제한한 한계 너머로 확장된 것이다.

> 근대 과학의 중中우주적 패러다임(mesocosmic paradigms)이 가져온 상상력의 속박은 뉴튼적 시간과 공간 속에서 가시화될 수 있는 실재의 측면들만 한정적으로 주목하는 결과를 가져왔다. 이와 함께 상상력을 요구하는 어떤 것도 공상적이라는 신화를 또한 초래하였다.… 친숙한 사물들로 이루어진 중간-크기의 세계를 넘어서서 고찰해보면, 우리는 자연과학에서든 혹은 시와 신학에서든 상상력이 점진적으로 필수불가결하게 된다는 것을 발견한다.[42]

---

41 Green, *Imagining God*, 26. 데이비드 트레이시도 현대의 과학이 실증주의를 극복할 수 있는 통찰을 발견하였고, "단지 관찰자인 척하지 않으며, 자연 참여적이고, 가치 관심적인, 즉 '포스트모던적인' 과학"으로 변하고 있다고 말한다. 그럼에도 불구하고 이러한 이상이 반드시 과학자들에 의해 받아들여지는 것은 아니며 아직도 실증주의가 강력하게 살아 있다고 그는 본다. *The Analogical Imagination*, 343.

42 Green, *Imagining God*, 75, 77. 본인이 이미 앞에서 언급했듯이 그린은 '표상력·상상력'이라는 용어를 로너간의 '통찰'과 중복되는 광의적 의미에서 사용한다.

양자 이론과 아인슈타인 이후의 천체물리학은 눈으로 보거나 느끼거나 그림 그릴 수는 없는 '실재'들이 존재한다는 것을 우리에게 가르쳐준다. 현대 과학은 '실재적인 것'이란 단지 우리가 감각적 경험의 세계에서 만나는 물체들 곧 로너간이 "이미 실재적으로 우리 밖에 놓여 있는 것"이라 부른 것과 동일시될 수는 없다는 인식론적 입장을 취한다.[43] 오히려 실재적인 것은 증명된 것[44] 곧 통찰이 충분한 증거에 기초해서 데이터와 판단으로 알아낸 것이다. 과학은 감각적인 것을 넘어서서 지성적인 것을 향해 지향하는 인간 정신의 역동성 자체에 의지하지 않고는 과학 자신의 결론이나 (보다 중요하게는) 과학의 목적과 방법을 정당화시킬 수 없다. 이러한 의미에서 과학적 사고가 존재론적 차원에 대한 진리의 추구에 대해 가지는 관계는 본질로 갈등이라기보다는 오히려 상호보완성이다.

동시에 현대의 과학과 철학은 표상력 · 상상력이 단지 개념적 사고에 의해 대체되어야 하는 어떤 '열등한' 것이 아니라, 개념적 사고에 내재하는 본질 요소이며 실재에 대한 보완적 접근이라는 것을 분명하게 한다.[45] 우리는 표상력 · 상상력이 사유 속에 작용하는 세 가지 방법을 말할 수 있을 것이다. (1) 표상력 · 상상력(imagination)은 추상적인 이론의 개념들을 발전시키고 사용하는 데 있어 필수적인 단계이다. (2) 그것은 '의미'의 차원을 인식하는 독립적인 방법이다. (3) 그것은 한 사람의 서로 다른 앎의 영역들을 통합하는 데

---

43 Lonergan, *Insight*, 251.

44 *Ibid.*, 206; cf. 252-253.

45 로너간의 저작 이외에, 특히 폴라니(Michael Polanyi)의 *Personal Knowledge: Towards a Post-Critical Philosophy*(Chicago: University of Chicago Press, 1962)가 여기에 대한 중요한 통찰을 제시한다.

있어 필수적인 수단일 뿐 아니라, 단지 추상적이지만은 않은 모든 개념적 사유 속에 있어 내재적인 요소이다.

(1) 표상력·상상력은 과학이나 수학처럼 추상적이고 개념적인 사고를 포함해서 모든 종류의 사유가 발생하는 과정에서 독특하고 중요한 역할을 한다. 예를 들어 양자 물리학의 연구 대상들은 이론적인 설명의 범주들과 수학적 관계들을 통해서만 직접 설명되고 표현될 수 있다. 로너간이 지적하듯 이것들이 감각적 이미지들을 제공하지는 않는다[46](이런 측면에서 자연과학의 대상이나 방법과 형이상학과 신학의 대상이나 방법 사이에는 일종의 유사점이 있다고 할 수도 있을 것이다[47]). 이러한 사실은 두 가지 사유 방식의 차이를 드러내고 있다. 로너간이 분명히 하고 있듯, 이론적 이성(theoretical reason)의 대상들을 "그림 그릴 수 없다"(picturing)는 불가능성은 단지 물리적으로 보이지 않는 비가시적 실재들에만 적용되는 것은 아니다. 그런 불가능성은 어떤 대상들이든지 '그 자체'(in itself)로 고려할 때도 적용된다.

> 우리가 설명하는 어떤 사물도 그 자체로서 표상될 수는 없다. … 우리가 일단 그것을 다른 사물들에 관련시켜 설명하기 시작하면, 우리는 이미 그것에만 적합한 표상적 이미지를 제공하려는 시도로부터 벗어나게 된다. … 만약 내가 모든 관찰자(observers)로부터 나 자신을 분리시킨다면

---

46 Lonergan, *Insight*, 250.

47 이런 유사점에 기초하여 로너간은 과학적 방법을 형이상학과 신학에도 적용되는 "일반화된 경험적 방법"으로 사용한다. *Insight*, 72, 243. Garrett Green은 또한 이렇게 말하고 있다: "자연과학의 방법론과 신학의 방법론은 그들의 대상들이 가지는 비록 부정적이지만 중요한 병행 관계 때문에 서로 비교될 수 있다. 하나님과 자연 둘 다 상식과 근대 과학에서 지식으로 주장하는 중우주적 세계를 초월한다." *Imagining God*, 75.

또한 나는 모든 관찰할 수 있는 것들(observables)로부터 나 자신을 분리시키는 것이다. 전자(electron)의 알갱이와 마찬가지로, 나무(tree)의 경우도, 그것 자체로 고려될 때에는 일종의 이해 가능한 관계들의 패턴 안에 존재하지만, 그렇다고 거기에 대한 표상력·상상력을 제공하지는 않는다. 나무와 전자의 차이는 단지 나무가 설명될 수 있다는 사실에 추가적으로 관찰될 수 있고 묘사될 수 있는 반면, 전자는 설명될 수는 있으나 직접 관찰될 수 없다는 것이다. 전자의 알갱이는 다른 사물들 혹은 관찰할 수 있는 것들을 통해서만 오직 적절하게 묘사될 수 있는 것이다.[48]

하지만 이론적 설명의 범주들이 가지는 내용에 대해 적절한 표상적 혹은 묘사적 이미지를 제공할 수 없다는 사실이 이런 차원에서 '표상력·상상력'의 역할의 배제나 평가절하를 의미하지는 않는다. 왜냐하면 가장 추상적인 사고조차도 '감각적 통찰'(phantasms) 혹은 이미지에서 뿌리를 가지기 때문이다. 현대의 신경학은 이러한 스콜라적 인식론의 관찰을 긍정한다. 다마시오[Antonio Damasio]에 따르면 '사고'는 단어와 자의적인 상징을 둘 다 포함한다. 그리고 단어와 자의

---

48 Lonergan, *Insight*, 250. 따라서 과학적 지식과 우리가 일상생활에서 '지식'이라고 부르는 것 사이의 차이는 단지 인간의 인식능력 일반이 가지는 복잡성과 다형성(多形性, polymorphism)의 한 극단적인 예일 뿐이다. 로너간은 여러 번 아서 에딩턴(Arthur Eddington)의 '두 가지 책상'을 인용한다: "내가 그 위에서 작업하는 딱딱하고 부피와 색깔을 가지는 책상과 너무 미세해서 거의 빈 공간과도 같은 '파동들'로서 색깔 없는 책상." Lonergan, *Method in Theology*, 84 (또한 258, 274 참고). 이전에 호세 오르테가 이 가세트(José Ortega y Gasset)는 동일한 예를 유사한 목적을 위해 사용하였다. 그의 *Unas Lecciones de Metafísica* (Madrid: Alianza Editorial, 1966), 157을 보라. 인식의 다형성은 로너간으로 하여금 의미의 다양한 '영역'(상식, 이론, 내향성, 초월성)을 구분하게끔 만들었다. 이것들은 마음의 다른 필요들에 기초하고 있으며(Lonergan, *Method in Theology*, 81-85), 경험의 다양한 '패턴'(생물학적, 미학적 혹은 예술적, 지성적, 드라마적)에 관계된다(*Insight*, 181-189).

적인 상징은 뇌 속에서 이미지를 만드는 지형학적 부분의 표상들에 기초하고 있다. "한 문장을 말하거나 글로 쓰기 이전에, 내적 대화(inner speech)에서 우리가 사용하는 대다수 단어(words)는 우리의 의식 속에서 청각적 혹은 시각적 이미지(auditory or visual images)로 존재한다. 만약 그것들이 짧은 순간이라도 이미지로 변환되지 않았다면, 우리는 그것들에 대해 아무것도 알 수 없었을 것이다."[49]

(2) '표상력·상상력'은 보다 넓은 광의적 의미도 가진다. 광의적 의미에서 표상력·상상력의 기능은 단지 부재하는 감각적 경험들(absent sensations)을 재생산해 내는 데 제한되지 않는다. 그것은 유비(analogies)나 메타포metaphors나 패러다임paradigms에 대한 통찰력 있는 발견이나 창작 또한 포함한다.[50] 아인슈타인은 자신의 사고과정을 묘사하며 시각적 이미지에 중요한 역할을 부여한 반면, 언어는 오직 후기의 단계에 적용될 수 있다고 진술했다.[51] 다마시오는 또한 물리학자이며 생물학자인 실라르드(Leo Szilard)를 인용한다. "창조적인 과학자는 여러 점에 있어서 예술가나 시인과 유사하다. 논리적 사고와 분석적 능력은 과학자에게 필수적인 특성들이다. 하지만 단지 그것들이 창조적 작업을 위해 충분한 조건은 아니다. 과학의 발전에 있어 중요한 기여한 통찰들은 이미 존재하던 지식에서 논리적으로 추론된 것들은 아니다."[52] 가렛 그린은 이런 의미에서 표상력·상상력을 "인간의 패러다임 능력(paradigmatic faculty), 곧 인

---

49 Damasio, *Descartes' Error*, 106.

50 따라서 이런 의미에서 '표상력·상상력'은 예술 작품들의 창작도 포함할 수 있을 것이다. Tracy, *The Analogical Imagination*, 128.

51 Damasio, *Descartes' Error*, 107.

52 *Ibid.*, 189.

식 대상을 쉽게 접근할 수 있는 예시들(exemplars) 안에서 보다 접근하기 어렵고 더 복잡한 유기적이고 구성적인 패턴(patterns)을 인식하는 인간의 능력"이라고 부른다.[53] 그린이 지적하듯 현대의 과학철학은 과학적 사유의 기원에서뿐만 아니라 그 계속적 작업에서도 '표상적·상상적' 사유의 중요성을 강조한다.[54] 현대의 과학연구 대상들이 뉴튼적 시간과 공간에서 시각화될 수 있었던 것을 종종 초월하기 때문에 모델 혹은 패러다임의 사용이 더욱 중요시되고 있다.[55] 예를 들어 소립자적 차원에 대한 통찰을 가지기 위해서 '알갱이'와 '파동'이라는 표상적·상상적 모델이 사용되었으나 사실 문자적 의미에서 이 둘이 소립자에 적용될 수 있는 것은 아니다.

(3) 표상력·상상력은 '표상'의 의미 그리고 유비·패러다임의 의미 둘 다에 있어서 단지 대상들에 관한 지식을 다룰 때만이 아니라, 중재되고 창작된 '의미'의 세계 곧 사람들과 역사적 사건들의 세계에 대한 지식을 다루는데 있어서도 결정적으로 중요하다. 철학, 종교, 예술, 음악 그리고 시는 의미의 차원을 세 가지 방식으로 구체화시킬 수 있다. 첫째로 그것들은 근본적인 의미에서 감탄과 '경이'(wonder)를 일으킴으로 모든 이러한 영역들에서 의미의 추구를 발생시키고, 우리의 존재론적 자기-전유(self-appropriation)에 본질인 의식을 강화시킨다.[56] 둘째로 그것들은 담론과 개념의 합리성을

---

53 Green, *Imagining God*, 66.

54 *Ibid.*, 44.

55 *Ibid.*, 77.

56 카파리나(*Gómez Caffarena*)가 지적하듯 인간의 '감탄'(admiration)은 단지 예술적 표현에만 적용되는 것이 아니라, "그의 가장 결정적인 인간학적 이유"(su más decisiva razón antropológica)이기도 하다. *Metafísica Fundamental*, 268; cf. 485.

벗어나거나 보충하는 지성의 형태를 중재한다. 셋째로 그것들은 객관적이고 경험적인 차원을 초월하는 진리를 상징할 수 있는 수단을 제공한다.

이런 모든 의미에 있어서 사유를 위한 표상력·상상력의 중요성은 특히 우리가 합리적·개념적·담론적 형식들과는 다른 지성의 형식을 성찰할 때 명백하게 드러난다. 합리주의적 이성의 관념은 거의 배타적으로 개념(Begriff)과 그것의 주제적 논리에 제한적으로 집중하여 왔다. 하지만 현대의 여러 철학자와 신학자는 인간의 지향성(intentionality) 혹은 넓은 의미에서 합리성 속에는 '감정'(Gefühl), '감동', '심정'(Gemüt)의 차원이 자리하고 있다는 것을 입증한다.[57]

---

[57] 불행하게도 이런 차원에 대해 사용된 용어들이 다소 일관적이지 못하고 혼동을 일으키는 것도 사실이다: 감정(feeling: Gefühl), 정조(mood: Stimmung), 감각(sensation: Empfindung), 정서(emotion: Emotion), 감동(aect: Affect), 심정(heart: Gemüt). Pannenberg, Anthropology, 244(Anthropologie, 237).
판넨베르크는 '감정'이라는 용어의 역사와 그것의 신학에서 사용에 대한 유용한 설명을 제공하고 있다. 그의 ibid., 244-256(독일어판, 237-250)을 참고하라. 여기에 대한 자신의 견해로는 256-265(독일어판 250-258)를 보라. 보충적으로 Gadamer, Truth and Method, 27-38을 참고하라. 이 주제에 대한 보다 최근의 저작으로는 Strasser, Das Gemüt: Grundgedanken zu einer phänomenologischen Philosophie und Theorie des menschlichen Gefühlslebens(1956)가 있다. 또한 중요하게는 Paul Ricoeur, Fallible Man, trans. by Charles A. Kelbley (New York: Fordham University Press, 1986)을 참고하라. 앤드류 탤론(Andrew Tallon)은 이러한 저작을 토미즘적인 '지향성'(intentionality)과 '선천성 혹은 공통본질성'(connaturality)의 개념에 그리고 로너간이나 라너 같은 현대의 토마스주의자들에 관련시키는 중요한 글들을 썼다. 특히 그의 "The Concept of Heart in Strasser's Phenomenology of Feeling", in American Catholic Philosophical Quarterly, vol. LXVI, no. 3 (Summer 1992), 341-360; "Affection, Cognition, Volition: the Triadic Meaning of Heart in Ethics", in American Catholic Philosophical Quarterly, vol. LXVIII, no. 2 (Spring 1994), 211-232; "Rahner's Philosophy of Mysticism", in Theological Studies, vol. 53, no. 4 (Dec. 1992), 700-728을 참고하라. 특히 그의 Head and Heart: Affection, Cognition, Volition as Triune Consciousness (New York: Fordham University Press, 1997)는 인식과 의지가 지향적인 것처럼 어떤 감정은 영적인 행위라는 것을 보여주는 현상학적 연구를 제공할 뿐 아니라, 의식에 있어서 감정의

단지 생물학적으로 결정된 성향들과 구분되는 보다 고차원적인 감정이나 감동은 지향성(곧 지식과 사랑 속에서 주체의 타자와 통일성)의 잠재적이고 습득된 실현을 문자 그대로 육체화시킨다.[58] 따라서 그것들은 진리와 가치에 대한 실천적인 행동 주체의 '조율'(attunement)이다.[59] 그것들은 합리성의 한 진정한 형태이지만(통찰, 평가, 긍정, 책임적인 자아 성향), 이런 합리성의 형태는 보통 우리가 '합리적 사고'와 관련시키는 개념화나 논리적 추론을 통해서 진행되지는 않는다. 스콜라신학의 용어를 사용하면 그것들은 '선천성先天性 · 공통본질성共通本質性'(connaturality)[60]을 통한 앎의 형태, 다시 말해 '인간 '존재'(being,

---

위치를 다룬 형이상학 이론도 제시한다. 또한 Rahner, "Faith between rationality and emotion", 62.

현대의 신경과학적 입장에서 보충적 견해를 위해서는 위에서 이미 인용된 다마시오(Damasio)의 *Descartes' Error*를 참고. 그의 이성에 대한 신경학적 연구에서 다마시오는 "감정의 어떤 측면들은 합리성에 있어 필수불가결하다"고 결론, xiii.

58 다마시오는 여기에 대해 다음과 같이 말한다. "감정의 본질은 대상에 속한 어떤 알기 어려운 특질이라기보다는, 한 구체적 풍경 곧 몸의 풍경에 대한 직접적 인식이라고 볼 수 있을 것이다." 그는 감정이란 몸의 구조와 상태에 대한 잠시적인 봄이라고 생각한다. 감정은 몸의 부분에 속하지 않는 어떤 사물에 대한 인식이나 기억을 그 몸에 결합시키는 것이다. 따라서 감정은 그 사물에 대한 '한정어'(qualifier; 보다 철학적으로는 '상징')가 되는 것이다. *Descartes' Error*, xiv, xv, 145, 159.

59 Tallon, "The Concept of Heart", 346.

60 (역자주) *Oxford English Dictionary*에 따르면 'connaturality'는 크게 두 가지 의미가 있다. (1) 첫째는 '선천성'(先天性) 곧 "a property inherent by nature or from birth"을 가리킨다. (2) 둘째는 '공통본질성'(共通本質性) 곧 "the same or like nature" 혹은 "agreeing in nature"를 의미한다. 예를 들어 토마스 아퀴나스는 천사(天使)의 인식과정과 인간(人間)의 인식 과정의 차이점을 설명할 때, 'connaturality'를 '선천성'의 의미로 사용한다: (1) "우리 인간의 경우에 있어서, 감각적인 것(the sensible)에서 지성적인 것(the intelligible)으로 나아가는 것이 선천적(connatural)이다"(*ST* I-II, Q. 32, Art. 8, cor.; II-II, Q. 84, Art. 2, cor.; and II-II, Q. 96, Art. 1, cor. 또한 II-II, Q. 23, Art. 2; II-II, Q. 175, Art. 1, cor.; I-II, Q. 180, Art. 5, ad 2 and Art. 8, obj. 3; II-II, Q. 183, Art. 1, ad 1; and III, Q. 11, Art. 3, ad 3, Art. 5, cor. and Art. 6, cor. 등을 참고). 그리고 토마스 아퀴나스가 삼위일체(三位一體)의 세 위격(Persons) 모두에 공통된 영원성을 설명할 때,

'본질'[nature])가 느낀 공명(a felt resonance), 책임적 행동에 의해 조율된 본질"을 통한 앎의 형태이다.61

대상에 대한 감정 자체는 비개념적이고 비표상적이다.62 하지만 그것은 여러 가지 방식으로 표상력·상상력에 밀접하게 관계된다. 다른 모든 인식의 양식들과 마찬가지로 감정도 그 기원에 있어 감각적 경험의 표상에 의존한다. 더군다나 이미지·표상적·상상적 구성물은 직접 감정을 '향해'(to) 말하며, 습득된 지식 혹은 선천적인 지식이 생겨나도록 자극한다.63 여기서 감정은 우리 개인적 존재 일종의 종합이며, 이미지 혹은 표상은 그런 감정이 '가진' 상징, 언어, 의사소통 양식으로 이해될 수 있다.64 또한 그것들은 (개념적이고 담론적인 사고와 감정 사이를 중재하는 경우처럼) '감정들'의 패러다임 사이를 중재할 수도 있다. 이러한 표상적·상상적 혹은 '미학적 합

'connaturality'를 '공통본질성"의 의미로 사용한다: (2) 삼위일체의 위격들은 '공통-영원성"(co-eternity)을 '공통본질성'(connaturality)으로 함께 가진다(*STI*, Q. 93, Art. 6, ad 3). 이런 다의성 때문에 역자는 'connaturality'를 '선천성·공통본질성'으로 병행으로 표현했으나, 문맥에 따라서는 간결함을 위해 '선천성' 혹은 '공통본질성'으로만 번역하기도 하였다.

61 Tallon, "Affection, Cognition, Volition", 230. Cf. Lonergan, *Method in Theology*, 30-41. 심리학적 측면에 대해서는 Damasio, *Descartes' Error*, 172-179.

62 감정은 일종의 '표상'으로서, 그 속에서 우리의 육체적 심리적인 상태가 주체와 대상 사이 통합성의 상징으로서 역할을 한다고 말할 수도 있지 않을까?

63 이러한 이미지의 중재적 작용에 대해서는 David Freedberg, *The Power of Images: Studies in the History and Theory of Response* (Chicago and London: Chicago University Press, 1989), 161-191, 특히 사유에 있어서 이미지의 필요성을 다룬 188-191을 참고하라.

64 탤론은 어떤 조건에서는 감정이나 욕구가 마음의 표현 수단으로서 생각을 대체할 수 있다는 알렉시우스 마이농(Alexius Meinong)의 주장을 인용한다. 표현적인 것으로서 표상력·상상력은 우리로 하여금 과거의 감정적 경험을 생각에 의존함이 없이 이해할 수 있게 만든다. Tallon, "Affection, Cognition, Volition", 219, n. 13. 또한 Frank Burch Brown, *Religious Aesthetics* (Princeton: Princeton University Press, 1989), 96-100.

리성'(aesthetic rationality)은 우리가 일상생활에서 익숙하게 사용하고 있는 이성의 작용이나 결정의 선택에 잘 드러난다.[65] 의심이 생기거나 비판적 통제가 필요하거나 조직적 사고가 요구될 때 사용되는 주제적이고 담론적인 합리성은 오히려 합리성의 예외적인 양식이다. 탤론에 따르면,

> 감정적 선천성(affective connaturality)은 사람들이⋯ 존재하고 행동하는⋯ 보통의 일상적 방식이다. 선천적 앎과 사랑함은 다른 담론적이고 개념적인 지식과 의도적인 자유가 실패할 때 사용되는 예외적이고 예비적인 체계라기보다는, ⋯ 오히려 그 반대이다. 감정적 선천성이 우리의 개인적 상황에서 영들(spirits)을 분별하는데 실패할 때, ⋯ 우리는 불가피하게 일반적 원칙들에 기초해 담론적으로 추론하는 과정에 의존해야만 한다.[66]

비록 이러한 주제에 대한 보다 상세한 연구는 여기서 불가능하겠지만, 우리는 일반적인 인식론認識論의 원칙들과 보다 좁은 의미에서 '미학'(aesthetics), 예술, 아름다움의 대상들 사이의 관계에 대해 간략하게 언급할 수는 있을 것이다. 예술은 감정을 통해 발생하는 미학적 지성이라는 형태에 집중한다고 보아질 수 있을 것이다. 의

---

65 이러한 미학적 합리성을 보통 '통찰적'(intuitive)이라고 부른다. 본인은 이것이 가지는 전문적인 의미 때문에 이 용어의 사용을 피하였다. 엄밀하게 말해서 우리는 통찰을 가진다기보다는 감각의 통찰을 가지는 것이다. 우리는 탤론처럼 앎과 사랑의 '유사-통찰적' 방식으로서 '감정적 선천성'(affective connaturality)을 말할 수도 있을 것이다. Tallon, "Affection, Cognition, Volition", 215, n. 10.

66 Tallon, "Rahner's Philosophy of Mysticism", 711.

사소통의 매개물로서 예술은 이미지, 행동, 상징, 제스처 그리고 텍스트를 통해 삶의 경험을 증폭적으로 재생산한다.[67] 또한 예술은 감정적·지성적 양식 속에서 인식되어지는 진리로 우리를 초청한다.[68] 그리고 예술은 아름다움의 추구라는 긍정적인 감정의 대상을 제공하고, 거기를 향한 우리의 역동성을 강화시킨다.

　폴 틸리히는 이성의 '형성적' 기능과 구분되는 이성의 '포착적' 혹은 수용적 기능의 두 양극兩極이 인식적(cognitive) 차원과 미학적(aesthetic) 차원이라고 보았다.[69] 그에게 있어 '이론'(*theoria*)이란 우리가 세계를 보고 만나는 행위로서, 이론을 통해 세계의 어떤 측면을 "의미 있고 구조화된 전체"로서 '자아의 중심' 속으로 가져오는 것이다.[70] "모든 미학적 이미지나 인식적 개념은 그러한 구조화된

---

67 Tracy, *The Analogical Imagination*, 125-126. 가다머는 또한 이렇게 말한다: "미학적 경험은 단지 다른 여러 경험 가운데 하나가 아니다. 오히려 그것은 경험 자체의 본질을 나타낸다"(여기서 '경험'은 *Erlebnis* 곧 기억 속에서 그 자신을 설정하는 것 그리고 '아무것'[nothing]도 '경험되지' 않는 삶의 나머지로부터 구분되는 것을 가리킨다). Gadamer, *Truth and Method*, 61, 63.

68 니콜스는 이와 유사하게 예술이 두 가지 방식으로 의사소통한다고 말한다(여기서 그는 구체적으로 시각 예술에 대해 말하고 있지만, 본인은 이것이 모든 예술에 적용될 수 있다고 본다). 첫째로 예술은 아이콘학(iconology)의 일부분으로서 시각적 이미지들을 통해 언어와 유비적인 일종의 기호체계(sign-system)를 형성한다. 둘째로 예술은 개인적 작품의 '표현성'(expressiveness)을 통해 지성적 통찰과 유비적인 어떤 독특한 감정적 특질을 전달한다. Aidan Nichols, O.P., *The Art of God Incarnate: Theology and Image in Christian Tradition* (New York: Paulist Press, 1980), 94-98.

69 Paul Tillich, *Systematic Theology*, vol. I (Chicago: University of Chicago Press, 1951), 76-77. 그러나 미학적 영역이 단지 마음의 수동적이고 성찰적인 활동에 제한되는 것은 아니다. 오히려 틸리히에 있어 예술의 원칙적 기능은 '표현'(expression)이다. "진리를 발견하려는 의도는 예술의 기능이 지닌 한 요소이다. 그 주요한 의도는 오직 예술적 창조성에 의해 포착될 수 있는 존재의 특질들을 표현하는 데 있다." *Systematic Theology*, vol. III (Chicago: University of Chicago Press, 1963), 64.

70 Paul Tillich, *Systematic Theology*, vol. III (Chicago: University of Chicago Press, 1963), 62.

전체이다."[71] 비록 이러한 두 가지 양식의 '이론'은 모두 감정적 요소를 지니고 있지만, 특히 미학적 양식에서 감정적 요소가 결정적으로 드러난다. 더군다나 각각의 차원에는 일종의 연속성이 있다. "음악은 소설보다는 인식적 기능으로부터 더 멀리 떨어져 있고, 기술 과학은 자서전이나 존재론보다는 미학적 기능에서 더 멀리 떨어져 있다."[72] 나아가 각각의 양식은 자신에게 고유한 합리성의 구조를 가진다. 틸리히는 이것이 바로 파스칼의 유명한 "이성이 이해하지 못하는 가슴의 이성"(*Pensées*, 277)이 의미하는 것이라고 본다. "여기서 '이성'은 이중적 의미로 사용된다. '가슴의 이성'(reasons of the heart)은 미학적이고 공동체적인 경험(아름다움과 사랑)의 구조를 가리키는 반면, 그것을 이해하지 못하는 이성은 '기술적 이성'(technical reason)을 가리킨다."[73]

가다머도 "예술이 일종의 지식(*Erkenntnis*: 인식)이고, 예술의 경험은 이러한 지식을 공유하는 것"이라고 주장한다.[74]

예술의 경험은 과학의 진리 주장과는 다른 진리 주장을 담고 있다. 하지만 그것이 결코 과학의 주장에 열등한 것은 아니다. … 예술의 경험은 독특한 종류의 지식 양식이다. 그것은 물론 데이터로부터 자연에 대한 지식을 구성하는 과학의 감각적 지식과 다르고, 모든 도덕적 합리성의 지식이나 개념적 지식과도 분명히 다르다. 그럼에도 불구하고 그것은 여전

---

71 *Ibid.*
72 Tillich, *Systematic Theology*, vol. I, 77.
73 *Ibid.*
74 Gadamer, *Truth and Method*, 87 (독일어판, 92).

히 지식 곧 진리의 전달인 것이다….[75]

'표상'으로서 예술 작품은 (언어처럼) 일종의 존재론적 사건이다. 그것은 "표상된 것의 현존재^{現存在} 곧 거기 있음(*Dasein*)"이다.

트레이시도 예술의 기능을 이와 유사하게 본다. "우리가 진정한 예술 작품에 사로잡히게 될 때, 어떤 사건의 지배력 속에 붙잡힌 우리 자신을 발견한다. 이 사건은 어떤 일어남, 어떤 폭로, 어떤 진리 주장이다. 우리는 이것을 부정할 수 없고, 단지 나중에 뒤따르는 통제된 성찰에서 이것을 배제시킬 수 있을 뿐이다."[76] '고전적' (classic) 예술 작품은 그러한 폭로를 중재하는 한 예이다.[77]

우리는 자신들이 고전의 세계에 "사로잡히게 되는 것"을 발견한다. 우리는 그것의 놀랄만한 아름다움 '그리고' 그것의 진리 인식에, 곧 그것의 본질인 것에 대한 본능에 의해 충격을 받고 놀라며 도전받게 된다. 예술의 실제 경험에 있어서 우리는 단지 예술 작품 '뒤의' 예술가(artist)를 경험하는 것이 아니다. 오히려 우리는 그 작품이 폭로하는 진리(truth)를 경험하고, 그러한 실재의 세계가 비록 잠깐 동안이라도 우리 자신들, 우리의 삶, 우리의 가능성과 현실성 그리고 우리의 운명을 변화시키는 것을 경험하는 것이다.[78]

---

75 *Ibid.*

76 Tracy, *The Analogical Imagination*, 114.

77 *Ibid.*, 115. 고전적 예술 작품이 계시하고 도전하는 가능성들에 대해 우리가 관계하기를 거부할 수도 있음을 트레이시는 지적한다.

78 *Ibid.*, 110.

가다머에게 있어 철학, 예술, 역사는 모두 "과학적 방법론으로는 증명될 수 없는 진리의 의사소통적 경험의 양식들이다."79 (우리는 여기에 종교와 신학을 추가할 수 있을 것이다.) 과학은 진리에 내재하는 주관적이고 초超경험적인(trans-empirical) 요소들을 방법론적으로 회피한다.80 경험적 세계의 범주들 속에서 '문자적으로는' 표현될 수는 없는 실재들과 관련된 것이 주관적이고 간주관적인 의미이다. 하지만 경험적(empirical) 범주들은 사유와 언어에 있어 기본적인 것들이기 때문에81 이것들은 비경험적인(nonempirical) 통찰을 유비적 방식 혹은 메타포적 방식으로 설명하는데 불가피하게 사용되어야만 한다.82 따라서 메타포를 단지 수사법이나 예술의 장식으로 보는

---

79 Gadamer, *Truth and Method*, XII; cf. Gómez Caffarena, *Metafísica Fundamental*, 485. 가다머에 따르면 이러한 영역들은 "과학적 의식으로 하여금 자신의 한계를 인정하도록 요구하는 가장 중요한 도전"이다(*ibid.*, XIII). 본인이 이미 앞에서 언급했듯이 현대의 과학철학은 이러한 한계를 대체로 (비록 모든 과학자가 그런 것은 아니지만) 인정한다. 로너간의 *Insight*는 과학적 질문을 유발시키는 마음의 역동성이 본질적으로 상식, 형이상학 그리고 종교의 이면에 놓인 것과 동일하다는 것을 보여주고자 시도한다. 이런 측면에서 과학과 기술에 대한 하이데거의 비판에 대해서 트레이시는 다음과 같이 대답한다: "과학적 연구가 필연적으로 지배, 통제, 조정으로 나아가는 것은 아니다. 그것은 자신 속에 비판적이고 해방적인 자기 초월성이라는 내재적 규범을 포함하고 있으며, 자신을 가치, 윤리, 예술, 종교, 곧 근본적인 문제들에 개방한다." *The Analogical Imagination*, 353.

80 이러한 방법론적 추상은 과학의 기능적 특수성이 가지는 주요한 동기를 드러내고 있으며, 주관적 혹은 초월적 대상을 다루는 사유의 영역들과 갈등을 반드시 일으킨다고 볼 필요는 없다.

81 가다머에 따르면 비언어적 창조물을 포함한 모든 인간 문화의 창조물들은 언어적으로 이해되고자 의도되었다. *Truth and Method*, 365. 따라서 지식의 언어적이고 비언어적인 영역들을 중재하는 표상력·상상력이 여기서 특히 중요하다.

82 본인은 여기서 '유비'(analogy)와 '메타포'(metaphor)를 서로 관련된 하지만 독특한 두 가지 언어 사용의 방식들로 이해한다. 구체적으로 '유비'는 존재론적 의미에서 언어적 사용을 가리킨다. '메타포'는 보다 비조직적으로 사물들이나 사건들을 비교하는 것을 가리킨다. 유비의 교리는 메타포적 언어의 적합성에 대한 존재론적 설명이다.

고전적 견해에 반대해서[83] 인간이 실재와의 만남에 있어서 메타포 없이는 표현될 수 없는 측면들이 있다는 것을 우리는 인정해야 한다.[84]

따라서 표상력·상상력은 의미의 인식에 있어 다차원적으로 관련된다(개념으로 표현될 수도 그렇지 않을 수도 있다). 통찰을 자극하거나 구체화하는 감각 혹은 감정의 표상, 언어의 메타포적인 사용, 역사적 사건들의 일종의 모델 혹은 패러다임으로 사용[85] 그리고 개념들의 유비적 적용 등에 그것은 다양하게 관련된다.

나아가 유비적 상상력은 역逆통찰(inverse insight)과 연결되며, 한 차원에서 통찰을 얻기 위해 다른 차원에 적합한 이해 양식을 사용할 수 있게 만든다.[86] 로너간은 이해의 '영역들'에 대한 아주 중요한 구분을 하였다. (그리고 이런 영역들은 모두 타당성을 지닌다.) (1) '상식'常識 (common sense)은 사물들을 우리 인식의 감각적 양식(sensible mode)

---

83 Green, *Imagining God*, 127-128. 에코는 다음과 같이 말한다: "스콜라신학은 현대의 이론들과는 달리 합리적 사유가 가지지 못한 넓이나 깊이를 시(詩)가 사물들의 본질에 대해 드러낼 수도 있다는 것을 인식하지는 못하였다. 이것은 예술에 대한 교훈적 태도 때문이었다." Umberto Eco, *Art and Beauty in the Middle Ages*, trans. by Hugh Bredin (New Haven and London: Yale University Press, 1986), 106.

84 물론 가장 일반적인 존재론적 범주(예를 들어 '존재', '실재적인 것' 등)가 실재 전체를 주관적이고 객관적인 측면까지 포함한 총체성 속에서 가리키는 것은 사실이다. 하지만 그러한 것들은 단지 유도적이고 추상적인 방식으로 그렇게 하는 것이고, 이런 의미에서 내용의 결여다. 스콜라신학적 격언이 말해주듯, 그러한 범주들은 총체성을 표현하고 있지만, 그것을 총체적으로 표현하지는 못한다(*totum, sed non totaliter*).

85 "*Denn es gibt auch 'geschichtliche Ereignisse, die wie Sinnbilder über den Zeiten stehen.' Es gibt - wie Reinhold Schneider hervorgehoben hat - in der Tat historische Situationen, die in sich selbst so verdichtet sind, daß sie 'typisch' gennant werden können*"(그렇다면 '시간을 넘어 상징으로서 기능하는 역사적 사건들'이 또한 존재한다. 라인홀트 슈나이더가 강조하듯 역사적 상황의 행동 중에는 너무도 농도 짙어서 '전형화'(typical)될 수 있는 사건들이 있다.) Sierig, *Über den garstigen Graben*, 32.

86 역통찰에 대해서는 Lonergan, *Insight*, 19-25.

과 관련하여 묘사한다. (2) '이론'理論(theory)은 우리가 사물들을 인식하는 방식들과는 별개로, 사물들 '그 자체로'(in themselves) 혹은 다른 사물들과의 관계 속에서 설명한다. (3) '내향성'內向性(interiority)은 앞의 두 영역(상식과 이론)을 서로에게 관련시킨다. 곧 두 영역 그리고 그것들의 대상들을 인식 주체(subject)가 지닌 조건들과 양식들에 관련시킴으로써 그렇게 한다. (4) 광의의 '표상력 · 상상력'表象力 · 想像力(imagination)은 『통찰』에서 로너간의 마음의 현상학이 보여주는 것처럼, 이러한 세 영역 각각에서 이해를 성취하는 데 결정적 역할을 한다. 또한 그것은 분명하게 차별화된 의식의 영역들 가운데서 한 영역에서 다른 영역으로 움직이는 데 필수적인 능력이다.

우리는 단지 과학자로서, 단지 상식을 지닌 자로서 혹은 단지 인식론자로서가 아니라 사람으로서 알고 의사소통한다. 그리고 유비적 상상력(analogical imagination)은 다른 지식의 영역들을 (그 차이들을 보존하면서도) 통합하는 데 필수적이다.[87] 설명의 범주들 자체도 설명되어야만 한다. 여기서 상상력은 이론적인 기술적 용어들을 배우는 데 중요한 역할을 한다.[88] (이미지가 추상적 사고를 단순히 대체해 버릴 때는, 로너간이 강력하게 경고한 오해의 가능성이 생긴다. 이미지로부터의 추상적 통찰의 발생은 긍정적 통찰뿐만 아니라 역逆통찰을 가져올 수도 있

---

87 로너간은 특히 지식의 다른 형식들을 혼동하는 위험성에 대해 경고한다. "난센스의 가장 주요한 원인은 과학자가 자신의 가설을 증명한 후에, 여기서 더 나아가 보통 사람들에게 그런 과학적 실재가 어떤 것인지 비슷하게 말하는 데 있다!" *Insight*, 253. "차별화된 의식의… 통일성은 의식의 무차별적 동질성이 아니다. 그것은 다른 영역들을 인식하면서도 어떻게 한 영역에서 다른 영역으로 움직이는가를 아는 자기-지식 (self-knowledge)이다." *Method in Theology*, 84.

88 자기-전유와 배움의 과정에 있어서 상상력의 역할에 대해서는 Lonergan, *Insight*, 560-561.

다. 곧 추상적 내용을 파악하는 데 있어, 우리는 또한 관계없는 '경험의 나머지'를 끌어들이기 때문이다.)[89]

요컨대 개념적 · 추상적인 사고와 표상적 · 상상적인 사고는 '해석'과 '상호보충'의 관계를 가진다. 그린이 말하듯 "이미지와 개념 사이의 관계를 가장 명확하게 나타낼 방법은… 이분법(dichotomy)이 아니라 스펙트럼spectrum이다. 이런 스펙트럼은 풍부한 이미지로부터, 잠재적이고 함의적인 적용을 거쳐, 발전된 개념으로 이어진다. 이 속에서 유비는 표현되고 경계가 주어진다."[90]

스펙트럼의 두 극단에는 서로 배타적인 동시에 보충적인 앎의 다른 형식들이 자리하고 있다. "이미 우리 바깥에 실재하는" 환경에 대한 순전히 생물학적(biological) 상호작용 그리고 순전히 이론적인(theoretical) 설명이나 유도적인 개념(로너간이 '이론'이라고 부른 영역)이 그것이다.[91] 하지만 인간 사유의 대부분은 의식의 다양한 차별화

89 Lonergan, *Insight*, 25-32.

90 Green, *Imaging God*, 70. 그린은 계속해서 "이미지로부터 개념으로 스펙트럼은 종교와 신학의 관계를 분명하게 드러낸다"고 한다. 곧 종교가 표상력・상상력의 차원에서 발생하는 반면, 신학은 그러한 종교적 이미지를 설명하고 해석하는 것을 과제로 하는 개념적 차원에서 발생한다. 신학은 종교적 이미지 너머로 '진보'하려는 것이 아니라, 보다 풍부한 방식으로 그 살아진 종교에 돌아가려고 한다(*ibid.*, 71). 이미 앞에서 언급했듯이 본인은 '신학'이라는 용어를 '학문적' 형식뿐 아니라 '미학적'이고 표상적인 형식까지 포함하는 보다 넓은 의미로 사용한다. 또한 살아진 '종교'도 본인에게 있어서는 주로 '상식'과 표상력・상상력의 차원에서 발생하지만, 조직신학과 동일하지는 않지만 교리의 추상적이고 신학적인 형식을 포함할 수도 있다. 곧 본인은 신학을 단지 종교적 이미지에 대한 해석으로 보는 견해와 달리 '종교'와 '신학'의 경계를 보다 유동적이고 복잡한 것으로 본다. 개념과 이미지는 둘 다 해석적이다. 후자가 보통 종교에서 더 중요하게 여겨지지만, 전자 또한 어떤 상황에서는 일차적인 종교적 기능을 가지기도 한다.

91 로너간은 양극단을 경험의 '생물학적'(biological) 패턴과 '지성적'(intellectual) 패턴이라고 부른다. 또한 그는 '미학적'(곧 예술적) 패턴과 '드라마적' 혹은 실존적-윤리적 패턴을 나눈다. *Insight*, 182-189. 로너간에 따르면 통찰이나 판단은 상식의 영역과 미학

들 사이에서 복잡하게 상호작용하며 발생한다. 이미 감각적 표상력
·상상력이라는 인식 속에서도 그것이 가지는 문화적이고 언어적인
아프리오리 때문에 추상화가 어느 정도는 이루어지고 있다. 이것이
감각적 표상의 방향을 결정하고 그것을 구성하기조차 하는 것이다.
반대로 가장 추상적인 종류의 이론적 설명조차도 표상력·상상력에
기초하여 발생하며, 표상력·상상력의 패러다임 혹은 유비로서 기
능을 통해서만 경험의 세계와 관계하게 되는 것이다.

　감각적·표상적 영역과 이론적 영역 사이의 가장 두드러진 중재
가 철학에서 이루어진다. 철학은 두 영역 모두에서 자신을 표현할
수 있다. 지식의 다양한 차별화에 대한 인식과 그것들을 서로 관련
시킬 필요성이 철학으로 하여금 자신의 방법론을 과학이론의 영역
이나 상식의 영역에서가 아니라 내향성의 영역에서 가져오게 만든
다. 철학은 자신의 데이터를 지향적 의식 속에서 발견하며, 인식자
로서 주체의 자기-전유를 통해서 의미의 다른 영역들을 서로 관계
시킨다.[92] 그러한 초월적 철학(그리고 거기서 유래하는 기초신학)은 표
상력·상상력과 개념을 이중적 배경에서 본다: (1) 마음의 역동성
이 전前이해를 가지지만 완전히 이해할 수는 없는 궁극적 대상 그리
고 (2) 유한하고 물질적이고 역사적이고 사회적인 존재로서 인간
이 가지는 앎의 조건들이 그것이다. 이러한 관점에서 표상력·상상
력과 개념이 가지는 관계는 단지 참된 것과 거짓된 것 혹은 열등한
것과 고차원적인 것의 관계가 아니다. 오히려 그것은 초월적 '실재'

　의 영역에서 발생한다. 이런 배경에서 볼 때 그의 '지성적' 패턴이라는 것이 배타적으
　로 앎의 '학문적' 양식을 가리킨다는 사실이 다소 불운한 점이라 본인은 생각한다.
92 Lonergan, *Method in Theology*, 85, 95.

에 대한 인간의 앎의 다형성多形性(polymorphism)이 가지는 상호침투와 상호 보충의 관계이다.

이러한 위의 논의는 쇤베르크의 「모세와 아론」에서 중심적으로 등장하는 말과 이미지 사이의 갈등·유사성의 문제를 우리로 하여금 새로운 관점에서 볼 수 있게 한다. 여기서 우리는 기능들의 완벽한 분리보다는 그것들의 스펙트럼과 중복을 발견하게 되는 것이다. 아론이 지적하듯, 말은 '그림'일 수도 있다. 다른 한편으로 그림, 제스처 그리고 다른 감각적 이미지들은 추상적 관념을 상징하고, 복잡한 비경험적인 의미를 '언어'로서 의사소통하는 일종의 상형문자象形文字(hieroglyphs) 혹은 표의문자表意文字(ideograms)일 수도 있다.[93] 더군다나 우리가 살펴보았듯, 지성의 작용(광범위한 의미에서 '이성')은 좁은 의미에서 언어가 아닌 다른 상징적 구조들을 통해 일어날 수도 있다. 나아가 말과 이미지는 둘 다 감각에 뿌리내리고 있다. 말의 근본주의나 언어의 우상 숭배에 대항해서 우리는 이미지처럼 말 혹은 언어도 초월성을 완전히 포착할 수는 없다는 것을 인정해야만 한다.

이것을 인정한 후에야 우리는 구어口語와 문어文語가 단지 인간 의사소통의 도구만이 아니라 의미의 세계를 표현하는 데 독특한 적합성을 가진다고 볼 수 있다. 리쾨르가 지적하듯 "말은 소리의 울려 퍼짐을 투명하게 하고, 물리적으로 사라짐으로써, 의미를 부여하는

---

93 이것의 가장 두드러진 예로 청각장애자들에 의해 사용되는 제스처와 수화 혹은 고대 이집트와 중국에서 사용되는 알파벳보다는 그림에 가까운 언어를 들 수 있을 것이다 (후자의 표의문자의 경우, 그것은 완전히 사회적으로 통속화되어서 몇몇 전문가를 제외하고는 그 원래의 그림적 기능을 거의 알아볼 수 없게 되었다. 물론 'is'나 'not'과 같은 다른 많은 표의문자는 어떤 물질적인 사물을 표상하기보다는 단지 구어를 위한 기호들이다). 하지만 우리는 추상적인 사고를 상징적으로 나타내는 언어로서 회화, 조상, 무용 그리고 음악과 같은 다른 예들도 생각할 수 있을 것이다.

행위를 일으키는 놀라운 능력이 있다."[94] 일반적으로 공간적 이미
지에 비해서 말은 부재하는 실재, 추상적인 관념, 비유와 판단을
보다 분명하고 직접 표현할 수 있다. 말의 상징적 특성은 그 범위를
시詩로 확장하지만, 존재나 행동에 대한 판단을 표현할 수 있는 말의
능력은 (비록 배타적이지는 않지만) 그것을 존재론적 사고와 윤리적 사
고의 '일반적인' 매개물이 되게 한다. 물론 물리적인 이미지가 이런
사고의 측면들을 자극할 수도 있다. 예를 들어 선불교의 선화禪畵나
기독교의 아이콘은 그러한 이미지의 의미가 단지 그것을 보는 행위
를 통해 발견되지는 않음을 감상자에게 가르쳐준다. 하지만 '않
음'(not)이라는 말에는 이미지가 가지지 못한 직접성과 경제성이 있
다. 더군다나 물리적 이미지가 비물질적인 어떤 것을 상징적으로
표현할 수는 있지만, 동시에 그것을 물질적 내용으로 축소시킬 위
험성을 항상 가진다. 또한 구어가 가지는 비가시성 혹은 물리적으
로 지속할 수 없는 순간성은 사유의 행동과 어떤 유사성을 가지는
것이다. 그래서 스콜라신학의 심리학은 이해의 행동을 '내적인
말'(verbum internum)에 비교한다. 물론 이것이 언어적 말과 동일하
다고 여겨진 것은 아니며, 내적인 말이 언어적 말보다 (반드시 시간으
로는 아니더라도) 논리적으로 선행하는 것으로 보았다.

비록 구어와 문어가 합리성의 유일한 매개물은 아니라 하더라
도, 언어는 설명하고 체계화하고 비판하는 이성의 기능에 특히 필
수 불가결하다. 라너가 지적하듯 "합리성 '그 자체'는 어떤 구체적인
내용이나 입장에 묶인 것이 아니라, 항상 새로운 방식으로 그러한

---

94 Paul Ricoeur, *Fallible Man*, 27.

입장을 서로 연결시키는 방법론이나 정당성에 관련되는 것이다."[95] 곧 '합리성'은 단지 '체계'를 이해하려고만 하는 것이 아니라, 그것을 구성하려고 한다. 이러한 체계를 형성하기 위해 이미지가 사용될 수도 있을 것이다. 하지만 말이 가지는 경제성, 보편적 접근성, '휴대성'(portability)은 말을 의미에 대한 체계적 접근이나 증명의 문제에 있어 이성의 일상적 매개체가 되게 한다. 말은 최소한의 노력으로 다양한 시간과 공간을 넘어 의사소통할 수 있다.

동시에 단지 예술의 언어 혹은 신화의 언어뿐만 아니라, 본질로 우리의 모든 언어가 '신인동형론적'(anthropomorphic)이라는 점을 우리는 기억해야 할 것이다. 모든 언어는 우리 마음이 습득하거나 선천적으로 지닌 아프리오리적 구조들을 실재에 대한 우리의 인식 속으로 무의식적으로 '투사'(projection)하게 만든다. 그런 아프리오리들이 우리를 실재에 도달하지 못하도록 막는다는 말은 아니다. 오히려 그것들은 우리가 실재에 도달할 수 있는 전제조건들이다. 하지만 이것은 모든 인간 지식이 우리의 앎의 방식에 '상대적'이라는 것을 의미한다.

---

95 Rahner, "Faith between rationality and emotion", 61.

III. 하나님의 자기 계시에 대한 인식과 표상

위의 인식론에 대한 일반적 원칙들에 기초하여 이제 우리는 '기초신학적' 미학의 첫 번째 부분, 곧 계시를 감각적 형식 속에서 인식하고 의사소통할 가능성의 조건들을 분별하는 시도를 할 수 있을 것이다. 여기서 중심적 관심은 어떻게 말과 이미지가 하나님의 자기 계시의 지식을 중재하는 데 사용될 수 있는지 고찰하는 것이다. 우리가 앞에서 살펴보았듯 계시의 인식이라는 중심적 문제는 다른 두 가지 기본적인 문제들을 직면하게 된다. 어떻게 하나님이 감각적 인식에 본질로 매인 인간의 마음에 알려질 수 있는가? 그리고 어떻게 하나님이 인간의 역사를 통해 계시될 수 있는가?

1. 하나님의 '형상'으로서 인간

우리의 중심적 문제는 이 장의 프롤로그에서 상징적으로 표현된 신학적 주제에 의해 대답될 수 있을 것이다: 인간 자체는 하나님의 '형상'이기 때문에 그리고 그러한 한에 있어 하나님은 말과 이미지를 통해 알려질 수 있다.[1] 물론 인간을 하나님의 '형상'(image)이라고 말하는 것 자체도 하나의 이미지^{image}를 사용하는 것이다. 따라서 '이

---

1 반 델 레우(Van der Leeuw)는 여기에 대해 이렇게 말한다. "하나님의 형상이라는 교리는 신학적 미학과 미학적 신학 전체를 그 속에 포함하고 있다." *Sacred and Profane Beauty*, 327.
본인은 여기서 '말'이라는 개념을 보다 광의적인 '이미지' 혹은 '형상'이라는 범주 속에 포함시키고 있다. 우리는 물론 인간의 형상을 하나님의 '말씀'이라는 범주 아래에 포함시켜 고찰할 수도 있을 것이다.

러한' 이미지 곧 하나님의 이미지에 대한 이미지를 사용하는 정당성에 대한 고찰은 다른 일반적인 말이나 이미지에 대한 신학적 사용을 이해하는 데 있어 모범적인 예를 제공할 것이다.

인간이 '하나님의 형상'이라는 진술은 하나님과 인간 사이의 관계가 마치 거울이나 초상화 혹은 조각 속에서 우리가 자신의 반영된 모습을 볼 때의 관계와도 같다는 것을 말해준다.[2] 여기서 원래의 한 존재가 가지는 형태 혹은 본질이 다른 존재 속에 드러나거나 계시되는 것이다. 현대의 주석에 기초하여 판넨베르크는 창세기 1장 26절 이하의 "우리의 형상을 따라 우리의 모양대로" 인간이 창조된 이야기는 세상에 대한 하나님의 창조성과 '통치'에 참여하는 인간의 기능을 정당화하는 것이라고 이해한다. 하지만 무엇이 정말 하나님의 모양을 구성하는지는 "창세기 1장 26절 이하가 우리에게 말해주고 있지 않으며, 말해줄 이유도 없다. 왜냐하면 이 진술의 핵심은 그러한 기능을 위한 일종의 기초를 제공하는 데 있기 때문이다."[3] 하나님의 이미지의 이미지라는 생각을 통해 하나님과 인간 사이에는 유사성이 있다고 말하는 것이 정확하게 무엇을 의미하는지는 이후의 신학적 성찰에 질문으로 남겨져 있다.[4]

---

2 창세기 1장 26절의 צלמים(형상)이 원래 이러한 예를 가리켰지만, 바로 뒤의 כדמותנו(모양)은 형상이라는 표현의 대담성을 다소 제약하기 위함 같다. S. Otto, s.v. 'Bild' in Heinrich Fries, ed., *Handbuch Theologischer Grundbegriffe* (Munich: Kösel- Verlag, 1962). 창세기의 '형상'이라는 개념에 대한 성서적 배경을 보다 자세하게 다룬 것으로는 Aidan Nichols, O.P., *The Art of God Incarnate: Theology and Image in Christian Tradition* (New York: Paulist Press, 1980), 13-20.

3 Pannenberg, *Systematic Theology*, vol. 2, 204.

4 인간 속에서 하나님의 형상이라는 주제를 그 용어의 성서적 사용에 기초하나 그 범위를 넘어서 다루는 조직적 연구로는 Pannenberg, *Systematic Theology*, vol. 2, 202-231. 판넨베르크는 또한 여기에 대한 주요한 신학적 해석들을 인용하고 있다. 유용한 저작은

비록 여기에 대한 철학적 배경과 신학적 강조가 다양한 차이들을 보여주고 있지만, 하나님에 대해 우리의 닮은 모양은 무엇보다도 오늘날 우리가 '인격적'(personal) 본질이라고 부르는 것에 있다는 데에는 많은 해석이 동의하는 것 같다. 곧 그것은 존재에 대한 우리의 '개방성', 전통적 언어철학에서 핵심적 범주로 이해하는 하나님 혹은 타자들과의 우리의 대화 능력, 알고 사랑하는 우리의 능력이다. 예를 들어 토마스 아퀴나스는 유한한 존재자들이 몇 가지 방식 혹은 차원에서 하나님을 '닮을' 수 있다고 말한다. 첫째로 존재자들은 존재하는 한에 있어, 하나님을 닮았다. 둘째로 그것들이 살아있는 한에 있어서, 하나님을 닮았다. 셋째로 그것들이 합리적인 한에 있어 곧 알고 이해할 수 있는 한에 있어, 하나님을 닮았다. 특히 세 번째가 우리를 하나님의 '형상'으로 만드는 인간과 하나님 사이의 '구체적인' 유사성이라고 그는 본다.[5]

알고 사랑하는 인간의 능력이 우리가 가지는 하나님의 형상이다. 왜냐하면 그런 능력이 자기의식, 자기 발전, 자유의 차원에서 존재에 참여하기 때문이다. 이것은 또한 능력의 지평이 원칙적으로

Maurizio Flick, S.J. and Zoltan Alszeghy, S.J., *Fondamenti di una antropologia teologica* (Florence: Libreria Editrice Fiorentina, 1969), 59-146, 62-73.

5 *ST*, q. 93, a. 1 and 6. 토마스 아퀴나스는 닮음의 차원들을 창조물 속의 하나님의 '흔적들'(vestiges)이라고 부른다.
또한 다른 측면들에서 인간이 하나님을 닮은 것으로 이해될 수도 있을 것이다. 예를 들어 하나님이 세계 속에 편재하시는 것처럼, 우리의 영혼도 몸속에 편재한다. 하지만 가장 주요한 닮음은 지식과 사랑에 대한 마음의 능력이다(q. 93, a. 3).
그에 있어 '마음'(mind)은 '영혼'(soul)과 동일한 것으로 하나님의 참된 형상이다. 그리고 몸은 영혼의 '표상'이고, 하나님의 '흔적'이다(q. 93, a. 6). 하지만 하나님의 형상에 대한 이러한 '영성화'(spiritualization)는 토마스 아퀴나스 자신의 기본적 입장들과 긴장을 일으킨다. 왜냐하면 그는 인간의 마음이 오직 감각적인 것들을 통해서만 알 수 있고, 물질적 육체화를 통해서 영혼으로 존재할 수 있다고 주장하기 때문이다.

제한되지 않았다는 것을 의미한다. 총체성(totality)으로서 존재와 선함에 대한 선[☆]이해를 통해서만 오직 우리는 자아를 자아로서, 타자를 타자로서 긍정할 수 있고 소중히 여길 수 있는 것이다. 이러한 총체성에 대한 선이해 속에서 마음의 구조가 하나님에 대해 개방되고 하나님을 반영할 수 있다. 하나님에 관한 지식과 사랑의 중심 '대상'은 하나님의 존재 자체이다. 하나님은 모든 존재자를 하나님 자신 속에서 사랑하시고, 하나님의 존재 속에 참여하는 자들로서 아시고 사랑하신다. 이러한 진술은 물론 하나님을 의식의 무한하고 완전한 행위 혹은 로너간이 '존재^{☆☆}의 생각'(Idea of Being)이라고 부른 것으로 이해하는 데 기초하고 있다.[6]

이러한 하나님 이해는 인간의 마음이 곧 하나님의 형상이라는 사상을 삼위일체론의 교리에 적용시킨 것이다. 이러한 유비는 고전적으로 아우구스티누스에 의해 형성되었고, 토마스 아퀴나스에 의해 보다 발전되었다. 삼위일체론에 대한 '심리학적 유비론'이나 거기에 대한 현대적 해석을 여기서 자세히 다룰 수는 없지만, 우리는 다음과 같은 핵심 통찰을 언급할 수 있을 것이다. 하나님은 바로 그 본질에 있어 하나님이 아닌 타자 속에서 하나님 자신을 표현하거나 알 수 있고 그렇게 하기에(곧 하나님은 '말씀'이기 때문에) 그리고 하나님은 그러한 타자와의 사랑의 결합이기 때문에(곧 하나님은 '영' 혹은 '나아가는' 사랑이기 때문에), 따라서 이해와 사랑을 통해 자기를

---

6 이러한 관념에 대해서는 Insight, 644. 로너간은 여기서 자신의 인식론을 "이해의 무제한적인 행동이 그 자신을 이해하는 한에 있어서 또한 그것은 다른 모든 존재자에 대한 모든 것을 파악한다"고 하는 고전적 유신론을 옹호하기 위해 확장시키고 있다. Insight, 660; cf. 646, 648. 여기서 로너간은 '존재의 생각'이 가지는 일차적이고 이차적인 '구성 요소들'에 대해 논의하고 있다.

실현시키는 인간의 마음속에서 하나님은 계시되거나 형상화될 수 있는 것이다. 여기서 '내재적'(immanent) 삼위일체는 역사의 '경세적'(economic) 삼위일체의 가능성의 조건으로 이해된다.

이런 통찰은 다음과 같이 표현될 수도 있을 것이다. 하나님은 단지 다른 존재자들 사이의 '한'(a) 존재자가 아니다. 이런 입장은 하나님을 유한하게 만든다. 오히려 하나님은 모든 존재자를 하나님의 자기 의식적인 자아 속에 '포함한다'(include). 따라서 하나님과 하나님의 피조물 사이의 구분은 유한한 존재자들 사이 구분의 모델에 의해 이해될 수 있는 것은 아니다. 라너가 말하듯 그것은 하나님 '속의' 구분의 모델에 기초하여 이해되어야 한다. 다시 말해 라너가 표현했듯 하나님 자신과 세계의 구분(distinction)으로서 하나님은 존재한다.7 유한한 '타자'를 창조하고, 알고, 사랑하는 하나님의 창조적인 '행동^{行動}'(act)이 바로 하나님의 존재^{存在}다. 또한 그것이 '은혜'를 통한 하나님의 자기 의사소통이다. 요약하면, 하나님은 자신과 다른 존재들을 (창조적이고 자기 계시적인 지식과 사랑을 통해서) 자신 속에 포함시키는 의식적 결합이다. 따라서 차별성 속의 결합(unity in difference)을 목표로 하는 인간의 앎과 사랑함이 바로 하나님의 형상인 것이다.

인간의 마음이 하나님의 보편적 사랑과 지식을 '닮기' 위해서는 하나님을 포함해서 모든 알려질 수 있고 사랑할 수 있는 것들에 대해 개방적이어야만 한다.8 하나님에 대한 지식과 사랑은 하나님 '안

---

7 "God *is* the distinction of the world from God's self." *Foundations of Christian Faith*, trans. by William Dych (New York: Seabury Press, 1978), 63. "The Concept of Mystery", 51.

8 "*Non propterea est Dei imago in mente, quia sui meminit, et intelligit et diligit se: sed quia potest etiam meminisse, intelligere et amare Deum, a quo facta est*"(마음이 자신을 기억하고 이해하고 사랑하기 때문에 하나님의 형상인 것이 아니라, 그것이 자신을 만든

에' 있는 모든 것 곧 하나님이 알고 사랑하는 모든 것을 포함하여야
만 하기에 우리는 토마스 아퀴나스와 함께 다음과 같이 말할 수 있
을 것이다. 인간은 하나님에 대한 지식과 사랑의 (1) 능력 속에서
그리고 (2) 그것의 성취 속에서 하나님의 '형상'이다.9 하지만 우리
는 하나님에 대한 지식과 사랑의 성취를 세계 속에서, 특히 인간적
의미로 구성된 세계 속에서 그리고 그것을 통해서만 이룰 수 있다.
따라서 하나님의 '형상'은 단지 '영적'이고 인격적(personal)일 뿐 아
니라, 상호인격적(interpersonal)이며 역사적인 특성을 지닌다.

2. 계시의 신학

이러한 주장들은 인간학적으로 기초된 계시의 이론에 의해서 설
명되고 정당화될 수 있다. 위에서 말한 하나님의 '형상'이 왜, 어떻
게 그리고 어느 정도로 하나님을 표현하기 위해 말과 이미지를 사
용하는 것을 허용하는지를 계시의 이론이 설명할 수 있을 것이다.

하나님을 기억하고 이해하고 사랑할 수 있기 때문이다). Augustine, *De Trinitate*, XIV,
c. 12 (ML 42, 1048).
초월적 신학(transcendental theology)의 관점에서는 마음의 하나님에 대한 개방성이 또
한 마음 자신을 알 수 있는 능력을 구성한다고 말하는 것이 보다 나을 것이다.

9 *"Imago Dei attenditur in anima secundum quod fertur, vel nata est ferri, in Deum"*(하나
님의 형상은 영혼이 하나님을 향하거나 그것으로 하여금 하나님을 향하도록 만드는 본질
을 가짐에 따라 영혼 속에서 발견된다).
아퀴나스는 인간이 하나님의 형상인 세 가지 방식을 구분한다: (1) 인간은 하나님의 지식
이나 사랑에 대한 능력이 있는 한에서, 하나님의 형상이다. 이러한 능력이 바로 마음의
본질을 이룬다. (2) 인간이 은혜를 통해서 실제로 그리고 습관적으로 하나님을 알고 사랑
하는 한에 있어서 곧 우리가 그런 능력을 사용하는 한에 있어서, 하나님의 형상이다. (3)
우리가 영광의 상태 속에서 하나님을 완전히 알고 사랑하는 한에 있어서, 하나님의 형상이
다. ST, q. 93, a. 4.

본인은 그러한 이론을 개론으로 보여주기 위해 주로 라너의 초월적 신학을 이용하고자 한다.

라너의 계시 신학의 핵심적 전제는 하나님에 대한 지식과 사랑이 우리의 세계와의 관계성에 분리될 수 없는 방식으로 연결되어 있다는 통찰이다. 하나님과 세계에 대한 우리의 지식과 사랑은 본질로 연결되어 있기에 인간의 역사가 하나님의 자기 계시적인 행동의 가능한 매개물 혹은 장소가 될 수 있는 것이다. 곧 하나님에 대한 우리의 접근은 항상 세계를 통해 중재되기 때문에 그리고 세계에 대한 우리의 관계는 항상 하나님을 향한 역동성의 지평 속에서 일어나기 때문에, 세계 안의 사건들, 인물들, 사상들, 말들, 이미지들이 하나님의 계시로서 봉사할 수 있는 것이다.

인간의 영·정신 속에 자리하는 하나님의 중요한 현존 곧 "하나님의 내적 알려짐·지식"(notitia Dei insita)은[10] 어떤 대상이나 사상으로 현존하는 것이 아니라, 세계의 대상들을 알고 사랑하는 행동을 위해서 함께 긍정되는(co-affirmed) 가능성의 조건으로 발생하는 것이다.[11] 동시에 이러한 현존은 앎과 사랑의 역동성이 가지는 내적인 '목표'(Woraufhin)이며 이유이다. 우리가 살펴본 것처럼 이것은 하나님이 독특한 방식으로 알려진다는 것 곧 결코 적절하게 '포착되거나' 개념적으로 제한될 수는 없는 초월적 '신비'로서 알려진다는 것을 의미한다. 왜냐하면 하나님의 신비는 그 자체로 모든 제한적 이해의 가능 조건이기 때문이다. 하나님의 신비는 그 속에서 모든 구분이

---

10 Pannenberg, *Systematic Theology*, vol. I, 107; vol. 2, 229.

11 Emerich Coreth, *Metaphysics*, edited by Joseph Donceel (New York: Herder and Herder, 1968), 182; Rahner, *Hörer des Wortes*, 76-79.

일어나는 지평이기 때문에 그것 자체는 결코 구분되거나 정의될 수는 없다. 따라서 하나님을 이해하고 하나님에게 이름을 부여하려는 모든 시도는 무한성에 대한 선이해에 다시 호소하게 되어 있다.[12]

> 우리의 초월적 경험의 '어디로'(*Woraufhin*)는 이름이 없고, 정의될 수 없고, 도달할 수 없는 어떤 것으로 항상 거기에 있다. 이름은 다른 많은 이름 중에 하나를 선택함으로써 어떤 것을 구분하고, 경계를 짓고, 핀으로 꽂아버린다. 하지만 무한한 지평(infinite horizon) 그 자체, 초월성의 '어디로'는 그렇게 정의될 수는 없다. 우리가 그것을 생각하고, 객체화하고, 개념적으로 제한하고, 다른 많은 대상 중 하나인 것처럼 말할 수도 있을 것이다. 하지만 이러한 일련의 개념들은 오직 다시 한번 초월성의 '어디로'를 지향하는 초월적 행동에 의해 조건지어지는 한에 있어서, 참되고 바른 이해의 표현이 될 수 있다.[13]

이러한 방식으로 선㳀이해된 존재의 신비는 오직 종교적 경험에 대한 후속적인 성찰을 통해서만 하나님으로 이해될 수 있다. 이러한 이해가 이루어질 때, 비㩾대상적인 선이해가 하나님에 대한 모든 주제화된 지식의 참고점 혹은 해석학적 열쇠가 되는 것이다. 비대상적인 선이해는 오직 유한한 대상들에 대한 지식과 관련하여 일어날 수 있으며, 경험의 독특한 한 측면으로 오직 후속적으로 주제화될 수 있다. '하나님'이 무엇을 의미하는지 알기 위해서 우리는 자신의 유한한 영적 행동들의 무한한 지평의 경험으로 끊임없이 돌아가

---

12 Rahner, "The Concept of Mystery", 52.

13 *Ibid.*, 50.

야만 한다. "왜냐하면 단지 유한성의 한계들을 제거하는 것 그 자체가 절대적이고 긍정적인 의미에서 무한하다는 것이 무엇인지 이해하는 데 있어 충분하지는 않기 때문이다."[14] 따라서 하나님에 대한 우리의 가장 근본적이고 비개념적인 지식에는 긍정적이고 부정적인 차원이 동시에 있는 것이다. 요컨대 하나님에 대한 지식이란 우리가 하나님의 본질을 파악하는 데 있는 것이 아니라, 우리가 유한한 대상들의 존재를 앎으로[15] 경험하는 '넘침'(excess) 속에서 하나님의 본질을 향한 우리 자신의 운동(our own movement)을 파악하는 데 있다.[16]

존재에 대한 인간의 개방성을 이루고 있는 하나님에 대한 선이해는 하나님의 자기 계시의 가능 조건이다. 실존적으로(existentially) 볼 때, 총체성에 대한 선이해는 하나님의 자기 수여와 자기 선물로부터 적절하게 구분될 수는 없다. 하지만 초월적(transcendental) 성찰의 차원에서는, 고전적 신학에서 '자연적'(natural) 계시와 '초자연적'(supernatural) 계시로 불렀던 이런 둘 사이의 구분이 '접촉점'(Anknüpfungspunkt)과 대가 없는 은총을 설명하기 위해서 신학적으로 필요하다. 라너에 따르면 계시는 단지 명제적命題的이라기보다는 본질적으로 인격적人格的이고 관계적關係的이다. 곧 계시는 하나님

---

14 Ibid.

15 이러한 진술은 인간의 '지식'이 단지 대상들과의 감각적 만남이 아니라, 존재에 대한 합리적인 판단이라는 인식론을 전제하는 것이다.

16 이러한 진술에 대한 설명이 하나님의 존재에 대한 초월적 접근법의 핵심을 이룬다. Coreth, *Metaphysics*, 174; Rahner, *Hörer des Wortes*, 83; *Geist in Welt*, 193-194 (*Spirit in the World*, 184); Lotz, *Metaphysica*, 50, 109; *Die Identität von Geist und Sein*, 233-235; Lonergan, *Insight*, ch. XIX.

에 관한 어떤 '정보'의 수용에 있는 것이 아니라, 하나님 자신에 대한 하나님 자신의 의사소통 행동에 있다.[17] 계시는 하나님의 본질인 신비를 제거하는 것이 아니라, 오히려 우리를 그 신비 속으로 초청한다.[18] 하나님의 의사소통은 "하나님의 이해 불가능성의 직접적인 현존이며, 여전히 그렇게 남는다."[19] 하지만 그러한 계시는 다음과 같은 방식으로 이루어진다. (1) 우리는 우리 자신의 궁극적 지복^{至福}으로서 신비와의 친밀한 교제 속으로 초청받는다. "이러한 (은혜에 의해 우리가 변화되는) 근본적 과정은 하나님을 계속 접근하지만 결코 도달할 수는 없는 멀리 떨어져 계신 분, 원거리에서 지식과 자유를 통해 행동하심으로써 인간의 영을 움직이시는 분으로만 더 이상 남겨 두지는 않는다. 비록 그런 지복적인 비전 속에서도 하나님은 계속 신비로 남겠지만, 그러한 과정은 하나님 자신을 도달 가능한 목표로 만든다."[20] (2) 우리는 신비를 사랑 속에서 수용할 수 있게 된다. "하나님의 이해 불가능성에 의해 인간이 산산이 부수어지지 않으면서도… 그것을 허용하고 수용할 수 있는 행동은… 바로 이러한 이해 불가능성을 완전히 신뢰하고, 그것에 자신을 내어주는 사랑의 행동이다."[21]

앞에서 말했듯 라너의 계시 신학의 열쇠는 물질적이고 간주관적인 존재를 영적인 인간 존재를 위한 본질인 조건으로 이해하는 데 있다.[22] "인식되어지는 어떠한 것도 그것을 인식하는 인식자의 양

---

17 Rahner, "The Concept of Mystery", 39.

18 *Ibid.*, 54.

19 Rahner, "The human question of meaning", 102; cf. "The Concept of Mystery", 55.

20 Rahner, "Faith between rationality and emotion", 68.

21 Rahner, "The human question of meaning", 100.

식을 따라 인식된다"(*Quidquid recipitur, secundum modum recipientis recipitur*).23 하나님의 자기 수여가 우리 인간에게 도달하기 위해서는(이것은 또한 우리를 새로운 차원에서 인간으로 창조하는 것을 의미한다) 그것이 인간의 지식과 자유가 작용하는 양식에 따라서 우리에 의해 자유롭게 수용되어야 한다는 것을 의미한다.24 즉, 하나님의 자기 계시는 생물학적이고, 사회적이고, 언어적인 우리의 세계에 의해 중재된다.25 인간에게는 어떤 순수한 초월적 경험이란 없다. 초월적인 경험은 시공간적 사물이나 사건의 경험이 가지는 초월적 가능 조건으로서 공동-경험되고(co-experienced), 그것들에 내재하며, 그것들과 함께 작용하는 것이다. 따라서 하나님의 인격적 자기 계시는 단지 순전히 내적이고 초월적인 사건일 수는 없다. 계시의 초월적(tran-

---

22 이러한 주제는 여러 번에 걸쳐 라너의 저작들에 분명하게 나타난다. 그가 *Spirit in the World*에서 간략하게 요약하듯 "자유로운 영(spirit)은 영이기 위해서 감각성(sensibility)이 되고, 되어야 한다", 406.

23 *ST*, I, q. 75, a. 5; q. 76, a. 2. obj. 2; q. 79, a. 6.

24 비록 융엘은 하나님이 하나님 자신을 의사소통한다는 사실에 의해서 인간 수용자의 양식은 '변화된다'고 말하지만, 그러한 의사소통은 그러한 변화가 가능한 주체, 즉 '영적인' 존재를 전제하는 것이다. 하지만 인간의 영은 은혜의 상태 속에서도 항상 세계의 육체적 존재를 통해서 실현된다. Cf. Jüngel, *God as Mystery of the World*, 295.

25 라너는 우리의 궁극적인 '지복적 비전·봄'(beatific vision)이 어떤 의미에서는 현재 우리의 중재된 지식이라는 조건을 극복하는 것으로 본다. 하나님의 신비는 오직 (1) 우리의 주관적 초월성의 경험 속에서 (제한되지 않은 초월성의 목표로서) 알려질 수 있고, (2) 우리의 범주적 지식의 가능 조건으로서 알려질 수 있다. 라너에 따르면 지복적 비전에서 하나님은 항상 절대적 신비로 남은 채로 인간의 영에 직접적(immediate)이 된다. "The Concept of Mystery", 55-56; "The incomprehensibility of God in St. Thomas Aquinas", 246을 참고하라. 그럼에도 불구하고 이런 궁극적 상태 속에서도 일종의 세계와 역사에 의한 '중재'(mediation)가 배제되지는 않는다("The Theology of the Religious Meaning of Images", 151 참고). 이와 유사하게 우리의 현재적 삶이 존재의 종말론적 양식에 이미 참여하는 한에 있어서, 우리는 일종의 하나님의 '직접성'에 대해 이미 말할 수 있는 것이다. 하지만 이런 직접성은 '중재된 직접성'(mediated immediacy)으로 남는다.

scendental) '측면'은 오직 범주적(categorical) 중재를 통해서 실현될 수 있기 때문이다. 결론적으로 계시는 '또한'(also) 외적^{外的}인 형태를 지닌다.26 계시의 외적 형태란 역사 속에 자기를 드러내는 하나님의 '말씀'과 '행동'이다.

라너의 신학에서 '은혜'의 내적인 현존은 이미 어떤 의미에서는 하나님의 '말씀'이라고 말할 수도 있을 것이다. 하지만

> 만약 하나님의 언어적 의사소통이 이미 은혜의 내적 말씀 속에 완성되었고, 오직 내향적 은혜를 통해서만 '조명'된다면, 인간은 항상 그리고 본질로 자신의 구원을 자신의 존재의 비^非성찰적이고 비객체화된 초월성 속에서 성취할 수 있을 뿐, 세계적 대상들이나 범주들은 구원의 범위 밖에 있는 것들이 될 것이다. 인간은 하나님에 의해 오직 그의 영혼의 '뛰어난 점' 혹은 그의 비밀스러운 심오성 속에서만 받아들여질 뿐, 인간 존재의 모든 차원과 넓이에서 받아들여지지는 않게 된다. … 만약 그러하다면, 인간은 구원의 사건에 있어 자신의 사회적 차원에서 받아들여지지는 않게 된다. 하지만 만약 인간이 구원에 대한 개인적 결정의 차원에서조차도 본질이고 원초적으로 공동체적인 존재라고 한다면, 인간의 은혜에 대한 지식이 단지 은혜에 대한 그의 내적인 경험을 통해서만 적절하게 주어질 수는 없다. 그것은 또한 밖에서부터, 세계로부터, 공동체로부터, 구원사로부터 와야 한다. 구원의 역사는 역사적으로 전달되는 사회적 사

---

26 여기서 '또한'은 어떤 두 가지 독립적인 계시들이 우연으로 결합된 것이 아니라, 하나의 단일한 계시가 두 가지 차원들을 가진다는 것을 의미하는 것이다. 이러한 두 가지 '측면들'은 고전 철학이 구분했던 유한한 존재의 '물질'과 '형식'에 대한 성찰과 같은 방식으로 구분될 수도 있을 것이다. 하지만 어느 하나도 다른 하나 없이 존재할 수는 없다는 것이 인정되어야 할 것이다.

건인 것이다. 하지만 이것은 동시에 하나님 말씀의 선포가 인간에 대한 하나님의 구속적 '행동'의 내적인 순간들에 필연적으로 속한다는 것을 의미한다. 하나님의 말씀은 '역사적'이고 외적인 하나님 구원의 행동으로서 그리고 신자들의 공동체에 의해서 인간의 내적인 순간에 전달되는 것이다. 외적인 계시는 그것이 '하나님의' 계시이기 위해서 내적인 '말씀'에—곧 우리의 영적 역동성의 목표인 하나님이 포착할 수 없는 직접적 현존으로 경험되어지는 '넘침'에— 의존하여야만 한다.27

하나님의 원초적 자기 계시를 통해 총체성의 지평으로 알려지는 하나님의 내재성 · 초월성은28 우리로 하여금 하나님의 말씀이나 행동을 세상의 역사 옆에서 혹은 '밖에서' 거기로 삽입되는 독특한 '신성한' 사건으로 생각하는 것을 막는다. 비록 하나님의 '개입'이라는 이미지가 그 대가 없음과 초자연적 특성을 묘사하는데 적절한 것으로 남는다고 해도 말이다.29 라너는 "하나님의 인과성(God's causality)은 세계내적 인과성(inner-worldly causality)과 비례하는 것이지 반비례하는 것은 아니다"는 원칙을 분명하게 밝힌다. 따라서 하나님의

---

27 Rahner, "The Word and the Eucharist", in *TI*, vol. 4, trans. by Kevin Smith (Baltimore: Helicon Press, 1966), 258-259.

28 하나님의 초월성과 내재성은 '반대되는 것들'처럼 보인다 (초월성='거리'; 내재성='가까움'). 하지만 사실 그것들은 같은 실재의 두 측면이다. 곧 그것들은 하나님의 무한성의 두 측면으로서, 거기서 하나님이 아닌 모든 것로부터의 하나님의 '구분'이 따라오는 것이다. Cf. Jüngel, *God as Mystery of the World*, 295.

29 하나님의 역사 내 '행동'에 대한 근본주의적, 실존주의적, 과정신학적, 비이원론적 해석들과 같은 다양한 접근들에 대해서 그리고 그것들이 이 책에서 제공되는 초월적 해석과 어떻게 비교될 수 있는가의 문제에 대해서는 Viladesau, *Answering for Faith: Christ and the Human Search for Salvation* (New York: Paulist Press, 1987), 49-70을 참고하라. '기적'이라는 한계적 예가 간략하게 여기서 취급되고 있다.

인과성에 가장 높은 차원은 인간의 합리성과 책임 속에서, 그것을 통해서 발생하는 것이다.[30] 계시는 항상 하나님의 자유롭고 초자연적인 선물이다. 동시에 계시는 그러한 선물을 자유롭게 수용하고, 그것에 의해 창조되고 형성되며, 그것을 행동과 사유에 구체적으로 실현시키는 인간의 성취이기도 하다.[31]

> 계시의 역사는 성령의 역사인 동시에, 인간 이성의 역사이기도 하다.…
> 그 본질 존재에 있어 이성은 인식 불가능한 신비의 즉각적 실재에 개방되어 있고, 역사를 통해 완전한 자기실현에 이른다. 계시의 역사는 은혜의 영향 하에 있는 이성의 역사이다.[32]

따라서 어떤 사건들이나 인물들은 다른 것들보다 더 계시적일 수 있다. 어떤 피조물의 행동이나 사고가 존재의 절대적 원천과 목표에 근거됨을 더 성찰하면 할수록, 곧 인간의 행동이나 관계가 더 자유롭고 더 지성적이고 더 선하고 더 사랑할수록 하나님은 그것들 속에서 하나님 자신을 더 의사소통하고 행동한다고 말해질 수 있다.[33]

---

30 라너에게 있어 이러한 하나님의 인과성은 단지 '작용적'(efficient)일 뿐만 아니라, '유사형상적'(quasi-formal)이기도 하다. 곧 그것은 하나님이 '아닌' 유한한 존재자의 창조를 넘어서, 그것이 하나님 속에 친밀하게 참여하도록 만든다. Rahner, "The Theology of Symbol", in *TI*, vol. IV, trans. by Kevin Smith (Baltimore: Helicon Press, 1966), 245-247.

31 물론 일종의 신인협력설(神人協力說, synergy)을 피하기 위해서 우리는 '인간의 범주적 인과성(human categorical causality)과 하나님의 초월적 인과성(divine transcendental causality)—곧 '작용인'(作用因)과 '유사형상인'(類似-形像因)—은 비례관계에 있다는 라너의 원칙을 상기해야만 한다. 하나님의 은혜의 자유로운 수용은 그 자체로 하나님의 선물이다.

32 Rahner, "Faith between rationality and emotion", 69.

33 Cf. Viladesau, *Answering for Faith*, 61.

계시는 하나님 자신의 살아 있는 신비를, 하나님의 존재 방식 자체를 의사소통하는 것이다. 하나님의 존재를 대가 없이 인간과 나눔은 사랑의 행동이다. 따라서 우리에게 하나님 자신의 계시는 동시에 필연적으로 하나님과 우리의 관계를 계시하고 구성하는 것이다. 하나님의 사랑 때문에 우리는 우리일 수 있으며, 그러한 사랑이 역사 속에 존재할 수 있는 것이다. 이러한 실재들은 '구원', '성화', '계시' 자체 등과 같은 범주로 불린다. 따라서 계시는 단지 하나님의 존재 방식을 아는 것만이 아니라, 우리가 그것을 닮아가는 데에 있다. 계시는 선물인 동시에 성취이다. 우리의 측면에서 계시의 중요한 순간은 인간이 하나님의 존재 방식을 닮아가는 행동 속에 있는 것이다. 이러한 행동이 하나님의 형상 혹은 '상징'이라고 말해질 수 있는 것이다. 이것은 개인적이고 사회적인 차원 둘 다에서 발생한다. 인간들과 그들의 관계들이 '전환되어지는' 한에 있어, 그것들은 인류에게 공유된 하나님의 삶의 구체화 혹은 '표현'이 되며, 우리를 위한 하나님의 행동과 본질의 '패러다임' 혹은 '이미지'가 되는 것이다.[34]

하지만 영적인 행동으로서 인간의 행동은 필연적으로 제스처, 말, 이미지 등을 포함하는 가장 넓은 의미에서 언어를 통한 추가적인 상징화의 과정에 관련된다. 왜냐하면 인간은 단지 물질적인 세

---

34 초월적이고 범주적인 계시에 대한 라너의 사상을 간략하게 요약한 것으로는 그의 *Foundations of Christian Faith*, 87. 라너에게 있어 하나님의 은혜는 보편적으로 제공된다는 것을 주목해야 할 것이다. 따라서 인류의 역사 전체가 또한 '구원사'(salvation history)이며, '일반 범주적 계시'(general categorical revelation)인 것이다. 종교의 역사는 계시의 가장 분명한 부분이고, 그리스도 사건의 역사는 (유대 민족에서 그것의 준비를 포함해서) 계시의 '특별한' 그리고 궁극적인 성취이다.

계 속에만 사는 것이 아니라, 의미에 의해 중재되고 구성되는 세계 속에도 살기 때문이다. 하나님의 자기 의사소통이 인간적 차원에서 실현되고 표현되기 위해서는 언어적이고 상징적인 형식을 요구하게 되는데, 우리는 그러한 한에 있어서 계시를 하나님의 '말씀'으로 이해할 수 있는 것이다.35 하나님의 창조적이고 자기 수여적인 행동이 우리 속에 하나님의 존재를 설정하게 되고, 그것이 언어적 상징들과 가지는 상응성 때문에 우리는 하나님에 대해 '말할 수' 있는 것이다.36 여기서 물론 하나님의 행동은 인간의 '수용'을 통해 구체적으로 실현된다는 것이 전제되고 있다. 단지 세계만을 가리키는 상징들도 하나님에 대해 말하는데 사용될 수 있는데, 하나님은 인간의 물질적 · 영적 역사 안에서 하나님 자신의 '진정한 상징'을 만들기 때문이다. 이러한 역사는 의미의 차원에 있어 언어적 기호들에 의해 중재되고 구성된다.

하나님과 우리의 관계를 설정하고 그것을 역사적으로 의사소통하는 '언어 사건'(speech event)은 다양한 정도로 성공하는 인간의 성취 내지 산물이기도 하다.37 우리는 서로 다른 정도로 하나님의 존재 방식(하나님의 '형상')을 성취하고, 서로 다른 정도의 잠재력을 지닌 상징적 체계들을 통해 그것을 알게 된다. 화이트헤드가 지적하듯

---

35 Pannenberg, *Anthropology*, 395. 여기서 '말씀'은 문자적이고 직접적인 의미로 사용되고 있다. 다른 한편으로 우리가 이미 살펴보았고 판넨베르크도 지적하듯 언어는 '감추어진' 것을 표현하는데, 곧 경험의 대상만이 아니라 그것의 배경을 표현하는데도 특히 유용하다. 이러한 이유로 '말씀'은 하나님과 관련된 언어에서 '총체성'(totality)의 지평을 표현하는 가장 보편적인 도구인 것이다.

36 Cf. Jüngel, *God as Mystery of the World*, 300.

37 *Ibid.*, 289.

"언어는 모든 관념을 종류에 관계없이 표현하는 일종의 보편적 양식은 아니다. 그것은 그러한 언어를 발전시킨 구체적 사람들에 의해 사용되어지는 제한된 표현 양식이다."[38] 동시에 하나님과 만남은 모든 사고의 내용을 넘어서는 '넘침'을 가져오게 되고, 그것이 또한 우리의 언어들을 확장시키거나 변화시키거나 재해석하게 만든다. 우리의 삶의 방식은 또 다른 전환에 항상 개방되어 있는 것이다.[39]

하나님의 계시는 '중재된 직접성'(mediated immediacy)으로, 초월적超越的(transcendental) 측면과 범주적範疇的(categorical) 측면이라고 하는 서로 분리될 수 없는 계시의 두 측면에 의해 구성된다는 라너의 사상은[40] 「모세와 아론」에서 하나님의 '행동'과 '말씀'으로서 역사적 계시라는 문제에 대해 제안된 해결책을 신학적으로 보다 잘 이해할 수 있게 만든다. 이 부분의 처음에 제기된 주제를 다시 생각해 보자. 인간은 그 자체로 하나님의 '형상'이기 때문에(because), 오직 그러한 한에 있어(insofar as), 하나님은 (인간의 행동, 말, 이미지를 포함한) 역사를 통해 알려질 수 있다.[41] 인간이 하나님을 닮아감은 불완전하

---

38 Alfred North Whitehead, *Religion in the Making* (New York: Macmillan, 1926), 33.

39 여기서 '넘침'은 하나님의 무한성과 인식 불가능성에게로 지향하는 영의 중요한 활동을 의미할 뿐 아니라, 하나님의 자기 의사소통을 수용하는 자유로운 인간의 행동을 또한 의미한다(후자도 또한 새로운 차원에서 우리의 존재를 하나님의 신비를 향하게 만든다). 이런 후자의 의미에 있어 넘침은 또한 믿음, 소망, 사랑의 행동인 것이다. Rahner, "The incomprehensibility of God in St. Thomas Aquinas", 254.

40 Rahner, *Foundations*, 87.

41 간청과 '들음'으로서 기도에 대한 쇤베르크의 문제는 이와 유사한 방식으로 대답될 수 있다. 하나님의 영이 우리 속에서 기도하는 한에 있어 우리는 '들을' 수 있고, 하나님께 올바르게 간청할 수 있는 것이다. 아퀴나스의 적절한 표현에 따르면 간청의 기도는 '희망의 해석'(*spei interpretativa*)이다. 기도의 본질은 지복에 대한 초자연적인 예견으로서 희망에 있다. 하지만 그것은 또한 초월적 역동성의 목표로서 경험되는 선함의 구체화이고, 범주적 (따라서 틀릴 수 있는) 해석이다. *ST* IIae, q. 4, a 2, 2 그리고 ad 2 참조하라.

고, 발전이나 쇠퇴에 놓여 있으며, 은혜에 외부적인 혹은 은혜와 반대되는 요소들에 의해 범주적 차원에 있어 제한되고 생산된다. 하나님의 자기 선물을 인간이 수용하기를 실패하는 것은 하나님의 계시를 왜곡할 수 있고, 하나님의 이미지를 자아와 그 필요의 투사 작용에 기초하는 우상으로 바꾸어버릴 수 있기 때문이다: "사람들은 자신을 보다 낫게 만들고자 원하지 않기 때문에, 그들은 하나님을 보다 나쁘게 만든다"(*quia ipsi nolunt converti in melius, Deum convertunt in peius*).[42]

따라서 '구원사'는 그 일반적 형태에 있어 양면적인 것이다. 그것은 하나님의 계시인 동시에 은폐이고, 구원의 표식인 동시에 반反표식이다.

> 종교의 역사는 계시의 역사에 있어 가장 두드러진 부분이다. 하지만 종교사는 동시에 하나님의 초월적 경험에 대한 역사적 오해들이 가장 심각하고 뚜렷하게 발생한 부분이기도 하다. 여기서 미신이 가장 번창한다. 이 둘은 항상 그 양면성 속에서 함께하며, 우리에게 있어 서로 분리되지 않는 것이다.[43]

하나님의 인과성에 대한 자신의 견해에 기초하여, 라너도 기도를 유사하게 설명한다. 기도는 우리 자신의 정신적 상태 표현인 동시에 우리를 향한 하나님의 '말씀'이라는 것이다. 기도의 진정성을 가늠하는 척도는 우리의 "하나님을 향한 무조건적 개방성"이며, 따라서 기도의 범주적 내용들은 항상 조건적인 성격을 가진다. Rahner, "Dialogue with God?", *Theological Investigations*, vol. XVIII, trans. by Edward Quinn (New York: Crossroad, 1983), 특히 123, 128, 130-131을 보라.

42 Augustine, *En. in Ps. LXXIV*, n. 25.

43 Rahner, *s.v.* 'Revelation', in *CSM*.

이러한 양면성은 종교적 의미를 중재하는 말과 이미지로 확장된다. 판넨베르크의 말을 달리 표현하면 우리의 마음이 '총체성'에 개방되고 거기를 향하는 한에 있어서 하나님은 말과 이미지를 통해 우리에게 '의사소통'될 수 있다. 하지만 우리의 삶이 자신이나 대상들에 몰두하게 되고 그것들이 우리를 총체적으로 소유하는 한에 있어서 세계를 우선 가리키는 우리의 말과 이미지는 왜곡되거나 신화론적이 되거나 우상숭배적이 될 위험성을 가진다.[44]

기독교는 예수 속에서 하나님의 자기 선물이 자유롭게 실현되었고, 전유되었고, 절대적 · 승리적 · 종말적인 방식으로 성육화되었다고 본다. 이것은 역사적 예수와 그의 사명에서 하나님의 결정적 '표식', '말씀', '이미지'가 생겨났다는 것을 의미한다.[45] 따라서 예수의 생애와 가르침은 하나님에 대해, 하나님과의 우리의 관계에 대해

---

44 "*Durch die Einfälle der Phantasie kann Gott zum Menschen sprechen, wenn dieser reinen Herzens auf das Ganze seiner Lebenswelt und auf Gott als auf ihren Grund und ihr Ziel hin geöffnet ist. Wenn aber die Aufmerksamkeit des Menschen das Ganze seines Lebens mit anderen Themenbereichen so verknüpft, daß sie nicht mehr Gott als Grund und Vollendung aller Dinge bezeugen, sondern davon losgelöst das ganze Interesse des Menschen in Anspruch nehmen, dann wird auch das Leben der Phantasie durch solche Verkehrtheit des Menschen korrumpiert*"(인간의 순수한 마음들에 하나님이 그들의 근거와 목표로서 생활세계의 총체성에서 계시될 때에는 하나님은 상상력의 착상들을 통해 인간에게 말한다. 하지만 인간이 자신의 총체적 삶을 다른 관심의 범주로 돌리게 되고, 하나님을 모든 사물의 근거와 완성으로 증언하는 대신 인간의 총체적 관심이 거기서 떨어지게 될 때, 상상력의 삶은 그러한 인간들의 교체를 통해 타락된다). Pannenberg, *Anthropologie*, 370(영어판 381-382). 판넨베르크는 여기서 특히 상상력의 삶에 대해 말하고 있지만, 그는 동일한 원칙을 또한 언어에도 적용시킨다(383; 영어판, 394).

45 그리스도가 하나님 자신 밖의 하나님의 완전한 표현이고, 하나님은 그러한 하나님의 존재의 완전한 나눔을 위해서 세계를 창조하신 한에 있어 교부들은 그리스도를 창조의 '모범'이라고 말한다. 이러한 주제는 기독교 예술에 광범위한 영향을 끼쳤다. 이 3장의 '프롤로그'를 참고하라.

그리고 하나님의 사랑에 의해 소명된 인간 공동체에 대해 말할 수 있는 모범적 패러다임을 제공하는 것이다.

하지만 이것이 하나님에 대해 사유하고 이미지를 만드는 문제를 완전히 해결하는 것은 아니다. 첫째로 판넨베르크가 주장하듯 예수는 오직 하나님의 종말적 승리의 예견적豫見的 현존이라는 부활의 빛 아래서 하나님의 결정적 계시이다.[46] 예수의 삶과 가르침이 예수의 언어와 문화를 포함한 역사적 조건이나 한계를 벗어남으로써 계시적인 것이 아니다. 오히려 그것들은 부활復活의 사건에서 근본적인 방식으로 현존하는 초월성에 대한 그것들의 개방성 때문에 계시적인 것이다.[47] 따라서 계시로서 예수의 궁극적인 의미는 그의 세상적 존재와 가르침의 내용을 (비록 그것들에 동시에 의존함에도 불구하고) 초월한다.

둘째로 우리가 위에서 살펴보았듯 예수의 역사와 그것이 가지는 의미를 언어적이고 표상적으로 전달하는 데에도 문제가 발생한다. 이것은 원래의 콘텍스트와 후속적 의미의 '세계들'이라는 두 경우 모두에 적용된다. 따라서 그리스도와 그리스도의 영(Spirit)을 '들음'을 통해 신앙하는 자들에게 있어서 수용하는 말씀의 메시지를 다음의 것들에게 상관시켜야 할 과제를 가진다: 초월적 말씀, 우리에게 알려질 수 있는 한에 있어서 역사적 예수 속에 성육한 말씀, 신약성서 자체를 포함해서 이후의 문화들과 세대들에 의해 중재되고 해석된 다양한 이미지들과 말들 그리고 하나님의 자기 선물이 타 종교들과 문화들에 성육화된 다원적 말들.[48]

---

46 Pannenberg, *Anthropology*, 396.
47 오직 부활의 사건만이 '하나님이 예수 속에서 말씀하신다'는 것을 분명하게 만든다는 판넨베르크의 진술에 관해서는 *Anthropology*, 396.

'위로부터'(from above) 시작하는 이러한 구조적 설명의 결론을 우리가 요약해 본다면, 신학적 미학 이론은 하나님의 세계 내 이미지인 그리스도에서 시작해야 한다고 주장하는 발타자나 반 델 레우의 사상들과 병행되는 주장을 발견하게 된다.[49]

하나님 자신을 '밖으로'(*ad extra*) 표현할 수 있는 하나님의 본질적 능력은 하나님이 영원하게 로고스^{Logos}며 영(Spirit)이라고 우리가 말하는 것의 의미다.[50] 예수가 성육화된 말씀이며 영의 사람이다. 예수 안에서 하나님은 구체적인 방식으로 역사 속에서 자신을 '말씀하시고' 계시하신다. 그리스도는 보이지 않는 하나님의 '형상'이고 (골 1:15; 고후 4:4; 빌 2:5; 창 1:26-27), 라너의 용어에 따르면 하나님의 '진정한 상징'이며 '성례'이다.[51] 예수 안에서 하나님의 '모양'이 인간의 모양으로 드러난다. 예수가 인간성을 공유하기 때문에 그러한 인성이 하나님의 형상을 성육화하는 매개체가 될 수 있고 실제로

---

48 여기서 본인은 역사 속의, 특히 세계 종교들 속의 하나님의 다른 계시들이 예수와 가지는 관계에 대한 논의를 삼가고자 한다. 예수의 '절대성'에 대한 정확한 의미와 그것이 필연적으로 배타성을 의미하는지의 문제는 매우 중요하며 자주 토론되는 주제들이다. 이것들은 또한 신학적 미학 이론의 관점에 의해 더 첨예화되고 있다. '표식'(sign)으로서 계시에 대한 이해는 키에르케고르에 의해 이미 예견된 다음의 문제를 제기하게 된다: 어떤 유한한 '형식'(form)이 하나님의 '결정적이고 최종적인'(*definitive and final*) 표상이 될 수 있는가? 여기에 관해서는 Viladesau, "How is Christ Absolute? Rahner's Christology and the Encounter of World Religions", in *Philosophy and Theology*, vol. II (spring, 1988), 220-240; Viladesau, *Answering for Faith*, 232-251과 여기서 인용되는 저작들을 참고하라.

49 예를 들어 Van der Leeuw, *Sacred and Profane Beauty*, 318, 328을 참고하라. 니콜스 (Aiden Nichols)는 발타자의 사상을 따르면서도, 우리의 예술 경험에 직접 관련되는 계시의 신학을 제공함으로써 발타자를 넘어서고 있다. 그의 *The Art of God Incarnate*, 특히 91-156.

50 Rahner, *Foundations*, 304.

51 Rahner, "The Theology of the Symbol"

되는 것이다. 따라서 인간성 자체는 하나님을 형상화할 잠재력을 지니는 것이다. 그리고 우리가 예수의 삶의 패러다임 곧 모범을 따라 동일한 예수의 영 안에서 살아가는 한에 있어 우리는 실제로 그런 형상화를 하는 것이다. 결론적으로 인간의 삶의 방식, 사상, 언어 그리고 상상력·표상력은 그리스도 안에서 계시된 하나님의 원초적 말씀 혹은 이미지를 반영하고 그것을 성찰하는 한에 있거나 원초적 말씀이 그러한 인간적 행동들의 존재론적 전제조건인 한에 있어, 그것들은 하나님의 역사 내 현존에 대한 감각적·영적 모양을 제공하는 것이다.[52]

3. 하나님을 사유하고 이미지화하는 방식들

본인은 기초신학적 미학 이론의 첫 번째 과제를 감각적 인식을 통한 계시의 수용에 있어서 인간학적 조건들의 이론을 형성하는 것이라고 제안하였다. 그러한 이론은 다음의 것들에 대한 가능성을 살피는 것과 관계된다: 본질적으로 감각성에 매인 인간의 마음을 통해 하나님을 아는 가능성, 인격적이고 상징적인 형식 속에서 하나님의 계시를 수용할 가능성, 상징들과 이미지들을 사용해 하나님에 대한 지식과 역사적 계시에 대한 지식을 의사소통할 가능성이 그것들이다.

이러한 문제들에 대한 논의가 인류 속의 하나님의 '형상'이라는

---

52 우리가 앞에서 보았듯 후자의 존재론적 전제 조건은 아우구스티누스가 인간 마음속에서 발견하는 삼위일체의 심리적 유비의 기초가 되고 있다. 아우구스티누스에 있어 인간성은 단지 '순수한 영'(pure spirit)이기 때문에 하나님의 형상인 것이 아니라, 말(혹은 이미지)과 사랑을 통해 자기의식에 도달하는 영이고, 구체적으로 말해 "세계-내-영"(spirit-in-the-world)이기 때문에 하나님의 형상이다.

주제에 의해 고찰되었다. 이론적 명확성을 위해서 우리는 하나님의 '형상'을 두 가지 차원으로 추상적으로 구분할 수 있을 것이다: (1) 하나님의 계시를 가능하게 하는 인간 존재의 영속적인 '구조적'(structural) 특성들 곧 인간 '본성'(nature), (2) 하나님의 자기 계시의 실제 수용 (actual reception)과 하나님의 존재 방식을 닮아감(assimilation). 전자 는 후자에 대한 추상적인 '가능 조건'이다.[53] 이 두 가지는 앞부분에 서 각각 다루어졌다. 여기서는 본인은 하나님의 형상 이론이 종교 (religion)와 신학(theology)의 영역에서 사유나 상상력을 위해 구체적 으로 사용될 때 어떠한 함의를 가지는지를 (고찰의 완전성이나 총체적 체계화라는 환상 없이) 알아보고자 한다.

하나님의 '구조적構造的' 형상은 절대성에 대한 개방성 곧 하나님 의 신비 자체에 대한 마음의 본질적 개방성에 있다. 이러한 개방성 은 모든 객관적 앎이나 사랑함의 행동들 속에서 비주제적으로 이루 어지는 총체성의 선이해(pre-apprehension of the totality)로 드러난다. 우리는 이러한 경험의 차원을 '종교적 의식의 내재적 합리성'의 측 면에서 보다 자세히 주제적으로 성찰할 수 있을 것이다(우리는 이미 '총체성의 선이해'에 대해 그리고 대상에 대한 앎과 사랑에서 경험되는 '넘침'

---

53 신학은 이 두 요소 중 어디에서도 합법적으로 시작할 수 있다(앞의 '조직신학'과 '기초 신학'의 구분에 대해 참고). 하나님이 그리스도 속에서 결정적으로 계시되었다는 것을 우리가 신앙의 '주어진' 사실로서 받아들인다면, 하나님과 신성에 대한 언어적 혹은 이 미지적 표상이 합법적인가 설명하는 것이 별로 문제되지 않을 것이다. 반 델 레우가 주장하듯 신인동형론은 하나님이 사실 인간의 모양을 가지셨기 때문에 합법적이다 (*Sacred and Profane Beauty*, 326). 하지만 기초신학은 나아가 신앙 속에서 주어진 진 리에 대해서도 질문한다. 곧 기초신학은 하나님이 인간의 모양으로 계시되었다고 우 리가 어떻게 책임 있게 주장할 수 있는지 우리가 표상한 것이 실제로 '하나님'이며 단지 우리 자신 존재의 투사물이 아닌지를 어떻게 알 수 있는지 질문한다. 이러한 문제들은 계시의 가능성에 대한 인간학적 조건들을 고찰할 것을 요구하게 되는 것이다.

에 대해 주제적으로 성찰하였다).

이러한 주제화는 몇 가지 기능을 한다. 첫째로 그것은 위의 세 가지 관심 중 두 가지를 다룰 수 있는 기초가 된다. 초월성에 대한 마음의 본질 개방성은 우리가 하나님을 알 수 있는 능력과 초자연적 계시를 수용할 수 있는 우리의 잠재력을 구성한다. 더군다나 이해, 판단 그리고 사랑의 가능 조건으로서 '넘침'에 대해 주목함으로써 그것은 존재가 가지는 초월적 특성을 보여주고, 우리가 초월자로서 하나님에 대해 가지는 긍정적(positive) 지식의 한계를 보여준다. 이러한 의미에서 그것은 하나님에 대한 우리의 '부정적'(negative) 지식의 기초가 된다. 여기서 부정적 지식이란 하나님이 무엇이 아닌지,[54] 하나님을 유한한 지식의 대상들과 그것들에 대한 우리의 앎의 방식들로부터 구분시키는 것을 가리킨다. 하지만 우리가 이미 살펴보았듯이 이러한 구분은 그 종류에 있어 독특한 것이다. 동시에 같은 이유에서 그것은 하나님에 대한 유도적(heuristic), 유비적(analogical) 지식의 기초를 제공한다.

'유비'(analogy)가 본질로 의미하는 것은 트레이시의 표현에 따르면 "차이성-속의-유사성(similarity-in-difference)을 설명하는 질서 있는 관계들의 언어"이다.[55] 그것이 신학적으로 사용될 때 유비는 언어를 초월성에 적용시키는 '문법'을 구성한다. 여기서 언어는 우선

---

54 곧 하나님과 구분되는 어떤 존재는 그 자신의 존재를 오직 파생적인 것으로 그리고 무한히 더 큰 총체성 안에 놓인 것으로만 경험할 수 있다. 하지만 엄밀히 말해서 이런 주장은 하나님이 무엇이 '아닌지'(not)를 우리가 결정할 수 있다고 말하는 것과는 다르다. 그런 결정은 하나님을 단지 다른 존재자들과는 구분되는 한 존재자로 만듦으로써 하나님의 무한성을 상실시킨다. 엄밀하게 말한다면 하나님은 오직 완전한 비존재(complete nonbeing)에 반대되는 것으로만 구분된 것이다.

55 Tracy, *The Analogical Imagination*, 408.

감각적 중재를 통해 알려지는 것들을 가리킨다.[56] 우리가 이미 토미
즘적인 인식론에서 보았듯이, 가장 추상적인 개념들조차도 그것들
이 유래한 감각적 경험에서 항상 분리될 수는 없는 것이다.[57] 그러
한 어떤 개념들도 하나님의 본질을 담거나 '표상'할 수는 없다. 그럼
에도 불구하고 하나님과 피조물 사이에는 관계가 존재하고,[58] 이러
한 관계 때문에 피조물은 다양한 차원에서 하나님의 존재에 참여할
수 있으며 하나님에 '유사한' 것이다.[59] 더군다나 무한에 대한 마음

---

56 하나님에 대해 '적절하게' 사용될 수 있는 '초월적' 용어들(예를 들어 '존재', '선함' 혹은
'진리')도 여기서는 마찬가지이다. 다음을 참고하라: *"Quantum igitur ad id quod sig-
nificant huiusmodi nomina [scl. 'bonitas', 'vita', etc.], proprie competunt Deo, et
magis proprie quam ipsis creaturis, et per prius dicunter de eo. Quantum vero ad
modum significandi, non proprie dicuntur de Deo: habent enim modum sig-
nificandi qui creaturis competit"*(이러한 말들이 지시하는 '완성들'[곧 '선함', '생명·
삶' 등]과 관련된 한에 있어 이 말들은 하나님에 대해서는 문자적으로 사용된 것이고
사실 피조물들에 대해 사용될 때보다 더욱 적합하게 사용된다. 왜냐하면 완성은 우선
하나님에게 속한 것이고, 오직 이차적으로 피조물들에 속하기 때문이다. 하지만 완성
들을 지시하는 '방식'과 관련된 한에 있어 이러한 말들은 부적합하게 사용된다. 왜냐하
면 그것들은 피조물들에 적합한 것을 지시하는 방식을 가지기 때문이다). 또한
*"quantum ad rem significatum per nomen, per prius dicuntur de Deo quam de
creaturis... Sed quantum ad impositionem nominis, per prius a nobis imponuntur
creaturis, quas prius cognoscimus"*(말이 의미하는 것의 관점에서 볼 때는, 그 말은 '우
선' 하나님에 대해 사용되어지고 '파생적으로' 피조물들에 사용된다. … 하지만 말에
대한 우리의 사용의 관점에서 볼 때는, 우리는 그 말을 우선 피조물들에 적용시킨다.
왜냐하면 우리는 그것들을 먼저 알기 때문이다). *ST*, q. 13, a. 3, 6.
57 라너는 여기에 대해 다음과 같이 말한다: "종교적 언어 속에는 매우 구체적인 개념들이
나 표상들과 이미지들이 존재할 뿐 아니라, 추상적이고 이미지를 가지지 않으며 순전
히 개념적인 언어도 존재한다. 하지만 궁극적으로 볼 때, 종교의 영역 내에서 개념들과
말들은 그것들이 감각적인 순간을 내포할 때, 그러한 한에 있어 이해될 수 있다." "The
Theology of the Religious Meaning of Images", 150.
58 토마스 아퀴나스에 따르면 이 관계는 오직 피조물의 측면에서만 '실제'(real)인 것이다.
이러한 그의 입장과 거기서 유래하는 기술적인 문제들을 상세히 여기서 다룰 수는 없
을 것이다. 단지 본인의 견해로는 그의 이러한 주장이 하나님이 아닌 다른 모든 것으로
부터 구분되는 하나님의 독특한 '차별성'에 기초하는 것 같다.

의 개방성과 총체성에 대한 그의 선이해에 있어서 인간은 하나님의 현존과 유사성을 지닌다. 이것이 존재와 가치에 대해 판단할 수 있는 능력의 기초가 되는 것이다. 이러한 마음의 무제한적 지향성 속에 있는 하나님의 비객체적인 현존과 비주제적인 긍정적 지식은 또한 피조물로부터의 하나님의 구분을 전제하는 것이다. 곧 하나님의 '내재성'과 '초월성', 하나님 속에서 존재자들의 피조된 '참여'가 전제되는 것이다. 따라서 우리는 하나님과 피조물 사이에 차이성—속의 유사성—을 식별할 수 있는 것이다. 유비란 하나님과 피조물 사이의 실제 관계를 긍정하는 동시에 피조물의 특성들이 창조자에 '탁월한'(eminent) 방식으로 적용될 때 그 특성들이 가지는 한계들을 부정하는 것이다.[60]

---

59 토마스 아퀴나스의 유비에 대한 견해를 칸트의 견해와 비교해 보는 것이 도움이 될 것이다. 윙엘이 지적하듯 칸트는 자신이 분명히 인식하지는 못하였지만, 유비에 대한 고전적 견해와 매우 유사한 견해를 가졌다(Jüngel, *God as the Mystery of the World*, 263). 칸트에 따르면 우리는 하나님을 "세계 내 실재들의 유비에 의해서" 인식할 수 있다. 하지만 하나님의 본질은 알려지지 않은 채 남게 되는데, 왜냐하면 "그러한 대상(세계와 그 질서의 초월적 근거 혹은 하나님)에 대해 내가 개념적으로 사용하는 모든 범주는 오직 경험적 사용 이외에는 어떠한 사용도 허용하지 않기 때문이다. 그것들은 경험 가능한 대상들에, 곧 감각의 세계에 적용되지 않고는 어떠한 의미도 가질 수 없다. 이러한 영역 밖에서는 우리는 단지 개념들의 이름만을 가질 뿐이고, 그것들로 어떠한 것을 이해하는 것은 아니다." *Critique of Pure Reason*, trans. by F. Max Müller (Garden City: Doubleday & Co., 1966), 443, 453. 하지만 칸트에 있어서는 하나님의 실재, 감각적 인식에서 유래한 개념들을 통해 알려진 것과 그것들의 가능성의 초월적 조건 사이에 존재하는 '유사성'을 긍정적으로 주장할 수 있는 형이상학이 부재하다. 우리가 살펴보았듯이 초월적 토미즘에 있어서 "세계 내 인식의 대상에 대해 판단하고 아프리오리적 지식을 가질 수 있는 조건으로서 초월성은 필연적으로 이 세계를 넘어서는 초월성이어야만 하고, 따라서 이 세계에 속한 모든 지식에 대해서도 그러하다고 인정된다. 이러한 초월적 연역(transcendental deduction)이 일단 수행된다면, 이러한 조건에서는 칸트조차도 형이상학의 타당성을 인정하게 될 것이다." Rahner, "Thomas Aquinas on Truth", in *TI*, XIII, trans. by David Bourke (New York: Crossroad, 1983), 25. 이러한 경우 단지 개념의 차원을 넘어서 진정한 존재의 유비(analogy of being)가 가능하게 된다.

토마스 아퀴나스는 한편으로 하나님 '자체'에 유비(analogy)적으로 적용될 수 있는 용어('존재'나 '선하심' 등)와 다른 한편으로 하나님과 우리의 관계 혹은 거기서 유래하는 창조된 유사성이 적용될 수 있는 용어들을 구분한다. 후자들은 '메타포metaphors'로서, 메타포는 엄밀한 의미에서 오직 피조물에서만 발견되는 특성이나 관계를 창조자로서 하나님에게 적용시키는 것이다.[61] 니콜라스 래시에 따르면 이러한 구분은 "만약 메타포가 표현하는 진리를 우리가 이해하려 한다면, 우리는 우선 그것의 문자적 진리를 부정해야만 한다는

---

60 여기에 대한 보다 자세한 논의로는 Viladesau, *The Reason for Our Hope: An Introduction to Christian Anthropology* (New York: Paulist Press, 1984), 157-162와 거기서 인용되는 저작들을 참고하라. 또한 Jüngel, *God as the Mystery of the World*, 236-284도 참고하라. 융엘은 우리가 하나님에 대해 오직 부정적 지식만을 가진다는 '전통적' 입장을 논박하고자 한다(231). 그는 존재의 유비(*analogia entis*)에 대한 개신교의 반대가 사실 문제의 핵심을 완전히 이해하지 못한 것으로 본다. 존재의 유비가 가지는 위험은 그것이 하나님을 인간에게 너무 '가깝게' 만드는 데 있는 것이 아니라, 그것이 하나님을 전적으로 접근불가능한 신비로 만드는 데 있다(283). 하지만 우리가 하나님에 대해 유비적으로 말할 수 있다면, 그것은 하나님이 단순히 알려질 수 없다는 것과는 다르다고 그는 주장한다. 하나님은 알려질 수 있고 이름 붙일 수 있는 세계와의 관계들 속에서 (알려질 수 없는 분으로) 표현되어야만 한다. 우리가 알 수 있는 방식으로 하나님은 세계와 관계하신다. 하나님의 '알려지지 않음'(unknownness)은 우리의 기원 혹은 세계와 우리 자신 그리고 우리의 언어의 존재 조건에 대한 알려지지 않음이다(277). 여기까지는 융엘의 입장이 본질적으로 토마스 아퀴나스의 그것과 일치한다. 하지만 궁극적으로 융엘은 형이상학에서 하나님의 '알 수 없음'(unknowability)이 복음과는 양립될 수 없으며(284), 신학자는 전통적인 하나님 개념을 포기하고 예수에서 드러나는 하나님의 자기 계시로부터 새롭게 시작해야 한다고 주장한다(187-188). 융엘은 하나님을 '알 수 없는 분'으로 (개념적으로) '아는' 우리의 본질이고 긍정적인 능력을 간과하는 것 같다. 라너가 지적하듯, 이것이 바로 하나님의 무한한 존재 속에서 하나님이 진정하게 그리고 인격적으로 신성한 분으로 알려지는 것의 상관적 요소이다. 만약 하나님이 신비이기를 그친다면, 하나님은 더 이상 신성한 분이 아닐 것이다("The Concept of Mystery", 54). 토마스 아퀴나스의 '불가지론'에 대해 래시(Nicholas Lash)가 지적하듯 "연인은… '사랑하는 자를 언어 속에 포착할 수 없다'는 사실에서 사랑하는 자가 결국 알려지지 않았다고 추론하지는 않는다." "Ideology, Metaphor and Analogy", 132.

61 *ST*, I, q. 13, a. 6.

것을 인식하는 데서 유래한다. 그러나 이러한 부정이 불필요한 몇 몇 표현이 있는데, 왜냐하면 우리는 그것들의 문자적 적용이 어디 까지 가능한지 그 한계를 구체적으로 모를 때도 있기 때문이다."[62] 곧 어떤 용어들은 그것이 비록 감각적 경험에서 유래함에도, 어떤 구체적인 대상들을 가리킨다기보다는 우리 마음의 역동성 자체를 주제적으로 나타내기 때문이다. 그러한 용어들은 지식과 사랑의 총체적 지평을 예견한다. 이런 의미에서 그것들은 하나님을 '지향志向 한다'(intend)고 말해질 수 있다. 하지만 동시에 오직 유도적 혹은 시행착오적 방식에 의해 존재의 신비로 알려진 분은 또한 알려지지 않은 분이다.

우리 언어의 대부분은 본질로 제한된 세계 내 사물들이나 관계들을 가리킨다. 그것들은 총체성 자체(존재)를 직접 지시하기보다는 존재의 어떤 특성이나 측면을 가리킨다. 따라서 그것들은 하나님에 대해 오직 메타포로(metaphorically) 적용될 수 있고, (최소한 암묵적으로라도) 메타포적 한계들의 부정을 통해서 적용될 수 있을 뿐이다. 그럼에도 불구하고 그러한 메타포들이나 이미지들이 긍정적인 특성이나 관계를 가리키는 한에 있어서, 그것들은 하나님에 대한 진정한 지식을 우리에게 줄 수 있다. 이것이 가능한 것은 또한 추상적이고 초월적인(transcendental) 개념들을 가능케 하는 동일한 기초에 근거한다.[63]

---

62 Lash, "Ideology, Metaphor and Analogy", 129.

63 우리는 다음과 같이 말할 수 있다: 초월적 개념(transcendental concepts)은 하나님의 신비한 현존을 존재의 통일성(the unity of being), 모든 존재자에서 존재의 행동(the act of being)으로서 표현한다. 반면 메타포(metaphors)는 하나님이 아닌 '타자'(other), 그럼에도 불구하고 하나님의 존재를 반영하고 그것을 지향하는 타자에서 출발한다.

그러한 종교적 언어의 사용(곧 메타포와 이미지의 사용)이 가능한 것은 궁극적으로 존재의 유비(analogy of being)에 기초하고 있다. 모든 실재들은 내적인 연관을 가지며, 서로가 서로를 가리키고 있으며, 어떠한 방식으로 연결되어 있으며, 가장 근원적으로 고찰해볼 때 개별적 사물들로 이해되는 것을 넘어선 통전적 실재로서 이해될 수 있다.[64]

우리가 인간의 역사적 실존 속에 계시된 하나님의 '실제' 이미지에 대해 말할 때 우리는 주로 메타포와 이미지라고 하는 언어적 영역 속에 있는 것이다. 인간은 하나님의 존재에 참여하기 때문에 단지 구조적 차원에서뿐만 아니라 그것의 구체적인 성취와 관계에서도 하나님에 대한 유사성을 드러낼 수 있는 것이다. 이러한 유사성은 어떤 특정한 방식으로 하나님의 창조성 혹은 하나님의 자기 의사소통을 구체화한다. 이러한 구체화(embodiment)는 원래 개념적이라기보다는, 살아진 것이다. 그것의 주요한 정신적 표현은 '감정', 오토가 '이데오그램ideograms'(表意文字)이라고 부른 것을 통해서 이루어진다: "실례(illustrative)가 개념(concept)을 대체한다."[65] 따라서 발타자가 강조하듯이, 그것은 살고 행동하고 느끼고 관계하는 방식에서

---

64 Rahner, "Art against the Horizon of Theology and Piety", 164. Cf. "The Theology of Symbol", 239: "하나님으로부터 주어진 모든 실재는 단지 인간의 도구나 실용적 목적으로 전락하지 않을 때, 그것은 자신 이상의 것을 표현한다. 각각의 고유한 방식으로 한 실재는 모든 실재의 메아리이며 표시이다." 피조물 그 자체로는 어떠한 절대적 신비도 가질 수 없다. 하지만 모든 피조된 사물들은 하나님의 신비한 특성에 참여하는데, 왜냐하면 그것들은 본질로 하나님을 '가리키기' 때문이다. "The Concept of Mystery", 62. 이런 이유로 그것들은 하나님의 신비를 구체적이고 유한한 모양으로 '이미지화'할 수 있고 하나님의 '상징'이 될 수 있는 것이다.

65 Martin, *Beauty and Holiness*, 71.

드러나는 '형상' 속에서 곧 게슈탈트^{Gestalt}로서 포착되어야 한다. 그것은 주로 이야기적 이미지나 패러다임, 하나님에 의해 변화된 인간 삶의 '그림들'에 의해 이해되고 의사소통될 수 있다. 이런 관점에서 우리는 성서를 '그림책'이라고 부른 지리히^{Sierig}에 동의할 수 있을 것이다.[66] 또한 그린^{Green}은 성서의 통일성이 "신앙의 상상력을 위한 일관성 있는 게슈탈트와 규범적 패턴을 부여하는" 능력에 있다고 주장한다.[67] (나아가 우리는 그것들이 환원적으로 이해되지 않는 한에 있어서 그린의 다음과 같은 사상들에 동의할 수 있을 것이다: 그리스도는 자신의 삶이라는 이야기적 형상을 통해서 하나님의 '이미지'이다.[68] 그리고 인간 안에서 하나님의 이미지의 '회복'은 그리스도의 '이미지' 곧 그리스도의 이야기적 패턴에 일치하는 삶의 이야기적 모양을 가지는 것이다.[69])

역사적 계시의 전달에 있어서 유비가 다시 두 가지 차원에서 적용될 수 있다. 왜냐하면 우리는 유비에 의해 인간의 역사를 계시의 행동으로, 인간의 사유를 하나님의 계시적 '말씀'으로 이해할 수 있

---

[66] "*Als Buch der Bilder könnten wir die Bibel in ihrer Gesamtheit bezeichnen. Wer sie unbefangen ließt, wird zuerst - vor allen wissenschaftlichen, philosophischen und theologischen Fragen - von ihrer Ausdrucksmächtigkeit, ihrer malerischen Intellektualität ergriffen*"(우리는 전반적으로 성서를 그림책으로 묘사할 수 있을 것이다. 열린 마음으로 성서에 접근하는 누구나 모든 학문적, 철학적. 신학적인 질문 이전에 먼저 성서의 표현력과 그림적인 지성에 사로잡히게 된다). Sierig, *Über den garstigen Graben*, 33.

[67] Green, *Imagining God*, 6. 그린은 성서를 '렌즈'에 비유한 칼뱅의 유명한 메타포를 사용한다. 성서는 우리가 그것을 보는 것이 아니라, 그것을 통해 보는 렌즈와 같은 것이다. 오직 이럴 때만 우리가 보는 것에 대해 이해 가능한 패턴을 발견할 수 있다. 이러한 사상에는 타당한 면이 있으나, 동시에 전통 자체도 다원성이 존재하고 성서적 '관점'의 규범성도 비판적 검토에 종속되어야 한다는 것을 또한 잊어서는 안 될 것이다.

[68] *Ibid.*, 99.

[69] *Ibid.*, 101. 하지만 그린과 달리 본인은 우리가 이러한 이미지의 존재론적 차원도 타당하게 이야기할 수 있다고 본다.

을 뿐 아니라, 우리는 역사 자체도 또한 유비에 의해서만 이해할
수 있기 때문이다. "우리 각각은 다른 타자를 우리 자신의 경험에
대한 유비들을 통해서만 이해할 수 있을 뿐이다."[70] 그러한 유비들
이 인식될 때, 종교적 고전古典(classics)은 신뢰, 경외, 하나님의 선물
등 우리 자신에게 중요한 종교적 경험을 형성시킬 수 있는 것이
다.[71] 그러나 동일한 차원에서, 역사적 계시는 계시적 사건들(events)
자체가 지닌 한계들과 사건들에 대한 해석적 전달(interpretative
transmission) 둘 다에 있어서 본질적인 양면성 혹은 모호성(ambiguity)
을 가진다. 종교적 고전들의 생산과 수용에 필요한 물질적 조건들
은 그것들의 신학적 의도와는 상반되는 이데올로기적 요소들을 발
생시킬 수 있다.[72] 모든 언어는 전前의식적인 가치와 편견을 가진
다.[73] 고전의 상징들을 새로운 상황과 새로운 언어 속으로 상상력
있게 번역하는 것은 의미의 확장을 가져올 수도 있지만, 의미의 왜
곡을 가져올 수도 있다. 나아가 종교적 고전들의 다원성 자체가 그
러한 고전들 각각의 적합성에 대한 도전일 수도 있다.[74]

따라서 과거의 표상(Vorstellung)과 개념(Begriff)이라는 합리주의
적 구분이나 역사의 구체성(particularity)과 이성의 보편성(universality)
사이에 놓인 레싱의 "크고 추한 도랑" 대신에 보다 복잡하고 다차원
적인 변증법적 상호보완성이 다양한 형식의 종교적 사유와 상상력

---

70 Tracy, *The Analogical Imagination*, 451.

71 Cf. *ibid.*, 411; Green, *Imagining God*, 80.

72 Tracy, *Plurality and Ambiguity: Hermeneutics, Religion, Hope* (San Francisco: Harper & Row, 1987), 77.

73 *Ibid.*, 66.

74 Cf. *ibid.*, 90.

에서 작동하는 것을 우리는 발견한다. 첫째로 계시의 초월적 (transcendental) 측면과 범주적(categorical) 측면 사이의 상호작용이 존재한다. 둘째는 후자의 범주적 측면에 있어서, 변화된 존재의 개인적(personal) 성취와 다양한 상징의 매개(symbolic media) 안에서 그러한 성취 사이에는 상호보완성이 존재한다. 또한 (우리에게 알려질 수 있는 한에 있어) 역사적 사건(event)과 그 사건의 종교적 해석(interpretation) 사이에도 상호보완성이 존재한다. 그리고 후자의 종교적 해석 안에서도 개념적(conceptual), 이야기적(narrative), 시적(poetic) 표현 사이에 상호보완성이 존재하고, 나아가 개념들과 이미지들의 다른 체계 (different systems) 사이에도 상호보완성이 존재한다.[75]

본인은 '미학'과 개념적 사유 사이의 상호보완성을 신학 안에서 제안하였다. 후자의 과제는 미학적 형식이나 전前성찰적인 종교 상징을 대체하는 데 있는 것이 아니다. 오히려 개념적 사유의 과제는 "단지 범주들이나 원래 종교 언어의 단순한 대체물은 아닌 신학적 '개념들'을 분명하게 표현함을 통해서 비판과 참여라는 성찰적 언어"를 발전시키는 데 있다.[76] 신학은 하나님에 대한 담론 일반에 놓여 있는 유비의 이론을 발전시킨다. 이것은 '이차적 차원'에서 종교적 경험의 '회복'을 가져오는데, 이를 통해 신학은 보다 풍부해진 방식으로 상징에 돌아오게 된다.[77]

---

75 이러한 다원적 변증법에서 유래하는 신학의 해석학적 과제에 대해서는 *ibid.*, 38-61을 참고하라. 또한 "Hermeneutical Reflections in the New Paradigm"과 "Some Concluding Reflections" in Hans Küng and David Tracy, eds., *Paradigm Change in Theology* (New York: Crossroad, 1989)도 참고하라.

76 Tracy, *The Analogical Imagination*, 408.

77 *Ibid.*, 411.

특히 기초신학은 포착 불가능한 신비로서 하나님에 대한 선先이해 안에 드러나는 '원초적' 계시의 함의를 분별하는 과제를 지닌다. 이러한 선이해를 주제화시킴을 통해서 하나님의 '속성들'이 드러나는데, 토마스 아퀴나스가 주장했듯 이것들은 근본적으로 하나님이 무엇이 '아닌지'에 대한 표현들이다.[78] 곧 그것들은 본질적으로 모든 긍정적인 주장, 유비, 이미지가 지니는 한계를 이해하기 위한 언어적 규칙으로 기능한다. '부정신학'은 이러한 한계를 가진 우리의 유비, 메타포, 이미지 속에서 말해지는 것은 단지 우리의 본성이나 욕망의 투사가 아니라, 바로 범주적 인물과 사건의 원천으로서 하나님이라는 것을 우리에게 보여준다. 이러한 부정신학은 의미의 '넘침'으로 하나님의 긍정적 현존에 대한 일종의 교정책이다.[79] 그것은 하나님에 대한 우리의 언어가 "손쉬운 유사성의 범주들로, 즉 차이성 속의 유사성에서 단순한 유사성으로 말없이 전락하는 것"을 막아준다.[80]

---

78 토마스 아퀴나스는 하나님의 '속성들'(단순성, 선하심, 무한성, 편재성, 변화불가능성, 영원성, 통전성)에 대한 그의 논의(*ST*, I, q. 3-11)에 앞서, 다음과 같은 진술을 한다(q. 2): "*quia de Deo scire non possumus quid sit, sed quid non sit, non possumus consid-erare de Deo quomodo sit, set potius quomodo non sit*'(우리는 하나님이 무엇인지 알 수는 없고, 오직 하나님이 무엇이 아닌지를 알 수 있을 뿐이다. 따라서 우리는 하나님이 존재하는 방식들을 고려하기보다는, 하나님이 존재하지 않는 방식들을 고려해야만 한다).

79 Cf. 판넨베르크(Pannenberg): "무한과 절대에 대한 인간 사유의 고양이 보여주는 인간학적 필연성에 대한 철학적 성찰은… 모든 종교적 전통의 형식에 상관되는 고대의 자연신학의 비판적 기능을 물려받고 있다. 곧 하나님에 대한 담론이 진정 심각하게 고려되기 위해서는, 거기에 대한 최소한의 조건들만이 부여되어야만 한다." *Systematic Theology*, vol. I, 107; 69-72.

80 Tracy, *The Analogical Imagination*, 410. 또한 로너간이 지적하듯 이러한 위험성은 인간의 의식이 성찰적으로 차별화되지 않을 때 발생하는 의식의 다형태성(polymorphism)에 주요하게 드러난다. 그러한 경우 인간은 하나님에 대해 말하고, 그가 무엇을 의미하

이 3장은 이해 불가능한 하나님에 대한 사유, 표상, 담론의 문제들을 다루고자 하였다. 이전의 장들에서 설정된 인식론적이고 신학적인 전제들에 기초하여, 이 부분에서는 하나님의 계시가 발생하는 몇몇 형식을 간략하게 취급하였다. 구체적인 종교적 경험과 관련하여 하나님에 대한 선이해는 '신성'이라는 기본적 관념을 형성하고 언어와 개념의 유비적 사용을 정당화시키는 기초를 제공한다. (하나님의 선물로서) 초월성의 성취에 다다른 역사적 인물들과 사건들은 하나님의 존재 방식에 대한 유사성을 구체화한다. 이것은 기독교 신앙에 있어서 하나님의 말씀의 '성육화'로서 예수에서 절정에 이른다. 구원사의 사건들은 인간 표상력 · 상상력을 위한 패러다임으로 역할하는 것이다. 그런 사건들은 사실 혹은 신화와 같은 다양한 방식으로 전달되면서 하나님이 인류와 함께 그리고 인류 속에서 행동하시는 방식 곧 하나님의 존재 방식에 대한 '이미지들'을 제공한다. 행동에서 행위자로의 전이를 통해 인물들이나 역사적 사건들 속에 드러나는 하나님의 표상적 이미지들은 하나님 자신에 대한 메타포적 이미지들로 확장될 수도 있을 것이다. 그렇다면 우리는 성서와

는지 오직 희미하게 이해한다. 최선을 다해 그는 자신이 말하고자 하는 것을 표현하지만, 이러한 표현을 위한 재료가 충분하지는 못하다. 인간은 하나님에게 이름을 부여하지만 또한 인간에게는 많은 언어가 있고 따라서 많은 이름이 있게 된다. 인간은 하나님의 속성을 유비를 통해 표현하지만 동시에 그가 사용하는 유비를 그 불완전성으로부터 완전하게 분리시키지는 못한다. 하나님을 원인(cause)으로 보는 것 또한 하나님을 과거에 유배시키는 것이다. 하나님을 목적(end)으로 보는 것은 하나님을 미래로 연기시키는 것이다. 세계와 인간의 삶에 있어서 하나님의 관계성(relevance)과 직접성(immediacy)을 주장하는 것은 동시에 하나님을 가정에, 가부장적 혹은 모계중심적 사회에, 사냥꾼들과 어부들의 관심에, 농민들과 장인들 혹은 유목민들의 생활에, 사유재산과 국가의 이익에 그리고 평화와 전쟁에 관계시키는 것이다. 상식의 사중적인 선입견이 하나님에 대한 사유에 다시 드러나는 것이다. *Insight*, 681.

또한 다른 신성한 문서들이 말하는 신인동형론(anthropomorphism)을 가지게 되는 것이다.[81]

마지막으로 이 장의 논의를 결론 내리기 위해서 우리는 하나님에 대한 시각적 이미지 곧 '아이콘[icon]'의 문제로 간략하게 돌아가고자 한다.[82] 로너간은 이미지가 기능할 수 있는 세 가지 차원을 구분한다. 이미지는 '감각적 내용[感覺的 內容](sensible content)에 상응할 수 있을 것이다. 혹은 그것은 이미지의 의미를 설명하는 지적인 행동 곧 '표시[標示](signs)'에 상응할 수도 있을 것이다. 마지막으로 만약 실재(the real)는 단순히 감각을 통해 알려지는 대상이 아니라 오직 판단의 대상이 된다는 것을 우리가 이해한다면, 이때 이미지는 알려질 수 없는 것으로 알려진 것에 대한 '상징[象徵](symbols)'일 수도 있다.[83] 여기서 상징은 표상적 가치(representational value)라기보다는 유도적 가치(heuristic value)를 지닌다. 종교적 이미지들은 이러한 세 가지 차원 모두에서 기능할 수 있는 것이다. 첫째로 그것들은 구원사의 인물들이나 사건들을 표상적으로 나타낼 수 있다. (이 경우 이야기의 '그림들'에서처럼, 그것들은 역사에 대한 모호성 혹은 양면성의 관계를 지니게

---

81 융엘에 따르면 신인동형론의 문제를 성서는 극적인 방식으로 제공한다. 하지만 인간의 언어 자체가 본질로 인간의 존재 방식을 표현하기에 '모든' 인간의 담론은 '신인동형론적'이라는 것을 반드시 기억해야만 할 것이다. *God as the Mystery of the World*, 258. 이러한 그의 통찰은 본인의 견해와 일치하는 것이다. 토마스 아퀴나스도 여기에 동의할 것이다. 주어와 서술어로 형성되어야 하는 인간의 언어는 필연적으로 하나님 존재의 절대적 단순성을 표현하는 데 실패할 수밖에 없다. Lash, "Ideology, Metaphor and Analogy", 128.

82 여기서 본인은 주로 그림이나 조각을 생각하고 있다. 하지만 여기에 대한 진술들은 하나님의 행동이나 현존, 특히 성례들의 '물질'을 나타내는 물리적 대상들이나 제스처 등에 확대될 수 있을 것이다.

83 Lonergan, *Insight*, 439-440, 533.

될 것이다.) 둘째로 그것들은 사회적 통념에 의해 어떤 한 의미에 연결되는 표시 혹은 이데오그램으로 기능할 수도 있다. 셋째로 그것들은 자체로는 그림 그려질 수 없는 것에 대한 상징으로 기능할 수도 있다. (성육화한 하나님으로서 그리스도에 대한 아이콘의 경우처럼, 이러한 세 번째 기능은 첫 번째 기능과 결합되기도 한다.)

비가시적 하나님 혹은 하나님으로서 그리스도를 '그림 그리는 것'은 상상력·표상력의 일종의 메타포적 사용이다. 예를 들어 인간 통치자의 긍정적인 특성들은 하나님의 특성이나 하나님의 우리와의 관계를 반영하는 것으로 (혹은 다윗같이 '선한' 통치자의 경우처럼 그것들을 구체화하는 것으로) 보일 수도 있다. 우리는 메타포로 하나님을 왕으로 말할 수 있는 것이다. 하나님을 왕의 형상으로 (혹은 목자나 어머니로) 물리적으로 표현하는 것은 비언어적 형식으로 메타포를 전달하는 것이다. 물론 그러한 이미지들은 시각적 구체성으로 인해 언어적 메타포로부터 한 단계 더 멀어진 것이다. 요컨대 그것들은 이미지의 이미지이다. 분명 종교에서 사용되는 '그림들'은 일반적으로 '표상적' 의도를 지닌 것으로 이해되지는 않는다. 그 사용의 정당성은 '말'의 특성에 참여할 수 있는지에 달려 있다.[84] 말속에서 그것들은 부정의 순간을 포함하게 되고, "유한한 대상을 넘어 절대적 하나님에게로 초월할 수 있게 한다."[85] 우리가 1장에서 살펴보았듯이 예술(특히 종교적 예술) 대부분에 있어 그림은 한 사물이 "어떻게 생겼는지" 보여주려는 것을 목표하는 것이 아니라, 그 사물의 존재

---

84 성례전이 말의 특성에 참여하는 방식에 대해서는 Rahner, "The Word and the Eucharist", 266.

85 Rahner, "The Theology of the Religious Meaning of Images", 158.

를 다시-표현(represent)하려고 그것에 대한 '이야기'를 전달하고자 의도한다. 그림은 하나님이 어떤 존재와 '같은지'(like) (혹은, 보다 정확하게는 어떤 존재가 하나님과 '같은지') 보여줌으로써 하나님의 '존재'(is)를 의사소통하고자 한다. 종교예술은 신학적으로 '모방적^{模倣}的'(mimetic)이 아니라 유비적^{類比的}(analogical)인 것으로 이해되어야만 한다. 이러한 방식으로 그림은 가렛 그린이 상상적 '패러다임'이라고 부른 것의 한 구체적 예가 될 수 있는 것이다.[86]

회화에는 다양한 종류가 있고, 다양한 기능을 가진다. 종교예술의 한 중요한 형식은 상상적 패러다임을 구체화하는 종교적 이야기를 정확하게 표상하는 것이다. 다른 형식으로는 상징이 있다. 후자는 물리적 형식에 비감각적인 실재를 부여한다. 이런 방식으로 그것은 인간의 관계들에서 직접 채용된 패러다임에서 한 단계 떨어져 있게 된다. 동방 교부들이 말하듯 그림은 상상력의 표상, 즉 패러다임으로 상상된 것에 대한 이미지이다. 그리고 아이콘에 대한 옹호는 이러한 상징적 이해에 기초하는 것이다. 그림은 '마음에 의해 이해될 때' 단지 물리적인 것만은 아니라 지적인 것이 된다. 영적인 마음에 있어 그림은 영적인 것이 된다. "성찰하는 사람에게 있어 가시적 대상은 비가시적 실재들의 드러남이라고 하는 보다 깊은 중요성을 가진다. 왜냐하면 감각적 대상들이라는 중재물을 통한 지적인 실재들의 상징적 성찰은 곧 가시적인 것을 통해 가시적 대상들의 영적인 측면을 사유하는 것이기 때문이다."[87]

---

86 하나님을 패러다임으로 '상상하는 것'(imagining)과 '그림 그리는 것'(picturing) 사이의 구분에 대해서는 Green, *Imagining God*, 93-94.

87 Maximus the Confessor, *Myst.*, 2, quoted in Zibawi, *The Icon*, 11.

다음 4장에서 우리는 역사적 계시를 표현한다는 차원과는 별개로 어떻게 감각적 대상과 상징이 초월성(the transcendental)을 드러낼 수 있는지 이러한 능력에 대해서 다루게 될 것이다. 5장에서는 계시된 종교의 매개물로서 예술(art)에 대해 보다 구체적으로 고찰할 것이다. 마지막으로 6장에서 우리는 미학의 영역에서 기독교에 반복적으로 제기되는 문제들에 대해 고려할 것이다. 우리는 이미 말과 그림, 개념적 사유와 표상 사이의 잠재적 긴장 관계(potential tensions)에 대해 여러 번 언급하였다. 단지 '아이콘'만이 아니라 모든 패러다임적 상상력은 자신의 유비적 특성을 잊고 신화론적이 될 때, '우상숭배'의 위험성에 빠지게 된다. 또는 그것의 미학적으로 즐겁게 하는 기능이 보다 고차원적인 실재나 가치를 중재하는 신학적 기능보다 우세하게 될 때도 그러한 위험성을 가지게 된다. 우리는 결론에서 이러한 문제들을 직면하여 해결책을 제시하고자 시도할 것이다. 하지만 우선 우리는 미학과 종교의 긍정적 관계의 기초 곧 '초월적 아름다움(美)으로서 하나님'(God as transcendental Beauty)이라는 주제로 돌아가고자 한다.

4장

하나님과 아름다움
: 하나님에 이르는 길로서 美

I. 서곡: 말러의 심포니 3번, 4악장, 「아, 인간이여! 보라!」

아, 인간이여! 보라!

무엇이 깊은 밤을 말하고 있는가?

"난 잠들었었다, 난 잠들었었다 ―

깊은 꿈에서 난 깨워졌다 ―

세상은 깊고,

낮보다도 더 깊게 생각된다.

깊은 것은 그 고통 ―

하지만 심통(心痛)보다 더 깊은 것은 희열(喜悅)[1]

고통은 말한다: 죽어라!

하지만 모든 희열은 영원을 욕망한다 ―

깊은, 깊은 영원을 욕망한다!"

       - 니체, 「한밤의 선율」(*Mitternachtslied*)[2]

 우리는 앞의 3장에서 신학적 미학 이론을 첫 번째 의미 곧 '초월성의 인식론認識論'이라는 측면에서 고찰하였다. 이 4장과 다음 5장에서 우리는 나머지 다른 두 의미를 각각 살펴보게 될 것이다: '하나님과의 관계 안에서 아름다움(美)과 예술藝術에 대한 성찰로서 신학적

---

1 본인은 *Lust*를 '희열'(joy)로 영역하였다. 그것은 또한 '쾌락', '욕망'의 의미도 가진다.

2 원문은 책 뒤를 보라. 이것에 대한 감동적인 연주로는 1982년 헬가 데르네슈(Helga Dernesch)가 지휘하고, 시카고 심포니 오케스트라가 연주하고, 게오르그 솔티(Sir Georg Solti)에 의해 녹음된 것이 있다. Decca no. 414, 268-2.

미학.' 이 주제들에 대한 이후의 내용이 결코 완전하고 포괄적인 이론으로 의도된 것은 아니다. 본인은 계시로서 아름다움이라는 주제에 대한 몇몇 제안을 하고자 한다. 특히 이 4장은 아름다움과 '자연신학'(natural theology)의 연관 관계를 고찰한다. 그것은 라너와 로너 간의 '초월적' 논의와 유사한 과정을 통해서 하나님에 이르는 '길'(way)로서 아름다움이라는 가능성에 대해 살펴볼 것이다. 하나님은 사유와 사랑의 '가능 조건'(condition of possibility)일 뿐만 아니라, 아름다움의 이해를 위한 '가능 조건'이다. 신^神 존재 증명에 대한 전통적 혹은 현대의 논의들과 관련하여 이 주제를 고찰함에 있어서 본인은 신 존재를 증명하거나 설득시키고자 의도하는 것은 아니다. 독자들은 의심의 여지 없이 그러한 시도에 대한 필요나 욕구를 훨씬 넘어서 있을 것이다. 하나님의 존재가 지닌 '증거들'(proofs)은 계시의 중요한 가능 조건 곧 마음의 구조를 분간하고자 시도하기 때문에 계시의 신학에 관련된다. 마음은 무한한 존재를 암시적으로 알 수 있는 능력을 지닌 한에 있어서 (하나님의 실재가 아니라면 최소한) 하나님이라는 언어에 의미를 부여할 수 있으며, 그 말의 지시 대상이 지닌 논쟁 가능성(debatability)을 긍정할 수 있다.

II. '자연신학'과 미학: 하나님에 대한 접근법으로서 아름다움?

한 방송 인터뷰에서 바이올린 연주자 예후디 메뉴인^{Yehudi Menuhin}은 물리학자 알베르트 아인슈타인이 참석한 자신의 초기 연주회를 언급하였다. 메뉴인은 연주가 끝난 후 아인슈타인이 무대 뒤로 와서 다음과 같은 말로 자신에게 인사하였던 것을 회상한다. "고맙습니다, 메뉴인 씨. 당신은 하나님이 천국에 계시다는 것을 저에게 또다시 한번 증명해 주었습니다."

의심의 여지 없이 많은 이가 여기서 '증명證明'이라는 말의 사용에 대해 어깨를 으쓱할 것이다. 또한 아인슈타인이 '하나님'이라는 말을 통해 의미했던 것이 대다수의 종교적 유신론자가 의미하는 것과 일치하는지에 대해 정당하게 의문을 제기할 수도 있을 것이다. 그래도 대다수 신자는 이 일화에서 드러나는 아인슈타인의 의도에 동의할 것이다. 자연에서든 예술 작품에서든 혹은 인물들의 성격에서든, 그것들의 아름다움에 대한 감동을 통해서 하나님에 대한 우리의 신앙이 (혹은 하나님이 존재한다는 우리의 신념이) 확신되고 강화되고 확인되는 순간들을 우리는 경험한다.

아름다움의 경험은 영혼을 하나님에게로 이끌고 사람들을 헌신에 굳게 서게 한다. 따라서 미학적 차원은 종교적 진리의 의사소통에 있어서 분명한 위치를 차지해야 할 것이다. 발타자가 자신의『신학적 미학』서론에서 언급하고 있듯, 오랜 기간 무관심 이후에[1] 최근 신학의 여러 영역에서 미학에 대한 관심이 급증하고 있다: 해석학, 상징이론, 성례전 신학, 예배학, 종교사학 등. 발타자는 자신의 '미학 이론'이 새로운 종류의 기초신학으로 기능하도록 의도한다. 이 4장에서 본인의 의도 또한 미학을 기초신학에 관련시키는 것이다. 하지만 발타자와는 달리, 본인은 전통적으로 '자연신학自然神學(natural theology)[2], 변증학辨證學(apologetics)이라고 불리었던 분야에 미학을 밀접하게 관계시키고자 한다. 메뉴인에게 한 아인슈타인의 말처럼 미학적 경험은 하나님에 대한 믿음과 거기에 대한 실재적 판단하는 데 있어서 (최소한 어떤 사람에게는) 중요한 역할을 한다. 그것은 아마 전통적으로 변증적 신학에서 발전시켰던 신존재 '증명'보다 더 큰 영향을 행사하고 있는지도 모르겠다. 본인이 여기서 제기하고자 하는 질문은 그러한 미학적 증명의 역할이 하나님에 대한 인간 마음의 '원초적'(primordial) 지식 앞의 3장에서 우리가 말했던 "하나님의 내재적 알려짐, 지식'(cognitio Dei insita)의 한 측면이 될 수 있는가다.

이 질문은 다음과 같이 달리 물어질 수 있을 것이다. 마음과 영혼을 하나님에게로 고양시키는 미학적 경험이 이미 하나님의 존재에 대한 확신을 '전제'하고 있으며, 그러한 이미 확정된 신념에 감정적 요소를 추가시키는 것인가? 혹은 이와는 달리 아인슈타인의 말처럼 그러한 경험이 우리의 신념을 이성적으로 '근거 짓는' 일종의 '증거'를 제공하는가? 이러한 형식의 문제 제기는 데카르트적 '근거주의'의 의미에서 받아들여져서는 안 될 것이다. 우리가 말하는 '근

---

1 Hans Urs von Balthasar, *The Glory of the Lord: A Theological Aesthetics*. Trans. by Erasmo Leiva-Merikakis, vol. 1(New York: Crossroad, 1982).

2 이 논란이 되는 용어에 대한 의미와 그것이 조직신학과 가지는 관계에 대해서는 Wolfhart Pannenberg, *Systematic Theology*, vol. 1, 73-82.

거'(grounding)는 모든 역사적이고 사회적인 배경을 벗어난 전제 없는 혹은 중립적인 입장의 그것이 아니다. 여기서 '근거' 혹은 기초라는 메타포는 우리의 판단을 위해 비판적으로 고찰된 이유를 제공할 수 있는지 그 가능성을 가리키는 것이다. 따라서 본인의 의도는 마음을 하나님에게로 이끄는 데 있어서 아름다움의 역할이 비판적 이성의 영역 속에서 타당한 것으로 수용될 수 있는지 질문하는 것이다. 곧 아름다움의 종교적이고 신학적인 사용 이전에 미학적 경험이 인간의 마음으로 하여금 하나님 존재에 대한 판단의 한 방식을 제공할 수 있는지 묻는 것이다.3

---

3 이러한 본인의 접근법에 대해서는 본인의 글 "Natural Theology and Aesthetics: An Approach to the Existence of God from the Beautiful?" in *Philosophy and Theology*, vol. 3, 2(Winter 1988), 145-160을 참고하라. 또한 아름다움의 존재론적 특성에 대한 유사한 사고는 (비록 그것을 하나님 존재의 지식에 적용시키고 있지는 않지만) Günter Pöltner, "Die Erfahrung des Schöffnen", in Günter Pöltner and Helmuth Vetter (eds.), *Theology und Ästhetik* (Wien, Freiburg, Basel: Herder, 1985), 9-19.
본인의 관점은 여기서 주로 서양 기독교 전통에 제한될 것이다. 힌두교 사상에 있어서도 아름다움(*rasa*)을 궁극성에 이르는 길로 이해하는 중요한 전통이 있다. 개론적 고찰을 위해서는 James Alfred Martin, *Beauty and Holiness: The Dialogue between Aesthetics and Religion* (Princeton: Princeton University Press, 1990), 146.

III. 서양 전통에 있어서 마음의 하나님에게로 '올라감'

1. 기원

물리적 세계의 아름다움으로부터 시작해 마음의 하나님에게로
의 '올라감'(ascent)이라는 사상은 서양과 기독교 전통에 있어 종종
반복적으로 나타나는 아주 오래된 것이다. 여기서는 그 중요한 대
표자들과 유형들을 살펴보고자 한다.

'아름다움'이라는 관념은 히브리 사상이나 신약성서에서는 주요
한 역할을 하고 있지는 않다. 폰 라트는 우리가 '아름다움'으로 의미
하는 것이 이스라엘에서는 주로 사건(happening)의 영역에서 인식
되었다고 주장한다. 성서는 하나님의 창조와 그의 역사 속에서 행
동에 대해 즐거움을 표현한다. 이러한 이유로 "이스라엘의 예술적
'카리스마'는 이야기와 시의 영역에 놓여 있다. … 우리가 아는 한,
이스라엘은 아름다움의 현상과 예술적 재생산 자체에 대한 비판적
성찰이 있지는 못하다."[1] 그러나 바르트와 발타자 둘 다는 신학적으
로 중요한 '아름다움'(καλός)에 대한 사상이 성서 안에 '영광'(δόξα)이
라는 범주 아래에서 발견된다고 주장한다.[2]

---

[1] Gerhard von Rad, *Old Testament Theology*, vol. 1, trans. by D. M. G. Stalker (New York: Harper & Row, 1962), 364-365.

[2] Kittel, *TDNT, s.vv.* καλός와 δόξα. '영광'의 성서적 개념과 그것이 '아름다움'과 가지는 관계에 대한 간결하지만 뛰어난 논의로는 Raphael Schulte, "Die Biblische Erfahrung der Herrlichkeit", in Günter Pöltner and Helmuth Vetter (eds.), *Theologie und Ästhetik* (Wien, Freiburg, Basel: Herder, 1985), 48-64.

비록 성서 속에는 마음의 아름다움을 통한 하나님에게로 '올라감'에 대한 조직적인 접근은 없지만, 그러한 사유에 대한 몇몇 단편적인 생각들은 존재한다. 발타자가 지적하듯 지혜 전통(Wisdom tradition)은 하나님의 역사적 행동과 더불어, 창조의 아름다움을 하나님을 찬양하는 한 중요한 이유로 본다(솔로몬의 지혜 13; 시락의 아들 예수의 지혜 42:14-43, 시 8:10-4; 욥 38).[3] 로마서 1장 19-20절은 하나님이 피조물을 통해 알려질 수 있다고 말하고 있다. 솔로몬의 지혜 13장 5절은 하나님에 대한 지식을 피조물의 아름다움과 관련시킨다: "피조된 것들의 뛰어남과 아름다움으로부터… 그 창조자가 유비적으로 드러난다…."

하지만 그리스 철학에 와서야 아름다움(美, τὸ καλόν)과 선(善, τὸ ἀγαθόν)이 동일시되면서, 이 주제에 대한 성찰적이고 비판적인 사유가 소개되었다. 플라톤의 『향연』(Symposium)에는 아름다움으로부터 신성으로 '올라감'에 대한 고전적 사상이 등장하는데, 이것이 후기의 사상가들에게 근원적인 영향을 끼치게 되었다.

> 사랑의 신비들에 대해 교육받고, 적합한 방식과 순서에 의해 아름다움을 볼 줄 아는 법을 배운 자는 그 끝에 가서 갑자기 경이로운 아름다움의 본질을 인식하게 될 것이다. … 절대적이고, 구분되어지고, 단순하며, 항구적인 아름다움은 증가나 축소 혹은 어떠한 변화도 없이 다른 모든 사물의 성장하고 소멸하는 아름다움들에 담겨져 있다. 진정한 사랑으로 이러한 아름다움을 인식하기 시작한 자의 올라감(ascending)은 끝에서 멀지 않

---

3 Balthasar, *The Glory of the Lord*, vol. 1, 43. 솔로몬의 지혜 13장을 시편 8장과 비교한 연구로는 Schulte, "Die Biblische Erfahrung der Herrlichkeit", 56.

았다. 사랑의 대상들에게로 이끌어지거나 나아가는 진정 올바른 순서^{順序}
는 땅과 산의 아름다움에서 시작한다. 하지만 끝에 놓인 다른 아름다움을
향해서 이것을 사다리(ladder)로 삼아 하나에서 둘로 올라가고, 둘에서
모든 아름다운 외관들로, 모든 아름다운 외관에서 아름다운 실천으로, 아
름다운 실천에서 아름다운 관념으로, 아름다운 관념에서 절대적 아름다
움의 관념으로 그리고 마침내 아름다움의 본질이 무엇인지 알게 된다.[4]

스토아철학과는 대조적으로 기독교 전통은 영적 생활에 있어서
감정을 긍정적으로 평가하였고,[5] 비교적 일찍부터 물리적, 도덕적,
영적인 아름다움의 단계들을 거쳐서 모든 사물을 자신에게로 끌어
당기는 초월적 아름다움이라고 하는 플라톤주의의 사상을 수용하
였다.[6] 이러한 사상은 기독교 내에서 위-디오니시오스(Pseudo-Dionysius)

---

4 (역자주) 플라톤의 아름다움의 '사다리'(ladder)에 대한 위 진술의 출처는 *Symposium*,
  210e-211c를 보라. 여기서 빌라데서가 "땅과 산의 아름다움"(the beauties of earth and
  mount)이라고 번역한 것을 조이스(Michael Joyce)는 '개별적인 아름다움'(individual
  beauties)이라고 번역하였다. Edith Hamilton and Huntington Cairns eds., *The Collected
  Dialogues of Plato* (Princeton University Press, 2009), 562.

5 Pannenberg, *Anthropology in Theological Perspective*, 260.

6 동방 교부들의 여기에 대한 텍스트로는 Patrick Sherry, *Spirit and Beauty*, 61-63을 참고하
  라(패트릭 셰리/손호현, 『성령과 아름다움』[서울: 동연, 2020], 117-120). 특히 플라톤적
  전통에 서서 매혹적으로 글을 쓴 니사의 그레고리우스는 다음과 같이 말한다.
  "소망은 항상 보이는 아름다움에서 그 너머에 놓여 있는 것으로 영혼을 이끌고, 항상
  지속적으로 보이는 것을 통해서 감추어진 것에 대한 바람을 불붙인다. 따라서 아름다움의
  열렬한 연인은 항상 보이는 것을 자신이 바라는 것의 이미지로 받아들이지만, 그 원형의
  표식(stamp of the archetype)으로서 가득 채워지기를 소원한다. 그리고 그는 소망의 산들
  을 용감하게 올라가며, 거울이나 반영에서가 아니라 얼굴과 얼굴을 맞대고 아름다움을
  향유하기를 바란다."
  Gregory of Nyssa: The Life of Moses II, 231-232 (PG 401d-404a), trans. by A. Malherbe and E.
  Ferguson (New York: Paulist Press, 1978), 114f., quoted in *ibid.*, 62-63(『성령과 아름다움』, 119-120).

의 글에서 나타나는데, 그는 하나님을 아름다움으로 그리고 우주를 하나님의 아름다움의 발광으로 표현한다.

초본질적 아름다움(Superessential Beautiful)은 '미^美'(Beauty)로 불린다. 왜냐하면 그것은 자신의 아름다움의 특성을 만물 안에 사물들의 본질에 따라 심어주기 때문이다. 왜냐하면 그것은 만물 안의 조화와 광채의 원인이기 때문이다. 그것은 마치 빛처럼 만물 위에 비추고, 빛나는 광채를 전달하여 만물을 아름답게 한다. 왜냐하면 그것은 만물을 자신에게 부르기(καλοῦν, '칼룬') 때문에 또한 아름다움(κάλλος, '칼로스')으로 이름지어졌다.[7] 왜냐하면 그것은 모든 만물을 상호침투의 상태로 함께 끌어당기기 때문이다.[8]

아우구스티누스의 삶에 있어서 영성의 '미학적' 차원(아름다움과 감정적 욕망)이 중요한 역할을 하였다는 것은 널리 알려진 사실이다. 젊었을 때 그는 고전 문학 작품과 극장에 매료되었었다. 그의 직업은 수사법을 가르치는 교사였고, 자신의 기독교로의 개종은 많은 부분 암브로시우스^{Ambrose}의 설교술과 교회의 찬양에서 그가 경험한 달콤함 때문이었다.[9] 아우구스티누스의 신학은 하나님의 아름다움

---

7 본인의 영어 번역은 그리스 원문이 가지는 단어들의 뉘앙스를 살리고자 노력하였다: ὡς πάντα πρὸς ἑαυτὸ καλοῦν (ὅθεν καὶ κάλλος λέγεται); "as calling (καλοῦν) all things towards itself – for this reason it is also named the beautiful (κάλλος)"; "만물을 자신에게 부르기(καλοῦν) 때문에 그것은 또한 아름다움(κάλλος)으로 이름지어졌다."

8 Dionysius the Areopagite, *The Divine Names*, trans. by C. E. Holt (London, 1920), 95-96. Umberto Eco, *Art and Beauty in the Middle Ages*, trans. by Hugh Bredin (New Haven: Yale University Press, 1986), 18.

9 James Alfred Martin, *Beauty and Holiness: The Dialogue between Aesthetics and Religion*

과 우리를 하나님에게로 권면하는 데 있어서 아름다움에 대한 욕망의 역할을 강조한다. 하지만 그는 또한 그것이 우리를 하나님으로부터 멀어지게 하는 위험성에도 가진다고 경고한다. 그는 감정을 하나님에게로 나아가는 혹은 그로부터 멀리 떠나게 하는 '발'에 비유한다. 우리의 발은 잘못 사용될 위험성을 가지지만, 동시에 우리는 발이 없이 여행을 전혀 시작할 수도 없다.[10]

아우구스티누스는 사물들이 기쁨을 주기 때문에 아름다운지 혹은 그 반대로 아름답기에 기쁨을 주는지를 질문한다.[11] 후자의 견해를 옹호하며, 그는 아름다움에 '객관적'(objective)이고 존재론적 위상을 부여한다. 이러한 객관적 위상을 통해서 아름다움이 궁극적으로 신성과 관계될 수 있는 것이다. 『고백록』의 유명한 부분 중 하나에서 그는 하나님을 원초적 아름다움(primal Beauty)으로 묘사한다.

> 너무 늦게 당신을 사랑하게 되었습니다. 고대와 새로움의 아름다움
> (Beauty so ancient and so new)이여, 너무 늦게 당신을 사랑하였습니다!
> 당신은 내 속에 있었으나, 나는 밖에 있었습니다. 나는 거기서 당신을 찾
> 아 헤맸고, 당신이 만든 아름다운 것들에 내 자신을 내던졌습니다. 당신
> 은 나와 함께 있었으나, 나는 당신과 함께 있지 않았습니다. 그러한 사물
> 들이 나를 당신으로부터 멀리 떨어져 있게 붙잡았습니다. 하지만 그러한
> 것들은 당신 속에 있지 않았다면 존재하지도 않았을 것입니다. 당신은

(Princeton: Princeton University Press, 1990), 19.

10 Augustine, *Ennar. in PS.* 94, 2. 이것이 다시 Pannenberg, *Anthropology in Theological Perspective*, 259에 인용되고 있다.

11 *De Vera Religione*, 32, Eco, *Art and Beauty in the Middle Ages*, 71.

나를 부르고, 내게 소리치며, 나의 귀먹음을 깨뜨리셨습니다. 당신은 빛 나게 불타올라 내 눈의 멀음을 씻어주었습니다. 당신은 향기롭게 내게로 불어와, 당신을 들이켜 숨 쉬며 당신을 갈급하게 만듭니다. 나는 당신을 맛보았고, 당신에 대해 배고프고 목말라합니다. 당신이 나를 만질 때, 나는 당신의 평화를 향한 욕망으로 불타오르게 되었습니다.[12]

아름다움에 대한 아우구스티누스의 성찰은 이후에 서양문명에 있어서 중요한 영감의 원천이 되었다. 그는 향유의 위계질서(a hierarchy of satisfactions)라는 사고를 따른다. 여기에 기초해서 그는 '아름다움'(*pulchritudo*)의 인식을 감각의 '보다 고차원적' 혹은 '인식적인' 영역(예: 봄)에 적용시키고, 나아가 도덕적 판단에도 적용한다. 반면에, 들음에서 경험되어지는 즐거움이나 다른 '저차원적'인 감각들은 '달콤함'(*suavitas*)으로 여겨졌다.[13] 그에게 아름다움은 '질서의 광채'(*splendor ordinis*)라는 고전적 정의가 돌려지고 있다.[14] 그는 중세에 중요했던 '아름다움'(beauty)과 '적절함'(aptness) 사이의 구분을 제시한다.[15]

이러한 것들을 나는 그 당시 알지 못했고, 저차원적인 아름다움과 사랑

---

12 *Confessions*, bk. X, ch. XXVII.

13 Eco, *Art and Beauty in the Middle Ages*, 66. 아우구스티누스에 있어 봄과 들음은 둘 다 (다섯 가지 감각 중에서) '가장 인식적인 것들'(*maxime cognoscitivi*)이었다.

14 Jesu Iturrioz, S.J., "Metaphysica generalis", in Professores Societatis Iesu Facultatum Philosophicarum in Hispania, *Philosophiae Scholasticae Summa*, vol. 1 (Madrid: Biblioteca de Autores Cristianos, 1957), 614.

15 앞서 키케로가 이러한 구분을 하였으나, 아우구스티누스는 그를 언급하지는 않는다. Eco, *Art and Beauty in the Middle Ages*, 15.

에 빠져 있었다. 나는 그 바닥끝까지 빠져들고 있었다. 그리고는 내 친구들에게 이렇게 말했다: 우리는 아름답지 않은 어떤 것도 사랑할 수 있는가? 그렇다면 무엇이 빼어남이고 무엇이 아름다움인가? 우리를 유인하고 감정을 우리가 좋아하는 사물들에게 끌어당기는 것은 도대체 무엇인가? 그것들 속에 우아함과 아름다움이 있지 않다면, 그것들은 우리를 그 자신들에게 끌어당기지 못할 것이다. 그래서 나는 좁게도 다음과 같이 생각했다: 전체로서 육체들 속에는 그것들을 '아름답게' 하는 어떤 것이 들어 있고, 다른 한편으로 마치 몸의 한 부분이 전체 몸에 갖는 관계처럼 혹은 신발이 발에 갖는 관계처럼 여기에 '적절하게' 맞는 어떤 다른 것이 들어 있다. 이러한 생각이 내 마음 깊이에서 생겨났고, 나는 『아름다움과 적절함』(the Beautiful and the Fitting)에 대한 책 두세 권을 썼다. 지금 나는 그것들을 가지고 있지 않은데, 어떻게 잃어버렸는지는 모르겠다.[16]

플라톤주의 전통을 기독교의 창조신앙과 결합시키며, 아우구스티누스는 솔로몬의 지혜의 지은이처럼(13:3-5) 피조물의 아름다움이 그 창조자를 드러낸다고 주장한다. "우리가 이 세계의 모든 아름다움을 생각할 때, 그 아름다운 질서 자체가 마치 한 목소리처럼 이렇게 말하지 않는가?: '나 자신이 만든 것이 아니라, 하나님이 만드셨다.'"[17]

아우구스티누스는 인간의 마음이 자신 속에서 발견하게 되는 인식의 불완전성으로부터 하나님의 필연성을 주장한다. 그는 특히 이러한 추론을 플라톤주의적 '올라감'(ascent)의 단계들과 결합시킨다. 외적인 아름다움에서 영혼의 아름다움으로, 마침내 모든 아름다움

---

16 *Confessions*, bk. IV, ch. XIII (Cambridge: Harvard University Press, 1977), 182.
17 Augustine, *Enn. in Ps. CXLIV*, n. 13; *PL* 37, 1878-1879.

의 지고한 원천인 궁극적 진리로의 상승이 그것이다.

가시적인 것들에 대해 판단을 내리며, 인간의 마음은 모든 가시적인 것
들에 비해 자신이 보다 고차원적인 질서에 속함을 알게 된다. 그러나 지
혜가 자라남에 따라 마음은 자신의 결함을 발견하게 되고, 자신이 불완
전하고 변화하는 존재라는 것을 알게 된다. 동시에 인간의 마음은 자신
위에 변하지 않는 완전한 진리가 존재한다는 것을 발견한다. 자신을 이
진리에 헌신함으로써 마음은 행복하게 되고, 그 자신뿐 아니라 모든 가
시적인 것의 창조자와 주님을 자신 속에서 발견하게 된다. … 이같이 우
리는 외적인 사물들의 아름다움에서 창조자를 발견하게 된다. 하나님은
우리 안에 있다. 그는 보다 고등한 방식으로 영혼 속에 아름다움을 창조
하시고, 보다 저등한 방식으로 육체 속에 아름다움을 창조하신다.[18]

아우구스티누스는 단지 자연의 아름다움뿐만 아니라 인간 예술
의 아름다움도 궁극적으로는 신성한 아름다움과 그것에 대한 열망
에서 유래한다고 주장한다. 그럼에도 불구하고 그는 아름다움이 오
용될 수 있고 하나님에 이르는 수단이 아니라 걸림돌이 될 수도 있
다는 것을 잘 인식하고 있었다.

오, 나의 하나님 나의 아름다움이여. 이러한 것들을 통해 당신에게 시편
을 노래하며 나의 성화자에게 찬송의 제물을 드립니다. 왜냐하면 이러한
(예술의 - 역자주) 아름다움들은 영혼을 통해서 솜씨가 뛰어난 손에게

---

18 (역자주) 빌라데서는 인용문의 출처를 제공하지 않고 있다.

전달된 것이고, 이 모든 것은 우리의 영혼 위에 있는 아름다움으로부터 내려온 것이기 때문입니다. 이 아름다움을 향해 내 영혼은 밤낮으로 한숨을 쉽니다. 하지만 외적인 아름다움들을 창작하고 추구하는 자들은 그러한 아름다운 것들에 대한 긍정을 위의 거기로부터 (곧 궁극적인 아름다움으로서 하나님으로부터) 이끌어 내지만, 그것들을 올바른 방식으로 사용하지는 않습니다. 비록 그들이 궁극적인 아름다움을 인식하지는 못하지만, 그럼에도 불구하고 당신의 아름다움은 거기에도 있습니다. 왜냐하면 당신은 그들이 너무 멀리 방황하지 않고 오직 당신을 위한 힘을 보존하여 쾌락적 탐닉에 힘을 낭비하지 않게 하시기 때문입니다.[19]

2. 중세 초기의 발전

신플라톤주의라는 흐름은 아우구스티누스와 위-디오니시오스를 통해서 중세의 위대한 스콜라주의자들에게 전달된다.[20] 하나님에게서 출발하여, 물질과 인간 영혼을 통해, 다시 거꾸로 하나님에게로 돌아가는 순서를 지닌 천상적이고 지구적인 아름다움의 위계질서라는 위-디오니시오스의 신학적 미학 이론의 주제는 중세 신학의 근본적이고 주도적인 모티프가 된다. 중세 미학 이론에 중심점은 아름다움에 대한 인간적 인식이 궁극적으로는 영적인 아름다

---

19 *Confessions*, bk. X, ch. XXXIV.

20 Edgar de Bruyne, *Études d'esthétique médiévale*, 3 vols. (Bruges, 1946); *L'esthétique au Moyen Age* (Louvain, 1947). 또한 Henri Pouillon, "La Beauté, propriété transcendentale chez les scholastiques", in *Archives d'histoire doctrinale et littéraire du moyen age*, XXI (1946), 263-329를 에코는 인용한다. 에코는 토마스 아퀴나스에 이르는 중세의 미학 이론의 개요를 제공하고 있다. 이 발전에 대해 우리는 직접 우리의 논의와 관련되는 한에 있어서 간략하게 다루게 될 것이다.

움을 지향한다는 데 있다.[21] 이 영적인 아름다움은 인간의 마음에 지성적 형식으로 현존한다. 따라서 생 빅토르회 수도사들(Victorines)은 모든 차원 사이에는 연속성이 있다고 가르쳤다: 물리적 쾌락은 감각적 조화의 경험에서 느껴지는 감정적 즐거움으로 확장되고, 이것은 마음과 물질 사이의 존재론적 상응 구조에 기초한다.[22]

하나님의 존재와 아름다움에 참여하는 만물의 통일성 때문에 세계는 하나님의 표현할 수 없는 아름다움을 드러내는 하나의 거대한 예술 작품일 수 있다.[23] 하나님 속에서 만물의 공통된 기원과 존재와 종극 때문에 세계는 동시에 하나님과 다른 존재의 차원들을 가리키는 일련의 다차원적인 상징 혹은 알레고리로 보아질 수도 있다. 따라서 생 빅토르의 후고Hugh of St. Victor는 다음과 같이 쓰고 있다. "모든 가시적인 사물들이 우리에게 상징적인 방식으로 말할 때 곧 그것들이 비유적으로 해석될 때, 가시적인 사물들은 비가시적 중요성과 진술들을 가리키고 있는 것으로 보아질 수 있다. … 그것들의 아름다움이 사물들의 가시적 형상에 놓여 있기 때문에… 가시적 아름다움(visible beauty)은 비가시적 아름다움(invisible beauty)의 이미지인 것이다."[24] 영혼의 내적인 삶은 우주의 물리적 질서에 연속성을 가진다. 그래서 클레르보의 베르나르St. Bernard of Clairvaux는 "육체는 정신의 이미지"라고 말한다.[25] 이와 유사하게 도덕성과 물리적 아름다움 사이에도 유비적인 관계가 있다. 오베르뉴의 윌리엄William of

---

21 Eco, *Art and Beauty*, 58.

22 *Ibid.*, 66.

23 Cf. John Scotus Eriugena, *On the Division of Nature*, III, 6; cited in *ibid.*, 18.

24 *In Hierarchiam Coelestem*, II: *PL*: 175, col. 949. Quoted in *ibid.*, 58.

25 *Sermones in Cantica*, LXXV, 11; *PL* 183, col. 1193. Quoted in *ibid.*, 10.

^{Auvergne}이 설명하듯 감각적 아름다움은 시각에 즐거움을 주고, 내적인 아름다움은 그것을 인식하는 영혼에 즐거움을 주기 때문이다. 감각적 아름다움은 "그것을 사랑하도록 영혼을 매료시킨다". 따라서 선^善함도 "외적이고 가시적 아름다움과 비교해서 풀크리투도 _pulchritudo_ 혹은 데코르 _decor_ 라고 불리었다."[26]

보에티우스^{Boethius}의 유명한 가르침에 따르면 음악을 구성하는 비례比例(proportion)의 법칙들이 우주 전체에도 적용된다. 따라서 우주 공간의 들리지 않는 음악에서부터 인간의 몸의 비례(이것은 건축과 예술에 반영되고 있다)와 인간의 영혼의 논리에 이르기까지 모든 만물은 하나의 거대한 조화(a great harmony)를 형성한다. 오베르뉴의 윌리엄은 이와 같은 중세의 사상을 다음과 같이 표현하고 있다. (이것은 근대 초기까지 지속되었다.) "우주의 질서와 광대함을 성찰할 때… 우주는 가장 아름다운 성가와 같다는 것을 발견하게 된다. … 놀랄 만큼 다양한 피조물들이 넘치는 기쁨과 하모니의 심포니와 같다는 것을 발견하게 된다."[27] 가시적이고 지성적인 것 사이의 관계에 대한 이와 동일한 생각이 '빛'(光)의 등급에 대한 시각적 이미지로 표현될 수도 있었다.

신학과 미학의 이러한 연계에 있어 가장 흥미로운 예로는 12세

---

26 _Tractatus de Bono et Malo._ Quoted in _ibid._, 22. 에코는 중세와 현대의 세계관의 차이를 이렇게 말한다. "현대인이 예술과 도덕 사이의 갈등을 발견한다면, 이러한 갈등은 그가 현대의 미학적 관념을 고전적인 도덕의 관념과 조화시키고자 시도하기 때문이다. … 중세인들은 자신과 자신의 초자연적 운명이 중심에 놓인 '목적들의 위계질서'에서 어떤 사물이 관련되지 않을 때, 그러한 사물은 추한 것으로 받아들여졌다. 달리 말해 이것은 그러한 사물이 (자신의 목적들의 위계적 질서에서 - 역자주) 자신의 기능을 제대로 하지 못하는 구조적 불완전성 때문이다." _Ibid._, 80.

27 _De Anima_, V. 18. Quoted in _ibid._, 18-19.

기의 수도원장 슈제르^{Suger}의 글들에서 발견되는데, 그는 또한 생 드 니^{St. Denis} 대성당을 프랑스 북부 최초로 위대한 고딕 스타일로 건축 하였다. 슈제르 수도원장은 플라톤적 예술신학에 대해서, 미학에서 하나님을 발견하게 되는 자신의 영적 경험에 대해서 뛰어난 기록을 남기고 있다. 그리스도의 수난과 부활에 관해 대성당의 도금된 청 동문에 새겨진 글에서 슈제르는 관람자에게 예술 작품의 의도를 다 음과 같이 쓰고 있다.

> 여기 황금문의 영광에 대해 찬탄하고자 하는 누구나
> 값비싼 황금이 아니라 솜씨의 뛰어남을 찬탄하라.
> 고귀한 작품은 빛나는 것이 사실이다.
> 하지만 밝게 빛나는 작품이 보는 자의 마음도 그렇게 계몽하여,
> 진리의 빛을 통해서 참 진리의 빛으로 나아가게 하라.
> 거기서는 그리스도가 진리의 문이다.
> 황금문은 세상의 사물들 안에 내재하는 것에 형상을 부여하기에,
> 마음이 우둔한 자도 물질적인 것들을 통해서 진리로 올라가게 되고,
> 우선 여기에 잠겨서 황금문의 빛을 봄으로써, 올라갈 수 있다.[28]

---

28 여기서 본인이 '올라감'(rise)으로 영역한 것의 원문은 'resurgit'이다. 이것은 또한 죽음 으로부터의 그리스도의 부활에도 사용된다. 황금문에 새겨진 원문은 다음과 같다.
  (좌측문): *Portarum quisquis attollere queris honorem*
  aurum nec sumptus operis mirare laborem
  nobile claret opus sed opus quod nobile claret
  clarificet mentes ut eant per lumina vera
  (우측문): *ad verum lumen ubi Christus ianua vera*
  quale sit intus in his determinat aurea porta
  mens hebes ad verum per materialia surgit
  et demersa prius hac visa luce resurgit.

마음은 플라톤이 말했듯 사물들의 물리적 광채에서 예술 작품의 보다 영적인 아름다움으로 여행한다. 그리고 예술에서 마침내 마음은 그리스도의 '빛'을 주목하게 되는 것이다. 슈제르는 이러한 과정이 구약성서를 복음서의 빛 아래서 알레고리적으로 해석하는 과정과 유사하다고 본다. 왜냐하면 여기서도 마음은 "물질적인 것에서 비물질적인 것으로" 나아가도록 촉구되기 때문이다.[29] 예를 들어 대성당의 스테인드글라스 창문 중 하나는 구약의 예언자들이 운반해 온 곡식을 가지고 사도 바울이 맷돌을 돌리는 장면을 표현하고 있다. 그 의미가 아래의 글에 드러난다.

맷돌을 돌림으로 당신 바울은 겨로부터 밀가루를 만든다.
당신은 모세의 율법의 가장 깊숙한 의미를 알려준다.
그렇게 함으로써 곡식은 겨 없이 우리와 천사들의
영원한 음식인 진리의 떡이 되는 것이다.[30]

슈제르는 물론 시토회(Cistercian) 수도회의 개혁운동에 의해 시작된 교회의 지나친 장식에 대한 비판을 잘 알고 있었다. 그는 우둔한 인간의 마음이 영적인 성찰을 위해서는 물질적 자극을 필요로 한다는 기본적 주장 이외에도 자신의 예술 프로그램을 위한 몇몇 신학적 이유를 추가로 제공한다. 첫째로 하나님을 위한 교회의 성

또한 *The Book of Suger, Abbot of St-Denis, on what was done under his admin-istration*, quoted in Elizabeth Gilmore Holt, ed., *A Dictionary History of Art*, vol. 1 (Garden City: Doubleday, 1957), 25.

29 *Ibid.*, 33.

30 *Ibid.*

례들은 세상이 가지고 있는 가장 뛰어난 최고의 것을 요구한다. 특히 슈제르는 구약의 제의적 실천에 기초한 히브리서 9장 12-14절을[31] 자신의 목적에 맞게 적용시킨다.

> 항상 나에게 한 가지는 특히 적절한 것으로 보인다는 것을 고백하고자 한다. 곧 모든 값비싸고 지극히 귀한 것들은 우선 무엇보다도 성례전을 위해 사용되어져야 한다. '만약' 황금접시, 황금주전자, 황금절구가 하나님의 말씀과 예언자의 명령에 의해 '염소나 송아지 혹은 암소의 피'를 담는데 사용된다고 한다면, '얼마나 더' 황금그릇과 귀중한 보석과 모든 피조된 것 중 최고의 것이 끝없는 경외와 온전한 헌신으로 '그리스도의 피'를 담는데 사용되어져야만 하는가! 물론 우리와 우리의 어떤 소유물도 이러한 성사를 감당할 만큼 가치를 지니지는 못할 것이다. 만약 새창조로 우리의 본질이 성스러운 케루빔과 세라핌 천사의 본질처럼 변한다 하더라도, 그것은 여전히 말로 표현할 수 없이 위대한 희생에 대해 불충분하고 무가치한 봉사를 할 수 있을 뿐이다. 그럼에도 우리는 우리 죄를 위한 은혜의 속죄를 가질 수 있게 된다.[32]

슈제르는 물질적인 것에서 영적인 것으로 '올라감'(ascent)이라는 플라톤적 관념을 성육신成肉身(incarnation)의 교리에 의해서 보다 근

---

31 (역자주) 히브리서 9장 12-14절 개역 개정의 번역: "염소와 송아지의 피로 하지 아니하고, 오직 자기의 피로 영원한 속죄를 이루사 단번에 성소에 들어가셨느니라. 염소와 황소의 피와 및 암송아지의 재를 부정한 자에게 뿌려 그 육체를 정결하게 하여 거룩하게 하거든, 하물며 영원하신 성령으로 말미암아 흠 없는 자기를 하나님께 드린 그리스도의 피가 어찌 너희 양심을 죽은 행실에서 깨끗하게 하고 살아 계신 하나님을 섬기게 하지 못하겠느냐."

32 Ibid., 31-32.

원적으로 강화시킨다. 성육신은 하나님이 '보편적'(universal) 방식으로 경외되어져야 한다는 것을, 곧 육체적인 것과 영적인 것을 결합시켜야 할 뿐만 아니라 육체적인 것과 신성한 것도 결합시켜야 한다는 것을 의미한다.

비방자들은 성인의 마음, 순수한 가슴, 신앙의 의도가 이러한 신성한 기능을 위해 충분하다고 주장한다. 우리도 또한 그것들이 중요하다는 것에 동의한다. 하지만 성구聖具(sacred vessels)의 외적인 장식을 통해서도, 우리는 세상의 어떤 것에도 비교할 수 없는 방식으로 거룩한 희생(Holy Sacrifice)을 위한 성례聖禮(service)에서 모든 내적인 순수성(inner purity)과 모든 외적인 광채(outward splendor)로 경의를 표현해야 할 것이다. 우리는 가장 적절하게 모든 것을 가지고 보편적(universal) 방식으로 우리 구세주를 섬겨야 한다. 그분은 우리에게 예외 없이 모든 것을 보편적 방식으로 공급하셨다. 그는 우리의 본질을 자신 속에 넣으시어 고귀하고 유일한 인격으로 합合하셨고, "우리를 자신의 오른손에 놓으셨으며", 우리에게 진리 속에서 "자신의 왕국을 소유하도록" 약속하셨다. "영원 영원히 살아 통치하시는" 우리 주님이시다.[33]

보다 개인적인 성찰의 글에서 슈제르는 아름다움을 통한 하나님

---

33 *Ibid.* 교회를 장식하는 데 어떤 잘못이 있다고 생각하는 것과는 거리가 멀게 슈제르는 자신의 그런 노력이 영원한 보상을 가져올 것이라고 보았다. 성당의 한 후원자에 보낸 글에서 그는 다음과 같은 기도를 쓰고 있다.
"그를 튼튼하게 하고 고양시킨 교회의 광채를 위해, 슈제르는 교회의 광채를 위해 일하였습니다. 오 순교자 생 드니여, 당신에게 당신의 몫을 돌리며 그가 천국의 몫을 얻을 수 있도록 당신이 그를 위해 기도하기를 그는 당신에게 기도합니다…"(*Ibid.*, 24).

으로 자신의 영적 상승을 이렇게 기록하고 있다.

하나님의 처소處所(house)의 아름다움에 대한 나의 기쁨으로 인해, 마치
내 자신이 우주의 어떤 이상한 영역에 살고 있는 것만 같다. 형형색색 보
석들의 사랑스러움이 나를 외부의 근심에서 불러들이고, 물질적인 것을
비물질적인 것으로 바꾸게 하며, 나로 하여금 다양한 성스러운 덕에 대
해 명상하게 한다. 그래서 여기는 완전히 진흙 같은 지구도 아니고, 완전
히 순수한 천국도 아니다. 하나님의 은혜로 나는 저등한(inferior) 세계
에서 보다 높은(higher) 세계로 유비적 방식類比的 方式(analogical man-
ner)으로 옮겨질 수 있는 것이다.[34]

이론적 차원에서 초기의 여러 스콜라주의자는 아름다움과 선함
의 관계에 대해 주목하였다. 아리스토텔레스, 스토아학파, 키케로,
아우구스티누스로 이어지는 전통은 미美와 선善을 동일한 것으로 보
았다. 이러한 전통에서 초기의 사상가들은 이 둘 사이의 어떠한 구
분도 하지 않았다.[35] "실체의 선함과 아름다움은 같은 것이다"라고

---

34 *Ibid.*, 30.
35 Eco, *Art and Beauty*, 22. 아우구스티누스의 아름다움(*pulchrum*)과 적절함(*aptum*)
사이의 구분을 계속 보전하고자 하는 노력도 있었다. 예를 들어 세비야의 이시도르
(Isidore of Seville)는 아우구스티누스를 따라서 *pulchrum*이 그 자체로 아름다운 것을
가리키는 반면 *aptum*은 다른 어떤 것들과의 관계에서 아름다운 것을 가리킨다고 하
였다. *Sententiarum Libri*, I, 8, 18; pl 83, cols. 551-552. 이것이 다시 Eco, 15에 인용되고
있다. 하지만 예술 특히 종교예술에 대한 서양 중세의 견해는 미화의 기능뿐 아니라
또한 교육의 기능을 강조한다. 우리가 살펴보았듯이 카롤링왕조 때부터 성상파괴주
의에 대한 중세의 옹호는 예술의 교육적 기능을 강조하였다. 그레고리우스 1세
(Gregory the Great)에 돌려지는 '그림은 배우지 못한 자들의 책'이라는 말이 종종 반복
되었다. 따라서 우리가 슈제르 수도원장의 글에서 본 것처럼 아름다움과 유용함의 사
상은 종종 결합되어졌다. *Ibid.*, 15-16.

오세르의 윌리엄^{William of Auxerre}은 쓰고 있다.36 오직 13세기에 와서야 '상식'이라는 묘사적이고 메타포적인 범주들을 넘어서서, 일종의 조직적인 이론적 설명을 발전시키고자 하는 시도가 등장한다.37 이러한 발전은 부분적으로는 물질세계는 악하고 하나님의 창조물이 아니라고 주장한 카타리파^{Cathari}와 알비파^{Albigensians}의 마니교적인 주장에 대응할 필요가 있었기 때문이다.38 존재의 초월적 특성들에 대한 형이상학적 이론은 존재가 본질적으로 하나이고, 참되고, 선하다고 주장한다. 또한 그것은 이러한 긍정적인 특성들이 직접 하나님으로부터 유래한 것이고, 따라서 하나님의 존재에 '참여'(participation)하는 것이라고 보여주고자 한다.

이론적 영역에 있어 결정적인 발전은 13세기 초반 파리의 신학자 필리프^{Philippe le Chancelier}에 의해 처음으로 이루어진다.39 초월적 특성들에 대한 최초의 조직적 연구인 자신의 『선^善에 대한 대전』 (*Summa de Bono*)에서 필리프는 선과 존재는 상호 전환이 가능하나, 합리적 설명에 있어서는(*secundum rationem*, rationally) 다르다고 주장한다.40 필리프 자신은 아름다움의 문제에 대해 많이 고려하지는

---

36 *Summa Aurea*. Quoted in *ibid.*, 19.

37 13세기의 이론적 이해의 등장에 대해서는 Bernard Lonergan, *Verbum: Word and Idea in Aquinas* (Notre Dame: University of Notre Dame Press, 1967).

38 Eco, *Art and Beauty*, 19-20.

39 스콜라신학의 발전에 있어 필리프의 위치에 대해서는 Bernard Lonergan, *Grace and Freedom: Operative Grace in the Thought of St. Thomas Aquinas*, edited by J. Patout Burns, S.J. (New York: Herder and Herder, 1971), 15-19를 참고하라. 로너간에 따르면, 필리프는 '자연'과 '은총' 사이의 구분이 비록 '실제'(real)이지만 순전히 설명을 위한 (explanatory) 것으로 이해되어야 하며, 서로 다른 존재론적 상태를 가리키는 것은 아니라고 처음으로 인식한 자다. 필리프의 초월적 특성들에 대한 논의는 이와 유사하게 "순전히 합리적인"(purely rational) 범주의 구분을 인식하도록 만들었다.

않았으나, 그의 동시대인 중 몇몇은 여기에 관심하였다. 자신의 위-디오니시오스에 대한 주석에서(1243년 이전 작품) 영국의 신학자 로버트 그로스테스트^{Robert Grosseteste}는 아름다움(*Pulchritudo*)이 하나님의 이름 중 하나라고 주장한다. "만약 만물이 선함과 아름다움을 같이 욕망한다면, 선함과 아름다움은 같은 것이다." 또한 그는 초월적 특성들에 대한 필리프의 논의를 채용하며, 그러한 선과 미가 합리적 설명에 있어서 다르다(*diversa sunt ratione*)고 주장한다. "하나님은 선하시다. 왜냐하면 하나님은 만물에 존재를 수여하시고, 존재는 선하기 때문이다. 하나님은 존재를 증가 · 완성 · 보존하신다. 또한 만물 안에서 하나님은 아름다우시다. 왜냐하면 만물이 하나님과의 일치 속에서, 자신 안에 혹은 자신 사이에 화합^{和合}(concordance)을 만들어내기 때문이다."[41]

영국 신학자 헤일스의 알렉산더^{Alexander of Hales}의 『대전』(*Summa*, 1245)은 이 문제에 있어 중요한 진전을 가져온다.[42] 이 저작에 따르면 선과 미는 그 자체(*in se*)로는 혹은 "실제"(really)로는 서로 동일하다. 하지만 선과 미는 인식자의 지향성(intentionality)이라는 측면에서는 서로 다르다. "아름다움은 그것이 우리의 이해(apprehension)를 즐겁게 하는 한에 있어, 선의 특질을 가진다. 반면, 선은 엄격하게 말해서 우리의 사랑(affection)을 즐겁게 하는 특질과 관계된다." 이런 이유에서 선이 목적인(final causality)과 관련되는 반면, 아름다움

---

40 Eco, *Art and Beauty*, 20(여기서 에코는 "*secundum rationem*"을 "우리가 사물들을 인식하는 방식에 따라서"로 해석한다 - 역자주).

41 Quoted in *ibid.*, 23.

42 이 저서는 지금은 알렉산드로스뿐만 아니라 John of la Rochelle와 어떤 "Brother Considerans"에 의해 공저된 것으로 여겨진다. *Ibid.*, 23.

은 형상인(formal causality)과 관련된다.[43] 알베르투스 마그누스[Albertus Magnus]는 이런 사상을 수용한다. 그는 위-디오니시오스의『하나님의 이름에 관하여』(De Divinis Nominibus)에 대한 주석을 집필했다. 이전에는 이 주석서가『아름다움과 선에 관하여』(De Pulchro et Bono)라는 제목 하에 토마스 아퀴나스의 저작이라고 여겨졌다.『하나님의 이름에 관하여』4장에 대한 자신의 주석에서 알베르투스는 아름다움을 다음과 같이 정의한다. "아름다움의 본질은 일반적으로 그것이 물리적 대상들의 적합하게 질서 있는 부분들에든, 사람에든 혹은 행동에든 '형상(form)의 광채'에 놓여 있다."[44] 곧 아름다움은 거기에 대한 인간의 인식과는 독립적인 일종의 객관적客觀的 특질로서 존재한다.[45] 따라서 알베르투스는 아름다움이 바라보는 사람들의 인식에 의해 정의되어져야 한다고 본 키케로의 주관주의적 입장을 거부한다(De Officiis, I, 27). 예를 들어 미덕은 그것이 알려지지 않은 채 남아 있을 때조차도 아름답다.[46] 요컨대 아름다움은 존재가 가지는 일종의 초월적 특성이다: "존재하는 만물은 아름다움과 선함에 참여한다. 그리고 선과 미는 인식하는 주체의 지향성志向性(intentione, intentionality)에 의해 구분된다."[47]

---

43 Ibid., 23.
44 Quoted in ibid., 25.
45 Ibid., 70.
46 Ibid., 26.
47 Ibid., 25.

3. 보나벤투라와 토마스 아퀴나스

아름다움이 존재의 한 초월적 특성으로 본 스콜라신학은 성 보
나벤투라[Bonaventura da Bagnoregio]의 저작에서 하나님에 대한 지식 혹은
'자연신학'에 직접 연관이 되고 있다. 자신의 『하나님께 이르는 마음
의 여정』(*Itinerarium Mentis in Deum*)에서 보나벤투라는 하나님에 대
한 지식이 천지창조의 7일과 상응하는 7가지 단계를 통해서 발전하
는 것으로 본다. 우선 그에 따르면 인간의 마음은 세 가지 중요한
측면들을 가지고 있다: (1) '동물적 혹은 감각적 지성'(animal or
sensual intelligence)은 외적이고 육체적인 사물들(*ad corpora exteriora*)
을 지향한다. (2) '영혼'(spirit)은 자신을 향해 그리고 자신 속을(*intra
se et in se*) 지향한다. (3) 그리고 '마음'(*mens*, mind)은 자신 위(*supra
se*)를 지향한다.[48] 이러한 것들을 통해 하나님에게로 나아가는 과정
이 구성되는 것이다. 보나벤투라는 신비적 비전(mystical vision)의 영
원한 안식 이전에 놓인 하나님에 관한 지식의 여섯 가지 '단계'를 구
분한다: 감각(*sensus*, sensation), 표상력 · 상상력(*imaginatio*, imagination),
이성(*ratio*, reason), 이해(*intellectus*, understanding), 지성(*intelligentia*,
intelligence), 마지막 마음의 절정 혹은 신데레시스(양심)의 불꽃(*apex
mentis seu synderesis scintilla*, the apex of the mind or spark of synderesis)
이 그것이다.[49] 위-디오니시오스에서처럼 여기서도 마음의 지향성

---

48 Bonaventure, *Itinerarium Mentis in Deum*, in *Opera Omnia*, edited by A. C. Peltier
   (Paris: Ludovicus Vives, 1868), vol. XII, ch. 1, 4.
49 *Ibid.* (토마스 아퀴나스는 "synderesis와 conscientia"를 구분하는데, 연구자에 따라 "신
   데레시스와 양심" 혹은 "근원 양심과 양심" 혹은 "양주과 도덕적 의식" 등으로 다양하
   게 번역한다. - 역자주)

의 운동 방향은 외적인 것에서 내적인 것으로, 시간적인 것에서 영원한 것으로 움직인다.[50]

우리의 주제와 주로 관련이 되는 것은 하나님에 관한 지식 중 첫 번째 차원에 대한 보나벤투라의 설명, 즉 하나님에 관한 '감각의 거울'(sensible mirror)이다. 여기서 하나님은 육체적인 존재들 속에서 신성의 피조된 '흔적들'(vestiges)로 뿐만 아니라 또한 그 속에서 행동적으로 현존하는 것으로 알려진다.[51] 왜냐하면 하나님은 인식되고 알려지는 모든 존재 속에 내향적으로 존재하기 때문이다.[52] 감각적 지식에 있어서 이해는 환희를 가져오고, 그것은 다시 판단을 가져온다.[53] 보나벤투라는 아름다움이란 환희를 생산할 수 있는 능력을 지니는 모든 만물의 한 초월적 특성으로 본다.[54] 그리고 이러한 아

---

50 보나벤투라의 저작 『여정』은 다음과 같은 구조로 이루어진다: '세계 속의 하나님'(God in the world)—'마음속의 하나님'(God in the mind)— '세계와 마음 너머의 하나님'(God above the world and the mind). 이런 의미에서 하나님에게로 향하는 여정은 '올라감'(ascending)의 패턴을 따른다. 하지만 보나벤투라는 존재와 선이라는 개념이 가리키는 하나님 현존의 본유적 '빛'(light)이라는 문제를 다루기에 앞서, 두 번째 차원에서 인간에 대한 은총의 영향(effects of grace)에 대해 먼저 다룬다. 왜냐하면 본유적 '빛'은 피조물 속의 하나님과 연관될 뿐만 아니라, 나아가 하나님 자신 속에 반영된 하나님의 현존과도 관계되기 때문이다.

51 "*Circa speculum sensibilium, non solum contingit contemplari Deum per ipsa tan-quam per vestigia, verum etiam in ipsis in quantum est in eis per essentiam, potentiam, et praesentiam*"(존재들의 감각의 거울과 관련하여, 하나님은 자신의 흔적으로서 그것들을 '통해서'만 성찰되는 것은 아니다. 하나님이 사물들 속에 본질, 능력, 현존으로 계시는 한에 있어서, 하나님은 그것들 '속에서'도 성찰된다). *Ibid.*, cap. II, 6.

52 "*[I]n omne re quae sentitur, sive quae cognoscitur, interius lateat ipse Deus*"(감각적으로 인식되어지거나 이해되어지는 모든 만물 속에 하나님 자신이 깊숙이 숨겨져 있다). Bonaventure, *Opusculum de Reductione Artium ad Theologiam, in Opera Omnia*, edited by A. C. Peltier (Paris: Ludovicus Vivès, 1866), vol. VII, 505.

53 *Itinerarium*, cap. II, 7-8.

54 "*[C]um ergo omnia sint pulchra, et quodam modo delectabilia*"(따라서 모든 만물은 아름답고, 어떤 방식으로는 즐거움을 준다). *Ibid.*, cap. II, 9.

름다움의 특성은 하나님 안에서 모범을 가진다.[55] 피조물의 아름다움은 신성의 의미로서, 바울이 로마서 1장 20절에서 말하는 것처럼 하나님에 관한 지식으로 우리를 인도한다.

> 감각적 세계 안의 모든 피조물은 지혜롭고 성찰하는 인간 영혼을 영원한 하나님에게로 나아가게 돕는다. 왜냐하면 모든 피조물은 '가장 전능하고, 가장 지혜롭고, 최초의 원칙이고, 영원한 기원이고, 빛이고, 충만함이고, 창조적이고 모범적이며 질서를 부여하는 예술藝術(Art)'이 자신을 세계에 드러나는 '그림자(shadows), 메아리(echoes), 그림(pictures), 흔적(vestiges), 이미지(images), 가시적인 모습(visible showing)'이기 때문이다. 그것은 우리로 하여금 하나님을 알게 하기 위해 우리에게 주어졌으며, 그래서 하나님으로부터 주어진 표식(signs)인 것이다. … 왜냐하면 모든 피조물은 자신의 깊숙한 본질에 있어 영원한 지혜의 초상(portrayal)이며 모방(likeness)이기 때문이다.[56]

인간의 마음은 자신 밖으로 나가 피조물 안의 신성한 '흔적들'을 통해서 하나님에 대한 지식을 얻은 후에, 다시 돌아온 자기 자신을 통해서 하나님의 지식으로 인도되고 자신 안에서 하나님의 이미지로 현존하게 되는 것이다.[57] 아우구스티누스와 마찬가지로 보나벤

---

55 *Ibid.* 보나벤투라에 있어 피조된 아름다움과 하나님의 아름다움 사이를 연결시키는 것은 비례관계(proportion)이다. 사물들의 아름다움과 빼어남은 그것들의 비례에 의존하고, 이것은 다시 숫자(number)에 의존한다. 따라서 질서의 원칙(the principle of order)으로서 숫자는 창조자의 영 속에 있는 중요한 모범(exemplar)인 것이다.

56 *Ibid.*, cap. II, 10.

57 *Ibid.*, cap. III.

투라에 있어서 마음은 하나님에 관한 지식이 가능한 중요한 장소인 것이다. 외적인 세계에 내재하는 신성의 '흔적들'은 마음을 자신의 영적이고 지성적인 본성에 대해 성찰하게 만들고, 여기서 하나님의 존재가 (최소한 희미하게나마) 알려지고 현존하게 되는 것이다. 이러한 지식은 존재에 대한 마음의 성찰에서 보다 분명하게 드러나고 설명되는데 이것이 주로 판단의 행동인 것이다. 다른 글에서 보나벤투라는 모든 긍정적인 주장은 하나님에 대한 주장을 내포한다고 말한다. 왜냐하면 모든 긍정은 진리를 주장하는 것이고, 모든 그러한 주장은 진리 자체 곧 모든 참된 것의 원인을 전제하기 때문이다.[58]

아우구스티누스를 상기시키는 『여정』의 한 부분에서 보나벤투라는 존재의 절대적 규범인 하나님이 마음에 내재하고 현존하지 않으면 판단 자체가 불가능하다고 주장한다. 지식의 자명하고 의심할 수 없는 첫 번째 원칙들이 있기에 참된 판단들이 가능하게 되는데, 이러한 첫 번째 원칙들이 모든 판단의 기초를 이룬다. 그런데 이러한 첫 번째 원칙들은 다름 아니라 우리의 지성을 비추는 하나님의 영원한 빛, 하나님의 궁극적인 지성과 아름다움의 현존인 것이다. 따라서 절대적 존재(이것은 또한 절대적 선 혹은 절대적 미와 동일하다)에 대한 암시적 지식이 어떤 개별적인 존재자들뿐 아니라 유한한 존재자들이 지닌 한계에 대한 지식의 조건인 것이다. 보나벤투라는 다음과 같이 묻는다. "우리의 지성이 어떤 결함도 없는 존재에 대한 지식을 갖고 있지 않다면, 어떻게 우리의 지성이 어떤 구체적 존재자가 결함이 있고 불완전하다는 것을 알 수 있겠는가?"[59] 인간의

---

58 *In Librum Primum Sententiarum*, q. II, in *Opera*, vol. I, 148-150.

59 *Itinerarium*, cap. III, 11.

마음은 자신이 유한하다는 것을 알고 있기에 모든 판단을 기초하는 빛 혹은 궁극적 지성이란 오직 절대적 존재 곧 하나님의 그것이다. 하나님의 빛 혹은 지성이 우리의 마음을 신성하고 영원한 진리에 참여시키고 계몽시킨다. "우리의 마음 그 자체가 진리 자체에 의해서 직접 형성되는 것이다."[60]

판단判斷(judgment)이란 장소·시간·가변성으로부터 분리되는, 따라서 차원·연속·변화로부터 분리되는 우리 이성의 추상화(abstracting)를 통해서 이루어진다. 우리의 이러한 분리 혹은 추상화는 오직 '변하지 않고, 제한되지 않고, 끝이 없는 이성'을 통해서만 가능하다. 그러한 이성이 영원하지 않다면, 어떠한 것도 절대적으로 변하지 않고 제한되지 않고 끝이 없을 수는 없을 것이다. 모든 영원한 것은 그것이 하나님 자신이거나 하나님 안에 있는 것이다. 만일 우리가 그러한 이성 때문에 확실성을 가지고 판단할 수 있다면, 하나님 자신이 만물의 이성이며 진리의 무오한 법칙이자 빛(infallible rule and light of truth)이라는 것이 분명하다. 무오하게, 오점 없게, 의심의 여지 없게, 반박할 수 없게, 논란의 여지 없게, 변화할 수 없게, 한계 없게, 나눌 수 없게, 지성적으로, 하나님의 이성 안에서 모든 만물이 광채를 비추는 것이다. 따라서 이러한 법칙에 의해서 우리는 모든 감각적 사물을 확실성을 가지고 판단하는 것이다. 왜냐하면 이러한 법칙들은 그것들을 이해하는 사람의 지성에 의해 의심될 수 없고 무오한 것이기 때문이다. 왜냐하면 이러한 법칙들은 그것들을 상기하는 사람의 기억에서 결코 지워질 수 없고 항상 현존하기 때문이

---

60 *Ibid.*, cap. IV, 16. Cf. Augustine, *De Diversis Quaestionibus*, LXXXIII, q. DII, n. 2, 4.

다. 왜냐하면 "어떠한 이도 그것들을 판단할 수 없고, 오히려 그것들에 의해 판단된다"는 아우구스티누스의 말처럼, 이러한 법칙들은 판단하는 사람의 지성에 의해 판단되거나 논박될 수 없기 때문이다. 그것들은 필연적이기 때문에, 변화할 수 없고 사라질 수 없다. 그것들은 한계들을 가지지 않기 때문에, 제한될 수 없다. 그것들은 영원하기 때문에, 끝을 가지지 않는다. 이러한 이유로 그것들은 나누어질 수 없는데, 왜냐하면 그것들은 만들어진 것이 아니라, 창조되지 않았고 지성적이며 비육체적이고, '영원한 예술'(Eternal Art) 안에서 항상 영원토록 존재하기 때문이다. 영원한 예술에 의해서, 영원한 예술을 통해서, 영원한 예술을 따라서, 모든 아름다운 것들이 만들어진 것이다. 그렇기에 우리는 '영원한 예술'을 통해서 보는 것을 제외하고는 확실성을 가지고 어떤 것도 판단할 수 없다. 영원한 예술은 모든 사물을 생산할 뿐 아니라 또한 모든 사물을 유지하고 구분하는 형상(form)이다. 그것은 모든 사물 속에 형상을 보존하는 존재이고, 모든 사물을 질서 짓는 규칙이다. 그것을 통해 우리 마음은 감각하는 모든 사물을 판단하는 것이다.[61]

주목할 점은 보나벤투라가 이러한 지성주의 논쟁을 모든 아름다운 것(여기에 진리도 포함된다)에 형상을 부여하는 하나님과 연관시킨다는 것이다. 자신의 『예술의 신학으로 환원』(*Reductio Artium ad Theologiam*)에서 보나벤투라는 이러한 사상에 있어 특히 중요한 것은 위-디오니시오스가 주장한 아름다움의 위계질서라는 것을 분명하게 밝힌다. 마음은 육체적이고 감각적인 아름다움에서 시작해서 그것들의

---

61 *Itinerarium Mentis in Deum*, cap. II, *Opera*, vol. XII, 8.

인식자로서 자기 자신에 대한 성찰로 상승하게 된다. 다시 마음은 자신의 영적인 아름다움과 지성적 형태의 아름다움으로 올라간다. 마지막으로 이러한 영적이고 지성적인 아름다움들은 '가장 높은 아름다움'에 의존하고 있으며 거기에 참여하고 있는 것으로 이해되는데, 그것은 마음에 내재적이고 그것 위에 있는 모든 아름다움의 원인인 '가장 높은 예술'인 것이다.

마음속에 있는 하나님의 '자연적' 이미지는 은총에 의해, 특히 신학적 미덕에 의해 개혁된다. 보나벤투라는 이 차원에 있어서 하나님에 대한 성찰은 이성보다는 감정의 경험을 통해서 이루어진다는 점에 주목한다.[62] 왜냐하면 은총에 의해 마음은 자신의 '내적인 감각들"을 회복하게 되고, 아가서의 상징주의에서처럼 자신 너머로 고양되어 "가장 높은 아름다움을 보고, 가장 높은 하모니를 듣고, 가장 향기로운 냄새를 맡고, 가장 달콤한 맛을 맛보고, 가장 즐거운 것을 이해하게 되기 때문이다."[63]

마지막으로 하나님은 마음 '너머'에서 곧 하나님 자신의 존재 속

---

62 "(M)agis est in experientia affectuali, quam in consideratione rationali"(그것은 합리적 성찰보다는 사랑의 경험 속에서 더 일어나기 때문이다). *Itinerarium*, cap. IV, 14. 판넨베르크는 루터(Martin Luther)도 '감정'을 이성보다 고차원적인 차원에 두는 데 있어 성 베르나르처럼 보나벤투라를 따를 것이라고 주장한다: *"fides non intellectum illuminat, immo excaecat, sed affectum: hunc enim ducit quo salvetur, et hoc per auditum verbi'*(신앙은 지성을 조명하는 것이 아니라 오히려 그것의 눈을 멀게 한다. 신앙은 감정을 움직여서 구원의 원천으로 나아가게 하는데, 이것은 말씀을 들음을 통해서 이루어진다). WA 4, 356; quoted by Pannenberg, *Theological Anthropology*, 259, n. 60. 이것이 사실일 수는 있으나, 그 맥락은 차이가 나는 것 같다. 베르나르의 수도원주의는 초기 스콜라신학의 합리적 추론에 의심을 가졌고, 루터의 유명론적 배경은 그것을 불신하도록 만들었지만, 보나벤투라는 이성이나 지성을 평가절하함이 없이 '감정'을 중요시하였다.

63 *Itinerarium*, cap. IV, 14.

에서 알려진다. 하나님의 존재는 어떠한 피조물 속에도 담겨질 수 없지만 마음에 비추어지며, 존재와 선에 대한 본유적이고 아프리오리적인 지식을 구성케 하는 신성한 빛의 유비를 통해서 알려진다.[64] 이 차원에서 하나님은 인간의 마음에 모든 개별적 존재자들 이전에 알려지는 하나님의 주요한 이름인 '존재'(Being)로서 알려지고,[65] 모든 소망의 원천이고 목적인 '선함'(Goodness)으로 알려진다.[66] 이러한 차원조차 넘어서면 마음은 신비적 '넘침'(excess)으로 들어가게 된다. 신학적 미덕은 마지막 이것을 위해 지금까지 준비해 왔고, 세계와 마음을 둘 다 넘어서는 하나님을 성찰하게 되는 것이다.[67]

하나님의 존재에 대한 자신의 논의를 포함해 보나벤투라의 사상이 위-디오니시오스의 아름다움에서 하나님으로 '올라감'이라는 사상에 매우 유사점을 가진다는 것은 명백하다. 더군다나 대부분의 중

---

64 *Ibid.*, cap. VII, 20.

65 *Ibid.*, cap. V, 16.

66 *Ibid.*, cap. VI, 18.

67 "*Postquam mens nostra contuita est Deum extra se per vestigia, et in vestigiis; intra se per imaginem, et in imagine; supra se per divinae lucis similitudinem super nos relucentem, et in ipsa luce, secundum quod possibile est secundum statum viae, et exercitium mentis nostrae: cum tandem in sexto gradu ad boc pervenerit, ut speculetur in principio primo et summo, et mediatore Dei et bominum Jesu Christo, ea quorum similia in creaturis nullatenus reperiri possunt... restat ut baec speculando transcendat, et transeat non solum mundum istum sensibilem, verum etiam semetipsam*"(우리의 마음이 하나님의 흔적들을 통해서 그리고 그의 흔적들 속에서 '자신 밖의' 하나님을 주목하게 될 때; 하나님의 이미지를 통해서 그리고 그의 이미지 속에서 '자신 속의' 하나님을 주목하게 될 때; 그리고 우리에게 비추이는 신성한 빛의 유사성을 통해서 '자신 위'의 하나님을 주목하게 될 때, 마침내 이 빛 속에서—이 생애에서 가능하고 우리의 마음의 활동에서 가능한 한에 있어서— 여섯 번째 차원에 도달하여 피조물 속에서는 유사한 것들이 발견될 수 없는 최초의 그리고 가장 지고한 원칙이자 하나님과 인간의 중재자인 예수 그리스도에 주목하게 될 때… 이러한 것들을 성찰함으로 마음은 감각적 세계뿐 아니라 마음 자신도 넘어서 올라가게 된다). *Ibid.*, cap. VII, 21.

세 사상가들과는 달리 보나벤투라는 '아름다움'을 하나님의 초월적 특성들의 목록에 명백하게 포함시킨다. 1250년의 『소고』(*opusculum*)에서 그는 "존재의 네 가지 조건들인 하나됨, 참됨, 선함, 아름다움"에 대해 말한다. 그에 의하면, 이러한 것들은 그것들에 상응하는 인과성의 다른 형태들에 의해 구분될 수 있다. 단일성(unity)은 작용인作用因 (efficient causality)과 관련되고, 참됨(the true)은 형상인形象因(formal causality), 선함(the good)은 목적인目的因(final causality)에 관련된다. 하지만 아름다움(beauty)은 "이 모든 인과성을 포함하고, 각각에 공통적이다. … 그것은 모든 원인에 동등하게 관계된다."[68] 따라서 창조물로부터 최초의 원인으로서 하나님에 이르는 모든 논의는 최소한 암시적으로는 아름다움으로부터의 논의라고 말할 수 있을 것이다.

토마스 아퀴나스[Thomas Aquinas]의 사상은 아름다움을 통한 마음의 하나님에 이르는 여정 혹은 '길'(way)에 대해 보다 간접적으로 다루고 있다. 하지만 거기서도 이러한 방식이 암시적으로 현존하고 있다.

중세의 여러 사상가와 마찬가지로, 토마스 아퀴나스는 위-디오니시오스의 『하나님의 이름에 관하여』의 주석을 썼다.[69] 비록 여기서 토마스는 독창적 신학을 구성하기보다는 위-디오니시오스의 사상을 설명하려 의도하지만, 우리는 토마스 자신의 사상에 중요한 배경적 지식을 이 저작에서 발견할 수 있게 된다. 여기에 따르면 모든 아름다움은 최초의 원인자(First Cause)로서 하나님으로부터 유

---

68 Quoted in Eco, *Art and Beauty*, 24. 에코에 따르면 보나벤투라의 입장은 아름다움을 "모든 초월적 특성 공통의 광채"라고 본 마리탱의 입장에 유사하다. Maritian, *Art and Scholasticism*, 132, n. 63b.; quoted loc. cit.

69 Thomas Aquinas, *Commentarium in librum De Divinis Nominibus* (Opusculum VII), in *Sancti Thomae Aquinatis Opera Omnia*, vol. XV (Parma: Petrus Fiaccadorus, 1864).

래한다. 왜냐하면 피조물의 아름다움은 하나님의 아름다움의 모방 혹은 참여에 다름 아니기 때문이다.[70] 아름다움은 두 가지 속성들로 구성된다. 영적인 존재자이든 물질적인 존재자이든 각각에 적합한 (1) '명확성'(clarity) 혹은 '빛'(light), (2) 정확한 비례(correct proportion)가 그것이다.[71] 하나님이 모든 사물의 명확성(빛)과 비례(공명)의 원인자이기에 하나님은 사물에게 아름다움을 수여한다.[72] 하나님의 존재는 창조되지 않은 빛으로서, 사물들을 조명하며 사물들 속에 신성한 존재에 참여하는 유사성 곧 형상"을 창조함으로 그것들에게 '명확성'을 수여한다. 우리는 '빛' 혹은 '발광성'(luminosity)이 중세의 사상에 있어 '지성적' 혹은 가장 높은 차원에서는 자기-의식적이 되는 성격을 상징하였다는 것을 기억한다. 그리고 '형상'은 실체(substance)에 그 실제 존재(actual existence)를 부여하는 지성적 특질이다. 이러한 스콜라 사상이 성서의 빛의 상징주의와 결합되어서 고딕 예술과 건축에서 빛의 중요성을 강조하게 만들었다.

다른 한편으로 하나님은 공명(consonance) 혹은 비례를 두 가지 방식으로 창조한다. 모든 사물은 자신들의 궁극적 목적으로 하나님을 향하게 질서 지어지고, 사물들 각각을 향하게 질서 지어진다.

---

70 *"Pulchritudo autem (est) participatio primae causae, quae omnia pulchra facit. Pulchritudo enim creaturae nihil est aliud quam similitudo divinae pulchritudinis in rebus participata"*(아름다움은 최초의 원인에 참여하는 것으로, 이 원인이 모든 아름다운 것들을 만든다. '피조물의 아름다움'은 다름 아니라 그 속에 모든 것이 참여하는 '신성한 아름다움'을 닮는 것이다). *Ibid.,* lectio V, 506.

71 *Summa*에서 토마스 아퀴나스는 이러한 두 가지에 (3) '통합성'(integrity)을 추가한다(I, q. 39, a. 8, c.). 통합성은 '비례'로 불릴 수 있고, '비례'는 종종 위-디오니시오스의 '공명'(consonance)을 나타내기 위해서 사용되었기에 용어들이 다소 혼동된다.

72 *Ibid.*

보다 높고 낮은 사물들이 서로를 향한다는 후자의 생각은 플라톤주의에 의해 설명되어졌다. 곧 높은 차원의 존재들이 낮은 차원의 존재들에게 참여參與(participation)의 방식으로 있게 되고, 낮은 차원의 존재들은 높은 차원의 존재들에게 탁월卓越(eminence)의 방식에 의해 있게 된다는 것이다. 결국 모든 만물은 서로의 속에 존재하고, 서로를 향하는 것이다.73

하나님은 탁월(eminence: *secundum excessum*)의 방식 때문에 또한 신성한 인과성(divine causality: *per causam*)때문에 아름답다고 볼 수 있다. 아름다움은 신성한 존재의 참여를 의미한다. 하지만 하나님은 완벽하게 아름다운데, 아름다움이 피조물 속에서 가지는 이중적 결함 곧 가변성과 부분성이라는 결함(*aliquo modo particulatam pulchritudinem*)을 하나님 본성의 단순성과 통일성이 허용하지 않기 때문이다.74 여러 다양한 효과(multiple effects)가 단일한 원인(single cause) 속에 선재하는 것처럼, 모든 아름다운 것이 하나님의 단순하고 완전한 아름다움 속에 '선재先在'한다.75 하나님의 아름다움은 모든 존재의 원

---

73 *Ibid.*

74 *Ibid.*

75 "*Ostendit [Dionysius] qua ratione Deus superpulcher, inquantum in seipso habet excellenter, et ante omnia alia fontem totius pulchritudinis. In ipsa enim natura simplici et supernaturali omnium pulchrorum ab ea derivatorum, praeexistunt omnis pulchritudo et omne pulchrum, non quidem divisim, sed uniformiter, per modum quo multiplices effectus in causa praeexistunt*"(위-디오니시오스는 하나님이 왜 초[超]-아름다운개[super-beautiful]를 보여주는데, 하나님은 자신 속에 그리고 모든 것 위에 모든 아름다움들의 원천을 가지시기 때문이다. 본질에 있어 하나님은 단순하고 거기서 파생하는 모든 아름다운 것들의 본질을 너머에 계신다. 모든 아름다운 것들은 서로에게서 분리된 것이 아니라 통일성 속에서 선재하는데, 이것은 마치 다양한 효과들이 하나의 단일한 원인 속에 선재하는 것과 마찬가지다). *Ibid.*, 506-507.

천이다. 왜냐하면 '빛'(곧 '명확성')은 아름다움의 특성을 가지기 때문이다. 그리고 '형상'을 통해서 사물들은 자신에게 적합한 지성(intelligibility: *ratio*)과[76] 자신의 실제 존재(actual existence: *esse*)를 가지게 되는데, 여기서 형상이란 다름 아닌 신성한 빛의 참여 혹은 신성한 빛에 의한 '발광'(irradiation)이기 때문이다.[77] 이와 유사하게 하나님의 아름다움은 모든 사물의 비례 혹은 '공명'의 원천이다(여기서 토마스 아퀴나스는 이 용어에 '합의'[agreement] 혹은 '일치'[union]의 의미를 부여한다). 왜냐하면 그것은 모든 것의 공통된 목적이기 때문이다.[78]

하나님은 자신의 신성한 아름다움을 공유하기 위해서 우주를 창조하셨다. 아름다움을 소유한 누구나 그것을 가능한 방식으로 최대한 확장시키고자 한다.[79] 하나님은 예술가처럼 아름다움을 위해서 창조하신다. 모든 만물은 아름답기 위해 창조되었고, 그래서 그것들은 다양한 정도로 하나님이라는 모범적 원인을 모방하는 것이다.[80] 존재하는 어떤 것 중에도 아름다움과 선함에 참여하지 않는

---

76 *Ibid.*, lect. VI, 509.

77 "*[E]x pulchro isto provenit esse omnibus existentibus. Claritas enim est de consideratione pulchritudinis... Omnis autem forma, per quam res habet esse, est participatio quaedam divinae claritatis*"(이 아름다움으로부터 모든 존재하는 것들이 그 실제 존재를 가지게 된다. 명확성은 아름다움의 이해에 속한다. 그것을 통해 어떤 사물이 존재하게 되는 모든 형태는 신성한 명확성의 일종의 참여이다). *Ibid.*, 507; "*forma autem est quaedam irradiatio proveniens ex prima claritate*"(모든 형태는 최초의 명확성으로부터 비추어 나온다). *Ibid.*, lectio VI, 508.

78 *Ibid.*, lect. VI, 508.

79 "*Qui enim propriam pulchritudinem habet, vult eam multiplicare sicut possibile est, scilicet per communicationem suae similitudinis*"(자신의 아름다움을 가지고 있는 자는 그 유사성을 의사소통함으로써 아름다움이 배가될 수 있기를 원한다). *Ibid.*, 507; Cf. Bonaventure, *Itinerarium*, cap. VI: "*bonum dicitur diffusivum sui*"(선 그 자체는 확산적으로[퍼져나가며] 선포된다). 이 글에서 보나벤투라는 이것을 삼위일체와 관련하여 사용한다. 하지만 이것은 또한 창조물에도 적용된다.

것은 없다. 왜냐하면 만물은 그것의 지성적 실체적 '형상'에 있어 선하고 동시에 아름답기 때문이다.

위-디오니시오스는 미美와 '선善'이 동일한 것이라고 말한다. 이 본문에 대한 주석에서 토마스 아퀴나스는 선과 미의 실제 동일성을 인정한 필리프Philip the Chancellor와 알베르투스Albert the Great를 따른다. 왜냐하면 아름다움, '명확성', '공명'의 특질들을 정의하는 것은 이 두 가치 혹은 '선'이기 때문이다. 하지만 토마스는 미와 선을 합리적 설명에서는 구분한다. 그에게 있어 아름다움은 '선함'의 관념에 어떤 것, 곧 지적인 능력(intellectual faculty)을 향한 질서 있는 추구를 추가로 더하기 때문이다.81 『신학대전』에서 토마스는 다음과 같은 설명을 한다:

> 왜냐하면 선은 모든 사물이 바라는 것으로 욕망欲望과 관련되며, 따라서 목적의 관념과 관계된다. 왜냐하면 욕망은 어떤 것을 향한 일종의 운동이기 때문이다. 반면, 아름다움은 지식知識과 관련되며, 우리는 어떤 사물이 그것을 보는 자의 눈을 즐겁게 할 때 아름답다고 부른다. 이것이 왜 아름다움이 바른 비례(right proportion)의 문제인지의 이유이다. 감각들은 다른 모든 인식의 능력들과 마찬가지로 그 자체로 일종의 비례이

---

80 "*[H]ujus signum est, quod nullus curat effigiare vel repraesentare nisi ad pulchrum*" (이것이 나타내는 것은 누구도 아름다움을 위해서가 아니고는, 어떤 것을 만들거나 표상하고자 노력하지는 않는다는 것이다). *In lib. de Div Nom.*, lect. v, 507.

81 "*Quamvis autem pulchrum et bonum sint idem subjecto, quia tam claritas quam consonantia sub ratione boni continentur, tamen ratione differunt: nam pulchrum addit super bonum ordinem ad vim cognoscitivam illud esse hujusmodi*"(비록 아름다움과 선함이 그 주제에 있어서는 동일하나—왜냐하면 '명확성'과 '조화'(혹은 일관성) 둘 다가 선함의 의미 안에 포함되기 때문에— 그것들은 합리적 설명에 있어서는 다르게 이해된다. 왜냐하면 '아름다움'은 '선함'에 또한 '사물이 아름다운 한에 있어서 지성적 인식으로 지향된다'는 사실을 추가하기 때문이다. *Ibid.*

고, 자신들과 유사하게 비례하는 사물들을 기뻐하기 때문이다. 앎이란 표상함(imagining)에서 나오고, 표상함은 형상(form)과 관련되기 때문에, 아름다움은 엄밀하게 말해 형상의 관념과 연관된다.[82]

우리는 토마스의 아름다움에 대한 정의를 이러한 맥락에서 이해해야 할 것이다: 아름다움이란 "그것이 이해(apprehension: *apprehensio*)될 때 즐거움을 주는 것"이다.[83] 에코의 주장에 따르면 토마스가 여기서 말하고자 하는 것은 단지 사물들의 외적인 특질에 대한 감각적 인식뿐 아니라 실체적 형상의 내부적인 구조에 따라서 조직된 속성들이나 특질들의 이해를 또한 포함한다. 이런 맥락에서 '봄'(*Visio*)은 일종의 지식 곧 "이해의 지적이고 개념적인 행동"이다.[84] "토마스 아퀴나스에 있어 지성은 감각적 개별자들 자체를 알 수는 없고, 오직 추상화 후에 곧 '감각적 표상으로 전환'(*reflexio ad phantasmata*) 안에서만 감각의 대상들을 알게 된다." 따라서 그에게 있어 "미학적 지식은 지성적 지식과 같은 종류의 복잡성을 가지는데, 왜냐하면 그것은 같은 대상 곧 엔테레키[entelechy]에 의해 알려진 어떤 실체적

---

82 *ST*, I, q. 5, a. 4 ad I. Quoted in Eco, *Art and Beauty*, 70. 에코는 여기서(그는 또한 *Comm. de Anima* III, 2를 인용한다) 아우구스티누스나 보나벤투라의 경우처럼 물리적 아름다움에서 마음의 아름다움으로 일종의 '올라감'이 함의되어지고 있다고 본다. 토마스 아퀴나스에 의하면, "우리가 인식된 현상의 객관적이고 법칙지배적인 특성에 대해 성찰하게 될 때, 우리는 그것들의 비례들에 대한 자신의 공통본질성(connaturality), 즉 우리 자신들 속에도 그러한 비례들이 있다는 것을 발견하게 된다"고 에코는 쓰고 있다. *Ibid.*, 77.

83 "*Pulchrum autem dicatur id cuius ipsa apprehensio placet*"(아름다움은 그것이 이해될 때 즐거움을 주는 것을 가리킨다). *ST*, Ia IIae, q. 27, a. 1 ad 3; cf. I, q. 5, a. 4, ad I.

84 Eco, *Art and Beauty*, 71; cf. Louis De Raeymaker, *Metaphysica Generalis*, tomus I (Louvain: Imprimerie "Nova et Vetera", 1931), 70. 또한 *ST*, I, q. 67, 1; Ia IIae q. 77, a. 5, ad 3.

실재(substantial reality)를 가지기 때문이다."85 하지만 토마스는 아름
다움이 한 초월적 특질이라는 것을 인정하기 때문에, 그것은 다양
한 차원들을 가지게 될 것이다. 따라서 단지 외관에서 아름다움과
지적인 아름다움 사이의 구분이 가능하게 되는 것이다.86

토마스 아퀴나스는 아름다움으로부터 하나님 존재를 향한 직접
적 접근법을 제공하지는 않는다. 하지만 위-디오니시오스의 영향은
그의 모든 작품에 걸쳐 분명히 드러나며, 위-디오니시오스의 '나옴-
돌아감'(exitus-reditus)의 구조가 그의 『신학대전』 구조를 이루고 있
다. 이러한 면에서 하나님 존재 증명에 대한 토마스 아퀴나스의 '방법
들'(ways) 중 네 번째 곧 사물들 속의 '단계들'(degrees)로부터의 증명
은 사실 인간의 마음이 아름다움의 단계들을 거쳐서 하나님에게로
올라간다는 '플라톤적' 추론을 일반화시킨 것이다. 토마스에 따르면,

> 존재하는 것들 중에서 어떤 것은 보다 더, 어떤 것은 보다 덜, 선하고 참되
> 고 고귀하다. 하지만 '보다 더' 혹은 '보다 덜'이라는 것은 사물들이 어떤
> 최대치最大値(maximum)를 다른 방식으로 닮기 때문에 거기에 더해지는
> 수식어이다. 예를 들어 어떤 것은 최고로 뜨거운 것을 가깝게 닮을수록
> 그 닮음의 정도에 따라 뜨겁다. 따라서 가장 참되고, 가장 최선이고, 가장

---

85 Eco, *Art and Beauty*, 72-73.
86 아름다움은 항상 '인식적' 욕구('cognitional' appetite)를 만족시킨다. 하지만 이것은 외
  관(appearance) 혹은 지식(knowledge)의 차원 둘 다에서 이루어질 수 있다: *"ad ra-
  tionem pulchri est quod in eius aspectu seu cognitione quietatur appetitus"*(이성의
  이해에 따르면, 아름다움은 그것을 인식하거나 아는 것을 통해 욕구[appetite]가 만족
  되는 것을 가리킨다). *ST,* I, q. 5, a. 4 ad 1. 그러나 토마스가 아름다움을 외관의 차원에
  서조차도 어떤 '객관성'(objectivity) 곧 '바른' 비례 혹은 인간의 마음에 상응하는 비례
  로 본다는 것은 여전히 사실이다.

고귀한 것이 있는 것이고, 따라서 결과적으로 존재에 있어서도 가장 최대의 것이 있는 것이다. 왜냐하면 (아리스토텔레스의) 『형이상학』 2권에 있는 것처럼, 진리에서 가장 최대치는 존재에서도 가장 최대치이다. 어떠한 종류에 있어서도, 최대는 그 종류 속의 모든 것의 원인이다. 예를 들어 그 책에 적혀 있는 것처럼, 열의 최대치인 불은 모든 뜨거운 것의 원인인 것이다. 따라서 모든 존재자에 있어 그것들의 존재, 선함, 다른 모든 완벽성(perfection)의 원인이 있어야만 하고, 이것을 우리는 하나님(God)이라고 부른다.[87]

하나님을 향한 마음의 '올라감'이라는 토마스 아퀴나스의 사상은 우리가 모든 유한한 존재자들에서 인식하는 가치들이 그 자체로 자기 설명적 혹은 자기 인증적이지는 않다는 인식에 초점을 맞춘다. 비록 토마스가 이러한 가치 중에 아름다움을 직접 언급하지는 않지만, 그는 '선함'과 '고귀함'에 대해서는 말하고 있다. 그의 다른 글에서 우리는 아름다움이 같은 범주에 든다는 것을 추론할 수 있다. 그러한 가치들은 자신의 특질들에 대한 최대치라는 완전한 척도가 오직 예견적으로 불완전하게 실현된 것들이다. 여러 완전성의 정도는 우리의 경험의 대상들에서 무엇보다도 분명하게 드러난다. 그중 어떤 것도 그것이 구현하고 있는 가치를 완전하게 실현시키지는 못한다. 만약 가치나 아름다움 등의 정도들이 단지 우리 마음에 의해 고안된 주관적이고 자의적인 것이 아니라 실재적이라 한다면, 그것

---

87 *ST*, I, q. 2, a. 3 c. 셰리(Patrick Sherry)는 '세상의 아름다움'에서 '아름다움으로서 하나님'으로 마음의 '올라감'은 "설계 혹은 계획(design)에 기초한 신존재 증명"과 유사성을 지닌다고 주장한다. Sherry, *Spirit and Beauty*, 72(패트릭 셰리, 『성령과 아름다움』, 134).

들이 존재할 수 있게 하는 어떤 원천이나 근거가 있어야만 할 것이다. 곧 그것들이 비교될 수 있는 어떤 실재가 있어야만 할 것이다. 이 실재는 어떤 한 유한한 존재자는 될 수 없는데, 왜냐하면 만약 그러하다면 그것은 어떤 개별적 종류 혹은 가치의 최대일 뿐이고(예를 들어 고대의 물리학자들에 따르면 불의 최대로서 태양), 따라서 그 본질상 존재, 선함, 아름다움 등에 있어서는 불완전할 것이기 때문이다. 그러한 종류의 것들은 거기에 상응하는 존재론적 가치들에 참여할 뿐이지, 그 가치들을 완전하게 실현시키지는 못한다. 따라서 사물들은 스스로 그 자신들의 가치의 정도들 혹은 가치의 실재 정도를 위한 설명이나 근거를 제공할 수는 없다. 그러한 설명은 유한한 세계 밖에서 찾아야만 하는 것이다. 그런 근거는 다른 것들 때문이 아니라 선함, 아름다움, 진리 등 '그 자체'(in se)인 최대치의 어떤 존재를 긍정하는 데에서 찾아질 수 있다. 그리고 이것이 바로 하나님이 의미하는 것이다. 아비켄나Avicenna가 말하듯 하나님은 "완전성(의 정도들)을 수여하는 원인"이다. 완전성의 원인 그 자체로 하나님은 사물들이 거기서부터 존재케 되거나 그것을 위해 존재케 되는 분이고, 그것들이 가지거나 그것들 자체인 가치로 의미를 부여하는 분이다.88

현대적인 사유는 토마스 아퀴나스의 논의방식과 또한 위-디오니시오스의 '올라감'의 논의방식 일반에 있어서 문제를 발견하게 된다. 현대인들인 우리에게 있어서는 '보다 더'와 '보다 덜'이 그 종류에 속하며 다른 모든 실재의 원인인 '최대치'의 존재를 반드시 요구하는 것은 아니다. 어떤 것이 다른 것보다도 더 뜨겁다는 사실이 (토마스

---

88 Avicenna, *Metaphysices Compendium* (*Nadjât*), trans. by Carame (Rome: Pontificium Institutum Orientalium Studiorum, 1926), lib. II, tract. VIII, cap. III (initium).

아퀴나스의 아리스토텔레스주의 물리학에서처럼) 우리에게도 어떤 최대치의 뜨거운 것이 존재한다는 것을 의미하지는 않는다. 만약 우주 속에 사실상 다른 어떤 것보다도 더 뜨거운 것이 존재한다고 한다면, 그것은 단순한 사실의 문제이지 그보다도 더 뜨거운 것은 불가능하다는 것을 의미하지는 않는다. 특히 '가장 뜨거운 것'이 어떤 방식으로 모든 열의 원천 혹은 원인이라고 추론될 수는 없다. 단지 '열'의 특성을 구성하는 어떤 추상적인 관념을 생각할 수 있을 뿐이다. 하지만 현대인은 그러한 관념에서부터 그 특성을 순수하고 완전한 최대치로 소유하고 있는 어떤 실재의 존재를 증명할 수는 없다.

우리는 토마스의 본질인 사유 내용을 그가 사용하는 물리적 예들로부터 분리시킬 수 있다.[89] 곧 우리는 초월적(transcendental) 특질들과 일반적(generic) 특질들을 구분하면서, 오직 유비적으로 서술된 존재의 초월적 특질들이라는 전자만이 절대적 최대치를 가진다고 주장할 수 있는 것이다. 따라서 각 종류 모두가 아니라 오직 존재론적 영역 속에서만 최대치가 있을 수 있다고 주장할 수 있을 것이다. 우리가 이러한 구분을 만들게 되면, 이러한 논의가 인과성(causality)에 기초한 이전의 신 존재 증명의 '방법들'과 가지는 유사성이 분명해진다. 곧 논의의 구조가 동일한 것이다. 하지만 네 번째 방법은 존재나 행동에서 시작하는 것이 아니라, 존재 혹은 행동과 실제로는 동일한 다른 초월적 특질들에서 시작한다. 이러한 논의는 필연적이지 않은 존재자의 경우처럼, 다른 존재자들을 설명하기 위해 일종의 궁극적인 형이상학적 원칙 곧 최초의 원인자를 필요로 한다. 하지만

---

89 Jacques Maritain, *Approaches to God*, trans. by Peter O'Reilly (New York: Collier Books, 1962), 52.

칸트 이후의 사상에 있어 이러한 방법은 그 자체로 충분하지는 못하다. 왜냐하면 칸트에 따르면 존재나 선함이 그것들의 절대적 완벽함으로 어떤 초월적 '관념'을 함의할 수는 있으나, 불합리한 존재론적 논의에 의존함이 없이 이러한 관념으로부터 최고치의 존재나 선의 실제 존재(actual existence)를 추론할 수는 없기 때문이다.

현대인의 사유가 아름다움을 통한 마음의 하나님으로 합리적인 올라감이라는 사상에 가지는 궁극적인 장애는—최소한 이 과정이 전통적으로 설명된 것을 고려한다면— 그러한 추론의 근거 자체에 놓여 있는 것 같다. 그것은 바로 "참여에 의한 존재"(being by participation)라는 전제이다. 이러한 하나님에 이르는 플라톤주의적 '길'은 위-디오니시오스의 신학 전통에 의해 반복되고, 보나벤투라와 토마스 아퀴나스에 의해 학문적으로 체계화되었다. 그 길은 아름다움(혹은 존재, 선함, 지성)의 저등한 단계들에서 그것들의 최고치의 단계로의 마음의 '올라감'에 기초하고 있다. 그러한 올라감의 방법은 모든 존재자의 긍정적 특질들이 그것의 완벽한 모범과 근거에 참여하는 것을 통해 설명될 수 있다고 전제한다. 하지만 (현대인에게) 그러한 형이상학적 전제와 이것이 주장하는 존재의 '위계질서'(hierarchy)는 더 이상 자명한 것으로 받아들여지지는 않는다. 따라서 매력적인 면들에도 불구하고, 아름다움을 통한 하나님으로 접근은 아우구스티누스나 보나벤투라 혹은 토마스 아퀴나스에 의해 주장된 형태 그대로는 현대적 사유에 있어 지적으로 소원한 것으로 받아들여질 수밖에 없다. 폴 리쾨르가 쓰고 있듯 니체, 하이데거, 데리다, 블랑쇼를 거친 세대에 있어서 "영원히 배제되어진 것은… 참여와 현존(participation and presence)의 철학들이 단순히 그리고 순진하게 반복되는 것이다."90

4. 장-도미니크 로베르의 현대적 접근

이러한 맥락에서 프랑스 도미니크수도회의 장-도미니크 로베르 Jean-Dominique Robert는 미학적 경험이 가지는 철학적 함의와 하나님 존재에 대한 현대적現代的 접근을 시도한다.[91] 로베르의 방법론에 대한 개론적 고찰이 본인 자신이 다음 부분에서 제시할 '초월적超越的' 접근에 대한 비교와 대조를 위해 유용할 것이다.

토마스 아퀴나스의 네 번째 '방법'에서처럼 "엄밀하게 형이상학적"이고 플라톤주의적인 올라감에서 시작하는 어떠한 시도도 포기하며, 로베르는 하나님에 이르는 두 가지 대안적 '방법'을 제안한다. 그것들은 그 자신이 제안하는 순서를 반대로 하면 (1) 타자(Other)에 대한 의존성을 함의하는 '창조적 행위와 그것의 영감' 그리고 (2) 말로 표현할 수 없는 신비와의 만남에 대한 일종의 증언인 '예술 작품들'이다.

첫째로 예술적 창조행위를 통해 하나님에 이르는 로베르의 접근은 그가 20년 전에 주장하였던 학문적 앎의 행위가 가지는 철학적 함의에 대한 논의와 일관성을 지니는 것이다.[92] 그는 자신의 주요한 논의를 다음과 같이 요약한다. "세계는 생각될 수 있고, 어떤 의미에서는 학문적 행위가 발생하기 이전에 세계는 이미 생각된다. 따라서 학문이라는 것이 가능하다. 그래서 우주 속에 활동하고 있는 '사유(Pensée)의 행동'을 우리는 발견할 수 있다고 본인은 본다."[93]

---

90 Paul Ricoeur, "Préface à Raphael Célis: *L'oeuvre et L'imaginaire. Les origines du pou-voirêtre créateur*"(Bruxelles: Publ. des Fac. Universitaires Saint-Louis, 1977).

91 Jean-Dominique Robert, O.P., *Essai d'Approches Contemporaines de Dieu en Fonction des Implications Philosophiques de Beau* (Paris: Beauchesne, 1982).

92 *Ibid.*, 327.

이러한 추론은 토마스의 다섯 번째 '방법' 그리고 세계의 질서나 인식 가능성으로부터 지고의 정신으로 나아가는 '우주론적' 논증들과 유사성을 지닌다.

그러나 로베르는 이러한 논증이 이른바 '관념론적'(idealist) 칸트적 방식으로 학문을 바라보는 자들에 의해 반대될 수 있다고 본다. 여기서 관념론적 학문관이란 인간의 마음에 의해 만들어져서 '자연'이라는 카오스에 투사되어지는 인식 가능한 관계들의 네트워크를 가리킨다. 그러한 학문적 사유의 이해는 세계에 대한 '생각 가능성'(thinkability) 이상을 넘는 어떠한 함의도 지니지 않는 것으로 본다. '학문적 지식'에 기초하여 '창조적 사유의 지고한 행동'으로 나아가는 이러한 논증은 (칸트가 주장하는 것처럼) 일종의 설득력 없는 '존재론적' 증명이다. 이러한 반대 때문에 로베르는 학문에서 인식 가능성과 모순 불가능성이라는 내적 필연성에 기초한 또 다른 형식의 논의를 발전시킨다. 사유 행위의 근본적인 구조들과 원칙들은 '우발적인 실재'나 학문을 하는 '우발적이고 다차원적인 인간의 마음' 둘 다에 기초될 수 없다는 점을 로베르는 보여주고자 시도한다. 따라서 이러한 것들을 설명하기 위해서 세계와 인간의 마음 둘 다를 초월하는 기초적인 혹은 창조적인 사유(*Pensée Fondatrice*)를 긍정하는 것이 필연적이다.

로베르는 이와 똑같은 추론이 예술적 창조행위에도 적용될 수 있다고 믿는다.[94] 모든 예술적 창조행위는 이중적 관계를 지니고

---

93 *Ibid.*

94 마리탱(Jacques Maritain)도 또한 시적인 경험과 예술적 창조성을 통해서 하나님에 이르는 '접근'에 대해 설명한다. 그는 이러한 것을 사변적 증명이라기보다는 '실천적 지

있다. 한편으로 그것은 감각적 세계에, 다른 한편으로는 창조적 예술가에 관계하는 것이다. 예술가의 작업은 그의 작품에 물질적 구조를 부여하는 차원에서 감각적 세계를 지향하게 된다. 하지만 다른 차원에서 예술가는 또한 보통 예술적 '영감'이라고 불리는 실재, 곧 '법칙들' 혹은 아프리오리적 구조들을 창조성에 제공하는 실재에 반응하는 사람이다.[95] 이것들은 아름다움과 영에 대한 어떤 명령들로서 마음이나 가슴에 경험된다. 이러한 경험은 마치 논리적이거나 수학적인 구조들이 학문적 이해에 자신들을 강제하는 것과도 유사하다. 그러한 논리적 혹은 수학적 구조들과도 유사하게 예술적 관계들도 항상 변하지 않는 것으로, 어떤 구체적인 역사적 혹은 사회적 배경들에 의존하지는 않는다.[96] 이런 차원과 예술의 '물리적' 구조 사이의 로베르의 구분은 그럼에도 불구하고 구체적인 예술적 창조물이

성'의 '길'이라고 본다. 마리탱에 따르면 예술적 창조에는 하나님에 대한 직접적 지식은 아니지만, 하나님의 '거울들'(mirrors)에 대한 '시적(詩的)인 지식'이 함의되어져 있다. 이러한 시적인 지식은 "사물들의 존재 속에서 혹은 상실(privation)에 의한 그것들의 무(無)로서 공허함 속에서" 드러나는 것이다. 예술가는 이중적인 절대를 만나게 된다. 작품 속에 표현되어져야만 하는 아름다움의 요구들, 예술가를 창조하도록 자극하는 시(詩)의 요구들. 이러한 만남이 하나님에 대한 '자연적' 지식의 시작이 될 수 있는 것이다. 창조적 경험에서 드러나는 아름다움은 무한한 아름다움과 공통본질성(connaturality)을 가지기 때문에 "감정과 노스탤지어에 기초한" 지식을 수여한다. 하지만 이러한 초보적 지식은 또한 유약하고 위험할 수도 있다. 그것은 지성의 빛에서부터 소외되어져 있기 때문이다. 곧 그것은 하나님의 아름다운 반영들(reflections)에 멈추어서, 그것들의 지은이(Author)로 나아가지 않을 위험성을 지니는 것이다. 그의 *Approaches to God*, trans. by Peter O'Reilly (New York: Collier Books, 1962), 79-82를 참고하라. 우리가 앞으로 살펴볼 것처럼, 로베르의 접근은 이러한 사유에 대해서 특히 예술가에 대한 아름다움의 절대적(로베르에 있어서는 '아프리오리적') 요구와 같은 몇몇 유사성을 지닌다.

95 Robert, *Essai*, 328.
96 *Ibid.*, 329.

문화적으로 조건 지어진다는 점을 받아들일 수 있도록 허용한다.

따라서 예술가는 자신들이 '무'에서 자신들의 작품을 만들어내지는 않는다는 것을 안다. 그렇다면 다음의 질문이 필연적으로 제기될 것이다. 무엇이 미학적 창조에 있어 기본적이고 아프리오리적인 구조들의 근거 혹은 원천이 되는가? 로베르는 다음과 같이 대답한다. 만약 세계가 예술 안으로 '번역'될 수 있다면 곧 만약 세계가 '재창조'될 수 있다면, 그것은 세계가 본질적으로 그러한 작업에 적합하기 때문이다. 아인슈타인과 드 브로이$^{de\ Broglie}$가 과학의 영역에서 주장하는 것처럼 '생각될 수 있음'(thinkable) 혹은 '가시화될 수 있음'(visible)에서 '있음'(-able)은 세계 자체가 어떤 구체적인 사유나 봄의 행동 이전에 사유하고 보는 인간 주체와 어떤 본질인 관계를 가진다는 것을 의미한다. 이와 같이 세계는 '표현될 수'(signifiable) 있다. 어떤 구체적 예술이 발생하기 이전에 우주는 그 자신을 예술적이고 창조적인 기능에 빌려준다.[97] 이것이 바로 세계 자체가 구조화되어 있고, 세계는 과학과 예술 둘 다에서 인식되어지는 질서와 아름다움의 기초인 아프리오리들을 소유하고 있다는 것을 의미하는 것이 아닐까?

예술적 창조성은 아름다움으로서 '자연'의 아프리오리적 구조들과 그것 자체를 인식하는 '마음'의 아프리오리적 구조들 사이의 본래적 관계에 의존한다고 로베르는 주장한다. 만약 이것들이 각각 독립적이고 하나가 다른 하나를 설명할 수 없다면, 어떻게 이 두 실재 사이의 상응이 가능한 것일까? 마치 데카르트와 라이프니츠가 관념과 실재의 상응을 가능케 하는 보증자 혹은 이미 설립된 하모니의

---

97 *Ibid.*, 330.

수여자로서 하나님을 요청하는 것처럼, 로베르도 자연과 마음을 넘어서 이 둘이 예술적 아름다움의 창조 속에 함께 모아지는 것을 설명하기 위해 '제3의 실재'(Third Reality)로서 하나님을 설정한다.[98]

로베르에 따르면 '제3의 실재'라는 사상은 보다 자세히 설명될 수 있다. 그것은 단지 물질 혹은 자연이라고 올바르게 생각될 수는 없는데, 왜냐하면 그것은 이미 영을 함의하고 있으며 영적인 차원에서 예술가에게 "말을 건네 오기" 때문이다. 그것은 영감의 '목소리'이다. 동시에 로베르는 마음과 세계 사이의 동형성^{同型性}(isomorphism)이 원칙적으로는 진화의 사실에 기초해 설명될 수 있다는 것을 인정한다. 마음은 물질의 구조들에 자연스럽게 상응하고 그것들을 인지할 수 있게 된다. 왜냐하면 마음은 그것으로부터 유래하고, 바로 그러한 인지를 하도록 만들어지기 때문이다.[99] 그러나 로베르는 최소한 우리가 비환원주의적 관점을 가질 수도 있으며, 지식 일반에서와 마찬가지로 예술적 창조에 있어서도 그 기초를 우리에게 말을 건네는 '의미와 아름다움의 어떤 인격적인 수여자'로 보는 것도 합리적일 수 있다고 주장한다. 그러나 궁극적으로 볼 때 이러한 입장의 선택은 우리의 자유로운 행동에 달렸다고 로베르는 본다. 곧 이러한 입장은 합리적일

---

98 *Ibid.*, 332.

99 *Ibid.*, 349. 이러한 환원론적 논의에 대한 간략한 설명이 존 업다이크(John Updike)의 소설 『로저의 해석』(*Roger's Version*, 한글 표제 『이브의 도시』)에서 한 등장인물인 생물학 교수 크리그만에 의해 제공되고 있다. 한 칵테일파티에서 어떻게 생명이 순전히 우연에 의해 물질에서 생겨나게 되었는지 말문이 막힌 어떤 신학생에게 설명한 후에, 크리그만은 '마음'이 존재한다는 사실이 하나님에 대한 어떠한 증명도 될 수 없다는 결론을 내린다. "마음이란 단지 우리가 사용하는 한 표현일 뿐이다. 그것은 뇌가 하는 작용을 가리킨다. 그리고 뇌는 대부분 우리의 손들을 움직이게 하기 위해 진화한 것일 뿐이다." John Updike, *Roger's Version* (New York: Fawcett Crest, 1986), 331.

수 있으나 동시에 지적으로 모두를 설득할 만한 것은 아니다.

로베르의 하나님에 이르는 두 번째 방법은 창조의 행동 그 자체가 아니라, 예술 작품들에서 그 출발점을 발견한다. 불행하게도 이것은 단지 '제안'으로서 남겨지게 되었고, 그 발전 방향이 오직 간략하게 구상되어졌을 뿐이다. 여기에 따르면 토마스 아퀴나스가 말하는 것처럼 사랑에서 태어나는 어떤 지식이 있다. 우리는 어떤 사물이 우리 속에 만들어내는 사랑에 대해 의식하게 됨으로써 최초로 그것을 알게 되는 것이다. 위대한 예술 작품들은 감상자에게 기쁨과 찬탄의 감정을 가져오고, 어떤 것 곧 아름다움의 경험 속에서 스스로 드러내는 표현될 수 없는 실재(ineffable reality)에 대한 사랑 속에서 자신을 잃게 만든다. 요컨대 위대한 예술은 우리에게 숭앙과 사랑을 가져다준다. 이러한 상태 속에서 우리는 이미 그러한 행동들의 대상에 대해 암시로 알고 있으며, 그 대상은 다름 아니라 가장 숭앙되어지는 하나님의 실재(Reality of God)인 것이다.[100] 하지만 다시 한번 로베르는 이러한 설명을 수용하는 것은 자유로운 선택과 개인적인 참여의 결과라고 강조한다.

이를 위해 로베르가 제안하는 접근법은 매우 개론적인 절차만을 제공하고 있다. 첫째로 우리는 모든 문화로부터 제공되는 관련된 예술 작품들의 '가상적 박물관'(imaginary museum)을 상상할 수 있다. 둘째로 이러한 예술 작품들이 문화적이고 시대적인 차이 등에도 불구하고 증언하고 있는, 살아진 경험의 실존론적 구조들을 분간할 수 있을 것이다. 로베르는 위대한 예술이 사회생물학적 필요나 일상생

---

100 *Ibid.*, 339.

활의 세계를 넘어서는 또 다른 세계의 경험을 우리에게 가져다준다는 것을 이러한 고찰을 통해 알 수 있게 된다고 믿는다. 인간 주체의 바깥에서 생겨나서 감상자에게 사랑과 자기희생의 반응을 가져오는, 모든 사람을 하나로 묶는 평화와 기쁨의 경험이 존재하는 것이다. 이름 붙일 수 없는 이러한 미학적 경험의 대상이 바로 장엄함과 초월성으로서, 우리를 숭앙의 태도로 데려가는 것이다. 물론 이 모든 것이 순전히 심리적 차원에서 설명될 수도 있지만, 종교인이 이것을 하나님에 대한 증거로 보는 것도 동일한 정도로 가능하다.

로베르의 과정에 있어 세 번째 단계는 이러한 살아진 경험이 단지 하나님에 대한 개인적이고 감정적인 앎의 원천일 뿐 아니라, 성찰을 통해 하나님에 대한 이론적 지식의 원천이 될 수도 있다는 것을 보여주는 것이다. 이 시점에 있어 어떻게 예술 작품들을 통해 구분된 경험의 통일성이 그 작품들 자체들의 다양성과 근본적인 시간성에도 불구하고 유한하고 시간적인 세계 너머의 초월적 아름다움(transcendent Beauty)을 가리키는지 보여주는 일종의 형이상학적 논의를 구성할 필요가 있을 것이다.101

---

101 *Ibid.*, 322-325.

IV. 아름다움을 통한 초월적 접근방식?

로베르의 아름다움에서 하나님에게로 나아가는 접근법은 여러 중요한 제안을 제공하고 있으며, 보다 자세한 고찰을 필요로 한다. 동시에 우리는 로베르가 자신의 프로젝트를 온전히 실행하지는 않았다는 아쉬움을 가진다. 예를 들어 예술적 창조성으로부터 시작하는 그의 방법론에서 그는 마음과 자연의 아프리오리들이 서로를 설명하거나 서로에게 의존하고 있지는 않다고 주장한다. 하지만 그는 실제로 자신의 입장에 대한 대안들로서 (세계가 마음에 의존하고 있다고 보는) 관념론적 접근이나 (마음이 물질의 한 기능이라고 보는) 환원주의적 접근에 대해 대안적 설명을 제공하지는 않는다. 오히려 그는 자신의 입장이 합리적으로 근거 있고 책임성 있는 선택이라는 것을 보여줌이 없이, 단지 하나의 '선택'이라고만 호소한다.[1] 또한 로베르의 접근법을 규정하는 인식론적 입장이 가지는 난제들이 있다. 로베르는 철학적이고 과학적인 근거 둘 다에서 볼 때 문제점을 지니는 데카르트 철학의 마음-세계의 이원론을 수용하는 것 같다.

다른 한편으로 미학적 경험 일반에서 출발하는 로베르의 접근법은 (비록 위에 언급된 문제들을 다소 공유하지만) 형이상학적 논의로 발전될 수 있는 진정한 전망을 제공한다. 불행히도 로베르 자신은 오

---

1 *Does God Exist?* (New York: Vintage Books, 1981)에 나오는 한스 큉(Hans Küng)의 접근법과 비교해 보라. 그도 또한 "근본적으로 불확실한" 인간 경험의 설명으로서 하나님 존재에 대한 긍정이 한 선택의 결과일 수 있다고 주장한다. 하지만 동시에 그는 그러한 선택이 근본적, 합리적이고 어떤 의미에서 불가피하지만, 이것에 대한 부정은 궁극적으로 근본적인 비합리성과 연관된다는 것을 강조한다. *Ibid.*, 568-575.

직 그러한 과제의 개론적 윤곽만을 제공하고 있다. 더군다나 그가 제안하는 형이상학적 접근법은 일자(the One)와 다자(the Many)에 기초한 논의의 변형인 것 같다. 만약 그러하다면 앞에서 고전적 방법들을 논의할 때 언급되었던 많은 비판적 문제들을 어떻게 피할 수 있을지 분명하지 않다.

보다 생산적인 현대적 접근이 코레트[Coreth], 로츠[Lotz], 라너[Rahner], 로너간[Lonergan] 등과 같은 사상가들에 의해 발전된 초월적 방법론을 미학적 경험에 적용시키는 것에 의해 이루어질 수 있다고 본인은 제안한다. 이러한 방법론은 현대적 사상과 그것의 포스트모던 계승자들에 의해 제기된 "참여와 현존의 철학"에 대한 비판을 수용적으로 설명할 수 있다. 이것은 고전적 형이상학과 인식론의 원칙(예를 들어 '자기충족적인 이성과 인과성'이라는 인식론적 '원칙들'에 연관되어지는 형이상학적 관념들인 '참여에 의한 존재나 존재의 유비')을 무비판으로 수용하지는 않는다. 오히려 초월적 방법론은 우선 주체의 실제 수행에 기초하고, 다시 그러한 수행이 가지는 가능성의 조건들에 관한 고찰에 기초한 '실험' 안에서 형이상학과 인식론을 둘 다 정당화하고자 시도한다.[2] 이러한 방법론은 앎의 행동 속에 있는 인식 주체의 현상학에서 시작하기 때문에 이것은 한편으로는 실증적 환원주의를 피할 수 있고, 다른 한편으로는 데카르트 혹은 칸트의 이원론의 문제들을 피할 수 있다.

---

2 본인은 여기서 로너간이 묘사한 '초월적 방법론'의 입장에 가장 가깝게 이 방법론을 묘사하고 있다. 하지만 본인은 이러한 설명이 코레트 혹은 라너와 같은 사상가들에게도 비록 인식론적 문제에 대한 그들의 다소 덜 분화된 입장에도 불구하고 적용될 수 있다고 믿는다.

1. 하나님에 대한 초월적 논증들

이러한 기초에서 하나님의 존재에 대해 논증하려는 라너와 로너간 같은 신학자들의 노력은 잘 알려져 있다. 그럼에도 불구하고, 그들의 논의가 지니는 일반적인 구조를 몇몇 공통점을 강조하며 다시 요약해보는 것은 유용할 것이다.

라너는 '세계 내 영'(spirit in the world)이라는 인간 존재의 양면적 본질에서 출발한다. 여기서 말하는 존재의 패러다임은 우리가 사물들에서 관찰하게 되는 일종의 실존이라기보다는 우리가 자신들 속에서 알고 있는 어떤 것이다. 곧 인간 존재는 의식, 자기 현존, 관심으로서의 존재이다. 하지만 인간은 그 속에서 존재와 앎이 전적으로 동일하게 되는 순수하게 자기 현존적인 존재(영)는 아니다. 또한 인간은 지식과 자기 현존이 부재한 채 단지 알려지는 물질적 대상들이라는 존재의 결함적 형태도 아니다. 인간은 타자들을 통해서 자신이 되는, 오직 물질을 통해서 영의 차원에 도달하게 되는 존재의 한 형태이다. 우리가 이미 앞에서 살펴보았듯이 라너는 그러한 유한한 영(곧 물질로부터의 추상화 과정을 통해서 지성적인 것에 도달하는 존재)의 가능 조건은 '존재의 총체적 지평'(the total horizon of being)으로서 절대자에 대한 선^先이해(*Vorgriff*, pre-apprehension)라고 결론 내린다. 오직 이러한 관점에 의해서 우리는 우리 자신과 다른 유한한 존재들을 알게 되고, 바로 그것들이 구체적 한계들을 지니는 것도 알게 된다. 이러한 총체성은 비록 그것이 비주제적이라 하더라도 마음에 필연적으로 현존하고 암시적으로 알려지게 되는데, 왜냐하면 모든 판단과 사랑의 행동 속에서 이 총체성이 함께 긍정되기 때문이다.

이러한 암시적 지식이 주제화되어서 인식될 때 거기서 하나님에 대한 직접적 지식이 나오게 되는 것이다. 왜냐하면 존재의 총체성에 대한 선이해의 가능 조건은 그것에 의해 예견되어지는 것에 상응하는 존재의 실존이기 때문이다. 곧 그것은 무제한적(완벽하게 '빛나는' 혹은 자기 현존하는) 존재이다. 만약 그러한 존재가 실존하지 않는다고 한다면, 선이해는 단지 '무'를 예견한다(혹은 아무것도 예견하지 '않는다' - 역자주). 하지만 실제로 선이해는 '보다 더'를 예견하는 것이다. 존재와 가치에 대해 판단을 내리는 행위에서 우리는 우리가 인식하는 모든 내용을 넘어서서 의미의 어떤 넘침(*excessus*)을 경험하게 된다. 따라서 그것은 유한과 무한이라는 '관념들'(ideas)을 비교하는 문제가 아니라, 능동적이고 필수 불가결하게 모든 유한한 실재(finite reality)의 조건으로서 무한한 실재(infinite reality)를 인식하는 문제이다.3 이러한 논의 방식은 라너와 동시대인인 로츠Johannes-Baptist Lotz의 글에서 분명하게 드러난다. 판단의 지평 혹은 가능 조건으로서 예견되는 '절대적 존재'(*das Absolute Sein*, absolute being)는 스콜라 신학이 '공통존재'(common being)라고 부른 것, 곧 실체적(subsistent) 존재가 아니라 마음의 구성물 혹은 로너간이 '유도적 관념'(heuristic notion)이라고 부른 것이다. 하지만 바로 이 절대적 존재가 실체적이지 않기 때문에 공통존재의 절대성을 설명하기 위해서 우리는 그 가능성의 조건, 즉 '실체적인' 절대적 존재의 실존(*das zweifach Absolute Sein*, 이중적으로 절대적인 존재)을 상정해야만 하는 것이다.4 그러한

---

3 Rahner, *Geist in Welt* (Munich: Kösel-Verlag, 1964), 193-194 (영어판 *Spirit in the World*, trans. by William Dych, S.J. [Montreal: Palm Publishers, 1968], 184).

4 Lotz, *Die Identität von Geist und Sein*, 235-236; Emerich Coreth, *Metaphysik: Eine*

존재는 순수한 영(곧 지성과 존재의 절대적 동일성, 지식과 사랑의 절대적 행동)이어야만 한다. 라너는 이것을 포착될 수 없는 '존재의 신비'(Mystery of Being) 혹은 하나님이라고 부른다.[5]

로너간의 논의는 앎에 대한 상세한 현상학적 이해를 전제한다. 여기에 따르면 '실재'(the real)는 단지 감각적 인식에 주어진 것이라기보다는 지성적이고 책임 있는 판단에 상응하는 것이다. 마음은 완전한 인식을 향해 역동적으로 움직인다. 그리고 (특히 과학적 앎에 있어서) 우리는 아직 알려지지 않은 것을 예견하고 발견하는 유도적인(heuristic, 곧 시행착오적이고 산파술적인) 구조를 사용하게 되는 것이다. 더군다나 판단의 행위는 어떤 것을 "사실상 조건지어지지 않은 것"으로 긍정한다. 곧 판단은 어떤 것의 실재가 이미 사실적으로 충족된 조건들에 의존하는 것으로 본다. 하지만 모든 그러한 긍정은 "형식적으로 조건 지어지지 않은 것" 곧 단순히 그리고 절대적으로 존재하는 것을 전제하는 것이다. 여기서 '존재'의 유도적 관념과 형이상학의 가능성이 도출되는 것이다.[6]

로너간은 그의 하나님 존재에 대한 증명을 고전적 삼단논법의 형식으로 제안한다: "만약 실재(the real)가 완벽하게 인식 가능(intelligible)하다면, 하나님은 존재한다. 하지만 실재는 완벽하게 인식 가능하다. 따라서, 하나님은 존재한다."

로너간의 이러한 추론은 모든 앎의 행위에 있어 마음은 실재의

Methodische-Systematische Grundlegung (Innsbruck: Tyrolia Verlag, 1964), 285-289.

5 Rahner, *Hörer des Wortes* (Munich: Kösel-Verlag, 1963), 84; *Geist in Welt*, 396-397(*Spirit in the World*, 396-398); *Foundations of Christian Faith* (New York: Seabury Press, 1978), 51-71.

6 Lonergan, *Insight*, 280, 284, 354.

완벽한 인식 가능성(곧 바른 판단에 의해 알려지는 것)을 암시적으로 지향(스콜라적 의미에서)한다는 전제에 기초하고 있다. 이 "완벽한 인식 가능성"(complete intelligibility)이라는 관념은 그의 논의에 있어 중심적인 것이기 때문에 로너간의 여기에 대한 입장을 보다 명백하게 고찰하는 것이 우리의 논의에서 크게 벗어나는 것은 아닐 것이다. 우리가 완벽한 인식 가능성을 지니고 있다거나 우리가 그것을 파악할 수 있다고 로너간은 주장하지는 않는다. 단지 그러한 일종의 유도적 관념을 가지고 있고, 그것은 모든 우리 지식에 본질이라고 주장하는 것이다. 오히려 반대로 로너간은 유한한 마음이 그러한 완벽한 인식 가능성에 도달할 수는 없다고 주장한다. 그는 세계나 실존 혹은 삶이 완벽하게 인식 가능하다고 말하지는 않는다. 오히려 그는 역逆통찰(inverse insight)의 중요성을 지적한다: 우리는 더 이상 인식 가능하지 않은 한 시점을 만나게 되고, 궁극적인 '불합리성'(surd; the ultimately irrational)의 현존을 경험하게 되는데, 이것은 지적인 차원에서뿐만 아니라 물질적이고 사회적인 차원에서도 존재한다. 로너간에 따르면 모든 앎에 있어서 우리는 불가피하게 완벽한 인식 가능성을 '지향志向'(스콜라적 의미에서 지적 혹은 감정적으로 무엇을 '향해 나아감')한다.

따라서 마음은 이러한 인식 가능성을 개념으로가 아니라, 모든 판단의 행위 속에 필연적이고 암묵적으로 함께 긍정되는 것으로 '안다'. 하지만 오직 '존재存在의 생각'(Idea of Being)이 존재할 때에만, 그러한 완벽한 인식 가능성도 존재할 수 있다. 이 존재의 생각은 그 범위에 있어 무한하고 총체적이며, 그 자신을 이해하고, 자신 속에서 다른 모든 실재를 이해하는, 지성의 일종의 영적인 행위이다.

이것은 라너와 로츠가 "영靈과 존재存在의 완벽한 동일성"(complete identity of Spirit and being)이라고 부른 것이다. 존재의 생각은 반드시 영적이고 무한하여야만 한다. 왜냐하면 모든 물질적 혹은 유한한 영적 인식 가능성은 그 본질상 불완전하기 때문이다. 이 완벽한 인식 가능성의 영적인 행동(complete spiritual Act of intelligibility)이 바로 '하나님'이 의미하는 것이다. 따라서 하나님은 모든 알려질 수 있는 것 곧 모든 존재의 내적 근거로 이해되는 것이다. 이 완벽한 행동 때문에 모든 실제이고 잠재적인 앎의 행동들이 존재하거나 가능한 것이고, 완벽한 행동의 현존을 중재하게 되는 것이다.

매키J. L. Mackie는 완벽한 인식 가능성에 기초한 로너간의 논의와 관계될 수도 있는 라이프니츠의 '자기충족적 이성'(sufficient reason)의 논의에 아래와 같은 반론을 제기한다.

자기충족적 이성의 원칙은 사물들이 '완벽하게'(through and through) 인식 가능해야만 한다는 요구를 나타내는 것이다. 이런 논의에 대한 간단한 대응은 이러한 요구를 정당화할 어떠한 것도 없으며, 이것이 원칙의 차원에서라도 충족 가능하다는 믿음을 지지할 어떠한 이유도 없다는 사실이다. … 우리가 이러한 요구를 거부하더라도, 그것이 곧 사물들이 전적으로 인식 불가능하다는 것을 주장하는 것은 아니다. 성공적인 인과적 고찰과 과학적 설명에 의해 달성되는 종류의 인식 가능성은 사물들을 '완벽하게' 인식 가능한 것으로 만들 수는 없다는 사실에 의해 부정되지는 않는다. 모든 구체적인 설명은 '야만적인 사실'(brute facts)에서 출발한다. 그리고 우리의 설명에 있어서 야만적인 사실의 출발점은 또 다른 그러한 종류의 것들에 의해 보다 상세히 설명될 수 있을 것이다. 후자는 다시 그것이 설명할 수 없는 또 다른 사실에 의해 출발하여야 할 것이고, '이 과정은 끝없이 계속될 것이다.' 하지만 이것을 불만족스러운 것으로 볼 필요는 없다.[7]

하지만 또 다른 회의주의자인 레셰크 콜라콥스키[Leszek Kolakowski]는 이러한 '반대 입장'의 결과들에 대해 인식하고 있으며 그것들을 수용한다.

만약 회의주의자들의 논쟁이 유효한 것이라면, 진리라는 생각은 방어될 수 없는 것이며 사실 무의미한 것이다. 어떤 것이 진리이기 위해서는, 실수할 수 없는 어떤 주체가 존재하여야만 한다. 이 주체는 전지적이어야만 한다. 왜냐하면 우리는 오직 파편적인 지식만을 소유하고 있지만, 그런 것 속에서 완벽한 확실성을 지니는 한 주체를 생각할 수 없기 때문이다. 어떠한 부분적 진리도 통전적 진리에 관련되지 않은 채 절대적 확실성을 가질 수는 없다. 만약 그렇지 않다면, 부분적 진리라는 의미 자체가 항상 의심될 뿐이다. 부분적 진리의 소유자는 자신의 범위 너머의 진리가 자신이 가지고 있는 진리의 의미를 어떻게 변경하게 될 것인지 혹은 그 자신의 진리가 가지는 타당성의 범위가 얼마나 넓은지 알 수 없다. 따라서 모든 것을 포괄하는 진리가 없이는, 파편적인 진리도 또한 없다. 그리고 모든 것을 포괄하는 진리는 무한한 전지적 지성을 전제하는 것이

---

7 J. L. Mackie, *The Miracle of Theism: Arguments for and against the existence of God* (Oxford: Clarendon Press, 1982), 85-86. 매키에 있어 동일한 논의가 인간의 고안물인 가치에도 적용될 수 있다. 가치는 그 이상의 근거를 가지지도, 그것을 필요로 하지도 않는다 (247). 여기에 대해서는 아래의 한스 큉(Küng)에 대한 논의를 참고하라.

다. … 본인은 '참되다'는 서술어가 모든 것을 포괄하는 진리 곧 절대적 정신을 지향하지 않고는 의미를 가질 수 없다고 본다. … 하나님이 아니면 인식론적 허무주의가 있을 뿐이고, 이 둘 사이에는 아무것도 없다.[8] … 만약 회의주의자가 정말 일관적이고자 한다면, 자신의 진술들에 어떠한 진리 가치나 인식론적 의미를 부여하려고 하는 유혹을 제거하여야만 할 것이다. 왜냐하면 그의 태도는 어떠한 진리에 대한 주장도 그의 진술 행동들에 함의되지 않는다는 것이기 때문이다. … 결과적으로 회의주의자들의 태도에 따르면, 우리가 만약 인식론적 절대(epistemological Absolute)에 도달할 어떠한 방법도 발견할 수 없다면, 우리는 진리의 개념을 어떻게 방어할 수 있을지 걱정하는 것을 멈추고 대신 모든 인식론적 질문을 포기하여야만 한다.[9]

하지만 로너간은 우리가 실천에서든 이론에서든 진리를 포기할 수는 없다고 주장한다. 그에 따르면 과학과 상식이 불가피하게 진리 주장들을 하게 되고, 올바른 의미에서 그렇게 하는 것이다. 따라서 그것들의 가능 조건도 또한 실제적이어야만 한다. 하지만 이런 인식은 지식이 무엇이고 실재가 무엇인가에 대한 일종의 지성적 회심(intellectual conversion)을 요구한다. 더군다나 합리주의적 입장에 대항하며 매키의 반론이 나름대로 변호될 수도 있을 것이다. 하지만 우리가 이미 살펴보았듯이 로너간의 "완벽한 인식 가능성"에 대한 주장은 실재가 '완벽하게'(through and through) 인식 가능하다는

---

8 Leszek Kolakowski, *Religion: If There is no God… on God, the devil, sin and other worries of the so-called philosophy of religion* (New York: Oxford University Press, 1982), 88-90.
9 *Ibid.*, 85.

것을 의미하는 것이 아니라, 모든 존재를 그것이 존재하는 한에 있어 파악하는 궁극적인 인식 가능성이 있고 그것이 긍정적 통찰뿐 아니라 역逆통찰(부정적 통찰)도 기초한다는 것이다.

자신의 삼단논법적 증명의 간결성에도 불구하고 하나님 존재에 대한 이러한 '증거'를 이해하는 것은 쉽지 않다고 로너간은 경고한다. '실재는 완벽하게 인식 가능하다'는 삼단논법의 소전제에 대해서는 그것을 긍정할 '충분한 증거"가 있다. 하지만 그러한 증거를 이해하는 것은 단지 지성적 '회심'만을 전제하는 것이 아니라, 힘겨운 자기관찰과 철학적 성찰의 과정 또한 전제한다. 특히 하나님에 대한 우리 지식의 본질을 이해하는 것이 어렵다. 그럼에도 불구하고 앎의 행위가 지식에 대한 분석보다 쉽고 그것을 선행하는 것처럼, 하나님에 대한 우리의 능동적 지식이 그것을 철학적으로 체계화하려는 노력보다 단순하고 그것을 선행한다. 왜냐하면 우리는 존재라는 유도적 개념에 대한 어떤 체계화 없이도 이미 그것을 통해 사실상 사유하기 때문이다. 또한 하나님 존재에 대한 구체적인 인식 없이도 보다 고차원적인 인식론적 행동을 할 때마다 우리는 암시적이고 비주제적으로 하나님의 존재를 긍정하기 때문이다.[10] 우리가 절대자의 존재에 대해 개념적으로 인식하지 못하거나 그것을 직접 부정할 때조차도 지식과 사랑 속에 이루어지는 모든 자기 초월의 행동의 가능 조건으로서 절대자는 함께 긍정되고 우리에게 현존하게 되는 것이다.[11]

---

10 이것은 토마스 아퀴나스의 주장 "*Omnia cognoscentia cognoscunt implicite Deum in quolibet cognito*"(모든 인식하는 존재자들은 지식의 어떠한 대상에서도 암시적으로 또한 하나님을 인식한다)를 다르게 표현한 것이다(*De Veritate*, q. 22, a. 2, ad. 1).

라너와 로너간의 접근법은 앎(로너간의 경우 특히 과학적 앎)의 경험에 대한 고찰에 기초하고 있다. 라너는 보다 직접 그와 같은 사유를 사랑의 행동을 포함하도록 확장시킨다. 한스 큉은 비록 직접 '초월적 방법'에 호소하지는 않지만, 존재에 대한 우리의 가장 기본적인 입장에 이와 유사한 구조적 사유를 적용시킨다.[12] 큉은 하나님 존재의 긍정에 있어 선택의 요소가 있음을 강조한다. 따라서 그는 하나님에 대한 '믿음'에 대해 이야기하기를 선호한다.[13] 하지만 그는 이러한 믿음을 일종의 '지식' 혹은 '확실성'이라고 보기도 한다.[14] 요컨대 만약 하나님이 존재한다면, 우리는 실재에 대해서 합리적으로 기초된 '근본적 신뢰'를 가질 수 있다고 큉은 주장한다. 모든 사람은 궁극적으로 그러한 신뢰를 선택하거나 절망하여야만 한다. 만약 이러한 신뢰를 선택하는 것이 합리적인 것으로 긍정되고 실재에 기초되고 있다면, 하나님 곧 궁극적 진리와 선에 대한 믿음은 합리적으로 정당화될 수 있을 것이다. 하지만 결국에는 우리는 의미와 가치가 실재에 기초된 것으로 신뢰하여야만 하는데, 만약 그렇지 못하다면 우리는 자기모순 혹은 허무주의로 끝나게 될 것이기 때문이다. 합리성(reasonableness) 그 자체에 대한 이유(reason)는 없는 것이다. 긍정적 선택의 내재적 합리성은 (비록 '밖'에서부터 증명될 수는 없지만) 그러한 선택을 하는 데에서 경험된다.[15] 따라서 하나님의 존재에

---

11 Lonergan, *Insight*, 683.

12 Hans Küng, *Does God Exist? An Answer for Today*, trans. by Edward Quinn (New York: Random House, 1981), 547, 572. 큉은 여기서 "전적으로 그리고 완전히 불확실한 실재의 가능 조건"에 대해 묻고 있다. 그의 중심적 논의에 대해서는 552-576을 참고하라.

13 *Ibid.*, 570.

14 *Ibid.*, 550, 574.

대한 긍정은 합리적으로 정당화되는 것이다. 부정적으로 말해 "하나님 존재의 부정은 실재에 대한 우리의 신뢰가 궁극적으로는 정당화할 수는 없는 신뢰라는 것을 의미하는 것이다. … 만약 어떤 이가 하나님을 부정한다면, 그는 왜 자신이 실재를 궁극으로 신뢰하는지는 알지 못한다."16 무신론은 그 자체로 허무주의가 아니다. 그러나 그것은 허무주의에 대한 어떠한 방어책도 가지고 있지는 못하다. 긍정적으로 말해 "하나님의 존재에 대한 긍정은 실재에 대한 신뢰가 궁극적으로 정당화될 수 있다는 것을 의미한다. 기본적이고 근본적인 신뢰로서, 하나님에 대한 믿음은 불확실한 실재에 가능 조건을 제공할 수 있는 것이다. 만약 어떤 이가 하나님을 긍정한다면, 그는 왜 자신이 실재를 궁극적으로 신뢰하는지를 안다." 하나님을 믿음으로 우리는 절대적으로 가장 합리적인 일을 하는 것이며, 우리의 신뢰가 가지는 합리성을 경험하게 된다.17 비록 큉 자신은 그렇게 하지 않지만, 우리는 그의 논의를 '초월적' 논의로 만들 수 있을 것이다. 하나님의 실재적 존재는 '합리적으로 정당화될 수 있는 실재에 대한 근본적 신뢰'의 가능 조건, 즉 '인식 가능성, 의미, 가치와 같은 비주제적 실재'를 위한 가능 조건이다. 실존에 대한 긍정적인 입장을 취함으로써 그 초월적 가능 조건의 실재가 암시적으로 알려지고 긍정되는 것이다.

---

15 Küng, *Does God Exist?*, 447.

16 *Ibid.*, 571.

17 *Ibid.*, 574.

2. 아름다움의 존재론: 미(美), 진(眞), 선(善)

위의 논의들에 기초하여 우리는 이제 아름다움으로부터 하나님에게 나아가는 초월적 접근에 대해 고찰하고자 한다. 만약 코레트가 말하듯 하나님의 존재에 대한 모든 '증거'가 우리의 근본적인 '초월적' 경험에 대한 설명들이고 우리의 유한성이 가지는 다양한 측면들만큼이나 다양한 형태들을 가진다면[18] 그리고 만약 우리가 '미학적 경험'으로 의미하는 것이 단지 동물적 쾌락의 감각을 넘어서는 영적이고 물질적인 통전적 인간의 경험이라고 한다면, 미학적 경험을 출발점으로 삼아 하나님을 그러한 경험의 절대적이고 필연적인 가능 조건으로 발견하게 되는 것 곧 하나님 존재에 대한 '초월적' 접근이 가능할 것이다.

이러한 과제를 수행하기에 앞서 우리는 최소한 일반적으로라도 아름다움의 본질과 그것의 존재론적 의미를 확정하고자 시도해야 할 것이다. 곧 우리는 아름다움(beauty)을 존재의 본질(essence of being) 혹은 존재의 완성(perfection of being)과 연결시키는 것은 무엇인지, 그래서 어떻게 그것이 필연적으로 하나님과의 관계를 가리키게 되는 것인지 묻고자 한다. 어떻게 혹은 어떤 의미에서 아름다움이 '초월적 범주超越的 範疇(transcendentals)들 중의 하나가 될 수 있는지 우리

---

18 Emerich Coreth, *Metaphysics* (ed. by Joseph Donceel) (New York: Herder and Herder, 1968), 181. 비례적 존재(proportionate being) 곧 감각적 인식을 통해 알려지는 존재의 세계 내에 있어서, 불완전한 인식들이 가지는 다양한 측면들만큼이나 하나님에 대한 '증거들'도 또한 많을 수 있다고 로너간도 이와 유사한 주장을 한다. 왜냐하면 하나님은 지성의 완벽한 인식 가능성에 대한 욕구의 대답으로서, 유한한 존재자들로부터 이 완벽한 인식 가능성이 도래할 수는 없기 때문이다. *Insight*, 678. 또한 Karl Rahner, *Grundkurs des Glaubens* (Freiburg, Basel, Wien: Herder, 1976), 77.

는 질문함으로써 이 문제에 접근할 수 있을 것이다. 구체적인 존재자들 혹은 그것들의 종류들을 가리키기 위해 사용되어지는 일반적 '범주들'(categories)과 구분되고, 그것을 넘어서 '초월적 범주'들이란 존재의 지성적(intelligible) 측면들을 가리키는 관념들 곧 그것이 존재하는 한에 있어 모든 존재자가 그것 자신일 수 있게 만드는 것, 요컨대 모든 존재자가 그 존재한다는 사실 때문에 공통으로 가지는 것을 가리킨다.[19]

우리가 이미 보았듯이 초월적 범주로서 미[美]의 위상은 중세의 사상가들에 의해 일반적으로 받아들여졌다. 하지만 그것은 후기 스콜라 신학자들에 의해 의심되기 시작했고, 20세기 초반에 이르러서는 신[新]토마스주의 사상가들에 의해 활발하게 논의되고 있다. 어떤 이들은 독일 관념론(특히 셸링과 헤겔)의 미학과 예술철학을 따라서 아름다움을 영의 감각적이고 물질적인 구체적 현현으로 보았다.[20] 다른 이들은 그것을 유한한 세계에만 속하는 특성으로 보았는데, 왜냐하면 하나님의 통일성 혹은 단순성과 대조적으로 아름다움은 하모니, 질서, 따라서 다양성을 함의하기 때문이다. 이러한 입장을 취하는 사상가들로는 메르시에 추기경[Cardinal Mercier], 불프[M. De Wulf], 무닝크[M. De Munnynck, O.P.], 브루인[E. De Bruyne] 등을 들 수 있다. 아름다움이 초월적 범주의 위상을 가진다고 인정하는 자들로는 세르티앙쥬[A.-D. Sertillanges],

---

19 Coreth, *Metaphysik*, 323-396(여기서는 독일어 원문이 인용되었다. 불행하게도, 영어 번역본은 텍스트의 중요한 부분들 특히 역사적 관점들에 대해 상세히 설명한 부분들을 생략하고 있다). Fernand Van Steenberghen, *Ontologie* (Louvain: Publications Universitaires de Louvain, 1952), 58-59와 Johannes Baptist Lotz, S.J., s.v. 'Transcendentals' in Karl Rahner, ed., *The Concise Sacramentum Mundi* (New York: Seabury, 1975), 1746-1748; *Metaphysica operationis humanae*, 122-125.

20 Coreth, *Metaphysik*, 397.

레머V. Remer, 마리탱J. Maritain, 베베르J. Wébert, 비트레미외J. Bittremieux 등이 있다.21 몇몇 대표적인 토마스주의자의 사상을 개관하는 것이 아름다움의 형이상학적 위상의 문제를 명백하게 하는 데 도움 줄 것이다.

아름다움에 초월적 범주의 위상을 부여하기를 거부하는 토미즘의 입장은 스페인의 예수회에 의해 출판된 헤수스 이투리오즈Jesús Iturrioz, S.J.의 스콜라철학 대전에 잘 요약되어 있다.22 여기에 따르면 아름다움은 존재의 한 초월적 범주로 보기보다는 존재의 완성으로 볼 수 있다.23 곧 아름다움은 모든 존재가 그것이 존재하는 한 소유하는 어떤 속성(따라서 보편적이고 유비적으로 서술될 수 있는 속성)이 아니라, 어떤 특질들이 현존할 때 오직 몇몇 존재자만이 가지는 한 특질이다. 존재자들은 어떤 완성의 차원에 도달하여 '광채' 혹은 '빛'의 특질들을 소유하게 될 때, 형식적인 미학적 가치를 지니게 되는 것이다. 또한 그것에 의해 보통 사람들에게 미학적 즐거움을 가지는 것으로 능동적으로 인식된다.24 미학적 즐거움은 감각적 즐거움

21 초월적 범주에 대한 스콜라적 논의들과 다른 관점들에 대해서는 De Raeymaeker, *Metaphysica Generalis*, vol. 2, 250-254; Lotz, 'Transcendentals', 1746; Van Steenberghen, *Ontologie*, 75.

22 Iesu Iturrioz, S.J., "Metaphysica generalis", in Professores Societatis Iesu Facultatum Philosophicarum in Hispania, *Philosophiae Scholasticae Summa*, vol. I (Madrid: Biblioteca de Autores Cristianos, 1957).

23 이 입장은 마리탱(Maritain)이 *Art et Scholastique*에서 제안한 초월적 범주로서 아름다움에 대한 논의도 고려한다: "sed et refutata, *peculiariter a P. de Munnynck...*"(하지만 마리탱의 주장은 특히 무닝크 신부에 의해 또한 반박되어졌다). *Ibid.*, 620, n. 8.

24 Iturrioz, "Metaphysica Generalis", 620. 또한 Patrick Sherry, *Spirit and Beauty: An Introduction to Theological Aesthetics* (Oxford: Clarendon Press, 1992), 44. (패트릭 셰리, 『성령과 아름다움』, 88.) 셰리는 존재가 존재의 다른 범주들에 적용될 수 있다는 의미에서 한 '초월적 범주'로서 존재를 간주한다. 하지만 그는 존재 자체가 아름답다고 말하는 것에 대해 '별로 동의하고' 싶지는 않다고 말한다. 왜냐하면 "그러한 일반화시키는 주장은 아름다움이라는 관념을 공허하고 텅 빈 것으로 만들 위험성을 가지기 때문이다."

과 다르고, 어떤 목적을 달성하거나 유용한 것을 소유할 때 느끼는 즐거움과도 다른, 보다 '고차원적인' 종류의 만족을 가져오는 성찰로 정의된다. 미학적 만족은 욕정(concupiscence)과 관계하지 않는, 이 해관계를 초월한(disinterested) 즐거움이다.[25] 이러한 효과를 가져오기 위해서 사물들은 진리와 선을 포함한 일정 정도의 통합성과 완전성을 소유하여야만 하고 이것이 '광채'를 함께 가져오는 것이다.[26]

'아름다움'을 초월적 범주들 속에 포함시키고자 원하는 현대의 토마스주의자들은 어떤 방식으로 그것이 기능하고, 어떻게 그것이 고전적인 삼중적 구조에 관계될 수 있는지 설명할 의무를 지닌다. 만약 우리가 정확하게 이야기하고 전적으로 불필요한 구분들을 만들어내는 것을 피한다면, 오직 세 가지 초월적 범주들만이 존재하게 된다고 수아레즈[Suarez]는 주장하였다: 단일(unum, the one), 진리(verum, the true), 선(bonum, the good).[27] 현대적 토마스주의에 있어서는 루뱅[Louvain]학파가 존재의 초월적 '속성들'을 유도하는 방법론을 소개함으로써, 불필요한 개념적 구분을 만드는 것에 대한 수아레즈의 비판을 다시 주목한다. 그들은 어떻게 존재가 '그 자체'로 그리고 '모든 가능한 관계' 속에서 동시에 인식되어져야 하는지를 통해서 초월적 범주들을 설명한다. 레이메커[Louis De Raeymaeker]는 이러한 방법을 사용해 다

---

25 Iturrioz, "Metaphysica Generalis", 616.

26 *Ibid.*, 620.

27 "*Dicendum est, si proprie loquamur et non fingamus distinctiones minime neces-sarias, tres tantum esse proprias passiones entis, scilicet* transcendentale *unum, ve-rum, et bonum*"(만약 우리가 올바르게 말하고 불필요한 구분들을 만들어내지 않으려고 한다면, 우리는 존재가 자신에게 적합한 세 가지 특성을 가진다고 말해야 한다: 단일, 진리, 선). Suarez, *Disput. Metaph.*, disp. 4-11; quoted by De Raeymaker, *Metaphysica*, vol. II, 254.

음의 도식과 같이 초월적 범주들을 구분한다.

A. 절대적으로(그 자체로) 고려된 존재:

1. 부정적으로: 모든 존재는 단일하거나 나눠질 수 없다(*indivisum*).

2. 긍정적으로: 모든 존재는 어떤 것이다(*res* or *essentia determinata*).

B. 상대적으로(관계적으로) 고려된 존재:

1. 부정적으로: 모든 존재는 다른 존재들로부터 구분된다(*alius quid* or *aliquid*).

2. 긍정적으로: 모든 존재는 모든 것에 대한 지식과 욕구의 개방적인 능력을 지닌 영혼과의 관계에 있어:[28]

  a. 지성과의 관계에 있어: 참되다(*verum*).

  b. 의지와의 관계에 있어: 선하다(*bonum*).[29]

여기서 5가지 초월적 범주들이 나열되고 있다: 개별성(*indivisum*), 사물성(*res*), 차별성(*aliquid*), 참됨(*verum*), 선함(*bonum*). 하지만 처음의 세 가지는 함께 묶여서 '단일성'(unity)으로 불릴 수 있다. 결과적으로 우리는 수아레즈의 삼중구조인 단일, 진리, 선에 도달하게 되는 것이다.[30]

위의 도식은 분명 아름다움(美)을 존재의 내적인 특질이나 관계로 포함하지 않는다. 그럼에도 레이메커는 아름다움을 한 초월적 범주라고 보고 이것을 따로 구분한다. 마리탱과 마찬가지로 그도

---

[28] "*Quodammodo omnia, scl. omnia cognoscere et appetere valet*"([영혼은] 어떤 의미에서는 모든 것이다. 곧 그것은 모든 것을 알고 욕망할 수 있다). *Ibid.*, 39.

[29] *Ibid.*

[30] *Ibid.*

아름다움을 다른 초월적 범주 중의 하나로 보는 것이 아니라, 그 초월적 범주들의 통합성으로 본다. 곧 아름다움을 참된 선 곧 "진리眞理의 선善"(bonum veri, the goodness of truth)이라고 간주한다. 이러한 아름다움의 정의는 토마스 아퀴나스에게서 유래한 것이다. 토마스에 따르면 아름다움은 "시각적 봄을 즐겁게 하는 것"(quod visum placet)이다.[31] 하지만 레이메커에 따르면 토마스의 '봄'(visio)은 메타포로 이해되어져야 한다. 그것은 단지 물리적인 바라봄이 아니라 지식을 가리키는 것이다.[32] 감각적 능력(특히 시각, 청각, 상상력)은 아름다움의 인식에 협조하지만, 이러한 인식에 있어 본질은 지성이다.[33]

아름다움은 또 다른 초월적 범주인 '진리'와는 다르다. 진리는 단순히 "지성과 실재의 상응"(adaequatio rei et intellectus)을 가리킨다. 반면 아름다움은 '즐거움으로서'(qua delectabilis) 이러한 상응을 가리킨다. 다시 말해 지성과 실재의 상응이 만족과 즐거움을 생산하는 한에 있어 진리가 또한 아름답다.[34] 요컨대 아름다움은 사랑스러

---

31 ST, Ia, q. 5, a. 4, ad I; Ia 2ae, q. 27, a. 1, ad 3.

32 De Raeymaeker, Metaphysica, 69-70.

33 Ibid., 70. 미학의 심리학에 대한 이와 유사한 신스콜라적 견해로는 Iturrioz, "Metaphysica generalis", 616. 미학적 인식은 단지 감각적 인식만이 아니라 지성적 인식에 기초하는 것이다. 따라서 동물은 미감을 가지지 않는다. 동시에 아름다움의 인식은 비록 영적인 행위이지만, 총체적 인간의 열매로서 그것은 보통 "보다 고차원적인" 감각들(특히 청각과 시각)에서 발견된다.

34 레이메커는 아름다움의 인식과 관련되는 '쾌락'은 욕정적 만족이 아니라 'complacentia'(즐거움)라고 본다. 우리가 소유를 지향하는 한, 우리는 미학적 향유의 의미를 잃게 된다. Metaphysica, 71.
그는 또한 아름다움을 '숭엄'(the sublime)과 구분하는 데 있어 칸트를 따른다. 후자는 우리의 이해의 능력들을 초월하고 어떠한 비교도 넘어서는 아름다움을 가리킨다. 따라서 숭엄의 이해는 아름다움의 이해와는 달리 순전히 즐겁지만은 않다. 오히려 루돌프 오토가 누미노스(numinous)를 매혹적인 끌림(fascinans)과 두려운 떨림(tremendum) 둘 다로 본 것처럼, 그것은 일종의 혼합적 상태이다. 사실, 오직 하나님

움과 바람의 측면에서 고려된 진리이다. 나아가 아름다움은 지성의 역동 구조가 가지는 선함(*bonum tendentiae intellectivae*)이다.[35] 따라서 토마스 카예탄^{Thomas Cajetan}처럼 레이메커에게도 "미^美는 선^善의 한 종류이다"(*Pulchrum est quaedam boni species*). 하지만 아름다움은 한 구체적인 선 곧 지성의 선(the good of intellect)을 가리킨다는 점에서, 초월적 범주인 '선'과는 다르다. 토마스가 말하듯 '아름다움'은 '선'에 지식^{知識}을 향한 지향성을 추가한 것이다.[36] 하지만 마음의 대상으로서 인식 가능한 것은 '진리'로 불리기 때문에 아름다움은 '진리의 선'(*bonitas veri* 혹은 *bonum veri*)으로 불릴 수도 있다.[37] 곧 아름다움은 그것을 선으로 아는 인식자에게 진리이다.[38] 따라서 아름다움의 인식을 위한 어떤 특별한 '능력'이 따로 있는 것은 아니다. 앎에 있어 지성은 그 자신의 행동을 즐긴다.[39] 만약 '선'이라는 용어가 초월

만이 적합한 의미에서 숭엄하다. 모든 다른 숭엄의 암시는 하나님의 그림자다.

35 이러한 사상을 설명함에 있어 레이메커는 세르띠량제를 인용한다: "*[Le beau] exprime l'être en tant qu'il rapporte aux puissances connaissantes, mais non pas en tant qu'elles connaissent simplement, ce qui appartient au vrai, mais selon qu'il s'éveille en elles, sous le contact de l'idéal de la contemplation, une complaisance qui tient à ce que d'une certaine manière elles s'y retrouvent*"(아름다움은 그것이 인식의 능력들과 관계되는 한에 있어서 '존재'를 표현한다. 하지만 인식 능력들이 단순히 인식적인 한에 있어서 그러한 것이 아니다[이 경우는 오히려 진리에 관계될 것이다]. 인식 능력들이 성찰의 이상^{理想}과의 접촉으로, 그 이상 속에서 자신들을 어떤 방식으로든지 다시 발견하고자 하는 즐거움[complaisance]이 인식 능력들 속에서 일깨워질 때 그러한 것이다). A.D. Sertillanges, O.P., *Saint Thomas d'Aquin* (Paris: 1925), tome 1, 30; quoted in *ibid*., 71.

36 "아름다움은 선에 인식ㆍ지식을 향한 지향성을 추가한다"(*Pulchrum addit super bonum ordinem ad vim cognoscitivam illius esse hujusmodi*). *In 1 De Divinis Nominibus*, c. 4, lect. 5. *in fine*.

37 De Raeymaeker, *Metaphysica*, 72, 77.

38 *Ibid*., 77. Cf. *ST*, I, 5, 4. 토마스에 있어 아름다움은 지식의 측면에서 정의되고, 선은 욕망의 측면에서 정의된다.

39 *Ibid*.

론적이 아니라 심리학적으로 이해된다면, 우리는 의지의 형식적 대상으로서 선이 지성의 대상으로서 아름다움과 구분된다고 말해야만 할 것이다. 여기서 레이메커는 프란치스코 살레시오[St. François de Sales]를 인용한다. "아름다움과 선은 비록 공통된 것을 가지지만 그럼에도 동일한 것은 아니다. 왜냐하면 선함은 욕구(appetite)와 의지(will)를 즐겁게 하는 것인데 반해, 아름다움은 이해(understanding)와 지식(knowledge)을 즐겁게 하는 것이기 때문이다. 달리 말해 선함은 우리가 그것의 향유 가운데 우리를 즐겁게 하는 것인데 반해, 아름다움은 그것에 대한 우리의 지식을 통해서 우리를 즐겁게 하는 것이다."[40] 또한 아름다움은 '질서의 광채' 혹은 '진리의 광채'(*splendor ordinis, splendor veritatis*)로 묘사될 수도 있는데, 지성의 가장 고차원적이고 가장 즐거운 행동은 그러한 질서를 성찰하는 종합적 이해이기 때문이다.[41]

페르난드 반 스텐베르겐[Fernand Van Steenberghen]은 존재의 '관계들'에 기초하여 레이메커의 그것과 유사한 초월적 범주들의 도식을 제안한다.

A. 반대(opposition) 관계들에 있어, 존재는

1. 내적으로: 그것이 포함할 수도 있는 다원성이나 다양성에 반대된다; 따라서 존재는 나눠지지 않거나 내적으로 하나이다.

2. 외적으로: 무(nothingness)에 그리고 오직 무에 반대된다; 따라서 존재는 구분적이고 구체적이다.

B. 일치(agreement) 관계들에 있어, 존재는

---

40 François de Sales, *Traité de l'amour de Dieu*, 1, I, ch. 1, in *Oeuvres*, tome 4 (Annency: 1894), 23-24. Quoted in *ibid.*, 72, n. 3.

41 *Ibid.*, 73.

1. 내적으로: 그 자신에 동일하다(순전히 논리적인 관계).

2. 외적으로:

   a. 모든 다른 존재와 관계에 있어: 유사하다.

   b. 지성과의 관계에 있어: 인식 가능하다.

   c. 의지와의 관계에 있어: 사랑 가능하다.[42]

그의 구분성(distinctness) 혹은 구체성(determination)은 스콜라신학에서 말하는 '어떤 것 혹은 무한성'(*aliquid vel infinitum* - 여기서 후자는 하나님을 '존재' 안에 포함시키면서도 단지 그것이 한계를 의미하지는 않기 위해서 추가되어졌다)에 상응한다. 그는 일반적인 초월적 범주인 "사물 혹은 본질"(*res vel essentia*)은 생략하였는데, 왜냐하면 '존재'(*ens*)와 동일한 것으로 보기 때문이다. 그리고 그는 토마스 아퀴나스가 주목하지 않았던 초월적 범주로서 '유사성'(similarity)을 추가한다.[43]

스텐베르겐은 아름다움이 존재의 한 내재적 속성인가의 문제를 직면하여, 미의 초월적 범주로서 위상을 부정하고 단지 유한한 세계만이 가지는 한 속성으로 보는 자들을 반대한다. 그에게 있어 아름다움은 실제로 형이상학적인 가치와 특질이다. 하지만 다른 한편으로 마리탱과 그의 추종자들이 '진리의 광채'(*splendor veri*)라는 관념을 가지고 아름다움에 일종의 구분된 초월적 범주로서 개념적 위상을 부여하고자 시도한 것은 잘못되었다고 스텐베르겐은 본다. 미는 선과 동일하기 때문에 한 초월적 특질이다. 아름다움은 존재의

---

42 Van Steenberghen, *Ontologie*, 59-60.

43 *Ibid.*, 74-75. 그러나 로츠에 따르면 '유사성'은 '구체적 일치'로 환원될 수 있고, 초월적 '통일성'의 한 측면으로 이해될 수도 있다. Lotz, 'Transcendentals', 1747.

사랑스러움과 구분되는 존재의 또 다른 속성은 아니다.[44] 인간의 욕구는 존재의 다양한 차원들에 상응하는 다양한 가치들을 지닌다. 우리의 생물학적 필요에 대해서 물리적 생존을 위해 필요한 선이 상응한다. 세계에 대한 정복의 욕구에 기술(*techné*)의 가치가 상응한다. 소유와 복지에 대한 충동에 물질적 선이 상응한다. 앎의 욕구에 진리의 가치가 상응한다. 인간 자체의 목적성에 도덕적 가치가 상응한다. 그리고 인간의 미학적 역동 구조에 아름다움의 가치 곧 사물의 조화 가치가 상응한다. 하지만 형이상학적 담론의 차원에 있어서는 다양한 종류의 선에 대한 구분이 사라지게 된다. 우리에게는 오직 두 가지만이 남게 되는 것이다: 지적인 욕망 혹은 '의지'(will)와 그 욕망의 대상인 인식 가능한 존재(욕구될 수 있는 한 그것은 '선'[the good]이라고 불린다). 더군다나 스텐베르겐에 따르면 존재로서 존재에 대한 욕망함과 진리로서 존재에 대한 욕망함은 일치한다. 존재하는 것에 대한 의지 자체의 향유에는 두 가지 방법들이 있는 것이 아니라, 오직 한 가지 방법 곧 지성적 이해를 통한 방법만이 있을 뿐이다.[45] 따라서 존재가 욕망된다는 것 혹은 사랑스러움을 가진다는 것은 모든 가치의 근거, 즉 모든 구체적 선들의 형태들 속의 '선'이다. 도덕적 선과 아름다움은 다형상적인(polymorphous) '선'의 보다 고차원적인 영적 형태다.[46]

형이상학의 기초로서 인간 주체를 향한 루뱅학파의 방법론적 전환은 초월적 토미즘 철학자들인 로츠와 코레트에 의해 수용되어 발

---

44 Van Steenberghen, *Ontologie*, 75.

45 *Ibid.*, 75.

46 *Ibid.*, 76.

전되어졌다. 하이데거의 '존재론적 차이'(ontological difference)를 의식하며, 이들은 사물들의 존재에서보다는 인간 주체의 자기동일성(Bei-sich-Sein)을 성취하려는 의식적 행동에서 존재의 특성을 우선 발견하고자 시도한다. 단일성, 진리, 선은 여기서 질문하고 알고 의지하는 행동들을 통해서 인간 주체가 자기동일성과 가치를 달성할 수 있는 가능 조건으로, 필연적이고 비주제로 함께 주어지는 존재의 구체성들로 이해된다. 이러한 '초월적 범주들'은 존재로서 존재와 동일하다. 왜냐하면 자기 현존이지 못한 사물들은 자신들이 알려질 수 있고 욕구될 수 있는 한에 있어서, 유비적으로 이러한 특질을 가지기 때문이다.[47]

로츠와 코레트는 둘 다 아름다움을 초월적 범주들 가운데 포함시키고, 마리탱과 마찬가지로 그것을 그러한 초월적 범주들의 통합성으로 본다. "아름다움은 단일성, 진리, 선의 완성된 상태이며 완벽한 조화로서, 이 세 가지와 더불어 일종의 초월적 범주를 구성한다"고 로츠는 쓰고 있다. "이러한 설명은 감각에 의해 인식될 수 있는 것에 적용될 수 있으며, 나아가 영적으로 성찰될 수 있는 것에는 더더욱 그러하다."[48]

코레트는 아름다움이 진리와 선의 통일성을 나타내는 것으로 초월적 범주들 사이에서 독특한 위치를 차지한다는 점을 상세히 고찰한다. 토마스의 간결한 미美의 정의("보았을 때 즐거움을 주는 것이 아름

---

47 Coreth, *Metaphysik*, 323-324, 394, 395.

48 Lotz, 'Transcendentals', 1748. 비록 로츠가 그의 *Metaphysica Operationis Humanae*의 상당한 부분을 초월적 범주들에 대한 설명에 할애하고 있지만, 이 부분에서는 왜 아름다움이 그러한 것들 속에 들어가야만 하는지 설명하려는 시도하지는 않고(122), 단지 전통적인 단일성, 진리, 선의 삼중적 구조에만 집중한다.

답다고 불린다"; "인식認識했을 때 즐거움을 주는 것이 아름답다고 불린다")에서 출발하여,[49] 코레트는 아름다움이 선 곧 어떤 사랑스럽고 추구할 만한 것으로서 그 성취가 만족을 가져온다고 설명한다. 하지만 개념적으로 진리와 다른 것처럼 미는 일반적인 '선'의 개념과도 다르다. 아름다움의 관념은 자신 안에 진리에 적합한 요소도 포함한다. 왜냐하면 아름다움은 대상에 대한 성찰의 노력과 그러한 만족의 추구에 상응하기 때문이다. 따라서 아름다움을 향한 역동성을 완성시키는 것은 알려질 수 있는 어떤 것 곧 어떤 '진리'다.

하지만 모든 앎의 행동이 아름다움의 경험을 중재하는 것은 아니다. 순전히 개념적이고 논리적이고 합리적인 지식의 담론은 알려진 것의 아름다움을 포착하지는 못하고, 오직 대상 속에 흡수되어서 그것 속에서 즐거움을 가지는 성찰적 봄(contemplative vision)만이 그렇게 할 수 있다. 아름다움의 경험을 특징짓는 것은 사유의 중재가 아니라 '봄' 혹은 통찰洞察(Anschauung, intuition)의 즉각성이다.[50] 그러나 이것이 아름다움의 개념은 단지 감각적 영역에만 제한된다는 것을 의미하지는 않는다. 형이상학적 혹은 종교적 진리가 또한 '아름답게' 경험될 수 있는 것이다. 우리는 그러한 실재들에 흡수되어서 그것들에 대한 순전히 합리적으로 중재된 진리들의 지식이 아니라, 성찰적 봄의 즉각성을 통해서 형이상학이나 종교 속에서 고귀함과 내적인 만족을 찾을 수 있다. 코레트는 우리가 단지 감각적

---

49 "Pulchra... dicuntur, quae visa placent"(Things that have been seen, which please, are called beautiful); "pulchrum dicitur id, cuius ipsa apprehensio placet"(that, the very apprehension of which pleases, is called beautiful). ST, I, 5, 4, ad 1; II IIae, 27, 1, ad 3.
50 Coreth, Metaphysik, 396.

'통찰'뿐만 아니라 영적인 통찰에 대해서도 말할 수 있다고 주장한다. 사실 인간의 모든 진정한 감각적 통찰은 영에 의해서 이루어지고, 지식의 영적이고 통찰적인 행동에 관계된다.[51] 코레트의 주장을 확장하여 우리는 인식 주체의 지식이 단지 개념적('관념적')이고 객관적이 아니라 인격적이며 인식 주체 자신의 실제 변화를 포함하는 한에 있어서, 그러한 영적인 '봄' 혹은 '통찰'이 가능하다고 말할 수 있을 것이다. 로너간의 용어를 빌리면 인식 주체는 인식하는 실재들을 '전유專有'(appropriate)하고, 자신 속에서 그러한 실재들에 대한 '공통본질성共通本質性'(connaturality)을 경험한다. 이러한 방식으로 윤리적 선, 덕, 성결함이 단지 빌려온 의미에서만이 아니라 그 적합한 의미에서 '아름답게' 경험될 수 있는 것이다. 이러한 실재들에 대한 영적인 '봄'은 인식 주체 속에 아름다움을 특징짓는 만족, 기쁨, 고양, '선물 받음'(giftedness)의 느낌을 생산할 수 있는 것이다. 따라서 하나님도 올바른 의미에서 아름다움의 원천과 완성으로서 '아름답다'고 말해질 수 있는 것이다.[52]

결론적으로 코레트는 '미美'가 '진眞'과 '선善'이라는 다른 초월적 범주들로부터 개념적으로 구분되는 것은 바로 미 곧 아름다움이 그 자신에 적합한 '내용'을 가지지 않는다는 점에 있다고 주장한다. 본질적으로 아름다움은 진리와 선의 통일성으로 존재하는 것이다. 따라서 진리 속에서 (선의) 추구가 온전히 만족될 때, 아름다움은 또한 진리이다. 혹은 선이 성찰적 지식의 행동으로 완성될 때 아름다움은 또한 선이다. "아름다움은 진리가 선과 하나가 되는 한에 있어서 진리이

---

51 *Ibid.*, 398.
52 *Ibid.*, 397.

다. 또한 아름다움은 선이 진리와 하나가 되는 한에 있어서 선이다.
이런 의미에서 아름다움은 모든 초월적 범주들의 통일성을 구체적으
로 표현한 것이다. 곧 진리와 선의 통일성이 아름다움이다."53

버나드 로너간은 보다 더 근본적인 방법론적 관심에서 초월적
범주들을 설명한다. 그는 형이상학적 용어들이 그것을 선행하는 인
식론에 의존한다고 주장한다. 따라서 '존재'는 '앎'의 측면에서 묘사
될 수 있으며, 그 반대가 아니다.54 그리고 신스콜라학파의 기능 혹
은 능력(faculty) 심리학은 지향성(intentionality)의 분석에 의해 대체
되었다. 결과적으로 초월적 범주들은 인간 지향성의 다른 차원들에

---

53 *Ibid.*, 399. 펠트너(Günter Pöltner)도 이와 유사하게 이렇게 말한다: "선과 진리가 자신
들의 원초적 통일성 안에 현존할 때 또한 아름다움 안에 현존한다"(*Bonum und ve-
rum sind im pulchrum in ihrer ursprünglichen Einheit gegenwärtig*). 아름다움의 경
험은 존재하는 것이 선하다는 것을, 이것이 참되다는 것을 우리에게 말해준다. 따라서
아름다움은 존재의 '주어짐'(given)의 특성, 다시 말해 존재의 '선물-특성'(*der
Gabe-charakter*) 혹은 존재의 "자기-존재-수여성"(*das Sich-Gegeben-Sein*)을 선포한
다. Pöltner, *Schönheit: Eine untersuchung zum Ursprung des Denkens bei Thomas
von Aquin* (Wien: 1978), 171, 173, quoted in Augustinus Karl Wucherer-Huldenfeld,
"Sein und Wesen des Schöffnen" in Günter Pöltner and Helmuth Vetter (eds.), *Theologie
und Ästhetik*(Wien, Freiburg, Basel: Herder, 1985), 20-34, at 32. 부헤러-훌덴펠트 자신
은 발타자를 따라서 초월적 범주로서 '아름다움'의 독특성이란 "존재 자체의 근거(the
ground of being itself)가 지닌 '근거 없음'(*Grundlosigkeit*, ungroundedness)"을 아름다
움이 드러내는 데 있다고 주장한다. 아름다움은 선과 진리가 자신들 속에서 그리고 자
신들을 위해서 순수하게 '비추어 나옴'이다. 이것이 바로 아름다움의 경험이 가지는 "이
해관계를 초월함" (*Interesselosigkeit*, disinterestedness)을 설명하는 것이다. *Ibid.*, 33.
54 로너간과 코레트 두 사람의 초월적 방법론의 차이와 그것이 형이상학에 대해 지니는
함의에 대해서는 Lonergan, "Metaphysics as Horizon", in *Gregorianum*, 44(1963)
(reproduced in *Collection: Papers by Bernard Lonergan* [New York: Herder and
Herder, 1967]); Coreth, "Immediacy and the Mediation of Being: An Attempt to Answer
Bernard Lonergan", in *Language, Truth and Meaning: Papers from the International
Lonergan Congress 1970*, edited by Philip McShane, S.J. (Notre Dame: University of
Notre Dame Press, 1972)를 참고하라. 초월적 범주들에 대한 로츠의 접근법은 로너간
의 그것과 중요한 유사성을 보여준다. Lotz, *Metaphysica Operationis Humanae*, 138.

서 도출된다.

로너간은 초월적 관념^{觀念}, 초월적 지침^{指針}, 초월적 개념^{概念} 사이를 구분한다. 로너간에 있어 '관념'은 자율적으로 활동하는 산파술적이고 유도적인 예견이다.[55] 따라서 '초월적 관념들'(transcendental notions)은 "우리 의식의 지향성의 역동 구조 자체"와 동일하다.[56] 그것들은 (스콜라적 의미에서) 질문함과 지향함을 통해서 우리의 자기 초월성의 능력을 근거 짓는 '총체성의 유도적인 선이해'를 구성한다. 그것들은 영을 그 목적에 향하도록 방향 짓고, "그 목적이 도달되었는지 분간하는 척도를 제공한다."[57] 초월적 관념들의 다원성은 지향성의 진화적 차원들을 특징짓는 여러 활동에 상응한다: 이해, 성찰, 숙고.[58]

이러한 관념들은 의식의 자발적으로 구조화된 역동성이다. 이것을 통해 의식은 실재를 향해 '개방'된다. 이것들은 '초월적 지침들'(transcendental precepts)의 명령을 따라 활동한다. "주의를 기울이라, 지성적이 되어라, 합리적이 되어라, 책임적이 되어라."[59] 그리고 이러한 행동들의 목표들이 객관화될 때 우리는 '초월적 개념들'(transcendental concepts)(고전적 의미에서 '초월적 범주들')에 도달하게 된다. "만약 우리가 지성적인 지향의 내용을 객관화시킨다면, 우리는 인식 가능한 것에 대한 초월적 개념을 형성한다. 만약 우리가 합리적인 지향의 내용을 객관화시키면, 우리는 참된 것과 실재의

---

55 '관념'(notion)과 '개념'(concept) 사이의 구분에 대해서는 Lonergan, *Insight*, 359-361.

56 Lonergan, *Method in Theology*, 12.

57 *Ibid.*, 35; cf. 282.

58 *Ibid.*, 74, 105.

59 *Ibid.*, 20; cf. 53, 302.

초월적 개념을 형성한다. 만약 우리가 책임적인 지향의 내용을 객관화시키면, 우리는 가치와 참된 선의 초월적 개념을 형성한다."[60] 로너간에 있어서 '실재'(the real)는 '존재'(being)와 동일한 것이기 때문에[61] 그의 초월적 개념들의 목록(인식 가능성, 진리, 실재, 가치, 참된 선)은 전통적인 초월적 범주들의 목록(단일, 진리, 존재, 선)과 정확하게 일치한다. 순서에 있어서 차이(존재의 관념보다 선행하는 인식 가능성의 관념)는 방법론적으로 인식론이 형이상학을 선행해야 한다는 로너간의 확신에 있어 중요한 것이다.

로너간과 앞에서 다룬 신스콜라주의 신학자들 사이의 방법론적 차이를 다시 한번 주목하는 것이 유용할 것이다. 후자가 '존재'(그리고 '진리'와 '선'의 초월적 범주들)와 관련된 형이상학적 '능력들'(곧 '지성'과 '의지')의 구조를 전제하는 반면, 로너간은 인식의 활동들의 현상학에서 시작한다. 그는 존재의 차원들이 형이상학적 능력들을 전제하고 '지양'(sublate)한다고 보고, 초월적 범주들이란 각각의 차원들에서 물어질 수 있는 질문들의 전체 범위를 객관화시킨 것이라고 간주한다. 이러한 이유로 그는 존재의 '단일성'(unity)을 '인식 가능성'(intelligibility)의 측면에서 이해한다: 우리가 존재는 '단일하다'(one)고 말함으로 의미하는 것은 그것이 인식 가능한 전체로 파악될 수 있다는 것이다.[62]

로너간은 초월적 범주들과 아름다움 사이의 관계를 다루지는 않는다. 하지만 우리는 그의 방법론과 범주들의 측면에서 이것을 시

---

60 *Ibid.*, 11-12.

61 *Insight*, 673, 676.

62 *Insight*, 509-520, 특히 520.

도할 수 있을 것이다. 아름다움은 의식적 지향성이 가지는 네 번째 차원, 즉 책임성의 차원에 상응하는 일종의 가치로 해석될 수 있다. 책임성의 차원 곧 '선'의 개념적 차원에 대한 로너간의 설명은 주로 능동적이고 윤리적인 차원에 집중한다. "우리가 우리 자신, 우리 자신의 활동, 우리의 목표에 관심하며, 가능한 행동의 여정을 숙고하고 그것을 평가하고 결정하고 그 결정을 수행하는 '책임적' 차원이 있다."[63] 하지만 합리적이고 책임적인 자기의식의 차원이 분명 '행함'(doing)의 차원과 관련되나[64] 동시에 자유는 세계를 향한 우리의 존재 양식 혹은 '입장'을 결정하는 문제이다. 개별적 선택의 차원보다 더 깊은 차원에서 우리 자신의 세계를 '향한 존재(being toward)' 방식을 우리는 결정하고, 우리가 외부적으로 행동하지 않을 때조차도 자신을 세계를 향해 배치한다. 우리가 책임으로 사랑하는 것이 무엇인지, 그런 사랑 때문에 무엇을 할 것인지 우리는 결정하게 되는 것이다.[65] 따라서 '가치'에 상응하는 초월적 '관념'은 "내가 무엇을 하여야 하는가?"라는 질문 이상을 의미한다. 그것은 또한 존재자들과 존재의 내적인 '가치' 혹은 사랑스러움에 대한 보다 기본적인 질문을 포함하는 것이다. 곧 '아름다움'이라고 불릴 수 있는 특질에 대해 우리는 묻는다.

---

63 Lonergan, *Method in Theology*, 9. 이러한 차원에 대한 개요적 설명은 본질적으로 윤리적인 초점을 가지게 된다: "가치를 향한 욕구는 자기 초월의 성공으로 행복한 의식을 가져오거나, 실패의 슬픔으로 불행한 의식을 가져온다"(35); "책임적이 된다는 것은 자신의 결정들과 선택들을 자신, 자신의 집단, 타 집단에 있어서 단기적이고 장기적인 비용 혹은 이윤에 대한 선입견 없는 평가에 기초하는 것을 포함한다"(53).

64 *Ibid.*, 37.

65 로너간 자신이 말하듯 우리는 단지 행동의 여정에 대해 숙고할 수 있을 뿐 아니라 또한 우리의 숙고 자체가 가치 있는 것인지 숙고할 수도 있다. *Ibid.*, 101.

이러한 관계에서 '아름다움'을 논하는 것은 로너간의 주로 개념적·윤리적인 관점과는 다른 관점을 소개하는 것이다. 하지만 비록 그렇다 하더라도 로너간의 범주들은 여기서도 유용하다. 그는 인간의 마음이 다른 '경험의 패턴들' 곧 주목, 목적, 관심의 다양한 중심점들 안에서 합리적이고 책임으로 행동할 수 있다고 본다.[66] 그는 몇몇 그러한 패턴들을 꼽는다: 생물학적, 드라마적, 미학적, 지성적, 실천적, 예배적 패턴이 그것이다.[67] 이것들 각각에서 의식의 지향성이 가지는 네 가지 차원들 모두가 다른 삶의 정황에서 활동한다. 따라서 진정한 자기 초월을 가져오는 모든 초월적 '관념들'과 지침들이 활동한다.

미학적 패턴에 대한 로너간의 설명은 매우 간략하고 제한된 범위에서 이루어졌다.[68] 특히 중요하게 로너간은 미학의 초점을 존재의 환희와 즐거움으로 본다.[69] 로너간은 그것을 주로 예술과 관련시키는데, 예술을 통해 "의식적 삶의 자율적 즐거움"은 새롭고 창조적인 차원으로 고양된다.[70] 하지만 비록 미학적 패턴이 후後생물학적이라고 하더라도 로너간은 그것이 전前과학적이고 전前철학적이라고 본다. "그것은 진리와 가치를 정의 내림이 없이 그것들을 추구할

---

66 Lonergan, *Insight*, 182. 보다 상세한 설명으로는 181-189.

67 Lonergan, *Method in Theology*, 286.

68 브라운의 "신(新)미학 이론"(neo-aesthetics)은 비록 로너간을 직접 언급하지는 않지만, 로너간이 "경험의 미학적 패턴"(aesthetic pattern of experience)이라고 부른 것뿐 아니라 실존적 주체 속의 다른 '패턴'의 상호작용과 결합에 대해서도 상세하게 다룬다. Frank Burch Brown, *Religious Aesthetics: A Theological Study of Making and Meaning* (Princeton, N.J.: Princeton University Press, 1989), 2, 3장; 16-76.

69 Lonergan, *Insight*, 184.

70 *Ibid.*, 185.

수 있을지도 모른다."[71] 우리의 논의를 위해서 본인은 미학적 패턴을 보다 광범위하게 볼 것을 제안하고 싶다. 본인은 미학적 패턴을 인식 가능성, 진리, 가치의 달성에 집중하기보다는 그러한 관념들의 대상들을 성찰, 전유, 감상하는 것에 집중하는 지성적이고 책임적인 기능방식으로 보고자 한다. 따라서 그것은 이러한 욕구들의 성취를 단지 명령이나 '지침'이 아니라 그것이 가져오는 환희와 즐거움의 측면에서 본다. 이렇게 인식될 때 미학적 패턴은 로너간이 '지성적' 패턴과 '실천적' 패턴이라고 부른 것들에 보충적이 될 수 있는 것이다. 로너간의 설명에서 이러한 패턴들은 학문적으로 '분리된' 담론적 추론과 도덕적 활동에 초점을 맞추는 반면, 본인이 '미학적'이라고 부르는 것은 '순수한' 지성적 활동에서조차도 그 저변에 놓여 있는 개인적 성취와 즐거움을 강조한다. 진리와 가치를 향한 학문적이고 철학적인 추구들에조차도 미학적 요소가 존재하는 것이다.

이러한 관점에서 '아름다움'은 초월적 범주의 위상을 지닐 수 있는 것이다. '아름다움'은 초월적 '가치'가 미학적 패턴 속에서 경험될 때 그 가치가 가지는 이름이다. 우리는 어떤 것이 우리 존재의 어떤 역동적 구조(물리적, 문화적, 영적 구조)에 조화로울 때(그것을 완성할 때) 그것이 아름답다고 판단한다. 객관적으로 아름다움은 사물, 그것의 진리와 선, 그것의 '올바름'(rightness)[72] 속의 이성의 질서이다. 곧 객관적 미란 사물들의 인식 가능성, 존재(being)와 잘 존재함(being-well)을 향한 인간의 역동 구조와 사물 사이의 조화다. 그것을 바로 '아름다운 것'이라고 특징짓는 것은 완성 따라서 감상 혹은 쾌적함의 주

---

71 *Ibid.*
72 Cf. Sertillanges, above, n. 137.

도성이다. 여기서 이러한 용어들이 전적으로 만족을 의미하는 것은 아니고, 단지 물리적 즐거움과는 다른 차원을 가리킨다는 것을 주의해야 할 것이다. 우리가 이미 살펴보았듯 이투리오즈^{Jesús Iturrioz, S.J.}는 달콤한 향기, 온기, 안락과 같은 감각적 즐거움 혹은 어떤 목적을 달성하는 즐거움 혹은 유용한 것을 소유하는 만족 등과는 아무런 공통점도 가지지 않는 보다 '고차원적 질서'의 만족이 아름다움의 경험이라고 본다. 미학적 감상은 이해관계를 초월하고(칸트), 욕정적이지도 않다.[73] 본인이 여기서 제안하는 초월적 범주로서 아름다움에 대한 보다 광범위한 접근에 있어 다른 선의 형태들로부터의 아름다움의 구분은 절대적이지는 않다. 가치들은 서로 겹치게 된다. 비록 본인이 여기서 제안하는 미학적 패턴이 완벽하게 "이해관계를 초월한" 경험은 아닐 수도 있으나, 그럼에도 불구하고 그것은 어떤 의미에서는 '자기초월적'(ecstatic)이고 타자 중심적이다. 동시에 가장 이해관계를 초월한 아름다움에 있어서도 '만족'(fulfillment)이 있을 수 있다. 왜냐하면 유한한 영 속에는 '타자' 자체를 향한 내적인 역동 구조가 있기 때문이다. 그러한 한에 있어 인간은 타자 속에서 자신을 잃는 경험에서 바로 '만족'을 경험할 수 있는 것이다. 따라서 아름다움의 향유에는 일종의 변증법적 특질이 있다. 펠트너^{Günter Pöltner}가 말하듯 "현존으로서 아름다움은 만족시킨다. 하지만 '의미'의 현존으로서 그것은 또 다른 열망(Sehnsucht)을 일깨운다."[74]

아름다움의 초월적 '관념'은 존재가 사랑스러운 한에 있어서 그 존재의 선이해이다. 또한 그것은 실존의 완성인 한에 있어서 책임적

---

73 Iturrioz, "*Metaphysica Generalis*", 616.
74 Pöltner, "Die Erfahrung des Schöffnen", 16.

인 결정의 대상이다. 아름다움은 그것의 성찰적이고 감상적인 측면 때문에 도덕적 선으로서 '가치'와 개념적으로 구분될 수가 있다. 칸트를 따라 이투리오즈가 말하듯 아름다움은 목적성(finality)의 표상 없이 목적성의 '형태'를 가진다.[75] 반면 덕이나 도덕적 선은 직접 목적성을 표상한다. 하지만 가다머가 지적하듯 그 자신의 '빛'을 가지지 않기 때문에 아름다움은 쉽게 외관과 혼동될 수 있다.[76] '아름다움'에 대해 말하는 것은 선의 한 구체적 측면 곧 존재에 내재하는 그것의 즐거움을 이끌어 내는 것이다. 아름다움은 무엇이 행해야 하는가의 측면에서 고려되는 가치라기보다는 단지 '그 자체'로 고려되는 곧 지향성의 역동 구조의 만족으로서 고려되는 가치이다. '아름다움'은 형상, 진리, 덕이 즐거움과 가지는 내적인 관계의 측면에서 보아진 형상, 진리, 덕이다.

로너간의 '지향성 분석'에 있어 결정이나 합리적 자기의식의 단계는 이미 이전 단계들인 경험, 이해, 판단을 전제하고 지양한다.[77] 따라서 '가치'는 이미 인식 가능성과 진리의 초월적 범주들을 포함하는 것이다. 따라서 이러한 아름다움에 대한 설명은 비록 방법론적으로는 다르지만 아름다움을 진리와 선의 일치로 보는 코레트와 로츠의 견해나 아름다움을 진리의 '광채'와 '선함'으로 본 초기 신新

---

75 본인은 아름다움의 이러한 이해가 이투리오즈에 의해 언급된 두 가지 긍정적인 특성을 그 자신의 비초월적 설명보다 더 잘 설명한다고 본다: "1. 아름다움은 '궁극성의 표상' 없이 '궁극성의 형태'를 가지는 것이다. 2. 아름다움은 모든 즐거움(pleasingness)의 대상이다"(1. *pulchrum est quod habet formam finalitatis sine representatione finalitatis. 2. pulchrum est quod est objectum beneplaciti universalis*). "*Metaphysica Generalis*", 615.

76 Gadamer, *Truth and Method*, 438.

77 Lonergan, *Method in Theology*, 120.

스콜라신학의 견해와 근본적으로 일치하는 것이다.

이와 유사하게 비엔나 대학의 철학자 펠트너는 아름다움을 자기 표상 안에서 자유롭게 하고 행복을 수여하는 '진리'라고 말한다. 따라서 아름다움은 존재의 단지 한 특질이 아니라, 사물들이 그것들의 유용성(usefulness)과 구분되어 '현現존재'(*Dasein*, 여기 있는 것)와 '여如존재'(*Sosein*, 그렇게 있는 것)로서 경험될 수 있는 특질을 가리킨다.[78] (하지만 펠트너와 달리, 본인은 비록 다른 유비적 차원에서이지만 '유용성'을 아름다움의 정의에 포함시키고자 한다.) 더군다나 아름다움의 인식은 의미의 인식에 있어 본질인 것이다. 아름다움은 "존재가 단지 중립적인 손-안의-존재(being-at-hand)가 아니라는 것과 존재와 의미는 근본적인 방식으로 하나다"는 점을 드러낸다.[79]

이렇게 이해될 때 아름다움은 또한 로너간의 후기 글들에서 나타나는 것처럼 인격주의적 범주인 '사랑에 빠짐'과 관계될 수도 있다. 아름다움은 우리를 소환하고 우리를 책임으로 사랑하게 만드는 사람이나 대상이 지닌 특질이다. 실제로 비엔나의 철학자 부헤러-홀덴펠트^Augustinus Wucherer-Huldenfeld는 아름다움과의 우리의 '원초적'(original) 만남이 우리가 사랑하고 우리를 사랑하는 사람과의 만남 곧 사랑 자체에 있다고 주장한다. 자연과 예술 속에서 인식된 아름다움은 궁극적으로는 인격적 의미와 간주관적 만남의 맥락에 위치되어야만 한다.[80]

---

78 Pöltner, "Die Erfahrung des Schöffnen", 12-14.

79 *Ibid.*, 15.

80 Augustinus Karl Wucherer-Huldenfeld, "Sein und Wesen des Schöne" in Günter Pöltner and Helmuth Vetter (eds.), *Theologie und Ästhetik* (Wien, Freiburg, Basel: Herder, 1985), 20-34, at 21. 부헤러-홀덴펠트는 나아가 (감각적 인식의 영역으로 이해된) '미학'

이러한 측면에서 '아름다움'은 그것의 사랑스러움이 분명해질 때 우리가 (다양한 종류의) 선이나 덕이라고 부르는 것이다. "아름다움은 빛의 존재 양식을 가진다. … 그것은 자신을 분명하게 표출한다."[81] 그 내적인 가치가 인식될 때, 아름다움의 가치는 우리의 헌신을 가져온다. 이런 의미에서 아름다움은 전통적으로 생각된 '능력들'(faculties)에 상응하는 것이 아니라 '가슴'(heart)에 상응한다.[82] 가치 일반과 마찬가지로 아름다움은 "사랑에 빠지는 것"처럼 보통 암시적인 차원에서 우선 활동하고, 오직 나중에 가서야(만약 이런 것이 가능하다면) 합리적인 평가나 판단 그리고 결정의 차원에서 활동한다. 그리스인들이 주장하였듯 아름다움의 독특한 특징은 "그것이 인간 영혼의 열망을 직접 자신에게로 끌어당기는 데 있다."[83] 나아가 초월적 범주로서 아름다움은 사랑에 빠뜨리고 책임적 입장을 가지게 하는 '가치'에 대한 암시적 판단을 유효한 것으로 확인해주는 대상 속의 '증거'로 보아질 수도 있다(그 실제 인식 이전에조차도).

이러한 입장은 토마스의 광채 혹은 명확성 등으로서 아름다움에 대한 강조와 일치한다. 아름다움은 단지 '그 자체로' 존재하는 추상적인 '선'이 아니라, 확실하고 인식 가능한 선이다. 만약 우리가 초월적 범주로서 아름다움에 대해 말하고자 한다면, 우리는 이러한

의 대상으로서 아름다움의 환원은 현대의 아름다움의 존재론적 관념의 상실과 나아가서는 모든 아름다움의 상실로 이어졌다고 주장한다.

81 Gadamer, *Truth and Method*, 439. 그러나 이러한 표출이 모두에게 분명한 것은 아닐 것이다. 아름다움은 최소한 몇몇 인식 주체에게는 나타나는 어떤 것의 명백한 사랑스러움이다.

82 Cf. Tallon, "The Concept of Heart."

83 Gadamer, *Truth and Method*, 439.

'감지 가능성'(perceivability)과 '향유 가능성'(enjoyability)이 알-수-있음(knowability)이나 인식 가능성(intelligibility)과 마찬가지로 존재들에 내재한다고 말해야만 한다. 후자의 경우들과 마찬가지로 어떤 구체적인 아름다움의 실제 인식은 그 인식자의 조건들에 의존한다. 다른 한편으로 '아름다움'이라는 말의 의미를 감지 가능하고 향유 가능한 구체적 특질들에 제한하는 것도 또한 가능할 것이다. 그러한 물리적 차원에서 특질들은 인간의 육체성과 심리가 가지는 어떤 선험적 구조에 상응하는 특질들일 것이다. 예를 들어 인간은 자신의 감각이 작용하는 방식에 잘 들어맞기 때문에 혹은 자연의 리듬(예: 심장 박동)에 잘 들어맞기 때문에 혹은 몸의 비례에 상응하기 때문에 혹은 진화론적 장점 때문에 유전자적으로 전해진 어떤 심리적 성향 때문에(예: 아름다운 남자나 여자의 몸이 가지는 성적인 함의들 혹은 아이의 유약성에 의해 일깨워지는 부모의 보호 본능) 혹은 문화적으로 미리 조건 지어진 규범들 때문에 혹은 그러한 다양한 요소들의 규정할 수 없고 복잡한 결합 때문에, 어떤 시각적 혹은 청각적 비례가 '아름답다'고 느끼도록 선천적인 경향성을 지니고 있는지도 모른다.

아름다움을 통해 중재된 헌신은 단지 의무로서만 보아지는 것이 아니라 또한 타자에 대한 지향을 통한 개인적 만족과도 관련된다. 우리가 살펴보았듯이 이러한 지향은 에로스의(erotic) 차원과 자기 초월적(ecstatic) 차원을 동시에 가진다. 아름다움은 그 자체를 위해서 사랑스럽게 인식되는 것이다. 동시에 그것에 대한 사랑은 우리 존재의 필요를 또한 만족시킨다. 물론 에로스와 자기 초월의 두 요소는 어떤 구체적인 아름다움에 대한 판단에 있어서 매우 다른 비례로 현존할 수 있다. 마지막 장의 주제를 예견하며 우리는 이러한 보다 폭넓은 맥락에서 아름다움이 상실될 때 '미학주의'(aestheticism)의 위험이 도래하게 된다고 말할 수 있다. 미학주의는 개인의 헌신 없는, 따라서 도덕성과 종교의 역동적 구조로부터 분리된 아름다움의 경험이나 향유를 가리킨다.

아름다움이 한 초월적 관념이나 개념이라고 말하는 것은 존재하는 모든 것이 '객관적으로' 정도가 다르게 사랑스럽다는 사실을 긍정하는 것이다. 모든 존재는 우리의 헌신을 요구할 가치를 지니고, 어떤 차원에서는 가치를 향한 우리의 역동적 구조와 상응한다. 물론 이것이 모든 사물이 동등한 정도로 아름답다거나, 같은 점에서 아름답다거나, 감각적 혹은 영적으로 추하거나 진부한 어떤 것도 없다거나, 어떤 특정한 아름다움의 추구가 항상 도덕적으로 선하다는 것을 주장하는 것은 아니다. (본인은 나중에 아름다움의 추구가 선으로부터의 탈출 혹은 선의 거부가 될 위험성도 지닌다는 것을 논의할 것이다.) 하지만 이것은 "비록 지루하고 추한 것조차도 아름다움의 흔적을 담고 있으며, 그것의 완벽한 소멸은 그것의 존재 자체의 파멸에 상응한다"는 것을 의미한다.[84]

가치, 진리, 인식 가능성이 성찰이나 앎 속에서 즐거움을 가져오는 한에 있어 그것들은 아름다움이다. 왜냐하면 형상의 인식 혹은 인식 가능성(이것은 또한 진리와 가치의 조건이다)은 유한한 영의 기본적 지향성 곧 자신의 잘-존재함(well-being)을 충족시키기 때문이다. 이런 의미에서 아름다움은 존재에 내재적이다. 모든 존재하는 것은 인식 가능성(intelligibility)과 엔테레키^{entelechy}의 의미에서 '형상'(form)

---

84 Lotz, "Transcendentals", 1748.

을 가진다. 그리고 그러한 형상의 인식은 영에 만족을 생산하게 되는 것이다. 아름다움의 종류들과 차원들의 구분에 대한 논의가 좁은 의미에서 '미학 이론'을 형성시키게 되었고, 아름다움과 도덕적 선 사이 관계의 문제를 가져왔다. 여기에 대해서는 마지막 장에서 다루게 될 것이다.

3. 아름다움과 존재의 기쁨

앞에서의 논의는 '아름다움'이라는 말의 두 가지 사용법이 있음을 분명하게 드러낸다. 첫째로 그것은 한 초월적(transcendental) 존재론의 개념으로 사용될 수 있다. 둘째로 그것은 어떤 구체적으로 정의할 수 있는 특질을 가리키는 범주적(categorical) 용어로 사용될 수도 있다(비록 그런 특질들이 무엇인지 논란이 될 수 있지만). 한편으로 우리는 '아름다움'을 보편적으로 적용할 수 있는 일종의 초월적 개념으로 볼 수 있다. 여기서 아름다움은 궁극적으로는 '선'과 '진리'에 상응하게 된다. 이 경우 우리는 다른 종류들의 아름다움을 신중하게 구분하여야만 할 것이다. 다른 한편으로 우리는 '아름다움'이라는 용어의 범주를 엄격하게 제한하여 덕, 성스러움, 숭엄, 영광과 같은 다른 가치들과 구분시킬 수 있다. 곧 인간의 영적인 열망의 실현으로서 이 모든 가치가 공통으로 가지는 '선'을 가리키는 것이 바로 미라고 정의될 수 있다. 철학적 관점에서 아름다움을 초월적 범주들 속에 포함시키는 것은, 특히 칸트주의의 영향 때문에 '선'에 대한 형이상학적 관점이 종종 가지게 되는, 객관화시키는, 배타적으로 윤리적인 강조점에 대한 일종의 교정책이 될 수 있다.[85] 이것은 우리의 주요한 존재 경험이 의식 속의 그것이라는 것을 상기시켜준다. 곧 '광채성'(luminosity) 혹은 자기 현존으로서 존재에 대한 경험이다. 그러한 존재는 결코 감정적으로 '중립적'이지는 않다. 그것은 '지향적 존재'(being toward)와 '잘-존재'(being well) 혹은 존재의 쾌적함을 가진다. 하지만 다른 한편으로 예술과 그 규범에 대한 연구로서 미학이라는 관점에서 볼 때는 '아름다움'을 형이상학적인 용어로 사용하는 것은 단지 혼동을 가져올 수 있을 뿐이다. 왜냐하면 예술이 아름다움으로 추구하는 것은 어떤 보편적으로 현존하는 선이 아니라, 일상적인 것으로부터 구분되는 구체적 특질이기 때문이다.

궁극적으로 볼 때 우리의 목적을 위해 이러한 의미론적 입장 중 어느 하나를 선호할 필요는 없다. 단지 그것들의 차이를 주목하는 것으로 충분할 것이다. 두 입장을 요약적으로 다음의 도식에 의해 나타낼 수 있을 것이다.

1. 아름다움은 한 존재의 완성(a perfection of being)을 명명하는 범주 곧 오직 어떤 특정한 존재자들만이 소유하고 있는 특질이다. 이러한 입장 속에는 아름다움이라는 말의 확장적 의미에 기초한 하부입장들이 있다. 곧 아름다움은 다음의 것들의 완성으로 이해될 수 있다.

   a. 감각을 통해 알려지는 사물들의 완성.

   b. 감각적일 뿐 아니라, 영적이고 도덕적인 유한한 실재들의 완성.

   c. 유한한 존재들의 완성과 무한한 존재의 완성.

---

85 예를 들어 Joseph de Finance, *An Ethical Inquiry* (Roma: Pontificia Universitas Gregegoriana, 1991), 261. 그는 도덕적 '목적'으로서 선과 '가치'로서 선 사이의 구분을 극복하고자 한다. *Ibid.*, 271 and *passim.*

처음의 두 경우에 있어 아름다움의 본질은 사물들의 질서와 하모니 속에 그것들의 인간의 영과 감각들과의 일치성 속에서 발견된다. 그러한 특질들은 비록 물질적이지 않을 때조차도 차이성과 유한성을 나타내기 때문에 여기서 아름다움은 엄밀하게 말해 존재 자체의 특질이나 하나님의 속성을 가리키지는 않는다. (비록 다른 유한한 특질들과 동일하게, 그것이 하나님에 대해 메타포적으로 사용될 수는 있는 경우에도 마찬가지다.) 세 번째의 경우 아름다움은 하나님의 한 속성이지만, 모든 유한한 존재자들의 속성은 아니다. 왜냐하면 그것은 형상(form)과 선(goodness)에 있어서 일정의 완성을 가리키기 때문이다.

2. 아름다움은 한 초월적 범주(a transcendental)이다.
   a. 그것은 선과 동일하다.
   b. 그것은 선과 개념적으로 구분된다.

이 두 경우 모두에 있어 아름다움은 하나님과 모든 유한한 존재자들에 다양한 정도에 있어 유비적으로 적용된다.

우리의 논의를 위해 중요한 것은 아름다움이 한 초월적 범주로 인식되든 혹은 오직 몇몇 존재자에만 발견되는 완성으로 인식되든, '아름다움'이라는 관념의 어떤 본질적인 공통성이 주목된다는 것이다. 이러한 공통성 속에서 우리는 그것을 존재의 완성으로 만들고, 암시적으로 존재의 근거와 목표인 하나님에게 연결시키는 '아름다움'의 특질을 발견해야만 하는 것이다.

이러한 특질의 열쇠가 파스테르나크^{Boris Pasternak}의 소설 『닥터 지바고』에서 발견될 수 있다. 이 소설의 주인공인 지바고는 중요하게도 의사이면서 동시에 시인이다. 그는 지바고에 대해 이렇게 쓰고 있다. "그는 다시 한번 다음과 같은 것을 증명하였다. 예술은 항상 아름다움에 봉사하고, 아름다움은 형상의 소유에 기인하는 환희이다. 그리고 형상은 생명의 유기적 열쇠인데, 왜냐하면 모든 살아 있는 것은 존재하기 위해 형상을 소유해야만 하기 때문이다. 이러한 방식으로 예술은 비극을 포함해서 존재의 기쁨을 항상 표현한다."[86]

우리가 살펴보았듯 예술은 항상 아름다움에 봉사한다는 지바고 의 확신을 모든 미학 이론이 공유하지는 않지만, 여기서는 잠시 그 것을 접어두고자 한다. 분명히 자연에서와 마찬가지로 최소한 몇몇 예술에 있어서도 우리는 아름다움을 경험한다. (여기서 우리가 자연은 '아름답다'고 하기보다는 '숭엄하다'고 본 칸트의 구분을 받아들일지의 여부는 우리가 이 용어들 사이의 유비를 인식하는 한에 있어 중요하지는 않다.) 지바 고의 관점 그리고 지은이인 파스테르나크의 관점에 있어 중요한 것 은 미학적 경험이 '형상에 대한 환희'(delight in form)라는 것, 그러한 경험의 본질은 '존재의 기쁨'(joy of existence)에 대한 긍정이라는 결 론이다. 여기서 (아마 무의식적 차원에서지만) 우리는 토마스 아퀴나스 의 반향을 만나게 된다. 토마스에 있어 아름다움은 그것이 즐거움 으로 이해되는 한에 있어 형상 그리고 명확성(*claritas*) 혹은 광채성 (luminosity), 따라서 인식 가능성(intelligibility)과 존재(being)를 가지 는 어떤 것이다.[87]

---

86 Boris Pasternak, Доктор Живаго (Paris: Société d'Édition et d'Impression Mondiale, 1959), 527. (영역본 *Doctor Zhivago*, trans. by Max Hayward and Manya Harari (New York: New American Library, 1958). 본인의 영어 번역에 '기쁨'(joy) 혹은 '환희'(delight) 로 번역한 것은 'счастье'로서 '행복'이라는 의미 또한 지닌다.

87 *ST*, Ia, q. 5, 4, 1m; *Commentarium de Divinis Nominibus*, lect. VI.

우리가 존재의 기쁨에 대해 말하게 될 때 우리는 즉각적으로 순전히 감각적인 차원에서 깊은 영적인 차원에 이르기까지 다양한 종류의 미학적 경험에 대해 의식하게 된다. 만약 유비에 의해서든 메타포에 의해서든 아름다움이 어떤 초월적 지시 대상을 가진다면, 그것은(그리고 그것이 불러일으키는 '기쁨'은) 차이성 속의 동일성에 기초하여 서술될 것이다. 물론 기쁨에 찬 이해를 순전히 감각적 즐거움의 차원에서 경험하는 것도 가능하다. 그러나 '아름다움'에 대해 말하는 것은 우리가 분명 고등한 동물들과 공유하는 종류의 즐거움을 넘어서는 어떤 미학적 경험의 차원이 있다는 것을 전제한다. 예를 들어 특히 인간적인 기쁨 그리고 그것과 밀접하게 연관된 웃을 수 있고 울 수 있는 능력을 들 수 있을 것이다. 그러한 경험은 인간의 영적인 행동에 관련된다. 비록 '아름다움'이 좁게 감각의 한 특성으로 인식될 때조차도 이것은 그러한 경험들 속에서 하모니, 질서, 형상과 같은 요소들을 발견하는 것을 의미한다. 이러한 것들은 다시 통일성, 인식 가능성, 선과 같은 초월적 가치들과 연관되는 것이다. 그렇다면 아름다움은 헤겔적 미학 이론에서 말하는 것처럼 영의 물질적 '표현'(the material 'expression' of spirit)일 것이다.[88] 이러한 차원에서 우리는 단지 감각적 즐거움만을 다루는 것이 아니라, 우리가 '가치'로 예견하고 주관적인 '잘-존재함'(being-well)으로 경험하게 되는 존재의 요소들을 향한 아프리오리적 역동 구조를 또한 다루는 것이다.

이것은 최소한 어떤 종류의 미학적 경험은 단지 수동적이거나

---

88 Cf. Pöltner, "Die Erfahrung des Schöffnen", 17; 우리가 정말 "전체가 눈" 혹은 "전체가 귀"인 때도 있다. 곧 감각적 인식은 단지 감각만이 아니라 전(全)인간적 행동인 것이다.

감각적인 차원에 머무르지는 않는다는 것을 제안한다. 비록 그러한 경험은 감각에서 시작하지만, 아리스토텔레스가 철학의 시작점으로 주장한 '경이'(wonder)와도 같은 어떤 영적인 반응과도 관련된다.[89] 이러한 미학적 경험은 우리의 자아로 하여금 존재의 기쁨을 인식하고 거기에 자신을 '내어주게' 만드는 인격의 지성적이고 자유로운 행동으로, 그 보편적 범위에 있어서 우리는 그것에 의해 '붙잡히게' 된다. 이러한 종류의 미학적 경험을 설명하는데 발타자의 다음 인용문이 적합할 것이다. "우리에게 자신을 드러내는 형상은 다음과 같은 이유로 아름답다. 그것이 우리 속에 일으키는 환희는 그 속에서 실재의 깊이가 지닌 진리와 선함이 드러나고 수여되기 때문이다. 이러한 드러남과 수여는 자신을 무한하게 가치 있고 매혹적인 어떤 것으로 우리에게 드러내기 때문이다."[90]

아름다움에 대한 이러한 경험적 분석은 '존재'(혹은 '형상')에 대한 환희가 동시에 유한성이라는 아픈 인식과 또한 연결된다는 것을 드러낸다. 아름다움에 대해 감사하는 기쁨, 아름다움의 형상에 대한 즐거움은 일종의 대조에 의해 더 두드러진다. 곧 그것은 존재하지 않을 수도 있는 인간 실존의 연약하고 깨어지기 쉬운 특성에서 경험되는 비존재의 심연(abyss of nonbeing)과 대조되는 데에서 생겨나

---

89 "*Schönheit - das ist das offen zutage liegende und zu erfahrbarer Realität gewordene Wunder, daß es solch Beglückendes, Hinreißendes oder still Umgebendes überhaupt gibt. Diesem vor Augen liegenden Wunder entspricht auf unserer Seite das Staunen, das sich in den Dank vollendet*'(아름다움 - 그것은 명확하게 자신을 드러내는 경이이고, 경험될 수 있는 실재로서 경이이다. 그것은 즐거움, 환희 혹은 고요한 분위기를 일반적으로 가져다준다. 우리의 측면에서 볼 때, 놀라움이 우리 눈앞에 놓인 이러한 경이에 상응할 것인데, 그것은 '감사함' 속에서 완성된다). *Ibid.*, 16.

90 Hans Urs von Balthasar, *The Glory of the Lord*, vol. 1, 118.

는 것이다. 이러한 대조는 비록 암시적으로라도 왜 형상적 기쁨의 잠재적 대상이 궁극적으로는 '형상'과 존재를 가지는 모든 존재자와 함께하고, 왜 비존재의 반대편에 서 있는지 드러낸다. 이것은 또한 왜 아름다움의 경험이 존재의 기쁨에 대한 '이야기'일 때조차도, (슬픔을 포함한) 다양한 감정적 명암들과 (비극을 포함한) 윤리적·미학적 양식들을 가지는지를 설명한다.[91]

이것이 바로 아름다움의 '환희'가 종종 고통과도 유사한 신랄함을 동시에 가져올 수도 있는 이유이다. 그것은 유한성(finitude)의 인식과 그 무화無化(annihilation)의 협박을 수반하게 되고, 존재하고자 하는 아픈 영혼의 갈망으로 인해 날카로운 항거를 가져오게 된다.[92] 마리탱은 보들레르의 『낭만주의 예술』(L'Art Romantique)의 한 유명한 구절을 인용한다.

땅과 그 다양한 풍경들을 우리가 하늘에 대한 스케치 혹은 하늘과의 '상응相應'(correspondence)으로 보도록 만드는 것은 아름다움에 대한 불멸의 본능이다. 너머에 있는 모든 것에 대해 삶이 드러내는 이 만족시킬 수 없는 목마름이 곧 우리의 불멸성에 대한 가장 생생한 증거이다. 시詩를 통해서 그리고 동시에 시를 '가로질러서', 음악을 통해서 그리고 동시에 음악을 '가로질러서', 영혼은 무덤 너머에 자리한 광채를 희미하게 쳐다

---

91 파스테르나크 자신은 단순히 예술이 "존재의 기쁨을 표현한다"고 (영문판이 다소간 자의적으로 번역한 것처럼) 말하는 것이 아니라, 예술이 "존재의 기쁨에 대해 이야기 한다"(рассказ о счастье существования)고 한다. 보다 문자적으로 번역하면, 예술은 존재의 기쁨에 대한 이야기 혹은 '설화'(tale)이다. 달리 말해서 예술이 '표현하는' 감정이 기쁨이 아닐 때조차도, 예술은 존재의 기쁨에 '대한'(about) 것일 수 있다.

92 Miguel de Unamuno, *Del Sentimiento Tragico de la Vida* (Madrid: Espasa-Calpe, 1966), 36-49.

본다. 빼어난 시가 우리의 눈에 눈물을 가져올 때, 그 눈물은 넘치는 기쁨의 증거라기보다는 자극된 우울(melancholy)의 증언이다. 곧 그것은 계시된 천국을 즉각적으로 이 땅 위에서 소유하고자 욕망하는 신경증의 요구, 불완전성에 유배된 자연의 요구이다.[93]

이와 매우 유사한 생각이 설리번[J. W. N. Sullivan]의 미학적 경험에 대한 다음의 글에서도 드러난다.

그러한 순간에 우리는 갑작스레 모든 것을 새로운 눈으로 보게 된다. 우리는 어떤 위대한 계시의 가장자리에 놓여 있음을 느끼게 된다. 그것은 마치 우리 주변에 항상 조용히 자리하고 있는 어떤 믿을 수 없게 아름다운 세계를 우리가 잠시 보는 것과도 같다. 내가 소년이었을 때 이러한 것을 최초로 경험했던 때를 지금도 생생히 기억한다. 나는 런던의 가로등 아래서 희미하게 반들거리는 상아로 덮인 벽의 조용한 기적을 갑작스레 직면한 것이다. 나는 울고 싶었고 기도하고 싶었다. 내가 거기서 유배당한 천국을 위해 울고 싶었고, 내가 아직 그것을 가질 수 있는 가치가 있도록 기도하고 싶었다.[94]

비슷하게 슐레겔[Friedrich von Schlegel]은 아름다움을 우리의 "무한성으로 솟구치고자 하는 무섭고도 채워지지 않은 욕망"과 관련시킨다.[95]

---

93 Charles Baudelaire, "Théophile Gautier" in *L'Art Romantique*, quoted in Maritain, *Approaches to God*, 80.

94 Quoted in Richard Harries, *Art and the Beauty of God: A Christian Understanding* (London: Mowbray, 1993), 92.

95 Schlegel, "On the Limits of the Beautiful" (1794), in E. J. Millington (ed.,) *The Aesthetic*

다른 한편으로 아름다움은 존재하고자 하는 욕망과 궁극적인 것에 대한 끌림으로만 우리를 데려가는 것이 아니라 또한 우리의 현재적 지평을 초월하는 것에 대한 두려움도 또한 가져다준다. 릴케는 그의 "첫 번째 두이노 애가"에서 이렇게 쓰고 있다.

내가 소리쳐 운다면, 천사 중 누가 나를 들을 것인가? 그리고 만약 그들 중 하나가 갑작스레 가슴에 나를 안는다면, 난 그의 힘 때문에 사라져버릴 것이다. 왜냐하면 아름다움(Schöne, Beauty)은 다름 아닌 우리가 아직은 견딜 수 있는 공포(Schrecken, Terror)의 시작이기 때문이다. 우리가 그것을 두려워하는 이유는 그것이 우리를 무화無化시키려고 조용히 경멸하기 때문이다. 모든 천사 하나하나는 공포스럽다.[96]

하지만 비록 실존적 염려와 고난을 직면하여서도 아름다움은 보다 근본적인 본질적 기쁨을 증언한다. 이 장의 처음에 인용된 니체의 「한밤의 선율」(Mitternachtslied)에 기초한 말러의 세 번째 심포니 4악장은 여기에 대해 생생히 증언하고 있다. 똑같은 생각이 파스테르나크가 지바고에 대해 쓸 때도 드러난다. "예술은 항상 그리고 끊

---

and Miscellaneous Works of Friedrich von Schlegel (London, 1860), 419, quoted in Sherry, _Spirit and Beauty_, 56(패트릭 셰리, 『성령과 아름다움』, 108).

96 _Wer, wenn ich schriee, hörte mich denn aus der Engel_
   Ordnungen? und gesetzt seblst, es nähme
   einer mich plötzlich ans Herz: ich verginge von seinem
   stärkeren Dasein. Denn das Schöne ist nichts
   als des Schrecklichen Anfang, den wir noch gerade ertragen,
   und wir bewundern es so, weil es gelassen verschmäht,
   uns zu zerstören. Ein jeder Engel ist schrecklich.

임없이 두 가지에 관심한다는 예전에는 결코 없었던 생각이 이제 뚜렷하게 생겨난다. 예술은 가차 없이 죽음에 대해 성찰하고, 따라서 가차 없이 삶을 창조해낸다. 진정 위대한 예술은 요한계시록과도 같이 지속적으로 계시한다."[97] 이와 유사하지만 보다 철학적인 언어로 폴 리쾨르는 인간의 '감정적 연약성'에 대해 다음과 같이 쓰고 있다:

> 만약 존재(being)는 존재자들(beings)이 아닌 어떤 것이라고 한다면, 이러한 존재론적 차이의 '가장 지고한'(par excellence) 감정은 고뇌일 것이다. 하지만 또한 우리의 한 부분이 존재자들이 가지지 못한 바로 이 부재하는 존재에 연결되어 있다는 사실을 즐거움은 증언한다. 바로 이 즐거움이 데카르트, 말브랑슈[Malebranche], 스피노자, 베르그송이 영적인 기쁨, 지성적 사랑, 지복 등 여러 철학적 개념들을 가지고 가리킨 유일하게 '존재론적'(ontological)이라고 불릴 가치가 있는 '감정'이다. 고뇌는 단지 그것의 부재와 그것으로부터의 거리라는 아래쪽 면일 뿐이다.
> 만약 고뇌 속에서 그리고 고뇌를 통해서 즐거움을 가질 수 있다면, 그것은 감정의 차원에 있어 모든 '불균형'의 근본적 원칙이며 인간의 '감정적 연약성'(affective fragility)의 원천이다.[98]

우리는 로베르가 '가상적 박물관' 혹은 '상상의 콘서트홀'이라고 부른 것을 마음에 만들어서, 고전적 아름다움이 마음에 대해 가지

---

97 Pasternak, *Doctor Zhivago*, 107.

98 Paul Ricoeur, *Fallible Man*, trans. by Charles A. Kelbley (New York: Fordham University Press, 1986), 106.

는 구체적인 효과들을 묘사하고 성찰하려 시도할 수도 있을 것이다.[99] 다음의 장에서 본인은 이러한 방향에서 몇몇 제안을 시도할 것이다. 하지만 여기서는 더 이상 실례들을 인용하지는 않을 것이다. 대신 본인은 독자 개인의 아름다움에 대한 경험에 직접 호소하고자 한다. 초월적 방법론의 현상학적 단계는 어떤 경험을 강조함으로 인간 주체(여기서는 미학적 인간 주체)의 합리적 자기 이해에 도움을 줄 수 있는 '이정표'를 제공할 수 있을 뿐이다. 앞에서 이루어진 성찰이 실제 경험에 상응하는가? 만약 그러한 성찰이 '영적'인 것으로 불릴 수 있는 아름다움의 경험을 드러낸다면, 우리는 다음과 같이 질문할 수 있을 것이다. 무엇이 이러한 경험의 가능 조건인가? 무엇이 인간 주체로 하여금 아름다움을 긍정하게 하고, 그렇게 함을 통해서 유한한 존재로서 자신의 한계를 느끼고 그 속에서 즐거워하게 만드는가?

4. 아름다움의 초월적 조건

본인은 이 질문이 하나님의 존재를 긍정하는 '초월적' 방법의 직접적 접근법을 제공한다고 본다. (그 유한한 한계에도 불구하고, '형상'의 즐거운 긍정 혹은 존재의 인식 가능성이라는 의미에서) 아름다움(beauty)을 경험할 수 있는 가능 조건이 (그것의 이해가 혼합되지 않고 무제한적인 존재의 기쁨을 가져오게 되는 실재 곧 그 자체로 자기 이해적이고 자기 의식적인 아름다움 혹은 무한한 지복이라는 의미에서) 궁극미窮極美(ultimate Beauty)

---

99 Van der Leeuw, *Sacred and Profane Beauty.*

에 대한 암시적이고 필수 불가결한 긍정을 수반한다고 본인은 제안하고 싶다.

하나님이 무한한 지복至福이라는 사상은 물론 고전적 서양 전통의 한 부분이다. 하지만 이것이 종종 신학에서 그리고 신에 대한 우리의 상상적 표상에서 사라지는 것 같다. 아마도 부분적으로 그것은 윤리적 명령을 강조하기 위해서 서양 종교가 흔히 죄악으로 가득한 세계에 대한 하나님의 정의와 분노를 강조하였기 때문이다. (화를 내는 자는 그 말 자체가 드러내듯 행복할 순 없다.) 이것은 하나님이 세계와 역사에서 우리와 '대화'를 하고, 우리의 응답과 반응이 하나님에게 "차이를 가져온다"는 생각의 자연스러운 결과이다. 따라서 하나님은 우리와 마찬가지로 궁극적으로 역사의 종말(eschaton)에 이르기 전에는 (최소한 투사적인 우리의 상상적 사유에 따르면) 행복할 수 없는 것처럼 보인다. 하나님의 지복은 우연한 것으로 하나님이 성취해야 할 어떤 존재 상태이지 '하나님'이라는 말 자체가 의미하는 본질 요소는 아닌 것 같다. 하지만 본인은 존재가 본질에 있어 기쁜 것, 즉 환희의 자기 현존이라는 사실을 아름다움이 가리킨다고 주장하고 싶다. 그리고 유한한 아름다움(finite beauty)의 가능 조건이 바로 아름다움 자체(the Beautiful as such)의 존재라고 본다.

아름다움의 영적인 경험에 있어서 이러한 결론은 '충만과 갈망의 변증법'(dialectic of fullness and longing)으로 드러난다. 존재는 기쁜 것으로 이해될 수 있고, 존재의 기쁨에 대한 긍정과 사랑에 우리 자신을 내어줄 가치가 있다. 하지만 그런 존재(이해된 자의 존재, 그것을 이해하는 자의 존재)는 동시에 항상 제한적이고, 유한하고, 비존재의 표식을 가지며, 죽음의 기억을 담고 있다. 그 자체로 그것은 존재의 기쁨에 대한 총체적 긍정을 할 수는 없어 보인다. 그럼에도 불구하고 미학적 행동은 가능하고 실제적이다. 왜냐하면 유한한 존재의 영적이고 미학적인 이해는 그것의 원천이자 목표에 의해 태어나기 때문이다. 그러한 원천과 목표는 유한한 존재의 이해와는 별도로 구분된 독립적 행동이 아니라, 유한한 존재의 이해와 "같이-이해된다"(co-apprehended). 곧 유한한 존재의 원천과 목표는 범주적 존재(categorical being)와 그것을 이해하는 마음(apprehending mind) 둘 다에 내향적으로 같이-이해되는 것이다.

다른 형태의 '초월적' 논의들과 마찬가지로, 여기서 중요한 것은 이러한 궁극적 실재가 하나의 초월적 관념으로서 인식되거나 투사되는 것이 아니라 바로 미학적 즐거움의 행동 속에서 실제인 것으로 같이-긍정된다(co-affirmed)는 것이다.[100] 유한한 실재의 아름다움에 대한 헌신의 행동은 동시에 암시적으로 그리고 피할 수 없게 절대적 실재의 아름다움에도 또한 주어진다. 그러한 절대적 실재는 이성에 의해서 우리의 사실적 경험의 실재에 대한 조건으로 나중에 설명될 수도 있을 것이고 부정될 수도 있을 것이다. 후자의 경우 우리의 경험 자체의 실재가 손상되고, 우리의 기쁨이 근거 없고 환

---

100 이와 유사하게 펠트너는 다음과 같이 말한다. "*Für gewöhnlich sind wir des Ganzen nur unausdrücklich inne. In der Schönheitserfahrung jedoch wird uns das Ganze des Seins auf ausdrückliche Weise* mit-gegenwärtig *(Ausdrücklichkeit meint nicht, daß das Ganze zu einem Gegenstand über oder hinter anderen würde)*"(우리는 전체를 일반적으로는 오직 내적으로 표현될 수 없는 어떤 것으로 가진다. 하지만 아름다움의 경험 속에서는 존재의 전체가 우리에게 표현될 수 있는 방식으로 함께-현존하게 되는 것이대전체가 다른 들 '위에 혹은 뒤에' 있는 어떤 일종의 대상이 된다는 의미에서 표현성이 생각된 것은 아니다). 볼드는 지은이의 강조다. Pöltner, "Die Erfahrung des Schöffnen", 18.

상적인 것이 될 것이다. 여기서 말하는 '기쁨'은 단지 감각적인 미학적 '쾌락'과 다르다는 것이 상기되어야 할 것이다. 그러한 쾌락 자체는 아름다움의 궁극적 '근거'(Ground)의 존재 여부에 영향을 받지 않을 것이다. 다른 차원에서 감각의 존재 자체는 형이상학적 설명을 요구한다. 하지만 이것은 미학과는 다른 차원의 범주들과 관계된다. 이러한 논의를 한스 큉의 그것에 비교해 보면 다음과 같을 것이다. 전적으로 합리적인 이성에 있어서 하나님 존재의 긍정이 존재에 대한 근원적인 신뢰의 유일하게 가능한 궁극적 근거이다.[101] 마찬가지로 아름다움에 대한 궁극적으로 '근거를 지닌' 이해에 있어서도, 하나님 존재는 존재의 기쁨으로서 아름다움에 있어서 본질이다.

'초월적' 범주들 각각에 대한 사유 방식은 그 영적인 특질의 가능 조건으로서 하나님에서 시작해서 그러한 영적인 특질의 충만한 완성으로서 하나님에게 도달하게 된다. 따라서 "실재가 완벽하게 인식 가능하다면, 하나님은 존재한다"고 로너간은 주장한다. 그는 인식 가능성의 총체적이고 무제한의 행동 곧 '존재의 생각'(Idea of Being)이 하나님이라는 견해에 도달하는 것이다.[102] 칸트는 실천적 이성의 영역에서 "만약 선이 일종의 절대적인 '당위'(ought)이며 그러한 범주적 명령이 존재한다면, 절대적인 의지(absolute Will)가 존재한다"고 주장한다. 이와 유사하게 본인은 다음과 같이 주장하는 것이다. "만약 유한한 삶이 기쁨으로 이해될 수 있다면, 그것은 실재 전체가 (다양한 실현의 정도에 따라서) 기쁨이며, 기쁨으로 이해될 수

---

101 Küng, *Does God Exist?* 571. 19세기 가톨릭 튀빙겐 학파에 의해 주장된 희망(hope)에서 출발하는 논의에서도 유사점을 우리는 발견할 수 있다.
102 Lonergan, *Insight*, 673.

있기 때문이다. 그리고 이것은 그러한 이해의 절대적 행동(absolute Act)이 존재한다는 조건에서만 가능하다." 이렇게 본인의 논의는 실체적이고, 자기 의식적인 아름다움(subsistent, self-conscious Beauty)으로서 하나님에게로 도달하는 것이다.

이러한 추론의 마지막 단계는 한편으로는 실체적인 존재의 생각에 대한 로너간의 논의와 유사하고, 다른 한편으로는 플라톤-아우구스티누스 전통에서 말하는 마음의 올라감과도 유사하다. 보다 고차원적인 미학적 경험에서 우리는 무조건 아름다움, 존재의 기쁨에 대한 완전한 근거를 선이해하게 된다. 하지만 유한한 아름다움이 무조건적일 수는 없다. 물리적 아름다움은 단지 잠재적일 뿐인데, 그것은 마음에 의해 이해되어야만 하기 때문이다. 마찬가지로 영적인 아름다움 곧 미학적 행동에서 이해하는 마음 자체의 아름다움도 총체적이거나 무조건적일 수 없다. 첫째로 그것은 불완전하고 자신을 불완전하게 느끼기 때문이다. 둘째로 그것은 자신 밖의 물리적 조건들에 의존하기 때문이다. 셋째로 그것은 시공간적으로 영구적이지 못하고, 구체적으로는 변화에 의해 그리고 궁극적으로는 죽음에 의해 위협받기 때문이다. 아름다움의 실재를 온전하게 근거 지을 수 있는 유일한 가능성은 동시에 실체적 존재(subsistent Being), 실체적 의식(subsistent Consciousness), 실체적 기쁨(subsistent Joy) 모두인 '형상을 이해하는 실체적 행동'(subsistent act of apprehension of form)이다.[103] 이 세 가지가 힌두교 철학에서는 하나님의 이름인

---

103 만약 우리가 '아름다움'을 초월적 의미에서 이해하고자 한다면, 본인의 논의는 로너간의 그것처럼 시작될 수 있을 것이다. 만약 '실재'(the real)가 그 총체성에 있어 아름답다면 (곧 기쁜 긍정을 할 가치가 있다면), 하나님은 존재한다. 하지만 본인은 아름다움을

"*Sat-Cit-Ananda*"(존재-의식-행복)를 이루고 있다. 이것들은 세 가지 전통적인 초월적 범주들의 지고한 인격적 형상이다.104

따라서 하나님은 자신의 존재 속의, 자신에게 참여하는 만물 속의 자기 지속적인 기쁨이며 인간의 욕망의 지고한 목표이자 동자(mover)이다. 이렇게 말하는 것이 곧 인간의 욕망은 또한 왜곡될 수도 있다는 사실을 간과하고자 하는 것은 아니다. 바르트가 말하고 있듯 "사람의 마음의 상상은 어려서부터 사악하고(창 8:21), 죄악과 치명적인 욕망을 가지는데 그런 욕망이 사람에게는 자연스럽다." 그래도 바르트가 계속해서 말하듯 하나님 "자신은 가장 엄밀하고 고차원적인 의미에서 욕망, 기쁨, 즐거움, 동경과 향유의 대상이다."105 분명 로마가톨릭 전통에 있어서 '자연적' 욕망이 바르트의 그것과는 차이가 있을 수 있으나 본질적 통찰은 공통적이다. 마지막 장에서 우리는 이런 주장이 가지는 함의 곧 욕망의 대상들로서

초월적 범주로 수용하는 여부에만 의존하지 않고, 몇몇 존재자에게만 발견되는 완성으로서 '아름다움'에도 적용될 수 있도록 논의를 발전시켰다.

이러한 논의방식은 급격한 해체주의의 그것과 정반대되는 것이다. (지은이[author]의 죽음은 궁극적 지은이[Author]의 죽음을 의미한다.) 왜냐하면 이 입장은 예술의 가능성이 보나벤투라가 '영원한 예술'(희망의 원천으로서 선, 기쁨, 아름다움의 역동 구조이신 하나님)이라고 부른 것을 의미한다고 보기 때문이다.

104 기쁨 혹은 지복이 하나님의 본질 속성 혹은 '이름'이라는 주장은 형이상학적 신학을 직접 따르는 것이다. 하지만 그런 방법론에 대해 회의를 가졌던 바르트조차도 다음과 같이 말하고 있다. "하나님 안에서 그리고 하나님 앞에서 기쁨은… 객관적인 기초를 가진다. 하나님 안에서 모든 완성의 하나님 안에서 어떤 것이 우리로 하여금 그를 향한 기쁨, 열망, 즐거움을 가지도록 정당화시킨다. 실제로 그것이 이렇게 하도록 우리를 강제하고, 소명하고, 끌어당긴다." 왜냐하면 하나님의 '영광'은 단지 "두려움, 감사함, 경이, 복종과 순종"일 뿐 아니라 또한 피조물 속에 환희를 일으키는 '비쳐 나오는' '기쁨'이기도 하기 때문이다. *Church Dogmatics*, vol. II, part 1, 655.

105 *Church Dogmatics*, vol. II, part 1, 654. 이 주장을 옹호하기 위해 바르트는 하나님 안에서 기뻐함 혹은 하나님 때문에 기뻐함에 대한 많은 성서 본문을 인용한다.

아름다움과 선의 갈등 가능성에 대해 다룰 것이다.

위에서의 추론이 하나님 존재 증명의 '증거' 혹은 보다 나은 표현으로는 하나님 존재를 향한 '길'을 구성하는 것일까? 장-도미니크 로베르는 보다 적절하게 이렇게 표현한다: 그것은 "증명(demonstration)이 아니라, 일종의 '자기-증명'(automonstration)으로서 증명(monstration)"이다.106 코레트의 진술처럼 하나님에 대한 지식에 도달하는 것은 결코 완전히 알려지지 않은 어떤 것을 발견하는 문제가 아니라, 이미 '존재'에 대한 지식에(그리고 본인은 여기에 '존재의 아름다움'에 대한 인식을 추가하고 싶다) 현존하고 있는 것을 설명하는 문제이다.

동시에 그런 어떠한 '방법'과 '지식'도 인류의 내재적이고 예견적인 선이해에 기초하고 있다는 것을 주목해야 한다. 왜냐하면 바르트가 모차르트의 음악에 대해 말한 것처럼 존재의 궁극적 아름다움과 기쁨은 우리에게 있어 종말론적 실재이기 때문이다. 절대적 존재, 인식 가능성, 선함으로써 하나님을 긍정하는 것과 마찬가지로, 아름다움으로서 하나님을 긍정하는 것은 우리의 비합리성, 악, 고통과의 만남을 통해 의문에 던져진다. 판넨베르크가 표현한 것처럼 이런 의미에서 궁극적 존재, 진리, 가치, 아름다움, 곧 하나님의 존재 자체는 종말까지 본질적으로 '논쟁 가능한'(debatable) 것으로 남게 된다. 다른 관점에서 보면 이것은 '무한성'과 하나님의 신비가 가지는 필연적 결과로서, 하나님이 피조물과 우리에게 가지는 완전히 독특한(*sui generis*) 관계를 다시 상기시킨다. 이런 의미에서 '자연신학'의 논의는 사실상 실존적으로 그리고 신학적 의미에 있어 희망

---

106 "*Pas de démonstration, mais une 'monstration' qui est 'automonstration'.*" Robert, *Essai*, 267.

의 설명(explanations of hope)이다. 그것은 모든 만물에 대한 하나님의 '통치'의 궁극적 확립(하나님의 진리, 선함, 아름다움, 기쁨의 승리)을 통해서 '하나님에 의한'(by God) 하나님 존재의 '증거'를 예견하는 것이다. 이러한 종말론적 실재가 단지 미래만이 아니라 현재의 세계 속에서 악의 극복을 위해 활동하는 한에 있어, 그것은 우리의 영적 존재를 위한 실존적 '지평'을 이루며 우리로 하여금 우리의 영적 존재의 근거와 목표를 구분할 수 있게 허락한다.107 이러한 관점은 한편으로는 아름다움에 대한 기쁨과 다른 한편으로는 종종 자기희생을 요구하는 도덕적 참여 사이를 화해시키는 데 있어 결정적으로 중요하다. 여기에 대해서는 6장에서 다루게 될 것이다.

---

107 본인은 여기서 하나님에 대한 '자연적' 지식과 은총 사이의 관계에 대한 논의를 삼가고자 한다. 여기서는 단지 문제를 명확하게 하기 위해서 몇몇 논의점을 지적하는 것으로 충분할 것이다. 라너가 말하듯 '자연'이라는 개념은 실재하는 상황의 묘사라기보다는 하나의 추상적인 '잔여적 개념'(Restbegriff)이다. 하나님에 대한 '자연적 지식'은 '자연적 계시' 곧 피조물과 인간의 마음속에 그리고 그것들을 통한 하나님의 자기 계시로 이해되어져야 한다. 마음의 선이해(Vorgriff)의 실존적 '목표'는 '초자연적'이다. '초자연적'은 '자연적' 혹은 유한한 영의 내향적 성찰을 통한 본질적으로 무한한 개방성으로부터 구분될 수 없고, 오직 후속적인 신학적 성찰을 통해서만 구분될 뿐이다.
카를 바르트는 다음과 같은 수사적인 질문을 던진다: "하나님과 복음서에 의해 주어지는 대답을 듣고, 영원한 아름다움에 의해 즐거움과 욕망이 일깨워지고 향유가 창조되는 때조차도, 우리는 하나님의 복음과 구분되는 다른 계몽의 양식을 추구하는 것이 가능한가?"(Church Dogmatics, vol. II, part 1, 666) 본인은 여기에 대해 다음과 같이 대답하고 싶다: (1) 초월적 형이상학에서 말하는 인간의 합리성에서 기인한 아름다움의 '자연신학'은 하나님의 자기 계시에서 '구분된' 것이 아니라 그 속의 한 내재적 요소이다. (2) 아름다움의 '자연신학'은 모든 범주적 계시의 전제조건인 초월적 아프리오리에 대해 성찰하기 때문에 계시에 대한 필수적인 해석학적 열쇠를 제공한다. (3) 바르트 자신도 성서로부터 '영원한 아름다움'의 신학, 욕망과 기쁨의 신학을 이끌어 낼 때 그와 같은 해석학적 원칙을 비밀스럽게 소개한다.

5장

예술과 성스러움

I. 프롤로그: 릴케의 "아홉 번째 애가"

왜, 이 삶의 기간을 지나갈 수도 있었을 텐데

하나의 잎사귀로, 다른 모든 초록보다 조금 더 짙게,

(바람의 미소처럼) 모든 잎들의 경계에서

작은 흔들림을 일으키며,

왜, 그렇다면 인간이어야만 했는가? —

운명을 피하며, 그렇게 운명을 갈망하며…

그건 다가오는 상실에서,

조급한 이익을 챙기는 행복이 있기 때문이 '아니다.'

호기심 때문에 혹은 가슴의 연습 때문이 아니다.

그것은 잎사귀 속에도 '있었을' 것이다.

하지만 여기 존재함(*Hiersein*)은 소중하기 때문에,

그리고 낯설게 우리에게로 다가서는

소멸하는 이곳의 모든 것이 우리를 필요로 하기 때문이다.

우리, 모든 소멸하는 것들 중에 가장 덧없는 우리를.

모든 것의 '한 번' 그리고 오직 '한 번.'

더 이상이 아니라 단 '한 번.'

우리도 또한 단 '한 번'이고, 결코 다시가 아니다.

그러나 오직 '한 번'일 뿐임에도 이런 '한 번'이 됨은,

이런 '땅 위에' 있음은 취소될 수 없는 것이다.

그래서 우리는 자신들을 끌고 가며 단 한 번을 성취하고자 하고,

우리의 단순한 손안에 그것을 담고자 한다.

우리의 너무 혼잡한 시선 속에, 우리의 말 잃은 가슴 속에,

우리는 그것이 되고자 한다 ― 누구에게 주기 위해서?

차라리 모든 걸 영원히 쥐고 있는 것이 나을지도…

아, 하지만 그 다른 관계 속으로 무엇을

우리가 함께 가져갈 수 있는가?

여기서 우리가 느릿느릿 배우게 되는 인식도,

이곳에서 일어나는 어떤 것도 가져갈 수는 없다.

아무것도! 고통조차도, 모든 무거움조차도,

긴 사랑의 경험조차도, ― 그리고 말해질 수 없는 것조차도.

하지만, 나중에 별들 사이에서 이것이 무슨 소용인가.

'그것들'은 말해질 수 없는 채 남는 것이 차라리 '나을' 것이다.

여행자가 산비탈에서 계곡 아래로 가져오는 것은

모두에게 말해질 수 없는 한 줌의 흙이 아니라,

거기서 배운 어떤 순수한 말이다: 노랗고 파란 젠티안 꽃.

집, 다리, 샘, 문, 항아리, 과실수, 창문, ― 또는

기둥, 종탑을 말하기 위해서 '여기에' 우리가 있는 것은 아닐까?…

하지만 '말하는 것'은, 아! 기억하라, '그렇게' 말하는 것은

사물들이 그 자체로 있는 것을 말하는 것이 결코 아니다.

바로 그것이 연인들을 통해 모든 것이 그들 속에서 기쁜 환희에

넘치게 만들고자 하는, 이 조용한 땅의 비밀스런 욕망이 아닐까?

문지방: 두 명의 연인들에게 있어 이미 이전에 많은 이들이 지나갔고,

또한 그들 뒤에 올 많은 이들이 지나갈, 그 오래된 문지방을

조금 닳도록 가볍게… 지나감은 어떤 의미를 가지는가?

'여기에' 바로 '말할 수 있는 것'의 시간이 있고,

'여기에' 그것의 고향이 있다.

선포하라, 증언하라. 어느 때보다도 더

우리가 경험하는 사물들은 추락해가고, 그것들을 하나의

이미지 없는 행동이 대신한다.

껍질 아래의 행동은 그 안에서 자라나

곧 껍질을 깨어버리고 새로운 경계들을 발견할 것이다.

이빨들 사이에 있는 혀처럼,

망치들 사이에 우리 가슴이 놓여 있다.

그럼에도, 가슴은 찬미를 그치지 않는다.

천사에게 찬미하라, 말할 수 없는 '그분'이 아니라 세상(Welt)을.

영광의 감정으로 우리는 허풍 떨 수는 없는 것이다.

그분이 느낌을 느끼는 우주 속에서, 우리는 미숙한 수사修士일 뿐.

그러므로 그분에게 보여주어라, 단순한 것들을,

세대에서 세대를 거쳐 만들어져가는 것들을,

우리의 것으로 손 가까이, 시야 안에서 살아가는 것들을.

그분에게 사물들에 대해 말해주어라. 그분은 놀라게 될 것이다.

마치 우리가 로마에서 밧줄을 만드는 자 옆에 서있을 때,

혹은 나일강에서 도자기 굽는 사람 옆에 서있을 때처럼.

그분에게 보여주어라.

어떻게 한 사물이 행복할 수 있는지,

어떻게 순수하게 우리의 것인지,

어떻게 슬픔의 호소에서조차도 단호히 형태를 가지고자 하는지,

어떻게 한 사물로서 섬기고, 어떻게 한 사물 속으로 죽어 가는지,

어떻게 바이올린 너머 행복한 탈출을 하는지. ─

소멸함으로 살아가는 것들은

우리가 자신들을 찬미한다는 것을 안다.

덧없이 사라져가는 자신들을 우리가 구조하리라 신뢰한다,

모든 소멸하는 것들 중에 가장 덧없는 우리가.

사물들은 보이지 않는 우리의 가슴 속에서 자신들을 완벽하게

우리가 변화시키기를 원한다.

우리 속에서 ─ 아, 끝없이 ─ 우리 속으로!

우리는 마침내 무엇이 될 것인가.

흙, '보이지 않게' 우리 속에 일어나는 이것이

우리가 욕망하는 것이 아닌가? ─ 언젠가는

보이지 않게 되는 것이 우리의 꿈이 아닌가? ─ 흙! 보이지 않는 것!

변신變身(Verwandlung)이 아니라면 너의 긴급한 명령은 도대체 무엇인가?

흙, 내 사랑하는 이여, 나는 널 의지意志한다!

아, 날 믿어라. 더 이상 나를 너에게로 얻기 위해서

봄은 필요치는 않다 ─, '한 번'

그래, 단 한 번도 이미 내 피에 넘치도록 족하다.

아주 오래 전부터, 난 이름 없이 너를 향하였다.

넌 항상 오른편에 있었고, 너의 신성한 영감은

우리에게 가장 친근한 벗 곧 죽음이다.

보라, 나는 살아간다! 무엇 위에서? 유년도 미래도

더 작아지지는 않는다… 셀 수 없는 '여기-살아감'(*Dasein*)이

내 가슴에서 솟아 흐른다.

- Rainer Maria Rilke

II. 예술과 성스러움의 질문이 가지는 차원들

4장은 앞의 3장의 관점을 보다 좁혀 살펴본 것이다. 곧 가장 광범위한 의미(인식, 감정, 정감에 대한 일반적 이론)에서의 신학적 미학 이론에서 아름다움의 경험이라는 구체적 예와 관련된 초월성에 대한 고찰이 이루어졌다. 본 5장은 후자의 관점을 더 좁게 살펴보려 의도하기보다는 다른 방향에서 이 주제를 구체적으로 재고하고자 한다. 여기서 목적은 '성스러움'의 가치를 중재하는 예술의 구체적 방식들을 보고자 하는 것이다.

앞에서 이미 보았듯이 '예술'이라는 말을 정의하기는 극히 어렵다. 본인은 미학 이론에서 예술의 정의에 대한 논쟁을 해결하고자 의도하지는 않는다. 물론 앞의 장에서 우리가 "경험의 미학적 패턴"(aesthetic pattern of experience)이라고 묘사한 것에 상응하는 예술이 있을 수 있을 것이다. 그 존재 목적이 경험의 아름다움과 즐거움의 추구인 예술이 그것이다. 이것이 예술의 가장 중요한 형식이고, 종종 예술의 본질이라고 보기도 한다. 가다머는 이러한 관점이 아리스토텔레스에서 유래한다고 본다. 아리스토텔레스에 따르면 예술적 표상은 불쾌한 것조차 즐거운 것으로 만든다(『시학』 4, 1448, b. 10). 그를 따라서 칸트도 예술을 어떤 것에 대한 아름다운 표상이라고 정의한다. 예술은 추한 것조차 아름답게 만든다(『판단력 비판』, no. 48).[1] 하지만 가다머가 말하고 있듯 예술에 대한 이러한 관점은 '예술'을

---

1 Gadamer, *Truth and Method*, 102(*WM*, 108).

삶과 관계로 떼어내고, (보다 중요하게는) 성스러움으로부터도 분리시키는 추상적 의식의 상태 곧 '미학적 차별화'(*ästhetische Unterscheidung*, aesthetic differentiation)를 가져온다.

> 우리가 미학적으로 예술 작품 혹은 경험이라고 부르는 것은 추상화의 과정에 의존하고 있다. 예술 작품이 뿌리를 내리고 있는 모든 것(그것의 원래적 삶의 정황, 그것에 의미를 부여하는 성스러움 혹은 종교적 기능)을 제거함으로써, 그것은 '순수한 예술 작품'으로 가시화된다. … 이러한 관점은 미학적 영역밖의 모든 것으로부터 이러한 미학적으로 의도된 차별화를 수행하는 것이 미학적 의식(aesthetic consciousness)이라고 정의한다.[2]

"예술을 그 삶의 정황(life-contexts)에 복원하여야 한다"는 가다머의 제안은 예술 속의 미美가 가지는 진眞, 선善, 성聖과의 관계를 다시 성찰하게 만든다. 여기에 기초하여 우리는 예술에 대한 칸트의 정의에 상응하는 '신학적 미학 이론'을 생각할 수 있을 것이다.

하지만 성스러움의 중재에 대한 논의에 가다머가 '미학적 의식'이라고 부른 것을 그리 명확하게 표현하고 있지는 않은 예술의 형식들도 함께 고려해야 한다고 본인은 생각한다. 우리가 앞에서 보았듯 보통 우리가 예술이라고 부르는 것이 미의 창조 이외에 다른 목적들을 지닐 수도 있는 것이다. 예를 들어 표상적 '공예'로서의 예술, 뛰어난 의사소통으로서의 예술, 감정의 자극 혹은 극대화로

---

[2] *Ibid.*, 76-77. 오직 르네상스의 전성기가 오면서부터, 회화가 자신의 비(非)미학적인 삶의 기능(nonaesthetic life-function)으로부터 분리되어 '독립적으로' 고려되기 시작했다는 것을 가다머는 우리에게 상기시킨다.

서의 예술, (자기-) 표현으로서의 예술, 장식으로서의 예술 등을 생각할 수 있다. 따라서 예술에서 아름다움의 추구가 가지는 중요성을 인정하면서도 우리는 '미학적 차별화'를 통한 예술의 일종의 아프리오리적 정의를 피하고, '예술'이 반드시 하나의 어떤 것도 아니며 하나의 목적만을 가지는 것도 아니라는 것을 인정해야만 할 것이다. 일반적인 차원에서 '예술'은 비트겐슈타인이 말한 '가족 유사성'(family resemblance)을 지니고 있으며, 표상 혹은 수행을 통한 경험의 고양과 관련되어 있다고 우리는 볼 수 있다.

이 점에 있어 종교적 미학 이론에 대한 프랭크 버치 브라운(Frank Burch Brown)의 저작은 유용한 도움을 제공한다.[3] 가다머와 마찬가지로 브라운은 칸트가 말하는 '순수주의적'(purist) 미학은 불가능하다고 본다. 대신 그는 아름다움과 예술이 가지는 종교와의 사실적 관계들을 설명할 수 있는 신新미학 이론을 제공하고자 의도한다.

브라운은 실험적으로 '미학'(aesthetics)을 "모든 미학적 현상을 고려하는 기본적인 이론적 성찰로서, 여기에는 또한 본래 미학적이지는 않은 것에 대한 중요한 연관 관계의 양태와 변형도 포함된다"고 정의한다. 또한 '미학적 현상'(aesthetic phenomena) 혹은 '미학적 대상'(aesthetica)은 "인식된 형태 혹은 '느껴진' 특질이 그 대상의 의미와 평가에 있어 본질이 되는, 그러한 중재의 방식을 채용하는 모든 것"이라고 정의된다.[4] 브라운은 일차적인 미학적 대상(primary aesthetica)과 이차적인 미학적 대상(secondary aesthetica)이라는 유용

---

3 Frank Burch Brown, *Religious Aesthetics: A Theological Study of Making and Meaning* (Princeton, N.J.: Princeton University Press, 1989).

4 *Ibid.*, 22.

한 구분도 제안한다. 전자는 "주로 미학적 반응을 일으킬 것을 목적으로 만들어지고 전시되거나 제시된 대상"을 가리킨다. 후자인 이차적 혹은 비의도적인 미학적 대상은 "최소한 잠시 동안이라도 미학적 반응을 일으킬 수 있는 능력을 지닌 대상으로서, 그러한 능력은 비의도적이고 우연적이고 이차적인 중요성을 가지는 것이다."[5] 이 두 번째 범주에 자연의 과정과 소산물도 포함될 것이다. 브라운은 다음과 같이 말한다.

> 어떤 한 맥락에서 주로 미학적으로 고려된 대상이 다른 맥락에서는 오직 이차적이거나 무의식적으로 미학적으로 보아질 수 있다. 폴라니[Michael Polanyi]와 게슈탈트 심리학이 주장하는 것처럼, 우리는 어떤 한 맥락에서 대상의 미학적 특징을 중요한 인식적 게슈탈트로 주목하고 다른 특성들은 오직 이차적으로 혹은 잠재적으로만 인식할 수 있다. 하지만 다른 맥락에서는 그 반대일 수도 있는 것이다.[6]

이러한 구분은 대상이나 행동이 가지는 예술적인 동시에 종교적인(예를 들어, 예배적인) 복합기능을 설명하는 데 유용하다.

> 만약 우리가 어떤 맥락에서 미학적인 대상의 특징으로부터(혹은 그것을 보는 것을 통해서) 종교적인 특징에 주목하게 된다면, 그런 대상에 대한 인식은 보통 종교적이라고 불릴 것이다. 만약 그 반대라고 한다면, 그런 대상(혹은 사건이나 과정)은 미학적이라고 불릴 것이다.[7]

---

5 *Ibid.*, 55.
6 *Ibid.*, 76.

여기서 '종교적'이라는 것은 신성에 대한 '직접적' 혹은 주제적 연관을 가리키는 것이다. 만약 앞의 4장에서 고려된 관점이 유효하다면, 그 자체로 '미학적'인 것도 비록 종교적 연관을 직접 보여주지는 않지만 어떤 독립적이고 암시적인 방식으로 하나님의 현존을 중재하는 것으로 이해될 수도 있을 것이다.

또한 브라운은 직접적인 미학적 효과뿐 아니라 '중재적인' 미학적 효과도 존재한다는 사실에 주목한다. 감각적으로 인식이 된 데이터는 비록 예술 작품의 직접 인식된 요소들에 들지는 않지만, 그럼에도 불구하고 미학적으로 상관이 있는 요소이다. 예를 들어 예술 작품의 기술적이고 스타일적인 요소가 여기에 속할 것이다.[8] 나아가 단순히 어떤 미학적 대상에 대해 말하기보다는 미학적 '환경'(milieu)에 대해 말하는 것이 더 유용하다고 브라운은 지적한다. "미학적 환경은… 어떤 구체적 맥락에서 주제적인 혹은 보조적인 인식의 효과가 '즉각적'이거나 '중재적'으로 미학적인 모든 것을 포함하는 것이다."[9]

'순수주의적' 미학에 반대하여 이러한 구분을 제안하며, 브라운은 (칸트적 의미에서) 순수한 혹은 '자유로운' 미학적 대상으로부터 복합적인 미학적 대상으로 이어지는 '미학적 연속성'(aesthetic continuum)이 존재한다고 주장한다. 이른바 순수한 미학적 대상에서는 대상이나 경험에 대한 우리의 관심이 "그러한 경험에 수반되거나 생기는 어떤 인식적, 실용적, 종교적 혹은 도덕적 관심들로부터 사

---

7 *Ibid.*

8 *Ibid.*, 50-51.

9 *Ibid.*, 55; cf. 76.

실상 독립적인" 반면에, 복합적인 미학적 대상은 "통합적이고 상호의존적"이다.[10] "그것은 보다 단순한 미학적 대상이나 비미학적 인식을 하나의 보다 복잡한 게슈탈트 속으로 통합한다. 그리고 그것의 독특한 미학적 효과는 종교적, 도덕적, 사회적 인식 등에 상호의존적이고 상호변형적이다."[11]

칸트의 다른 추종자들과는 달리 브라운은 '상황에 제약된' 혹은 '복합적인' 미학적 형태가 미학적으로 '저등하거나' 혹은 '불순수한' 것은 아니라고 주장한다. '숭엄'에 대한 칸트의 사상에 기초하여 우리로 하여금 '더 사유하게' 만드는 '미학적 관념들'을 발전시키며, 브라운은 사실상 '순수한' 미학적 대상과 '불순수한' 미학적 대상 사이의 완벽한 이분법은 불가능하다고 본다.[12] 그에 따르면 일반적으로 "우리가 아름다움과 숭엄에 대해 가지는 반응은 사실상 그 자체로는 미학적이지 않은 요인들에 의해 깊이 조건지어진다."[13] 따라서 복합적인 미학적 대상은 미학 이론의 합법적인 대상 중 하나이며 또한 구체적으로 종교적이거나 신학적인 미학 이론도 가능하다.

브라운은 역사적으로 다양한 예술의 실천 장르들과 이론적 개념들 사이에서 발견되는 '가족 유사성'에 기초하여 '예술'에 대한 실험적 정의를 제안한다. 그에 따르면 우리가 '예술'로서 의미하는 것은 "지식적인, 기술적인 혹은 영감을 받은 만듦(making)"의 활동으로서, "단지 추상적인 사유로 복제될 수 없고 유용성의 관점으로도

---

10 *Ibid.*, 77.

11 *Ibid.*, 78; cf. 12-13, 72.

12 *Ibid.*, 67-68, 70-73.

13 *Ibid.*, 72.

다 설명이 되지 않는 내재적으로 감상적인 곧 미학적인 특질을 표출한다." 또한 그것은 삶의 의미를 표현하는 예술 작품을 포함한다.14 따라서 브라운은 '예술'을 "공적으로 인지 가능한 미학적 대상을 만듦에 있어서 드러나게 되는 모든 창조적인 기술, 습득된 실천, 주요한 생산물"이라고 정의한다.15 그리고 예술 작품은 "기원에 있어 최소한 부분적으로는 인위적이고 창조성, 기술 혹은 노하우를 반영하고 있는 것으로서, 형태나 스타일과 같은 미학적 요소들에 민감한 대중에 의해 감상될 수 있으며, 흥미나 아름다움 등의 미학적 효과를 반응으로 일으키는 사물"로 정의된다.16

만약 우리가 브라운이나 다른 현대의 미학 이론가들처럼 '예술'을 광의적 의미에서 이해한다면,17 본인의 세 번째 의미의 '미학' 곧 '예술론藝術論'(study of art)은 두 번째 의미의 미학인 '미론美論'(theory of beauty)의 단지 한 하위분야가 아니라 그것과 중복될 것이다. 모든 예술이 아름다움에 관심하는 것은 아니며, 모든 아름다움이 예술에 의해 중재되는 것도 아니다. 따라서 우리의 질문의 범위는 '아

---

14 *Ibid.*, 86.

15 *Ibid.*

16 *Ibid.*, 88. 브라운은 이러한 '예술'의 정의가 절대적이지는 않음을 강조한다. 사물은 보다 더 혹은 보다 덜 예술적일 수 있는 것이다. 또한 브라운은 자신의 예술에 대한 정의에 몇몇 조건을 추가한다. 예술의 '인위적' 측면은 단지 완전히 생산이라는 측면에서만이 아니라 조합과 전시의 측면에서도 유래될 수 있다. 어떤 사물(혹은 수행)을 예술 작품으로 만드는 것은 그것이 비록 "어느 정도 표상적 호소력을 지녀야 함에도" 필연적으로 오직 감각에 의해 인지되어야 할 필요는 없다. 그리고 예술 작품은 "의식적으로 '미학적 대상'을 생산하려는 의도를 반드시 가지고 제작될 필요는 없다." *Ibid.*, 90.

17 예를 들어 Helmuth Vetter, "Ästhetik und Schönheit", in Günter Pöltner and Helmuth Vetter (eds.), *Theologie und Ästhetik*(Wien, Freiburg, Basel: Herder, 1985), 35-47에 나오는 '형식주의적'(formalistic) 미학 이론들을 참고하라.

름다움에 관한 이론'보다는 광범위해질 것이다. 예술은 성스러움 (the sacred)이 (초월적이고 범주적인 의미 둘 다에서) 가지는 아름다움을 구체화시킴으로써 그것을 중재할 수 있을 것이다. 또한 예술은 다른 고양된 인간의 경험들(예를 들어 공포, 후회, 의무, 욕망)을 창조하거나 전달하는 것을 통해서, 계시의 지성적 내용을 솜씨 있게 전달하는 것을 통해서 혹은 '성스러움'에 대한 직접적 호소를 통해서 중재할 수도 있다. ('성스러움'이 경험의 한 분리된 형태인지에 대해서 우리는 이 5장의 뒷부분에서 다루게 될 것이다.) 다른 한편으로 세 번째 예술론으로서 미학은 두 번째 미론보다는 좁은 범위를 가지는 것으로 보아질 수도 있다. 왜냐하면 예술론은 오직 인간의 창조물만을 포함할 뿐, 자연 자체의 아름다움이나[18] 혹은 윤리적 선이나 진리 자체의 초월적 아름다움은 배제하기 때문이다. 하지만 이 모든 것이 브라운이 '복합적인' 미학적 대상이라고 부른 것을 형성하며, 예술 속에서 표상되거나 그것을 통해서 전달될 수도 있을 것이다.

신학적 관점에서 볼 때, 우리의 관심은 범위를 좁히는 데 있는 것이 아니라 그것을 구체화시키는 것에 있다. 앞의 4장에서 우리는 아름다움이 인간의 영의 아프리오리적 구조와 가지는 관계들을 살

---

[18] 제임스 마틴(James Martin)은 헤겔과 같은 철학자들이나 잔 로렌초 베르니니(Gian Lorenzo Bernini)와 같은 예술가들을 따라 다음과 같이 주장한다: 예술은 자연보다는 '더 고차원적인' 아름다움을 구체화한다. 왜냐하면 그것은 인간의 자유와 영에 관련되기 때문이다. (물론 우리는 헤겔이 그러했던 것처럼 인간 이하의 창조물을 하나님의 영의 표현으로 볼 수도 있다. 하지만 여기서 문제의 핵심은 인간의 창조물로서 예술이 동일한 보편적인 창조적 영을 보다 높은 차원에서 중재한다는 데 있다.) Martin, *Beauty and Holiness* (Princeton, N.J.: Princeton University Press, 1990), 61. 우리는 이 문제를 다루지 않을 것이고 또한 여기에 관련된 문제인 자연의 매력이나 매혹을 '아름다움'의 범주에 포함시킬 것인지 아니면 칸트처럼 '숭엄'과 같은 다른 범주에 포함시킬 것인지도 다루지 않을 것이다.

펴보았다. 초월성을 향한 인간 영의 본질적 개방성이 '은혜'로서의 계시에 대한 인간의 능력인 하나님에 관한 '자연적' 지식을 구체화하고 있는 것이다.[19] 우리는 계시의 '아름다움'을 초월적 차원에서 말함으로써 이러한 논의를 확장시킬 수 있을 것이다. 여기서 계시의 아름다움이란 "절대적 방식으로 하나님에 대한 사랑에 빠지고" 거기에 수반하여 즐거움과 "세상이 줄 수 없는 평화"를 가져오는 영의 경험을 가리킨다.[20] 하지만 그러한 관념들은 이미 앞의 장에서 다루어졌기 때문에 여기서 본인은 단지 계시, 은혜, "하나님에 대한 사랑에 빠짐"의 구체적 표현방식과 전달방식에 집중하고자 한다.

라너와 로너간이 말하는 초월적 계시(transcendental revelation)는 항상 범주적으로 중재된다. 광의적 의미에 있어 '일반적인' 범주적 계시('general' categorical revelation)가 하나님의 자기 의사소통을 인간적 언어로서 '구체화'(embody)시키는 한에 있어, 그것은 전 인류의 역사를 구성하고 있다. 하나님의 자기 선물에 대한 반응은 지성적, 도덕적, 종교적 '회심'을 통해서 발생한다. 그런 회심은 통찰의 역사적 행위, 윤리적 행동, 사랑으로 실현되어지고, 인간의 문화 속에서는 철학, 윤리 체계, 종교를 통해 상징적이고 지적으로 형성된다.

이 장의 목적은 예술이 어떻게 하나님의 범주적 계시를 구체화시키는지 고찰하는 데 있다. 이러한 예술의 기능을 인식하는 것은 예술을 종교와 신학이 근본적으로 가지는 '해석학적'(hermeneutical) 본질에 대한 드라마적 묘사로 보는 것이다. 모든 실존적 통찰과 반

---

19 고전적인 스콜라 용어를 사용하면, *cognitio Dei insita*(하나님에 대한 내재적 지식)와 *potentia obedientialis*(순종의 능력)는 인간 영의 동일한 내적 구조로 구성된다.

20 Lonergan, *Method in Theology*, 105.

응이 과거의 구체적 영감을 역사적으로 전달할 때와 마찬가지로 우리는 여기서 두 가지 범주적 상황 혹은 사건에 의해 중재되어지는 초월성을 다루고 있다. 두 가지란 예술가의 범주적 상황과 감상자의 그것이다. 우선 라너가 지적하듯 예술 작품은 역사적으로 구체적이고 특정한 영·정신의 사건이 가져온 결과이다. 예술가는 "영원을 독특한 방식으로 표현하는데, 자신의 역사적 구체성과 영원에 대한 갈망을 독특하게 통합하며 예술 작품의 본질을 구성한다."[21] 동시에 어떤 구체적인 예술 작품이 역사적이고 실존적인 맥락에서 드러내는 초월성의 현재 계시는 감상자의 상호작용에 의존하게 된다. 이러한 방식으로 감상자는 미학적 경험 자체의 영적인 지평으로 개방된다. 상호작용 자체가 하나의 '예술적' 사건이다. "난 뒤러[Dürer]의 토끼를 덧없는 인간 경험의 가장 구체적인 측면으로 이해할 수도 있을 것이다. 하지만 내가 한 예술가의 눈으로 그것을 볼 때, 만약 이렇게 말해도 된다면 나는 하나님의 무한성과 이해 불가능성을 주목하게 된다."[22]

따라서 예술 작품의 신학적-미학적 감상은 각각의 삶의 정황에 따라 예술가, 작품, 감상자의 복잡한 해석학적 상호작용과 관련된다. 예술의 초월성에 대한 중재를 구성하는 데 있어서 이러한 요소들은 다른 정도로 기여하고 다른 방식으로 상호작용할 것이다. 한편으로 한 작품의 진리와 의미를 파악하는 것은 박센데일[Baxendale]이 '시

---

21 Rahner, "Art Against the Horizon of Theology and Piety", 166.
22 *Ibid.* 이러한 진술이 예술가는 필연적으로 그러한 반응을 의도하거나 경험하게 된다는 것을 의미하지는 않는다. 예술 작품에 대한 신학적-미학적 감상은 예술가, 작품, 감상자 사이의 복잡한 상호작용과 관련되는데, 그 속에서 작품의 원래 상황과 감상자의 실존적 상황이 (새로운 해석을 허용하며) 다른 정도로 관련될 수 있을 것이다.

기적 관점'(곧 작품의 원래적인 삶의 정황에서 발생하는 통찰)이라고 부른 것을 채용할 것을 요구한다. 다른 한편으로 반 델 레우가 주장하듯 "예술 작품은 자신의 고유한 삶을 가진다. 작품들은 그것을 창조한 사람의 의도와는 상당히 다르게 그것을 감상하는 사람에게 의미할 수 있다."[23] 감상자의 실존적 상황이 예술 작품의 계시적 힘에 대한 새로운 해석이나 감상을 허용할 수 있는 것이다.

한 구체적인 예가 이러한 복잡한 과정을 보다 분명하게 설명할 수 있을 것이다. 존 타베너[John Tavener](1944~2013)의 「추수감사절을 위한 아카티스트 찬미가」(Akathist of Thanksgiving)는 러시아 정교회 음악 스타일의 하모니와 목소리를 의식으로 사용하는 것을 통해서 일종의 종교적 상황을 기억시킨다. 그가 사용하는 시는 자연과 인간의 삶 속의 아름다움이나 영광에 대한 경험을 보여줌으로써 하나님의 영광을 기뻐하고 추수감사절에 참여하도록 독려한다.

오 주님, 당신의 손님이 되는 것이 얼마나 좋은지요.
바람의 향내 나는 산이 하늘로 솟고,
거울 같은 여울이 자유로이
황금빛 구름을 비춥니다.
모든 자연이 비밀스레 속삭이며 당신에게 부비고,
모든 새들과 동물들이 당신의 사랑의 표식을 담고 있습니다.
빠르게 지나가는 아름다움을 통해, 은총 받은 어머니 대지가
영원한 고향을 갈망합니다.[24]

---

23 Van der Leeuw, *Sacred and Profane Beauty*, 277.
24 Gregory Petrov, Kontakion 2 from "Acathist of Thanksgiving", translated by Mother

이 작품은 음악적이고 문학적인 아름다움을 통해서 그리고 직접적인 종교적 감정의 호소를 통해서 주로 감상된다. 하지만 우리가 이 시의 역사적 배경에 대한 지식을 가지고 그것을 읽게 될 때, 영광에 대한 찬미와 존재에 대한 기뻐함은 새로운 종교적·미학적 경험의 차원에서 감상자에게 다가선다. 이 시는 스탈린의 통치 시절 시베리아의 감옥에서 죽음을 앞둔 한 러시아 정교회 사제가 쓴 것이다.[25]

우리의 고찰의 범주를 정의한 지금, 이제 우리의 신학적 질문으로 나아갈 수 있을 것이다. 이 5장의 첫 번째 부분은 '일반적인' 범주적 계시('general' categorical revelation)의 표현 혹은 중재로서 예술을 다룰 것이다. 곧 그것은 인간 경험 일반에서 초월성 혹은 성스러움과의 만남을 가리킨다. 반 델 레우에 따르면 모든 '진정한' 예술은(여기서 그는 진정한 아름다움을 성취한 예술을 의미한다) 암시적으로 종교적이다. 왜냐하면 "성스러움은 그 본질상 아름다움을 이해하기 때문이다."[26] 본인은 예술이 다른 방식을 통해서도, 곧 트레이시가 진리의 인간 조건에 대한 '폭로'라고 부른 것을 통해서도 초월성을 중재

Thekla, abbes of the Monastery of the Assumption; quoted from the text booklet to the recording: John Tavener, "Acathist of Thanksgiving", Sony CD #SK64446.

25 (역자주) 이 곡의 작곡가 존 타베너는 이렇게 쓰고 있다. "〈추수감사절을 위한 아카티스트 찬미가〉의 텍스트는 1940년대 후반에 시베리아 수용소에서 죽음 직전에 그레고리 페트로프 장사제(Archpriest Gregory Petrov)가 쓴 찬미시이다. 그는 순교자 요한 크리소스톰의 유언인 '모든 만물을 주신 하나님께 영광을 돌릴지어다'(Glory to God for everything)에서 영감을 받았으며, 콘타키온(Kontakion)과 이코스(ikos)의 전통적 형식을 따라 찬미시를 썼다. 그의 찬미시는 하늘을 향해 날아오르는 빛나는 신앙의 찬양이며, 인간의 유한성과 크고 작은 모든 피조물이 하나님에게서 온 것이라는 정교회의 기본적 신앙을 동시에 보여주는 일종의 '말로 그린 아이콘'(an ikon in words)이다." Wise Music Classical 홈페이지에 인용되고 있다(www.wisemusicclassical.com). 박우미 연구자의 도움으로 타베너 자신의 곡에 대한 설명을 발견할 수 있었다.

26 Van der Leeuw, *Sacred and Profane Beauty*, 266.

할 수 있다고 제안하고자 한다.27

이 장의 두 번째 부분은 '특별한' 범주적 계시('special' categorical revelation), 곧 그리스도 속에서 발생하여 기독교 전통을 통해 전달된 계시와 예술이 가지는 관계에 대해 고찰할 것이다. 발타자는 기독교의 메시지 자체의 아름다움에 대해, 그것의 삶과 영성의 스타일 속에서 실현에 대해 광범위하게 저술하였다. 하나님의 '예술'이란 다름 아닌 도덕적이고 형이상학적인 아름다움을 지닌 피조물로서 인류 전체의 삶이다. "그러한 '예술'은 기독교의 영역에 있어 선택된 자의 삶의 형상 속에서—특히 마리아와 성자들의 '원형적인 힘'(archetypal power)에서— 가시화된다."28 본인은 이러한 관점에서 신학적 미학 이론이 갖는 중요성과 타당성을 인정한다. 하지만 여기서 본인의 관심은 보다 겸손한 것이다. 본인은 어떻게 일반적인 의미에서 예술이 기독교의 메시지나 전통과 상호작용하는지를 주로 음악과 회화의 예를 통해 보고자 한다.

---

27 트레이시와 가다머 둘 다가 지적하듯, 이러한 중재는 현대 세계에서는 대체로 망각된 연관 관계들을 예술에 복원시키는 것과 관련된다. 가다머는 현대의 예술이 '미학적 차별화'에 의해 고립된 것으로 본다. 트레이시는 예술을 보다 광의적으로 정의내리며, 예술이 사유화(privatized)되었다고 본다. '예술'은 사적인 자아와 감정의 매혹적인 혹은 혐오적인 표현으로 여겨진다. 이것이 바로 우리 사회에서 예술이 점증적으로 주변화되는 이유이다. "예술은 원칙적으로 사적인 취향과 잡식성의 소비라는 영역에서 살아가는 것 같다. 비록 그런 현재의 사실성에 대한 예술의 강력한 의식적 혹은 무의식적 저항에도 불구하고 예술 작품이 우리의 공통적인 인간 조건에 대한 진리를 폭로한다는 주장은 종종 예술가와 일반 대중에게 충격적으로 받아들여진다." Tracy, *The Analogical Imagination*, 12; cf. 112.

28 Hans Urs von Balthasar, *The Glory of the Lord*, vol. 1 (San Francisco: Ignatius Press, 1983), 36.

III. 초월성의 직접적 표현으로서 예술
: "일반적인 범주적 계시"

세계의 음악, 회화, 조각, 건축의 상당한 부분은 직접 종교적이다. 사상과 감정으로서 종교에 대한 이러한 표현과 전달은 예술이 '일반적인 범주적 계시'와 가지는 관계를 가장 분명히 드러낼 것이다. 세계의 여러 종교 속에서 일반적인 범주적 계시의 구체화가 이루어지고 있다. 위대한 종교들의 경전은 종종 그 언어권에 있어서 고전 혹은 명작에 속한다. 그러한 건축, 그림, 음악은 인간의 예술적 성취가 이룬 절정이라고 볼 수도 있을 것이다. 하지만 이 주제가 가지는 엄청난 범위와 복합성 때문에 본인은 기독교의 '특별' 계시의 맥락에서만 종교예술에 초점을 맞추고자 한다. 이것이 본 장의 두 번째 부분을 이룰 것이다.

하지만 직접 종교예술을 다루기에 앞서 본인은 우선 예술이 성스러움과 가지는 보다 덜 분명한 연관 관계에 대해 고찰하고자 한다. 본인은 루돌프 오토^{Rudolph Otto}의 "감정들의 연상"(association of feelings)을 통한 성스러움의 중재라는 사상을 살펴볼 것이다. 본인은 오토의 이론이 마지막 장의 주제와 연관되어 더 심화될 수 있다고 제안하고 싶다. 곧 예술은 아름다움의 창조와 표상을 통해 하나님의 '말씀'(혹은 인간의 관점에서 볼 때 '회심'의 구체화 혹은 형성)으로 보아질 수 있다. 비록 그런 예술적 아름다움이 직접 종교적인 메시지와 관련되지 않을 때조차도, 다시 말해 드러나게 종교적인 의식을 자극하거나 가지는 것과는 별도로 그러할 수 있는 것이다. 하지만 본인이 앞에서 주장했듯이 모든 예술이 아름다움의 성취를 목적으로 하는 것은 아니다. 따라서 본인은 내용의 전달자(communicator of content)로서 예술의 계시적 능력에 주목하고자 한다. 특히 종교적인 경험에 유비적인 경험을 구체화시키는 '언어'로서, 하나님을 지향하는 의식의 형이상학적 고양의 담지자로서 예술에 대해 살펴볼 것이다. 이러한 관점은 이 장의 두 번째 부분인 종교적 '말'로서 예술에 대한 고찰과 직접 연결된다.

IV. 아름다움과 "감정들의 연상"을 통한 성스러움의 중재

반 델 레우는 다음과 같이 쓰고 있다.

모든 음악은 어떠한 첨가나 어떠한 거짓도 없이 절대 음악이며, 하나님
의 종(the servant of God)이다. 순수 회화가 종교적 주제를 다루든 그렇
지 않든 상관없이 그러하고, 참된 건축이 교회를 건축하든 그렇지 않든
상관없이 그러하고, 진리의 학문이 가스, 별, 언어로 바빠서 신학과 아무
상관이 없을 때에도 그러하듯이 말이다.[1]

루터가 음악을 "곡조 있는 선포"(*predicatio sonora*, a resounding
sermon)라고 했을 때, 그는 음악을 단지 성서의 전달 도구로 본 것이
아니라 그 자체로 하나님의 아름다움의 거울이 된다고 본 것이다.
말로는 온전히 표현될 수 없는 하나님의 메시지를 음악은 직접 영
혼에 전달한다. (물론 예술은 성스러움을 다양한 방식들로 중재할 수 있다.
예술적 아름다움의 창조가 직접적인 종교적 메시지의 담지자가 될 수도 있는
것이다. 우리가 이미 앞에서 조금 살펴보았고, 다음 장에서 보다 자세히 살펴보
게 될 것처럼 이러한 기능 사이에 갈등이 생겨날 수도 있다.)
　본인은 앞의 4장에서 아름다움의 이해가 그것의 궁극적 지평으
로서 존재의 기쁨과 환희라는 절대적 행위를 드러낸다고 제안하였

---

1 Van der Leeuw, *Sacred and Profane Beauty*, 270. 세속적 예술과 성스러운 예술 사이의
　구분은 오직 상대적일 뿐이라고 가다머는 말한다. "예술 작품은 항상 그 안에 어떤 성스러
　움을 가진다." *Truth and Method*, 133.

다. 그 논의를 다시 요약해보는 것이 지금 우리가 다루고자 하는 문제의 출발점이 될 수 있을 것이다. 아름다움의 경험은 사물과 그것에 대한 우리의 경험에 '형상'(shape)을 부여하는 조직화의 원칙 혹은 '형태'(form)에 대한 일종의 기쁨과 환희이다. 예를 들어 아름다운 음악을 단순한 잡음으로부터 구분하는 것은 다채로운 요소로부터 통합성을 창조하는 바로 그 패턴이다. 이와 유사하게 '형태' 혹은 조직이 생물학적 생명체를 가능케 한다. 또 다른 차원에서 '형태'는 존재하는 어떤 것을 다른 것들로부터 구분하는 일종의 정체성 내지 통전성을 부여한다. '형태'는 인식 가능성에 대한 마음의 추구에 상응하는 것이다.[2] 이런 의미에서 '형태'는 존재 자체에 대한 열쇠이고, 존재를 가능케 하는 것 곧 형태에 대한 환희는 존재 자체의 선함과 즐거움에 대한 암시적인 긍정이다.

하지만 '존재의 기쁨에 대한 긍정' 곧 존재가 비록 암시로라도 가치 있고 의미 있으며 궁극적인 인식 가능성과 목적을 가진다는 긍정은 지성적이고 자유로운 존재 속에서만 오직 발생할 수 있다. 아름다움을 경험하는 것은 그 유한성과 비극의 순간에도 불구하고 마음 깊이에서 존재에 대한 '예스!'를 경험하는 것이다. 그러한 긍정은 오직 존재가 절대적인 가치와 의미를 지니는 어떤 실재(Reality)에 의해 태어나고 근거될 때만 가능하다. 요컨대 우리의 영적인 존재 내에서 유한한 아름다움의 경험은 무한한 아름다움 곧 우리가 하나님이라고 부르는 실재에 대한 필연적인(비록 비주제적이고 무의식적이라 하더라도) 공동-긍정(co-affirmation)을 암시한다.

---

2 Cf. *ST*, Ia, q. 5, 4, ad 1am; *Commentarium in de Divinis Nominibus*, lect. VI.

모든 아름다운 경험의 '지평'이 하나님이라는 사실은 왜 비극적인 감정들조차도 예술 속에서 '아름다운' 것으로 경험될 수 있고, 모든 깊은 미학적 경험 속에는(그리고 특히 음악 속에는) 순간성 너머의 어떤 것을 향한 강렬한 감정이 존재하게 되는지 설명해준다. 피터 셰퍼^{Peter Schaffer}의 희곡 「아마데우스」에서 늙은 살리에리^{Antonio Salieri}는 모차르트의 음악에 대해 이렇게 말한다. "모차르트의 음악은… 그런 갈망으로, 그런 채워질 수 없는 갈망으로 가득해서 마치 하나님의 목소리를 듣고 있는 것만 같다." 그러한 갈망은 유한한 아름다움의 경험에 있어 본질이다. 왜냐하면 어떤 유한한 사물에 대한 기쁨은 결코 완전하거나 궁극적일 수 없고, 그것 너머의 궁극적이고 무한한 목표를 손가락처럼 가리키기 때문이다. 이런 맥락에서 플라톤 이래로 철학자는 아름다움이란 감각을 통해 마음에 드러나는 하나님의 계시라고 보았다. "피조된 것의 아름다움은 단지 그런 사물이 하나님의 아름다움에 참여함으로 생기는 유사성에 불과하다."[3]

아름다움은 하나님의 한 '속성'이다. 아름다운 예술은 암시적으로 그것의 신성한 모범을 '말하고' 있으며, 인간의 초월적 목표인 영원한 아름다움과의 결합에서 생기는 영원한 행복이라는 문제를 제기하게 된다. 만약 초월적 목표가 인간 존재를 지속시키는 값없이 주어진 역동성으로서 자신을 실제로 의사소통하고 있다면, 그것은 바로 매력 있고 가치 있으며 아름다운 것으로 경험된다. 따라서 아름다움은 은혜와 계시의 필연적 속성이다. 이러한 아름다움 속에서 하나님 자신이 의사소통되는 것이다. 예술의 아름다움은 모든 아름

---

3 Thomas Aquinas, *Commentarium in De Divinis Nominibus*, lect. V.

다움과 마찬가지로 단지 우리의 궁극적 지평과 목표에 대해서 말해주는 것만이 아니다. 그것은 우리를 궁극적 목표로 이끌고 그러한 실재를 미리 앞서 맛볼 수 있게 함으로써 그것의 현존을 가져다준다.

음악은 어떻게 아름다운 예술이 구체적으로 계시를 중재할 수 있는지 몇몇 구체적인 예들을 제공한다. 다수의 종교 전통에서 음악은 단지 예배의 장식으로서만이 아니라, 신성 자체의 상징으로서 중요한 역할을 한다. 힌두교의 다양한 시바^{Śiva}상이 그런 예가 될 것이다. 시바는 종종 음악을 통해 세계를 창조한 천상의 수금연주자로 표현된다. 여기서 음악은 또한 지식과 계몽을 상징한다. 동시에 시바는 그의 우주적 몸짓으로 우주의 질서를 펼쳐내는 춤의 신 나타라자^{Nataraja}이기도 하다. 나타라자는 네 개의 손 중에서 하나에 작은 북을 들고 있으며, 그 리듬에 맞춰 춤을 추며 세계를 창조하는 것이다. 다른 한 손에는 불을 쥐고 있는데, 그 불로서 모든 것이 소멸될 것이다. 세 번째 손은 평화의 제스처를 만들고 있고, 마지막 네 번째 손은 마치 코끼리의 코같이 아래쪽으로 굽어져 신자를 안전하게 보호하는 은혜를 상징한다. 춤추는 그의 발 중 하나는 무지를 밟아 없애고 있으며 다른 한 발은 창조와 구원의 음악에 맞춰 우아하게 들려져 있다.

서양에서는 보에티우스^{Boethius}(477~524)의 시대부터 '최초의 동자^{動者}'(the prime Mover)인 하나님에 의해 일정한 궤도를 움직이고 있는 천체^{天體}의 하모니 곧 '우주의 음악'(천체의 음악, music of spheres)을 불완전하게 모방한 것이 인간의 음악이라고 생각되었다. 일찍이 피타고라스주의 전통에서 시작하여 고대와 중세의 사상가들은 수학의 법칙(laws of mathematics)을 따르는 피조계의 아름답고 조화로운 운동이 창조자와 그의 목표를 찬양하는 일종의 '음악'이라고 본 것이다. 솔로몬의 지혜 11장 20절의 "주께서는 모든 것을 그 숫자와 무게에 따라 배열하셨습니다"라는 구절이 아우구스티누스 이래로 바로 하나님이 우주의 '음악적' 질서와 하모니를 창조하신 것을 가리킨다고 해석되어졌다.4 세비야의 이시도르(636)는 자신의 『어원백과사전』(*Etymologiarum sive Originum libri* XX)에서 음악에 대한 중세 신학의 공통적인 견해를 다음과 같이 쓰고 있다: "음악 없이는 어떤 학문도 완전할 수 없다. 어떤 것도 음악 없이 존재하지 않기 때문이다. 세계 자체도 어떤 소리들의 하모니에 의해 구성된 것처럼 보이며, 하늘 자체도 하모니의 변화에 따라서 회전한다."5 우리가 보통 '음악'이라고 부르는 것은 인간의 몸과 영혼 사이의 하모니 그리고 들리지 않는 '우주의 음악'(*musica mundana*) 둘 다에 표현되어지는, 보다 깊은 음악적 질서를 반영하는 감각적인 거울이다.6

창조계創造界가 하나님의 '음악'이라는 피타고라스주의와 신플라톤주의 사상은 아리스토텔레스에 이르러 우주의 '연인戀人'(ἐρόμενον, its beloved) 곧 우주의 목적인(final cause)이자 존재 이유로서 하나님이 우주를 '움직인다'는 사상으로 보다 발전되었다. 따라서 단테가 『신곡』의 천국편(*Paradiso*) 마지막 부분에서 태양과 모든 천체를 움직이는 동일한 사랑이 그의 마음과 의지를 움직인다고 말했을 때,

---

4 Oscar Söhngen, "Music and Theology: A Systematic Approach", in *Sacred Sound: Music in Religious Thought and Practice*, edited by Joyce Irwin. *Journal of the American Academy of Religion Thematic Studies*, vol. L, no. 1 (Scholars Press: Chico, Calif., 1983), 1-20, at 3.

5 Bk. III, ch. iii. Quoted in *ibid*.

6 Söhngen, loc. *cit*.

ma già volgeva il mio disio e il velle...

l'amor che move il sole e l'altre stelle[7]

별들과 행성들은 하나님의 사랑에 사로잡힌 채 천상적 지성에
의해서 움직인다고 본 중세의 우주관을 전제하고 있다.[8] 천체들은
자전 운동의 행복한 하모니를 통해 하나님을 찬양한다. 이러한 우
주의 가시적 '웃음'에 음악적으로 상응하는 것을 단테는 '들은' 것이다.

"Al Padre, al Figlio, allo Spirito Santo",

Cominciò 'Gloria' tutto il Paradiso,

Si che m'inebbriava il dolce canto.

Ciò ch'io vedeva mi sembiava un riso

Dell'universo; per che mia ebbrezza

Entrava per l'udire e per lo viso.[9]

요컨대 서양 중세는 예술 특히 음악과 성스러움이 '객관적' 관계
가 있다고 보았다. 왜냐하면 그것들은 창조자에 의해 우주에 수여
된 아름다운 질서를 재창조하고 재수여하는 것이기 때문이다.

---

7 *Paradiso*, XXXIII, 143, 145. (하지만 완벽한 조화 속에서 도는 바퀴처럼 내 의지와 욕망이
   태양과 다른 별들을 움직이는 그 사랑에 의해 추진되어지는 것을 느낀다.)

8 *Paradiso*, XXVII to XXIX; cf. Boethius, *The Consolation of Philosophy*, bk. II, ch. VIII
   and bk. III, ch. IX.

9 "성부, 성자, 성령에게 영광!'으로 모든 천국의 찬양은 시작하고, 그 감미로운 노래가 날
   취하게 한다. 내가 본 것은 우주의 미소라고 생각된다. 왜냐하면 내 취함은 들음과 봄
   둘 다를 통해서이기 때문이다." *Paradiso*, XXVII.

루돌프 오토는 그의 '연상들의 법칙'에 의해 이러한 관계에 대한 또 다른 접근을 시도하였다. 여기서 그는 음악이 창조계의 질서나 아름다움을 반영한다는 것을 강조하기보다는 음악의 의사소통적 기능을 강조한다. 이런 기능에 대해 좀 더 상세한 설명이 필요할 것이다. 보통 음악의 소리 자체는 어떤 구체적인 대상이나 개념을 나타내지는 않는 것으로 일반적으로 생각된다(물론 의식적으로 자연의 소리를 모방한 음악은 예외이다).[10] 다른 한편으로 음악은 사상이 아니라 감정을 표현하는 '언어' 혹은 상징체계로 기능하기도 한다. 랭거[Susanne K. Langer]가 말하듯 음악은 "감정적 삶의 음조적 유비(tonal analogue)"이다.[11]

여러 가지 이론이 마음의 감정이나 상태를 자극하고 상징하는 음악의 '자연적인' 능력을 설명하고자 제안되었다.[12] 어떤 차원에서는 음악의 요소들과 운동미학적(kinesthetic) 이미지 혹은 심리물리적(psychophysical) 상태 사이에는 연관 관계가 있어 보인다. 피치(음파의 진동수), 템포, 리듬, 음질 등은 감상자에게 물리적 효과들을 생산해내고, 감상자는 다양한 정도로 공감하게 된다. 이것에 의해 음악은 어떤 '정조'(mood)를 이끌어 내는 것이다.[13] 또는 어떤 구체적인 소리는 인간이나 환경의 소리 혹은 리듬들에 대한 연상들을 이

---

10 올리비에 메시앙(Olivier Messiaen)이 그의 『거룩한 삼위일체의 신비에 대한 명상』(*Méditations sur le mystère de la Sainte Trinité*)의 악보에 쓴 기록을 참고.

11 Susanne K. Langer, *Feeling and Form* (New York: Charles Scribner's Sons, 1953), 27. 특히 바로크 시대 음악이론은 감정을 자연스럽고 직접적인 음악적 상징주의로 옹호한다.

12 음악이 어떻게 의미를 의사소통할 수 있는지에 대한 논의들의 개괄적 고찰을 위해서는 Lois Ibsen al Faruqi, "What Makes 'Religious Music' Religious?" in Irwin, *Sacred Sound*, 21-34, at 25.

13 Carroll C. Pratt, *The Meaning of Music: A Study in Psychological Aesthetics* (New York and London: McGraw-Hill, 1931), 228. Cited in *ibid.*, 26.

끌어 내는 것 같다. 그것은 '자연적인' 연상과 문화적으로 구성된 연상을 모두 포함한다.14 따라서 음악적 소리는 "우리의 다른 자극들에 대한 경험과 연속적이고 유사하기에" 감수성이 예민하고 문화적인 감상자는 의식적으로든 무의식적으로든 그 소리를 비음악적인 생각들, 이미지들, 감정들, 마음의 상태들에 연관시킬 것이라고 마이어Leonard B. Meyer는 주장한다.15

이와 유사한 생각이 오토의 "연상聯想들의 법칙"(law of associations)이라는 사상에도 나타난다.16 오토에게 있어 성聖스러움의 경험 곧 공포와 매혹을 일으키는 신비(*mysterium tremendum et fascinans*)의 경험은 완전히 독특한 어떤 것(*sui generis*)이다. 그럼에도 불구하고 성스러움의 경험에 의해 생겨나는 감정들은 삶의 다른 도덕적, 미학적, 지성적 영역들에서 발생하는 감정들에 유비적이기도 하다. 일련의 감정들은 경험의 다른 영역에서 거기에 유비적인 감정들(analogous feelings)이 발생하도록 자극할 수 있는 것이다. 따라서 음악이나 예술에 의해 생산된 어떤 정조가 성스러움과 만남에서 발생하는 유사한 감정을 일으킬 수도 있는 것이다.

이러한 이론은 최소한 부분적으로나마 특정한 문화에서(예를 들어 고대 그리스나 중국에서) 어떤 특정한 형태의 음악이 왜 파괴 혹은

---

14 음악과 의미의 연상에 대한 '자연주의적' 이론은 George Santayana, *The Sense of Beauty*(New York: Charles Scribner's Sons, 1896)를 참고하라. 이와 관련하여 아름다움은 경험과 감각기관 내의 내재적 비례 사이의 상응이라는 사상이 이미 토마스 아퀴나스에서 발견된다. *ST* I, a. 5, q. 4, ad 1.

15 Leonard B. Meyer, *Emotion and Meaning in Music* (Chicago: University of Chicago Press, 1961), 260. Quoted in al Faruqi, "What Makes 'Religious Music' Religious', 26.

16 Rudolf Otto, *The Idea of the Holy* (London: Oxford University Press, 1969).

불멸성을 연상시켰는지를 설명해준다. 동시에 그것은 다양한 문화들의 종교 음악 전통에서 왜 어떤 특징들은 반복적으로 나타나고 다른 것들은 부재하는지도 설명한다. 달리 말해 '성스러운' 음악의 몇몇 긍정적 혹은 부정적 특징들은 거의 보편적으로 발견될 수 있지만, 동시에 어떤 특정한 종교의 신학이나 영성이 특정한 종류의 음악을 선호하게 만들 수도 있는 것이다.17 이와 유사한 감정들의 연상 작용이 대상들의 형태, 구성, 색깔, 공간적 관계들에서도 찾아질 수 있을 것이다. 이런 측면에서 시각 예술(visual arts)도 단지 표현 주제를 통해서만이 아니라 표현의 형태나 양식을 통해서도 의미를 의사소통할 수 있는 것이다.

앞에서 '초월적 범주들'에 대해서 논의할 때 본인은 초월성의 경험이 미학적, 도덕적, 지성적, 간주관적 영역들과는 구분되는 하나의 독특한 영역(a distinct sphere)에 속하는 것이 아니라, 이러한 영역들이 지닌 궁극적인 '차원'(dimension)이라고 주장하였다. 물론 이런 사실이 '형식적' 측면에서 경험의 '영역들'을 이론적으로 구분하고 논의하는 것을 금지하는 것은 아니다. 하지만 본인의 견해로는 '성스러움'의 영역은 그 대상 때문에 차별화되는 것이 아니라, 모든 인간의 경험에 내재하는 '궁극성'(ultimacy)이 여기서 직접 인식되고 말해진다는 사실에 의해 차별화되는 것이다. 이러한 이유로 본인은 '성스러움'의 경험을(이것이 '직접' 종교적인 경험의 대상을 가리키는) 제한적인 의미에서 '독특한'(*sui generis*) 경험으로 고려한다. 다시 말해 형식적인 측면에서 '종교적' 경험은 다른 형태의 경험으로부터 개념

---

17 Lois Ibsen al Faruqi, "What Makes 'Religious Music' Religious", 27-31.

적으로 구분될 수 있지만, 구체적이고 실존적인 측면에서 종교적 경험은 '초월성'의 모든 범주적 중재에 내재하는 초월적 · 내재적 신성의 경험에 상응한다.

따라서 초월성 혹은 신성과의 관계에 있어서 '연상들의 법칙'은 '수직적으로'(vertically), 동시에 '수평적으로'(horizontally) 작용한다. 예를 들어 아름다운 일몰이나 트럼펫 연주에 의해 느껴지는 감정과 '성스러움'에 관한 '종교적' 감정 사이에 유비(analogy)가 있을 뿐 아니라, 나아가 그러한 유비의 근거(the basis of analogy)가 바로 모든 자기실현의 긍정적 양식에 내재하는 인간 존재의 궁극적 목표인 '성스러움'인 것이다. 로너간의 표현을 따르면 모든 지성적, 도덕적, 종교적 자기 초월 내지 회심은 상호침투하고 서로를 요청하는데, 그것들의 궁극적 목적성이 일치하기 때문이다. 이 부분의 처음에 인용되었던 반 델 레우의 말처럼, 이것이 바로 모든 '순수' 예술은 그것이 직접 종교적 주제를 다루지 않을 때조차도 암시적으로 '종교적'인 이유이다. 따라서 순수 예술이 창조하는 감정이나 마음의 상태는 그것들의 가장 지고한 형태(아름다움의 '초월적' 차원)과 유사성을 지닐 뿐 아니라, 다른 한편으로 하나님과의 종교적 만남을 직접 중재하는 모든 감정, 사상, 개념과 유사성을 지닌다. 이러한 이유로 비종교적인 예술과 음악이 종교적 영역과의 직접적 연상 관계를 가지지는 않더라도, 세속적 인간 경험 자체가 가지는 '형이상학적' 깊이를 드러냄으로써 초월성의 현존을 또한 중재할 수 있는 것이다.

1. 예술과 존재론적 통찰

우리가 살펴보았듯이 아름다움의 이해는 이미 하나의 존재론적 사건이다. 하지만 '초월성'(the transcendental)을 드러내는 예술의 능력이 단지 아름다운 형태(beautiful form)의 표현에 제한되지는 않는다. 우리가 비록 아름다움이 예술의 궁극적 이상이라고 하는 논란이 될 수 있는 입장을 수용한다고 하더라도 사실 모든 예술이 그러한 아름다운 형태를 가지는 것은 아니다. 예술은 또한 직접 존재론적 내용(ontological content)을 다소간 가질 수도 있는 것이다. 그것은 하나님의 자기 의사소통의 '계시'를 구성하고 있는 '경험의 지평으로서 존재의 형이상학적 차원'을 드러내고 그 메시지를 전달할 수 있다. 예를 들어 충족되지 않은 욕망, 기쁨, 갈망 혹은 경이에 대한 예술적 표현을 들 수 있을 것이다.

따라서 하나님은 스콜라 신학자들이 아름다움의 '광채'라고 부른 것 혹은 발타자가 '영광'이라고 말한 것 속에서 항상 드러나는 것은 아니다. 예술은 인간의 사랑이 지닌 궁극적 목표에 대해 대답을 주기보다는 오히려 '질문'을 제기하기도 한다. 이런 측면에서 예술은 아름다움을 피한다고 말할 수 있고, 고통스럽고 고뇌하는 방식으로 아름답다고 말할 수도 있을 것이다. 하지만 신성한 아름다움의 '투명성'이 아니라 암흑으로부터 제기되는 그러한 질문조차도 하나님의 사랑의 의사소통일 수 있는 것이다. (동시에 모든 범주적 계시가 그러하듯 인간의 부분적 수용과 실현으로 인한 그러한 의사소통의 한계일 수도 있다). 아래에서 본인은 이러한 과정이 어떻게 일어날 수 있는지 고찰하고자 한다. 물론 그러한 고찰이 완전하고 조직적이라고 생각지는 않는다. 단지 몇몇 예를 통해 형이상학적 영역에 있어 예술이 성스러움으로 나가게 기능하는 방식들을 살펴보고자 할 뿐이다.

반 델 레우가 말하듯 예술은 그 본질상 '타자'(the other)를 드러낸다.[18] 가다머도 이와 유사한 주장을 한다. 예술의 깊은 인식을 특징짓는 자기 망각성 속에서 우리는 어떤 다른 존재와 온전하게 '함께' 되는 경험을 하게 된다.[19] 만약 감상자가 예술 작품의 진리에 대한 주장에 자신을 허용한다면, 타자의 경험이나 관점의 의사소통으로서 예술 작품은 자신 안에 드러나는 '타자성' 혹은 '차이'를 통해서 감상자를 도전한다. 그리고 만약 그것이 항상 인식의 즉각으로 우리에게 영향을 끼치지는 않는다고 하더라도 그것이 일으키는 후속적 성찰 속에서 그러할 수도 있다.

아마 대부분의 성찰을 특징짓는 '회상'의 '고요함' 속에서 나는 어떻게 (예술 작품 속의) 폭로가 나의 세계관에 관련되는지를 고려할 것이다. 이 둘 사이에는 진정한 유사성이 있는가? 현재의 나의 세계와의 대결이, 아니 그 파괴가 요구되어지는가? 그것의 이상한 승인 혹은 그 "이유 없는 위안"이 있는 것인가? "그것은 어떤 다른 것일 수도 있다"는 인식이 활동하고 있는 것인가?[20]

물론 예술 속에 드러나는 '타자'(the other)가 반드시 종교에서 말하는 '전적인 타자'(the wholly other)는 아닐 것이다. 예술이 드러내는

---

18 Van der Leeuw, *Sacred and Profane Beauty*, 279.
19 Gadamer, *Truth and Method*, 111.
20 Tracy, *The Analogical Imagination*, 112.

것은 후자의 표현 혹은 그 표현의 단순한 전제 조건일지도 모른다.[21] 하지만 만약 가다머가 말했듯 예술이 본질로 삶의 상징적 표상의 농축된 형태며, 모든 경험이 이것을 향해 지향한다면[22] 예술은 경험 안에 내재하는 종교적이고 도덕적인 차원을 최소한 하나의 질문으로서 일으키는 능력일 것이다.[23] 최소한 그 가장 심오한 순간에 있어 예술은 '일상적인' 맥락으로부터 사물을 분리시켜 그 사물의 현존재(Dasein)를 표상함(representing)을[24] 통해 우리를 실존의 '존재론적' 차원으로 데려간다. 따라서 예술은 경험과 경험된 것 둘 다의 보다 궁극적인 콘텍스트를 주목하게 만든다.

> (미학적 경험은) 예술 작품의 힘을 통해 그것을 체험하는 사람으로 하여금 갑자기 자신의 삶의 콘텍스트로부터 벗어나게 만들고, 그럼에도 또한

---

21 Van der Leeuw, *Sacred and Profane Beauty*, 279.

22 Gadamer, *Truth and Method*, 63.

23 *Ibid.*, 113. 가다머에 따르면 예술 작품 속에서 "우리 자신의 세계의 진리 곧 우리가 살아가는 종교적이고 도덕적인 세계의 진리가 자신을 (미학적 경험의 주체에게) 드러내고, 우리는 우리 자신을 인식하게 된다."

24 가다머에게 있어 비록 모든 표상이 다 예술은 아님에도 불구하고(*ibid.*, 134), '표상'(representation: *Darstellung*)은 예술 작품의 본질적 '존재 방식'이다(*ibid.*, 104; *WM*, 110). 예술 안에 표상된 것은 그 표상된 것의 '거기 있음'(현존재: *Dasein*)이고 '본질'(essence)이다. 예술적 표상 속에서 그 대상의 통합성과 정체성이 생겨나는 것이다(*ibid.*, 109, 118; *WM*, 110, 127). 이것은 표상된 것이 단지 '거기' 있는 것이 아니라 '거기' 현존하도록 오게 되었다는 것(*ins Da gekommen ist*)을 의미한다(*ibid.*, 103; *WM*, 109). "표상의 유희에서 드러나는 세계는 단지 실제적 세계 옆에서 그것의 복사본으로 서 있는 것이 아니라, 오히려 후자가 그 존재의 고양된 진리 속에 있게 된다"(*ibid.*, 121). 카를 알베르트는 예술 특히 20세기 예술을 단지 예술만이 아니라 철학과 종교에도 뿌리내리고 있는 '존재론적 경험'과 직접 관련시킨다. 그에 따르면 특히 이러한 '존재론적' 특성 속에서 예술은 '성스러움'에 접촉하게 되는 것이다. Karl Albert, "Zur Ontologie des Sakralen in der Kunst", in Günter Pöltner and Helmuth Vetter (eds.), *Theologie und Ästhetik* (Wien, Freiburg, Basel: Herder, 1985), 65-75, 특히 66, 76.

그를 자신의 전全존재로 다시 돌아가게 만든다. 예술의 경험에는 단지 어떤 구체적 내용이나 대상에만 속하는 것이 아니라 삶의 의미 전체를 나타내는 의미의 충만성이 현존한다. 미학적 경험은 항상 무한성의 전체에 대한 경험을 담고 있다. 그것이 하나의 개방적 경험의 흐름을 만들기 위해 다른 경험과 결합된다기보다 즉각적으로 전체를 표상하기 때문에, 그것의 함의는 무한이다.[25]

어떤 예술은 다른 사물들과 존재론적 차이를 지니는 의식적 존재로서 인간 현존재의 경험을 재생산하고 농축하여 나타냄으로써 이러한 과정을 보다 직접 드러내기도 한다. 이러한 경험이 경이로움을 가져오게 되는 것이다. 우선 예술은 비트겐슈타인이 '신비한 것'(das Mystische)이라고 부른 존재 자체의 경이로움을 느끼게 한다. 이것은 '어떻게' 세계가 존재하는가에 대한 경이로움이 아니라, 세계가 '존재한다'는 사실 자체에 대한 경이로움이다. 라이프니츠는 여기에 대해 다음과 같이 말한다. "왜 어떤 것이 존재存在하고 무無가 아닌가?"(Why is there something rather than nothing?) 나아가 예술은 의식적 존재, 지향적 존재, 자기 현존적 존재, 근심하는 존재가 존재한다는 경이로움도 느끼게 한다(하이데거의 염려[Sorge]로서 현존재). 예술은 그 특성상 다양한 '재再'생산으로 구성되기 때문에 우리의 경험의 구체적 내용뿐 아니라 우리의 경험하는 '행위' 자체에 주목하게 만든다. 그것은 타자의 독립적 존재뿐 아니라 그것을 반성으로 의식하게 되는 우리 자신의 존재를 보게 만든다.[26] "그렇게 무섭고,

---

25 Gadamer, *Truth and Method*, 63.
26 이런 맥락에서 판넨베르크는 예술과 '유희' 사이의 관계를 강조한다. 실제 사회생활에

종종 즐겁다가도, 종종 미치도록 아프게 만드는 '내가 존재한다'(I exist)
는 사실"을 우리가 만나게 되는 것이다.27

　　본인이 '형이상학적'이라고 앞에서 부른 예술은 우리로 하여금
모든 근본적인 미학적 경험에 (다양한 정도로) 내재하는 이러한 과정
을 주목하게 만든다. 특히 릴케의 시들은 여기에 대한 여러 예를
제공하고 있다. 이 장의 시작에서 인용된 그의 "아홉 번째 두이노
애가"에서 릴케는 예술가의 기능에 대해 성찰하고 있다. 극히 일상
적인 것이라 하더라도 사물들의 존재를 그 다양성과 독특성 속에서
표현하는 것, 그 존재 형태들을 감상하고 찬미하며 그것들을 인간
의 의식 속으로 가져와 이름을 부여하는 것이 그것이다. 이러한 이
름 지음은 실용적 의식 속에서조차도 발견되는 인간의 공통된 기능
이다. 하지만 시인은 그러한 경험을 농축하여 고양시키며, 그러한
작업을 인류의 사명이자 자신의 존재 이유라고 본다. 예술가의 사
명이란 세계를 의식 속으로 가져오는 것, 세계에 의식의 통일성을
부여하는 것, 세계의 물질적 거기-있음을 비가시성, 사유, 영으로
확장시키는 것이다. 한편에는 지바고와 라라의 사랑을 묘사하며 파
스테르나크가 언급한 전체와의 통합성이 있다. "결코, 결코, 그들의
풍부하고 열정적인 행복의 순간에조차도 그들은 우주의 총체적 계
획에 대한 숭엄한 기쁨 곧 그들 자신이 전체의 한 부분이고 아름다
운 우주의 한 요소라는 감정을 잊지 않았다."28

서 우리의 세계와의 상호작용은 보통 갈등과 강요의 측면을 포함한다. 오직 이러한 관
심들로부터 자유로운 상호작용에서만 마음은 존재의 아름다움과 경이로움에 대해 주
목할 수 있게 되는 것이다. Pannenberg, *Anthropology in Theological Perspective*, 336
(독일어판, 326).

27 Jacques Maritain, *Approaches to God* (New York: Collier Books, 1954), 18.

다른 한편에는 잎사귀와 그것을 인식하고 기뻐하는 인간의 의식 사이에 놓인 '존재론적 차이'에 대한 날카로운 인식이 존재한다. 바로 이러한 인식이 인간 존재와 마음이 가지는 의미에 대한 질문을 제기하게 만드는 것이다. 릴케의 시는 어떤 차원에서는 일종의 대답을 제안한다. 인간이라는 영적인 존재에 대한 어떤 필연성이 있다. 우리 인간은 세계와 물질에게 그것에 대한 우리의 인식을 통해서 영적인 존재를 선물하는 것이다. 하지만 이러한 대답은 또 다른 질문을 가져온다. 이러한 덧없이 소멸하는 의식과 이름 지음이 죽음과 영원 곧 말할 수 없는 것에 비추어 볼 때 어떤 의미가 있는가? 분명하고 궁극적인 대답이 당장 떠오르지는 않을 수도 있다. 하지만 영원하고 이름 없는 것에 비추어서도, 별들과 말할 수 없는 것으로 남는 것이 나을 수 있을 때조차도 이 땅 위에서 인간의 삶은 아름다움과 의미라는 확신이 있을 수는 있다. 릴케의 죽음을 직면한 존재에 대한 의식은 사르트르의 『구토』로 나아가는 것이 아니라 감사함, 찬미, 사랑, 전체와 통일성으로 이어진다.

이 시는 표면적으로 '종교적'이지는 않다. 하지만 이냐시오[Ignatius of Loyola]의 "이유 없는 위안"과 마찬가지로, 릴케에 있어 존재의 목적 있음에 대한 확신과 '현존재'(Dasein)의 사실성에 대한 신비한 기쁨("셀 수 없는 '여기-살아감'[Dasein]이 내 가슴에서 솟아 흐른다")이 존재의 원천이자 궁극적 목적으로서 그리고 자신의 역동성의 궁극적 대상으로서 하나님에 대한 질문을 가져오게 된다.

릴케의 다른 시들에서 이러한 연관은 더욱 뚜렷하게 드러난다.

---

28 Boris Pasternak, *Doctor Zhivago* (New York: New American Library, 1958), 417.

그의 「The Spanish Trilogy」의 처음 부분에서 모든 존재하는 것과 하나가 되고 싶은 시인의 욕망은 기도의 형식으로 표현되고 있다.

보십시오! 저기 놓여 있는 별을
광활하게 덮고 있는 이 구름으로부터 ― (그리고 나로부터),
지금은 잠시 밤과 밤의 바람이 지나가는
이 산과 땅으로부터 ― (그리고 나로부터),
들쭉날쭉 하늘의 모양을 담아내는
이 계곡의 강으로부터, ― (그리고 나로부터),
나로부터 그리고 이 모든 것로부터
단 하나를 만들기 위해, 주님 당신.
나로부터 그리고 우리 안에 모인 가축들이 내쉬는 느낌으로부터,
거대하게 어두운 세계의
더-이상-존재하지-않음(being-no-more)을,
나로부터 그리고 많은 집들의 희미한 빛으로부터,
단 하나를 만들기 위해, 주님 당신.
내가 아무도 모르는 낯선 사람들로부터, 주님 당신.
나로부터 그리고 나로부터 오직 '하나'를 만들기 위해,
잠든 자들로부터, 낡은 집 침대에 누워
심하게 기침하는 낯선 노인들로부터,
이상한 동물의 꿈에 취한 아이들로부터,
불확실한 많은 것들로부터 그리고 항상 나로부터,
다름 아닌 나로부터 그리고 내가 모르는 것들로부터,
하나를 만들기 위해, 주님 주님 주님.

유성처럼 우주와 지구에서 자신의 무거움만 지닌 채

날아드는 모든 비행을

무게도 재지 않고

도달하는 모든 것을 모아들이는 당신.[29]

여기서 우리는 생생하고 호소력 있는 한 저녁의 장면을 만나게 된다. 독자의 기억과 상상력은 우리가 경험한 것들에 대한 구체적이고 정확한 묘사에 의해 자극된다. 하지만 동시에 이러한 일상적인 것들이 자신들의 신비를 드러내고 있다. 그것들의 친숙함 속에도 어떤 '타자성'이 담겨있다. 재생산되고 상상된 경험은 삶이라는 계획의 일상적인 맥락에서 떼어지고 고립되어서 관심의 초점에 놓이게 되는 것이다. 우리는 '그것들을' 경험한다는 것을, (비록 대리로라도) 그것들을 '경험한다'는 것을 의식하게 된다. 우리는 시적으로 고립된 경험과 함께 연상되는 감정들을 의식하게 된다.

시인은 날카로운 자아에 대한 인식을, 보다 큰 (하지만 항상 구체적이고 특정한) 실재 속에서 그런 자아를 다른 것들과 융합시키고자 하는 욕망을 동시에 표현하고 있다. 이 시의 저변에는 경험되어지고 묘사되어지는 모든 것과 '하나'가 되고 싶은 주도적인 갈망이 놓여 있다. 이것은 단지 시인의 한 과장된 호소의 표현일까? 인간 영혼의 무한한 범위와 욕망에 대한 성찰(anima quodammodo omnia)일까? 혹은 이 하나됨에 대한 갈망이 초자연적인 사랑을 나타내는 것일까? 하나님의 편재성과 모든 존재하는 것들에 대한 그의 무한한 공감

---

29 Rainer Maria Rilke, *Die Spanische Trilogie*, I.

속에서 미리 "성도들의 교제"(communion of the saints)를 우주적 (하지만 동시에 지구적, 시공간적) 차원에서 맛보고 공유하고자 하는 갈망일까?

『성무일도聖務日禱』(The Book of Hours)의 한 시에서, 릴케는 세계와 거기에 대한 자신의 사랑을 명백하게 하나님의 계시로 본다.

> 모든 존재하는 것들 속에서 당신을 봅니다.
> 그것들에게 나는 한 형제로서 선하고자 합니다.
> 조그마한 것 속에서 씨앗처럼 당신은 주무시며,
> 위대한 것 속에서 위대하게 당신을 내어주십니다.[30]

인간의 의식 자체, 특히 예술적 의식 자체가 계시다. 그것은 창조물을 통한 하나님의 자기표현이다.

> ... Denn im Manne
> will der Gott beraten sein.[31]

완전히 다른 미학적, 문화적, 종교적 배경에서 선불교의 시는 성스러움의 영역으로 나아가는 '형이상학적' 길에 대해 유사한 생각을 드러내고 있다. 릴케의 길고 언어적으로 복잡한 시적 표현들을 일본어로 쓰여진 하이쿠haiku 중에서 가장 유명한 바쇼Bashō의 1686년

---

30 Rainer Maria Rilke, "Ich finde dich in allen diesen Dingen."

31 "왜냐하면 사람에게서 하나님은 조언받기를 원하십니다." Rainer Maria Rilke, from the uncollected poems ("Da dich das geflügelte Entzücken") in *The Selected Poetry of Rainer Maria Rilke* (bilingual edition), edited and trans. by Stephen Mitchell (New York: Random House, 1984), 260.

의 시와 비교해 보라.

오래된 연못,
개구리 뛰어들고
물소리.[32]

여기서도 우리는 아주 구체적이고 특정한 한 장면을 만나게 된다. 더군다나 그것은 완전히 일상적이고, 자연스럽고, 드라마틱하지 않으며, 별로 중요하지 않게 보인다. 여기에는 어떠한 형이상학적 질문이나 존재의 경이로움에 대한 표현도 없어 보인다. 하지만 그 콘텍스트 속에서 이 하이쿠는 감상자의 마음에 드러나게 되는 존재론적 중요성을 지니고 있다.

선화禪畵(Zen sumie)의 드문 붓질처럼, 하이쿠 시 형식의 경제성은 감각적 경험에서 주의 깊게 선택된 몇몇 부분에 주목한다. 이러한 요소들은 강조로 드러난다. 그것들은 강렬한 사실성을 지니며 '거기' 그 마음에 현존하고 있다. 동시에 콘텍스트는 단지 암시적으로 제안되고 있어서 감상자는 그 내용과 형식을 상상력을 통해 보충하여야만 한다. 이 시의 콘텍스트 혹은 지평은 물리적(physical)이고 동시에 형이상학적(meta-physical)이다. 위의 장면은 삶의 콘텍스트와

---

32 영역은 되도록 문자적이고자 하였기 때문에 하이쿠의 17자 구조(5-7-5)를 유지하지는 못하였다. 원문은 다음과 같다:

Furu-ike / ya // kawazu / tobi-komu // mizu-no-oto

Old-pond / : // frog / jump-in // water-sound

Harold G. Henderson, ed. and trans. *An Introduction to Haiku: An Anthology of Poems and Poets from Bashō to Shiki* (Garden City: Doubleday, 1968), 19.

존재론적 콘텍스트를 동시에 제안한다. 바쇼의 시에서 마지막 행은 삼단논법의 결론처럼 장면의 절정을 제공하고 있다. 우리는 마음속에서 주위의 적막을 깨뜨리며 갑자기 개구리가 연못에 '첨벙'하고 뛰어드는 것을 듣게 된다. 다도茶道에서 주전자를 두드리는 국자의 쨍그랑거리는 의도적 소리나 명상 가운데 종소리처럼, '물소리'는 선의 절정인 깨달음(satori) 곧 갑작스런 계몽이나 각성을 나타낸다. 구차하고 일상적인 것이 무한한 중요성을 지니는 것으로 드러나는 것이다. 현재의 순간이 영원을 만지게 된다.

이 시는 감상자로 하여금 그 과정을 다시 마음속에 재현하도록 만든다. 단지 마음속에 물리적 장면만이 아니라 거기에 대한 시인의 경험을 재생산하게 만드는 것이다. 그렇게 함으로 우리는 존재와 의식의 차원들에 관련된다. 시의 의미를 이해하기 위해서 마음은 행동해야 한다. 그리고 그러한 행동을 의식하며 마음은 고양된 자아의-현존과 대상의-현존을, 보다 중요하게는 이 둘의 '지평'에 대한 고양된 의식을 체험하게 된다. 선화에서 중요한 것은 선들이 아니라 그것을 둘러싸고 있는 여백인 것처럼, 여기서도 중요한 것은 소리가 아니라 그것이 나온 그리고 그것이 돌아가게 되는 정적이다. 선禪에서 이러한 콘텍스트는 '존재'가 아닌 '무' 곧 '공'(śūnya)으로 사유된다. 세계의 비실체성을 주장하는 불교의 무상無常(anitya) 사상처럼, 공空사상(Śūnyavāda, the emptiness doctrine)은 모든 달마가 실체를 비우고 있고 존재의 자기실체성 혹은 자기 행동으로부터 '공'하다고 주장한다. 하지만 그런 사상을 확장하여 세계의 표면적인 실체성 내지 불완전성은 환상이고, 진정한 자기존재를 결여하고 있기 때문에 모든 달마는 사실 존재의 완성과 일치한다고 선은 주장한다. 이것이 바로 위대한 공, 절대성의 '무사물성'(nothingness)이다. 삼사라^{samsara}(輪廻)가 니르바나^{nirvana}(解脫)고, 니르바나가 삼사라다: 색즉시공^{色卽是空}(form = emptiness)이고 공즉시색^{空卽是色}이다. 따라서 만물이 절대성의 계시자 곧 부처인 것이다. 계시의 수단이 어떤 엄숙한 사건이라기보다는 개구리가 연못으로 뛰어드는 소리라는 우스꽝스러운 사실이 그래서 적절하다. 이러한 통찰을 가지기 위해 역설적으로 우리는 '자신들'로부터 비켜서서 선입견을 물리치고 일상적인 사유 방식을 깨뜨려야 한다.

마지막 예로 당 시대의 시인이며 화가인 왕유^{王維}(Wang Wei, 701~761)의 유명한 시 「사슴 울타리」(空山不見人)를 살펴보자. 현대적으로 번역하면 다음과 같다:

> 쓸한 산중에
> 사람은 보이지 않는데,
> 단지 누군가의
> 목소리만 들려오네.
>
> 비스듬한 햇살이
> 깊은 숲에 들어오고,
> 다시 푸른 이끼에
> 비추이네.[33]

---

[33] Greg Whincup, ed. and trans., *The Heart of Chinese Poetry* (New York: Doubleday, 1987), 169. 다른 두 가지 영역과 그것들의 장단점에 대한 토론이 Sven Birkerts, ed., *Literature: The Evolving Canon* (Boston: Allyn and Bacon, 1993), 634.

위의 장면은 왕유가 시작한 것으로 알려진 중국 수묵화 스타일을 연상시킨다. 보통 여기서 산들은 구름 사이로 어렴풋이 드러나고, 광활한 허공에 에워싸여 있으며, 작고 상세한 숲의 묘사로 강조점을 가지게 된다. '空kung'이라는 말의 직접적 사용은 곧바로 도교의 위대한 공 혹은 불교의 '공허' 사상을 떠오르게 만든다. (왕유는 독실한 불교 신자였던 것으로 알려져 있다). 시행의 표현은 중국어 동사가 인칭에 따라 변화하지 않으며, 주어적 대명사 없이도 쓰일 수 있다는 사실에 깊이 의존한다. 사실상 이 시에는 주어의 '목소리'가 없는 것이다. 문자적으로 사행의 이 시를 다시 이렇게 번역할 수 있다.

쓸한 산중에 아무도 보이지 않고,
누군가의 소리만 들리네.
비스듬한 햇살이 깊은 숲에 들어오고,
다시 푸른 이끼에 비추이네.

여기서 사람의 목소리가 부재하다는 것은 경험을 인간 주체에서 분리시킬 수도 있음을 제안하고 있다. 사실 불교 사상에 있어 주체는 실체적 존재나 독립적인 '자아'를 가지지 않는 하나의 덧없는 심리적 현상에 불과하다. 유한성과 덧없음(돌아온 오후의 햇살이 숲을 꿰뚫고 주위의 그림자와 대조적으로 이끼를 비추는 순간)은 신비로운 무한성과 필연적 실재의 지평에 대조되고 있다. 그런 지평은 오직 부정적으로 '공'으로 묘사될 수 있을 뿐인데, 여기서 광대한 산의 풍경으로 상징되고 있다. 깊은 숲을 꿰뚫고 들어오는 빛은 또한 풍경의 아름다움에서 느끼는 만족이 깨달음의 평화를 가져온다는 통찰을 드러낸다. 햇살이 비치는 조그만 이끼에 대한 시적 감상은 구체적이고 덧없는 것이 바로 무한성의 자리라고 하는 선적禪的 인식을 보여주고 있다. 이것은 모든 존재하는 만물에 대한 불교적 공감과 밀접하게 연결되고 있다.

분명 언어는 본질상 문어적 예술 특히 시로 하여금 존재의 '형이 상학적' 차원을 표현하기에 적합하도록 만든다. 언어는 직접 생각, 사상, 질문을 표현할 수 있다. 추상적이고 상징적인 특징으로 인해 말은 의식으로 하여금 '존재론적 차이'를 항상 암시적으로 느끼게 만든다. 단지 경험되어지는 사물의 객관적 존재와 그것을 경험하고, 이름하고 또한 이해하는 주체의 자기 현존적 행동 사이의 존재론적 차이가 그것이다.

하지만 이와 유사한 과정이 음악과 미술을 포함한 다른 비언어 적 예술 장르에서도 일어날 수 있다. 라너는 이미지와 관련해서 "초 월성에 대한 종교적 경험"을 가져오도록 돕는 "초월성에 대한 감각 적 경험"을 이야기한다.[34] 라너는 이렇게 말한다. 비언어적 예술은 "신학적 관점에서 볼 때, 그것이 사람으로 하여금 자신들의 원래적 인 종교적 경험을 성공적으로 인식하게 만드는 다양하고 독특한 방 식들에 의해 범주화되어야 할 것이다." 혹은 우리는 나아가 경험 일반의 '깊이'의 차원까지도 말할 수 있을 것이다.[35] 마치 도덕적 행동이 하나님에 대한 어떠한 개념적 언급도 없이 하나님의 즉각성 을 향해 목적론적으로 질서 지어질 수 있는 것처럼, 그러한 이미지

---

34 Rahner, "The Theology of the Religious Meaning of Images", in *TI*, vol. XXIII, trans. by Joseph Doncel, S.J. and Hugh M. Riley (New York: Crossroad, 1992), 159.

35 Rahner, "Art against the Horizon of Theology and Piety",163.

들도 하나님의 현존과 자기 선물을 중재하기 위해 표면적 주제에 있어 종교적일 필요는 없다.36 인간의 감각들은 하나님을 인식할 수는 없다. 하지만 진정한 인간적 행동 속에서 통전적 인간은 하나님을 보거나 들을 수 있고, 따라서 우리는 감각들을 통해 '종교적 경험'을 가질 수도 있는 것이다.37

라너는 모든 감각적 인식에서 공동 경험되는(co-experienced) 인식의 '지평'으로 인해서 초월성이 음악이나 미술에서 우리에게 암시적으로 중재될 수 있다고 본다:

> 처음에는 마치 본다는 것이 즉각적으로 보아질 수 있는 유한한 대상에 멈추어서, 그것을 초월해서 절대적 하나님으로 나아가기는 불가능하게 보인다. 하지만 우리는 이러한 견해를 거부하고 다음과 같이 말할 수 있을 것이다. 모든 대상에 대한 경험은 그 대상이 항상 하나의 단일한 것임에도 불구하고, 감각의 모든 범주의 형식적 대상에 대한 아프리오리적 선이해에 의해 수행된다. 이것은 알려지는 구체적이고 단일한 대상을 파악하는 것 이상이다. 이것은 단지 들음에만 적용되는 것이 아니다. 이것은 무제한적 초월성을 지니는 영 자체에만 적용되는 것도 아니다. 물론 영이 무제한적으로 그 형식적 대상을 가지고 무제한적인 아프리오리적 선이해를 가지는 반면, 감각은 그렇지 못하다는 사실에 의해 이 둘은 서로 구분될 수도 있다. 하지만 그럼에도 불구하고 모든 감각적 행위 자체는 어떤 초월성(transcendence)의 경험을 의미한다. 따라서 우리가 어떤 소리를 들을 때마다, 우리는 또한 그것을 둘러싸고 있으며 그 소리가 들

---

36 *Ibid.*

37 *Ibid.*, 166.

려질 수 있게 공간을 구성하고 있는 고요한 적막을 동시에 듣는 것이다. … 그러한 초월성의 경험은 비록 제한적인 것이긴 하지만 보는 행위에도 또한 필연적으로 주어진다. 우리가 어떤 대상을 볼 때마다, 우리는 그것을 넘어 모든 보이는 것들을 확장적으로 보는 것이다. … 따라서 단지 청각뿐만 아니라 시각에서도 초월성에 대한 감각적 경험이 존재하는 것이고, 그것이 감각적 능력을 지닌 영적 주체로 하여금 하나님을 주목하게 만드는 근거와 중재물로서 봉사하는 것이다.[38]

감각적 행위의 '지평' 자체가 초월적 '존재' 혹은 하나님은 아니다. 감각적 행위에서 우리는 모든 가능한 감각적 경험의 아프리오리적 영역 곧 시간과 공간의 연속성 자체를 공동-경험하고 선-이해하는 것이다.[39] 하지만 이러한 시공간에 대한 선이해 자체는 형이상학적 통찰에 관계되는 것이다. 첫째로 이것은 사유의 지평을 공동-경험하는 행위에 병행하는 것으로서 감각적 행위가 여기로 나

---

38 Rahner, "The Theology of the Religious Meaning of Images", 158. 라너에 앞서 오이겐 비저(Eugen Biser)는 이미지의 스콜라신학적 이론에 대해 이와 유사한 주장을 하였다. 그에 따르면, 스콜라적 사유에 있어 이미지는 '조명한다'(illuminate). "*Sie lassen die von ihnen versinnbildeten Dinge nicht in ihrer Faktizität stehen, sondern heben sie über die Ebene des Faktischen hinaus. …In diesen Sinn sind Bilder Fenster, die sich in das je größere Weltgeheimnis hinein öffnen und den Blick auf das freigeben, was den Dingen als ein noch uneingelöstes Versprechen zugrunde liegt*"(이미지들은 자신들이 상징하는 사물들을 사실성 속에 그대로 내버려두는 것이 아니라, 그것들을 사실성의 차원을 넘어서게 한다. 이런 의미에서 이미지들은 항상 보다 큰 세계의 비밀로 열려져 있는 '창문들'로서, 사물들을 하나의 되돌릴 수 없는 약속으로 보고 거기에 기초하려는 시도로부터 시선을 자유롭게 한다). "Der unvorstellbare Gott", 40.

39 Cf. J.-B. Lotz, *Die Identität von Geist und Sein* (Roma: Università Gregoriana Editrice, 1972), 162-174에 나오는 로츠의 "개별적인 것과 상응하는 아프리오리"(das dem Einzelnen entsprechende apriori)에 대한 논의를 참고하라.

가게 만든다. 따라서 이것이 일종의 유비에 의해 보다 궁극적인 지평을 가리키도록 이용될 수도 있다. 더 나아가 감각적 지평을 '지평'으로서 경험하는 것은 오직 의식적인 영적 주체의 감각적 경험 속에서만 발생할 수 있다. 곧 그것은 모든 존재에 대한 주체의 아프리오리적 개방성에 의존한다. 인간의 감각적 행위들에 있어서 감각적 대상과 그것의 지평을 경험하는 것은 단지 감각 능력 그 자체가 아니라, 육체화된 영과 마음 곧 통전적 인간이다. 따라서 제한적인 시공간적 지평이 보다 고등한 정신적 활동의 맥락에서 발생할 때에는 그것은 보다 근본적인 영적 자기 현존을 '가리킬' 수 있으며 이 속에서 우리는 존재, 진리, 선, 아름다움을 선이해하는 것이다.

라너에 의해 철학적으로 묘사된 이러한 과정을 자코모 레오파르디의 유명한 시「무한」(L'infinito)은 보다 구체적으로 다음과 같이 표현한다:

무엇보다도 나에게 더 친근한 것은
궁극적인 지평을 바라보는 데 있어
제한을 가져다주는 이 고독한 언덕과 나무 울타리이다.
하지만 이것을 앉아서 바라볼 때면,
마음속에서 난 이것 너머의 끝없는 공간을, 초인간적인 침묵을,
그리고 깊은 고요를 그림 그린다. 가슴은 조금 두렵다.
그리고 이러한 식물들 사이로 부는 바람을 들을 때면,
난 이 소리에 무한한 침묵을 비교한다.
그리고 난 영원을, 죽은 계절들을,
현재의 살아 있는 것을, 그 소리를 기억한다.

이런 광대함 속에서 내 생각은 무(無)로 데려가 진다.

그리고 그런 바다에 빠지는 것은 오히려 달콤하다.

— Giacomo Leopardi, 'L'infinito', 1819

익숙한 풍경은 시인으로 하여금 풍경 너머의 시각적 지평을 상상하게 만든다. 이것은 다시 공간의 모든 영역에 대한 사유로 이어진다("이것 너머의 끝없는 공간"). 또한 시각적 이미지는 청각적 그것에 의해 보충된다. 끝없는 공간은 또한 끝없는 침묵이며, 이런 생각은 마음을 두려움의 언저리로까지 데려간다(파스칼의 『팡세』에 나오는 유명한 구절 "le silence éternel de ces espaces infinies m'effraie"와 비교해보라).[40] 공간의 영역은 유비적으로 시간의 영역과 그 지평으로 이어진다. 시인은 단지 과거나 현재로만 주의를 돌리는 것이 아니라 또한 영원을 '기억'한다(e mi sovien l'eterno, "그리고 난 영원을 기억한다"). 여기에 플라톤의 '아남네시스^{ἀναμνήσις}'(回想)의 사상이 반영되고 있다고 보는 것은 우리가 너무 많은 것을 이 구절 속으로 읽어 들어가는 것일지도 모르겠다. 레오파르디가 말하고자 하는 것은 의심의 여지 없이 보다 간단한 것이다. 그는 삶의 한계들과 그것 너머의 '영원'에 대한 성찰의 순간을 가지게 된 것이다. 죽음에 대한 생각은 바로 뒤의 '죽은 계절들'(le morte stagioni)에 의해 보다 분명하게 드러난다. 그럼에도 불구하고 레오파르디의 생각을 아우구스티누스의 자기 현존으로서 '기

---

[40] "무한한 공간의 영원한 침묵이 나를 두렵게 한다." Blaise Pascal, *Pensées*, edited by Ch.-M. Des Granges (Paris: Éditions Garnier Frères, 1964). 우리는 또한 4장에서 인용된 "첫 번째 두이노 애가"의 "*jeder Engel ist schrecklich*"("모든 천사 하나하나 공포스럽다")를 떠올릴 수 있을 것이다.

억'이라는 사상에 관련지어보는 것이 완전히 부적절한 것은 아닐 것이다. 아우구스티누스에 따르면 마음은 자기의식의 뿌리인 '기억'에 의해 자기 자신의 대상이 되고, 이것을 통해 우리는 자신의 유한성과 더불어 존재의 지평을 또한 의식하게 되는 것이다.[41]

마지막으로 시인의 자아의식은 그가 성찰하는 '광대함' 속에서 잃어지게 되고, 그는 오히려 그런 상실을 행복으로 즐거워한다. 이러한 결론은 물론 신학적인 의미에서 직접 종교적이거나 '신비주의적'인 것은 아니다. 그것은 단순히 엄청남과 광대함에 대한 성찰 뒤에 따라오는 마음의 휴식을 순수하게 표현한 것일 수도 있다. 하지만 자연 속에서 시인의 순간적인 자기 초탈(ecstasy)은 그것이 비록 모호하고 정의되지 않았다 하더라도 그 시의 제목인 「무한」과의 일치를 또한 상징하는 것일 수도 있다. 그리고 여기서 경험되어지는 행복은 자신의 진정한 실재를 발견하기 위해서는 "영원히 더 큰 분" 속에서 자신을 잃어야만 한다는 깊은 역설을 나타내는 것이다.

앞에서 인용된 라너의 말은 감각적 경험 일반에 관한 것이다. 레오파르디가 가리키는 경험도 또한 자연에 대한 감각적 경험 중 하나에 대한 것이지 예술에 대한 경험은 아니다(비록 그가 그런 경험을 예술적으로 우리에게 전하고 있지만 말이다). 예술은 감각적이기 때문에 자연스레 감각적 경험 일반이 가지는 '존재론적' 특성들을 공유한다. 하지만 예술도 또한 "초월성에 대한 감각적 경험"과 그것의 보

---

41 Augustine, *The Trinity*, Bk. XIV, ch. 3 (end) and 4 (beginning). 아우구스티누스의 '메모리아'(*memoria*, 기억)의 사상은 플라톤의 '아남네시스'(ἀναμνήσις)의 사상을 '비신화론화'시키고 있다. 그는 과거의 천상적 존재에 대한 플라톤적 회상을 하나님의 형상으로서 의식의 경험으로 대체시키고 있는 것이다. 이 속에서 하나님의 영원성과 무한성이 (라너의 표현을 빌리면) '선이해'된 것이다.

다 궁극적 지평에 대한 암시적 언급을 고양시킬 수 있고, 그러한 목적을 위해 의도적으로 사용될 수도 있을 것이다. 곧 예술은 감각의 지평과 그것을 통해 인식하는 마음의 초월적 지평인 절대성을 드러내는 데 사용될 수도 있다.

우리는 회화의 영역에서 도교 혹은 선불교의 미학 이론에 영향을 받은 많은 중국의 산수화를 그 예로 들 수 있을 것이다. 남송과 원 시대의 대표적 작품들로는 옥간玉澗(Ying Yu-chien)의 「산시청만도山市靑巒圖」(*Mountain Village in Clearing Mist*), 하규夏珪(Hsia Kuei)의 「풍우행주도風雨行舟圖」(*Boat at Twilight*)와 「관폭도觀瀑圖」(*The Down-pour*), 마원馬遠(Ma Yüan)의 「산경춘행도山徑春行圖」(*Landscape with Willows*) 등을 들 수 있다. 이러한 산수화에서 빈 여백은 그림의 구성과 의미에 본질인 요소이다. 여백은 영혼을 자연 속으로 흡수시키고, 다시 이런 흡수는 측량할 수 없고 영원한 '위대한 공'을 상징한다. 어떤 그림은 일상생활이나 종종 우스꽝스럽게 관찰된 대상을 상세하고 '자연주의적'으로 묘사하는데, 배경의 여백은 사물들의(그리고 감상자의) 존재가 가지는 순수한 사실성과 덧없음을 강조한다. 목계의 「야생 기러기」(*Wild Goose*), 마원의 「한강독조도寒江獨釣圖」(*Fisherman on a Lake in Winter*), 오진吳鎭(Wu Chien)의 「풍죽도風竹圖」(*Bamboo in the Wind*) 등이 그렇다.[42]

중국의 선승인 목계牧谿(Mu Ch'i)가 그린 「여섯 개의 감」(六柿圖,

---

[42] 비록 본인이 기독교 예술에 대한 논의를 다음 부분으로 연기하고 있음에도 불구하고, 여기서 중세 회화의 황금빛 혹은 하늘빛 배경(背景)은 (그것이 '풍경'을 포함하고 있을 때조차도) 이와 유사한 효과를 가져온다는 것을 언급하고자 한다. 그림의 주제는 단지 하늘과 땅이 아니라 '천국' 혹은 우주를 배경으로 표현되고 있다.

Six Persimmons)은 바쇼의 하이쿠처럼 일상적인 것을 깨달음의 도구로 만들고 있다. 여기서 구체적인 사물들과 빈 여백이 소리와 침묵의 시적 대조처럼 서로 어우러지고 있다. 이 그림은 어떤 차원에서는 아이러니 혹은 패러독스를 지닌다. 감 여섯 개가 강렬하고 경제적으로 표현되고 있다. 한편 묽은 물감의 붓질에 의해 표현된 탁자의 표면 위에 감들이 단단히 자리내리고 있으며, 이들 중 하나를 앞에 둠으로 깊이감과 '리얼리즘'을 감상자에게 가져온다. 다른 한편으로 '표면'의 어떠한 경계도 그려지지 않고 있으며, 따라서 어떠한 시점도 주어지지 않고 있다. 실제로 수직의 붓 자국은 종이의 평평함을 강조하고 있다. 이러한 관점에서는 감들이 순수 공간에

[그림 3] 목계(牧鶏, 13세기), 「六柿圖」.
Daitokuji, Kyoto, Japan.

마치 떠 있는 것 같다. 감들은 검은색으로 색칠된 반면 그 주위의 윤곽은 미묘하게 황적색으로 물들어 있다. 그리고 이것 중 두 개의 감은 그러한 패턴이 거꾸로 뒤집어 빈 원으로 표현되고 있다. 대상들의 배치는 불규칙한 반면 그림 전체는 괄목할 만한 균형을 보여주고 있다. 마음이 주목하는 것 또한 변화한다. 우리는 감들을 보다가 동시에 감들을 인식하고 묘사하는 화가의 순간적이고 주관적인 행동들을 또한 주목하게 된다. 화두 혹은 공안公案(koan)처럼 이 그림은 우리를 놀라게 하고, 우리의 방어를 벗겨버리고, 존재의 덧없음과 그 무한한 지평을 드러낸다.

우리는 이러한 예술이 신성의 '내재성'과 '초월성'의 일치를 표현한다고 볼 수도 있을 것이다. 그것은 사물 자체를 그 특수한 구체성 속에서 표상하는 것을 제외하고는 어떠한 다른 표상도 가지지 않음으로 이러한 일치를 '표상한다.' 이러한 사물이 어떤 '다른' 것의 '상징'으로 주어지고 있지도 않다. 오히려 사물의 '여如존재'(suchness: Sosein)는[43] 그 자체로 영원에 참여하는 것이고 사물과 그것의 감상자 둘 다에게 영원을 계시한다.[44] 부헤러-홀덴펠트가 말한 것처럼 추상화를 포함

---

43 '여(如)존재'의 관념은 제라드 맨리 홉킨스(Gerard Manley Hopkins)가 그의 'inscape'(내적인 풍경; 사물의 개별적 혹은 본질 특성)과 'instress'(내적인 풍경을 지속시키는 힘 혹은 에너지 - 역자주)의 시학을 설명하기 위해 사용한 스코터스의 haecceitas와도 관련된다. 보다 먼 예로는 대승불교에서 공(śūnya)의 긍정적 측면으로 말하는 여(tathātā, suchness)의 개념과도 최소한 유비적인 관계가 존재할 것이다.

44 릴케가 파리에서 세잔(Cézanne)의 그림을 처음으로 접했을 때 이와 유사한 진술을 하였다. 세잔의 그림은 대상에 대해 "여기 그게 있다"(hier ist es)를 말한다(Letter of 13・10・1907 to his wife Clara). 세잔적인 고요한 삶의 풍경에서 과일은 단지 먹을 수 있는 어떤 것으로 드러나는 것이 아니라, 그 완고한 존재 속의 단순히 소모될 수 없는 어떤 것으로 드러난다(so einfach unvertilgbar in iherer eigensinnigen Vorhandenheit). Letters of 13/10/1907 and 8/10/1907 to his wife Clara, quoted in Albert, "Zur Ontologie des Sakralen in der Kunst", 67-68.

한 그러한 예술 작품은 존재의 '짙어짐' 혹은 '응축'(*Verdichtung des Daseins*)이고 모든 존재와 마찬가지로 자신의 깊이인 영원한 '보다 더'(*Je-Mehr*) 곧 존재 자체의 근거를 가시화시킨다.[45]

어떤 형태의 음악은 이와 유사한 방식으로 작용하는 것 같다. 예를 들어 명상적인 특질을 지닌 일본의 몇몇 고전적 혹은 현대적 음악은 선(禪)적 원칙들을 미학의 영역 속으로 가지고 들어와 소리와 침묵 사이의, 패턴들의 발전과 순간적인 음색 사이의 미묘한 상호 작용에 기초하고 있다(여러 예 중 하나를 들면, 가가쿠^{gagaku} 오케스트라를 위한 토루 타케미츠$^{Toru\ Takemitsu}$의 음악적 명상 "In an Autumn Garden").[46] 이와 유사하게 서양에서는 아르보 패르트$^{Arvo\ Pärt}$의 음악이 (보통 종교적인 맥락에서) 창조된 침묵, 침묵에 접근하는 디미누엔도^{diminuendo}, 길게 연장된 순수한 음조 등을 사용한다. 그런 음악은 종종 거의 아플 지경으로 존재와 감정에 대한 강렬한 의식을 가져오지 않는가? 우리가 그것을 그 총체성 속에서 들을 때 그런 음악은 단지 소리, 리듬 혹은 음조만을 우리에게 가져다주는 것이 아니라 듣는 행위와 시간성 자체의 지평을 가져다준다. 그것은 나아가 존재의 예술적 응축을 통해 자신의 시간성과 우연적 존재를 인식하게 되는 의식적 존재의 지평으로 감상자를 데려간다.

물론 예술적 경험이 존재의 존재론적 깊이를 중재하는지 혹은

---

45 Augustinus Karl Wucherer-Huldenfeld, "Sein und Wesen des Schöffnen", in Günter Pöltner and Helmuth Vetter (eds.), *Theologie und Ästhetik* (Wien, Freiburg, Basel: Herder, 1985), 20-34, at 21.

46 작곡가가 직접 지휘한 연주를 Varèse Sarabande label: VCD 47213로 녹음됐다. 작품에 대한 그의 글에서 토루 타케미츠는 자신의 음악이 가지는 '형이상학적' 특질을 드러나게 언급한다.

그러한 깊이가 '성스러움'과 연결되는지 여부는 대부분 그것이 인식되어지는 콘텍스트 특히 감상자의 성향, 배경, 구체적 상황에 달려 있다.[47] 더군다나 어떤 형태의 예술은 순전히 감각적 인식의 차원을 목표할 수도 있을 것이다(라너는 단지 색깔을 생산해내고자 하는 인상주의 예술을 예로 든다). 라너에 따르면 이것이 그러한 예술의 오직 유일한 목표이고 결과라면, 그것은 하나님과의 관계를 중재하지도 그러한 질문을 제기하지도 않는다. "그것은 하나님과의 관계가 아직 현존하지는 않는 인간성의 차원에서 움직이고 있다."[48] 하지만 그러한 작품들조차도 어떤 특정한 사람에게는 종교적 중요성을 지닐 수 있는데, 그에게 그것들은 그런 작품들의 생산, 주제적 문제 혹은 감상자의 실존적 상황이 가지는 가능 조건을 '우연하게' 드러내기 때문이다.

---

47 Rahner, "Art against the Horizon of Theology and Piety", 167.
48 *Ibid.*

V. 예술과 기독교 메시지: "특별한 범주적 계시"

예술이 아름다움의 추구, 감정들의 연상, 경험의 '존재론적' 차원의 고양 등을 통해서 '계시'를 구체화시킬 수 있는 방식을 간략하게 위에서 살펴보았다. 이제 우리는 보다 직접 종교적 예술을 다루고자 한다. 여기서 예술은 또 다른 형태의 범주적 계시를 전달한다. 곧 사유와 삶의 거룩한 종교적 전통 안에서 구체화된 계시가 그것이다. 우리는 주로 기독교 전통의 예들을 살펴볼 것이다. 예술의 신학적 사용에 대한 이러한 고찰 중 최소한 몇몇은 다른 종교적 전통에도 적용될 수 있을 것이다.

종교적 전통과 메시지를 예술을 통해 중재하는 것은 특별한 문제들을 제기한다. 직접 종교적인 예술은 최소한 세 가지 다르게 기능하는 것 같다. 첫째로 종교예술 작품들은 말씀 특히 성서의 담지자와 해석자로서, 종교적이고 신학적인 내용을 표현할 수 있다(예를 들어 예배의 성가). 둘째로 그것들은 '말씀'으로서 메시지에서 직접 유래하지는 않았지만, 그럼에도 불구하고 그것에 본질로 관련되어지는 생각이나 감정의 비언어적 전달(곧 메시지의 전제 혹은 영향 등의 표현)일 수도 있다(예를 들어 바흐의 오르간 음악). 셋째로 그것들은 종교적 콘텍스트 속에서 아름다움을 창조할 수도 있다(예를 들어 모차르트의 매혹적이지만 특별히 '성스럽지'는 않은 서신서 소나타[Epistle sonata]들). 물론 예술가의 자기표현 등과 같은 다른 목적들이 관련될 수 있을 것이나, 위의 세 가지가 신학적으로 고찰할 필요가 있는 가장 중요한 것으로 보인다. 이 세 가지는 항상 분명하게 구분될 수 있는 것은 아니다. 그것들은 서로 교차하고 결합되거나 구체적 작품 속에서 다른 정도로 공존할 수도 있다.

이러한 기능들 사이에는 종종 갈등이 발생하기도 한다. 곧 '종교적'인 종교예술과 '예술'로서 종교예술 사이에는 목적의 차이가 갈등을 가져오는 것이다. 반 델 레우는 이렇게 말한다. "우리가 알고 있는 '종교적 예술 작품들'의 10분의 9는 성스러움과 아름다움 사이의 어떤 내적이고 본질인 관계를 표현하는 것이라기보다는 단지 외적인 연관을 가질 뿐이다. 이것들은 예술이나 종교 둘 중에 어느 하나도 손상시키지 않고도 세련될 수 있으나, 예술과 종교의 통합을 보여주지는 않는다."[1]

이와 유사하게 라너는 직접 종교적인 예술의 상당 부분이 실제로 깊이 종교적이지는 못한데, 그것은 "진정하고 깊은 종교적 반응을 감상자에게 가져올 수는 없는 종교적 키치[Kitsch]이기 때문이다"고 말한다. 그는 19세기 감상적인 경건성을 표현하고 있는 예술품들을 예로 든다.

> 예수의 가족에 대한 19세기 회화가 경건한 사람들에 의해 좋은 의도에서 그려졌으나, 그것들을 진정 종교적인 그림이라고 말하기는 어렵다. 그것들은 종교적 감정을 일으킬 만큼 우리에게 깊이 영향을 끼치는 것은 아니다. 반면에, 렘브란트의 그림은 종교적이고자 의도하지는 않았지만 사람을 깊이 감동시키고 삶의 궁극적인 의미에 대한 질문을 가져오는데, 이런 엄밀한 의미에서 그것은 종교적인 그림인 것이다.[2]

---

1 Van der Leeuw, *Sacred and Profane Beauty*, 230.

2 Rahner, "Art against the Horizon of Theology and Piety", 167.

확실히 상당수의 종교적 키치가 있다는 사실에 우리는 동의할 수 있을 것이다(비록 비평가들은 이 용어를 구체적인 작품에 적용하는 데 있어 서로 다른 의견을 보일 수는 있다). 하지만 라너는 미학적이고 종교적인 반응 둘 다가 지닌 매우 주관적인 요소를 무시함으로써 예술적 장점과 종교적 중요성 사이의 관계를 지나치게 단순화시키는 것 같다. 한편으로 많은 목회자와 목회적(음악적, 회화적, 건축적, 설교술적) 예술의 실천가들은 '예술로서는'(전문가들의 평가에 있어서는) 키치 같은 작품들이 그럼에도 불구하고 어떤 사람들에게는 진정하고 깊은 종교적 감정을 가져올 수 있다는 사실에 동의할 것이다. (아마 이렇게 영향 받는 사람들이 '고급' 예술에 의해 영향 받는 사람들보다 더 많을 것이다.)3 반대로 신학자들이 '종교적으로는' 키치 같다고 판단내리는 태도들(예를 들어 미신적이고 감상적인 경건, 속 좁고 독단적인 독실함)이 예술 속에서는 다른 방식으로ㅡ곧 아름다움, 세련된 기술, 전달력, 깊이 인간적인 그러나 반드시 종교적이지는 않은 감정을 불러일으키는 능력에서ㅡ 위대할 수도 있다. 이런 것들로는 성모 마리아에 대한 르네상스의 위대한 작품들을 들 수 있다. 매우 상식적이지만 강렬한 여성적 미 혹은 모성을 우아하게 표현한 프라 필리포 리피Fra Filippo Lippi의 그림이 우선 생각난다. 그리고 베르디Verdi와 로시

---

3 존 러스킨(John Ruskin)은 여기서 더 나아간다. "다른 사람들이 어떻게 느끼는지 잘 모르겠지만, 난 아직 마음이 완전히 앞으로 올 세계에 놓여 있고, 하나님 앞에서 의롭고 완전하며, 동시에 예술을 소중히 여기는 그런 기독교인을 만나보지 못했다.⋯ 신앙 안에서 의롭고 평온한 동시에 예술에 대해 심각하게 관심하는 그런 사람을 난 알지 못한다. 그리고 만약 이런 사람이 예술에 의해 감동된다면, 어떤 종류의 예술이 그에게 이런 감동을 가져올지 미리 말하는 것은 불가능하다. 그것은 종종 진부한 것들, 더 자주는 거짓된 감상에 의해 발생하기도 한다." *The Stones of Venice*, Vol. II, ch. iv, no. 58, in *Ruskin Today*, chosen and annotated by Kenneth Clark (Hammondsworth: Penguin Books, 1964), 210.

니^{Rossini}의 '성^聖'음악이 또한 이 범주에 들 수 있을 것이다.

예술적 표현과 종교적 반응 사이의 관계는 매우 복잡하다. 어떤 음악이나 예술 작품이 강렬하고 신학적으로 유효한 종교적 반응을 가져오는 것은 그것의 아름다움이나 예술적 기교 때문이 아니라, 이런 것들과는 관계가 없는 경우도 있고 종종 이런 것이 부재하기 때문인 경우도 있다. 단지 그런 내용이 종교심으로 가득한 사람을 감동시킬 수 있는 것이다. 혹은 그 작품이 가져오는 연상(모성, 가족, 사랑, 자비)이 간접적으로 신성함을 주목하게도 한다. 혹은 비록 예술적으로는 '저급한' 차원에 놓여 있지만, 문화에 있어서는 주도적인 언어로 작용하는 어떤 구체적인 미학적 중재물이 보다 효과적으로 메시지를 전달할 수도 있다. 예를 들어 많은 민속적 혹은 '대중적' 예배 양식을 어떤 이는 공예품의 차원으로 간주하겠지만, 거기에 참여하는 사람들은 종종 강한 신앙심과 헌신을 체험하게 된다.

이러한 복잡성에 대한 인식은 우리로 하여금 최소한 두 가지 방법론적 고찰을 하게 만든다. 첫째로 우리는 종교예술의 다른 기능들을 구체적인 상호작용의 콘텍스트 안에서 보다 자세하고 맥락적으로 고찰하여야 한다. 둘째로 우리는 '고전'의 위치를 획득한 종교예술의 작품들을 또한 살펴보아야 할 것이다. 왜냐하면 그것들은 어떤 구체적인 콘텍스트에서만 종교적 감정을 생산하는 것이 아니라, 시간의 테스트를 거치며 보다 넓은 기독교 공동체에게 말하고 있기 때문이다.

1. 예술들의 '위계질서'?

라너가 말하듯 성스러움을 중재하는 많은 종류의 감각적 경험들이 있을 수 있다.

> 그러한 것들에는 건축이 제공하는 공간적 특성, 예배적 제스처가 표현하는 움직임, 순례지로의 여행, 종교적 춤, 향로의 후각적 경험, 성례전에서 만지고 먹는 경험 등이 있다. 모든 감각적 능력은 서로 환원될 수 없는 끝없이 다른 방식으로 종교적 행위 속에 들어온다.[4]

이러한 감각적 경험들은 다양한 차원에서 '기교 있게' 혹은 예술적으로 다른 종류의 종교 '예술'로 분류될 수 있을 것이다. 다른 종류의 종교예술은 성스러운 내용에 대해 각각 독특한 관계를 지닐 것이다.

예술이 구체적으로 성스러움을 중재하는 방법들에 대해 보다 자세히 살펴보기에 앞서, '위계질서'로서 조직화된 예술이라는 반 델레우의 신학적인 제안을 간략하게 살펴보는 것이 유용할 것이다. 그의 중요한 주장은 신학적 관점에서 모든 예술이 기독교 메시지와 동일한 관계를 지니지는 않는다는 것이다. 그에게 있어 기독교 예술 신학은 하나님의 '형상'의 교리에서 출발하여야만 한다. 그리고 이러한 시각적 이미지의 생산을 '중심점'으로 다양한 예술이 '위계적'으로 조직될 수 있다는 것이다. 이것은 어떤 한 예술이 다른 예술

---

4 Rahner, "The Theology of the Religious Meaning of Images", 160.

들에 비해 단순히 우월하다는 것을 주장하는 것이 아니라, 예술이 절대성으로 돌아서게 될 때 종교와 예술의 중심적 '교차점'에 대해서 각각의 예술은 다른 관계가 있다는 것을 주장하는 것이다.[5]

반 델 레우에 있어, 모든 예술은 광의적 의미에 있어 '표상적'이다. 하지만 시각 예술은 특별한 방식으로 그러한데, 여기서는 형태와 형상이 주도하기 때문이다.[6] 구체적인 '형상' 곧 초월성의 역사적 중재를 기독교의 중요하고 차별적인 특징으로 보는 신학에 있어, 시각적 이미지는 특히 중심적이다. 다른 종교들과 신학들은 다른 중심들과 예술에 대한 다른 관계들을 지닐 것이다.

비인격적이고 영적인(비물질적인) 것을 중심에 위치시키는 신학은 고정된 중심점에서 음악으로 움직이는 예술들을 추종할 것이다. 그러한 내재적이고 범신론적이고 신비주의적 신학은 음악을 모든 예술들의 본질로 보고 이미지는 뒤에 둘 것이다. 쇼펜하우어가 능란한 방식으로 그렇게 하였다. 반대로 역사적인 동시에 초월적으로 생각하는 신학, 그 중심에 하나님의 성육화를 위치시키는 신학은 예술들의 중심점을 이미지에서 찾을 것이다. 그것은 차별화되지 않은 원초적 종교와 똑같이 차별화되지 않은 춤의 예술 사이에서 강한 유비적 관계를 발견할지도 모른다. 또한 그것은 모든 형태와 경계들을 부수는 신비주의와 내용이나 경계도 가지지 않는 음악 사이에서 이와 유사한 유비적 관계를 발견할지도 모른다. 하지만 이러한 신학은 주로 아름다움과 성스러움의 관계를 이미지에서 발견한다. 하나님이 자기의 이미지대로 인간을 창조하셨고 인간의 형

---

5 Van der Leeuw, *Sacred and Profane Beauty*, 302, 333.
6 *Ibid.*, 328-329.

상으로 이 땅 위를 걸으셨기 때문에, 이러한 신학은 하나님의 창조물 형상들 속에서 하나님의 형상을 찾는 것이 하나의 오만한 죄는 아닐 것이라고 확신한다.[7]

이런 통찰에 기초하여 반 델 레우는 흥미롭게도 예술들의 삼위일체적 구조를 간략하게 제안한다. 1) 원초적 예술로서 자신 속에 나머지 모든 예술을 분리되지 않은 통일성으로 가지는 춤 혹은 무용(dance); 춤과 연결되는 연극 혹은 드라마[drama]가 신비한 원천으로서 '성부聖父' 하나님에 상응한다. 2) 이미지 속에서 예술은 "가만히 멈추게 되고" 구체적이고 영속적인 형상을 가지게 된다; 언어의 예술인 문학(literature), 회화(painting), 조각(sculpture), 건축(building)은 하나님의 역사적 구체화이며 계시인 '성자聖子'에 상응한다. 3) 이미지 없는 음악(music) 속에서 예술은 다시 운동하기 시작해서, 시간을 통해 나아가는 비가시적이지만 느껴질 수는 있는 역동성을 표현한다; 음악은 '성령聖靈'의 영역을 대변한다.[8]

---

7 *Ibid.*, 303. 라너는 이와 유사한 통찰을 기도에 있어서 이미지의 사용에 대한 자신의 논의에 적용시킨다. 기독교는 "절대적인 하나님에 도달하려는 자신의 노력에 있어, 전체로서 지구 곧 영화롭게 된 지구를 같이 가져가고자 의도한다." 오직 이것이 이냐시오의 관상기도법을 설명할 수 있다. '대상 없는 명상'이라는 이상에도 불구하고, 이냐시오는 '감각의 적용'을 "명상의 가장 저등한 차원이 아니라 가장 숭엄한 차원"이라고 말한다. Rahner, "The Theology of the Religious Meaning of Images", 156.

8 *Ibid.*, 302, 328. 오스카 쇤겐(Oscar Söhngen)은 음악신학에 있어서 신성의 세 가지 기능에 상응하는 삼위일체적 구조의 가능성을 제안한다: (1) '창조의 영역'에 있어서 음악(수학적 질서를 표현하는 음악), (2) 구체적인 제의적 사용에 있어서 음악, (3) 종교적인 음악(이것은 성령의 사역과 종말의 예견으로서, 말씀과 결합되거나 분리될 수 있다). Söhngen, "Music and Theology: A Systematic Approach", 15.

VI. 미술과 음악에서 성스러운 말씀

우리는 직접 종교적이지는 않은 예술에 있어서 아름다움, 형이
상학적 통찰, 감정의 연상을 통한 하나님에 이르는 길에 대해 이미
앞에서 다루었다. 물론 직접 종교적인 예술도 이러한 방식으로 작
용할 수 있다. 상당한 부분의 서양 미술과 음악은 오직 그 내용이나
주제에 있어서만 '종교적'이다. 그런 예술로서의 본래 의도는 장식
혹은 아름다움의 창조이다(비록 아름다움이나 감정이 기능하는 종교적 콘
텍스트가 무시될 때, 작품의 의미에 있어 한 부분이 상실된다는 가다머의 주장
에 본인도 동의하지만 말이다).[1] 이 부분에서 우리가 다루고자 하는 주
제는 성스러운 말씀, 사상, 태도, 감정의 담지자, 동반자로서 예술
의 직접 종교적인 기능이다. 그리고 이것은 광의적 의미에서 계시
적 '말씀'의 한 측면으로 이해되어야 할 것이다. 따라서 여기서 우리
의 주제는 구체적인 메시지의 전달이라기보다는 오히려 (종교적 건
축과 음악, 미술에서처럼) 메시지에 적합한 성스러운 시공간적 '분위기'
를 창조하는 예술이다.

본인은 음악과 미술에 집중하여 이것들이 가지는 종교적 기능이
'예술'로서 기능과 서로 교차하는 방식들을 고찰하고자 한다. 이런

---

1 우리가 살펴보았듯이 가다머는 과거의 예술적인 (아니 모든) 작품들을 그 '삶의 기
능'(life-function)에서 추상화하여 순전히 '미학적' 관점에서 보는 경향을 비판한다. "예술
사에 있어 위대한 시대에 살았던 사람들은 어떠한 미학적 의식이나 '예술'의 현대적 개념
도 가지지 않은 채 모든 사람에 의해 종교적이거나 세속적인 삶의 기능이 이해될 수 있었던
예술 작품들로 둘러싸여 살았고 단지 미학적 즐거움만을 고려하지는 않았다. 미학적
경험이라는 관념이 이런 작품들의 존재를 환원적으로 축소시킴이 없이 그것들에 적용될
수 있을까?" *Truth and Method*, 73.

고찰을 통해 본인은 종교적 예술의 유형들과 방식들을 구분하고자 했던 반 델 레우와 틸리히의 노력을 요약하고 평가하며, 다양한 예술들이 성스러움을 중재하는 방식을 보다 구체적으로 제안하고자 의도한다. 이런 논의는 필연적으로 불완전하고 그 범위에 있어 제한된 것이다. 단지 본인은 예술 사학자와 미학 철학자 사이의 대화에 있어 어떤 방향성을 제안하고자 시도할 뿐이다.

1. 시각 예술

계시적 말씀과 시각 예술(주로 미술이나 건축) 사이의 관계는 매우 복잡하다.

우선 그래픽 디자인은 말씀의 직접적 표상으로 기능할 수 있다. 서양의 글쓰기는 주로 문자를 통해서 이루어지는데, 비록 그것이 그림에서 그 형식을 가져왔음에도 불구하고 일찍부터 어떤 소리에 대한 자의적이고 추상적인 기호가 되어졌다. 반대로 중국의 서예는 그림을 '표의문자'(ideogram)로서 사용하였다. 하지만 대부분의 한자의 현대적 형태는 이제 너무 정형화되어서 원래의 표상적 특질을 찾아보기 힘들게 되었고, 주로 의미보다는 소리를 가리키게 되었다. 그러나 오늘날 알파벳의 글쓰기에도 불구하고, 시각적 그림은 글쓰기와의 관계에 있어서 말씀이나 사상을 직접 표상하는 상형문자 혹은 표의문자의 기능을 수행할 수 있다.

우리는 이러한 예술의 사용을 "표의문자적 상징주의"(ideographic symbolism)라고 부를 수 있을 것이다. 여기서 시각적 이미지는 말씀이나 사상의 '글쓰기'에 관한 대안적인 방식으로 사용될 수 있다.[2] 로마의 카타콤베 지하 묘지에 남은 프레스코화나 비문(碑文)에서 우리는 많은 예를 발견한다: 물고기를 뜻하는 헬라어는 구원자로서 그리스도의 약자이다(ΙΧΘΥΣ Ἰησοὺς Χριστὸς Θεοῦ Υἱὸς Σωτήρ);[3] 닻은 '희망'을 뜻한다(Domitilla의 지하 묘지에 있는 프레스코화에서 이 둘이 결합되고 있다); 물고기와 떡(성서의 기적들에 사용된 요소들)의 그림은 동시에 그 기적들과 이후의 성만찬을 나타낸다(특히 그 경제성과 단순성에 있어 아름다운 예가 Calixtus의 지하 묘지에서 발견된다); 'Pax'(비문에서 영원한 쉼을 뜻한다)는 종종 올리브 가지를 물고 있는 비둘기로 표현된다(석묘에 많이 조각되어졌고, 특히 아름다운 프레스코화의 예가 Priscilla의 지하 묘지가 있는 Cubiculo Velatio에서 발견된다). 이런 '표의문자'로서 혹은 상징적인 기능은 다른 예술의 형태들에서도 한 필연적 요소로서 지속된다. 예를 들어 중세와 르네상스의 종교화에 종종 그려졌던 개(dog)는 그것이 '신앙'(fides)을 상징한다는 것을 모른다면 다소 당혹스러운 것이리라(많은 예 중에서도 시스티나 성당에 있는 로셀리(Cosimo Rosselli)의 최후의 만찬 그림).

음악적 장식과 마찬가지로 시각 예술이나 디자인은 텍스트의 삽화와 채식(彩飾)으로 사용되었다. 초대와 중세의 기독교 사본들은 이러한 것들을 다양한 형식과 정도에 있어 기록된 글에 통합하였다. 마가복음의 첫 부분을 담고 있는 『더러 복음서』(Book of Durrow)에서

---

2 본인은 글쓰기를 구성하는 자의적인 '기호'와 구분하여 '상징'이라는 말을 사용한다. "상징은 감각적 모양과 초감각적 의미의 일치로서… 나중에 이 둘을 같이 두는 기호의 사용과는 다르다." Gadamer, Truth and Method, 69. 하지만 그림적 상징과 기록되거나 말해진 기호와의 관계는 복잡한 것일 수 있다.

3 이러한 종류의 그림적 상징은 엄밀한 의미에서 표의문자와는 다르다. 그 상징적 기능이 알파벳으로 기록된 말에 의존하기 때문이다. 그럼에도 우리는 광의적 의미에서 그것을 '표의문자'에 포함시킬 수 있을 것이다.

예술의 사용은 매우 제한적이다. 여기서는 단지 문자들에 아름다움을 더하는 것을 목적으로 한다. 하지만 『켈스 복음서』(*Book of Kells*, fol. 130)에서는 한 페이지 전부가 라틴어 마가복음의 첫 번째 말인 '*Initium*'(시작)에 주어지는데, 이 채식이 오히려 텍스트를 주도하고 있으며 이미 그것이 무엇인지를 알고 있는 사람들을 제외하고는 거의 읽을 수 없을 지경이다.

텍스트의 삽화는 단지 장식이라기보다는 종교적 예술의 새로운 영역으로 우리를 데려간다. 다양한 종류의 삽화가 다양한 정도로 텍스트에 사용되었다. 우리는 종종 서로 중복되는 두 가지 기본적인 형태를 구분할 수 있을 것이다. 이야기적(narrative) 삽화와 아이콘적(iconic) 삽화가 그것이다. 본인이 '아이콘적'이라고 부르는 삽화는 주제적 문제를 구체적인 역사적 이야기에서 분리시켜서 표현한다. 그것이 표상하는 종교적 진리는 실존적인 동시에 초역사적이고 영원한 것이다. 그러나 이러한 구분이 너무 확장되어서는 안 될 것이다. 왜냐하면 이야기적 삽화도 영원한 동시에 실존적으로 관련되는 종교적 진리를 표현하는 아이콘적 특성을 일정 정도 지니고 있으며, 감상자를 거기에 대한 이야기 속으로 초청하기 때문이다. 그래서 대부분의 초기 '이야기적' 프레스코화나 모자이크화는 장면들을 자연적인 배경에서가 아니라 참되고 영원한 의미의 황금빛 배경에서 묘사하고 있다. 이야기적 미술의 예로 우리는 바티칸 도서관에 소장된 필사본인 『로사노 복음서』(*Rossano Gospel*)의 장엄한 최후의 만찬을 들 수 있다. 그것은 텍스트가 말하는 이야기에 대한 리얼리스틱한, 상징적인 (하지만 '역사적'이지는 않은) 묘사다. 반면 『켈스 복음서』는 우리에게 텍스트의 삽화보다는 복음의 사건(십자가)이 가지는 중요성을 상징적으로 표상하고 있으며, 인물들(그리스도와 복음서 기자들)의 아이콘적 묘사를 제공한다.

아이콘적 혹은 이야기적 삽화들은 텍스트와 구분되어 그 자체로 평가될 수 있고, 그런 의미에서 서양 종교예술의 가장 중요한 형식 중 하나라고 볼 수도 있다. 이것 또한 성스러운 말씀과 관계에 있어 두 가지 중요한 질문을 가져온다. 첫째 시각적 이미지가 성스러운 말씀과 가지는 관계와 기능은 무엇인가? 둘째 어떤 의미에서 영적인 것(곧 영적이고 따라서 비가시적인 실재나 특질)이 물질 속에서 표상되거나 묘사될 수 있고 그림적 형태를 가질 수 있는가?

2. 말씀과 이미지의 관계

앞의 성상 파괴 논쟁에서 간략하게 살펴보았듯이 서방교회 대부분은 아이콘에 대한 동방정교회의 성례전적 관점을 거부한다. 서방교회는 이미지의 제작을 본질적으로 교육적인 목적에 봉사한다고 보았다. 따라서 예술적 이미지는 이론적으로 선포된 말씀 특히 성서에 종속된다고 여겨졌다. 그리고 전통적으로 종교적 이미지는 "비블리아 파우페룸*Biblia pauperum*"(빈자貧者의 성서)로 여겨졌다. 여기서 가난한 자란 (라틴어) 글을 읽지 못하는 자를 의미했다. 이들을 위해서 성서의 이야기를 종교적 벽화 혹은 그림 등이 표상한 것이다.

하지만 이것이 곧 예술의 종교적 기능은 이야기와 삽화에 제한된다는 것을 의미하지는 않는다. 오히려 라너가 말하듯 어떤 그림이 구원사를 묘사한다고 그것이 '종교적'이 되기에 충분한 것은 아니다. "한 종교적 실재가 우리로 하여금 '직접' 절대적인 하나님을 가리키도록 도울 때, 그것은 종교적이 된다."[4]

어떻게 이미지가 (우리가 앞에서 말한 아름다움에 의한 하나님의 중재와는 별개로) 이럴 수 있는가? 나아가 그것이 말씀에서 나타나는 성스러운 메시지와는 어떠한 관계를 가지는가?

우리는 우선 사진(photograph)조차도 포함해서, 시각적 이미지가 성서의 이야기의 콘텍스트와 다른 콘텍스트에서 의식적으로 인물이나 사건을 나타내기 위해 사용될 때 단지 그것을 묘사하는데 그치는 것이 아니라 필연적으로 해석하게 된다는 사실을 고려하여야 할 것이다. 예를 들어 '판토크라토르*pantocrator*'(우주 만물의 통치자)로서 그리스도에 대한 도상들이 그러할 것이다. 하지만 개신교적 관점에서는 말씀이 항상 궁극적인 계시의 수단이자 척도로서 남는다. 말씀으로 이미지가 평가되는 것이다. 예를 들어 가렛 그린은 계시에 있어서 '상상력 · 표상력'의 역할을 매우 강조한다. 하지만 그러한 상상, 표상은 성서를 모범적이고 대체 불가능한 원천으로서 가진다. 그린은 다음과 같이 쓰고 있다. "하나님은 기독교적 상상력 · 표상력을 위해 성서의 이야기 속에서 권위 있게 드러난다"; "선포는… 성서의 이미지를 통한 청중의 상상력 · 표상력의 호소로 묘사될 수 있다"[5]; 따라서 "시각적 이미지는 성서를 해석하는 그것의 능력에 따라 평가될 수 있다."[6]

이와 유사하게 판넨베르크도 기독교의 종교적 이미지가 가지는

---

4 Rahner, "The Theology of the Religious Meaning of Images", 157. 지은이(빌라데서)가 강조를 첨가하였다.

5 Garrett Green, *Imagining God*, 95, 149.

6 *Ibid.*, 95.

본질이 비블리아 파우페룸*Biblia pauperum*으로서 기능에 밀접하게 관련된다고 주장한다. 그런 도상의 기능은 말씀의 기능에 접목되는 것이다.7 위체적 결합(hypostatic union)을 아이콘 도상에까지 확장시키는 비잔틴 신학에 반대해서 판넨베르크는 비록 그리스도의 이미지들이 허용되지만, 그것들은 오직 신앙의 행동을 통해서만 하나님의 우리 속의 내재로 나아갈 수 있다고 주장한다. 그리고 바로 이런 방식으로 말씀이 작용한다는 것이다. 표상(representation, *Darstellung*)의 목적은 인간의 시간적 존재(현존재, *Dasein*) 속에서 표상되는 사물을 현존하게(present, *gegenwärtig*) 만드는 것이라는 가다머의 주장을 판넨베르크는 반복한다. 판넨베르크에 있어서 이러한 주장은 일반적으로 '수행적 예술'(performance art)이 영구적 이미지(permanent image)보다 표상의 목적을 잘 보여준다는 것을 의미한다. 특히 수행적 예술은 본질상 '만남과 사건'의 특성을 지니는 하나님 현존의 중재에 있어서 더욱 적절하다. 이미지는 영구적이고 무시간적이기 때문에 예수의 인간성 속에서 계시된 하나님을 가리키는 지시체(pointer) 이상이 될 수 없다. 동방교회의 성상 옹호적 신학이 바라는 것처럼 아이콘이 하나님의 현존을 '현실화'(actuate)시킬 수는 없다.8

라너 또한 계시를 구체화시키고 전달함에 있어서 "말씀과 이미지는 상호보완적인 기능을 가진다"고 주장한다. 특히 공동체를 위한 기독교 메시지의 중재물로서 이미지는 필연적으로 언어적 설명을 요구한다. 우리는 단지 그것을 봄으로써 이미지의 온전한 의미를 이해할 수는 없는 것이다.9 이런 맥락에서 귀가 바로 기독교의

---

7 Wolfhart Pannenberg, *Anthropology in Theological Perspective*, 329 n. 41.

8 *Ibid.*, 328-329.

신체적 기관이라는 루터의 주장은 적절하다. 신앙은 들음에서 나온다(비록 '배타적'으로 들음에서 나오는 것은 아니지만 말이다).[10]

이런 상호보완성은 또한 가다머가 말하듯 종교적 미술이나 제의가 가지는 '진정한 의미'는 단지 "미학적으로 차별화된" 의식을 통해서 발견될 수는 없다는 것을 의미한다.[11] 나아가 반대로 기독교 예술에 있어 예술 작품의 의미는 메시지에 의존한다는 사실은 부연적 설명을 필요로 한다. 왜냐하면 기독교 예술의 이러한 표면상의 목적은 다양한 정도로 실현되어지기 때문이다. 메시지의 내용은 다양한 정도에 따라 작품에 통합된다. 게다가 라너의 통찰은 특정하게 기독교적인 이미지가 또한 위에서 살펴보았듯 보다 보편적인 다른 방식으로 계시적일 수 있거나 이러한 다른 기능의 주도로 특정하게, 기독교적인 내용과 의미는 감상자에게 이차적이거나 상대적으로 중요하지 않을 수도 있다는 사실과 반드시 모순되지는 않는다. 복음서의 교훈에도 불구하고 음악과 마찬가지로 시각 예술도 종종 한 주인만을 섬기려 의도하지는 않기 때문이다.

---

9 Rahner, "The Theology of the Religious Meaning of Images", 160. 또한 William M. Thompson, *The Struggle for Theology's Soul* (New York: Crossroad, 1996), 27. "기독교 예술에 있어 감각의 사용은… 의미와 진리의 일관성을 위해서 구전으로, 성서로 전달되는 언어적 계시에 의존하는 것 같다."

10 Rahner, *op. cit.*, 153.

11 Gadamer, *Truth and Method*, 104. 가다머는 구체적인 종교적 예술 작품에 대한 통찰을 예술 일반에 확장시킨다. "어느 누구도 '아름다운' 예식이나 '좋은' 설교라고 하는 미학적 차별화가 우리에 대한 그것들의 호소력에 있어 위치가 잘못 놓인 것이라는 것을 의심할 수는 없을 것이다. 또한 예술의 경험에 있어서도 기본적으로 이러하다고 나는 주장하고자 한다." *Ibid.*, 113. 곧 우리가 앞에서 논의하였듯이 모든 예술은 그것이 비록 '종교적'이지는 않다고 하더라도 단지 '미학적'으로 평가되어지는 것이 아니라 진리의 계시와 관계된다.

어떤 경우든 다른 종류의 감각적 경험들이 가지는 환원 불가능성 때문에 라너는 계시의 시각적 중재가 단지 교육적 이유로 채용된 삽화로 이해되어서는 안 된다고 주장한다. "이미지는 말로써 대체될 수는 없는 종교적 중요성을 가진다."12 물론 이미지가 가지는 중요성은 말을 통해 논의될 수는 있을 것이다. "하지만 그런 말들이 봄 그 자체를 대체할 수는 없다."13 언어와 이해의 관계에 대한 가다머의 진술은 이와 유사한 통찰을 우리에게 제공한다. 비록 말해진 언어가 모든 경험 자체의 필연적 매개물은 아니지만, 말과 언어성(*Sprache, Sprachlichkeit*)은 해석학적 경험(곧 대화의 대상이 가지는 의미에 도달함)의 일반적 매개물이다.14 예술 작품도 또한 의미를 전달하고 "다른 텍스트처럼" 이해되야만 하기에15 그것에 대한 담론이 반드시 존재하여야만 한다. 하지만 그러한 담론이 미학적 경험의 '의미'를 다 드러내는 것은 아니다.

더군다나 시각적 표상이 말의 '해석'으로 봉사할 때조차도 모든 해석이 그러하듯 그것은 단지 내용을 묘사하는 것이 아니라, 해석학적 원리로 작용하는 초월적이고 역사적인 지평과 '선이해'를 또한 드러낸다. 시각적 표상은 종종 개념이나 말을 능가하는 구체성과 강조점을 가지고 이러한 모든 것을 표현할 수 있다.16

그렇다면 시각적 이미지는 말과 함께 종교적 의미의 전달자로서

---

12 Rahner, "The Theology of the Religious Meaning of Images", 155.

13 *Ibid.*, 156.

14 Gadamer, *Truth and Method*, 345, 350., 496.

15 *Ibid.*, 146.

16 가다머가 말하듯 "그림은 우리로 하여금 그것에 남아 있게 함으로써 지시한다." *Truth and Method*, 135.

한 특별한 위치일 것이다. 만약 앞의 장들에서 제안된 것들이 타당성을 지닌다면, 이미지는 단지 한 특별한 감각적 능력에 상응한다기보다는 하나의 다른 사유 방식을 나타내는 것이다. 이미지는 인식, 고차원적 감정, 통찰, 욕망, 사랑 등의 생산이나 구체화 그리고 의사소통을 위한 매개물로써 작용할 수 있다. 따라서 이미지는 단지 말에 수반된 것이라기보다는 그 자체로 또한 '말'이다. 언어적 메시지가 시각적 형식으로 표현될 때, 그 메시지는 의미를 구체화시키는 고유한 양식이 있는 다른 하나의 독립적인 언어 속으로 '번역'(translation)되는 것이다. 그리고 모든 번역이 그러하듯 시각적 이미지는 메시지를 변화시킨다.

하지만 '번역'이 시각적 종교예술에 대한 완벽한 메타포는 될 수 없는데, 왜냐하면 후자 또한 종교적 경험에 대한 자기 자신의 고유한 연결점을 가지기 때문이다.[17] 최소한 기독교에 있어서는 언어적 '메시지'가 독특하고 중심적인 위치에 있는 것은 사실이다. 하지만 우리가 살펴보았듯이 성서의 말씀 자체는 종종 '회화적'이고 표상적이다. 그림 하나가 그 의미를 문학보다는 더 효율적으로 표현할 수도 있는 것이다. 나아가 언어가 기독교 계시의 배타적인 매개물도 아니다. 언어는 하나님의 자기 선물과 그것이 가져오는 '종교적 회심'을 가장 직접적이고 개념적으로 전달한다. 하지만 은총의 삶은 개인적이고 공동체적인 차원에 있어서 생활 방식, 행동, 예배, 이미지, 그림 등에서도 비언어적으로 표현된다. 이것들 또한 하나님의 영의 사역들이고 하나님의 성육화된 '말씀들'이다. 이것들의 구체적

---

17 라너는 절대성을 중재하는 기능이 언어적 말에 배타적으로 소속되는 것은 아니라고 주장한다. Rahner, "The Theology of the Religious Meaning of Images", 157.

인 내용은 최소한 암시적으로라도 언어적 메시지에 연관되지만, 동시에 그것을 넘어선다. 기독교의 삼위일체론적 용어를 사용해 표현해본다면, 하나님의 영에 의해 발생되는 모든 그러한 범주적 계시는 하나님의 '말씀'의 '성육화'의 한 요소이다. 그리고 이러한 성육화의 이 땅 위에서 완성은 그리스도 사건에서 이루어졌는데, 그리스도 사건은 그 자체로 종말론적 '완성'(pleroma)의 예견적 현존이다.18

따라서 기독교에서조차도 그림의 기능은 단순히 말의 기능에 종속되는 것이 아니라, 오히려 그것에 (최소한 몇몇 경우에 있어서는) 병행된다. 가다머가 말하듯 "그림은 하나의 존재론적 사건(*ein Seinsvorgang*)으로서, 그 속에서 존재는 의미 넘치는 가시적 드러남이 된다(*in ihm kommt Sein zur sinnvoll sichtbaren Erscheinung*)."19 예술은 "통전적이고 보편적인 의미에 있어서 존재에 '그림성'(pictoralness: *Bildhaftigkeit*)을 증가시킨다. 말과 그림은 단지 모방적 설명이라기보다는 그것들이 표상으로 하여금 처음으로 온전하게 그 자신의 존재가 되게 허용한다."20 "모든 그림은 존재의 증가(*Seinszuwachs*)이다. 그것은 본질로 표상으로서, 곧 표상으로 됨(*Zurdarstellung-Kommen*, coming-to-presentation)으로써 구체화된다."21 그림은 그것이 표상하는 것의 현시(*Manifestation*)

---

18 Piet Schoonenberg, *Der Geist, das Wort und der Sohn* (Regensburg: Verlag Friedrich Pustet, 1992), 145-218.

19 Gadamer, *Truth and Method*, 127(독일어판 137).

20 *Ibid.*, 126. "*Wort und Bild... lassen das, was sie darstellen, damit erst ganz sein, was es ist*"(독일어판 136). (말과 그림은 … 그것들이 표상하는 것으로 하여금 처음으로 온전하게 그것으로 존재하도록 만든다). [(역자주) 1982년의 영어 초판 번역본과 1996년의 수정된 영어 번역본은 이 문장을 각각 다음과 같이 영역하고 있다: "Word and picture are not mere imitative illustrations, but allow what they represent to be for the first time what it is"(1982년, 126); "Word and image are not mere imitative illustrations, but allow what they present to be for the first time fully what it is"(1996, 143).]

이다.22 성스러운 말씀과 더불어 종교적 그림은 표상의 '신현적'(epiphanic) 특성의 완벽한 실현이다. "왜냐하면 말씀과 그림을 통해서만 신성이 자신의 그림성을 획득하며 드러나기 때문이다."23

하지만 기독교인에게 있어서 '계시' 혹은 '신현'의 궁극적인 의미는 감각의 영역이나 개념의 영역에서 발견되는 것이 아니라 인격人格의 영역에서 발견된다. 그 중심점은 공동체의 이야기에서 만나고 성령과 살아 있는 교제 속에 현존하는 그리스도의 인격이다. 말씀과 이미지의 '신현적' 특성이라고 가다머가 부른 것 뒤에는 보다 궁극적인 실재가 놓여 있는 것이다. 따라서 동방 교부의 전통을 따라, 신성이 자신의 그림성을 획득하게 되는 것은 그리스도의 인간성 때문이라고 말하는 것이 더 적합할 것이다. 인간이 되신 하나님의 말씀(Logos)과 형상(Eikon)이 그리스도이기 때문에 하나님에 관한 인간의 말과 이미지가 가능한 것이다. 하지만 우리는 이 순서를 거꾸로 할 수도 있다. 하나님의 영이 인간의 말과 이미지 일반 속에 활동하기에 그것이 하나님의 메시지의 구체화 혹은 영의 사람으로서 예수 속에서 완벽한 현존을 달성할 수 있는 것이다. 따라서 다른 중재물에는 불가능한 방식으로 가시적 종교예술에서 계시는 중재될 수 있는 것이다. 왜냐하면 인격은 독특한 상징적 방식으로 사상, 감정, 느낌, 관계를 종합하기 때문이다.

예수와 그의 의미에 대한 메시지의 구전적 혹은 문어적인 전달을 넘어서서, 그림은 우리로 하여금 그리스도의 인격에 (혹은 그리스

---

21 *Ibid.*, 131(독일어판 141).
22 *Ibid.*, 132(독일어판 142).
23 *Ibid.*, 126.

도 '속의' 삶에) 관계할 수 있게 허용한다. 판넨베르크가 아이콘에 대한 유사-위체적(quasi-hypostatic) 견해를 반대하고, 그림의 기능을 말씀의 기능에 통합시킨 것은 타당하다. 하지만 "그림은 자신의 지시적 기능 뒤로 사라지는 것이 아니라 자신이 표상하는 것을 자신의 존재 속에 공유하기 때문에"[24] (말씀과 마찬가지로) 그림도 일종의 '성례'(sacrament) 혹은 가톨릭에서 말하는 보다 기술적인 의미에서 '성례전적'(sacramental)이 될 수 있는 것이다.

교회가 엄밀한 의미에서 '성례'라고 여기는 상징적 행동들을 여기서 다루려는 시도는 비록 그것들이 미학적 관계를 가졌지만 이 책의 범위를 넘어서는 것이다. 그러나 만약 간략하게 그것을 언급하는 것이 허용된다면, 우리는 가다머가 그림과 상징의 차이에 대한 자신의 논의에서 여기에 대한 유용하고 생산적인 생각을 제공한다는 것을 지적할 수 있을 것이다. 그림 자체는 상징이 아니고, 상징도 반드시 그림일 필요는 없다. 가다머에게 있어서 '기호'(sign)는 순수한 지시(pure indication)이며, '상징'(symbol)은 순수한 표상(pure representation)이다. '그림'(picture)은 기호와 상징 둘 사이에 위치한다. 다시 말해 '기호'는 단지 어떤 다른 것을 지시한다. '상징'은 그것이 표상하는 것을 지시할 뿐 아니라, 표상되는 것의 위치를 차지하고 그것을 '즉각적'으로 현존하게 만든다. '그림'은 지시할 뿐 아니라 동시에 표상하기도 하는데, "자신을 통해서 그리고 자신이 가져오

---

24 *Ibid.*, 135. 그림의 "존재는… 그것이 표상하는 것으로부터 절대적으로 다른 것이 아니라, 그것의 존재를 공유한다. … 표상되어지는 것은 그림 속에서 그 자신이게 된다. 그것은 존재의 증가(an increase in being)를 경험하는 것이다." 이러한 '증가'가 바로 표상된 것의 고양된 현존 혹은 현현이다.

는 추가적인 의미(the extra significance)를 통해서 그렇게 한다." 반면에 상징은 그 자체로는 "그것이 상징하는 것에 대해 아무도 말하지 않는다. 그것이 가리키는 의미를 이해하려면, 우리가 기호를 배우는 방식으로 상징 또한 알려야 한다. 따라서 그것은 그것이 표상하는 것에 대한 존재의 증가(an increase in being)를 의미하지는 않는다. … 상징은 단지 대리자(Stellvertreter, representatives)일 뿐이다." 다른 한편으로 상징도 그림과 마찬가지로 그것이 상징하거나 표상하는 것의 존재를 공유한다. 종교적 상징에 있어 "상징된 것은 그것 자체가 비감각적이고, 무한하고, 표상 불가능한(undarstellbar) 것인 한에 있어서 의심의 여지 없이 표상(Darstellung)을 필요로 한다. 상징된 것은 그 자체로 현존하기 때문에 동시에 상징 속에서도 현존할 수 있는 것이다."25 성례는 종교적 상징의 독특한 경우인데, 그것은 기독교의 이야기(narrative)뿐 아니라 구체적인 기표(signifier)에도 밀접하게 연관된다. 성례가 '수행적 예술'의 특징을 공유하는 한에 있어 성례도 광의적 의미에서 '그림적'(pictorial)일 수 있다. 상징에 대한 가다머의 이해에서처럼 성례는 단지 표상할 뿐 아니라, 말씀이나 그림의 경우처럼 의미의 지시함을 통해 참여자에게 존재의 증가라는 효과('은혜')를 가져온다. "성례들은 지시함으로 은총을 가져온다"(sacramenta significando efficiunt gratiam; the sacraments effects grace by signifying).

이미지의 물리적 영구성은 그것의 '성례전적' 기능에 장애가 되지는 않는다. 말씀을 들을 때처럼 (최소한 예술적 깊이를 가지거나 근본적

---

25 Gadamer, *Truth and Method*, 135-137(독일어판 146-147).

인 종교적 연상을 일으키는) 그림을 보는 것도 하나의 사건이다. 동시에 그림은 그러한 사건의 공동체 역사와 암시적으로 관련된다. 곧 이미지 특히 아이콘이 수행한 공동체 교육의 기능과도 관계되는 것이다.

이러한 관점에서 라너는 종교적 이미지에 대한 숭상을 옹호한다. 한편으로 아퀴나스는 이 문제를 성찰하며 오직 사람들만이 그 자체로 '숭상'(reverence)될 수 있다는 전통적 입장을 반복하였다. 이미지에 대한 '존경'(veneration)은 그것에 의해 표현된 사람에 대해 경의를 표하는 간접적인 방식이다.[26] 그리스도의 이미지들이 숭상되어야 하는지 물으며, 아퀴나스는 그런 이미지를 향한 영혼의 이중적 운동이 존재한다고 대답한다. 그 사물 자체로서 이미지와 다른 어떤 존재에 대한 표상으로서 이미지가 그것이다. 단순히 사물들 자체는 오직 이성적인 존재에만 적합한 숭상을 받을 가치가 없다. 따라서 그리스도에 대한 이미지들은 그것들의 이미지로서 측면에서만 곧 그것들이 표상하는 그리스도에 대한 숭상의 측면에서만 동일하게 숭상될 수 있는 것이다.[27] 사람들은 그들 자체로 (곧 하나

---

26 "[I]maginibus non exhibetur religionis cultus secundum quod in seipsis consid-erantur, quasi res quaedam: sed secundum quod sunt imagines ducentes in Deum incarnatum. Motus autem qui est in imaginem prout est imago, non sistit in ipsa, sed tendit in id cuius est imago"(종교는 단순히 사물 그 자체로 고려된 이미지를 숭상하는 것이 아니라, 우리를 성육하신 하나님에게로 이끄는 이미지로서 숭상한다. 이미지로의 운동은 이미지에서 멈추는 것이 아니라, 그것이 표상하는 것으로 더 나아간다). *ST*, II-IIae, q. 81, a 3, ad 3am.

27 "[D]uplex est motus animae in imaginem: unus quidem in imaginem ipsam se-cundum quod est res quaedam; alio modo, in imaginem inquantum est imago alterius... secundus autem motus, qui est in imaginem inquantum est imago, est unus et idem cum illo qui est in rem. Sic igitur dicendum est quod imagini Christi in-quantum est res quaedam, puta lignum sculptum vel pictum, nulla reverentia ex-hibetur: quia reverentia debetur non nisi rationali naturae. Relinquitur ergo quod

님의 영적인 이미지로) '숭상'될 수 있는 반면, 물질적 사물들은 그렇지 않기 때문에 하나님에 대한 존경을 중재함에 있어서 후자는 어떤 이점을 가지기도 한다. 다시 말해 물질적 매개물은 그것의 목적과 혼동될 수 없기에 이점을 가진다.[28] 반면에 라너는 공동체 내에서

---

exhibeatur ei reverentia solum inquantum est imago. Et sic sequitur quod eadem reverentia exhibeatur imagini Christi et ipsi Christo. Cum igitur Christus adoretur adoratione latriae, consequens est quod eius imago sit adoratione latriae adoranda'(이미지를 향한 마음의 운동은 이중적이다: 한편으로는 마음은 이미지가 독립적 실재인 한에 있어서 거기로 향한다. 다른 한편으로는 마음은 이미지가 다른 어떤 것의 이미지인 한에 있어서 거기로 향한다. … 이미지를 어떤 것의 이미지로 보는 두 번째 운동에서 가지는 것은 그 표상되어지는 대상을 가지는 것과 동일하다. 이것을 우리의 문제에 적용시키며, 우리는 다음과 같이 결론내릴 수 있다. 그리스도의 이미지는 그것이 한 독립적인 실재인 한에 있어서—곧 조각되거나 색칠된 한 나무 조각인 한에 있어서— 우리는 그것을 숭상할 수 없다. 왜냐하면 숭상은 오직 이성을 지닌 존재에만 주어질 수 있기 때문이다. 여기에 대한 어떠한 숭상이 주어지든, 그것은 '이미지로서 기능' 때문인 것이다. 따라서 그리스도 자신에 대한 동일한 숭상이 그리스도의 이미지에도 주어지는 것이다. 그리스도가 신성하게 경배되듯, 그리스도의 이미지도 신성하게 경배되는 것이다). *Ibid.*, III, q. 25, a. 3, c.

28 (반론): *"Christo debetur adoratio latriae ratione divinitatis, non ratione humanitatis. Sed imagini divinitatis eius, quae animae rationali est impressa, non debetur adoratio latriae. Ergo multo minus imagini corporali, quae repraesentat humanitatem ipsius Christi'*(그리스도는 그의 인성 때문이 아니라 그의 신성 때문에 경배되는 것이다. 그리스도의 신성의 이미지가 찍힌 이성을 가진 영혼이 경배되지는 않는다. 그렇다면, 그리스도의 인성을 표현하는 물질적 이미지는 더더욱 경배될 수 없을 것이다).

(대답): *"Ad tertium dicendum quod creaturae rationali debetur reverentia propter seipsam. Et ideo, si creaturae rationali, in qua est imago, exhiberetur adoratio latriae, posset esse erroris occasio; ut scilicet motus adorantis in homine sisteret inquantum est res quaedam, et non ferretur in Deum, cuius est imago. Quod non potest contingere de imagine sculpta vel picta in materia insensibil'*(숭상이 이성을 지닌 피조물에 주어지는 것은 바로 '그 사람 자체로 그 사람이 되게 하는 것'[what he is in himself] 때문이다. 만약 이성적 피조물이 '하나님의 이미지'이기 때문에 그에게 경배가 주어진다면, 이것은 실수를 가져올 수 있다. 왜냐하면 경배의 행동이 그 사람 자체에서 멈추어버리고, 그가 이미지인 하나님에게로 나아갈 수 없을 수도 있기 때문이다. 생기 없는 감각적 물질로 만들어진 조각이나 그림의 경우 그러한 위험은 없을 것이다). *Ibid.*, III, q. 25, a. 3, 3 et ad 3.

이미지가 가지는 기능을 이미지에 대한 숭상의 이유로 주장한다. 그에 따르면 오직 표상된 사람 혹은 실재만이 숭상될 수 있다고 말할 필요는 없다. 여러 신앙인에게 가지는 지속적인 종교적 의미 때문에도 그림은 숭상될 수 있는 것이다.[29] 라너의 입장은 '숭상'에 대한 인격주의적 기초(personalist basis)는 유지하지만, 그 강조점을 변화시킨다. 이미지는 그 속에 표현된 사람 때문이 아니라, 그 이미지를 하나님에 이르는 중재물로 사용하는 사람 때문에 숭상될 수 있다는 것이다.

앞에서 언급된 종교미술의 두 범주(이야기적 회화, 아이콘적 회화)는 이미지가 가지는 중요한 두 가지 (종종 중복되어지는) 기능과 연관될 수 있을 것이다. 교훈적(didactic) 기능과 성례전적(sacramental) 기능이 그것이다(물론 '종교적인' 예술이 주로 장식적이고 미학적인 목적을 위해 사용될 수도 있다는 점은 기억하여야 할 것이다). 예술의 교훈적 기능은 메시지의 전달을 지향한다. 그러한 예술은 형식에 있어 상징적 혹은 표의문자적이거나 이야기적일 수도 있다. 특히 후자일 경우 이야기는 역사적이고 묘사적이거나(예를 들어 브리헐의 〈베들레헴의 영아학살〉[Bruegel, *Der Bethlemischer Kindermord*]) 혹은 알레고리적일 수 있다(예를 들어 샤르트르성당의 Good Samaritan window). 반면 성례전적 예술은 주로 숭상, 회상, 명상을 목적으로 한다. 그것은 감상자의 마음에 그것이 표상하는 것의 현존을 가져온다.[30] 성례전적 예술은 종종 아이콘으로, 역사적인 혹은 지구적인 콘텍스트를 벗어나 그리

---

29 Rahner, "The Theology of the Religious Meaning of Images", 161.

30 그래서 가다머는 아이콘을 '그림기호'(*Bildzeichen*)라고 부른다. *Truth and Method*, 120; *WM*, 129.

[그림 4] Giotto di Bondone(1266-1336), 「십자가형」.
Lower church. S. Francesco, Assisi, Italy.

스도, 마리아, 성자들 혹은 삼위일체 하나님조차도 그리는 종교적
인 '초상화'의 형식을 가지기도 한다(예를 들어 Florence의 Santa Maria
Novella에 있는 삼위일체에 관한 마사초^{Masaccio}의 프레스코화).

  중세의 기독교 예술에 있어 이러한 두 기능은 종종 분리될 수
없게 결합되었다. 예를 들어 아시시^{Assisi} 대성당에 그려진 조토^{Giotto}
^{di Bondone}(1266~1336)의 「십자가형」[그림 4]은 그 사건에 대한 그림적
이야기를 교리적 진리의 상징적 표현에 결합시키고(새로운 언약을 표
상하는 그리스도의 피를 천사들이 성배에 모으고 있다), 사건의 초역사적
인 중요성을 진술하며(십자가 밑에 그리스도의 동시대인들만이 자리하고
있는 것이 아니라, 아시시의 프란치스코와 그의 추종자들도 자리한다) 혹은
감상자로 하여금 의식적으로 그리스도의 자기희생적 사랑이 가지는
현재적 실재에 반응하도록 호소한다. 기독교 역사 대부분을 통해 그

리스도의 삶과 죽음이라는 사건의 '현존'적 의미는 신학적으로 확장되어서, 그리스도는 앞으로 구원받을 사람들에 대한 지식을 포함한 미래에 대한 비전과 선지식을 지니는 것으로 보아진다. 따라서 미래의 신앙인은 이미 그리스도의 지상에서 삶 동안에 그 속에 실제로 '현존'하게 되는 것이다. 이러한 사상은 교황 비오 12세[Pius XII]의 1943년 *Mystici Corporis*에 구체적으로 나타난다.[31]

본인의 견해로는 계시는 단지 '타자'로서 하나님을 드러낼 뿐만 아니라 하나님의 자기 선물을 통한 인간 주체의 변화도 본질적으로 포함한다. 인간의 수용은 범주적 차원에 있어 계시 자체의 구성 요소다. 인간의 실존이 하나님의 자기 선물에 의해 변화되어지고 그렇게 되는 한에 있어서 인간은 하나님의 '형상'이 되는 것이다. 회화 예술은 이러한 신학적 진리를 전달하는 데 특히 유용하다. 인간의 형상과 인간적 관계가 하나님을 '표상'하는 데 사용되는데, 왜냐하면 그것들이 실제로 거룩하게 변화하였기 때문이다. 그린은 그래서 다음과 같이 말한다. "예술 사학자들은 미켈란젤로의 하나님이 가지는 왕성한 인간성을 주목하지만, 사실 신학적으로는 그 반대가 사실이다. 그는 하나님을 인간처럼(anthropomorphic) 표현하고 있는

---

31 "*Eiusmodi vero amantissima cognitio, qua divinus Redemptor a primo Incarnationis suae momento nos prosecutus est, studiosam quamlibet humanae mentis vim exsuperat; quandoquidem per beatam illam visionem, qua vixdum in Deiparae sinu exceptus, fruebatur, omnia mystici Corporis membra continenter perpetuoque sibi praesentia habet, suoque complectitur salutifero amore*"(하지만 성육화의 처음 순간부터 성스러운 구원자로서 사랑에 찬 그의 지식은 인간 마음의 어떠한 열심의 능력도 능가한다. 왜냐하면 이미 성모의 태 중에 있을 때부터도 향유하던 지복(至福)적 봄(vision)을 통해서, 그는 항상 변함없이 그의 신비한 몸(곧 교회 - 역자주)의 지체들을 자신 속에 가지고, 자신의 구속적 사랑으로 그 모두를 끌어안으시기 때문이다). *DS* 3812.

것이 아니라, 오히려 인간을 하나님처럼(theomorphic) 표현하고 있기 때문이다."[32]

광의적 의미에서 '계시'는 단지 (성서의 증언이 포함하고 있는) 메시지의 전달만이 아니라 거기에 대한 공동체의 성찰과 설명, 그 의미에 대한 다른 상황들에서 해석, 그것에 기초된 사상과 삶의 방식의 형성을 포함한다. 따라서 기독교 예술은 단지 하나님과 구원사의 사건을 이미지화시키는 것에 관련될 뿐 아니라 또한 영 속에서 삶과 그것의 결과에 대한 이미지를 제공하는 것을 또한 포함한다. 따라서 예술의 기능은 우리의 연약하고 물질적인 마음을 위해 "비가시적인 것들에 대한 희미한 이해를 제공하는 물질적 모델"을 만드는 것 곧 본질로 형상을 가지지 않는 것에 형상을 부여하는 것이라는 아이콘의 위대한 옹호자 다마스쿠스의 요한[John Damascene]의 주장을 넘어선다.[33] 오히려 예술의 주제는 시각적 영역 속에 대부분 포함되는 것들이다. 예술은 영적인 빛 아래에서 보아지고 이해되는 지상적 삶을 주제로 한다. 회화 예술은 종종 이러한 것을 아주 구체적으로 성취하며, 특정한 시대와 장소에 적합한 형태 속에 초월성을 구체화시킨다. 따라서 모범으로서 '성자들'에 대한 이미지뿐만 아니라, 직접 기독교의 메시지와 관련되지 않는다 하더라도 미덕의 삶에 대한 이미지도 종교예술의 영역에 또한 속할 수 있는 것이다.

시각적 이미지는 종교적 희망의 대상에 대해 특별한 관계를 가진다. 표상력·상상력 일반에 대한 리쾨르의 다음과 같은 진술은 시각적 이미지에도 적용될 수 있을 것이다.

---

32 Green, *Imaging God*, 87.

33 Green, *Imagining God*, 95.

욕망(desire)이란 ____ '의' 부재이고 ____ '을 향한' 욕구이다. 인간의 욕망은 부재하는 것에 대한 표상을 통해서 곧 어떻게 그것이 성취될 수 있으며 그러한 성취를 가로막고 있는 장애는 무엇인지 설명함을 통해서 그 목표를 드러낸다. 이러한 표상적 형태는 욕망을 세계에 돌리게 한다. 나는 그것들 속에서 쾌락을 가진다. 그것들 속에서 나는 나 자신 밖으로 나온다. 이미지는 여기서 더 나아간다. 그것은 단지 제스처적 행동 (gestural behavior)의 인식적 개요를 예견할 뿐 아니라, 욕구된 대상과의 합치 혹은 분리에서 오는 쾌락과 고통, 즐거움, 슬픔 또한 예견한다. … 이미지는 욕망을 가르치고, 그것을 개방하고, 그것을 조명한다. 이미지를 통해서 욕망은 동기부여의 영역으로 들어간다.[34]

음악과 마찬가지로 시각 예술은 희망의 대상을 아름답게 보여준다. 하지만 시각 예술은 그러한 희망을 매우 구체적인 방식으로 각 시대적 경험의 형상들 속에서 보여주기 때문에 인간의 영적이고 도덕적인 전환을 또한 예견할 수 있는 것이다. 그래서 그리스도는 각 시대의 영성에 따라 여러 모델로서 그려진다. 지하 묘지에 그려진 그리스도는 선한 목자인 동시에 제국의 통치자이다. 후기 중세에 그는 슬픔의 인간으로 묘사된다. 렘브란트와 벨라스케스에 의해서는 내적인 빛에 의해 변화된 인간으로 표현된다.

---

34 Paul Ricoeur, *Fallible Man*, 53-54.

3. 초월성에 대한 시각적 상징들

말씀과 이미지의 이론적 관계를 위에서 살펴보았고, 이제 두 번째 질문인 그것들의 구체적인 중재물에 대해 고찰해보자. 어떻게 시각적인 이미지가 성스러움의 영역 곧 그 자체로 영적이고 비가시적인 영역에서 '표상적'으로 기능할 수 있는가? 내재적인 신성이 사물들의 단순히 '여기-있음'(현現존재: *Dasein*) 혹은 그렇게-있음(여如존재: *Sosein*)에 의해 드러날 수 있고, 따라서 유한한 대상들에 대한 순전히 예술적인 표상이 또한 형이상학적이고 종교적인 연상들을 가져올 수 있다고 우리는 앞에서 논의하였다. 이런 입장을 전제하며, 우리는 여기서 보다 구체적으로 종교적인 예술을 살펴보고자 한다. 어떻게 그림의 표상이 동시에 초월성에 대한 '직접적' 상징이 될 수 있는가? 어떻게 그것이 성스러운 말씀과 기독교인의 삶 속에서 범주적으로 구체화된 우리를 향한 하나님의 메시지를 '말할' 수 있는가? 이러한 질문은 그 자체로 비가시적인 것을 어떻게 표상할 수 있는가의 문제뿐 아니라, 구원사를 표현에 있어서 예술의 '이야기적' 기능과도 관계된다. 비록 구원사의 사건이 역사적이고 그림으로 표현이 가능하지만, 종교적 예술이 전달하고자 하는 것은 바로 그러한 사건들이 신앙에 가지는 성스러운 의미와 중요성이다. 그래서 우리는 시각 예술이 성스러움을 표현하는 구체적인 수단을 살펴보고자 하는 것이다.

반 델 레우는 예술가의 예술적일 뿐만 아니라 신학적인 감수성을 드러내는 많은 예술적 기교들을 묘사하며 거기에 대한 구체적인 예들을 제공하고 있다. 그는 우선 회화 예술이 종교적 경험을 중재하는 방식을 특징짓기 위해서 오토의 '누미노스^{numinous}'(*mysterium tremendum et fascinans*)의 범주를 언급한다. 한편으로 미술은 색채와 빛을 통해, 밝음과 어두움의 대조를 통해 성스러움의 매혹과 유인력을 표현한다.[35] (우리가 나중에 살펴보게 될 것처럼, 시각 예술의 경우 문자적으로 적용될 수 있는 이러한 용어들은 또한 종교 음악의 경우 메타포적으로 적용될 수 있다.) 다른 한편으로 성스러움의 두렵고 공포스러운 측면들은 주로 조각과 미술에서 잘 드러난다. 오토 자신도 인도의 신들이 가지는 많은 기괴한 형상에 주목한다. 반 델 레우는 기독교 전통에서 몇몇 유사한 예들을 제공하고 있다. 비잔틴 예술에 있어 그리스도는 "위협적인 장엄함" 속에서 나타난다. 뒤러^{Dürer}의 그림 「가시면류관을 쓴 그리스도」(*Christ with the Crown of Thorns*)는 누가복음에 나오는 "주여 나를 떠나소서. 나는 죄인이로소이다"(5:8)를 마음속에 떠오르게 만든다. 시스티나 성당에 있는 미켈란젤로의 저주받은 자들에 대한 벽화에서 우리는 성스러움의 공포를 반영하고 있는 그들의 얼굴들을 만난다. 이젠하임^{Isenheim}의 제단에 있는 그리네발트^{Grünewald}의 그림은 "그가 사용하는 색채의 공포스러운 영광과 그가 표현하는 도저히 불가능한 움직임의 악마적 풍부함"을 통해서 성스러움을 섬뜩하고 '유령같이'('경외로움'의 뉘앙스) 표현한다[그림 5].[36] (이러한 각각의 경우에 있어 '성스러움'을 인지하는 것은 오직 그림의 주제적 문제에 대한 지식을 통해서라는 것을 우리는 주목해야만 할 것이다.)

암흑과 어두움은 '신비'와의 만남을 상징하기 위해 사용된다. 모든 세계적 빛과 인식 가능한 형태는 성스러움을 직면하여 사라져버

---

35 Van der Leeuw, *Sacred and Profane Beauty*, 190.
36 *Ibid.*

린다. 마치 마음이 개념적 인식에 환원될 수 없는 어떤 것의 현존 속에 있는 자신을 발견하는 것과도 마찬가지다. 우리는 그런 예들을 로마네스크식 교회들과 명암화^{明暗畫}(chiaroscuro)의 어두움 속에서 발견할 수 있다. (반 델 레우는 동양 예술에서 똑같은 효과가 앞에서 살펴본 '공^空'의 표현을 통해서 만들어짐을 주목한다.)37 다른 한편으로 형태,

[그림 5] Matthias Grünewald (1455~1528),
이젠하임 제단화「십자가형」(1512).
Musée Unterlinden, Colmar, France.

특히 인간의 형태가 미켈란젤로의 창조에 대한 그림에서처럼 초인간적이고 초자연적인 것을 표현하기 위해 사용될 수도 있다.38 여기서 형태는 신성의 상징으로서, 아름다움과 인식에 봉사하는 것이다.

폴 틸리히는 성스러움의 회화적 표상을 분석함에 있어 다른 방식을 택한다.39 그의 논문 "예술과 궁극적 실재"에서 틸리히는 시각적 종교예술을 성스러움을 표현하는 다섯

---

37 *Ibid.*, 191.

38 *Ibid.*

39 틸리히의 신학적 미학 이론에 대한 공헌에 대해서는 Jeremy Begbie, *Voicing Creation's Praise: Towards a Theology of Arts* (Edinburgh: T & T Clark, 1991), 1부를 참고하라. 제레미 벡비는 틸리히의 신학을 연대기적으로 분석하며 그의 '잠재적' 예술철학을 추적한다. 마이클 팔머(Michael Palmer)의 *Paul Tillich's Philosophy of Art* (Berlin and New York: de Gruyter, 1984)는 주제적 접근을 제공하고 있다.

가지 원초적 범주들인 '스타일적 요소들'을 통해 분석한다. 이러한 각 요소는 종교적 경험의 독특한 '유형'과 일치한다(예술사에 있어 이 것들은 "셀 수 없이 많은 혼합물" 속에서 발견된다).[40]

(1) '누미노스 리얼리즘numinous realism'은 가장 보편적이고 근본적인 유형인 '성례'를 표현하는 것이다. 이것은 일상의 사물들을 공간적 관계, 형상의 스타일화, '섬뜩한 표현' 등을 통해서 "그것들을 이상하고, 신비스럽고, 양면적인 힘을 지니는 것으로 묘사한다."[41]

(2) '신비주의적 · 범신론적'(mystical · pantheistic) 유형은 궁극적 실재가 구체적인 사물들을 통한 중재나 도움 없이도 도달될 수 있다고 보는, 기독교보다는 동양 종교에서 더 자주 발견되는 유형의 신비주의에 기초하고 있다.[42]

(3) '예언자적 – 항거적'(prophetic-protesting) 종교 유형은 자신의 예술적 중재물로서 묘사적 혹은 비판적인 리얼리즘 두 가지를 가진다. '묘사적 리얼리즘'(descriptive realism)은 직접 '누미노스한' 특징을 가지지는 않는다. 그것이 표현하는 대상은 단지 일상적 경험에서 우리가 익숙한 '객관적' 세계이다. 하지만 그것의 예술로서 기능은 우리로 하여금 주변 환경에 대한 매일매일의 기능적 관계에서 우리가 종종 놓치는 측면들을 주목하게 만든다. 일상적인 것에 대한 이러한 미학적으로 중재된 다시-봄은 세계가 궁극적 실재에 의해 '주어진' 것이고 그것의 표현이라고 보일 때 종교적인 측면을 가질 수

---

40 Paul Tillich, "Art and Ultimate Reality", in Tillich, *On Art and Architecture*, ed. by John Dillenberger, trans. by Robert Scharlemann (New York: Crossroad, 1987), 143.

41 *Ibid.*, 143.

42 *Ibid.*, 145-146.

있다.[43] 반면 '비판적 리얼리즘'(critical realism)은 "지금의 실재를 판단함으로써 궁극적 실재를 드러낸다."[44] 그것은 세계 내의 악과 고통을 표현한다. 하지만 미학적 형태 속에서 이렇게 함으로써 비판적 리얼리즘은 악의 전복을 향한 희망을 가져오는 것이다.[45]

(4) '종교적 휴머니즘'(religious humanism)이라고 틸리히가 부르는 유형은 '이상주의'적인 스타일적 요소를 가진다. 현재는 미래적 완성의 예견으로 보이고, 따라서 사물은 리얼하게 묘사되는 것이 아니라 그것들의 이상적 형태로 제시된다. 틸리히는 "셀 수 없이 많은 종교화"에 드러나는 이러한 유형의 특별한 위험성에 대해 경고한다. 이것은 실존적 소외라는 인간 조건과 분리되어서 이상적인 '본질'을 표상하기 때문에, 이런 접근은 종종 "이상주의를 피상적, 감상적으로 미화시키는 리얼리즘과 혼동한다." 그래서 이것은 자주 미학적으로나 종교적으로 저등한 예술을 생산해내는 것이다.[46]

(5) "자기초월적-영적"(ecstatic-spiritual) 유형이 마지막으로 존

---

43 Ibid., 147. 틸리히는 이렇게 말한다: "난 호프만(Heinrich Hofmann)의 예수에 대한 그림보다 세잔의 그림이 궁극적 실재의 현존에 더 호소력이 있다는 결론에 도달하였다." Ibid., 144. 틸리히는 세잔에 의해 표현된 고요한 삶을 '누미노스 리얼리즘'의 예로 본다. 본인은 이것을 '묘사적 리얼리즘'(descriptive realism)에 포함시키고 싶다. 본인의 견해로는 세잔의 그림의 '성례전적' 특징은 그것에 접근하는 감상자의 태도의 한 기능이다. 앞에서 인용된 뒤러의 토끼 그림에 대한 라너의 진술을 참고하라.
우리는 또한 '묘사적 리얼리즘'이 미덕의 인간 삶을 묘사할 때, 그것이 비록 직접 종교적이지는 않다고 하더라도 성스러움과 또 다른 차원의 관계를 가진다는 것을 주목해야 할 것이다. 라너가 말하고 있듯 "신실성, 책임감, 삶의 신비에 대한 항복 등은 비록 직접 종교적이지는 않은 콘텍스트에서 말해질 때에도 신학이 직접 말하는 것을 가리킨다." "Art against the Horizon of Theology and Piety", 165.

44 Ibid.

45 Ibid., 148.

46 Ibid., 148-149. Cf. Martin, Beauty and Holiness, 94.

재한다. 틸리히는 "기독교에 이르러 완성되는" 이 유형을 선호한다. 이것은 '신약의 종교'로서, 틸리히는 특히 이것을 개신교 운동에서 찾는다. 그는 이것을 "다른 종교적 유형들과의 일치와 갈등에서 드러나는" 리얼리스틱하고 신비적인 유형의 역동적 종합으로 본다. 이러한 유형은 "지하 묘지, 비잔틴, 로마네스크, 대부분의 고딕과 바로크 스타일, 세잔 이후 최근의 발전을 결정짓고 있는" 예술에서 '표현주의적' 요소들을 생산해낸다.[47]

이러한 틸리히의 개념적 틀은 구체적인 예술 작품의 분석보다는 신학적으로 결정되었기 때문에 예술 사학자들로부터 동의를 받기 힘들 수도 있을 것이다.[48] 그럼에도 불구하고 본인은 틸리히의 접근이 여기서 우리의 제한적인 목적을 위해, 곧 계시를 중재하는 중요한 양식 중 하나가 예술이라는 고찰을 위해서 중요한 공헌을 한다고 본다. 비록 미발달된 형식으로라고 하더라도 틸리히는 예술적 기교들에 대한 단순한 서술을 넘어서서 다른 시기의 여러 예술 작품을 종교적 사상이나 감정을 전달하는 유사한 방식들로 분류하고 있으며, 성스러움에 대한 관념과 관계에 있어 다양하고 종종 대립하는 경향들을 신학적으로 분석하고 있는 것이다.

---

47 *Ibid.*, 150.

48 Martin, *Beauty and Holiness*, 96. 반면 존 딜렌버거(John Dillenberger)는 예술과 신학에 대한 비평가들이 어떠한 반증이나 논의를 제공하지도 않고 틸리히의 견해를 단지 비판하고 무시한다고 본다. *Sacred Imagination: The Arts and Theological Education* in *ARTS: The Arts in Religious and Theological Studies*, vol. 7, no. 1 (1994), 15-18, 특히 15에 나오는 딜렌버거의 서평을 참고하라.

4. 음악 속에서 말씀

성스러운 '말씀'의 담지자로서 음악은 성가와 찬송의 텍스트에서 가장 분명하게 드러날 것이다. 그러한 음악의 목적은 성스러운 '분위기'를 창조하는 것에 곧 메시지를 전달하거나 그것에 대해 성찰하고 반응하는 행동을 통해서 감정, 마음, 심정을 고양시키는 데 있다.

간단한 낭송에 있어 강조점은 텍스트의 내용에 놓이게 된다. 시편을 낭송하는 것은 명상적 환경에서 공동체적이고 일치적인 찬양을 가능케 한다. 성서와 성찬식의 기도문을 낭송하는 것은 여기에 엄숙함과 은혜를 더하게 된다.[49] 그러한 낭송에 우리는 또한 회중들이 같이 부르도록 의도된 성가를 추가할 수 있을 것이다. 그레고리안 찬트 이전의 최초의 성가부터 루터의 위대한 찬송가 음악(시 등에 붙인 곡 음악)과 버곤[Geoffrey Burgon]의 「시므온[Simeon]의 노래」(*Nunc Dimittis*)인 칸티클(시편송)과 같은 현대적 전례 작품까지, 이렇게 개별적으로 모여 있는 음악 종류의 예들은 다양하다. 그러한 음악은 빼어난 아름다움을 또한 보여주지만, 그것의 주요하고 원래적인 목적은 분명 말씀의 전달에 있는 것이다.[50]

---

49 우리는 나중에 기도에 있어서 음악의 사용이 가지는 부정적인 면도 다루게 될 것이다. 예를 들어 낭송은 텍스트를 일상적 담론에서 분리시키고, 다른 의미들을 성찰할 기회를 종종 빼앗고, 우리가 보통 말하거나 읽는 것과는 다른 음조로 강조한다. 대신에 낭송은 텍스트를 인위적인 패턴에 끼어 맞추어서, 어떤 경우에는(예를 들어 시편창[가톨릭의 전례적 시편의 낭창(朗唱)]) 텍스트의 행이 동일하게 낭송되다가도, 다른 경우에는(예를 들어 특정한 응답송을 위해 작곡된 음악들) 강조점을 추가하기 위해 미리 설정되고 스타일화된 장식에 따라 불려진다.

50 물론 구체적인 상황에 따라 그러한 음악의 종교적 사용은 다른 강조점을 가질 수도 있다. 예를 들어 그레고리안 찬트는 말씀에 대해 묵상하고자 하는 자 혹은 라틴어를 이해하지 못하고 결과적으로 찬양된 텍스트의 의미를 파악하지 못하는 자에게 각각 다른

다른 종교예술에서 특히 음악이 가지는 이점은 그것이 언어의 매개물로서 혹은 언어를 수반하며 불릴 수 있다는 것이다. 따라서 음악은 글자를 읽는 것과 같은 다른 보조적인 기술을 배우지 않고도, 종교적인 언어적 메시지를 전달하는 데 사용될 수 있는 것이다. 나아가 음악의 예술적 특성은 메시지를 들음에 있어 즐거움도 함께 가져온다. 루터교 개혁주의자들은 바로 여기에 기초하여 예배에서 음악의 사용을 옹호하였으며, 음악이 복음화의 사역에 특히 적합한 네 가지 이유를 제시하였다: 음악은 말씀과 결합될 수 있고, 감각을 즐겁게 할 수 있으며, 영혼을 직접 움직이고, 텍스트를 기억할 수 있게 만든다.[51]

하지만 비언어적인 음악도 또 다른 표현의 '언어'로서 종교적 의사소통의 도구로 사용될 수 있다. 그러한 경우 말과 사상을 알파벳적 혹은 표의문자로 표상하는 방식과 유사하게 음악이 기능하게 된다. 현대 작곡가 올리비에 메시앙[Olivier Messiaen]은 그러한 음악의 '언어적' 의사소통에 대해 이렇게 쓰고 있다.

우리에게 알려진 다양한 언어들은 우선 그리고 주로 의사소통의 도구이다. 그것들은 목소리를 이용한다. 하지만 이것이 생각을 전달하는 유일한 방법일까? 우리는 움직임, 이미지, 색채, 향내 등을 이용하는 언어를 상상할 수 있으며, 모두가 알고 있듯이 브라이유[Braille] 점자는 촉감의 알

기능을 할 수 있는 것이다. 후자의 경우 오랜 역사 동안 성스러움과 관련되어졌고 아마 그러한 찬양의 아름다움을 이루고 있는 '음조의 운율과 엄숙함'이 곧 종교적인, 아니면 최소한 성찰적인 분위기를 가져올 것이다.

51 Söhngen, "Music and Theology", 14.

파벳을 사용한다. 하지만 이러한 예들에 있어 우리는 예비적인 이해로 시작한다. '이것'이 '저것'을 설명한다는 동의에서 시작한다.

반면 (목소리를 사용하지 않는) 음악은 아무것도 직접 설명하지는 않는다. 그것은 제안하고, 감정이나 마음의 상태를 가져오며, 무의식을 만지고, 꿈꾸는 능력을 확장시킨다. 이러한 것은 위대한 능력이다. 그러나 이런 음악이 절대적으로 할 수 없는 것은 '말하는 것' 곧 "정확하게 전달하는 것"이다. 바그너는 음악적 소리를 가지고 의사소통할 수 있는 언어를 고안하고자 시도하였다. 이것이 그가 라이트모티프^{Leitmotiv}(순환 · 반복해 사용되는 짧은 주제나 동기 선율 - 역자주)를 만들게 된 이유이다.[52]

음악의 라이트모티프는 표의^{表意}문자(ideogram)와 병행적인 방식으로 기능한다. 그것은 인물이나 사상을 목소리를 사용하지 않고 나타내고 표현한다. (우리는 바그너의 오페라 『파르지팔^{Parsifal}』에 나오는 '성배'의 라이트모티프를 예로 들 수 있을 것이다. '표음^{表音}문자'(ideophone)로서 음악에 대한 보다 오래된 예로는 고린도전서 14장 8절에 나오는 바울의 진술인 "만일 나팔이 분명치 못한 소리를 내면 누가 전쟁을 예비하리요"를 들 수 있다. 아주 오래전부터 나팔과 북은 멀리 떨어진 곳에서 명령하고 신호하는 '말'(words)로서 사용되어졌다. 나팔과 북의 어떤 특정한 조합은 '경계'나 '전진' 혹은 '퇴각'을 의미하였다.) 바그너의 '라이프모티프'의 고안 이전에도 이미 우리는 소리가 '표음문자적'으로 사용된 음악의 예들을 발견할 수 있다. 바흐가 그의 성 안나^{Saint Anne}의 푸가(BWV 552 - 역자주)에서 성부, 성자, 성령을

---

52 메시앙의 *Méditations sur le mystère de la Sainte Trinité*의 노트에서 인용되었다. 펠릭스 아프라하미안(Felix Aprahamian)이 이것을 번역하였고, 제니퍼 바테(Jennifer Bate)에 의해 녹음된 Unicorn-Kanchana Records, DKP(CD) 9024/25, 1982 소책자.

표현하기 위해 서로 다른 주제와 음악적 형식을 사용한 것 혹은 호안 세레롤스Joan Cererols가 그의 「전쟁미사」(Missa de Batalla)에서 같은 목적을 위해 세 가지 독특한 악가들과 성악가들을 사용한 것 등이 그것이다. 또한 우리는 이러한 범주에 바흐가 그의 「마태수난곡」(Die Mat-thäuspassion)에서 사용한 (죽음을 바로 앞둔 그리스도의 절망의 울음을 극적으로 표현한 것을 제외하고는) 그리스도의 말씀에 수반된 현악기의 음악적 '후광'(halo)도 포함시킬 수 있을 것이다.53

이러한 '표음문자적' 표현에 만족하지 않고, 메시앙은 목소리가 아닌 소리를 사용하여 '알파벳적인' 방식으로 기호화된 표현을 전달하고자 하는 직접 '언어적인' 종교 음악을 실험하였다. 그의 「거룩한 삼위일체의 신비에 대한 명상」(Méditations sur le mystère de la Sainte Trinité)에서 메시앙은 "의사소통적 음악의 언어"를 고안하였다. 그는 하나님의 이름이나 속성과 삼위일체의 위격들을 표현하기 위해 구체적인 악상들을 사용할 뿐 아니라 나아가 악보의 음표 각각에 알파벳 글자를 부여함으로써 음악적 문장을 창조하였다. 그러한 음악적 문장은 라틴어 문법에 상응하였는데, 메시앙은 아퀴나스의『신학대전』의 몇몇 텍스트를 음악 속에서 문자 그대로 '말할' 수 있었다.

음악과 말씀 사이의 관계는 예술의 다른 기능(장식, 감정의 발생, 아름다움의 창조)이 또한 작용함에 따라서 종종 보다 복잡해진다. 중세 사본에 있어 글자들이 '조명'(illuminate)하였던 것처럼 음악도 텍스트를 '조명'하기 위해 사용될 수 있다. 곧 단선율 성가로부터 중요

---

53 바흐는 그의 〈마태수난곡〉에서 그러한 수반을 위해 오케스트라를 사용한 것뿐만 아니라 그것의 '워드 페인팅'(word painting)에 있어서도 이러한 기법을 소개하였던 라인하르트 카이저(Reinhard Keiser)를 따르고 있다.

한 단어나 음절에 멜리스마적(한 음절 혹은 모음에 많은 음표를 붙여 길게 이어가는 화려한 장식음 선율법 - 역자주) 악센트가 있는 보다 정교한 성가가 발전하였다. 혹은 음악은 일종의 '삽화'로서 텍스트에 적합한 감정을 묘사하거나 일으키기 위해서 사용될 수도 있다. 여기서 음악의 어떤 형식들은 그런 용도를 위해 보다 적합해 보이는데, 왜냐하면 그것들은 내용을 보충하는 감정적 상태를 자극하기 때문이다 (음악의 역사에 있어서 종종 음악의 형식들과 특별한 감정들 사이에는 직접적인 연관이 있다고 여겨졌다).

반 델 레우는 음악이 성스러움을 전달하기 위해 사용하는 많은 기교를 설명한다. 숭엄함은 신성의 위력적이고 피할 수 없는 특성을 연상시키는 느린 템포를 통해서 제안된다.[54] 그리고 성스러움과의 만남이 마음속에 일으키는 효과는 예측 불가의 전조轉調나 갑작스러운 변조變調를 통해 제안된다. 하이든은 자신의 「천지창조」의 오프닝 코랄opening chorale에서 C장조로의 변조, 갑작스러운 포르티시모fortissimo, 느린 템포에서 빠르고 자극적인 템포로 전환 등을 통해서 '빛'에 대한 청각적 삽화를 제공한다. 베토벤의 심포니 9번 마지막 악장에서, 실러의 「환희의 송가」의 여섯 번째 4행시를 배경으로 하여 "*und der Cherub steht vor Gott*"라는 표현이 합창단에 의해 두 번 반복된다(두 번째에는 *und*가 생략된다). 그런 다음 *steht vor Gott*가 다시 반복된다. 그리고 마침내 *vor Gott*가 두 번 반복되는데, 마지막 *Gott*의 반복에서는 조가 극적으로 바뀐다. 반 델 레우는 여기에 대해 다음과 같은 관찰을 제공하고 있다. "오직 이런 과정 이후에만

---

54 Van der Leeuw, *Sacred and Profane Beauty*, 231.

'하나님'이라는 말이 그 완전한 의미를 드러내는 것 같다. 그것은 마치 하늘의 문이 열려지고, 우리가 정말 하나님 앞에 서게 되고, 천사의 음악이 우리 귀에 도달하는 것만 같다"55 바흐의 「마태수난곡」 첫 번째 합창의 소프라노 레치타티보("Er hat uns allem wohlgetan")에서, 그 끝부분인 "Sonst hat mein Jesus nicht getan"을 부를 때 조가 C장조로 변조됨으로써 우리는 마치 "죽음과 비애 가운데 동트는 새벽"을 보는 것 같이 느낀다.56

암흑과 어두움을 나타내는 음악적 유비는 침묵과 조용함일 것이다. 음악의 '쉼표'(rest)는 일종의 호흡을 유지하는 것이다. "그러므로 음악적 침묵은 결코 단순한 '쉼'(rest)이 아니라, 가장 극도의 긴장을 주는 것이다. … 침묵한다는 것은 비활동적이게 되는 것이 아니라, 가장 위대한 수용성이자 최고의 활동성이다."57 명암대조법(chiaroscuro)의 효과가 침묵으로부터의 소리의 발생에 의해 가져올 수도 있다. 예를 들어 베토벤의 바이올린 콘체르토 시작에서 팀파니의 네 번의 가벼운 두드림과 그것에 이어지는 현악기 연주는 음악적 어두움을 만들며, 여기에 멜로디의 빛이 따라 나온다.58

어떤 음악적 기교와 그것이 자극하는 성스러움의 요소 사이에는 마치 자연적인 어떤 연상 관계가 있는 것만 같다. 반 델 레우가 언급

---

55 Ibid., 235. 반 델 레우의 다소 간략한 설명은 베토벤이 여러 번의 반복을 통해 쌓아 올리고 있는 긴장감을 완전히 전달하지는 않고 있다. 본인에게 이것을 지적해준 프랭크 버치 브라운(Frank Burch Brown)에게 감사드린다.

56 Ibid.

57 Ibid., 237.

58 Ibid., 236. 위에서 언급된 아르보 패르트(Arvo Pärt)의 작품들은 반 델 레우가 '명암대조법'(chiaroscuro technique)이라고 부른 것의 보다 나은 예일지도 모르겠다.

한 것에 우리는 몇몇 예를 더 추가할 수 있을 것이다. 예를 들어 메시앙의 불협화음과 대조적인 리듬의 사용은 마치 그리네발트의 색채 사용에서처럼 '낯섦'을 창조해낸다. 패르트의 종교 음악 작품 중에서 음의 고저가 아주 높거나 낮아서 겨우 들을 수 있는 선율처럼 소리의 지속적인 순도純度는 청취의 범위와 관련되고, 우리로 하여금 세심하게 주의를 기울이게 만들며, 유비적으로 투쟁과 초월성에 주목하게 한다. 하모니는 다양성 속에서 통일, 차이 속에서 교제를 나타내는 것이다. 엄격하게 지켜지는 템포는 「마술피리」(Die Zauberflöte)의 마지막 장에서 사제들의 음악에서처럼 엄숙함을 나타내는 데 사용될 수 있다. 음악의 '색채' 또한 성스러움이 가지는 측면들을 가리킬 수 있다. 예를 들어 보이boy소프라노의 목소리는 영국 교회음악에서(그리고 현대에 이르기까지는 거의 모든 서양 교회음악에서) 순수함과 깨끗함을 나타내는데 어른들의 아이를 향한 자연스러운 온화함을 자극한다. 그럼에도 불구하고 반 델 레우는 그 자체로 종교적인 '스타일'은 존재하지 않는다고 주장한다. 기독교 역사에 있어 세속적 선율은 성스러운 텍스트를 표현하기 위해 사용되었고, 그 반대인 경우도 있다. 바흐의 「마태수난곡」에 나오는 「오 거룩하신 주님」(O Sacred Head Surrounded)의 멜로디는 원래 연가戀歌(Minnelied)의 하나였다. 그리고 중세의 많은 미사곡은 잘 알려져 있던 대중적 노래에 기초하였다.[59] 우리는 라수스Lassus, 오케겜Ockeghem, 뒤파이Dufay의 미사곡들과 「무장한 병사」(l'homme armé)와 같은 세속적 선율에 기초한 다른 작품을 예로 들 수 있을 것이다.

---

[59] *Ibid.*, 220.

반 델 레우는 음악에 대한 쇼펜하우어의 견해에 기본적으로 동의한다. 음악은 어떤 구체적인 사상을 표현하지도, 우리에게 세계에 대해서 말해주지도 않는다.[60] "따라서 음악은 다른 예술처럼 사상의 이미지(image of ideas)가 아니라, 의지 자체의 이미지(image of the will itself)다"[61] 이러한 진술의 긍정적인 의미는 아우구스티누스의 통찰과 일치한다. 음악이 오직 움직임을 통해서만 자신의 통전성에 도달하는 것, 음악이 한순간도 총체적인 자기 소유를 가지지는 못하는 것은 인간 실존의 이미지 그 자체이다. 시간이 영원의 움직이는 이미지인 것처럼 음악도 또한 영원하고 온전히 자기 현존적 존재와의 합일을 갈망하는 영혼의 시간성을 표현한다.[62] 이러한 의미에서 음악은 '의지'의 본질적 이미지다.

하지만 본인은 쇼펜하우어의 진술의 부정적인 측면이 너무 좁게 생각된 '이미지'와 '사상'의 관념에 기초하고 있는 것은 아닌지 질문하고 싶다. 우리는 그림적인(pictorial) 이미지와 더불어 운동적인(kinetic) 이미지를 생각할 수 있고, 음악은 특히 이것을 전달하는 데 유용하다. 운동적인 이미지는 보통 직접 개념들을 나타내지는 않는다. 비록 어떤 경우에 있어서는 습득된 상징적 언어로서 이렇게 할 수도 있지만 말이다. 하지만 그것은 육체적 상태, 감정, 고차원적 감정(정조)과 관련되고, 이것들은 다시 단지 순수한 '의지'만을 구체화시키는 것이 아니라 이해와 비전을 또한 포함하는 것이다. 가다머를 따라 본인은 '절대' 음악조차도 의미를 전달한다고 본다.

---

60 *Ibid.*, 294.

61 Schopenhauer, *Die Welt als Wille und Vorstellung* (Wiesbaden, 1949), quoted in *ibid.*, 245.

62 Martin, *Beauty and Holiness*, 21.

우리가 절대 음악(absolute music)을 들을 때조차도 우리는 그것을 '이해'해야만 한다. … 따라서 비록 절대 음악이 형식 자체의 순수한 운동이고 일종의 청각적 수학으로서 거기서 우리가 분간할 수 있는 어떤 객관적 의미의 내용도 부재하지만, 그럼에도 불구하고 그것을 이해하는 것은 의미 있는 것과의 관계 속으로 들어가는 것이다. 이러한 종류의 음악이 가지는 의미와 구체적인 관계는 바로 그 관계의 불분명성이다.[63]

곧 형식(form)은 단지 형식으로서 '의미'를 지니는 것이다. 따라서 고대와 중세의 서양문명에 있어 음악과 수학이 종종 동일시되었던 경우처럼, 이러한 종류의 절대음악은 형식 자체의 존재함에 대한 '존재론적' 경이감을 전달할 수 있다고 본인은 제안하였다. 질서나 인식 가능한 관계가 존재한다는 사실 자체가 질서의 원천에 대해 질문하게 만든다. 하지만 본인은 그러한 '내용 없는' 음악이 또 다른 방식으로 내용을 전달할 수 있다고 제안하고자 한다. 그것은 특정한 사물의 이미지를 재생산함을 통해서가 아니라 특정한 사물, 정조, 마음의 상태 혹은 감정과 연관되는 운동미학적(kinesthetic) 이미지를 의식적으로 무의식적으로 표상함으로써 내용을 전달한다. 이러한 의미에서는 '절대'음악조차도 '내용'을 가지는 것이다. 이런 이유로 음악이 사상이나 가치를 전달한다고 보는 '상징주의적' 견해(헤겔, 셸링, 쇼펜하우어, 바그너)와 음악이 비음악적 사상이나 가치와는 아무런 관계없는 '미학적' 메시지를 전달한다고 보는 '자율주의적' 견해 사이를 가르는 절대적인 이분법은 없다고 본인은 생각한다.[64]

---

63 Gadamer, *Truth and Method*, 82.
64 이러한 구분에 대해서는 Lois Ibsen al Faruqi, "What makes 'Religious Music' Religious",

종교 오페라, 오라토리오, 교회 칸타타는 종종 텍스트를 감정적으로 혹은 극적^{劇的}으로 적합한 음악에 결합시킨다. 그래서 라너는 이렇게 질문한다. "바흐의 오라토리오를 들을 때, 단지 그 텍스트를 통해서만이 아니라 또한 그 음악을 통해서 우리는 인간성에 대한 하나님의 계시 속으로 특별한 방식으로 들어가게 되는 것을 느끼지 않는가?"[65] 하지만 감정들의 연상 작용은 언어적 내용이 부재할 때조차도 일어날 수 있는 것이다. 그래서 순수 기악 음악의 '교회적' 형식이 또한 가능한 것이다. 예를 들어 바흐의 오르간 음악이 그것이다. 반 델 레우는 다음과 같은 관찰을 제공한다. "영적인 음악은 단지 아름다움을 계시할 뿐 아니라 성스러움도 계시한다. 그러한 계시는 단지 텍스트의 주제적 문제나 음악이 작곡된 이유를 통해서만이 아니라, 성스러움과 아름다움은 상호침투한다는 사실 자체를 통해서 이루어지는 것이다. 영적인 음악은 교회음악과 세속음악의 특징 둘 다를 지닐 수 있다."[66]

우리가 다음의 장에서 살펴보게 될 것처럼 음악의 목표와 종교의 목표 사이에 갈등이 발생할 수도 있다. 혹은 반 델 레우가 지적하는 것처럼 이 둘은 병행이 되어서 서로 동떨어진 요소들이 될 수도 있다. 반면에 위대한 종교 음악에 있어 이러한 다양한 차원들의 협력은 루터가 말한 신앙의 "곡조 있는 선포"를 창조한다.

---

in *Sacred Sound: Music in Religious Thought and Practice*, Journal of the American Academy of Religion Thematic Studies, vol. 50, no. 1, edited by Joyce Irwin (Chico, Calif.: Scholars Press, 1983), 21-34, at 32, n. 5.

65 Rahner, "Art against the Horizon of Theology and Piety", 163. 라너에 있어 계시는 단지 하나님(God)의 드러냄일 뿐 아니라, 인간(humanity)의 드러냄이기도 하다.

66 Van der Leeuw, *Sacred and Profane Beauty*, 270-271.

VII. 예술과 성스러움: 유사성들과 갈등들

제1차 바티칸 공의회는 초자연적인 신비인 계시와 구원에 대해 논의하며 인간의 마음이 이러한 신비를 인식할 수 있는 세 가지 방식에 대해 말하였다. (1) 초자연적인 신비가 우리의 자연적 지식과 가지는 유비적 관계를 고찰하는 방식, (2) 이러한 신비의 다른 측면이나 관계를 서로 비교하는 방식, (3) 이러한 신비가 인간의 삶의 궁극적인 목표와 가지는 관계를 보는 방식이 그것이다.[1] 우리가 앞에서 보았듯 예술은 단순히 계시의 메시지를 전달할 뿐 아니라, 그것에 대한 이해를 추구하는 신학적 방식들을 발견하고자 한다.

예술은 계시의 메시지를 하나님에 대한 우리의 '자연적' 지식 곧 우리 존재의 내적인 역동성에 관련시킨다. 특히 그것은 메시지를 아름다움에 대한 질문과 '형이상학적' 질문에 관련시킨다. 또한 예술은 신비들 사이의 관계를 고찰함을 통해서 그러한 관계를 상징적으로 나타내고, 거기서 유래하는 도덕적 삶을 표현하며, 변화하는 시대와 환경에 따라 그런 관계의 의미를 해석하고 표현한다. 물론 이러한 구체화가 양면성이 없는 것은 아니어서 의심의 해석학을 적

---

1 "*Ac ratio quidem, fide illustrata, cum sedulo, pie et sobrie quaerit, aliquam Deo dante mysteriorum intelligentiam eamque fructuosissima assequitur tum ex eorum, quae naturaliter cognoscit, analogia, tum e mysteriorum ipsorum nexu inter se et cum fine hominis ultimo*"(신앙으로 설명된 이성은 그것이 열심히 경건하게, 엄숙하게 추구할 때 하나님의 도우심을 통해서 신비들에 관한 어떤 지식에 도달할 수 있다. 이러한 가장 유용한 것들에는 단지 이성이 자연적으로 아는 것들의 유비에 대한 지식뿐 아니라, 신비들의 관계들에 대한 지식, 나아가 인간의 궁극적 끝·목표에 대한 지식이 있을 것이다). *Constitutio de fide catholica*, cap. 4; *DS* 3016.

용시킬 필요가 있다. 예를 들어 성서에서 하나님이나 그리스도에 적용된 왕의 메타포는 권력과 통치에 대한 일반적인 견해를 또한 상기시키기 때문에 이것이 하나님에 적용될 때에는 부연적인 설명을 필요로 한다. 하지만 다른 측면에서 볼 때 지하 묘지의 프레스코 화에서 그리스도가 로마 황제의 옷을 입고 있고, 제자들이 원로들로 표현된 것은 지상적 통치에 대한 추가적인 메시지를 전달하고 있다. 그러한 메시지는 사회정치적 차원에 있어 인간의 합리적 역동성과는 갈등을 일으키는 것이다. 마지막으로 예술은 희망의 이미지를 제공하고 초월적 지평에 대한 욕망을 일으키고 영원성을 시간성이 지니는 의미의 원천으로 보여줌으로써 우리의 현재적 삶을 우리 존재의 목표에 관련시킨다.

　　예술은 시각적, 음악적, 언어적 등 다양한 방식으로 성스러운 실재의 계시를 '표상'하고 그것의 의미를 성찰하는 기능을 할 수 있다. 이것을 간략하게 요약해보는 것이 크게 우리의 논의에서 벗어나는 것은 아닐 것이다. 예술은 일상적 삶의 내용을 재표현(표상(represent))하여 아름다움이나 경이로움을 통해서 그것의 초월적 지평을 주목하게 만든다. 예술은 영혼, 환희, 아름다움, 존재에 대한 통찰 등과 직접 관련된 감정들을 표현하기 위해서 모든 객관적인 내용으로부터 추상화될 수도 있다. '순수' 음악이나 무용과 같은 비표상적 예술이 그러하다. 혹은 예술은 언어적 메시지를 수반하든 그렇지 않든, 직접 종교적 내용과 관계가 있는 이미지, 정조, 사상 등을 구체화할 수도 있다. 최소한 서양 전통에 있어서는 하나님 혹은 영적인 실재를 직접 표상하려는 시도는 아주 드물다. 오히려 대부분 하나님의 실재는 적합한 상징이나 메타포를 통해서 표현되었다. 메시지는 역사적 이야기와 묘사를 통해서 전달되었다. 그리고 계시, 은총, 구원의 활동은 변화된 인간의 삶을 표상하는 데에서 제시되었다.

예술은 하나님의 계시의 중재물이 되어 자신의 궁극적인 영적 가능성으로 개방된다. 이러한 개방성은 가다머가 "순수하게 미학적인" 의식이라고 부른 것을 넘어설 것을 요구한다. 키에르케고르에 따르면 "미학적 경험의 내적 갈등은 자기 자신을 넘어서도록 강요하게 된다."[2] 이와 동일하게 가다머는 예술의 영역을 실존적이고 도덕적인 관심으로부터 분리시키는 '미학 이론'을 비판한다. "예술에 공정하기 위해서라도 미학 이론은 미학의 '순수성'을 포기하고 자신을 넘어서야만 한다."[3] "예술 경험은 미학적 의식의 중립성(uncommitedness) 속으로 빗나가서는 안 된다."[4]

하지만 예술이 종교적 차원에 개방될 때조차도 곧 그것이 종교에 봉사할 때조차도 어떤 긴장이 남게 된다. 반 델 레우가 말하듯 종교예술이 자신의 기능을 수행할 때 그것은 우리로 하여금 단지 그런 표상의 한계를 넘어설 것을 요구할 뿐 아니라 또한 종교예술 자신을 넘어설 것을 요구한다. "가장 심오하고 궁극적이기까지 한 종교예술도 하나님의 얼굴 앞에서는 존재할 수 없다. 표현의 가장 고차원적인 형태에 이르러서도 우리는 다른 이미지, 다른 노래를 갈망하고 있는 것을 느낀다. 더 이상 '예술'이지는 않는 어떤 것을 우리는 갈망한다."[5] 모든 진정한 예술은 그것이 직접 종교적이든

---

2 Gadamer, *Truth and Method*, 85.

3 *Ibid.*, 83.

4 *Ibid.*, 87.

5 Van der Leeuw, *Sacred and Profane Beauty*, 335.

그렇지 않든 우리로 하여금 "아름다움이 성스러움 속으로 넘어가는 교차점을 발견하도록" 초대한다.[6]

따라서 우리는 절대적인 고요로서 우리를 맞서는 아름다움, 절대적인 장엄함 속에 드러나는 아름다움을 향해 우리의 귀를 세우고 눈을 돌려야만 한다. 우리는 마지막 말로서 말을, 들을 수 없는 절대성을 향해 몸부림치는 음표를 들어야만 한다. 우리는 볼 수 없는 그분의 이미지를 떠오르게 하는 이미지를, 별들의 리듬에 의해 전달되는 움직임을, 하나님의 집인 세상을 보아야만 한다. 하지만 우리는 또한 자신 속을 들여다보며, 우리에게 계시되어지는 전적인 타자의 아름다움을 경험하는지 보아야 한다. 아름다움이 단지 우리를 끌어당길 뿐 아니라, 우리를 또한 물러서게 만드는 오직 그때에 우리는 이것을 알게 될 것이다. 단지 우리를 매혹시킬 뿐 아니라, 전에는 결코 알지 못했던 방식으로 우리를 공포스럽게 할때… 이러한 교차점에서 우리는 루돌프 오토가 말한 매혹(fascination)과 두려움(awe)으로서 아름다움을, 우리가 희망으로 기꺼이 접근하지만 거기에 또한 떨리는 경외감을 함께 가져가는 아름다움을 찾게 된다.[7]

---

6 *Ibid.*, 333.

7 *Ibid.*

6장

아름다움과
도덕적 선

I. 프롤로그: 미켈란젤로의 「소네트」

내 삶의 여정이
깨지기 쉬운 범선을 타고 광포한 바다를 가르다,
이제 모든 선하고 악한 행동을 설명해야만 하는
그 공통의 항구에 도달하였다

가득한 실수들은 애정의 환상이라는 것을,
예술이 날 위해 만든 우상이고 제왕이라는 것을
난 거기서 알게 된다
자신의 의지에 반하여 모두가 욕망하는 것의 가치를

이중의 죽음에 접근하는 지금,
한때는 즐겁고 환영받았던 사랑의 생각들은
무엇이 될 것인가?
하나는 확실하지만, 다른 하나는 날 위협한다
더 이상 그림이나 조각도
십자가 위에서 우리를 안고자 그 팔을 벌리고 있는
신성한 사랑에 돌아선 영혼을 잔잔케는 못한다

- Michelangelo Buonarroti(1552~1554)

II. 미학, 윤리, 종교 사이의 갈등

우리는 앞의 세 장에서 초월성이 인간의 표상력·상상력, 아름다움, 예술과 가지는 긍정적인 관계를 살펴보았다. 하지만 또한 우리는 2장에서 기독교 신학이 일찍부터 표상력·상상력의 영역과 종종 불편한 관계가 있다는 것도 보았다. 성상파괴주의는 하나님의 초월성과 자기 계시를 인간의 투사작용 혹은 '우상숭배'의 위험성으로부터 지키고자 하는 노력의 절정이었다. 그리고 우리는 아름다움의 추구와 하나님의 추구가 긴장 관계에 놓일 수도 있음을 역사적으로 간략히 살펴보았다. 우리가 5장의 마지막 부분에서 고찰한 것처럼 예술과 그것이 봉사하는 메시지 사이에는 종종 갈등이 발생할 수도 있는 것이다. 우리의 '기초적인' 신학적 미학 이론을 마감하는 이 시점에서 우리는 '조직신학'적 관심들과 중복되는 '변증법적' 성찰을 살펴보고자 한다. 우선 이제까지 우리가 탐구하여 왔던 주제의 부정적인 측면들을 고찰한 후에 감정, 예술, 아름다움이 기독교 계시의 빛 하에서 전환될 수 있는 방법에 대한 신학적 이해를 시도하고자 한다.

1. 역사적 콘텍스트와 실존적 콘텍스트

역사적으로 기독교와 예술 사이의 갈등 대부분은 (특히 초대교회에 있어서는) 외부적 요인으로 인한 것이었다. 헬레니즘의 세계에 있어 예술은 '이방' 종교와 관습에 밀접하게 연결되어 있었다. 기독교의 성상파괴주의는 십계명의 첫 번째 계명인 우상숭배 비판에 직접 관련되어졌는데, 이것은 단지 구약만이 아니라 이방인 철학자들에 의해서도 옹호되었다.[1] 연극은 고대 세계에서 종교적인 혹은 유사종교적인 기능을 수행하였고 마술과도 연결된다.[2] 또한 그런 극장은 느슨한 도덕심과 '상업적 사랑'을 연상시켰다.[3] 춤은 극장의 한 요소로서 에로틱한 노출증을 대변하였다.[4] 음악의 악기들도 이방종교의 제의들을 위해 사용되었고, 어떤 특정한 악기들은 주신제酒神祭와 관련되었다.[5]

하지만 아무리 이러한 '외부적' 요인들이 초대교회에 있어 중요했다고 하더라도 그것들이 종교와 예술 사이에 반복적으로 등장하는 갈등을 설명하는 데 충분하지는 못할 것이다. 이와 유사한 갈등이 다른 종교들에서뿐만 아니라,[6] 이방 종교의 위험성이 이미 사라

---

1 프리드버그(David Freedberg)는 유대인들이나 기독교인뿐 아니라 로마의 이방인 철학자도 신인동형론적인 이미지를 거부하였고, 일반적으로 그런 이미지들을 도덕적으로 느슨한 예술적 추구와 관련시켰다고 주장한다. *The Power of Images: Studies in the History and Theory of Response* (Chicago and London: Chicago University Press, 1989), 63-65.

2 Van der Leeuw, *Sacred and Profane Beauty*, 97.

3 *Ibid.*, 53.

4 *Ibid.*, 53-55. 초기 기독교의 '청교도주의'(puritanism)는 '부정한 그리스인들' 사이의 유대인이라는 걸림돌, 헬레니즘의 영혼-육체 이원론 둘 다에 기초하고 있다. 그래서 반 델레우가 지적하듯, 육체적 쾌락은 결코 완벽하게 순수한 것은 될 수 없다고 생각되었다.

5 초대 기독교의 "음악적 청교도주의"(musical puritanism)에 대한 상세한 연구로는 Johannes Quasten, *Music and Worship in Pagan and Christian Antiquity* (Washington, D.C.: National Association of Pastoral Musicians, 1983)를 참고하라. 관련된 교부 시대의 문헌을 모아둔 것으로 James McKinnon (ed.), *Music in Early Christian Literature* (Cambridge: Cambridge University Press, 1987).

6 가장 분명하고 극단적인 예가 이슬람교일 것이다. 이슬람교는 단지 하나님에 대한 이미지를 금지할 뿐 아니라 종종 모든 조형미술에 제한을 부과하고, 대다수의 극장을 거부하고, 어떤 분파들에 있어서는 코란을 낭송하는 것을 제외하고는 음악의 사용도 제한한다. 대승불교의 과도함에 대한 선불교의 저항도 불상의 파괴를 포함하였고, 형상적인 표상보

진 후기의 기독교에서도 발견된다. 앞에서 우리는 성상파괴운동이 일어난 주요한 시기들을 고찰하였다. 8세기와 9세기 동방교회를 갈라놓았던 논란들, 서방교회의 카롤링거 왕조 시대, 시토회 개혁운동, 종교개혁 등이 그것이다. 교회에서 음악의 사용도 교부시대에 엄격하게 제한됐고, 개신교의 종교개혁 시대에 와서 특히 츠빙글리와 칼뱅의 추종자들에 의해 다시 공격되었다(비록 츠빙글리 자신은 뛰어난 음악가였고, 이 두 개혁자는 세속적 예술로서 음악을 존중하였음에도 불구하고 말이다). 바르트가 지적하듯 문제는 단지 외부적인 연관이 아니다. 여기에는 단지 예술만이 아니라, 인간의 산물로서 종교를 포함한 모든 지상적 아름다움과 문화에 놓여 있는 어떤 보다 근본적인 난제가 있는 것이다. 본회퍼는 "예술, 문화, 종교는 인간이 하나님의 은혜를 부정하는 세 가지 중요한 방식이다"고 말한다.7

더군다나 미학의 관점에서 볼 때도 예술 혹은 아름다움과 하나님에 대한 봉사 사이에는 근원적인 긴장이 존재한다. 예술과 아름다움은 그 자체로서 목적이 된다고 주장하며 어떤 다른 목적에 종속되는 것을 저항한다. "예술은 삶의 모방도, 삶에 대한 공감도 아니다. 그것은 삶의 중요한 한 형식으로서 종교나 도덕, 과학이나 국가 혹은 일차적이거나 이차적인 다른 삶의 형식들로부터 자신의 법칙을 부여받지는 않는다."8 다른 한편으로 종교적 가치는 단지

다는 형이상학적 통찰을 지향하는 보다 단순한 회화 스타일을 머독은 "반(反)예술로서의 예술"이라고 불렀다. Iris Murdoch, *The Fire and the Sun: Why Plato Banished the Artists* (Oxford: Clarendon Press, 1977), 71-73.

7 Sierig, *Über den garstigen Graben*, 15에 인용되고 있다.

8 Friedrich Gundolf, *Goethe* (Berlin, 1925), quoted in Van der Leeuw, *Sacred and Profane Beauty*, 190.

궁극성을 주장할 뿐 아니라 또한 총체성을 요구한다. 그것은 자신 옆에 어떤 다른 것도 인정하지 않는다. 왜냐하면 바로 그러한 가치에 의해 우리는 '하나님 앞에' 서게 되기 때문이다. 따라서 그것은 궁극적이지 조건적이 아니다.[9]

　　신앙의 태도에 있어서는 오직 하나님만이 인간 욕망의 궁극적 완성이 될 수 있다. 하지만 미학적 경험의 형식도 또한 '완성적'인 것이다. 듀이가 말하듯 "어떤 경험을 미학적인 경험으로 구분시키는 것은 저항과 긴장을… 포괄적이고 완성적인 마감(close)을 향한 운동으로 전환시키는 데 있다."[10] 우리가 앞의 장에서 보았듯이 이러한 입장은 종교적 태도에 있어서는 문제가 있는 것으로 보아진다. 왜냐하면 종교는 자신의 중요한 가치를 살아 있는 초월적 하나님과의 계속적이고 결코 끝나지 않는 '만남'으로 보기 때문이다. 인간의 완성을 가져오는 하나님의 '통치'는 미래성未來性(futurity)의 상징 안에서만 표현되어야 하는 것이다. 이것이 종종 종교적 예배에 있어 '거칠고 추한' 이미지들이 아름다운 이미지들보다 선호되는 이유이다. 미학적 대상물로서 그것들의 불완전성은 예배를 드리는 자로 하여금 자신의 종교적 목적에 보다 집중하도록 만든다.[11] 또한 아름다운

화이트헤드의 철학은 아름다움이란 일종의 자기-정당화하는 목적이라고 여기는 데까지 나아간다. 미학적 경험 속에서 "예술의 대상은 그 자체가 목적으로 경험되어지기를 요구한다. 그것은 삶의 패턴을 형성시키거나 일상적인 생활을 주도하는 주관적 목적들 (subjective aims)을 넘어서서, 잠시 긴 기간을 짧게 가로지른다." Donald W. Sherburne, *A Whiteheadian Aesthetic* (New Haven: Yale University Press, 1961), 143. 위의 문장은 Martin, *Beauty and Holiness*, 120 인용.

9　Van der Leeuw, *Sacred and Profane Beauty*, 5.

10　John Dewey, "Having an Experience", in *Art as Experience* (New York: Capricorn Books, 1959), 55. 이 문장이 다시 Martin, *Beauty and Holiness*, 113에 인용된다.

11　Van der Leeuw, *Sacred and Profane Beauty*, 178. 이 책을 위해 쓴 자신의 '머리말'에서

음악도 성스러운 말씀에 위험스러운 것이 될 수 있다. "진정한 음악으로서 음악은 말씀을 설명하지는 않는다. 오히려 말씀을 고양시키고, 함께 가지고 가서, 마침내 파괴하게 된다. 모든 텍스트는 음악에 의해 아름답게 파괴된다. … 곡조는 말씀을 휩쓸어 버리고 파괴해 버린다."[12]

'미학적인 것'은 예술에서 혹은 다른 아름다움의 형식들 속에서 경험되든, 종교적인 것으로부터 주의를 분산시킨다. 극단적인 경우에는 예술은 세계의 경험과 세계 내 경험을 강조하는 일종의 라이벌 '종교'가 되며, 단지 세상적인 '예배'의 대상을 만들 뿐 아니라 세속적인 '구원'도 제공한다. 볼터슈토르프는 사회학자 막스 베버[Max Weber]를 이런 맥락에서 인용한다.

> 예술은 이-세계적 구원(this-worldly salvation)의 기능을 점유하게 된다. 그것은 반복적인 일상생활로부터, 특히 이론적이고 실천적인 합리주의가 가져오는 점증적인 압박으로부터 '구원'을 제공한다. 이러한 구속적 기능에 대한 주장을 통해, 예술(art)은 구원 종교(salvation religion)와 직접 경쟁하기 시작한다. 모든 합리적인 종교윤리는 반드시 이러한 세계 내적이고 비합리적인 구원을 거부해야만 할 것이다.[13]

엘리아데는 동일한 입장을 표명한다. 고대 그리스인은 자신들의 신전에 파이디아스(Phidias)가 만든 걸작의 조각들을 둔 것이 아니라, 조잡하고 진부한 동상들이나 목상들을 두었다. *Ibid.*, VIII.

12 Van der Leeuw, *Sacred and Profane Beauty*, 255, 291.

13 Hans Gerth and C. Wright Mills, eds., *From Max Weber: Essays in Sociology* (New York: Oxford University Press, 1946), 342. Nicholas Wolterstorff, *Art in Action: Toward a Christian Aesthetic* (Grand Rapids: William B. Eerdmans, 1980), 49, 227, n. 25.

폴 틸리히는 빈번히 발생하는 종교의 미학에 의한 교체가 보다 깊은 이유를 가진다고 본다. 미학적 경험을 통해 이루어지는 자아와 세계의 실제인 통합 때문에 칸트주의와 신칸트주의의 철학자들은 "예술이 삶의 가장 고등한 자기표현이며, 마음의 모든 다른 가능들이 가지는 한계들에 대한 해답이라고 본다. 그리고 이것이 바로 발전된 문화가 종교적인 것을 미학적 기능에 의해 대체시키는 경향성을 가지는 이유이다."[14]

거짓된 예배에 대한 전기 예언자의 저주보다 시기적으로는 후기에 기록된 솔로몬의 지혜(소피아 살로몬$^{\Sigma o\varphi\iota a \ \Sigma a\lambda\omega\mu\omega\nu}$)는 깊은 심리적인 통찰로 우상숭배의 근거가 되는 세상의 아름다움이 또한 진정한 가치를 지닌다는 것을 인정한다. 지혜서에는 동시에 자연의 아름다움에 사로잡혀 그 창조자를 망각한 사람들에 대한 연민의 안타까움도 드러난다.

> 모두는 본성이 우둔하여 하나님에 대해서 무지하다.
>
> 그들은 선한 것들을 보면서도,
>
> 진정 존재하는 유일자를 아는데 성공하지 못한다.
>
> 작품들을 보면서도,
>
> 창조한 예술가는 알아보지 못한다.
>
> 피조물의 위대함과 아름다움으로부터,
>
> 유비(analogy)를 통해 천지의 창조자가 드러나는 것이다.
>
> 하지만 아마 그들을 너무 책망할 수는 없을 것이다.

---

14 Paul Tillich, *Systematic Theology*, vol. III (Chicago: University of Chicago Press, 1963), 65.

왜냐하면 하나님을 찾고 발견하기를 원하다가,

잘못 길을 잃었기 때문이다.

하나님의 작품들 속에서 바쁘게 헤매다가,

본 것들에 의해 산만하게 된 때문이다.

그리고 그것들은 너무 아름답기 때문이다.[15]

　　'세계를 향한 애정'(devotion to the world)이라는 미학적 '종교'는[16] 이미 이기주의를 넘어서 초월적 가치를 향해 한 걸음 다가선 것인지도 모른다. 그럼에도 불구하고 그것은 결국에는 우상숭배일 수밖

---

15 지혜서 13:1-7. 하지만 궁극적으로는 세계의 아름다움에 빠진 자들이 변명으로 용서받을 수는 없는 것이다:

　　하지만 다시 말하지만, 이들조차도 용서받을 수는 없다.
　　만약 그들이 지식에 있어 그렇게까지 성공하여
　　세계에 대해 생각할 수 있었다고 한다면,
　　어째서 세계의 주님은 보다 재촉하여 찾지 않았는가?(13:9)

[(역자주) 위의 번역들은 빌라데서의 본문에 기초한 것이다. 한글성서 『공동번역』의 지혜서 해당 부분들 본문은 아래와 같다. "하느님을 모르는 자들은 모두 태어날 때부터 어리석어서 눈에 보이는 좋은 것을 보고도 존재하시는 분을 알아보지 못하였고, 업적을 보고도 그것을 이룩하신 분을 알아보지 못하였다. 그래서 그들은 불이나 바람이나 빠른 공기, 별의 회전 혹은 도도하게 흐르는 물, 하늘에서 빛나는 것들을 세상을 지배하는 신들로 여겼다. 만일 이런 것들의 아름다움을 보고 그것을 신이라고 생각했다면, 이런 것들의 주님이 얼마나 더 훌륭하신가를 알아야 했을 터이다. 왜냐하면 그것들을 창조하신 분이 바로 아름다움의 주인이시기 때문이다. 또 그들이 이런 것들의 능력과 힘에 놀랐다면 마땅히 이런 것들을 만드신 분의 힘이 얼마나 더 큰가를 깨달아야 했을 터이다. 피조물의 웅대함과 아름다움으로 미루어보아 우리는 그것들을 만드신 분을 알 수 있다. 그렇다고 해서 이 사람들을 크게 비난할 수는 없다. 그들은 아마 하느님을 찾으려고 열렬히 노력하다가 빗나갔을지도 모른다. 그들은 하느님의 업적 가운데에서 살면서 열심히 모색하다가 눈에 보이는 것들이 하도 아름다워서 그 겉모양에 마음을 빼앗기고 마는 것이다"(13:1-7). 그럼에도 불구하고 "만일 그들이 세계를 탐지할 수 있는 지식을 쌓을 능력이 있다면 어찌하여 세계를 만드신 분을 일찍이 찾아내지 못했는가"(13:9).]

16 Cf. Rahner, *Foundations of Christian Faith*, 84.

에 없다. '전적인 타자'로서 하나님의 궁극적 초월성으로 더 나아가지 못하고 멈추어버리기 때문이다.[17]

2. 예술에 대한 '플라톤주의적' 반대

요컨대 한편으로 초월적 종교와 다른 한편으로 아름다움과 예술 사이에는 본질적인 긴장이 존재하는 것이다. 이러한 긴장은 다름 아닌 세계로부터 하나님에게로 '올라감'이라는 플라톤주의 전통이 가지는 또 다른 면이다. 플라톤의 '동굴의 신화'에서처럼 우리는 지상적 아름다움의 '신성함'(godliness)에 너무 심취하여서 그런 이미지를 일종의 원천이라고 혼동한다.

미학에 대한 이러한 '플라톤주의적' 반대는 여러 형식으로 표출되고 여러 상황에서 달리 해석된 기본적 갈등을 표현하고 있다. 그런 핵심 갈등은 성스러운 아름다움과 세속적 아름다움, 종교와 예술, 영과 물질, 이성과 상상력 혹은 철학과 신화 등의 갈등을 통해서

---

17 Van der Leeuw, *Sacred and Profane Beauty*, 334. 틸리히는 미학이 종교를 대체하는 것은 인간 상황뿐만 아니라 미학 자체에도 참되지 못하다고 주장한다. "예술 작품은 자아와 세계가 그것들 각각의 한계를 지닌 채 결합된 통합이다." 세계의 측면에서 볼 때 그러한 통합은 한계를 가질 수밖에 없는데, 예술 작품을 통해 그렇지 않았으면 은폐되었을 어떤 한 특성이 드러나게 되지만 그렇다고 모든 특성을 초월하는 궁극적 실재가 드러나는 것은 아니기 때문이다. 자아의 측면에서도 한계가 있는데, "미학적 기능 속에서 자아는 실재를 이미지들 속에서 파악하지만 그 존재의 총체성에서 파악하는 것은 아니기 때문이다. 이러한 이중적 한계는 미학적 통합의 기능에 일종의 비실재성(unreality)을 가져온다. 그것은 '그런 것 같음'(seeming)이다. 그것은 아직 존재하지 않는 어떤 것을 예견한다." *Systematic Theology*, vol. II, 65.
우리는 또한 예술과 아름다움을 통한 자아와 세계의 비록 제한적이지만 실제인 통합이 가지는 긍정적인 측면을 지적할 수 있을 것이다. 그러한 통합을 통해 그것들은 초월성과의 총체적이고 종말론적인 통합의 '기호' 내지 예견이 될 수 있다.

자신을 드러낸다. 이러한 갈등들이 감정, 예술(종교에 대한 '신화적' 표현을 포함한), 자연적(지상적) 아름다움에 대한 기독교의 오랜 반대와 유보적 입장 배후에 놓여 있는 것이다. 따라서 기독교와 서양 지성사 일반에 지대한 영향을 끼친 플라톤 철학을 보다 자세히 고찰하는 것이 유용할 것이다. 아이리스 머독[Iris Murdoch]이 그녀의 책에서 말하고 있듯 "비록 우리는 플라톤의 비판에 반대해서 예술을 옹호하기를 원하지만, 우리는 또한… 이러한 비판이 가지는 가치에 대해 주목하게 된다."[18]

우리가 앞에서 고찰하였듯이 플라톤주의 철학은 아름다움에 한 중요한(사실 중심적인) 위치를 부여한다. 하지만 플라톤이 아름다움이란 사실상 예술을 제외시키고 배제하는 일종의 '영적인 동인'(spiritual agent)으로 정의한 것에 머독은 주목한다.[19] 놀랍게도 플라톤은 『국가』(Republic)와 『법률』(Laws)에서 어떤 음악 양식들은 금지시키는 검열을 제안하고,[20] 그의 작품 여러 곳에서도 예술가들을 비판한다. 『국가』의 한 유명한 부분에서(398 A), 만약 모든 종류의 감정을 자극하는 데 능란한 시인이 플라톤 자신의 이상적 국가를 방문한다면 시민들은 그에게 경의를 표할 것이나 자신들의 영혼을 위해서라도

---

18 Iris Murdoch, *The Fire and the Sun*, 72. 머독은 의도적으로 예술에 대한 플라톤주의적 반대의 극단적인 예들에 일방적으로 집중한다. 플라톤은 또한 예술이 합법적으로 중요한 역할을 가진다는 것을 인정한 것을 그녀도 잘 인식하고 있다. 플라톤에 따르면 예술은 자연의 하모니를 인식하고, 그것에 단순한 방식으로 공감적 표현을 부여하는 역할을 한다(*ibid.*, 57). 그러나 머독의 강조점은 예술과 지상적 아름다움에 대한 플라톤주의의 부정적('이원론적') 면을 고찰하고자 하는 우리의 지금의 목적에 적합하다.

19 *Ibid.*, 32; 2 and 17 and *passim.* 예술에 대한 플라톤의 비하는 어떤 근본적인 아이러니를 가진다. 니체가 지적하듯 플라톤은 자신의 철학을 설명하기 위해 대화의 예술적 형태를 고안하였고 신성을 상상적 · 표상적인 형태들로 표현한 자이기 때문이다.

20 *Republic*, bk. III, 398.

시인을 다른 도시로 가게 할 거라 쓰고 있다. 이 국가에 받아들여지는 유일한 시인은 덕을 전하는, 곧 신들과 선한 시민들을 찬양하는 시인이다(『국가』 607 A). 계속 이어지는 부분에서 플라톤은 철학과 시詩 사이의 '오래된 논쟁'에 대해 이야기한다(607 B). 3권과 10권에서 그는 예술에 대해 직접 비판하고 있다. 예술은 보다 저등한 감정을 자극하는데, 그것이 실재에 대한 추구보다는 외관을 수용하고 모방하기 때문이다. 예술이 나쁜 것을 모방할 때, 그것은 사실상 악을 확장하게 된다(악은 보다 다양한 오락을 제공하며 모방하기 쉽기에 예술은 종종 이렇게 한다). 예술은 감각적 이미지들로 가득하고 악의 존재를 즐겁게 수용하기 때문에 도덕적 판단을 약화시킨다.[21] 예술의 "사악함과 과도함에 대한 이미지는 선한 시민들조차도 그들의 실제 생활에서는 부끄러워할 감정을 예술을 통해 비밀스럽게 즐기게 만든다."[22]

이러한 예술에 대한 플라톤의 비판은 그의 인간론에 뿌리내리고 있다. 잘 알려져 있듯이 플라톤은 인간의 영혼을 세 가지 갈등하는 부분들로 나눈다. 가장 저등한 부분은 이기적이고 비합리적이고 환상에 젖어 있다. 중심 부분은 공격적이고 야망에 가득하다. 가장 고등한 부분은 합리적이고 선하다. 여기서 예술은 가장 저등한 부분에 상응하는 것이다. "예술과 예술가는 가장 저등하고 비합리적인 인식의 종류인 '에이카시아^{εἰκασία}'(모호한 이미지와 환상으로 가득한 상태)를 보여준다고 플라톤은 비난한다."[23] 이와는 반대로 플라톤의 철학은 인간을 열정이나 환상에 빠지는 것으로부터 구원해 내는 것

---

21 Murdoch, *The Fire and the Sun*, 65.

22 *Ibid.*, 6.

23 *Ibid.*, 5.

을 목적으로 한다.24 철학적 '대화'는 마음으로 하여금 단지 이미지를 넘어서 '로고스logos'의 차원으로 나아가게 만든다.25 따라서 철학은 외관으로부터 실재로, 감각적 경험의 무비판적인 수용과 이기적인 행동에서 이해와 도덕적 계몽으로 나아가는 여정에 있어 필수적인 도움이다.26

이러한 여정에 역동성을 제공하는 것이 '에로스eros'이다. 그것은 영혼의 모든 차원에서 활동하며 욕망을 도덕적 판단과 연결시킨다.27 보다 고차원적 영혼이 인식하고 욕구하지만 붙잡을 수는 없는 아름다움으로 에로스는 움직여진다. 이런 의미에서 아름다움은 '초월적'이고, 영혼을 이기적인 만족의 추구에서 지고한 영역으로 인도한다.28 하지만 에로스 또한 기만적이 될 수도 있어서 이성에 의해 비판적으로 고찰되지 않으면 우리를 저등한 열정에 중독되게 만든다.29 만족의 성취는 그 자체로는 옳음을 보장하지는 않는 것이다. 참된 즐거움에 대한 선한 기쁨이 있는가 하면, 거짓된 즐거움에 대한 사악한 기쁨도 있는 것이다(*Philebus* 40 c 1).30 예술가는 영혼의 나은 부분을 경솔하게 만든다. 예술은 프로이트가 말한 것처럼 실

---

24 *Ibid.*, 32.

25 하지만 머독이 지적하듯 플라톤 자신도 자신의 대화를 구성하는 부분으로 이미지와 신화를 사용하는 것을 피할 수 없었다. *Ibid.*, 67.

26 *Ibid.*, 2. "이미-밖에-지금-있는-것"(already-out-there-now)으로부터 실재(the real)로 방향을 전향하는 '지성적 회심'(intellectual conversion), 자기 자신으로부터 가치판단의 대상으로 도덕적 회심(moral conversion)에 대한 로너간의 사상을 고려해 보라.

27 *Ibid.*, 34.

28 *Ibid.*, 35-36.

29 *Ibid.*, 39.

30 Pannenberg, *Anthropology in Theological Perspective*, 257.

재에서 환상적 세계로 탈출하는 도구이다.31 미메시스의 예술 (mimetic art)은 특히 비난을 받아 마땅한데, 그것은 우리가 '형상'(Forms) 의 지성적 봄을 추구하여야 함에도 불구하고 외관의 차원에 머무르 게 만들기 때문이다.32

머독은 프로이트와 플라톤이 같은 이유에서 예술을 불신한다고 주장한다. "왜냐하면 예술은 그들 자신의 치료적 활동을 단순화시 키고 그것에 간섭하기 때문이다. 예술은 즐거움을 추구하고 자기 만족적인 유사 분석(pseudo-analysis)이며 유사 계몽(pseudo-enlightenment) 이다."33 프로이트를 해석의 조력자로 사용하며, 머독은 예술에 대 한 플라톤주의적 반대를 일련의 인상적인 진술로 요약한다.

> 예술의 형상은 환상을 위해 존재하고, 참된 우주적 아름다움과 필연성과 인과성이라는 어렵지만 진정한 형상들을 은폐하고, 사유를 자극하는 패 러독스를 공상으로써 흐릿하게 만든다. … 실재와 선으로서 초월성이 지 닌 유인력을 모방되고 혼동에 빠진다. 기쁨의 감정이라는 실재의 진정한 의미는 예술의 '매력적인 기쁨'에 의해 기만적이게도 모방된다.34

예술은 경솔한 자에게 "직접적이고 직관적인 지식(비전, 현존)과 비슷한 그럴듯한 모방과 유사 영성(pseudo-spirituality)을 제공하는, 존재의 사다리에 있어서 꼭대기가 아닌 바닥에 있는 일종의 담론적

---

31 Murdoch, *The Fire and the Sun*, 40.

32 *Ibid.*, 55.

33 *Ibid.*, 43.

34 *Ibid.*, 66.

지성의 패배다."35 예술은 "진정한 카타르시스^{catharsis}(정화)의 의미를 자신이 제공하는 손쉬운 감정적 카타르시스를 통해 모호하게 만든 다."36 "예술은 거짓되고 변질된 아남네시스^{anamnesis}(회상)의 실천으 로서, 거기서 추구되고 드러나는 어떤 것도 단지 개개인의 무의식 이라는 사적인 창고에서 꺼내진 그림자일 뿐이다."

요컨대 예술은 우리의 영적인 여정을 우리가 이미 도달하였다고 설득함으로써 짧게 요약한다.37 반면에 아우구스티누스는『고백록』 의 한 유명한 구절에서 우리의 마음은 하나님을 향하도록 만들어졌 고, 그것이 하나님 안에서 휴식하기 전까지는 쉼이 없다고 말한다. 이런 의미에서 유한적인 선^{善}은 '사용'(uti, use)되어야 하지만, 선의 완벽한 '향유'(frui, enjoyment)는 하나님을 위해 유보되어야 한다.38 예술은 (그리고 모든 지상적 아름다움은) 마음에 오직 순간적인 쉼과 완 성을 제공한다.39 이런 의미에서 순전히 미학적인 환희만을 추구하

---

35 *Ibid.*

36 *Ibid.*

37 *Ibid.*, 69.

38 현재의 유한한 선 너머로 항상 멈추지 말고 나아가야 한다는 아우구스티누스의 명령 "걸어가라, 걸어가라!"(ambulent, ambulent)는 괴테의 파우스트의 전설에서 극적으 로 표현된다. 파우스트의 악마와의 계약은 그로 하여금 모든 것을 경험할 수 있도록 한다. 하지만 어떤 한순간의 아름다움이 파우스트로 하여금 계속 움직이기보다는 거 기서 멈추어 휴식하게 만들게 될 때, 그는 자신의 영혼을 잃게 될 것이다.

  Werde ich zum Augenblicke sagen,

  "Verweile dich, du bist so schön",

  Dann kannst du mich in Fesseln schlagen;

  Dann will ich gern zu Grunde gehen.

  (내가 순간들에 대해 이렇게 말하게 될 때, "머무르라, 너는 너무도 아름답다", 그때에 넌 나를 사슬로 내리칠 수 있다; 그때 난 기꺼이 지옥의 바닥으로 내려갈 것이다.) 기독교적 상징주의가 사용되었음에도 불구하고 괴테의 이러한 사상은 아우구스티누 스의 기독교적 도덕주의보다는 이교도적 휴머니즘에 더 많은 공통점을 지닌다.

는 것은 일종의 탐닉일 수 있다.[40] 혹은 더 나쁘게는 일종의 우상숭배일 수도 있다. 이러한 위험성은 특히 종교예술에서 더욱 심하다.

영적인 것을 모방하고, 그것을 미묘하게 위장하여 하찮은 것으로 만들기 때문에, 예술은 더욱 위험하다. 내적인 혹은 외적인 이성의 권위에 의해서 비판적으로 통제되어져야 하는 종교적 이미지를 가지고, 예술가들은 무책임하게 유희의 놀이를 한다. …

특히 예술은 잘못된 '영적' 방식으로 종교의 물질주의적 기계장치에 오히려 기여한다. 중재적 역할을 하여야 할 예술이 사실상 완전히 가로막는 벽이 되는 것이다. … 예술은 고차원적으로 종교를 매혹시키고, 통전적 진리의 추구에 있어 가장 어려운 장애물이 된다. '영적' 이미지의 엄격한 패턴이 마음을 포획해서 그 자유로운 운동을 방해하고, 불분명한 메타포의 언어로 가득 채운다.[41]

머독이 말하듯 "신앙의 심연은 이미지 너머, 로고스(logoi) 너머에 자리하는 것이다."[42] 하지만 (하나님에 관한 합리적 '로고스'라는 의미에서) 신학이 신비 앞에서 주저하며 잠잠히 침묵으로 서게 될 때, "예술은 만약 방해받지 않으면… 열렬히 설명하고자 갈망하며 하나님과 종교적 삶을 본능적으로 물질화시켜버린다."[43]

---

39 칸트의 '아름다움'과 '숭엄'의 구분을 상기하라. 숭엄은 두렵게 우리의 영적인 본질을 일깨우지만, 아름다움은 우리를 쉽게 만든다. Murdoch, *The Fire and the Sun*, 20.

40 Frank Burch Brown, *Religious Aesthetics: A Theological Study of Making and Meaning* (Princeton, N.J.: Princeton University Press, 1989), 105.

41 *Ibid.*, 65, 70.

42 *Ibid.*, 70.

플라톤의 예술에 대한 비판은 단순하게 플라톤의 영혼 – 육체 이원론으로 환원되어서는 안 된다. 그의 예술에 대한 의심은 또한 쾌락이라는 중독적이고 통제적인 힘에 대한 철저하고 실제적이며 실천적인 인식에 바탕하고 있다. 이와 동일한 통찰이 아리스토텔레스로 하여금 『니코마코스 윤리학』(*Nichomachean Ethics*)에서 현자는 트로이의 장로들이 미모의 헬레네를 대하듯 쾌락에 대한 자세를 가진다고 쓰도록 한다. "그녀는 분명 아름답지만 떠나도록 하라, 그녀가 우리와 우리의 자녀에게 폐허를 가져오지 않도록!"[44] 프로이트는 수 세기 이후에 같은 맥락에서 이렇게 쓰고 있다. "인간의 정신적 삶에 대해 조금이라도 아는 사람이라면, 한번 맛본 쾌락을 포기하는 것보다 더 어려운 일은 거의 없다는 것을 알 것이다."[45]

현대의 사상가로는 폴 리쾨르가 영혼에 대한 쾌락의 위험성이라는 플라톤-아리스토텔레스의 주제를 직접 성찰하고 있다. 성 아우구스티누스의 용어를 사용하며, 리쾨르는 우리의 '가슴'(θυμός)이 '행복'과 지복의 추구에 있어서 '쉼이 없고' 또한 그렇게 되어야 한다고 주장한다.[46] 행복 혹은 지복이란 인간의 존재와 활동이 목표하는 궁극적인 지평 곧 그것들의 마지막 완성이자 또한 그런 완성된 절정의 지속이기 때문이다. 행복과 마찬가지로, 쾌락도 완전하고 완벽하다. 하지만 행복과는 다르게 쾌락은 전체로서 우리의 운명에

---

43 *Ibid.*, 69, 70.

44 아리스토텔레스는 여기서 *The Iliad*, bk III, 156-160을 인용하고 있다.

45 Sigmund Freud, *The Relation of the Creative Writer to Day-Dreaming*, in *Collected Works*, vol. IV. 이것이 Murdoch, *The Fire and the Sun*, 38에 인용되고 있다.

46 Paul Ricoeur, *Fallible Man*, trans. by Charles A. Kelbley (New York: Fordham University Press, 1986), 127.

상응하는 것이 아니라 오직 소멸하는 한순간에 상응한다.[47] 따라서 "쾌락에서의 휴식은 활동의 역동성을 멈추게 하고, 행복의 지평을 은폐시킬 위험을 지닌다."[48] 쾌락은 우리를 육체적 삶에 묶는다. 쾌락은 "내가 세계에 유기적으로 뿌리내리고 있음을 강조하고 승인한다. 그것은 여기에 대한 애착을 확장시켜, 나는 그런 애착으로 나를 통과해 지나가는 삶과 내가 존재한다는 이 중심적 관점을 집착하며 보존한다."[49] 요컨대 쾌락은 나의 에고^{ego}를 확장시킨다.

리쾨르에 따르면 유한한 지식은 "그것을 넘어서는 진리 지향 (truth-intention) 속에서만 오직 유한한 지식으로서 인식될 수 있는 것처럼", 쾌락도 그것을 넘어서는 보다 고차원적인 지복至福을 향한 의도 혹은 지향성 속에서만 '단지' 쾌락으로서 드러날 수 있다.[50] 이렇게 하지 못하고 열정의 포로가 되는 사람은 자신의 행복에 대한 모든 능력을 자아의 에고를 구성하고 있는 사물들에 바친다. 결과적으로 감각적 차원에서 '선하고', '아름다운' 것처럼 경험되는 것이 자아를 초월하는 영적이고 '참된' 의미에서의 아름다움에 도달하는데 일종의 우상 혹은 장애물이 되는 것이다.[51]

---

47 스토아학파가 처음으로 '쾌락'을 '즐거움' 혹은 '행복'으로부터 구분하였다. 이러한 구분은 기독교의 용어 사용에 영향을 끼쳐, '기쁨'은 지속적으로 선한 것으로 그리고 '쾌락'은 부정적인 것으로 여겨지게 된다. Pannenberg, *Anthropology in Theological Perspective*, 256. 또한 *TDNT s.v.* χαὶρώ ἡδονή.

48 *Ibid.*, 94. 네벨(Nebel)의 '악마적 아름다움'(daimonic beauty)이라는 관념에 대해 발타자는 이렇게 설명한다. "악마적 아름다움은 현재의 순간에 관심하며, 그것을 영원으로 만든다." 곧 악마적 아름다움은 괴테의 파우스트가 저주받은 죄이다. 그것은 현재의 순간에게 "머무르라, 너는 너무도 아름답다!"고 말한다.

49 *Ibid.*

50 *Ibid.*, 93.

51 *Ibid.*, 131.

이러한 쾌락, 아름다움, 예술에 대한 오랜 고전적인 경고는 기독
교에도 적용될 것이다. 예술의 물질화시키는 영향이 그 어디에서보
다도 기독교 안에서 명백하게 드러나며, 수많은 천재 예술가들이
이러한 과정에 봉사하였던 사실에 머독은 주목한다. 위대한 기독교
교리들은 "미술 속에서 너무도 미화되고 찬미되어져서, 마치 그림
을 그린 예술가가 교리적 문제들에 있어서 최고의 궁극적인 권위자
처럼 보인다. 이것은 플라톤이 그리스의 신들에 대한 시인의 역할
을 묘사한 것과도 동일한 상황이다."[52] 머독은 삼위일체론의 교리
에 대한 회화적 표현을 예로 든다. 혹은 천국과 지옥에 대한 일반
기독교인들의 생각에 끼친 시인 단테의 영향력을 고려해 보라. 혹
은 외경外經들이나 마리아 '출현 현상들'에서 기인한 이미지로 가득
한 대중적인 마리아 숭배의 사례가 머독의 의도를 보다 잘 드러낼
지도 모르겠다.

하지만 이러한 모든 경고가 옳다고 인정하더라도 여전히 다음의
격언은 참될 것이다: "남용(abuse)이 올바른 사용(use)조차 파괴하지
는 않는다"(abusus non tollit usum). 남용의 위험이 그 자체로 종교를
위한 예술의 적합한 사용 가능성을 무효화시키는 것은 아니다. 볼
터슈토르프는 여기에 대해 이렇게 말한다.

물론 감각적 즐거움이 하나님에 대한 순종에 위협이 될 수는 있다. 그것
은 다른 책임으로부터 마음을 산만하게 만든다. 최악의 경우 그것은 또
다른 대리적 하나님이 될 수조차 있다. … 하지만 여기에 대한 기독교인

---

52 Murdoch, *The Fire and the Sun*, 70.

의 반박은 다음의 사실을 잊어버려서는 안 될 것이다. 이러한 우상숭배의 구조는 모든 다른 우상숭배들과 마찬가지로 제한적 선(limited good)을 궁극적 선(ultimate good)으로 취급하는 데 있는 것이지, 어떤 악한 것을 선한 것으로 취급하는 것은 아니다.[53]

위의 진술은 유한한 아름다움이나 즐거움 일반에도 적용될 수 있을 것이다. 비록 이것들이 영혼에게 '너무 빨리 멈춘 정류장'을 제공할 수도 있지만, 필연적으로 그러한 것은 아니다. 우리가 이미 살펴보았듯이 이상적으로는 이것들이 궁극적 선의 현존을 중재하는 상징으로 기능할 수 있다. 또한 참된 덕과 지복을 향한 '올라감'에 있어서 동기와 자극을 제공할 수도 있는 것이다. 리쾨르가 말하듯 오직 우리가 "행복과 욕망의 대상 사이의 관계가 있는 상징적 특성"을 잊어버리게 될 때, 욕망의 대상은 하나의 우상이 되는 것이다.[54] 기독교에 있어서 바로 이러한 종류의 우상숭배를 향한 경고는 십자가의 관점을 고려할 때 새로운 힘을 가지게 된다.

3. 십자가의 관점에서 본 아름다움과 예술

단지 추상적이고 이론적인 차원에서 문제를 고려하면, 예술과 아름다움은 인간의 영혼과 그것이 하나님과 가지는 관계에 대한 포괄적이고 비이원론적인 비전을 제공한다고 확실히 주장할 수 있을

---

53 Nicholas Wolterstorff, *Art in Action: Toward a Christian Aesthetic* (Grand Rapids: William B. Eerdmans, 1980), 83.

54 Ricoeur, *Fallible Man*, 131.

것이다. 하지만 기독교에 있어서 문제의 진정한 깊이는 그리스도의 십자가를 고려할 때만 드러난다. 그것이 하나님의 계시이며, 하나님이 우리의 인간 조건과 가지는 관계의 계시이기 때문이다.

기독교 메시지에 있어서 십자가의 중심성은 신약성서 전체를 통해서, 특히 바울의 십자가의 신학에서 분명하게 나타난다.[55] 이러한 상징이 의미하는 주요 사상들을 간략하게 살펴보자.

비록 십자가가 멸망하는 자들에게는 미련하고 거리끼는 것이지만, 부름을 받은 자들에게는 십자가에 달린 그리스도에서 하나님의 능력과 지혜가 계시된다(고전 1:18, 23). 그리스도의 십자가는 세상의 '지혜'가 보기에는 모순되지만, 바로 여기서 하나님의 신비한 지혜가 계시된다(고전 1:17, 2:6-7). '땅의 일'을 지향하는 자는 자신이 그리스도의 십자가의 원수가 된다는 것을 스스로 보여준다(빌 3:18-19). 빌립보서의 유명한 구절은 그리스도가 '하나님의 형상(μορφή)'이 아니라 십자가에서 죽기까지 충성하는 '종의 형상'으로 나타났다고 선포한다(빌 2:6-8).[56] 바울은 이러한 태도를 자신의 모델로 따라 살아갈 것을 빌립보의 기독교인에게 권고한다(빌 2:5).

히브리서는 그리스도가 즐거움 대신에[57] 십자가를 지셨고, 이러

---

55 관련된 성서 본문에 대한 간략한 요약으로는 *TDNT* *s.v.* σταυρός.

56 우리는 이 구절의 바울 이전 시기의 기원에 대한 논의는 삼갈 것이다. 여기서 우리가 주목하고자 하는 것은 바울이 이것을 그의 독자들에게 따라야 할 모델로 제공하고 사용하는 데 있다.

57 본인은 ἀντὶ τῆς προκειμένης αὐτῷ χαπάς에서 ἀντὶ를 그 일반적 의미인 '대신에'로 해석하였다. 이런 맥락에서는 여기서 언급된 '즐거움'이 지상적인 즐거움을 가리키게 된다. 이 구절은 또한 죽음 이후에 하나님과 함께 누릴 '그 앞에 있는 즐거움'으로 해석될 수도 있다. 이 두 해석은 다른 강조점을 가지지만, 그럼에도 각각은 서로를 함의하고 있다: 예수는 하나님과 즐거움을 위해 지상적 즐거움을 버리고 십자가를 진다.

한 자신의 행동을 신자들을 위한 모델로 제안하였음을 우리에게 상기시킨다. 복음서는 예수의 수난 이야기를 성부로부터 받은 사명의 절정이라고 볼 뿐 아니라, 이러한 십자가의 이야기를 제자됨에 직접 연결시키고 있다. 십자가를 지고 예수를 따르라는 계명은 공관복음서에 다섯 번 나온다(막 8:34; 마 16:24, 10:38; 눅 9:23, 14:27). 이 모든 예에 있어 십자가는 자신을 '잃고' 부인하여야 할 필연성과 직접 관련된다. 반대로 자신을 위한 추구는 멸망에 이르게 된다. 이와 동일한 관련이 요한복음에서 십자가에 대한 직접적 언급은 없지만, 예수의 '시간'이 다가옴의 맥락에서 나오고 있다. 열매를 맺기 위해서 한 알의 밀은 땅에 떨어져 죽어야 하는 것이다(요 12:24-25).[58]

그렇다면 '십자가'의 메시지는 새로운 생명을 얻기 위해서는 그리스도 안에서 자기를 부인하고 자기에게 '죽어야' 한다는 보다 광의적인 메시지를 상징적으로 요약하는 것이다(예를 들어 그리스도의 부활에 참여하기 위해서는 그리스도의 죽음 속으로 세례를 받아야 한다는 바울의 진술: 롬 6:3 이하; 골 2:12). 더군다나 '자기에게 죽음'은 그리스도의 영 안에서 새롭게 '부활한' 삶의 표시인 이웃에 대한 아가페적 사랑과 밀접하게 연관된다.[59]

우리는 앞의 장들에서 언급한 아름다움이 하나님에 대해 가지는 모든 긍정적인 관계들을 단순히 부정하여서는 안 되겠지만, 동시에

---

58 요한복음은 이렇게 말하고 있다: "내가 진실로 진실로 너희에게 이르노니 한 알의 밀이 땅에 떨어져 죽지 아니하면 한 알 그대로 있고, 죽으면 많은 열매를 맺느니라. 자기 생명을 사랑하는 자는 잃어버릴 것이요, 이 세상에서 자기 생명을 미워하는 자는 영생하도록 보존하리라. 사람이 나를 섬기려면 나를 따르라…."

59 예를 들어 롬 6:1-10, 골 3:1-17. 아마 이러한 생각이 가장 잘 요약되어 있는 것은 요한일서일 것이다: "우리가 형제를 사랑함으로 사망에서 옮겨 생명으로 들어간 줄을 알거니와"(3:14); "우리도 형제들을 위하여 목숨을 버리는 것이 마땅하니라"(3:16).

십자가의 메시지가 드러내는 '손쉬운 휴머니즘'(facile humanism)에 대한 경고를 또한 인정하여야 한다.[60] 기독교 예술가들은 1장에서 제기된 바르트와 발타자의 신학적 질문을 지속적으로 성찰하여야만 할 것이다. 아름다움과 예술이라는 '애정의 환상'에서 벗어난 노년의 예술가 미켈란젤로가 그리스도의 십자가에서 우리에게 말하는 하나님의 실재를 대신할 어떤 자기 만족적인 우상을 추구하고 있었던 것은 아닌지 스스로 물었던 것처럼, 우리 기독교 예술가 또한 자신들을 속이는 위험에 빠져 있지는 않은가?

우리는 여기서 '십자가의 신학'에 대해 심도 있게 논의할 수는 없을 것이다.[61] 하지만 본인은 기독교 신학적 '미학 이론'에 관계되는 한에 있어서 '십자가'의 상징과 자기부정에 대한 신약의 계명의 신학적이고 영적인 이해를 본질적인 측면에서 간략하게 요약하고자 한다.

우선 십자가와 '자신에게 죽음'의 상징은 추상적인 인간 본성의 측면에서가 아니라 우리의 실존적 상황에서 우리에게 말하고 있다. 그것은 죄의 실재와 특히 자아의 우상숭배를 폭로하고 저주한다. 그것은 선의 달성이 단지 '소유'에만 관련되는 것이 아니라 회심의 변증법에도 관련된다는 것을 우리에게 상기시킨다. 여기서 문제의 핵심은 자발적 혹은 '자연적' 자아의 단순한 성장이 아니라 바로 자

---

60 앞에서 보았듯이 틸리히는 대부분의 '이상주의적' 스타일의 종교예술이 영적인 깊이를 성취하지 못한다고 본다. 왜냐하면 그러한 예술은 인간성의 실존적 '소외'를 간과하기 때문이다. 달리 말해 그것은 죄의 실재를 무시하고 죄의 극복은 항상 '십자가'와 관련된다는 것을 알지 못하기 때문이다.

61 (역자주) Richard Viladesau, "The Beauty of the Cross", in Oleg V. Bychkov and James Fodor eds., *Theological Aesthetics after Von Balthasar* (Aldershot: Ashgate, 2008), 135-151.

기에게의 죽음이다. 곧 회심(μετανοία)으로 예수의 부르심, 영(πνεῦμα)을 따라 사는 삶과 '육'(σάρξ)을 따라 사는 삶에 대한 바울의 대조, '세상'에 대한 승리라는 요한의 사상 등에서 표현된 인간 실존이 가지는 영속적인 변증법과 '올라감'의 필요성을 우리는 주목하여야 한다. 하지만 변증법이라는 용어가 플라톤주의 전통에서 종종 드러나고 기독교 내에서조차도 발견되는 두 영역(영혼 대 물질) 사이의 존재적(ontic) 반대로 이해되어서는 안 될 것이다. 오히려 여기서 말하는 변증법은 존재론적(ontological)이다. 그것은 '개인의 자기 결정의 방향성'과 관련된다. 곧 이러한 존재론적 변증법은 유한한 지평 안에서 자기 폐쇄를 통해서 완성을 추구할 것인지, 아니면 궁극적 선인 하나님의 무한성에 대한 사랑에 기초해서 자기 초월과 자기 내어줌을 통해서 행복을 예견할 것인지의 문제이다. 여기서 하나님의 무한성은 그 속에 하나님의 '타자'로서 전체 피조물의 참여적 선善을 또한 포함한다.

그렇다면 기독교인은 쾌락과 아름다움에 대한 고전적 경고를 새로운 맥락에서 바라볼 수 있을 것이다. 인간의 '타락한' 상태에 대한 교리가 그것이다. '원죄'의 교리는 그 본질에 있어 기독론적이고 '십자가론적'(staurological)이다. 그것은 그리스도의 십자가를 통한 구원의 보편적 필요성을 설명하고자 의도된 것이다. 원죄의 교리는 기독교인으로 하여금 아름다움과 지상적 즐거움의 본질적인 선함과 신성함을 긍정할 뿐 아니라, 동시에 그것들의 실존적 위험성을 또한 주목하도록 만든다. 피조된 아름다움은 궁극적 아름다움인 하나님에게로 우리를 인도할 수 있고 그래야만 한다. 경험의 미학적 패턴은 실존적 인간에 대한 보다 고차원적이고 총체적인 관점에서 다른 여러 지성적, 도덕적, 종교적 패턴들과 통합되어져야 하는 한 부분으로서 긍정적으로 평가되어져야 한다. 하지만 실제에 있어서 인간의 마음은 욕정적이고 분열적이다. 그래서 아름다움에 대한 '에로스'는 자신의 존재의 궁극적인 존재론적 이유로부터 분리될 수도 있는 것이다. 또한 경험의 미학적 패턴도 즉자적이고 대자적으로 (곧 경험 주체 속에서 그리고 그것을 위해서) 그 자체의 목표가 될 수도 있는 것이다.

나아가 십자가의 사상은 하나님의 사랑에 대한 예수의 가르침과 본질로 연결되어 있다. 우리의 삶이 지향해야 하는 하나님에 대한 사랑은 우리를 필요로 하는 이웃에 대한 사랑에서 그 절정에 다다르는 것이다(눅 10:25 이하; 요 13:34, 15:12-13; 요일 4:7-8, 20-21 등). 사랑이 궁극적인 자유의 행동이라는 것을 십자가는 말해준다. 하지만 '사랑' 자체는 단지 플라톤주의에서 말하는 아름다움과 선을 향한 '에로스'로 정의될 수는 없다. 왜냐하면 하나님이 그리스도 안에서 우리를 먼저 사랑하신 것처럼(롬 5:6-8; 요일 4:10), 기독교인들에 있어서 사랑은 무엇보다도 '타자의 아름다움'이 아니라 '타자의 곤궁'을 먼저 주목하는 '아가페'의 사랑이기 때문이다.[62]

또한 이러한 사랑은 자기희생을 요구한다. 곧 매력이나 아름다움을 지니지는 않고 있는 타자가 우리를 향한 절대적 '요구'를 한다. 우리는 앞에서 아름다움으로서 하나님의 '말씀'에 대해 살펴보았다. 십자가는 우리 이웃의 고난과 가난의 '부조리'가 하나님의 자기 계시의 말씀이고 책임적 사랑에 대한 초대라고 우리에게 도전한다.

---

62 Cf. Tallon, "The Concept of Heart in Strasser's *Phenomenology of Feeling*", 355.

엔도 슈사쿠^{Shusaku Endo}의 소설 『침묵』(*Silence*)에서 주인공인 선교사
는 박해의 기간 동안 일본에 들어가게 되는데, 한 농부의 아기에게
몰래 세례를 준 후에 다음과 같은 생각을 한다.

> 물이 이 작은 이마에 흘러가자 아기는 얼굴을 꿈질거리며 울기 시작했
> 다. 아기의 머리는 너무도 작았고 눈은 가름했는데, 이미 그 얼굴은 나중
> 에 모키치와 이치조를 닮을 농부의 얼굴이었다. 이 아이도 부모와 그 부
> 모의 부모같이 이 비좁고 황폐한 땅에서 검푸른 바다를 바라보며 근근이
> 끼니를 이어가며 성장할 것이다. 이 아이도 짐승처럼 살다가, 짐승처럼
> 죽어갈 것이다. 하지만 그리스도는 선하고 아름다운 사람들을 위해 죽으
> 시지는 않으셨다. 그들을 위해 죽는 것은 어쩌면 쉬울 것이다. 정말 어려
> 운 일은 비참하고 퇴폐한 자들을 위해 죽는 것이다. 이런 생각이 그 당시
> 날카롭게 내 속에 들어왔다.[63]

그리고 한때는 기독교인이었지만 배교하며 신앙을 버렸고, 선교
사도 당국에 밀고하며 배신한 적이 있는 키치지로의 고해성사를 나
중에 들은 후 이렇게 생각한다.

> 그리스도가 이렇게 추악한 인간을 사랑하셨고 찾아 헤매셨다는 것이 정
> 말 가능할까? 악^惡 속에도 악의 힘과 아름다움이 남아 있기 마련이다. 하
> 지만 이 키치지로는 악하다고 불릴 가치조차도 없는 인간이다. 그는 자
> 신이 걸치고 있는 닳은 누더기처럼 더럽고 얄팍할 뿐이지 않은가? 자신

---

63 Shusaku Endo, *Silence*, trans. by William Johnston (New York: Taplinger Publishing, 1980), 38.

의 혐오감을 누르며, 사제는 관습을 따라 사면의 마지막 말을 웅얼거린
다. "평안히 가시오….."

아니지, 아니지. 우리 주님은 더럽고 추악한 자들을 찾으셨어. 침대에 누
워 그는 이렇게 생각한다. 성서에서 주님이 찾았던 사람들은 가버나움의
혈우병 걸린 여자, 간음하다 걸려 사람들이 돌로 쳐 죽이려 한 여자, 매력
도 아름다움도 전혀 없는 사람들이었다. 누구나 다 아름다움과 빼어남에
끌릴 수는 있다. 하지만 그런 끌림이 사랑이라 불릴 수 있을까? 진정한
사랑은 누더기와 넝마처럼 다 헤어진 인간성을 맞아들이는 것이다.…[64]

십자가의 메시지는 아름다움을 통해 하나님께로 올라감이라는
생각을, 나아가 하나님의 '아름다움' 자체를 다시 사유하고 확장시
킬 것을 우리에게 도전한다. 앞에서 보았듯이 바르트와 발타자는
신성한 아름다움에 대한 기독교적 미학 이론은 십자가조차도, "그
리고 세상적 미학 이론이… 더 이상 참을 수 없는 것으로 버리는
모든 것도" 포함하여야만 한다고 주장한다.[65] 십자가에서 드러나는
신성한 아름다움은 릴케의 "첫 번째 두이노 애가"의 다음과 같은
구절에 새로운 의미를 가져다준다. "아름다움은 단지 공포의 시작
일 뿐이다."[66]

일찍부터 교회는 이사야서에 나오는 네 번째 "고난 받는 종의
노래"를 그리스도의 고난에 적용시켰다(52:13-53:12).[67] 여기에는 "고

---

64 *Ibid.*, 116.

65 Balthasar, *The Glory of the Lord*, vol. 1, 124. 또한 앞의 1장을 참고하라.

66 *"[D]as Schöne ist nichts als des Schrecklichen Anfang."* Cf. Balthasar, *The Glory of the Lord*, vol. 1, 65.

67 보통 성금요일 예배를 위해 사용되는 이 부분이 복음서의 수난 이야기에 영향을 끼쳤

운 모양도 없고 풍채도 없은즉 우리의 보기에 흠모할 만한 아름다운 것이 없도다"라고 적혀 있다(53:2). 바르트가 말하듯 "예수 그리스도는 이러한 면을 스스로 나타내고 있으며, 그는 항상 이러한 면을 먼저 나타낸다. 여기에 있어서도ㅡ바로 여기에 있어서ㅡ 그가 형상과 빼어남을 가진다는 것과 하나님의 아름다움이 특히 여기서 비쳐 나온다는 것은 결코 자명한 것은 아니다. … 우리는 우리 스스로 이것을 알 수는 없다. 그것은 오직 우리에게 주어질 수 있을 뿐이다."[68]

기독교 신앙에게는 그리스도가 십자가에도 불구하고ㅡ그리고 바로 그 십자가 때문에ㅡ 하나님의 존재, 하나님의 '형상'과 '영광'과 '아름다움'의 지고한 계시라는 것이 '주어진다.' 그렇다면 하나님의 초월적 '아름다움'과 '빛'은 "십자가의 그리스도가 내려간 심연의 어두움"을 또한 포함하여야만 할 것이다.[69] 이것은 하나님의 '아름다움'의 의미가 궁극적으로는 오직 하나님의 자기 계시에 의해서만 알려질 수 있다는 것을 의미한다. 아름다움의 '유비'(analogy)가 '세상적인' 아름다움과 매혹의 경험을 하나님에게 단순히 투사하는 것이라고 보는 것은 그것을 오해하는 것이다. 하나님의 존재를 말할 때,

우리는 어떤 미리 전제된 생각들에서, 특히 이 경우에는 미리 전제된 아

고, 초대교회에서는 그것에 대한 예언으로 받아들여졌다. 이사야의 고난의 '종'은 또한 예수가 삶의 마감에 가까워짐에 따라 그의 자기의식을 형성하는 데 영향을 끼쳤을 수도 있을 것이다. 여기에 대해서는 Raymond Brown, S.S., *The Death of the Messiah* (New York: Doubleday, 1994), 234, 1457-1459, 1471-1473, 1480f., 1485-1487 .

68 Barth, *Church Dogmatics*, vol. II, part 1, 665.

69 Balthasar, *The Glory of the Lord*, vol. 1, 117.

름다움에 대한 생각에서 출발하지 않도록 주의하여야 한다. 아우구스티누스가 아름다움에 대해 다음과 같이 말한 것은 매우 적절한 것이다: Non ideo pulchra sunt, quia delectant, sed ideo delectant, quia pulchra sunt(*De vera rel.*, 32, 59).[70] 아름다운 것은 즐거움을 가져온다. Pulchra sunt, quae visa placent(토마스 아퀴나스, *ST* I, q. 5, art. 4, ad 1).[71] 하지만 그것이 즐거움을 가져오기 때문에 아름다운 것은 아니다. 우리의 논의에 있어 아우구스티누스의 진술은 확장될 수 있을 것이다: Non ideo Deus Deus, quia pulcher est, sed ideo pulcher, quia Deus est.[72] 곧 '하나님이 아름답다'는 것은 하나님이 자신보다 위대한 어떤 아름다움에 참여하고, 그래서 그 아름다움을 아는 것이 하나님을 안다는 것을 의미하지는 않는다. 반대로 그는 하나님이기 때문에 아름다운 것이다. 그가 모든 아름다운 것들과 아름다움에 대한 사상들의 기초이자 잣대가 되는 것이다. … (하나님의 존재) 그 자체가 아름답다. 우리는 바로 거기로부터 아름다움이 무엇인지 배워야 한다. 피조물들에 기초해서 형성된 우리의 아름다움에 대한 피조물적 관념들은 하나님 자체의 아름다움 속에서 다시 발견될 수도 있고, 그렇지 못할 수도 있다. 만약 그것들이 다시 발견된다면, 그것들은 이제 하나님의 존재를 묘사하는 한에 있어서 절대적인 독특함을 지닌 채 발견될 것이다.[73]

---

70 "사물들은 즐거움을 주기 때문에 아름다운 것이 아니라, 아름답기 때문에 즐거움을 주는 것이다"(『참된 종교』 32, 59).

71 "인식될 때 (문자적으로, '보아질 때') 즐거움을 주는 사물들이 아름다운 것이다."

72 "하나님은 아름답기 때문에 하나님이 아니라, 하나님이기 때문에 아름답다."

73 Barth, *ibid.*, 656. 자신의 생애 대부분에 있어 바르트는 존재의 유비(analogy of being)라는 존재론적 관념을 거부하였다. 그가 이것을 '선이해된 관념'에 포함시킬 수도 있었던 것을 고려할 때, 본인의 입장은 바르트와 다르다. 존재(아름다움)의 유비(analogy of being [beauty])는 다음과 같은 것을 주장한다. "아름다움에 대한 우리의 피조물적

우선 위의 본문이 아름다움의 참된 '유비적' 특성에 대한 우리의 논의를 혹은 선의 매력, 욕망의 원천, 질서, 합리성으로서 아름다움에서 드러나는 하나님의 계시에 대한 우리의 이제까지의 논의를 철회하도록 만들지는 않는다는 것을 분명히 밝히고 싶다. 하지만 또한 하나님은 그리스도 속에서 이러한 것들 '이상'(more)이라는 것이 계시된다. 더 적절하게 말한다면 '초월적' 실재로서 이러한 것들에 대한 우리의 이해는 보다 깊고 포괄적인 차원으로 고양되어서, 단지 세계 내적인 관점에서 볼 때 비합리적이고 무질서하고 매력이나 선을 가지지 못하는 것처럼 보이는 것조차도 포함하게 되었다. "이러한 자기 선포 속에서(곧 그리스도 속에서)… 하나님의 아름다움은 생명뿐 아니라 죽음도, 즐거움뿐 아니라 공포도, 우리가 아름답다고 부르는 것뿐 아니라 우리가 추하다고 부르는 것도 포함한다."[74]

관념들"은 진정한 가치의 판단들에 의해 도달된 것에 '한해서'(if), 그것들은 사실상 하나님의 아름다움 속에서 그것들의 '탁월한'(eminent) 형식으로 '다시 발견될' 것이다. 하지만 유비의 관점은 바르트의 본문의 진술을 또한 타당한 것으로 긍정하며 받아들일 수 있다. 왜냐하면 유비는 우리가 보았듯이 하나님의 존재를 묘사하고 담고 있는 어떤 개념이나 '관념'(idea)에 기초한 것이 아니라, 하나님 존재에 대한 '선(先)파악'(Vorgriff, pre-grasp)에 기초하고 있기 때문이다.

따라서 우리는 '초자연적' 계시가 우리의 아름다움에 대한 관념에 '새로운' 요소를 소개한다고 말할 수 있을 것이다. 그러나 동시에 초자연적 계시는 단지 기독교 종교에 제한되어지는 것이 아니라, 어떤 의미에서는 인간의 역사와 공존한다는 것을 잊지 말아야 한다. 초자연적 계시의 '새로움'(novelty)은 추상적인 인간 '본성'(nature)과 대조되어지는 것이지만, 이미 '은혜'(grace) 가운데 있는 역사적 인간의 성취에 반드시 대조되는 것은 아니다. 그래서 본인은 다음과 같은 주장을 하고 싶다. 기독교인들이 그리스도의 십자가에서 성취하게 되는 하나님의 '아름다움'에 대한 통찰은 타 종교들이 또한 실존적으로 '은혜'의 중재물이 되는 한에 있어서, 타 종교들에서도 발견될 가능성이 있다. 물론 기독교 밖에서의 '십자가'에 대한 통찰은 하나님의 자기 계시가 예수 속에서 가지는 구체성과 '절대성'(이것이 어떻게 정의되든) 없이 단지 유비적인 형식으로 발견될 것이다.

74 Barth, *Church Dogmatics*, vol. II, 665.

하나님의 아름다움의 이러한 차원에 대한 인식 그리고 그것이 '우리를 위해'(for us) 가지는 매력과 선함을 느낄 수 있는 능력은 인간의 어떤 주관적인 조건들을 전제로 요구한다. 곧 그것은 하나님을 향한 자기 초월성을 요구하는 것이다. 자기 초월성은 사물들을 단지 '영원성의 관점'(sub specie aeternitatis)에서 볼 뿐 아니라, '하나님의 창조적 아가페(God's creative agapé)의 관점'에서도 볼 수 있는 정도까지 나아가야 한다. 하지만 이것은 비非영적인 에고(unspiritual ego)가 바로 '죽음'이라는 것을 인식할 수 있는 우리의 회심이 필요하다. 이런 이유로 하나님은 우리에게 두 가지 방식으로 "매력적이지 않게" 보일 수 있는 것이다.

첫째로 바르트가 지적하듯 하나님의 '영광'은 죄악으로 물든 영혼에게는 "두려움과 공포"를 가져올 수 있다. "하나님의 영광은 그것을 가질 수 없는 자들에게는 반대로 작용한다."[75] 힌두교와 대승불교의 그림들에서 신들은 종종 맹렬하고 파괴적이며 공포스럽게 묘사되고 있다. 이것은 죄로 가득하고 거짓되며 미명에 빠진 우리의 자아에게는 신성이 공포이며 또한 악과 무지와 환상을 파괴시킨다는 것을 상징한다.[76] 특히 파괴의 여신 칼리[Kali]에 대한 표현을 주목하라. 그녀는 남편 시바[Siva]의 시체 위에 혀를 내밀며 서 있다. 칼리는 시바의 '에너지'이다. 그녀는 해골들로 만든 목걸이를 걸고 있으며, 피 묻은 칼과 잘린 머리를 들고 있다.

자신의 신성한 초월성 때문에 하나님은 어떤 이상하고 무서운

---

75 *Ibid.*, 653.

76 탄트라 힌두교(Tantric Hinduism)에서는 이러한 상징들이 더 과격한 의미를 지닌다. 신성은 우리의 선악에 대한 관념들을 완벽히 넘어서며, 모든 피조물에 대해 무관심하다.

힘으로 상상될 수 있을 것이다. 이같이 어두운 비전이 스웨덴 감독 잉마르 베리만(Ingmar Bergman)의 영화들 속에 전달되고 있다. 그의 「거울을 통해 어렴풋이」(*Through a Glass Darkly*, 1961)에서 정신적으로 아픈 카린은 신현에 대한 그녀의 경험을 이렇게 말한다:

"갑자기 무서워졌어요. 문이 열렸죠. 하지만 거기서 나온 신은 하나의 거미였어요. 내게로 다가왔는데, 난 그의 얼굴을 보았어요. 그건 무섭고도 돌처럼 굳어 있는 얼굴이었어요. 그는 내게로 기어와 내 속으로 들어오려 했지만 난 저항했어요. 그동안 내내 그의 눈을 볼 수 있었어요. 두 눈은 너무도 차갑고 조용했어요. 그래도 그는 내 속으로 강제로 들어올 순 없었죠. 그는 내 가슴 위로, 내 얼굴 위로, 마침내 벽으로 올라갔어요. 난 하나님을 본 거예요."[77]

어떤 기독교 예술은 그리스도의 십자가에서의 죽음을 괴기하고 무섭게 표현한다. 그리네발트의 이젠하임 제단화 [그림 5] 혹은 그의 1510년 십자가 소작을 예로 들 수 있다. 그러한 그림들은 일반적으로 구원에 대한 알셀름의 '만족설'(satisfaction)을 배경으로 한다. 이러한 입장은 우리를 대신해 그리스도가 겪은 십자가는 하나님의 진노의 표현이라고 쉽게 확장되어지곤 한다.[78]

---

77 니체도(하지만 혐오하며) 기독교의 하나님을 '거미 하나님'이라고 부른다. *The Anti-Christ*, no. 18, in Friedrich Nietzsche, *Twilight of the Idols and the Anti-Christ*, trans. by R. J. Hollingdale (Middlesex: Penguin Books, 1975), 128.
78 죄인들을 위한 그리스도의 '형벌의 대리설'(penal substitution)은 후기 중세의 영성에 커다란 영향력을 가졌다. 종교개혁자 중 몇몇은 이것을 극단적으로 발전시켰는데, 그들에 따르면 그리스도는 우리를 대신해 지옥의 고통을 실제로 경험한다. (현대에 와서는 위르겐 몰트만이 이러한 사유를 확장시켜서 성부가 실제로 예수를 유기하였다고

다른 한편으로 그리스도의 십자가에서 드러나는 하나님이 정반
대의 이유에서 매력적이지 못할 수도 있다. 곧 (앞의 엔도 슈사쿠의
글에서 인용되었듯이) 하나님의 초월성이나 죄에 대한 하나님의 진노
때문이 아니라 인간 이하의 사람들, 고통받는 자들, 가난한 자들,
추잡한 자들과 하나님 자신이 '동일화'(identification)하기 때문일 수
도 있는 것이다. 만약 십자가에서 죽은 그리스도가 인간과 함께
고통당하는 하나님의 가장 심오하고 긍정적인 이미지라고 한다면,
하나님은 아름다운 세계가 아니라 죽음과 힘없음에서 발견되는 것
같다.[79]

여기서 우리는 어떻게 십자가에서 표현되는 굴욕, 고난, 죽음이
하나님의 계시이며, 나아가 가난하고 학대받는 자들이 우리를 위한
하나님의 말씀, 이미지, 현존인지를 조심스럽고, 보다 분명하게 분
간해야 할 것이다.

아마 우리는 대조적 상상을 통해 시작하는 것이 가장 좋을지도
모르겠다. 도스토옙스키의 소설 『백치』(The Idiot)에서 미시킨 공작
은 그가 로고진의 집에서 본 한 그림에 매우 감동을 받는다. 홀바인

주장한다.) 이러한 견해의 가장 극단적인 형식들은 트렌트 공의회의 가톨릭 신학에서
거부되었다. 하지만 형벌의 대리설이 지닌 어떤 요소들은 이론적으로는 성부의 '실
제적인' 그리스도의 유기나 심판 그리고 우리의 구원이 그리스도의 '대리'적 죽음을 통
해 이루어진다고 보는 '법률적' 견해와 분리되어져서, 가톨릭 신학과 영성의 중요한 부
분을 차지하고 있다. 가톨릭 입장에서 본 형벌의 대리설에 대한 보다 긍정적인 견해로
는 Thompson, The Struggle for Theology's Soul, 186-199를 참고하라.

79 이런 생각에 대한 현대의 가장 감동적인 표현으로는 엘리 위젤의 『밤』(Night)에서 인
용되어지는 사건을 들 수 있을 것이다. 한 아이가 강제수용소에서 교수대에 매달릴 때,
군중들에서 누군가가 이렇게 묻는다. "하나님이 지금 어디에 있는가?" 그리고 내 속에
서 그에게 대답하는 한 목소리를 듣게 되었다. '그는 어디에 있는가? 바로 지금 여기에,
이 교수대 위에 매달려 있다.'" Elie Wiesel, Night, trans. by Stella Rodway (New York:
Hill and Wang, 1960), 74-76.

Hans Holbein 작품의 모조품인 그것은 십자가에서 내려지고 있는 구세주를 그린 것이다.[80] 폐병에 걸린 청년 이폴리트가 이 그림이 주었던 인상을 묘사한 부분에서 거미의 이미지가 다시 등장한다.

"갑자기 로고진의 집에서 본, 방 중에서 가장 무시무시한 방의 문 위에 걸려 있던 그림을 떠올리게 되었다. 그는 지나가면서 그것을 보여주었는데, 난 그림 앞에서 오 분 동안 서 있었다. 예술적 관점에서 어떤 빼어난 점도 없었지만 그림은 내 속에 이상한 불편함을 가져왔다.

그것은 막 십자가에서 내려지는 그리스도를 표현하고 있었다. 난 그때까지 예술가들은 십자가 위에서나 십자가에서 내려질 때조차도 예수의 얼굴이 가지는 빼어난 아름다움을 보통 묘사한다고 믿었었다. 예술가들은 그의 가장 끔찍한 고뇌 속에서도 아름다움을 보존하고자 노력하는 것이다. 하지만 로고진의 집에 있는 그림에서 아름다움의 흔적은 찾아볼 수 없었다. 그림은 모든 부분 부분에 있어서 십자가의 무한한 고뇌를 견뎌야 했던 한 인간의 시체를 보여주고 있었다. 군인들에 의해 받은 상처, 고문, 구타, 그의 등에 옮겨지는 십자가와 그 무게의 짓누름, 내가 기억하기에 최소한 여섯 시간은 이어졌을 십자가의 고통. 그것은 정말 '이제 막' 십자가에서 내려지는 인간의 얼굴이었다. 그것은 아직도 생명과 체온의 흔적을 가지고 있었다. 그래도 어떠한 굳어짐의 흔적은 없어서, 죽은 자의 얼굴은 마치 아직도 고통당하고 있는 것 같았다. (화가는 그것을 잘 포착하고 있었다.) 하지만 얼굴은 조금도 미화되지는 않았다. 그건 단지 자연이었고 한 사람의 시체였다. 죽은 자가 누구이든지 그러한 고통 뒤

---

80 실제로 이 그림은 앞에서 언급된 그뤼네발트의 십자가형 그림의 몇몇 특징들을 보여주고 있다.

에는 그렇게 보였을 것이다. 기독교 교회가 일찍부터 그리스도의 고통은 상징적인 것이 아니라 실제적이며, 그의 몸은 십자가 위에서 완벽하게 자연의 법칙을 따랐다고 주장한 것을 난 알고 있었다. 그림에서 그의 얼굴은 구타에 의해 끔찍하게 부풀어 있었고 피멍으로 가득했다. 눈은 가냘프게 열려 있었는데 동공의 흰 부분이 죽음의 빛으로 흐릿하게 빛났다. 하지만 이상하게도 이 고문당해 죽은 인간의 시체를 보다 이런 질문이 호기심에서 일어났다. 이런 시체가 (그것은 분명 그렇게 보였다) 나중에 그의 사도들이 되는 제자들에 의해, 그를 따랐고 십자가 밑에 서 있었던 여인들에 의해, 그를 믿었고 경배했던 모든 이들에 의해 보아졌을 때, 어떻게 그들은 이 순교자가 다시 일어나리라 믿을 수 있었을까? 본능처럼 질문이 이어졌다. 만약 죽음이 그렇게 끔찍하고 자연의 법칙이 그렇게 강력하다면, 어떻게 그것들이 극복될 수 있을까? '아이야, 일어나라!' 말하자 아이가 일어났고, '나사로야, 앞으로 나와라!' 했을 때 그리되었던 그가 자신이 죽었을 때는 그렇게 하지 않는데, 어떻게 그런 것들이 극복될 수 있을까? 그림을 보면서 난 자연을 거대하고 가차 없이 무정한 짐승처럼 느꼈다. 아니, 보다 구체적으로 말해, 훨씬 더 구체적으로 말해, 그것은 이상하게 들리겠지만 우리가 오늘날 건축에서 사용하는 거대한 기계의 모습 같았다. 비할 데 없이 위대한 존재를, 모든 자연과 그 법칙보다 중요한 존재를, 오직 그의 도래를 위해 만들어진 지구보다도 더 값진 그를, 감각이 없고 감정도 없는 기계는 아무렇게나 붙잡아서 부수고 삼켜버린다. 거의 무의식적으로 이 그림은 모든 것이 따라야 하는 어둡고, 오만하며, 불합리한 어떤 영원한 힘을 표현하고 있었다. 그림에는 나오지 않지만 죽은 자를 둘러싼 사람들은 밤에 자신들의 모든 희망과 신념을 깨뜨려버린 가장 끔찍한 고뇌와 마음의 통증을 겪었을 것이다. 비록 그들은 각각 그와 함께 나누었던 위대한 생각을 기억하겠지만, 가장 두려운 공포 속에 떠나갔을 것이다. 만약 선생님이 십자가에 죽기 전날에 이런 선생님 자신을 보았다면, 십자가에 올라가 죽었던 것처럼 그렇게 다시 죽을 수 있었을까? 이런 질문이 그림을 보며 나도 모르게 떠올랐다. 이런 모든 생각이 콜리아가 떠나기 전 한 시간 반 동안 마음속을 떠다녔고, 착란 속에서 가끔 실제로 구체적인 형태를 띠었다. 형태를 가지지 않는 어떤 것이 형태를 가지고 나타날 수가 있는가? 하지만 어떤 이상하고 믿을 수 없는 형태 속에서 그 어둡고 무한한 힘을 보았다고 난 때때로 상상했다. 마치 어떤 이가 촛불을 들고 내 손을 잡아 끌어 하나의 거대하고 혐오스러운 거미를 보여주며, 이것이 바로 어둡고 감정 없고 강력한 영원의 힘이라며 내 분노를 조소하는 것만 같았다."[81]

이러한 이미지가 무엇을 의미하는지, 하나님이 그리스도의 십자가에서 그리고 인간 고난의 역사 일반에서 발견된다고 말하는 것이 신학적으로 무엇을 의미하는지 명확하게 하여야 할 것이다. 만약 하나님이 초월적 절대자로서 인간의 이성과 자유를 가능케 하는 조건과 지평이라면, 십자가의 메시지가 위의 본문이 제안하듯이 단지 어둡고 비합리적인 '자연'의 치명적인 힘에 의한 하나님의 패배를 뜻할 수는 없을 것이다. 나아가 죽음, 고난, 슬픔이 하나님의 존재 자체를 구성한다는 것을 그것이 의미할 수는 더더군다나 없을 것이다. 몇몇 현대의 사상가는 악의 문제를 직면하여, '무감정한'(apathetic) 하나님이라는 이미지에 대한 항거로서 이런 방향으로 나아갔다. 이

---

81 Fyodor Dostoievsky, *The Idiot*, trans. by Constance Garnett (New York: Bantam Books, 1983), 395-396.

런 입장은 하나님의 아파테이아$^{\dot\alpha\pi\dot\alpha\theta\varepsilon\iota\alpha}$에 대한 아리스토텔레스와 교부들의 교리를 부정신학의 이론적 진술로서 받아들이기보다는 '상상력'이 풍부한 차원에서 받아들이는 것이다. 부정신학의 '무감정'에 대한 병행적 진술로서, 긍정신학은 하나님이 '순수한 행동'(pure Act)이시라고 주장한다. 또한 스콜라신학에서 아리스토텔레스주의적인 무감정의 교리가 지닌 뜻은 하나님의 피조물과의 관계(habitudo)는 의존적이고 '에로틱'한 것이 아니라, 전적으로 창조적이고 '아가페적'이라는 것을 의미한다(ST, I, q. 13, a. 7, ad 1um).

만약 기독교인이 하나님을 '상상하고자 · 표상하고자' 한다면, 그는 하나님이 성서에서 묘사되는 것처럼 곧 "감정이 없는"(unfeeling) 분이 아니라 공감이 가득한 분으로 상상 · 표상해야 한다. 하지만 이런 올바른 이미지가 비수용성^{非受容性}(nonreceptivity)이라는 하나님 존재의 초월성을 '이론적'이고 부정신학적으로 이해하는 것을 미리 제외시키지는 않는다. 라너가 말하듯 기독교 신정론^{神正論}(theodicy)은 하나님이 세계와 가지는 관계의 궁극적인 이해 불가능성 혹은 '신비'를 자신의 설명 속에 포함시켜야만 한다.[82] 본인은 아래에서 하나님은 단지 인간의 고통과의 '연대성' 속에 존재할 뿐 아니라 또한 참된 의미에서 인간의 고통과 자신을 동일화한다고 제안하고자 한다. 이런 진술은 하나님의 초월적 '내재성'이라는 맥락 속에서만 적합하게 이해될 수 있다. 하나님의 영원성은 다음을 의미한다. 하나님에게 있어 선의 '종말적' 승리는 모든 순간에 현재하며, 따라서 "하나님은 자신의 본질 안에 악, 고통, 퇴폐에 대한 지식을 가지지

---

82 Rahner, "The human question of meaning in face of the absolute mystery of God", TI, vol. XVIII, 95.

만, 그런 지식을 선에 의해 극복된 상태로 가지는 것이다."83

따라서 만약 하나님의 이미지와 현존이 세계의 가난, 추함, 고통 속에서 발견된다면, 그것은 바로 이러한 조건들을 초월하는 희망과 약속으로서 발견되는 것이다. 초월론적으로 인식하는 신학은 악의 신비주의 속으로 빠지고 기만되어서는 안 된다. 신학은 악을 존재 자체의 중심에 위치시켜서도 안 된다. 라너가 지적하듯 "절대적 패러 독스의 신학(theology of absolute paradox)… 곧 하나님 속에 분열, 갈등, 비非신성, 죽음을 집어넣는 셸링적 투사(Schelling-like projection)"는 불가능하다.84

우리는 여기서 하나님이 피조물과 함께 '고통당하고' 그러면서도 여전히 그분만이 악으로부터 피조물을 구원할 수 있는 하나님으로 남는다고 말하는 것이 어떻게 가능하고 무슨 의미를 지니는지 상세하게 논의할 수는 없을 것이다. (라너는 이렇게 말한다. "간단히 말해서 만약 하나님이 같은 곤경 속에 계신다고 하더라도 그것이 나의 엉망진창, 혼란, 절망으로부터 탈출하는 데 도움을 주지는 못한다."85) 본인은 하나님은 하나님의 '타자'(그리스도뿐만 아니라 모든 피조물) '속에서'(in) 고통 받으신다는 라너의 공식이 그러한 논의가 가야 할 방향을 지시해주고 있다고 생각한다. 이것을 제대로 이해하기 위해서 우리는 다음을 먼저 이해해야 한다. 하나님의 '내재성'(immanence)이 뜻하는 것

83 Alfred North Whitehead, *Religion in the Making* (New York: New American Library, 1960), 149.

84 Rahner, *Karl Rahner in Dialogue: Conversations and Interviews, 1965-1982.* Edited by Paul Imhof and Hubert Biallowons; trans. edited by Harvey D. Egan (New York: Crossroad, 1986), 127. 라너는 이러한 셸링적 투사가 몰트만의 신학에서 발견된다고 본다.

85 *Ibid.*

은 단지 초월성의 '거리'를 균형 잡는 피조물과의 '가까움'만이 아니다. 오히려 하나님과 피조물을 구분하는 '타자성他者性'(otherness)이란 사실 "하나님 존재의 '내부적內部的' 구분"(a distinction *within* God's being)이라는 점을 하나님의 내재성이 의미하는 것이다. "하나님과 세계 사이의 차이는 특별한 성격을 가진다. 하나님은 자신으로부터 세계의 차이를 설정하시고, 동시에 그런 '차이'(difference)로 존재하신다(*is*). 이런 이유로 하나님은 바로 그러한 차별화 속에서 가장 가까운 통일성을 가지는 것이다. … 차이 자체는 하나님으로부터 오는 것이고, 만약 이런 표현이 가능하다면 이 차이 자체가 하나님과 동일하다."[86]

어떤 경우든 가난과 고통을 겪는 자들 안에서의 하나님의 현존이 곧 그러한 조건들 자체가 '신성하다'는 것을 의미하는 것은 아니다. 오히려 이것은 그러한 조건들 속에 현재의 악을 초월해서 선을 향해 나갈 수 있는 어떤 소멸될 수 없는 가능성이 담겨있다는 것을 의미한다. 이것은 하나님의 현존이 고난받는 자에게 희망으로서 경험된다는 것을 의미하며, 고난으로 들어가는 자에게 그 고난의 조건을 전복시키라는 명령으로 경험된다는 것을 의미한다.

이와 같이 그리스도의 십자가는 항상 부활의 빛 아래서 보아야 한다. 바르트가 말하듯 "만약 그리스도의 아름다움을 십자가에서 죽지 않은 영화로운 그리스도에서 추구한다면, 그런 추구는 항상 헛되게 끝날 것이다."[87] 하지만 동전의 양면처럼 십자가의 아름다

---

86 Rahner, *Foundations of Christian Faith*, trans. by William Dych (New York: Crossroad, 1990), 62f. 강조가 추가되어졌다.

87 Barth, *Church Dogmatics*, vol. II, 665.

움은 인간의 역사에 있어서 하나님의 승리의 표식 곧 그리스도의 죽음에 대한 승리로부터 분리될 수도 없는 것이다. 십자가는 그 자체로 아름답거나 선하지는 않다. 십자가가 죽기까지 순종한 그리스도의 궁극적인 신실함과 하나님에 드린 자기 선물인 한에 있어서, 이런 십자가의 행동이 죽음 자체에 대한 하나님의 영원한 승리의 확실성을 드러내는 한에 있어서 십자가는 아름다운 것이다. 곧 십자가는 사랑의 행동적 표현으로서 아름다움을 가지는 것이다. 그리고 신학적으로 말해서 궁극에는 패배하는 것이 아니라 승리하기 때문에 사랑은 '아름다운' 것이다. 사랑은 성스럽고, 그 자체로 하나님의 형상의 참여이자 예견이다. 하나님은 그러한 예견을 역사적으로, 결정적인 형식으로 그리스도의 부활에서 계시하셨다. 그리스도의 부활은 모든 사랑의 자기 내어줌이 가지는 타당성을 확정짓고 그 궁극적 승리를 보여준다.

그렇다면 십자가는 한 아름다운 사물이 아니라, 한 아름다운 '행동'이다. 그것은 예수의 자기를 내어주는 행동이었고, 하나님에 있어서는 예수를 죽음에서 부활시키는 행동이었다. 기독교인들이 십자가의 아름다움에 대해 말할 때 그 십자가는 하나의 자기 폐쇄적인 사물이 아니다(그런 사물은 자연주의 회화에서도 그려질 수 있다). 십자가는 하나님의 시 짓기(詩作, *poiesis*)이고,[88] 하나님의 구원의 '드라마'(theo-*drama*)의 한 요소이다. 따라서 십자가의 중요성은 이야기의 종결(*dénouement*)에서를 제외하고는 완전히 드러날 수 없다.

대다수 기독교 미술이 몇몇 예외적 경우들을 제외하고는 십자가

---

88 Cf. Balthasar, "In Retrospect", 217.

의 그리스도를 '사진 같은' 리얼리즘으로 포착하고자 시도하는 대신에 그것을 이미 영광의 표현으로서 상징적으로 다루었던 이유가 바로 여기에 있다.[89] 우리가 앞에서 살펴보았듯 이야기와는 달리 미술에서는 움직임이 고정되고 표상이 시간적으로 변하지 않고 '완성적'이다. 따라서 미술은 두 '순간'을 결합시킴으로써만 곧 십자가를 부활의 배경에서 표현함으로써만 십자가의 진정한 의미를 보여줄 수 있다.[90] 이런 부활의 빛 아래에서 보지 않는다고 한다면, 십자가 자체의 표상은 신학적 관점에서 고려할 때 '추상적'일 뿐이다. 이런 의미에서 기독교 예술에서의 십자가의 표상은 이미 일종의 '신정론'(theodicy)이라고 말할 수도 있을 것이다. 그것은 악이 극복되고 선으로 전환되는 것을 보여주기 때문이다. 하지만 이것은 모든 신정론에 있어서 그러하듯 악의 문제에 대한 '지름길'로서 오용될 수도 있다는 위험성을 가진다. 여기서 부정적인 순간은 단지 간과되거나 그 심연의 깊이에서 느껴지지는 않을 수도 있다. 그러나 기독교인들은 그리스도가 우리를 죽음과 악의 힘에서 구원한 것만이 아니라 그것에 대한 염려로부터도 구원하였다고 믿는다. 신정론의 잘못된 사용이 가지는 위험성은 그것이 마음의 평화를 가져온다는 데 있는 것이 아니라, 그것이 우리로 하여금 타자의 고통에 참여하는 공감적 사랑으로부터 도피하게 만들 수도 있다는 데 있다.

십자가는 죽음의 힘 앞서는 하나님조차도 굴복한다는 것을 의미

---

89 예를 들어 앞에서 언급한 그뤼네발트의 그림은 십자가를 리얼리스틱하게 다루기보다는 상징적으로 다루고 있다. 하지만 거기서 십자가는 그리스도가 죄인들을 위해 겪은 지옥의 고통을 상징한다.
90 이러한 관점은 이미 복음서의 이야기 자체에서도 찾아볼 수 있다.

하지 않는다(구원이 '몸값'을 지불함으로 이루어지는 것으로 보는 몇몇 이론들이 주장하는 것과는 다르다). 오히려 그것은 하나님이 그리스도 안에서 우리의 존재를 위협하는 '권세들'을 정복하셨고(골 2:15; 롬 8:38 이하; 요 12:31, 14:30, 16:11; 벧전 3:22), 우리에게 그것들을 정복할 수 있는 능력을 주신다는 것을 의미한다(엡 6:12). 또한 이와 마찬가지로 가난하고, 슬퍼하고, 예수의 사역에 동참하는 자들을 복음서가 축복하는 것은 고통을 미화시키려는 것이 아니라, 그것들이 하나님의 '왕국'에 의해 전복될 것임을 진술한 것이다(마 5:3-12; 눅 6:20-23). 하나님 사랑의 승리는 하나님만을 자신의 희망으로 가지는 자들에게서 무엇보다도 분명하게 드러난다. 바로 이렇게 신앙으로 본 십자가와 고통 속에서 하나님의 아름다움이 드러나는 것이다. 하나님의 아름다움은 희망을 창조하는 미래적 힘으로서 하나님의 활동이다. 그것은 어두움에 비추나, 어둠이 이기지 못하는 빛이다(요 1:5).

　세계의 고난과 슬픔은 하나님의 말씀이다. 그것은 참여와 극복으로 초대하는 말씀이다. 기독교인의 십자가에 대한 헌신은 종교적으로 위장된 마조히즘의 한 형태 곧 십자가편집증(Kreuzseligkeit)을 피해야만 한다. 십자가의 아름다움은 우리가 '세상적' 아름다움의 경험을 부정하는 데 있는 것이 아니라, 세상적 아름다움을 사람들 상호 간의 그리고 하나님과의 완벽하고 충만한 관계적 사귐의 차원으로 끌어올리는 데 있다.[91]

---

91 십자가편집증과는 반대로 '미학주의'의 잘못은 향유하지만 참여하지는 않는 데 있다고 틸리히는 지적한다. *Systematic Theology*, vol. III, 257.

4. 미학과 금욕주의

기독교 메시지는 세상의 참여를 요구하며, 따라서 키에르케고르와 블론델[Blondel]이 비판한 순전히 '미학적인' 태도는 불가능하다.[92] 기독교의 영성은 그 본질상 일종의 어떤 금욕주의를 요구한다. (특히 슬픔과 곤궁에 있는) 이웃의 사랑을 통한 하나님의 사랑은 모든 보다 작은 목표들을 '그 자체로' 얼마나 좋던지 상대화시킬 것을 요구한다. 인간 실존의 실제적 상황에 있어서 우리는 높은 선과 낮은 선 사이에서 선택해야 할 경우도 있는 것이다. 십자가는 '깨끗한 마음', 하나님의 '왕국'이 요구하는 마음의 온전함, 가난한 자를 포함한 인류를 위한 하나님의 사랑의 방식을 성취하는 것을 상징한다.

따라서 기독교 금욕주의가 단지 실족시키는 눈을 빼어내는 문제로 이해되어서는 안 된다(마 5:29). 또한 비록 "이 세상의 형적(form)은 지나감이니라"(고전 7:31)는 생각이 기독교 금욕주의에 역사적으로 많은 영향을 끼친 것은 부정될 수 없지만, 그것이 다른-세계적(other-worldly) 구원을 위해서는 이 '세계'를 포기하는 것으로 이해되어져서도 안 된다. 오히려 기독교 '금욕주의'는 하나님 왕국의 실재와 우선성에 대한 '증언'으로서, 강제로 이 세상의 좋은 것을 빼앗긴 자들을 위한 '십자가'의 자발적 연대로서, 타자에게 봉사하기 위한 자유를 획득하는 도구로서 이해되어야 한다(예를 들어 마 19:10-12; 골 1:24; 고전 7:32-35, 9:3-15).

---

92 '미학'에 대한 키에르케고르의 생각이 *Either/Or* 2권에서 *Stages on Life's Way*로 갈수록 보다 부정적으로 바뀐다고 발타자는 지적한다. Balthasar, *The Glory of the Lord*, vol. 1, 50.

기독교의 금욕적 요소는 아름다움과 예술에 대한 실제적 경고를 포함하고 있다. 이것들이 악은 아니지만 사실상 부유함과 종종 연결된다. 버나드 쇼G. B. Shaw는 예술이 '영혼'의 경작일 뿐 아니라, 동시에 값비싸다는 리얼리스틱한 견해를 보인다.

> 엘리: 구식인 사람들은 돈 없이도 영혼을 지닐 수 있다고 생각하지요. 그들은 돈을 적게 가질수록 영혼을 더 가질 수 있다고 봐요. 요즘 젊은이들은 이보다는 더 똑똑해요. 영혼은 유지하는데 얼마나 돈이 많이 드는데요. 자동차 유지비보다도 더요.
>
> 쇼토버 선장: 그러니? 네 영혼이 얼마나 먹는데?
>
> 엘리: 아, 엄청나게 많아요! 그건 음악과 그림을 먹고, 책과 산과 호수, 아름다운 옷과 함께 지낼 수 있는 좋은 사람들을 먹어요. 이 나라에서는 많은 돈 없이는 이런 것들을 가질 수 없어요. 그 때문에 우리 영혼이 끔찍하게 굶주려 있죠.[93]

하지만 부요함의 위험은 복음서와 다른 신약의 책들에 자주 그리고 강력하게 진술되고 있다(특히 눅 6:24-26의 부요하고, 웃고, 배부른 자에 대해 '화' 있을 것이라는 선포; 마 6:19-21[눅 12:33-34]; 막 10:17-27[마 19:16-30, 눅 18:18-30]; 눅 16:13[마 6:24]; 눅 16:20-25; 디전 6:10; 히 13:5; 야 1:9-11 등).

요컨대 아름다움의 추구는 인간의 자기완성의 모든 형식과 마찬가지로 이기적인 즐거움의 몰두를 가져오고, 이웃에 대한 사랑에서

---

93 George Bernard Shaw, "Heartbreak House", in *Six Plays by Bernard Shaw* (New York: Dodd, Mead & Co., 1945), 664.

벗어나게 하는 도피주의의 도구로써 사용될 수도 있다. 이미 아모스의 시대에 국가의 곤궁보다는 "비파에 맞추어 헛된 노래를 지절거리며 다윗처럼 자기를 위하여 악기를 제조"하는 자들의 안락함이 비판된다(암 6:5). 이 문제와 평생 씨름했던 톨스토이가 아름다움에 더 가까이 다가갈수록 우리는 선에서 더 멀어진다고 선언하지 않았는가? 반 델 레우가 말하듯 "예수가 부자 청년에게 주었던 명령을 종교는 문화에게 또다시 반복한다: '네 소유를 다 팔아라.'"[94]

쾌락주의가 피해진다고 하더라도 위험은 여전히 남게 된다. 미학적 태도는 성찰적 삶, 행동에 대한 도덕적 명령과 경쟁할 수도 있는 것이다. 파스테르나크의 소설에서 주인공 라라는 지바고의 무덤 앞에서 이런 생각을 한다. "삶의 수수께끼, 죽음의 수수께끼, 천재의 매혹, 발견의 매혹, 그것은, 그래 제발, 그것은 우리가 이해할 수 있다. 하지만 흙을 다시 갈아놓는 것과 같은 작은 일들에 대한 실제 말다툼은, 오. 천만에, 우리를 위한 것이 아니다."[95] 파스테르나크에게는 그리스도 같은 인물인 지바고가 처음에는 의사였으나 예술을 위해 그것을 포기한 것은 중요한 의미를 가진다.[96] 달리 말해 아름다움이 제공하는 선으로서 현재적 만족이 세계를 바꾸도록 참여의 영감이 주는 미래적 선의 힘을 약화시킬지도 모른다는 두려움이 있는 것이다.

더군다나 우리가 만약 아름다움이 하나님에 이르는 길일 수도

---

94 Van der Leeuw, *Sacred and Profane Beauty*, 5.

95 Pasternak, Доктор Живаго, 581.

96 고대 슬라브 말에서 지바고는 '살아 있는 자'를 의미했다. 사실 그 이름은 무덤에 있던 천사들에 의해서 부활한 그리스도에게 주어진다: "어찌하여 산 자(지바고: Живаго)를 죽은 자 가운데서 찾느냐"(눅 24: 5).

있다는 것을 수용한다면, 성자들의 삶을 진정한 신학적 원천으로 진지하게 받아들이는 신학은[97] 다음과 같이 결론을 내려야만 할 것이다. "아름다움을 가지는 누구나 하나님을 가지겠지만… 하나님을 가지는 누구나 아름다움을 반드시 가지는 것은 아닐 수도 있다."[98] 이와 유사하게 라너는 다음과 같이 쓰고 있다.

진정한 성자들은 그들의 모든 인간적 잠재력을 발전시킨 자들이라는 주장을 우리가 받아들일 수도 있을 것이다. 사람들이 삶에 완벽하게 조화되어서 그들의 보고 듣는 능력을 온전히 발전시키게 될 때, 그런 그들의 경험은 동시에 그들의 종교적 태도와 일치하게 된다. … 이것이 한 면일 수 있다.

하지만 만약 우리가 경험적으로 생각해본다면, 우리는 쉽게 정반대의 결론에 도달할 수도 있다. 하나님과 자신의 이웃을 깊고 비이기적으로 사랑하는 진정한 성자들이, 그럼에도 불구하고 예술의 문제에 있어서는 전혀 문외한이고 아주 초보적인 예술적 능력과 감상력을 가지고 있는 경우가 얼마나 많은가? 반대로, 오히려 전혀 성자 같지 않은 사람들이 매우 뛰어난 예술적 감수성을 발전시킬 때도 종종 있는 것이다. 아마 우리는 다시 한번 본유적인 종교적 가능성과 자유롭게 수용된 종교적 가능성 사이를 구분하여야만 할 것 같다.[99]

---

97 이것은 특히 William M. Thompson, *The Struggle for Theology's Soul: Contesting Scripture in Christology* (New York: Crossroad, 1996), 23에서 중요하게 나타난다. 또한 그의 *Fire and Light: the Saints and Theology* (New York: Paulist Press, 1987)는 이 주제를 보다 상세히 다루고 있다.

98 Van der Leeuw, *Sacred and Profane Beauty*, 284.

99 Rahner, "Art against the Horizon of Theology and Piety", 167-168. 그리고 앞의 5장, 주 79의 러스킨(John Ruskin)의 진술도 참고하라.

어쩌면 이런 진술도 너무 온화한 것이지 모르겠다. 키에르케고르가 주장하듯 자신의 미학적 '휴머니즘' 때문에 성자가 되는 것으로부터 방해받는 사람들도 있지 않을까? 또는 거룩함에 이르기 위해 뽑아내어야 하는 실족의 눈이 바로 "아름다움에 대한 눈"인 사람들도 있을 수 있지 않을까?[100]

성상 파괴 논쟁과 같은 보다 이론적 문제들과는 달리 여기서 우리가 말하는 실제 갈등은 기독교 영성의 역사에서 반복적으로 나타났다. 우리는 이미 앞에서 예배에 있어서 음악이 주는 즐거움에 대한 아우구스티누스의 경고를 살펴보았고 또한 약한 마음의 소유자를 위한 하나님에 이르는 도구로써 지상적 광채라는 슈제르 수도원장의 예술에 대한 옹호도 고찰하였다. 몇몇 추가적인 예가 어떻게 이러한 갈등의 해결책이 상황이나 개인의 성격에 따라 달라질 수 있는지 보여주는 데 충분할 것이다.

가난한 자의 사랑에 대한 설교에서 성 그레고리우스^{St. Gregory Nazianzen}는 지상적 아름다움에 대해 긍정적인 태도를 가지며, 그것을 관대한 행동을 유발하는 동기로 사용한다.[101] 하나님 축복의 예로서 그는 건강, 합리적 마음, 자연의 아름다움, 인간의 우정, 가족, 하나님

---

100 George Santayana, *The Last Puritan* (New York: Charles Scribner's Sons, 1936), 7. 산타야나는 이 구절을 그가 '청교도주의'(puritanism)라고 부르는 것을 묘사하기 위해 사용하고 있다. 그는 가상의 대화자에게 이렇게 말한다: "당신과 나는 청교도들은 아니다. 그리고 우리의 본질적인 느슨함에 반해, 우리보다 더 순수한 사람들을 존경하지 않을 수 없게 된다. 그들은 실족시키는 눈을 그것이 비록 아름다움에 대한 눈이라 하더라도 기꺼이 뽑아버리고, 일심(一心, singlemindedness)의 천국으로 절뚝거리며 들어간다." 그는 첨언하길 "내 자신이 풍족함, 지성적임 혹은 궁극적 진리의 아이러니에 비해 엄숙함을 선호하는 것은 아니다. 하지만 난 조각 같은 엄숙함이 더 아름답다는 것을 보며, 다른 것들 속에서 이것을 좋아한다."

101 Gregory of Nazianzen, *Oratio 14: De Pauperum Amore*, 23-25; *PG* 35, 887-890.

의 자녀됨과 더불어 '예술', '인간성과 문화의 삶'을 든다. 그러한 선물들에 대한 감사의 태도는 타인들에 대한 관대한 행동으로 나타나야 하는데, 왜냐하면 하나님은 창조물의 좋은 것들이 모두에게 나누어지기를 원하시기 때문이다.

> 형제들과 동료들이여, 하나님의 선물로 주어진 것을 우리가 오용하지 않도록 합시다. 만약 우리가 그렇게 한다면 성 베드로가 이렇게 질책할 것입니다. '다른 이에게 속한 것을 움켜쥐려는 자신에게 부끄러워할지어다. 하나님의 정의를 모방하기를 힘쓰라. 그러면 아무도 가난하지 않게 될 것이다.' 다른 이들이 곤궁에 처해 있을 때, 우리는 부를 쌓아 올리고 저장하려고 수고하지는 말아야 합니다.[102]

이미 고대 그리스에 있어 '아름다움'(καλός)이란 말은 '유용한', '덕스러운', '매력적인'이라는 의미를 포함하고 있었다. 그레고리우스는 이것을 확장시켜 구체적으로 기독교적인 삶의 차원들을 포함시킨다. 믿음, 소망, 사랑은 '아름다운 (혹은 선한) 것'(καλόν)이다. 또한 친절, 우정, 자비, 인내, 온화함, 열정, 육체의 훈련, 기도, 순결, 금욕, 고독, 온건한 삶, 굴욕, 가난, 돈에 대한 경멸 등도 그러하다.[103]

크리소스톰John Chrysostom은 이와 같은 맥락에서 값비싼 그릇들로 성찬식에 경의를 표하고 하나님의 집을 아름답게 장식하고자 하는 기독교인들을 훈계한다. 전통에서도 말하듯 그런 마음 자체는 칭송

---

103 *Ibid.*, 859-863.

할 만하다고 그도 생각한다.[104] 하지만 크리소스톰은 그들에게 가난한 자 속에 있는 그리스도의 몸을 먼저 돌볼 것을 권고한다.

그리스도의 몸에 경의를 표하고자 하느냐? 그렇다면 그의 벗은 몸을 경멸하지 말라. 밖에서 그가 춥고 벗었을 때, 교회 안에서 실크 옷으로 그에게 경의를 표한들 무슨 소용이냐? 그의 법에 명해진 대로 가난한 자에게 너의 부를 줌으로 그에게 경의를 표하라. 하나님은 황금의 그릇을 원하시는 것이 아니라, 황금의 마음을 원하신다.

이렇게 내가 지금 말함에 있어서 너희에게 그러한 선물들을 금하는 것은 아니다. 오직 그러한 선물들과 함께 그리고 그것들에 앞서 곤궁한 자들을 도울 것을 요구하는 것이다. 하나님은 전자도 받으시지만, 후자를 더 기뻐하신다. 앞의 경우에는 오직 주는 자에게만 이익이 있을 뿐이지만, 뒤의 경우에는 받는 자에게도 또한 그러하다. 교회에 선물하는 것은 일종의 과시일 수도 있지만, 곤궁한 자에 선물하는 것은 순수한 애정일 것이다.

그리스도 자신이 굶어 죽어 가는데, 그의 식탁을 황금잔으로 무겁게 한들 무슨 소용이냐? 우선 그가 굶주렸을 때 그를 채워라. 오직 그런 다음에

---

104 성 크리소스톰의 예배 양식은 끝마치는 기도("설교단 뒤에서의 기도")에 "당신의 집의 아름다움을 사모하는 자를 성스럽게 하소서"라는 간청을 포함하고 있다. 하나님의 집의 '아름다움'은 무엇보다도 우선 '존재론적'이다. 성전은 거기에 거주하는 유일하신 분이 아름답기에 또한 아름다운 것이다. (시편 27:4, "내가 여호와께 청하였던 한 가지 일 곧 그것을 구하리니 곧 나로 내 생전에 여호와의 집에 거하여 여호와의 아름다움을 앙망하며 그 전에서 사모하게 하실 것이라"; 시편 96:6, "존귀와 위엄이 그 앞에 있으며 능력과 아름다움이 그 성소에 있도다"; 또한 시편 50:2를 보라.) 교회의 예술적 장식은 논리적 결과로 따라오는 것 같으며, 성직자의 의복과 성전을 아름답게 하라는 구약의 계명과도 일치하는 것 같다(출 28:2 이하).

야 그의 식탁을 남은 것들로 장식하라. 황금잔을 만들게 할 수는 있어도 물 한 잔 줄 수는 없다냐? 식탁을 황금실로 짠 천으로 덮으면서도 그리스도 자신을 입힐 천은 없다냐? 도대체 그것이 무슨 소용이란 말이냐? 말해 보라. 먹을 것이 없는 자를 그대로 남겨두고 단지 그의 식탁을 황금으로 덮는다면, 그가 너에게 고마워하겠느냐 화를 내겠느냐? 다 헤어진 누더기를 걸치고 추위에 몸이 빳빳해진 그를 입히는 대신 황금 기둥들을 세워준다면, 그것이 그에게 경의를 표하는 것이냐? 오히려 그가 조롱당하고 모욕당했다고 생각하지 않겠느냐?

이 모든 것을 순례길에서 쉴 곳을 찾고 있는 그리스도에게 적용해 보라. 넌 그리스도를 손님으로 모시지는 않고, 단지 마루와 벽과 기둥만을 장식하고 있다. 넌 감옥을 밝힐 램프의 은사슬은 제공하지만, 사슬에 매여 옥에 갇힌 그리스도는 쳐다보지도 않는다. 다시 말하지만 그러한 장식들을 금하는 것이 아니다. 이것들과 함께 다른 것들도 제공하도록 간청하는 것이고, 그것들을 먼저 하기를 호소하는 것이다. 따라서 너의 상한 형제를 내버려 둔 채 교회를 장식하지는 말라. 왜냐하면 너의 상한 형제가 모든 것 중 가장 귀중한 교회이기 때문이다.[105]

슈제르 수도원장이 그의 교회의 풍부한 장식을 기뻐하는 바로 그때, 시토회(Cistercians)와 카르투시오회(Carthusians)는 교회 예술의 '과도함'에 대항해 격렬하게 항의하였다. 클레르보의 베르나르[Bernard of Clairvaux], 알렉산더 넥함[Alexander Neckham], 푸이와의 후고[Hugh of Fouilloi] 등이 교회 장식의 사치스러움과 빗나감을 비판하였다.[106] 성 티에리[St. Thierry

---

105 John Chrysostom, *Homilies on the Gospel of St. Matthew*, no. 50, 3-4; *PG* 58, 508-509.
106 Umberto Eco, *Art and Beauty in the Middle Ages*, trans. by Hugh Bredin (New Haven:

의 수도원장 윌리엄에 대한 자신의 유명한 '변증'(*Apologia*)에서 베르나르는 초보적 고딕 스타일의 특징들에 대해 희미하게나마 의식하고 있을 뿐 아니라, 금욕적 생활에 자신을 바친 자들에게 있어서 예술적 풍요로움의 부적절성 또한 강조하였다.

마치 예전의 유대교 제의처럼 예배드리는 자의 시선과 주의를 산만하게 흩어놓는 당신들 교회의 엄청난 높이, 절제 없는 길이, 과도한 넓이, 값비싼 대리석, 호기심 끄는 조각과 그림에 대해서는 아무 말도 하지 않겠다. 이것은 그냥 지나치자. 하나님의 영광을 위해서 이렇게 했다고 하자. 하지만 마치 이방인이 동료 이방인들에게 묻듯이, 나는 수도사로서 동료 수도사들에게 묻고자 한다. "말해보라, 주교들이여. 당신들 교회 안에 있는 황금이 도대체 무엇을 할 수 있느냐? 말해보라, 불쌍한 사람들이여. '당신들' 교회 안에 있는 이 황금이 도대체 무슨 소용이냐?" 주교들은 수도사들이 가지지 못한 변명을 가질 수도 있다. 그들은 지혜롭고 그렇지 못한 자들에게 모두 빚지고 있으며, 세속적인 사람들을 영적인 것들로 헌신에 끌어들이지 못하기 때문에 대신 물질적인 장식들로 그리하려 했다고 하자. 하지만 우리 수도사들, 평범한 가문의 출신으로 그리스도를 위해 세상의 모든 값지고 아름다운 것을 버린 우리, 그리스도를 가지기 위해 보기 아름답고 듣기 좋고 냄새 맡기 향기롭고 맛보기 좋고 만지기 즐거운 모든 육체적 쾌락을 똥으로 여긴 우리는 누구의 기도와 선물을 끌어들이고자 이런 것들을 원하는가? 거기서 우리는 무슨 이익을 바라는가? 우둔한 자의 존경 혹은 단순한 자의 헌금? 아니면 우리는 여러 나

Yale University Press, 1986), 6.

라에 흩어져 있기 때문에 그 나라의 새겨진 이미지를 섬기는 법을 배운 것인가? 단순히 말해 이 모든 것의 뿌리에 우상숭배와도 같은 탐욕에 놓여 있고, 우리는 이익과 선물을 추구하기 때문이 아닌가? … 이러한 값비싸고 웅대한 허영에 사람들은 기도 대신에 선물을 제공하기 마련이다. 그래서 부는 부를 끈으로 당겨오게 되고, 돈이 돈을 가져오는 것이다. 어떻게 더 부자일수록 더 자유분방하게 선물을 제공하게 되는지 난 모르겠다. 황금관에 들은 성자의 유물은 그들의 눈을 즐겁게 하고 그들의 지갑 끈을 더욱 느슨하게 만든다. … 그래서 교회는 보석이 박힌 빛의 왕관 그리고 황금 램프와 거기 둘레에 수레의 바퀴처럼 박혀 있는 보석들로 장식된다. 또한 우리는 예술적으로 미묘하게 만들어져서 마치 나무처럼 서 있는 촛대를 종종 본다. 그것이 밝히는 촛불보다 그것을 장식한 보석이 결코 덜 밝지는 않다. 생각해보라, 이 모든 것의 목적이 무엇인가? 죄인들의 양심의 가책 혹은 보는 자의 놀라움? 오 허영 중의 허영이여, 하지만 허영만큼이나 미친 짓이여! 교회는 그녀의 벽에는 광채가 나나, 그녀의 가난한 자녀들에게는 거지처럼 행동한다. 벽돌들은 금으로 입히나, 그녀의 자녀들은 벗은 채 내버려둔다. 궁핍한 자의 돈으로 부자의 눈을 즐겁게 한다. 여기서 호기심 많은 자는 즐거움을 발견하나, 가난한 자는 구제를 발견하지 못한다. …

마지막으로, 이 모든 것이 영적으로 가난한 우리 수도사에게 무엇이란 말인가? 아마 시편 기자의 말로 여기서도 대답하려 할지도 모르겠다: "주여, 내가 당신의 집과 당신의 영광이 거하는 곳을 사모하나이다." 그렇다고 하자. 이것이 교회에서 이루어질 수 있다고 인정하자. 왜냐하면 이런 것들이 탐욕스럽고 허영에 찬 자에게는 해롭지만, 단순하고 경건한 자에게는 그렇지 않을 수도 있기 때문이다. 하지만 독서해야 하는 형제들의 눈에 회랑에 있는 이 모든 어리석은 괴물들이, 이 놀랍게도 빼어난 추함과 추한 빼어남이 무슨 이득을 가져오느냐? 그러한 부정한 원숭이들, 사나운 사자들, 반인^{半人}들, 반인반마의 괴물들, 고삐 매인 호랑이들, 전쟁하는 기사들, 나팔 부는 사냥꾼들이 무슨 소용이냐? … 요컨대 손으로 만들어진 이런 다양하고 놀라운 형상들이 우리로 하여금 성서보다는 대리석을 읽도록 유혹하고, 하루 내내 하나님의 법을 성찰하기보다는 이러한 것들을 기이하게 여기며 보내게 만든다. 만약 사람들이 하나님을 위해 이러한 우매함을 부끄러워하지는 않는다고 한다면, 순전히 경비 때문에라도 삼가야 하지 않겠는가?[107]

흥미롭게도 베르나르는 예술이 '비^非'영적인 마음으로 하여금 하나님에 이르기 위해 필요하고, 그래서 목회자의 세상 속의 사목에 필요할 수도 있다는 슈제르의 주장에 동의한다. 그는 또한 하나님께 "영광을 돌리는 것"이 교회 장식의 정당한 동기가 될 수 있다는 것도 인정한다. 하지만 그는 크리소스톰의 교회 장식과 그리스도의 살아 있는 지체들 사이의 대조를 엄격한 말로 반향하고 있다: "교회는 그녀의 벽에는 광채가 나나, 그녀의 가난한 자녀들에게는 거지처럼 행동한다. 벽돌들은 금으로 입히나, 그녀의 자녀들은 벗은 채 내버려둔다. 궁핍한 자의 돈으로 부자의 눈을 즐겁게 한다."

이러한 말은 아마 미학의 영역에 대한 기독교의 경고 중 가장 강력한 것인지도 모르겠다. 미학적 추구의 합리화에 대해서 사실상

---

107 Bernard of Clairvaux, "'Apologia' to William, abbot of St.-Thierry", in *A Documentary History of Art, Vol. I: The Middle Ages and the Renaissance*, edited by Elizabeth Gilmore Holt (Garden City: Doubleday, 1957), 19-22; *PL* 182, 914-916.

베르나르는 일종의 '의심의 해석학'(hermeneutic of suspicion)을 소개하고 있다. 현대 철학과 신학에 있어서 우리는 이것을 단지 예술의 개념적 합리화만이 아니라, 미학적 경험 자체에도 동일하게 적용시킬 수 있을 것이다. 의심의 해석학에 의해 제기될 수 있는 문제들은 베르나르의 그것과 일치한다. 예를 들어 우리는 어떤 구체적 경우에 있어서 아름다움에 대한 구체적 인식이 무엇에 기초하고 있는지 물을 수 있을 것이다. 어떠한 사회적 구조가 그것과 함께 옹호되거나 전제되고 있는가? 그리스인은 "여가는 아름답다"(καλὸν ἡσυχία)고 말한다. 하지만 그리스 문명의 영광을 허용했던 여가와 레저는 노예노동(slave labor)에 기초한 것이었다. 산타야나가 '야곱의 사다리'(Jacob's ladder)라고 부른, 천상적 위계질서에 대한 중세적 '거울'(mirror)은 봉건제도(feudal system)의 정당화를 위해 이용되었다. 아름다움은 이데올로기를 선전하고, 이데올로기에 의존하는 위험성을 가질 수 있다. 이러한 성찰은 미학과 금욕주의 사이에 또 다른 긴장감을 가져온다.

III. 그리스도의 영 안에서 감정, 예술, 아름다움

이제까지 우리는 미학적 영역이 윤리적이고 종교적인(특히 기독교적인) 회심의 가치에 직면하게 될 때 생겨나는 문제와 갈등을 살펴보았다. 우리는 여기 결론 부분에서 이러한 문제들을 완벽하게 이론적으로 해결하고자 할 수는 없을 것이다. 오히려 아름다움과 선함, 예술과 종교 사이의 어떤 긴장은 인간의 실존적 조건에 있어 영속적인 요소일 지도 모르겠다. 이것은 마치 우리가 앞에서 표상과 개념, 감정과 사유를 살펴보았을 때와 마찬가지다. 역사적으로 신앙의 사람들은 구체적 상황에서 신중한 판단을 통해 종교적 삶과 신학에서 미학이 가지는 위치를 결정하였고, 따라서 다양한 다원주의적인 해결책을 보여주고 있다.

그럼에도 불구하고 기독교 신앙은 단지 이 주제에 대해 경고와 망설임으로 끝맺어서는 안 될 것이다. 종종 기독교의 영성은 "그리스도의 모방"에 집중하며 아마 너무 과도하게 부정과 금욕에 집착하였고, 그리스도 자신이 금욕적인 세례요한에 대조적으로 하나님 왕국의 도래를 기쁘게 축하한 사실을 간과하였는지도 모르겠다(마 11:18-19; 눅 7:33-34). 부활은 예수의 수난과 죽음에도 불구하고(아니 그것을 통해서) 하나님의 왕국과 그리스도의 변화의 영이 부어졌다는 것을 선포한다(요 20:19-23; 행 2:1-41; 롬 8:12-17; 골 3:1-4). 따라서 기독교인들은 악에 항거하고 십자가의 자기희생의 태도를 가지면서, 동시에 기쁨과 희망 가운데 생활해야 한다(롬 8:35-39; 빌 2:1-11, 4:4-6:1; 살전 5:16-19). 참된 영성은 종종 기독교에 침투했던 육체, 물질, 세계에 대한 단순한 이원론적 거부를 넘어서야 한다(딤전 4:1-5). "참된 기독교는 육체와 영혼이 동일하게 하나님에 의해 창조되었고, 동일하게 타락에 의해 공격받고, 동일하게 그리스도에 의해 구원받는다는 것을 안다."[1]

이 책은 미학이 기독교의 모든 차원에 있어서 긍정적이고 필수적인 자리를 가진다는 생각에 기초하여 집필되었다. 감정, 표상력·상상력, 예술, 아름다움의 추구는 하나님 왕국의 초월적 가치들과 만나서 전환되고 더욱 깊어질 수 있는 것이다. 아래의 부분에서는 이제까지 논의되었던 것에 기초하여 어떻게 이러한 것들이 기독교인의 계시의 전유에 의해 변화될 수 있고, 어떻게 그것들이 자신에게 적합한 통일성을 가지면서도 자기 내어줌의 사랑이라는 이상에 봉사할 수 있는지에 대한 간략한 신학적 이해를 제안하고자 한다.

1. 기독교적 '회심'과 미학

발타자는 이렇게 쓰고 있다.

우리가 아름다움의 범주를 가지고 하나님의 계시에 접근하게 될 때, 우리는 거의 즉각적으로 이 범주를 이-세계적 형상과 연관시킨다. 오직 그러한 이-세계적 미학(this-worldly aesthetics)이 계시의 초월적 형상에 들어맞지 않음을 발견하게 될 때, 우리는 놀라움에 갑자기 멈추게 되고 의식적으로 이러한 길을 계속 나아갈 것을 거부하게 된다.[2]

---

1 Van der Leeuw, *Sacred and Profane Beauty*, 55.

2 Balthasar, *The Glory of the Lord*, vol. 1, 37. 칼빈 시어벨드(Calvin Seerveld)는 이러한 생각을

비록 하나님은 탁월한 방식에 있어 '객관적으로'(objectively) 아름답다고 말할 수 있으나, 하나님 특히 그리스도에서 계시되는 하나님이 어떤 구체적 사람에게 '아름답게' 보이는 것은 주관적(subjective) 조건들 혹은 자기 초월성의 정도에 의존한다고 이미 앞에서 우리는 주장하였다. "하나님의 관점에서" 가치를 느끼고 판단할 수 있는 능력은 로너간이 '종교적 회심^{宗敎的 回心}'(religious conversion)이라고 부르는 것의 결과이다. 이것은 다양하게 '성화시키는 은총'의 선물을 수용하는 것, 무제한적 방식으로 "하나님과 사랑에 빠지는 것", 하나님의 영이 "우리 마음에 부은 바 됨"(롬 5:5), 하나님의 자기 의사소통의 수용과 그 결과로서 신성한 삶으로의 참여 등으로 묘사된다.[3]

스콜라신학의 용어를 사용하면, 하나님을 향한 인간의 '자연적' 욕망은 하나님의 신성한 삶을 공유하고자 하는 초자연적 욕망으로 개방된다. 그리고 이것이 실제화될 때 인간 존재와 의식의 존재론

더욱 확장시켜 아름다움이 하나님의 영광에 기초하고 있다는 신칼뱅주의적 사상을 거부하기에 이른다. 그에게 있어 하나님의 영광은 "행동 속에서 그리고 특히 예수 그리스도의 '아름답지 않은' 형상 속에서 하나님의 은혜로 선포된다" 예술과 아름다움의 핵심은 하나님의 속성이 아니라 피조물적 실재라고 그는 본다. Jeremy Begbie, *Voicing Creation's Praise*, 134.

3 Lonergan, *Method in Theology*, 105-107, 112; Rahner, *Foundations of Christian Faith*, 116-126, 198-203 and *passim*; see also *s.v.* 'grace' in *CSM*. 회심에 대한 일반적 관념으로는 *Method in Theology*, 130-131. 회심이 '선물'인 동시에 인간 초월성의 '성취'라는 것, 라너의 이해의 범주와 이것의 비교로는 *Answering for Faith: Christ and the Human Search for Salvation* (New York: Paulist Press, 1987), 81-82.

로베르토 고이주에타(Roberto Goizueta)는 로너간의 회심의 사상을 (심리적 영역을 포함하도록 확장해서) 엔리케 두셀(Enrique Dussel)의 인격적 타자(레비나스의 철학에 영향을 받은 개념)에 대한 '분석적' 이해와 비교하고 종합한다. 로너간의 이론이 정치신학과 해방신학에서 말하는 '프락시스'에 관련된다는 고이주에타의 통찰은 뛰어난 것이다. Roberto S. Goizueta, *Liberation, Method and Dialogue: Enrique Dussel and North American Theological Discourse* (Atlanta: Scholars Press, 1988), ch. 5, 111-125.

적 방향 전환인 "초자연적 지향성"(supernatural intentionality)을 가져오는 것이다.4 여기서 종교적 회심은 '미학적' 차원을 가진다. 하나님과 무제한으로 '사랑에 빠짐'은5 우선 우리를 사람으로 만드는 '고차원적'인 정조와 영적인 활동으로서 인간 영의 에로스가 회심되는 것을 의미한다.6 하지만 회심의 미학적 차원은 또한 심리적-성적인 의미에서 에로스도 포함한다.7 회심은 단지 우리의 '고차원적인'(영적인) 활동이나 정조에 도달해 그것들의 궁극성을 전환시킬 뿐 아니라, 우리의 영이 우리의 물질적이고 생물학적 존재를 '형상화'시키는 한에 있어서 우리의 육체성에도 영향을 끼친다.

달리 말해서 '은혜'와 회심은 우리의 '저차원적'인 정조, 감정, 상상력에도 곧 우리의 모든 영적이고 의식적인 활동의 심리적-생리적 '밑받침'인 감각적 부분들에도 도달하는 것이다. 만약 회심의 과정이 우리의 자율적인 욕망에도 영향을 끼치지 않는다고 한다면, 우리의 인간적 실재는 정신 분열이 될 것이다.

인간 의식의 창조적 벡터(creative vector)를 구성하는 다양한 활동들은 감정들로 침투되어 있다. 이러한 감정들이 그것에 상응하는 활동들의 자기초월적 목표들과 일치하지 않는 한에 있어서, 우리가 세계 초월적인 하나님과 그의 성육한 말씀이자 사랑인 그리스도에 대한 의미, 진리, 실재, 선을 '욕망'하지 않는 한에 있어서, 의식적 지향성의 '활동들'은 그

---

4 Juan Alfaro, *Fides, Spes, Caritas* (Roma: Pontificia Universitas Gregoriana, 1968), 234-280, 322-333.

5 Lonergan, *Method in Theology*, 105 and *passim*.

6 *Ibid.*, 13.

7 Cf. Goizueta, *Liberation, Method and Dialogue*, 123-124.

목표들에 도달할 수 없게 된다. 우리의 심리적 감수성의 자동성과 복잡성은 삶의 운동에 있어서 방향성 추구의 규범적 질서가 자연스럽게 펼쳐 나오는 것을 방해하게 된다.[8]

우리는 로너간이 말하는 '지성적知性的(intellectual) 회심과 '도덕적道德的'(moral) 회심에 더불어서[9] '미학적美學的'(aesthetic) 회심에 대해 말할 수도 있을 것이다.[10] (3장에서 논의한 것처럼) 우리 감정의 지향성의

---

8 Doran, "Theological Grounds", 109-110.

9 *Method in Theology*, 238-241. 도덕적 회심은 "우리의 결정과 선택의 기준점을 만족에서 가치들로 변화시킨다." 지성적 회심은 '실재'가 감각적 인식의 대상이기보다는 참된 판단의 대상으로 보게 되는 것을 의미한다.

10 본인이 '미학적 회심'(aesthetic conversion)이라고 부르는 것은 로버트 도란이 '심리적 회심'(psychic conversion)이라고 부른 것과 본질적으로 유사하다. Robert M. Doran, "Theological Grounds for World-Cultural Humanity", in *Creativity and Method: Essays in Honor of Bernard Lonergan, S.J.*, edited by Matthew L. Lamb (Milwaukee: Marquette University Press, 1981), 104-122, 111-112; 그의 *Subject and Psyche: Ricoeur, Jung and the Search for Foundations* (Washington, D.C.: University Press of America, 1977); *Psychic Conversion and the Theological Foundations: Towards a Reorientation of the Human Sciences* (Chico, Calif.: Scholar's Press, 1982). 비록 많은 부분에 있어 도란의 주장과 유사하지만, 본인은 몇몇 측면에서 그와 다른 주장을 한다: (1) 비록 도란은 '심리적 회심'이 유비적으로 실현되는 것을 인정하지만, 그는 주로 그것을 우리의 '미학적 지향성'(美學的 志向性, aesthetic intentionality)의 '자기 전유'(self-appropriation)의 의미에서 사용한다("Theological Grounds", 110, 113). 따라서 도란에게 있어 "이러한 (로너간의) 신학적 기초들에 포함되어야 하는 한 차원으로서 심리적 회심의 양태는 '지성적 회심을 따르고', 도덕적이고 지성적인 회심의 자기 전유를 가능케 한다"(*ibid.*, 113; 강조가 추가되었음). 본인은 이와 달리 자기 전유를 통한 그것의 형성보다는 비주제적 성취(unthematic accomplishment)의 차원에서 주로 그것을 가리킨다. 따라서 (본인의 의미에서) '미학적' 회심이 필연적으로 지성적 회심을 따라야 하는 것은 아니다. 오히려 어떤 의미에서는 미학적 회심이 지성적 회심을 선행하고 가능케 한다. 그러나 본인은 회심이 "자기 비판적이고 진보하기 위해서는, 타자들에게 전달되기 위해서는, 행동에 대한 객관적인 통제의 척도를 가지기 위해서는" 지성적 형태를 달성하여야만 한다는 도란의 주장에 동의한다(*Answering for Faith*, 88). (2) 다른 한편으로 도란은 '미학적 지향성'과 "아름다움의 초월적 관념"을

대상 곧 '아름다움'이 단지 즐거운 감정의 생산이나 우리 감각들의 비례와의 '일치'로만 보아지는 것이 아니라, '형상'(form, 곧 인식될 수 있는 질서, 가치, 인식 가능성)으로 정의되고 예견될 때 미학적 회심이 일어나는 것이다. 달리 말해 미학적 회심을 경험한 주체가 인식하게 되는 '아름다움'은 우리 존재의 인격적 차원 곧 '가슴'(heart)의 가장 깊숙한 욕망과 일치하는 것이라고 조금이나마 정의될 수 있다.11

보다 구체적으로, 우리의 아름다움에 대한 관념과 개념이 기독교의 종교적 회심에 상응하기 위해서 어떠한 방식으로 전환되어야

감각적(sensitive) 의식의 차원에서 정의하지만(*ibid.*, 112), 본인은 주로 지향성의 영적 (spiritual) 차원에서 가리킨다. (하지만 이러한 차원이 심리적-물리적 토대를 전제하고 '지양'(sublate)한다는 것을 인정한다.) (3) 이러한 이유로 도란은 '정조'와 '감정'의 심리적 차원들을 상세하게 다루나, 본인은 이것들을 오직 주변적으로 다룰 뿐이다. 도란에 게 있어 '신학적 미학 이론'은 "자기 전유에 기초한 방법론적 심리학"(methodical psychology) 곧 "자기 전유를 통해 우리의 아름다움에 대한 지향성을 지성, 진리, 실재, 선에 대한 지향성들과 직접 통합하는 것"이다. 그는 또한 '심리적 회심'에서 일어날 수 있는 사회정치적 가능성들("세계적-문화적 인간성")을 직접 다룬다. 따라서 도란의 저작은 본인이 여기서 시도하는 보다 제한된 형태의 기초적인(fundamental) '신학적 미학 이론'에 대한 유용한 보완물이다.

11 (역자주) 빌라데서는 2008년 논문 "십자가의 아름다움"에서 '미학적 회심'이라는 생각을 '십자가의 아름다움'의 형상과 구체적으로 관련시킨다: "하나님의 추함(God's ugliness)은 인간의 아름다움(human beauty)보다도 더 아름답다고 추측할 수 있지 않을까? 십자가의 '아름다움'을 말하는 것은 아름다움의 '변환된'(converted) 의미를 말하는 것이다." Richard Viladesau, "The Beauty of the Cross", in Oleg V. Bychkov and James Fodor eds., *Theological Aesthetics after Von Balthasar*(Aldershot: Ashgate, 2008), 137. 여기서 빌라데서는 '십자가의 아름다움'을 일종의 '역설'(paradox)이라고 규정한다 (135). 십자가는 물리적으로 아름답지 않으면서, 동시에 영적으로 아름다울 수 있기 때문이다. 역설적인 아름다움은 오직 미학적 회심을 한 자에게만 드러나는 '변환된'(곧 회심된) 아름다움인 것이다. 또한 우리는 빌라데서가 본 저작 『신학적 미학』을 도스토옙스키의 예언으로 끝맺고 있다는 것도 이러한 미학적 회심의 맥락에서 이해해야 할 것이다: "아름다움이 세계를 구원할 것이다." 도스토옙스키의 진술을 빌라데서가 미학적 회심이라는 해석학적 잉여의 독서를 통해 "십자가의 아름다움이 세계를 구원할 것이다"는 진술로 읽어낸 것이다.

하는가?12

우리가 종교적 회심으로 소환된다는 사실은 우리가 하나님으로 부터 무엇이 궁극적으로 아름답고 욕망되어야 하는지, 무엇이 인간 으로서 우리의 궁극적 성취인지 '배워야' 한다는 것을 의미한다. 중 세의 신비주의자 노리치의 줄리안^{Dame Julian of Norwich}은 이러한 생각을 그녀의 유명한 글에서 나타내고 있는데, 거기서 그녀는 하나님이 이런 말들을 해주신다고 상상한다.

> 그건 바로 나다, 아버지의 힘과 선함.
>
> 그건 바로 나다, 어머니의 지혜.
>
> 그건 바로 나다, 성스러운 사랑의 빛과 은총.
>
> 그건 바로 나다, 삼위일체, 그건 나다, 통일성.
>
> 나는 모든 사물들 속의 주권적 선함이다.
>
> 그건 바로 나다, 너에게 사랑을 가르치는 자.
>
> 그건 바로 나다, 너에게 욕망을 가르치는 자.
>
> 바로 내가 모든 참된 욕망들의 보상이다.13

종교적 · 미학적인 회심이 시공간적이고 감각적인 존재로서 우 리의 아름다움에 대한 '자연적' 역동성을 대체하지는 않지만, 이런

---

12 본인은 '관념'(notion)을 로너간의 비주제적인 산파술적 전이해, '개념'(concept)을 주 제적 이해를 의미하는 것으로 사용한다.

13 이 텍스트는 현대의 작곡가 윌리엄 마티아스(William Mathias)에 의해 음악으로 만들 어졌다. 이것은 스티븐 달링턴(Stephen Darlington)이 지휘하고 Christ Church Cathedral Choir가 노래한 *William Mathias: Church and Choral Music* (Nimbus Records, 1990; NI 5243)에 녹음되어졌다.

역동성을 영원한 하나님이라는 새로운 지평으로 '지양止揚'(sublate)시킨다.14 아우구스티누스가 말하듯 인간의 에로스는 그 뿌리에 있어서 무한한 선인 하나님을 향한다. 오직 하나님만이 이러한 욕망과 욕구를 만족시킬 수 있다. 하지만 본인이 이제까지 논의하였던 초월적 관점에서는 신성은 본질로 아가페적이다. 인간이 그 목표인 하나님과의 일치에 이르러 거기에 참여함에 있어서 인간의 에로스의 역동성은 아가페 속으로 지양된다.15

따라서 '은총' 혹은 "하나님과 사랑에 빠짐"은 단지 신앙과 희망의 가능성에 대한 원칙만이 아니라,16 하나님을 "비이기적으로" 사

---

14 스콜라신학의 격언이 말하듯 *"gratia naturam praesupponit et perficit"*(은총은 자연을 전제하고 완성한다).

'지양'이라는 범주는 헤겔의 철학적 용어 *Aufhebung*에서 유래된 의미에서 사용되어졌다. 곧 지양은 보존하는 동시에 새로운 차원으로 고양시킨다. 이 용어는 단지 '은총'과 '자연'의 관계에 적용될 뿐 아니라, 우리가 삶과 영의 발전과 "활동적인 자기 초월성"의 과정에서 보게 되는 다양한 '올라감'의 수준들에게도 적용될 수 있다. 인식의 '저등한' 차원은 그것이 '보다 고등한' 차원 속에 잠기게 될 때에도 여전히 남게 되는 것이다. Viladesau, *The Reason for Our Hope* (New York: Paulist Press, 1984), 28-33; Lonergan, Insight, 70-89, 103-115, 451-452; Rahner, Foundations of Christian Faith, 183ff를 참고하라. 회심의 다른 차원들에 의한(도덕적 그리고 종교적 회심에 의한 지성적 회심의) '지양'이라는 관념에 대해서는 Lonergan, *Method in Theology*, 241-243을 참고하라. 이러한 경우들에 있어 '지양'은 '저등한' 차원의 시간적 우선성을 의미하지는 않는다는 것을 주목하라.

15 또 다른 관점에서 볼 때, 기독교의 계시는 이 둘 사이의 구분이 절대적이지는 않다는 것을 보여준다. 앤더스 니그렌(Anders Nygren)의 유명한 책 *Eros and Agape*, trans. by Philip S. Watson (New York: Harper & Row, 1969)을 참고하라. 우리는 (은총 받은) '에로스'를 자기추구가 아니라 사랑의 '통합적'(unitive) 요소로서, 아가페를 사랑의 '평가적'(estimative) 차원으로 다시 정의할 수 있지 않을까?

16 아퀴나스의 신앙의 정의를 상기하라: "신앙은 마음의 하비투스이다. 이것에 의해 영원한 생명이 우리 속에서 시작하고, 이것이 마음을 보이지 않는 것들에게 올라가도록 한다"(*fides est habitus mentis, qua incobatur vita aeterna in nobis, faciens intellectum assentire non apparentibus*). *ST* II, II, q. IV, a. 1. 희망의 "초자연적 지향성"에 대해서는 *ST* II, II, q. 17, a. 2.

랑하는 가능성의 원칙이 될 수 있을 것이다. 비이기적인 사랑은 단지 '우리' 존재와 행복의 완성만이 아니라 하나님 자신을 지향한다.[17] 달리 말해 완성에 도달하는 우리의 궁극적 방법은 '자기초탈적'(ecstatic)이 되고, 타자에 중심을 둠을 통해서이다.[18] 바로 여기에 "그리스도가 우리를 사랑했듯" 우리도 다른 이들을 사랑할 수 있는 가능성이 생기는 것이다(요 13:34, 15:12-13; 롬 5:6 이하; 요일 3:16).[19] 우리 속에 있는 하나님의 영에 의해서 우리는 즉각적 인간에게는 '죽음'으로 보이는 것 속에서도 아름다움을 발견하고 그것을 긍정적으로 욕망할 수 있게 되고, 자기 상실과 고난 속에서도 기뻐할 수 있는 것이다(마 5:11-12; 눅 6:23; 고후 6:8-10; 롬 5:3; 빌 2:17; 골 1:11; 벧전 1:6, 8, 4:13).

또한 리쾨르의 '즐거움'과 '행복'에 대한 진술은 '아름다움'의 생각을 변화시키는 종교적 회심과 미학적인 회심 사이의 상호작용에도 관련될 것이다. 왜냐하면 고전적으로 정의되듯 아름다움은 인지될 때 즐거움을 가져오는 것이기 때문이다.[20] 앞에서 살펴보았듯 플라톤과 그의 여러 추종자는 즐거움이 가지는 영적 위험성에 대해 경고한다. 곧 그것은 '정감적 지평'을 자신 속에 폐쇄시킬 위험을

---

17 Cf. St. Thomas: "자비는 그 사람을 위해 하나님과의 인격적 관계를 가져오고, 사랑의 감정 안에서 그의 마음을 하나님에게 묶는다"(*caritas igitur facit hominem Deo inhaerere propter seipsum, mentem hominis uniens Deo per affectum amoris*). *ST* II, II, q. 17, a. 6; cf. q. 23, a. 1-8.

18 이러한 생각이 가지는 정치적 함의에 대해서는 Goizueta, *Liberation, Method and Dialogue*, 123f and *passim*을 참고하라.

19 이것이 인간의 '이타적인' 행동이 다른 포유류들처럼 생물적이고 유전적인 기초를 가진다는 것을 부정하는 것은 아니다. 자유 속에서 이루어진 사랑은 '이웃'에게 확장되어지고, 단지 가족적 혹은 종족적 이해에 매여지지는 않는다는 것을 우리는 말하고 있는 것이다. 여기서도 '은총'이 '자연'을 전제하고 완성한다.

20 *ST*, I, q. 5, a 4, ad 1; II, II, q. 27, a 1, ad 3.

가진다. 하지만 반드시 그런 것은 아닐 것이다. 우리가 그것을 의지할 때에만 우리는 즐거움의 처분에 놓이게 되는 것이다. 플라톤 자신도 우리가 '참되고', '거짓된' 즐거움을 구분하는 척도로서 '선善'을 가져야 한다고 주장한다.[21] 이것을 간과하는 것은 즐거움 자체를 악으로 만들고,[22] 나아가 스토아학파처럼 모든 감정을 억제하려는 철학자들의 오류를 범하게 되는 것이다.[23]

또한 변증법적 의미에서 볼 때 즐거움도 진정한 행복으로 나아갈 수 있다. 행복은 즐거움의 단순한 부정이 아니라, 그것의 "회복이고 재긍정"이며[24] 혹은 본인의 용어로는 '지양'이다. 리쾨르는 이러한 변증법이 "즐거움 자체에 내재한다"고 보는데, 이미 즐거움의 자연적 위계질서가 존재하기 때문이다: 감각적 아름다움의 향유, 유희, 배움과 행동의 즐거움, 우정 속에서의 타자에 대한 개방성이 그 순서이다.[25] 따라서 '세상적' 차원에서조차도 우리는 보다 고차원적인 향유를 위해서는 어떤 특정한 만족을 연기할 수 있는 것이다. "즐거움의 유보(suspension of pleasure)는 인간 행동의 역동성과 위계질서를 다시 회복하는 것을 목표로 하고, 나아가 궁극적으로는 '최고의 즐거움'(the supremely pleasant)을 발견하는 것을 목표로 하는

---

21 Pannenberg, *Anthropology in Theological Perspective*, 250.

22 Ricoeur, *Fallible Man*, 94-95.

23 스토아학파는 플라톤의 사상을 극단화시켜서 인간의 삶이 가지는 정조적 차원을 부정한다. 왜냐하면 그것이 영혼의 하모니를 흩어놓고 우주와의 통합을 방해한다고 보았기 때문이다. 플라톤주의 영향에도 불구하고, 기독교 전통은 아파테이아(ἀπάθεια)의 사상을 인간 존재에서는 불가능한 것으로 전반적으로 거부하였다. Pannenberg, *Anthropology in Theological Perspective*, 251-252.

24 *Ibid.*

25 Ricoeur, *ibid.*, 95-96. 이것 중 마지막 타인과의 사랑의 만남이 "감각적 욕망의 유한하고 순환적인 패턴을 깨뜨린다"(111).

것이다." 영적인 존재에 있어서 그런 최고의 즐거움은 궁극적으로 '선' 혹은 '가치'와 동일하다.26

칸트주의적 의미에서의 '이성'(곧 총체성의 요구로서 이성)은 행복을 단순한 즐거움으로부터 구분할 것을 요구한다.27 총체성을 요하는 것은 "실존적 관점의 개인성에 반대되는 것"으로,28 그것은 이기주의가 가지는 '선입견'을 초월한다.29 하지만 이성의 요구가 감정에 의해 '풍요롭게' 만들어질 때 그것은 행동을 위한 동기를 부여받을 수 있고, (총체성의 관계를 포함한) 행복의 목표가 "가장 뛰어난 형태의 즐거움"30 곧 가장 아름다운 것이라는 것을 보게 된다. "하나님과 사랑에 빠짐"은 아름다운 종말론적 '부활'을 예견하게 되는데, 그것은 모든 피조물의 총체적 선을 포함하는 하나님 안에서의 우리 삶의 궁극적 형태이다. 바로 그것이 하나님의 '왕국'의 궁극적인 '샬롬shalom'인 것이다.31 믿음과 소망의 삶을 통한 이러한 목표의 현재

---

26 *Ibid.*, 97. 여기서 리쾨르는 다음과 같이 말한다: "그리스의 '덕'(virtue)에 대한 이론은 즐거움의 '유보'를 통해서 즐거운 것에 대한 원초적인 공감의 넓이를 회복하려는 것 이외에 다른 의도를 가지지 않는다. … 절제는 즐거움의 '실천적인' 에포케(ἐποχή: 괄호에 두기)이다. 선호(選好)의 역동성이 (현재의 만족이 주는 유혹에 의해 방해될 때) 이것 덕분에 다시 운동하게 되는 것이다."

27 *Ibid.*, 102.

28 *Ibid.*, 99.

29 Lonergan, *Insight*, 191-203, 218-242, 218-222.

30 Ricoeur, *Fallible Man*, 99.

31 볼터슈토르프는 피조물에 주어진 '문화적 명령'으로서 예술(그리고 과학과 기술)에 대한 칼뱅주의적 정당화를 넘어서서 하나님의 종말론적 '샬롬'의 현재적 경험을 미학적 향유에 대한 신학적 정당화로 강조한다.

"인류의 목표는 하나님의 샬롬 혹은 평화, 곧 인간이 하나님, 자기 자신, 동료 인간들, 자연과의 모든 관계에 있어서 평화롭게 거주하는 것이다. … 샬롬 속에 거주한다는 것은 하나님 앞에, 자연 속에, 동료 인간들과 함께, 자신으로서 살아감을 향유한다. … 미학적 환희(aesthetic delight)는 하나님이

적 예견은 우리로 하여금 그것의 지고한 아름다움에 의해 움직여지
도록 만들고,[32] 리쾨르가 지적하듯 우리에게 지복의 '정조적 형상'
을 부여한다. 이것은 다시 우리로 하여금 단지 미래로서만이 아니
라 이미 현재로 영의 기쁨 속에서 예견되는 행복을 위해서[33] 지금의
'저등한' 만족을 경험하도록 허락한다(롬 5:2, 11, 14:17; 갈 5:22; 빌 3:1,
4:4-8, 살전 1:6, 5:15-19).[34]

인간의 목표로서 예정하신 평화, 이 부서지고 타락한 우리의 세계 속에서도
이미 경험되어지는 하나님의 샬롬의 구성 요소다."
Nicholas Wolterstor, *Art in Action*, 79, 189, 177.

32 신앙이 받아들일 수 있는 아름다움은 오직 기원론적(protological) 혹은 종말론적
(eschatological) 아름다움이라는 발타자의 게르하르트 네벨(Gerhard Nebel)에 대한
진술을 참고하라. Balthasar, *The Glory of the Lord*, vol. 1, 64.

33 Wolterstor, *Art in Action*, 174. 기독교인은 미학적 향유와 도덕성 사이에 충돌이 생길
때 전자를 기꺼이 희생할 것이라는데 볼터슈토르프는 동의한다. 하지만 그는 이러한
포기의 이유가 미학적 즐거움은 순간적인 반면, 도덕적 행동은 습관적인 특성을 지니
는 데 있다고 주장한다. 이것이 일반적으로 사실임에도 불구하고 그는 리쾨르가 지적
한 보다 근본적인 동기를 놓치고 있는 것 같다. 도덕과 종교에서 독립적인 미학이라는
볼터슈토르프의 관점(*ibid*., 172)과 아름다움은 진리나 선함이 아니라는 그의 주장
(*ibid*., 173)은 브라운이 '순수주의적' 미학 관념이라고 부르는 것(Frank Burch Brown,
Religious Aesthetics, 5-6 그리고 *passim*), 아름다움에 대한 존재론적 관점(특히 1장에
서의 발타자의 진술을 고려하라)의 결여에서 기인하는 것 같다. 이러한 이유로 볼터슈
토르프는 종교 내 미학의 타당성을 긍정하면서도 미학적, 도덕적, 종교적 회심 사이의
보다 근본적인 관계를 놓치고 있는 것 같다. 또한 이러한 이유로 그는 종교적 삶에 있어
서의 예술의 유용성을 강하게 긍정하면서도 미학적 영역과 초자연적 계시 사이를 날
카롭게 구분할 것을 주장한다. "예술은 인간 존재의 이유를 우리에게 제공할 수는 없
다. 예수 그리스도의 복음이 그렇게 하는 것이다. 예술은 하나님께 올라가는 길이 아니
라, 대신 하나님께 봉사하도록 의도된 것이다"(*ibid*., 196). 동시에 그는 하나님의 사역
이 교회에 제한되지는 않는다는 것도 인정한다(*ibid*., 197). 그렇다면 본인이 제안한 것
처럼 미학을 한 본질적인 요소로 포함하는 '범주적' 계시에 대한 보다 포괄적인 관점이
가능하지 않을까?

34 하지만 야고보서는 즐거움이 기만적일 수 있음에 대해 경고한다(4:9). 이것은 앞에서
말한 '즐거움'과 '쾌락'의 본질적 연관 때문이다. Pannenberg, *Anthropology in
Theological Perspective*, 256.
바르트가 말하듯 하나님 안에서의 기쁨은 "인간의 필요나 조건을 그럴듯하게 꾸미는

이와 마찬가지로 '종교적 회심' 혹은 하나님의 영 안에서의 삶은 우리로 하여금 동료 피조물들의 넘치는 아름다움을 사랑할 수 있게 만든다.[35] 이것이 피조물들의 '자연적' 에로스에 대한 호소인 것이다. 우리는 그것들을 사랑하도록 '절대적으로' 소명받는데, 이런 사랑은 피조물인 인간 자체로는 불가능한 것이다.[36] 하나님이 우리 속에 그리고 (최소한 잠재적으로) 만물에 있음으로 인해 우리는 타자들을 그것들의 한계, 필요, 나아가 죄악됨 속에서조차도 사랑할 수 있게 되는 것이다. 하나님의 사랑은 전적으로 아가페적이고 전적으로 창조적이다. 그것은 사랑의 대상에게 존재와 사랑 가능성을 동시에 부여한다. 이러한 사실 또한 '은혜'에 있어서도 마찬가지이다. 바울이 말하듯 하나님의 사랑의 위대성은 우리가 아직 죄인일 때조차도 하나님은 우리를 사랑하신다는 사실에서 드러난다(롬 5:8; 요일 4:10). '은혜'의 선물은 이와 유비적인 방식으로 우리도 또한 사랑할 수 있게 만든다. 우리는 아직 사랑의 대상 속에 있는 선에 의해 동기를 부여받지만,[37] 그러한 선은 유한한 욕망의 지평을 초월하는 것이

것과는 아무런 관계도 없다. 후자는 하나님이 기쁨의 대상이 되어야 한다는 사실을 변경할 수 없다. 오히려 그것은 이 사실에 의해 반박되어지고 극복되어지는 것이다. '주께서 나의 슬픔을 변하여 춤이 되게 하시며 나의 베옷을 벗기고 기쁨으로 띠 띠우셨나이다'(시편 30:11)." *Church Dogmatics*, 654. 4장의 주 207.

35 Tallon, "The Concept of Heart", 355.

36 반대로 이러한 사랑을 하는 것은 우리 속에 있는 하나님의 현존의 표식 혹은 '증거'다. Viladesau, *The Reason for Our Hope*, 201.; Rahner, *Do You Believe in God?*, trans. by Richard Strachan (New York: Newman Press, 1969), 112-113; *s.v.* "Jesus Christ" in *CSM*, 753-754.

37 유한한 '아가페' 속의 '에로스'의 현존에 대해서는 Viladesau, *The Reason for Our Hope*, 153. 또한 *ST* II, I, q. 5, a. 8; Blaise Pascal, *Pensées*, no. 169, 425 (Paris: Éditions Garnier Frères, 1964), 119, 176.

다. 은혜 속의 사랑을 가능하게 만드는 '아름다움'은 원[原]논리적이고 종말론적이다.[38] 이러한 한에 있어 우리는 타자들을 단지 우리 자신의 능력이나 타자들의 현재 조건에서 보지 않을 수 있게 된다. 하나님 안에 있는 모든 것의 총체성에 대한 우리의 은혜 받은 예견 곧 존재의 '선이해[先理解]'와도 유사한 예견 때문에[39] 우리 자신들과 모든 만물이 하나님의 빛을 드러낼 수 있는 것이다: 첫째로 하나님은 창조자, 존재의 자유로운 수여자, 자기 초월성의 역동 구조와 사물들의 서로에 대한 그리고 모두에 대한 관계적 질서의 수여자이다. 둘째로 하나님은 모두가 모두와 누리게 될 종말론적 교제의 '충만함'(pleroma) 혹은 '장소'(locus)다.

따라서 비록 타자가 아름답지 않다고 하더라도 신앙의 눈은 필요에 처해 있는 타자를 향한 넉넉한 자기 수여의 사랑이 곧 하나님의 예술적 '신극[神劇]'(theo-drama)에 있어서 도덕적이고 영적으로 아름다운 행동이라고 본다. 그것은 하나님의 '왕국'의 종말론적 아름다움을 미리 예견하는 행동이다. 이와 동일한 것이 자기 훈련에도 말해질 수 있다. 이런 의미에서 우리는 십자가의 '아름다움'을 말할 수 있는 것이다.

아가페적 사랑은 단지 아름다움을 발견하는데 머무는 것이 아니라 그것을 창조한다. 이것은 하나님의 경우 총체적, 절대적으로 이루어지고, 우리의 경우 종속으로, 상대적으로 이루어진다. 필요에 처해 있고 죄악에 빠진 타자를 사랑할 수 있는 우리의 능력은 그런

---

38 Balthasar, *The Glory of the Lord*, vol. 1, 64.
39 실존적 차원에 있어서, 존재의 '선이해'(*Vorgriff* of being)는 은혜 받은 영을 특징짓는 '초자연적 지향성'(supernatural intentionality)으로부터 적절하게 구분될 수는 없다.

타자가 자신 속에 폐쇄된 것이 아니라 총체성과의 합일에 본질로 '개방'되어 있는 한에 있어서 타자의 존재가 가지는 본질적 가치에 기초한다. 하나님의 아가페적 사랑의 빛 아래서는 타자의 '필요'조차도 단지 부족이 아니라 개방성 혹은 완성의 가능성으로 보게 되고, '죄악됨'조차도 단지 부정성이 아니라 그 자신의 회심으로의 초대로 보게 된다.[40] 악을 선으로 대하는 넉넉한 긍정으로서 사랑의 행동 자체는 죄의 자기 고립적인 특질을 극복할 수 있는 새로운 가능성을 창조하고, 자기초월적인 응답으로 구체적으로 초대한다.[41] 따라서 십자가의 성 요한(St. John of the Cross)은 이렇게 권고한다: "사랑이 없는 곳에는 사랑을 두어라. 그러면 너는 사랑을 얻을 것이다"(adonde no hay amor, ponga amor, y sacaras amor). 이와 동일한 것이 아름다움에 대해서도 말할 수 있다.

이제까지 '회심' 곧 하나님의 자기 선물로 주어진 것에 대한 인간의 범주적 전유와 성취를 말함에 있어[42] 본인은 그것을 이상적이고 완전한 성취의 측면에서 바라보았다. 하지만 사실 회심은 일생의

---

40 Viladesau, *The Reason for Our Hope*, 194; cf. Lonergan, *De Verbo Incarnato* (*ad usum auditorum*, Roma: Pontificia Universitas Gregoriana, 1961), 506.

41 악의 문제에 대한 '해답'으로서 '초자연적' 사랑에 대해서는 Lonergan, *Insight*, 694-696, 698-700, 724를 참고하라.

42 이러한 설명은 단지 '은혜'와 직접 관련되는 '종교적' 회심에만 적용되는 것이 아니라 지성적, 도덕적, 미학적 회심에도 적용된다. 이론적으로 이것들은 서로에게서 독립적이고 은혜와도 다르다. 하지만 실존적으로 각각의 회심은 다른 회심을 요구하게 된다. 보통 우리의 자기 초월성을 성취하는 과정은 하나님의 '은혜'의 한 기능이다. 예를 들어 로너간은 몇몇 예외적인 경우 지성적 회심의 측면이 종교적 회심을 선행할 수도 있음을 인정한다(*Method in Theology*, 339). 하지만 은혜와 분리된 '피조물'의 이러한 차원에 있어서도 우리는 하나님의 '타자'에 대한 하나님의 자기 선물을 말할 수 있다. 왜냐하면 은혜의 차원과는 다른 차원에서지만, 존재 자체가 이미 하나님의 존재에 유한하게 참여하기 때문이다.

과정으로서 단계를 가지고, 진보와 퇴행이 있으며, 인간 조건을 특징짓는 내외적인 다원성이 여러 가지로 조합되거나 분리되기도 한다. 로너간은 다음과 같은 사실을 우리에게 상기시킨다.

> 사랑은 자기 초월성의 최고이고, 인간의 자기 초월성은 항상 불확실하다. 자기 초월성 그 자체는 초월하는 자아와 초월되는 자아 사이의 긴장을 가진다. 따라서 인간의 본질성은 결코 어떤 순수하고 고요하고 안전한 소유물이 될 수는 없다. 그것은 비본질성으로부터 끊임없는 철회이며, 모든 성공적인 철회는 또 다른 철회의 필요성을 드러내게 된다.[43]

로너간의 분석에 따르면 회심은 일반적으로 하나님의 자기 선물 (곧 자기 계시)에서 시작된다. 여기에 그것의 '아름다움'에 대한 인식이 따라 일어난다. "첫째로 하나님 사랑의 선물이 있는 것이고, 두 번째로 사랑의 눈이 그 광채의 가치를 드러내게 된다."[44] 이것이 종교적일 뿐 아니라 '미학적'인 회심의 시작이다. 이러한 정조적 인식과 그것이 불러일으키는 욕망을 도덕적 그리고 지성적 회심이 뒤따르게 된다. 그러나 바울이 말하듯 이러한 통합을 이루기는 쉽지 않다. '마음'에 대한 '육신'의 저항은 마치 자신 속의 전쟁과도 같이 느껴진다(롬 7:14-25).

마지막으로 앞에서 우리가 보았듯 하나님의 사랑의 선물은 우리의 자유에 새로운 방향을 제공할 뿐 아니라 또한 영적인 존재의 정

---

43 Lonergan, *Method in Theology*, 110. Cf. 252, 284.

44 *Ibid.*, 243. 로너간은 직접 회심의 '미학적' 차원을 다루지는 않지만, 그의 해석자들에 대한 대답에서 암시적으로 이러한 차원을 드러내고 있다.

조적인 '미학적 역류'(aesthetic undertow)를 치유한다.[45] 이러한 과정
이 미학적 회심의 연장을 구성한다. 곧 인간 주체의 드라마틱한 감
정, '취향', 습성, 욕망을 영의 하나님과 타자를 향한 지향성과 통합
시키는 것이다. '자비' 혹은 "하나님과 사랑에 빠짐"은 모든 생명과
의 통합을 위한 원칙을 제공한다. 그럼에도 불구하고 심리물리적
차원에 있어서는 어떤 다원성('욕정')이 항상 잔재할 것이다. 첫째로
유한한 가치들의 본질적인 불완전성, 양면성, 상호보완성 때문에
선에 이르는 서로 다른 보완적 '방식들'이 존재할 것이다. 둘째로
그것은 회심 그 자체가 전적으로 완전하지는 않기 때문이다. 하나
님의 선물은 인간에 의해 전유되어야 하기에 우리는 영을 우리의
순간적 즐거움의 도구로 환원시키기보다는 '영적인 것들'을 즐거워
하는 법을 '배워야' 한다. 이러한 과정에 금욕주의와 예술 둘 다의
필요성이 있는 것이다.[46]

2. 아름다움과 선: 가치의 중재자로서 예술

우리는 이 책을 마무리하는 데 있어서 종교에 있어서 예술의 위
치, 특히 그것의 도덕적 선과의 관계에 대해서 간략하게 살펴보아
야 할 것이다.

우리는 예술에 대한 두 가지 기본적인 신학적 반대를 직면하였
다. 첫째로 '우상숭배의 문제'를 들 수 있다. 하나님에 대한 상상적

---

45 Doran, "Theological Grounds", 110.
46 그러나 '미학적 회심'이 그 자체로 예술적 감각의 고차원적인 발전을 보증하지는 않는
   다는 것을 상기하여야 한다.

표상은 살아계신 하나님과 만남에 방해가 될 수도 있다. 인간의 감정과 욕망에 상응하는 특질들을 하나님께 투사하는 것은 하나님의 말씀이 주는 도전을 대체할 수도 있는 것이다. 곧 인간의 상상력이 하나님의 자기 계시를 대체하는 위험성이다.

둘째로 정신을 '산만케 함'의 문제가 있다. 예술은 일종의 '부(富)'로서 다른 모든 부와 마찬가지로 영에 위험할 수 있다. 그것은 보다 미묘한 형태의 우상숭배가 될 수 있는 것이다. 비록 예술의 '고차원적' 측면에 있어서도 즐거움의 추구는 이웃 특히 가난하고 고통당하는 이웃에 대한 사랑에서 벗어나게 할 수 있다. 예술은 진정한 주관적(personal) '선'을 표상하기 때문에, 그것은 우리로 하여금 보다 높은 간(間)주관적(interpersonal) 선을 추구하는 것을 막을 수도 있다. 그것은 영광에 이르는 '지름길'을 제공함으로써 십자가의 실재를 회피하는 그럴듯한 합리화를 제공할 수도 있다. 예술이 '말씀'에 봉사하게 되는 때조차도 긴장은 잔존한다. 예술은 종교적 메시지와 경쟁하며 자기 자신의 척도와 목적을 가지려는 경향성을 보여준다.

이러한 반대들에 대해 우리는 '우상숭배'의 위험성이 다른 형태들의 표상에서와 마찬가지로 (성서의 그것들을 포함해서) 말씀과 개념에도 또한 적용될 수 있다는 것을 지적하였다. 인간의 감정과 욕망은 하나님의 계시로부터의 도피라기보다는 그것의 표현일 수도 있다. 그리고 계시는 항상 인간이라는 매개체를 통해서 발생한다. 반대로 계시에 대한 순전히 개념적이거나 언어적인 표현도 또한 살아계신 하나님을 만나는 것으로부터 벗어나게 할 수 있다. 그리고 자기 의식적인 상징이 개념보다는 하나님의 무한한 신비에 대한 더 적절한 표현일 수 있고, 실제로 하나님의 자기 선물을 인간이 전유하는 데 있어 필수적이다.[47] 예술이 종교적 메시지의 선전과는 다른 목적을 추구할 수 있는 것은 사실이다. 하지만 그러한 목적이 아름다움이라고 한다면, 그것은 비록 다른 종류이지만 그럼에도 하나님의 계시인 것이다.

예술은 다른 모든 인간의 생산물과 마찬가지로 '십자가'로부터의 도피책을 제공할 수도 있다. 하지만 그것은 또한 십자가의 의미를 전달하는 도구가 될 수도 있는 것이다. '십자가' 자체는 매우 함축적인 하나의 상징적 이미지이다. 사실 우리가 궁극적인 하나님을 비인격적이고 표상 불가능한 공空으로 간주하는 전적인 부정신학으로 도피하지 않는다고 한다면, 철학이나 신학은 메타포를 사용하지 않을 수는 없다. 그리고 메타포는 예술 없이는 전달되거나 통제되기가 힘들다.[48] 지성적이고 금욕적 차원에 있어서 우상숭배의 해결책은 인간 존재의 어떤 본질적인 차원을 포기하는 데 있다기보다는 지성적, 도덕적, 미학적, 종교적 회심에서 발견될 수 있을 것이다.

나아가 우리는 앞에서 개념적인 것에 대한 시적이고 상징적인 것의 영구한 우선성이 존재한다는 것을 살펴보았다. 이것은 특히 종교의 영역에 적용될 수 있다. 만약 우리가 인간의 역사 속에서

---

47 이렇게 말하는 것이 결코 언어와 추상적 개념의 중요성을 평가절하시키고자 하는 것은 아니다. 아이리스 머독이 말하듯 초언어적 통찰들이 존재하고 궁극적인 것은 언어로 표현하기 불가능하다는 사실이 '저등한' 차원에서 사려 깊은 언어화 작업을 하는 것에 대한 반박이 될 수는 없는 것이다. "조심스럽고 책임감 있게 말을 사용하는 기술은 우리의 사유의 가장 고차원적인 도구이고 우리의 존재의 가장 고차원적인 양태 중 하나이다." Murdoch, *The Fire and the Sun*, 87-88.

48 *Ibid.*, 87-88. 머독은 다음과 같은 비판적 진술을 한다. "서양의 종교와 형이상학이 예술의 수용을 회피하게 되면서, 우리는 마음을 만족시킬 수 있는 이미지의 부재 때문에 신비주의자가 되도록 강요당하고 있는 것 같다."

하나님의 자기 계시를 만나고 전달하고자 한다면, 그것은 우선 '미학적'(표상적, 상상적, 예술적) 차원에서 이루어질 것이다. 우리는 종교적으로 하나님과 그의 우리와의 관계를 형이상학의 유비들(analogies of metaphysics)이 아니라 예술의 유비들(analogies of art)을 통해서 말한다.[49] 이것을 로너간은 다음처럼 잘 요약한다.

> 비록 (구원의 문제에 대한) 보다 고차원적인 통합이라는 해결책이 원칙적으로는 믿음, 소망, 사랑과 결합된 인간의 지성과 의지 속에서 충족되겠지만, 그것은 또한 감각의 차원을 침투하여야 하고 발전시켜야만 한다. 왜냐하면 인간의 의식은 경험의 드라마틱하고 실제인 패턴들이 혼합되는 것을 통해서 흘러나오기 때문이다. 이러한 해결책이 우주의 실제 질서를 조화롭게 구성하기 때문에, 그것은 오직 인간의 감각성과 간주관성을 포착할 때에만 성공적일 수 있다. 나아가 앞에서 말해진 것처럼, 모든 인간 지성의 사용은 감각적이고 상상적인 표상들의 적절한 흐름을 전제한다. 지성과 합리성과 의지가 행동에 일치하는 말에서 드러나는 한에 있어, 그것들이 행동을 성공적으로 인도하고 추진하기 위해서는 정조적 이미지를 필요로 한다. … 따라서 이러한 해결책의 온전한 실현은 인간의 감각적 본성에서 요구되는 감각적 데이터를 포함하여야만 한다. 감각적 데이터는 인간의 주의를 돌리게 하고, 상상력을 성장시키며, 지성과 의지를 자극하고, 정조를 이끌어 내며, 공격성을 통제하고, 감각적 세계의 중심적 특성으로서 인간의 궁극적 목표와 하나님에 대한 갈망을 암시적으로 드러낸다.[50]

---

49 Viladesau, *The Reason for Our Hope*, 196. 또한 Brown, *Religious Aesthetics*, 193.
50 Lonergan, *Insight*, 723-724.

따라서 미학적 차원은 인간의 곤경에 대한 종교적 '해결책'을 구체적으로 제시함에 있어서, 그러한 '해결책'은 이 세계의 거부나 파괴가 아니라 그것의 변혁에 있다는 인식에 도달함에 있어서 중요한 역할을 할 수 있고 하여야만 한다.[51]

'미학'의 보다 광범위한 영역에 있어 예술은 구원사에 특히 중요한 역할을 지닌다. 무질서로부터 질서를 창조함으로 예술은 구원의 과정에 대한 한 상징이 될 수 있고,[52] 동시에 그것의 실현에 있어 한 요소가 될 수 있다. 예술은 하나님의 영광과 그것의 궁극적 승리의 예견에 대한 우리의 현재적 참여이다. 볼터슈토르프가 말하듯 "예술은 우리 존재의 타락성을 극복하려는 몸부림의 한 도구로 사용될 수 있고, 그러한 가운데 그것이 주는 즐거움을 통해 우리를 기다리는 샬롬을 예견한다."[53] 이러한 의미에서 셰리가 지적하듯 아름다움의 파괴 혹은 추함의 창조는 성령을 거슬리는 죄다.[54]

---

51 이러한 사상은 네덜란드의 신칼뱅주의 신학자들에게서 두드러지게 발견된다. 지상적인 아름다움(earthly beauty)이란 "이 세계가 파괴를 위해 만들어진 것이 아니라, 영광을 위해서 그리고 모든 가슴 속에 있는 노스텔지어의 갈망을 위해서 만들어진 것이라는 사실에 대한 예언이며 맹세다"라고 헤르만 바빙크(Herman Bavinck)는 쓰고 있다. Herman Bavinck, "Van Schoonheid en Schoonheidsleer", in *Verzamelde Opstellen* (Kampen: Kok, 1921), 280; 이것이 다시 Begbie, *Voicing Creation's Praise*, 99에 인용되고 있다. 그보다 앞서 카이퍼(Kuyper)가 예술은 우리의 타락 이전의 상태를 회상시키고, 새로운 창조를 예견한다고 가르쳤다. *Ibid.*, 98.

52 Jeremy S. Begbie, *Voicing Creation's Praise: Towards a Theology of the Arts* (Edinburgh: T & T Clark, 1991), 212, 215.

53 Nicholas Wolterstor, *Art in Action*, 84; cf. Brown, *Religious Aesthetics*, 104.

54 Patrick Sherry, *Spirit and Beauty: An Introduction to Theological Aesthetics* (Oxford: Clarendon Press, 1992), 181(패트릭 셰리, 『성령과 아름다움』, 305). 본인은 추함의 '예술적' 창조는 어떤 경우에 있어서는 도덕적 메시지의 전달 도구가 될 수도 있다고 셰리의 진술을 수정하고 싶다.
아름다움과 성령의 관계에 대한 셰리의 저작은 우리가 여기서 다룬 기초신학적 관점 우리가 앞에서 보았듯 현대 신경과학의 발견들은 가장 추상적인 영역들에 있어서조차도 정조가 사유에 있어 중요하다는 사실을 뒷받침해준다. 감정은 모든 사유에 미묘하게 무의식적으로 침투하며 그것에 수반된다. 따라서 아름다움의 인지는 선을 행함에 있어서도 또한 결정적인 역할을 한다. 추상적일 때조차도 사유의 '아름다움'을 느끼는 것이 매우 중요하다. 그러한 느낌은 우리로 하여금 더욱 적합하게 사유하도록 한다. 긍정적인 감정의 수반은 인식 과정을 더 효율적으로 만든다. 이미지들이 더 빨리 생산되고, 연상들이 더 풍부해지며, 추론들이 더 쉬워진다.[55] 물론 긍정적 감정을 생산해 내는 아름다움은 많은 다른 차원을 가진다. 사유의 아름다움을 성취하는 것은 훈련과 학습을 요구할 수도 있다. 예를 들어 수학이나 과학에서 우리는 방정식이나 이론의 '아름다움'을 인식하기 위해서는 거기서 사용되는 '언어'를 먼저 배워야 한다.

삶의 다른 영역들에 있어 아름다움은 학습을 돕기 위해 예술을 통해 의도적으로 도입될 수도 있다. 우리가 앞에서 살펴본 위험성에도 불구하고 회심에 대한 우리의 논의를 고려할 때 예술은 특히 그것이 아름다움을 추구하고 중재할 때 선을 위한 중요한 위치를 차지한다. 미학적 회심이 예술에서 성취될 때 그것은 도덕적 회심에 연관된다. 도덕성과 마찬가지로 예술도 또한 단지 즉각성의 영

들의 논리적, 조직적 확장으로 보아질 수도 있다. 폴 틸리히도 또한 예술을 성령의 빛 아래서 본다. 그는 자신의 『조직신학』(Systematic Theology)에서 교회의 기능을 토의하는 4부의 '생명과 성령'(Life and the Spirit)에서 미학을 다룬다. 하지만 틸리히의 삼위일체 신학에 대한 '경세적' 접근법은 삼위일체에 대한 보다 이전의 '교리적인' 접근을 하는 셰리보다는(비록 셰리도 '영감'을 고려하며 '밑에서' 시작하고자 시도하지만), 본인이 여기서 채택한 라너의 계시 신학에 더 가깝다.

55 Damasio, *Descartes' Error*, 163-164.

역을 초월할 수 있는 것이다. 예술에 대한 자신의 단편적인 진술에서 비트겐슈타인은 이렇게 지적한다.

예술 작품은 '영원성의 관점에서'(sub specie aeternitatis) 본 대상이고, 선한 삶은 '영원성의 관점에서' 본 세계다. 이것이 바로 예술과 윤리의 연관성이다. 보통의 일상적 관점은 사물들의 한가운데서 사물들을 보지만, '영원성의 관점'은 사물들을 그것들의 밖에서 본다. 영원성의 관점에서 보아질 때, 사물들은 세계 전체를 배경으로 가지게 된다.[56]

곧 예술은 자아의 좁은 관심들로부터 벗어나도록 우리를 초대하는 '총체적' 지평의 관점에서 사물들이나 사건들을 볼 수 있게 돕는다. 아이리스 머독도 플라톤의 반대에 이와 유사하게 대답한다.

아름다움의 경험은 초월성에 대한 우리의 최초의 그리고 아마 가장 지속적인 이미지(경험)를 제공한다. … 하나의 진술이라기보다는 상징적 힘으로 보아진 좋은 예술은 순수한 초월적 가치의 활동적 이미지와 지속하여 볼 수 있는 보다 고차원적인 선을 제공할 수 있다. 또한 기도나 성례가 없는 우리의 비종교적 시대에 있어 예술은 아마 많은 이에게 그러한 가치나 선에 대해서 구분되고, 값지며, 유용하고, 조용히 움켜쥘 수 있으며, 소유적이지 않게 바라볼 수 있는 가장 분명한 '경험'일 것이다.[57]

---

56 Ray Monk, *Ludwig Wittgenstein* (Vintage, 1991), 143; 이것이 다시 Harries, *Art and the Beauty of God*, 110-111에 인용된다.

57 Murdoch, *The Fire and the Sun*, 36, 76.

머독은 예술이 도덕적인 교육의 가능성을 가진다고 강력하게 주장한다. 플라톤은 예술의 위험성은 보았지만, 그것의 "진리를 전달하는 독특한 능력"은 주목하지 못했다.[58] "예술은 그 라이벌인 철학, 신학, 과학보다도 훨씬 더 교육적이다"고 그녀는 선언한다.[59] 주의를 산만하게 흩어놓는다는 예술에 대한 플라톤의 염려에도 불구하고, 예술은 사실 영혼을 위한 '치유책'이다. 그것은 철학의 변증법과 마찬가지로 "가상계에서 실재로의 순례"다.[60]

> 예술은 실재와의 관계에 대한 지성의 식별력 훈련이다. … 예술에 있어서 형상은 철학에서 형상과 마찬가지로 의사소통하고 드러내기 위해 의도된다. 좋은 예술이 주는 즐거운 충격 속에서 우리는 실재의 계시, 실제로 실재하는 것, 곧 '온토스 온$^{ὄντως~ὄν}$'[61]을 만나게 된다. 우리는 이전에는 결코 볼 수 없었던 방식으로 세계를 분명하게 보게 된다.[62]

머독은 예술이 잘못 빗나갈 수 있다는 것을 인정한다. "마술(magic)은 사적인 에고의 소비를 위해서 실재(the real)에 대한 환상적인 치료의 비생산적 형식이다. 그것은 철학의 독인 것처럼 예술의

---

58 *Ibid.*, 85.

59 *Ibid.*, 86.

60 *Ibid.*, 80.

61 (역자주): '온토스 온'(ὄντως ὄν)은 '존재의 존재'(being of being, being *qua* being)를 뜻하며, 제1철학 곧 존재론(ontology)의 분석대상이다. 여기서 앞부분의 '온토스'(ὄντω- ς)는 동사 '존재하다'(εἰμί)의 진행형 현재 분사(present participle)인 '존재함'(be-ing)을 나타낸다. 뒤의 '온'(ὄν)은 '존재'(being)라는 명사이다. 따라서 보다 문자적 번역은 '존재하는 존재'(be-ing being)가 될 것이다. '플라톤의 존재의 존재'(ὄντως ὄν)와 '형상'(ε- ἴδωλον, 에이도론) 사이의 관계에 대한 논의는 Plato, *Sophist* 240a-c.

62 *Ibid.*, 78.

독이기도 하다." 이 문제의 해결책은 본인이 회심"이라고 부른 것에
있을 수 있다. "예술의 처방책은 철학적 변증법의 그것과 동일하다.
개인적 공상과 이기적 염려와 자기 만족적 몽상을 극복하는 것이
그것이다. … 예술 속에서 거짓된 것을 찾아내고 참된 것을 향유하
는 법을 배우는 것은 일생 동안 이루어져야 하는 도덕적 분별력의
교육이다."63 '미학적 회심'이라는 관념은 우리가 예술에 대해 단지
기교, 상상력, 형식적 뛰어남 등의 척도를 가지고 판단할 수 있을
뿐 아니라, 그것이 진리와 선의 계시에 가지는 관계에 기초해서 판
단할 수도 있다는 것을 함의한다. 여기에 폴 틸리히의 '본질적
인'(authentic) 예술과 '비본질적'(inauthentic) 예술의 구분이 유용할
것이다. 인식의 영역에 있어 '진리와 비진리'에 상응하는 것이 예술
적 표현의 '본질성과 비본질성'이다. 예술은 두 가지 방식으로 비본
질적으로 될 수 있다. "예술이 실재의 깊이 대신에 그 표면을 모방
하거나 혹은 예술가의 실재와의 만남을 표현하는 대신 예술가 자신
의 주관성을 표현할 때 비본질적으로 된다." 반면에 "예술 작품이
마음과 세계와의 만남을 표현하고 그러한 만남 속에서 그것이 없었
으면 숨겨져 있었을 우주의 한 측면(함의적으로 우주 자체)이 그것이
없었으면 숨겨져 있었을 마음의 수용력(함의적으로 마음 자체)과 결합
될 때, 그 예술 작품은 본질적이다."64

그렇다면 위험성에도 불구하고 예술은 도덕적 교육의 과정에 있
어 중요한 부분을 차지할 수 있다. 머독은 "덕에 대한 근본적인 학
교"는 "인격적 관계들의 실천"이라고 말한다. "사람과 관계하는 데서

---

63 *Ibid.*, 79, 83.

64 Tillich, *Systematic Theology*, vol III, 64.

드러나는 영적인 계시들은 비록 보다 명확하지는 않다고 하더라도 분명히 예술을 통해 드러나는 그것보다 더 중요할 것이다."[65] 하지만 직접 인격적 관계에 참여하지 않음으로 해서 예술은 선"에 대한 다른 배움의 형태들에 어떤 이점을 가질 수도 있다. 머독의 관점에서 볼 때, 예술은 선한 사람의 예보다 더 효과적일 수 있다. 키에르케고르가 말하듯 우리는 덕의 사람을 볼 때 "존경하고 긴장을 늦춘다", "반면에 좋은 예술은 영을 위해 노동을 제공한다."[66] 예술은 우리에게 다른 세계들의 그림을 제공한다.[67] 예술은 그 자신이 없었으면 우리에게 소외되었을 여러 환경에 우리가 공감적으로 들어갈 수 있게 만든다. 곧, 예술은 우리에게 '보편적 언어'를 제공한다.[68]

효과적인 도덕적 교육 방법으로서 예술은 미덕과 악덕에 대해 법률을 제정하거나 이론적으로 설명하기보다는 그것들을 묘사한다. 문학적 예술은 특히 인간의 타락 가능성을 가르치기에 적합하

---

65 *Ibid.*, 77. "플라톤이 여러 번 생생하게 묘사한 과격한 과정으로서 '사랑에 빠짐'(사랑은 기권이고, 비굴이고, 노예이다)은 많은 이들에 있어서는 그들의 삶의 가장 중요하고 계시적인 경험일 것이다. 이런 경험을 통해 의미의 중심이 갑자기 자신으로부터 찢어져 나가게 되고, 꿈꾸는 에고는 전적으로 분리된 실재에 대한 인식으로 충격을 받게 된다." *Ibid.*, 36.

66 *Ibid.* 하지만 가다머가 지적하듯 예술이 순전히 '미학적' 차원에서 접근될 때, 그것은 도덕적 차원의 도피책으로 이용될 수도 있다. 좋은 예술은 영을 위한 노동을 제공한다. 하지만 그러한 영의 노동은 도덕적 선을 위해서라기보다는 '자신을 위해서' 예술을 지향할 수도 있다. 또한 머독은 '무엇이 좋은' 예술을 구성하는지의 결정적인 문제를 해결하지는 않고 있다는 것을 지적해야 할 것이다. 나아가, 그녀는 '나쁜' 예술이 도덕적으로 유해한지의 문제를 직접 회피하며(*ibid.*, 77), 예술적으로는 좋은 작품이 악을 아름답게 표현한다면 그것은 도덕적으로 비생산적일 수 있다는 가능성을 간과하는 것 같다. 그럼에도 불구하고, 미학적 회심이 그 과정 속에 진행되는 한에 있어서 머독의 주장은 유효하다.

67 *Ibid.*, 86.

68 *Ibid.*

다. 예를 들어 "보다 나은 것을 위해 보다 나쁜 것을 본다"는 근본적
인 도덕적 악은 도덕 철학자나 신학자보다는 "시인, 극작가, 소설가
에 의해 보다 잘 (비록 덜 조직적이지만) 전달된다."[69] 마찬가지로 미
덕도 이론적으로 명령되거나 설명될 때보다는 예술 속에서 구체적
으로 표현될 때 더욱 설득력을 가지고 모방될 수 있다. "일반적으로
예술은 철학이 할 수 있는 것보다도 더 잘 '증명'하는 것 같다."[70]
모든 형태의 의사소통이 그러하듯 아름다움과 예술이 설교와 교육
에 봉사할 수 있지만, 예술이 선에 봉사하기 위해 반드시 교훈적이
어야 하는 것은 아니다. 의사소통으로서 예술은 우리에게 보고 듣
고 느끼는 새로운 방식들을 문자적으로 제공함으로써 사람들에게
변혁적인 효과를 가져올 수 있다.[71] 나아가 발타자가 말하듯 아름다
움에 봉사하는 예술은 "그것과 함께, 중재물 없이 계몽시키는 자기
명확성을 가져온다."[72]

아름다움의 자기 명확성은 예술과 선 사이의 궁극적인 연결점이
며, 우리의 논의를 끝낼 수 있는 적절한 주제인 것 같다. 선은 도덕
적으로 효과적이기 위해서는 또한 선한 것으로 드러나야만 한다.
곧 선이 우리의 궁극적 목적 내지 깊숙한 욕망과 가지는 관계가 인
식될 수 있어야 한다. 선은 기쁨에 가득하고 완성시키는 것으로 곧

---

69 *Ibid.*, 81.

70 *Ibid.*, 83.

71 Helmuth Vetter, "Ästhetik und Schönheit", in Günter Pöltner and Helmuth Vetter (eds.),
   Theologie und Ästhetik (Wien, Freiburg, Basel: Herder, 1985), 35-47, at 43.

72 Balthasar, *The Glory of the Lord*, vol. 1, 37. 하지만 '자기 명확적인' 가치(곧 아름다움)의
   즉각성이 지성적, 도덕적, 종교적 회심과 결합되지 못할 때, 예술을 위험한 것으로 만
   들 수 있다.

아름다운 것으로 보여질 수 있어야 한다. 우리 마음속의 하나님의 자기 계시적 사랑은 이러한 인식이 가장 근본적인 차원에서 발생할 수 있기 위해 필수적이다. 그것은 우리로 하여금 그리스도 사건의 드라마에서 아름다움을 인식하게 하고 그것을 모방하도록 만든다. 하지만 하나님의 자기 선물은 항상 인간의 성취이기도 하다. 인간의 협력은 진리의 전달이나 덕의 가르침에서와 마찬가지로 아름다움의 계시에서도 똑같이 요구된다. 미켈란젤로는(그의 시에서) 예술이 우상이 될 수 있으나 또한 그것은 마음이 공포를 극복하고 초월성에 개방적으로 근접할 수 있는 도구가 될 수 있다고 말한다: "십자가 위에서 우리를 안고자 그 팔을 벌리고 있는 신성한 사랑."

기독교인은 항상 세상과 그것의 선을 신중하게 사용하도록 결정해야 한다. 가난한 자는 항상 우리와 함께 있다(막 14:7; 마 26:11; 요 12:8). "사랑의 아름다운 좋은 일"(막 14:6; 마 26:10)이 그들의 물질적인 필요나 영의 굶주림에 구체적으로 도움이 될지 항상 확실한 것은 아니다. 우리는 떡으로만 살지는 않는다. 예술적 아름다움을 통한 희망의 영감이 또한 "하나님의 입으로 나오는… 말씀"(마 4:4)일 수도 있다. 마지막으로 바르트가 말하듯 그것은 "단지 영광(gloria)으로서만이 아니라 영화(glorificatio)로서 하나님의 영광의 본질에 속한다."[73] 하나님의 영화는 무엇보다도 우리에게 아가페적 사랑이라는 영적 아름다움을 요구한다. 하지만 그것은 또한 하나님을 찬미하는 예술을 통한 인간의 창조성과 감수성도 포함하는 것이다.

오늘날 세계가 인간의 간섭에 의해 변화되어지고 지구의 동식물

---

73 Barth, *Church Dogmatics*, 667.

들이 자연적 아름다움과는 동떨어진 환경 속에 서식하는 이때 종교와 예술의 관계에 대한 고찰은 무엇보다도 시급한 것 같다. 아퀴나스는 아리스토텔레스의 『윤리학』에서 다음과 같은 말을 인용한다. "어떤 누구도 즐거움 없이 오래 지속할 수는 없다", "영적인 즐거움에서 기뻐하지 못하는 자들은 육체적인 즐거움으로 돌아설 것이다."[74] 영적인 영역에 있어서 슬픔"은 다시 말해 진정으로 선한 것의 아름다움을 경험하지 못하고 신성한 것을 맛보지" 못함은 사람들로 하여금 타자와의 교제에서 돌아서서 물질적 쾌락의 추구로 나가게 만든다. 인류는 점증적으로 우리의 환경과 동료들과의 관계에서 더 큰 책임을 가지게 된다. 인류의 미래와 인간 이외의 세계의 미래에 영향을 끼칠 인간의 중요한 결정들은 그 어느 때보다도 더 우리의 통찰력과 덕을 요구한다. 그리고 우리의 지성적이고 합리적인 능력은 대부분 우리의 피부를 만지고 설득하는 선의 비전에 의존한다. 예술이 바로 그러한 비전을 가져오는 데 필요한 것이다.

노벨문학상 수상 연설문에서 알렉산더 솔제니친은 도스토옙스키의 『백치』에서 마치 그리스도와 같은 인물인 미시킨 공작의 말을 인용한다: "아름다움이 세계를 구원할 것이다." 이 소설 속에서 미시킨은 그의 순진함 때문에 조롱받지만 우리는 이 말이 깊은 진리 혹은 최소한 깊은 희망을 가져온다는 데 동의할 수 있을 것이다.

"아름다움이 세계를 구원할 것이다" 이것이 무엇을 의미하는가? 오랫동안 나에게 그것은 단지 하나의 표현일 뿐이었다. 어떻게 그런 일이 가

---

74 *ST* II, II, q. 35, a. 4, ad 2; Aristotle, *Ethics* VIII and X.

능한가? 우리의 피로 적셔진 역사에서 언제 아름다움이 누구라도 구원했으며, 무엇으로부터 구원했단 말인가? 그것은 고귀하고 고상한 긍정이다. 하지만 그것이 누구를 구원했는가?

오직 아름다움의 핵심, 예술에 어떤 독특성이 존재한다. 진정한 예술 작품이 담고 있는 확신은 절대적이며 저항하는 가슴조차도 정복한다. … 예술 작품은 그 자체에 자신의 정당성을 담고 있다. 인위적이고 왜곡된 개념은 이미지로 전환되는 시험을 견딜 수 없다. 이때 개념과 이미지 둘 다 조각조각 깨어지고, 창백하며 병적인 것으로 드러난다. 이것들은 아무도 설득하지 않는다. 하지만 진리를 요구하고 그것을 생생하고 농축적으로 우리에게 전달하는 예술 작품은 우리를 강력하게 포획하여 자신에게 결합시킨다. 어느 누구도, 지금으로부터 몇 세기가 지나서도, 그것을 반박하지는 못할 것이다.

그렇다면 우리가 자기 확신에 찬 물질적인 청년기에 생각했던 것처럼, 이전의 오래된 진眞, 선善, 미美의 삼위일체는 단지 닳아빠진 겉꾸밈은 아니지 않을까? 만약 학자들의 선언처럼 이러한 세 그루 나무들의 끝이 서로 만난다면, 만약 진리와 선의 너무도 명백하고 너무도 직선적인 싹들이 잘려나가 더 이상 성장하지 않는다고 한다면, 그렇다면 변덕스럽고 예측할 수 없고 갑작스런 아름다움의 싹이 길을 헤치며 이 세 가지 모두를 운반하고 뻗어서 '동일한 장소'로 올라갈 수 있지 않을까?

그렇다면 도스토옙스키의 말은 실수라기보다는 예언일 것이다:

"아름다움이 세계를 구원할 것이다."[75]

---

75 Alexander Solzhenitsyn, *Nobel Lecture* (Нобелевская Лекция)(New York: Farrar, Strauss and Giroux, 1972), 40-42. 이 이중언어판은 F. D. Reeve의 영어 번역을 담고 있다; 6-8.

글을 옮기고 나서

손호현

신학이 아름다움을 기침할 수는 없는 것일까? 앨리스터 맥그래스(Alister E. McGrath)는 성령에 관해 다음과 같은 인상 깊은 말을 한 적이 있다.

> "성령은 오랫동안 삼위일체의 신데렐라였다. 다른 두 자매가 신학의 파티에 갈 때면, 성령은 항상 뒤에 남겨지게 되었다. 하지만, 이제 더 이상 그렇지 않다."[1]

동일한 이야기가 '신학적 미학'에도 적용될 수 있을 것이다. 신학자들이 진리와 선함의 문제로 분주해 하는 동안, 하나님의 계시가 아름다움의 깊은 샘에서 끊길게 흘러나옴에도 불구하고 우리는 너무도 오랫동안 이것을 신학의 부록에조차 포함시키지 않았다. 단순히 이것 대신에 저것이라는 선택의 문제를 말하려는 것이 아니다. 오히려 우리는 얼마나 절제되게 멀리, 얼마나 치열하게 깊이 갈 수 있는가의 문제를 말하려는 것이다. 만약 너무도 긴 시간 동안 어떤 것이 망각되었다면, 바로 거기에서 시작해보는 것도 좋지 않을까? 폰 발타자는 그의 대작 『주님의 영광』 서문에서 다음과 같이 말한다.

---

1 Alister E. McGrath, *Christian Theology: An Introduction* (Oxford: Blackwell Publishers Inc., 1997), 279.

시작은 단지 사유하는 사람, 철학자의 문제만은 아니다. 그것은 우리와 항상 남아서 우리의 모든 이후의 단계들을 결정하는 문제이다. 시작은 우리의 삶이 기초하고 있는 응답과 결정에 있어 모든 이후의 것들을 포함하는 원초적인 결정이다. 하나님의 진리는 진정 무한한 접근과 시작을 허락하기에 충분히 넓다. … '그러한' 진리의 통전성을 직면하는 누구나 자신이 나중에 철회하지 않아도 되는 처음의 말을 선택하기를 원한다. 처음의 말은 과격하게 이후에 수정되어야 하는 그런 것이 아니라, 따라오는 다른 모든 말들을 포함하고 뒷받침하기에 충분히 넓은 말, 다른 모든 말들을 그 빛으로 조명하고 통찰하기에 충분히 명확한 말이어야 할 것이다. … 이 책에서 우리의 시작의 말은 '아름다움'이다.[2]

나중에 철회하지 않아도 되는, 아니 오히려 나중에 다른 모든 것을 떠받치고 힘을 줄 그런 처음의 말은 신학에서 무엇일까? "하나님은 아름답다"는 화두가 이런 역할을 할 수 있지 않을까. 이것을 잔기침처럼 즐겁게, 때로는 연대의 고통 속에서 아프게 뱉어내는데 신학의 아름다움이 또한 있을 것이다. 하나님은 저 높이에만 있는 '오만한 아름다움'이 아니라, 여기 이 땅의 '그리스도 속에서 고난받는 아름다움'이다.

빌라데서의 책은 마치 한 마음의 박물관을 보는 것 같은 인상을 준다. 웅장한 이 상상의 건물 속에는 기독교의 긴 역사 동안 전해오는 신학적 유산들과 예술 작품들, 현대의 오페라와 소설, 아인슈타인, 중국의 시조, 하이데거 같은 철학자들 등등이 각각의 전람 위치

---

2 Hans Urs von Balthasar, *The Glory of the Lord: A Theological Aesthetics, Volume 1: Seeing the Form*, trans. by Erasmo Leiva-Merikakis (San Francisco: Ignatius Press, 1998), 17-18.

를 차지하며 감상자의 눈을 끊임없이 한 곳으로 몰아간다. 하나님의 계시. 하지만 현기증 나게 어마어마한 그 논의의 규모와 대상은 신학적 관람자로 하여금 지도 없이는 길을 잃게 만들 지경이다. 여기서 역자가 제공하고자 하는 소개는 그런 조잡한 지도 이상도 이하도 아닐 것이다.

저자는 이 책의 목표를 기초신학基礎神學(fundamental theology)적 입장에서 미학의 문제를 접근함으로 계시의 가능성을 고찰하는 것이라고 밝힌다. 이것이 근본주의(fundamentalism)와 혼동되어서는 안 될 것이다. 기초신학이란 이전에는 변증론으로 불리던 것의 보다 발전된 현대적 형태로서, 어원적으로 볼 때 신학에 있어서의 '기초들'을 연구하는 것과 관련된다. 단순화시키면 우리는 현대 가톨릭 신학자들의 여러 접근법들 중에서 큰 두 맥락을 언급할 수 있을 것이다. 라너와 로너간 같은 신학자들이 대변하는 '기초신학적' 입장과 발타자와 같은 신학자들이 대변하는 해석학적解釋學的(herme-neutical) 신학의 입장이 그것이다. 슈베르트 옥덴(Schubert M. Ogden)의 표현을 빌리면, 전자가 기독교의 신앙을 현대인들에게 보다 잘 이해될 수 있게 전달하는 것을 목표로 하는 '신빙성'(credibility)의 척도에 보다 초점을 맞춘다고 한다면, 후자는 기독교의 선포와 교리의 내용들을 충실히 해석하고 전달하는 것을 목표로 하는 '적합성'(appropriateness)의 척도에 보다 초점을 맞춘다.3 곧 기초신학이

---

3 Schubert M. Ogden, *On Theology* (Dallas: Southern Methodist University Press, 1986), 4-6. 여기서 옥덴은 신빙성이 "인간 경험에 의해 보편적으로 설립되어지는 진리의 상관적 조건들"과 관련되는 반면, 적합성은 "규범적인 기독교 증언의 '데이터 담론'에서 표현되어지는 신앙을 이해하는 것"과 관련된다고 본다. 이 두 척도가 동시에 충족될 때 진정한 의미에서의 좋은 기독교 신학이 가능하다고 그는 주장한다. 역자가 이렇게 기초신학과

이전의 변증론에 가깝다고 한다면, 해석학적 신학은 교리신학과 조직신학에 가깝다. 카를 라너가 공저한 『신학사전』에서 기초신학은 다음과 같이 정의되고 있다:

> 기초신학은 그 초기에 있어 기독교적인 그리고 비기독교적 '지적 분위기' 사이의 갈등으로부터 그리고 여기에 대한 기독교 신앙의 책임 있는 응답으로부터 생겨났다. … 그것은 '기초적인' 문제들 곧, '계시의 인식 가능성과 관련된 실존적 존재론의 문제들'을 명확하게 함으로써 기독교 신학이 자신을 보다 잘 이해할 수 있게 만들고자 한다. … 기초신학은 교리 신학의 지평을 확장시켜 일반적 인간론과 비교종교론을 그 속에 포함시킨다. 또한 반대로 기초신학은 이러한 학문들의 데이터를 조직신학 혹은 교리 신학의 형식이나 기초에 대한 고찰들에 반영한다.[4]

해석학적 신학을 구분하고, 이것을 신빙성과 적합성의 두 신학적 척도와 연관시키는 것은 물론 엄청나게 문제를 단순화시키는 것으로 각 신학적 입장들에 대한 정당한 평가는 절대로 될 수 없을 것이다. 하지만 모든 이해는 일정 정도의 오해에서 시작될 수밖에 없을지도 모른다.

4 Karl Rahner and Herbert Vorgrimler eds., *Dictionary of Theology*, Second Edition (New York: Crossroad, 1981), 183-184. 또한 초월 신학, 철학, 계시, 신빙성의 신학적 척도, 선교신학 등과의 관계들에 대한 보다 자세한 고찰을 위해서는 Heinrich Fries, "Fundamental Theology" in Adolf Darlap ed., *Sacramentum Mundi: An Encyclopedia of Theology* (New York: Herder and Herder, 1968)의 다음의 진술들을 참조하라: "기초신학은 초월 신학으로 묘사될 수도 있는데, 왜냐하면 구체적인 신학의 분과들을 다루기 이전에 계시의 본질과 사건을 고려하기 때문이다. … 그러한 관심들에 기초한 신학은 철학과 특히 일반적 사고의 구조에서 '존재론'이라고 부르는 것에 상응할 것이다. … '튀빙엔학파'의 창시자 드라이(J. S. Drey)는 다음과 같이 말한다: '모든 구체적인 계시들의 조건과 원칙으로서의, 즉 계시와 구체적인 사건들과의 중재로서의 계시에 대한 고찰은 구체적인 (연구) 대상들 사이의 또 다른 한 구체적인 대상이 될 수는 없다. 곧 계시의 교리는 다른 교리들 사이의 한 교리가 될 수는 없는 것이다. 그것은 이 모든 교리의 전제조건으로서, 그것의 기초에 자리한다.' … 따라서 기초신학의 과제는 계시의 본질을 묘사하는 것이고, 그것의 사실상의(de facto) 존재 여부를 계시의 척도들과 그 신뢰성의 표시들을 가리킴으로써 보여주는 것이다.

빌라데서가 자신의 신학적 미학 이론을 '기초신학적' 입장에서 접근한다고 밝힌 것은 이러한 신학적 배경에서 이해되어져야 할 것이다. 하지만 그는 발타자의 경우처럼 '해석학적' 신학의 입장도 중재하고자 노력한다.5 이레니우스(Saint Irenaeus)가 그리스도와 성령을 하나님의 두 손으로 묘사한 것처럼, 이 두 가지 신학의 형태도 결코 떼어질 수 없는 동전의 양면과 같은 것이다.

1장과 2장에서 저자는 자신의 방법론적 입장을 설명하고 있다. 우선 1장은 자신의 '신학적 미학 이론'이 무엇을 의미하고 포함하는지를 밝힌다. 무엇보다도 여기서 돋보이는 것은 그의 분석이 가지는 다차원성일 것이다. 그는 미학이 가지는 여러 철학적 의미들을 분석하며, 어느 한 입장에 다른 입장들을 환원하거나 제한하지 않고 미학의 다양한 신학적 가능성을 설득력 있게 제시한다. 저자는 바움가르텐, 칸트, 실러, 헤겔 등의 분석을 통해 미학이라는 용어가 크게 세 가지 대상들과 관련되어 사용될 수 있음을 보여준다. (1) 감각적 지식(sensate knowledge), (2) 아름다움(beauty), (3) 예술(arts). 따라서 서양 지성사에서 '미학'(aesthetics)이란 말은 인식론認識論, 미론美論, 예술론藝術論이란 세 가지 의미를 지닌다. 나아가 기독교 신학의 세 가지 중요한 주제들이 또한 제시되어진다: (1) 하나님

··· 그것은 이성의 신빙성(credibilitas rationalis)의 문제이다. ··· 그것은 하나님의 자기-계시의 말씀을 인간에 주어지는 대답으로서, 인간(본질)의 온전하고 결정적인 드러냄, 조명, 실현과 완성으로서 본다. '그런즉 너희가 알지 못하고 위하는 그것을 내가 너희에게 알게 하리라'(행 16:23)"(368ff.).

5 Karl Lehmann, "Hermeneutics," in *Sacramentum Mundi*를 참조하라. "해석학은 교회전통과 권위를 신앙에 대한 사유의 필수적인 요소들로서 지성적으로 정당하게 다시 회복시킬 가능성을 제공한다. ··· 신학적 해석학에 있어 '전통'은 포괄적인 해석학적 지평으로서 역할이며, 구체적인 역사적 관심과 함께 그 모든 구성적인 요소들을 가져야 한다"(26).

(God), (2) 종교(religions), (3) 신학(theology) 자체. 이러한 여섯 가지 요소의 상호작용과 교섭이 광범위한 의미에서의 '신학적 미학 이론'(theological aesthetics)의 분석 대상이 되는 것이다.

하지만 이러한 포괄적인 의미의 신학적 미학 이론은 다시 두 부류로 세분화된다: '신학적 미학'(theological aesthetics)과 '미학적 신학'(aesthetic theology). 좁은 의미에서의 신학적 미학이 감정과 상상력, 아름다움, 예술과 같은 미학적 차원들에 있어서 계시의 신학적 가능성을 고찰하는데 집중한다면, 미학적 신학은 하나님, 종교, 신학과 같은 주제들이 어떻게 미학적 요소들과 스타일들을 사용할 수 있는지 등에 대한 고찰로서 정의된다. 용어상의 혼동을 피하기 위해 역자는 포괄적인 의미는 '신학적 미학 이론'으로 그리고 좁은 의미는 '신학적 미학'으로 번역하였다. 엄밀하게 말해 이 책은 좁은 의미에서의 신학적 미학에 대한 연구에 보다 집중하고 있다. 2장에서 이러한 좁은 의미에서의 '신학적 미학'을 초월적 방법론의 입장에서 보다 자세히 다루고, 3장은 '감각적 지식'의 문제를, 4장은 '아름다움'을, 그리고 5장은 '예술'을 주제적으로 다루기 때문이다. 다른 한편으로 미학적 신학은 신학이 자신의 작업 속에 미학적 요소가 포함되어지는 것을 인정하는 것과 관련된다. 여기서 저자는 '신성한 시작詩作(theopoiesis)과 '신성한 시학詩學'(theopoetic)이라는 표현을 사용하는데, 이 둘이 미학적 신학을 이루고 있는 것이다. 신성한 시작은 "상상적이고 아름다운 담론의 실천"으로 정의되고, 신성한 시학은 "거기에 대한 이론들"로 이해된다. 이것은 우리가 흔히 예배, 기도, 찬양, 실천적 삶 등등 기독교인들의 일상의 신학에서 사용하고 행동하는 신앙의 '일차적 언어'(the first-order language)와 대학과 신학교 등에서 이러한 일차적 언어에 대한 학문적 분석으로 이루어지는 보다 전문적인 신학의 '이차적 언어'(the second- order language)를 구분하는 것과도 유사할 것이다.6 결론적으로 1장에서 다음과 같은 빌라데서의 '신학적 미학 이론'의 조감도가 우리에게 주어지게 된다.

신학적 미학 이론 ┌ 신학적 미학: (1) 감각적 지식(sensate knowledge)
　　　　　　　　｜　　　　　　 (2) 아름다움(beauty)
　　　　　　　　｜　　　　　　 (3) 예술(arts)
　　　　　　　　└ 미학적 신학: (1) 하나님(God)
　　　　　　　　　　　　　　　 (2) 종교(religions)
　　　　　　　　　　　　　　　 (3) 신학(theology): 신성한 시작(詩作)과 신성한
시학(詩學)

　　2장은 위의 좁은 의미에서의 '신학적 미학'을 보다 발전시키고 있다. 기초신학이 가지는 변증의 과제는 여러 방식으로 이루어질 수 있을 것이다. 빌라데서는 라너와 로너간의 '초월적 방법론'(transcendental method)을 사용한다.7 곧 저자는 기초신학적 미학

---

6 Cf. David Tracy, *The Analogical Imagination: Christian Theology and the Culture of Pluralism* (New York: Crossroad: 1991), 408.

7 초월적 신학은 '인간 주체'의 인식능력과 하나님의 '계시' 사이의 관계를 분석하는데 집중한다고 말할 수도 있을 것이다. 카를 라너는 아퀴나스의 연구를 통해 계시에 대한 우리 인간의 지식이 '감각적 통찰에로의 전환'(*conversio ad phantasmata*)을 항상 전제한다고 주장한다. 버나드 로너간은 '지향성'(intentionality)과 '회심'(conversion)의 개념들을 중심으로 한 그의 인식론에서, 인간 주체가 단지 수동적이 아니라 능동적으로 자기-초월적인 인식에 참여한다고 주장한다. 로너간의 이러한 초월적 신학의 방법론을 프란시스 피오렌자는 다음과 같이 요약하고 있다. "로너간은 인식하고 신앙하는 인간주체의 지향성을 회심의 분석을 통해 신학적 방법론에 포함시킨다. 그는 회심의 지향성을 '지성적', '도덕적' 그리고 '종교적'인 것으로 설명한다. 지성적 회심은 인식함이 단지 데이터에 대한 단순한 봄이나 개념들을 형성하는 것과 동일하지는 않다는 것을 결정하는 것과 관련된다. 지성적 회심은 자기-초월(self-transcendence)의 결정과 운동을 수반하는데, 왜냐하면

의 과제를 감각적 지식, 아름다움, 예술에 있어서의 '계시에 대한 초월적 인식이론'으로 설정한다. 하나님의 초월성, 계시, 우상 숭배와 같은 난제들을 그는 쇤베르크의 오페라 『모세와 아론』의 분석을 통해서 구체적으로 보여주며 이것들을 중재하고자 노력한다. 여기서 크게 두 가지 중요한 질문들이 있는데, 우리가 하나님에 대해 가지는 관념과 이미지, 감정 사이의 관계가 무엇인지, 하나님의 초월성과 예수 그리스도의 역사적 계시 사이의 관계가 무엇인지 고찰된다.

3장은 본격적으로 신학적 미학의 처음 과제인 하나님에 대한 '감각적 지식'의 문제를 다룬다. 여기서 감각성과 표상력, 상상력의 분석에 기초하는 '계시의 신학'(theology of revelation)이 제시된다. 이것은 또한 표상력 · 상상력의 기초신학으로 불리기도 하는데, 하나

안다는 것은 증거, 이유들 그리고 포괄적인 관점들에 대해 계속적으로 질문하는 인간의 복잡하고 반성적인 행동을 수반하기 때문이다. 도덕적 회심은 도덕적 결정들의 척도가 만족에서 가치에로 전환되는 것을 가리킨다. … 종교적 회심은 자기-초월이 궁극적 의미와 가치에로의 전환으로 이루어진다는 면에서, 지성적이고 도덕적인 회심을 넘어선다." Francis Schüssler Fiorenza and John P. Calvin ed., *Systematic Theology: Roman Catholic Perspectives*, vol. 1 (Minneapolis: Fortress Press, 1991), 50. 하지만, 이러한 초월적 방법론이 존재의 '역사성'(historicity)을 단지 무시하는 것으로 이해되어서는 안 될 것이다. 여기에 대해 라너는 다음과 같이 말한다: "인간의 초월적 지향성에 대한 성찰이 구속적 사건들, 그 아포스테리오리적 성격, 그리고 그것들이 하나님에 의해 자유로이 섭리된다는 사실 등에 의해 불가능하게 되는 것은 아니다. 왜냐하면, 하나님에 의해 섭리되어지는 것은 은혜의 영원한 초자연적 실존, 하나님에게서 주어진 자기-의사소통 그리고 따라서 인간의 '초월적' 조건이기 때문이다. 인간의 초월적 구체성(transcendental determination)으로서의 이러한 자유로운 은혜는 그 자신에게 적합한 역사를 가지는데, 이것을 우리는 구원과 계시의 역사라고 부른다. 이러한 역사는 은혜 혹은 신앙의 은혜라고 불리는 인간 속의 이러한 '아프리오리적' 가능성 없이는 존재할 수도 또한 이해될 수도 없다." Karl Rahner, "Transcendental Theology," in *Sacramentum Mundi*, 288 참조. 라너와 로너간의 입장을 보다 직접적으로 연구하기 위해서는 다음을 보라. Karl Rahner, *Spirit in the World*, trans. by William Dych (New York: Continuum, 1994); Bernard Lonergan, *Method in Theology* (Toronto: University of Toronto Press, 1971).

님의 '형상'으로서의 인간이라는 전통적인 주제를 아퀴나스, 판넨베르크, 라너, 로너간, 가다머, 트레이시 등 여러 사상가와의 대화 속으로 가져온다. 하나님의 계시와 인간의 인식이 가지는 관계에 대해 고찰하는 빌라데서의 계시의 신학은 아마 그가 인용하는 다음과 같은 라너의 말로 보다 간략하게 요약될 수도 있을 것이다: "인식되어지는 어떠한 것도 그것을 인식하는 인식자의 양식을 따라 인식되어진다."

4장은 신학적 미학의 두 번째 과제인 '아름다움'을 다룬다. 여기서 저자는 아름다움과 '자연신학'의 연관관계를 특히 하나님에 이르는 길로서의 아름다움이라는 주제를 통해 지속적으로 추적해 나간다. 성서, 플라톤의 『향연』, 아우구스티누스 등에서 그 기원을 가지는 이러한 사상은 보나벤투라, 아퀴나스 등의 중세에서의 발전을 거쳐서, 현대의 장-도미니크 로베르, 라너, 로너간 등에게로 이어진다. 이러한 교회 사상사적으로 탄탄히 기초된 그의 '나옴-돌아감'(*exitus-reditus*)의 자연신학적 구조에 대한 분석은 일관성 있게 "세계 속에서 발견되어지는 아름다움의 초월적 조건이 궁극적 아름다움(Ultimate Beauty)으로서의 하나님"이라는 것을 주장한다.

5장은 신학적 미학의 세 번째 과제인 인간의 창조물로서의 '예술'을 다룬다. 릴케의 아름다운 엘레지로 시작되는 이 장에서는 특히 예술과 성스러움의 관계가 고찰된다. 음악, 릴케의 시, 바쇼의 하이쿠, 선화禪畵 등의 분석을 통해, 초월성의 표현으로서의 비종교적 예술이 기독교에서 말하는 '일반적인 범주적 계시'와 관련된다. 또한 초기 기독교의 시각적 상징들, 글을 읽지 못하는 자들을 위한 빈자貧者의 성서(biblia pauperum)로서의 교회의 그림들, 성례전, 미사곡 등의 분석을 통해 기독교적 메시지를 직접 표현하는 종교예술이 '특별한 범주적 계시'와 관련되어 있다. 빌라데서는 단순히 "종교예술 대 비종교예술" 혹은 "특별계시 대 일반계시"라는 이원론적 구분을 하기보다는, 자신의 초월신학적 인식론에 바탕하여 범주적(존재하는 한에 있어 모든 것들에 적용될 수 있는) 계시라는 개념을 이 둘 다에 적용함으로 보다 깊은 존재론적 통찰을 가져오고자 한다. 하지만 그가 예술과 성스러움 사이에 일어날 수도 있는 갈등을 잊어버린 것은 아닌데, 이것은 다음 장에서 주제적으로 다루어진다.

마지막으로 6장은 미학의 추구가 종교와 윤리에 가져올 수도 있는 갈등을 고찰하는 것으로 끝맺는다. 빌라데서는 아름다움의 추구가 영성의 추구와 항상 조화롭지는 않다는 사실을 간과하지 않는다. 따라서 그는 예술에 대한 플라톤주의적 반대, 기독교의 중심적 메시지인 '십자가의 신학', 종교적 금욕주의 등을 살펴본 후에 자신의 독특한 '미학적 회심'(aesthetic conversion)이라는 사상을 제안한다. 이것은 로너간의 지성적, 도덕적 그리고 종교적 회심에 있어 세 번째인 종교적 회심을 재해석한 것으로, 타자를 위한 고난의 아름다움조차도 끌어안고자 하는 "가슴의 가장 깊숙한 욕망"을 정직하게 주목하는 '십자가의 미학'과 관련된다. 따라서 빌라데서는 다음과 같은 도스토옙스키의 말이 미학과 신학의 범주들을 혼동한 실수가 아니라 오히려 예언과도 같은 궁극적 통찰이라고 글을 맺는다: "아름다움이 세계를 구원할 것이다."

이 저작을 번역하는 것은 어떤 의미에서는 역자의 능력을 넘어서는 과분한 도전이었다. 하지만 본인을 유령처럼 따라서는 많은 질문을 해박한 전통에 대한 지식과 독특한 통찰력으로 도와준 이 책을 꼭 번역하여 다른 이들과 나누고 싶었다. 신학은 어쩌면 질문과 대답의 변증법일 것이다. 만약 여기서 대답을 찾지 못한다고 한다면, 최소한 그 시작을 위한 중요한 질문은 만날 수 있을 것이다. "신학의 길은 같이 걸어야 한다"는 사실이 이 책을 번역할 때만큼 절실하게 느껴진 때도 드물었다. 한국어판 서문을 써주시고 본인의 사소한 질문들에 상세하게 대답해주신 리차드 빌라데서(Richard Viladesau) 교수님께 존경과 감사를 드린다. 그리고 학기를 바쁘게 마무리하는 과정에서도 라틴어 문장들을 번역하고 인명들을 발음하는 것을 도와주신 벤더빌트대학의 파툿 번즈(J. Patout Burns) 교수님과 폴 드하르트(Paul J. DeHart) 교수님께 사의를 표하고 싶다. 하지만 라틴어 문장들과 시들을 포함한 모든 번역문은 본인의 것으로, 실수가 있다면 오직 역자의 책임이라는 것을 밝히고 싶다. 은퇴를 앞두신 상황에서도 1,200페이지 가량이나 되는 헤겔의 『미학강의』를 함께 읽어주신 지도교수 피터 하지슨(Peter C. Hodgson) 교수님께 애정과 감사를 드린다. 마지막으로 정직한 노동의 가치와 아름다움을 당신들의 삶으로 가르쳐주신 부모님께 감사드린다.

빌라데서가 한국어판 서문을 동방박사들 이야기로 마치듯이, 본인도 그렇게 하고 싶다. 중국의 화가 슈산춘(Hsü San Ch'un)이 성탄절에 대해 그린 그림이 있다.[8] 여기서 예수 그리스도의 탄생은 세 명의 동방박사들에게서 축하받고 있는데 그 각각이 불교의 스님, 유교의 선비거나 도교의 선인으로 묘사되었다. 그들은 자신이 가져

---

8 Daniel Johnson Fleming, *Each With His Own Brush: Contemporary Christian Art in Asia and Africa* (New York: Friendship Press, 1938). 이 책의 18페이지에 Hsü San Ch'un의 "Visit of the Magi"가 실려 있다(1920년대 후반 작품).

슈산춘(Hsü San Ch'un),
「동방박사들의 방문」
(1920년대 후반, 마태
2:1-2)

온 선물을 정성스럽게 아기 예수 앞에 내려놓는다. 이 화가의 마음의 풍경에서 우리는 종교 간의 갈등과 두려움 대신에 어떤 신성한 우주적 기쁨을 보는 것만 같다. 어두움을 끈질긴 희망이 끝내 이기기를….

참 고 문 헌

Alfaro, Juan. *Fides, Spes, Caritas.* Roma: Pontificia Universitas Gregoriana, 1968.

Aquinas, Thomas. *Sancti Thomae Aquinatis Opera Omnia.* Parma: Petrus Fiaccadorus, 1864.

Balthasar, Hans Urs Von. *The Glory of the Lord: A Theological Aesthetics, Volume 1: Seeing the Form.* Translated by Erasmo Leiva-Merikakis. Edited by Joseph Fessio, S.J. and John Riches. San Francisco: Ignatius Press, 1982.

_____. *Love Alone.* Trans. and edited by Alexander Dru. New York: Herder and Herder, 1969.

Barth, *Karl. Kirchliche Dogmatik. Zurich: Zollikon,* 1932.

_____. *Church Dogmatics,* vol. II, part 1. Edited by G. W. Bromiley and T. F. Torrence. Edinburgh: T&T Clark, 1970.

Baxendale, Michael. *Painting and Experience in Fifteenth-Century Italy.* London: Oxford University Press, 1972.

Bednar, Gerald J. *Faith as Imagination: The Contribution of William F. Lynch, S.J.* Kansas City: Sheed & Ward, 1996.

Begbie, Jeremy S. *Voicing Creation's Praise: Towards a Theology of the Arts.* Edinburgh: T&T Clark, 1991.

Belting, Hans. *Likeness and Presence: A History of the Image before the Era of Art.* Trans. by Edmund Jephcott. Chicago and London: University of Chicago Press, 1994.

Birkerts, Sven P. ed. *Literature: The Evolving Canon.* Boston: Allyn and Bacon, 1993.

Bonaventure. *Opera Omnia.* Edited by A. C. Peltier. Paris: Ludovicus Vives, 1868.

Briner, Robert. *The Management Methods of Jesus.* Nashville: Thomas Nelson, 1996.

Brown, Frank Burch. *Religious Aesthetics: A Theological Study of Making and*

Meaning. Princeton, N.J.: Princeton University Press, 1989.

Brown, Raymond S.S. *The Death of the Messiah*. New York: Doubleday, 1994.

Bruyne, Edgar de. *Études d'esthétique médiévale*, 3 vols. Bruges, 1946.

Caffarena, José Gómez. *Metafísica Fundamental*. Madrid: Ediciones de la Revista de Occidente, 1969.

Calvin, John. *Institutes of the Christian Religion*. Trans. by Ford Lewis Battles. Philadelphia: Westminster Press, 1960.

Coreth, Emerich. *Metaphysics*. Edited by Joseph Donceel. New York: Herder and Herder, 1968.

De Finance, Joseph. *An Ethical Inquiry*. Roma: Pontificia Universitas Gregegoriana, 1991.

De Raeymaker, Louis. *Metaphysica Generalis*, tomus I. Louvain: Imprimerie "Nova et Vetera", 1931.

De Sales, François. *Traité de l'amour de Dieu*. In *Oeuvres*, tome 4. Annency: 1894.

De Unamuno, Miguel. *Del Sentimiento Tragico de la Vida*. Madrid: Espasa-Calpe, 1966.

Damasio, Antonio. *Descartes' Error: Emotion, Reason and the Human Brain*. New York: Avon Books, 1994.

Dewey, John. *Art as Experience*. New York: Capricorn Books, 1959.

Dionysius the Areopagite. *The Complete Works*. Trans. by Colm Luibheid. New York: Paulist Press, 1987.

_____. *The Divine Names*. Trans. by C. E. Holt. London, 1920.

Dostoievsky, Fyodor. *The Idiot*. Trans. by Constance Garnett. New York: Bantam Books, 1983.

Dufrenne, Mikel ed. *Main Trends in Aesthetics and the Sciences of Art*, in Main Trends of Research in the Social and Human Sciences, Part 2, Vol. 1. The Hague: Mouton Publishers/UNESCO, 1978.

Eco, Umberto. *Art and Beauty in the Middle Ages*. Trans. by Hugh Bredin. New Haven and London: Yale University Press, 1986.

Endo, Shusaku. *Silence*. Trans. by William Johnston. New York: Taplinger Publishing, 1980.

Fabro, Cornelio. *God in Exile*. Trans. by Arthur Gibson. New York: Newman Press, 1968.

_____. *Introduzione all'Atheismo Moderno*. Roma: Editrice Studium, 1964.

Feld, Helmut. *Der Ikoknoclasmus des Westens: Studies in the History of Christian Thought*. Edited by Heiko A. Oberman, vol. XLI. Leiden, New York, Kobenhavn, Köln: E. J. Brill, 1990.

Fichte, Johann Gottlieb. *Sämmtliche Werke*. Ed. by I. H. Fichte. Berlin, Veit & Co., 1845, 1971.

Finney, Paul Corby. *The Invisible God: The Earliest Christians on Art*. New York and Oxford: Oxford University Press, 1994.

Flick, Maurizio S.J. and Zoltan Alszeghy, S.J. *Fondamenti di una antropologia teologica*. Florence: Libreria Editrice Fiorentina, 1969.

Freedberg, David. *The Power of Images: Studies in the History and Theory of Response*. Chicago and London: Chicago University Press, 1989.

Fries, Heinrich ed. *Handbuch Theologischer Grundbegriffe*. Munich: Kösel-Verlag, 1962.

Gadamer, Hans-Georg. *Wahrheit und Methode: Grundzüge einer philoso-phischen Hermeneutik 4 Auflage*. Tübingen: J. C. B. Mohr, 1975.

Gasset, José Ortega y. *Unas Lecciones de Metafísica*. Madrid: Alianza Editorial, 1966.

Gerth, Hans and C. Wright Mills eds. *From Max Weber: Essays in Sociology*. New York: Oxford University Press, 1946.

Goizueta, Roberto S. *Liberation, Method and Dialogue: Enrique Dussel and North American Theological Discourse*. Atlanta: Scholars Press, 1988.

Green, Garrett. *Imagining God: Theology and the Religious Imagination*. San Francisco: Harper & Row, 1989.

Grégoire, Franz. *Études Hégéliennes: Les Points Capitaux du Système*. Louvain: Publications Universitaires, 1964.

Harries, Richard. *Art and the Beauty of God: A Christian Understanding*. London: Mowbray, 1993.

Hauerwas, Stanley and L. Gregory Jones, eds. *Why Narrative? Readings in Narrative Theology*. Grand Rapids: William B. Eerdmans Publishing, 1989.

Hegel, Georg Wilhelm Friedrich. *On Art, Religion, Philosophy: Introductory Lectures to the Realm of Absolute Spirit*. Edited by J. Glenn Gray. New York: Harper & Row, 1970.

_____. *Lectures on the Philosophy of Religion. One Volume Edition, The Lectures of 1827.* Ed. by Peter C. Hodgson. Berkeley: University of California Press, 1988.

_____. *The Phenomenology of Mind.* Trans. by J. B. Baillie. New York: Harper & Row, 1970.

_____. *Sämmtliche Werke,* 24 vols. Ed. by Hermann Glockner. Stuttgart-Bad Cannstatt: Friedrich Frommann Verlag, 1965.

Henderson, Harold G. ed. and trans. *An Introduction to Haiku: An Anthology of Poems and Poets from Bashō to Shiki.* Garden City: Doubleday, 1968.

Hocedez, Edgar S.J. *Histoire de la Théologie au XIX Siècle.* Paris: Desclée de Brouwer, 1948.

Holt, Elizabeth Gilmore ed. *A Dictionary History of Art,* vol. 1. Garden City: Doubleday, 1957.

Irwin, Joyce ed. *Sacred Sound: Music in Religious Thought and Practice.* Chico, Calif.: Scholars Press, 1983.

Jüngel, Eberhard. *God as the Mystery of the World.* Trans. by Darrell L. Guder. Grand Rapids: William B. Eerdmans, 1983.

Kant, Immanuel. *Critique of Pure Reason.* Trans. by F. Max Müller. Garden City: Doubleday & Co., 1966.

_____. *Die Religion innerhalb der Grenzen der bloßen Vernunft.* Ed. by Rudolf Malter. Stuttgart: Philipp Reclam, 1974.

Kehl, Medard, S.J. and Werner Löser, S.J. eds. *The Von Balthasar Reader.* Edinburgh: T&T Clark, 1985.

Kolakowski, Leszek. *Religion.* New York: Oxford University Press, 1982.

Kraus, Hans-Joachim et al. *Moses und Aron: zur Oper Arnold Schönbergs.* Bensburg: Thomas-Morus-Akademie Bensburg, 1979.

Küng, Hans. *Does God Exist?* New York: Vintage Books, 1981.

_____ and David Tracy eds. *Paradigm Change in Theology.* Trans. by Margaret Köhl. New York: Crossroad, 1989.

Lamb, Matthew. *Subject and Psyche: Ricoeur, Jung and the Search for Foundations.* Washington, D.C.: University Press of America, 1977.

_____. *Psychic Conversion and the Theological Foundations: Towards a Reorientation of the Human Sciences.* Chico, Calif.: Scholar's Press,

1982.

_____ ed. *Creativity and Method: Essays in Honor of Bernard Lonergan, S.J.* Milwaukee: Marquette University Press, 1981.

Langer, Susanne K. *Feeling and Form.* New York: Charles Scribner's Sons, 1953.

Lauritzen, Paul. "Is 'Narrative' Really a Panacea? The Use of 'Narrative' in the Work of Metz and Hauerwas." *In The Journal of Religion,* 67, 1987, 322-339.

Lindbeck, George. *The Nature of Doctrine.* Philadelphia: Westminster Press, 1984.

Lonergan, Berard. *Collection: Papers by Bernard Lonergan, S.J.* Edited by F. E. Crowe, S.J. New York: Herder and Herder, 1967.

_____. *A Second Collection: Papers by Bernard J. F. Lonergan, S.J.* Edited by William F. J. Ryan, S.J. and Bernard J. Tyrrell, S.J. London: Darton, Longman & Todd, 1974.

_____. *Method in Theology.* New York: Herder and Herder, 1972.

_____. *Insight.* New York: Philosophical Library, 1957.

_____. *Verbum: Word and Idea in Aquinas.* Ed., David B. Burrell, C.S.C. Notre Dame: University of Notre Dame Press, 1967.

_____. *Grace and Freedom: Operative Grace in the Thought of St. Thomas Aquinas.* Edited by J. Patout Burns, S.J. New York: Herder and Herder, 1971.

Lotz, Johannes-Baptist. S.J. *Die Identität von Geist und Sein: Eine Historische-Systematische Untersuchung.* Roma: Università Gregoriana Editrice, 1972.

_____. *Metaphysica Operationis Humanae Methodo transcendentali explicata.* Rome: Gregorian University Press, 1972.

Mackie, J. L. *The Miracle of Theism: Arguments for and against the existence of God.* Oxford: Clarendon Press, 1982.

Maritain, Jacques. *Creative Intuition in Art and Poetry.* New York: Meridian Books, 1955.

_____. *Approaches to God.* Trans. by Peter O'Reilly. New York: Collier Books, 1962.

Martin, James Alfred. *Beauty and Holiness: The Dialogue between Aesthetics and Religion.* Princeton: Princeton University Press, 1990.

McKinnon, James ed. *Music in Early Christian Literature*. Cambridge: Cambridge University Press, 1987.

Meyer, Leonard B. *Emotion and Meaning in Music*. Chicago: University of Chicago Press, 1961.

Miles, Margaret R. *Image as Insight: Visual Understanding in Western Christianity and Secular Culture*. Boston: Beacon Press, 1985.

Millington, E. J. ed. *The Aesthetic and Miscellaneous Works of Friedrich von Schlegel*. London, 1860.

Murdoch, Iris. *The Fire and the Sun: Why Plato Banished the Artists*. Oxford: Clarendon Press, 1977.

Nichols, Aidan O.P. *The Art of God Incarnate: Theology and Image in Christian Tradition*. New York: Paulist Press, 1980.

Nietzsche, Friedrich. *Twilight of the Idols and the Anti-Christ*. Trans. by R. J. Hollingdale. Middlesex: Penguin Books, 1975.

Nygren anders. *Eros and Agape*. Trans. by Philip S. Watson. New York: Harper & Row, 1969.

O'Brian, Patrick. *Post Captain*. New York: W. W. Norton & Co., 1990.

Origen. *Commentaire sur Saint Jean: Texte Grec*. Edited by Cécile Blanc. Sources Chrétiennes, vol. 120. Paris: Les Éditions du Cerf, 1966.

_____. *Traité des Principes*, tome I. Trans. by Henri Crouzel and Manlio Simonetti. Sources Chrétiennes, vol. 252. Paris: Les Éditions du Cerf, 1978.

Otto, Rudolf. *The Idea of the Holy*. London: Oxford University Press, 1969.

Palmer, Michael. *Paul Tillich's Philosophy of Art*. Berlin and New York: de Gruyter, 1984.

Pannenberg, Wolfharf. *Systematic Theology*, vol. 1. Trans. by Geoffrey W. Bromiley. Grand Rapids: William B. Eerdmans Publishing Co., 1991.

_____. *Anthropologie in theologischer Perspektive*. Göttingen: Vandenhoeck & Ruprecht, 1983.

_____. *Anthropology in Theological Perspective*. Trans. by Matthew J. O'Connell. Philadelphia: Westminster Press, 1985.

Pannikar, Raimon. *The Trinity and the Religious Experience of Man*. New York: Orbis Books, 1973.

Pascal, Blaise. *Pensées*. Paris: Éditions Garnier Frères, 1964.

Pasternak, Boris. *Доктор Живаго*. Paris: Société d'Édition et d'Impression Mondiale, 1959.

_____. *Doctor Zhivago*. Trans. by Max Hayward and Manya Harari. New York: New American Library, 1958.

Pelikan, Jaroslav. *Jesus Through the Centuries: His Place in the History of Culture*. New Haven: Yale University Press, 1985.

Polanyi, Michael. *Personal Knowledge: Towards a Post-Critical Philosophy*. Chicago: University of Chicago Press, 1962.

Pöltner, Günter and Helmuth Vetter eds. *Theologie und Ästhetik*. Wien, Freiburg, Basel: Herder, 1985.

Pratt, Carroll C. *The Meaning of Music: A Study in Psychological Aesthetics*. New York and London: McGraw-Hill, 1931.

Professores Societatis Iesu Facultatum Philosophicarum in Hispania. *Philosophiae Scholasticae Summa*, vol. 1. Madrid: Biblioteca de Autores Cristianos, 1957.

Quasten, Johannes. *Music and Worship in Pagan and Christian Antiquity*. Washington, D.C.: National Association of Pastoral Musicians, 1983.

Rader, Melvin ed. *A Modern Book of Esthetics: An Anthology*. New York: Holt, Rinehart and Winston, 1960.

Rahner, Karl. *Theological Investigations*, 23 vols. New York: Crossroad, 1982-1992.

_____. *Geist in Welt*. Munich: Kösel-Verlag, 1964.

_____. *Spirit in the World*. Trans. by William Dych, S.J. Montreal: Palm Publishers, 1968.

_____. *Hörer des Wortes*. Munich: Kössel-Verlag, 1963.

_____. *Grundkurs des Glaubens*. Freiburg, Basel, Wien: Herder, 1976.

_____. *Foundations of Christian Faith*. Trans. by William Dych. New York: Seabury Press, 1978.

_____. *Do You Believe in God?* Trans. by Richard Strachan. New York: Newman Press, 1969.

_____. *Karl Rahner in Dialogue: Conversations and Interviews, 1965-1982*. Edited by Paul Imhof and Hubert Biallowons; trans. by Harvey D. Egan. New York: Crossroad, 1986.

_____ ed. *The Concise Sacramentum Mundi*. New York: Seabury, 1975.

Riches, John ed. *The Analogy of Beauty: The Theology of Hans Urs von Balthasar.* Edinburgh: T&T Clark, 1986.

Ricoeur, Paul. *The Symbolism of Evil.* Boston: Beacon Press, 1967.

_____. *Fallible Man.* Trans. by Charles A. Kelbley. New York: Fordham University Press, 1986.

Rilke, Rainer Maria. *Gedichte: Eine Auswahl.* Stuttgart: Reclam, 1968.

_____. *The Selected Poetry of Rainer Maria Rilke.* Edited and trans. by Stephen Mitchell. New York: Random House, 1984.

Robert, Jean-Dominique O.P. *Essai d'Approches Contemporaines de Dieu en Fonction des Implications Philosophiques de Beau.* Paris: Beauchesne, 1982.

Rousselot, Pierre. S.J. *The Intellectualism of St. Thomas.* Trans. by James E. O'Mahony. New York: Sheed and Ward, 1935.

Ruskin, John. *Ruskin Today.* Chosen and annotated by Kenneth Clark. Hammondsworth: Penguin Books, 1964.

Santayana, George. *Interpretations of Poetry and Religion.* New York: Charles Scribner's Sons, 1900.

_____. *The Sense of Beauty.* New York: Charles Scribner's Sons, 1896.

_____. *The Last Puritan.* New York: Charles Scribner's Sons, 1936.

Schillebeeckx, Edward. *Christ: The Experience of Jesus as Lord.* New York: Seabury Press, 1980.

Schiller, Friedrich. *On the Aesthetic Education of Man in a Series of Letters.* Edited and trans. by Elizabeth M. Wilkinson and L. A. Willoughby. Oxford: Clarendon Press, 1967.

Schoonenberg, Piet. *Der Geist, das Wort und der Sohn.* Regensburg: Verlag Friedrich Pustet, 1992.

Schopenhauer, Arthur. *Die Welt als Wille und Vorstellung.* Wiesbaden, 1949.

Sertillanges, A.-D. *Saint Thomas d'Aquin.* Paris: 1925.

Shaw, George Bernard. *Six Plays by Bernard Shaw.* New York: Dodd, Mead & Co., 1945.

Sherburne, Donald W. *A Whiteheadian Aesthetic.* New Haven: Yale University Press, 1961.

Sherry, Patrick. *Spirit and Beauty: An Introduction to Theological Aesthetics.* Oxford: Clarendon Press, 1992.

Sierig, Hartmut. *Über den garstigen Graben: Der dritte Standpunkt im Grundriß.* Hamburg: Agentur des Rauhen Hauses, 1967.

Solzhenitsyn, Alexander. *Nobel Lecture* (Нобелевская Лекция). New York: Farrar, Strauss and Giroux, 1972.

Steck, Odil Hannes. *Moses und Aron: die Oper Arnold Schönbergs und ihr biblischer Stoff.* München: Chr. Kaiser, 1981.

Tallon andrew. *Head and Heart: Affection, Cognition, Volition as Triune Consciousness.* New York: Fordham University Press, 1997.

Thomas, M. M. *The Acknowledged Christ of the Indian Renaissance.* London, SCM, 1969.

Thompson, William M. *The Struggle for Theology's Soul.* New York: Crossroad, 1996.

Tillich, Paul. *Systematic Theology,* vol. 1. Chicago: Chicago University Press, 1951.

_____. *Systematic Theology,* vol. 3. Chicago: University of Chicago Press, 1951.

_____. *On Art and Architecture.* Ed. by John Dillenberger and trans. by Robert P. Scharlemann. New York: Crossroad, 1987.

Tracy, David. *Blessed Rage for Order: The New Pluralism in Theology.* New York: Seabury Press, 1975.

_____. *The Analogical Imagination: Christian Theology and the Culture of Pluralism.* New York: Crossroad, 1981.

_____. "The Uneasy Alliance Reconceived: Catholic Theological Method, Modernity and Postmodernity." In *Theological Studies,* vol. 50, no. 3, September 1989, 548-570.

_____. *Plurality and Ambiguity: Hermeneutics, Religion, Hope.* San Francisco: Harper & Row, 1987.

Updike, John. *Roger's Version.* New York: Fawcett Crest, 1986.

Van der Leeuw, Gerardus. *Sacred and Profane Beauty: The Holy in Art.* Trans. by David E. Green. New York: Holt, Rinehart, Winston, 1963.

_____. *Religion in Essence and Manifestation.* Trans. by J. E. Turner. New York: Harper & Row, 1963.

Van Steenberghen, Fernand. *Ontologie.* Louvain: Publications Universitaires de Louvain, 1952.

Viladesau, Richard. *Answering for Faith: Christ and the Human Search for*

Salvation. New York: Paulist Press, 1987.

_____. *The Reason for Our Hope: An Introduction to Christian Anthropology.* New York: Paulist Press, 1984.

Von Rad, Gerhard. *Old Testament Theology*, vol. 1. Trans. by D. M. G. Stalker. New York: Harper & Row, 1962.

Whincup, Greg ed. and trans. *The Heart of Chinese Poetry*. New York: Doubleday, 1987.

White, Pamela C. *Schoenberg and the God-idea: The Opera "Moses und Aron."* Ann Arbor, Mich.: UMI Research Press, 1985.

Whitehead, Alfred North. *Religion in the Making*. New York: Macmillan, 1927.

Wiesel, Elie. *Night*. Trans. by Stella Rodway. New York: Hill and Wang, 1960.

Wilder, Amos Niven. *Theopoetic: Theology and the Religious Imagination.* Philadelphia: Fortress Press, 1976.

Wolterstorff, Nicholas. *Art in Action: Toward a Christian Aesthetic.* Grand Rapids: William B. Eerdmans, 1980.

Zibawi, Mahmoud. *The Icon: Its Meaning and History.* Collegeville: Liturgical Press, 1993.

찾아보기